Kohlhammer

Sven Schäfer

Handelsrechtliche Rechnungslegung

Jahresabschluss und Lagebericht mit Beispielen, Übungsaufgaben sowie Lösungshinweisen

2., aktualisierte Auflage

Verlag W. Kohlhammer

Verfasser:
Prof. Dr. Sven Schäfer, Wirtschaftsprüfer
Lehrstuhl für Externes Rechnungswesen, Technische Hochschule Köln
E-Mail: sven.schaefer@th-koeln.de

Aus Gründen der besseren Lesbarkeit wird auf eine genderspezifische Differenzierung verzichtet – sämtliche Formulierungen gelten grundsätzlich für alle Geschlechter (männlich, weiblich, divers).

2., aktualisierte Auflage 2023

Alle Rechte vorbehalten
© W. Kohlhammer GmbH, Stuttgart
Gesamtherstellung: W. Kohlhammer GmbH, Stuttgart

Print:
ISBN 978-3-17-042886-7

E-Book-Formate:
pdf: ISBN 978-3-17-042887-4
epub: ISBN 978-3-17-042888-1

Vorwort zur 2. Auflage

Der Erwerb von Kenntnissen der handelsrechtlichen Rechnungslegung stellt einen Pflichtbestandteil betriebswirtschaftlich und wirtschaftsrechtlich geprägter Bachelorstudiengänge als auch rechnungslegungs-, steuer- oder wirtschaftsprüfungsbezogener Masterstudiengänge dar. Die Lern- und Lehrinhalte differenzieren sich dabei u. a. nach ihrem Grundlagen- bzw. Spezialisierungscharakter, ihrem Schwierigkeits- und Komplexitätsgehalt sowie den zu erreichenden Kompetenzausprägungen. Vor diesem Hintergrund ist das vorliegende Werk als umfassendes Lehrbuch zur handelsrechtlichen Rechnungslegung konzipiert. Es beinhaltet sowohl die Grundlagen als auch spezielle Problemstellungen des Themengebiets in vertiefender Form. Die Leser sollen Kenntnisse und Fähigkeiten erlangen, um handelsrechtliche Jahresabschlüsse erstellen zu können. Dies umfasst den Erwerb von Fähigkeiten zur Beurteilung des zutreffenden Ansatzes, der zutreffenden Erst- sowie Folgebewertung und des zutreffenden Ausweises von Bilanzposten sowie bei weiterer Problemstellungen der Rechnungslegung. Zudem beinhaltet dies den Erwerb eines Verständnisses über Aufbau und Struktur von GuV, Anhang und Lagebericht einschließlich der Fähigkeiten zur Anwendung der Kenntnisse. Auch sollen die Leser in die Lage versetzt werden, Regelungslücken bei einzelnen Sachverhalten zu erkennen und Lösungsvorschläge zu entwickeln. Das Lehrbuch richtet sich damit an Bachelor- sowie Masterstudierende und eignet sich zur Vorbereitung auf das Wirtschaftsprüfer- und Steuerberaterexamen. Zudem wendet es sich an in der Praxis tätige Personen, die sich vertiefend in die Materie einarbeiten oder ihre Kenntnisse erweitern bzw. aktualisieren wollen.

Die Erläuterungen der fachlichen Inhalte zu den Grundlagen der Rechnungslegung nach HGB, zu den Besonderheiten bei einzelnen Bilanzposten und zu weiteren rechnungslegungsbezogenen Problemstellungen werden ergänzt um in den Text integrierte Beispiele, um das Verständnis der Ausführungen zu erhöhen. Da das Erlernen der handelsrechtlichen Rechnungslegung nicht ohne selbstständiges Üben geht, wurden zudem Übungsaufgaben (Kapitel 15) und Lösungshinweise (Kapitel 16) in das Lehrbuch integriert. Dabei sind die Lösungshinweise absichtlich nur in Kurzform aufgeführt, so dass es sich bei Lösungsschwierigkeiten oder Verständnisproblemen empfiehlt, das jeweils relevante Kapitel noch einmal durchzuarbeiten.

Die Erstellung eines Jahresabschlusses bedingt immer auch die Vornahme von (Abschluss-)Buchungen, um aus den in der Buchhaltung als Datengrundlage erfassten Geschäftsvorfällen die Rechenwerke des Jahresabschlusses zu generieren.

Darüber hinaus helfen Buchungssätze bei der Lösung, der Erklärung und dem Verständnis von komplexen oder schwierigen Sachverhalten. Vor diesem Hintergrund sind immer auch die Buchungssätze bei den einzelnen Beispielen angegeben, um die Erklärungen und das Verständnis zu fördern. Allerdings beinhaltet das vorliegende Lehrbuch nicht das Erlernen der doppelten Buchhaltung, sondern setzt diese Kenntnisse voraus.

Bei erfolgswirksamen Buchungen findet sich immer nur die Bezeichnung Aufwand oder Ertrag, da die Darstellung des Ausweises der Aufwendungen und Erträge in der GuV erst in Kapitel 12 erfolgt. Gleichwohl ist immer auch der jeweils betroffene Posten der GuV nach dem in Deutschland vorherrschendem Gesamtkostenverfahren in Klammern angegeben, um ein Gefühl für die Darstellung in der GuV zu schaffen.

Die 2. Auflage des Lehrbuchs beinhaltet neben der Anpassung an geänderte bzw. neue gesetzliche Regelungen zur Erstellung eines handelsrechtlichen Jahresabschlusses und Lageberichts insbesondere ausführliche Ergänzungen um die Themen der Rechnungslegung von Pensionsrückstellungen, der Rechnungslegung von Derivaten und der Rechnungslegung von Sicherungsbeziehungen mittels der Bildung von Bewertungseinheiten. Um das Verständnis zur Abbildung von Derivaten und Sicherungsbeziehungen in der Rechnungslegung zu vereinfachen, wurde darüber hinaus ein Kapitel zur Erläuterung von Futures, Forwards, Swaps und Optionen als wesentliche Arten derivativer Finanzinstrumente einschließlich der Darstellung ihrer finanziellen Wirkungsweise integriert.

Dank gilt Dr. Uwe Fliegauf vom Verlag W. Kohlhammer für die von ihm geleistete damalige Überzeugungsarbeit zum Verfassen des Lehrbuchs sowie für die wiederum hervorragende Zusammenarbeit im Rahmen der 2. Auflage, wobei hier auch Herrn David Jäger zu danken ist.

Allen Leserinnen und Lesern bin ich auch zukünftig für Anmerkungen, Anregungen oder Hinweise zu Unklarheiten dankbar. Sie erreichen mich über meine E-Mail-Adresse sven.schaefer@th-koeln.de.

Köln, im Dezember 2022   Sven Schäfer

Inhaltsübersicht

Inhaltsverzeichnis

Abkürzungsverzeichnis

A	Annuität
a. A.	anderer Ansicht
Abs.	Absatz
ABW	Anwartschaftsbarwert
ADS	Adler/Düring/Schmaltz
a. F.	alte Fassung
AG	Aktiengesellschaft
AktG	Aktiengesetz
Art.	Artikel
Aufl.	Auflage
BB	Betriebs-Berater (Zeitschrift)
BetrAVG	Gesetz zur Verbesserung der betrieblichen Altersversorgung (Betriebsrentengesetz)
BFA	Bankenfachausschuss des IDW
BFH	Bundesfinanzhof
BGB	Bürgerliches Gesetzbuch
BilMoG	Gesetz zur Modernisierung des Bilanzrechts (Bilanzrechtsmodernisierungsgesetz)
BilRUG	Bilanzrichtlinie-Umsetzungsgesetz
BiRiLiG	Bilanzrichtliniengesetz
BMJV	Bundesministerium für Justiz und Verbraucherschutz
BR	Deutscher Bundesrat
BStBl	Bundesteuerblatt
BT	Deutscher Bundestag
BWNVA	Barwert der noch zu verrechnenden Annuitäten
BWR	Barwert der künftigen Rente zu Beginn des Rentenbezugszeitraums
bzw.	beziehungsweise
ca.	circa
CSRD	Corporate Sustainability Reporting Directive
DAX	Deutscher Aktienindex
DB	Der Betrieb (Zeitschrift)
DepotG	Depotgesetz
d. h.	das heißt
DRS	Deutscher Rechnungslegungsstandard
DRSC	Deutsches Rechnungslegungs Standards Commitee

DSR	Deutscher Standardisierungsrat
EBIT	Earnings before Interest and Tax
EBITDA	Earnings before Interest, Tax, Depreciation and Amortisation
EG	Europäische Gemeinschaft
EGHGB	Einführungsgesetz zum Handelsgesetzbuch
EL	Ergänzungslieferung
ESt	Einkommensteuer
EStG	Einkommensteuergesetz
EStH	Einkommensteuerhinweise
EStR	Einkommensteuerrichtlinien
et al.	et alii (und andere)
EU	Europäische Union
EUREX	European Exchange
e. V.	eingetragener Verein
EWG	Europäische Wirtschaftsgemeinschaft
f.	folgende (Seite)
FAIT	Fachausschuss Informationstechnologie des IDW
ff.	folgende (Seiten)
Fifo	first in – first out
FN-IDW	Fachnachrichten des IDW
GewESt	Gewerbeertragsteuer
GewStG	Gewerbesteuergesetz
ggf.	gegebenenfalls
GKV	Gesamtkostenverfahren
GmbH	Gesellschaft mit beschränkter Haftung
GmbHG	Gesetz betreffend die Gesellschaften mit beschränkter Haftung
GenG	Gesetz betreffend die Erwerbs- und Wirtschaftsgenossenschaften (Genossenschaftsgesetz)
GoB	Grundsätze ordnungsmäßiger Buchführung
GuV	Gewinn- und Verlustrechnung
HdR	Handbuch der Rechnungslegung
HFA	Hauptfachausschuss des IDW
HGB	Handelsgesetzbuch
h. M.	herrschende Meinung
hrsg.	herausgegeben
Hrsg.	Herausgeber
HS	Halbsatz
i	Zinssatz p.a.
IAS	International Accounting Standards
IDW	Institut der Wirtschaftsprüfer in Deutschland e. V.
IFRS	International Financial Reporting Standards
InsO	Insolvenzordnung
i. S. d.	im Sinne der/des
i. V. m.	in Verbindung mit KFZ-Steuer Kraftfahrzeugsteuer

KG	Kommanditgesellschaft
KGaA	Kommanditgesellschaft auf Aktien
KoR	Zeitschrift für internationale und kapitalmarktorientierte Rechnungslegung
KSt	Körperschaftssteuer
KStG	Körperschaftsteuergesetz
KWG	Gesetz über das Kreditwesen (Kreditwesengesetz)
Lifo	last in – first out
Mio.	Millionen
m. w. N.	mit weiteren Nachweisen
n	Laufzeit
n. F.	neue Fassung
Nr.	Nummer
OECD	Organisation für Economic Co-operation and Development (Organisation für wirtschaftliche Zusammenarbeit und Entwicklung)
o. g.	oben genannt
OHG	Offene Handelsgesellschaft
p. a.	per annum
PS	Prüfungsstandard des IDW
PublG	Gesetz über die Rechnungslegung von bestimmten Unternehmen und Konzernen (Publizitätsgesetz)
q	Auf- bzw. Abzinsungsfaktor (1+i)
r	(jährliche) Rentenzahlung
R0	Rentenbarwert
Rn	Rentenendwert
RBW	Restbuchwert
RH	Rechnungslegungshinweis des IDW
Rn.	Randnummer
RS	Stellungnahme zur Rechnungslegung des IDW
RückAbzinsV	Verordnung über die Ermittlung und Bekanntgabe der Sätze zur Abzinsung von Rückstellungen (Rückstellungsabzinsungsverordnung)
Rz.	Randziffer
S	Standard des IDW
S.	Seite, Satz
SolZ	Solidaritätszuschlag
t	Jahresindex (Jahr)
TEUR	Tausend Euro
Tz.	Textziffer
u. a.	unter anderem
UA	Unterabschnitt
u. Ä.	und Ähnliches
UKV	Umsatzkostenverfahren
UN	United Nations (Vereinigte Nationen)
USt	Umsatzsteuer

UStG	Umsatzsteuergesetz
VAG	Gesetz über die Beaufsichtigung der Versicherungsunternehmen (Versicherungsaufsichtsgesetz)
vgl.	vergleiche
w. N.	weitere Nachweise
WP	Wirtschaftsprüfer
WPg	Die Wirtschaftsprüfung (Zeitschrift)
WpHG	Gesetz über den Wertpapierhandel
WpÜG	Wertpapiererwerbs- und Übernahmegesetz
z. B.	zum Beispiel

1 Grundlagen des externen Rechnungswesens

1.1 Begriffsabgrenzungen, Funktionen und Adressaten des Rechnungswesens

Die **Rechnungslegung** lässt sich als ein Instrument zur Erfüllung bestimmter Zwecke auffassen.[1] Die in diesem Lehrbuch umfassend behandelte handelsrechtliche Rechnungslegung stellt einen Teilbereich der Rechnungslegung und diese wiederum einen Teilbereich des betrieblichen Rechnungswesens dar. Daher gilt es zunächst einmal diese Begriffe zu klären und einen Überblick über die mit ihnen verfolgten Ziele sowie die Adressaten der Informationen dieser Bereiche zu verschaffen.

Das **Rechnungswesen** dient dem Unternehmer bzw. der Unternehmensleitung dazu, Transparenz über das Ergebnis der wirtschaftlichen Tätigkeit des Unternehmens mittels quantitativer Informationen für sich selbst und für andere Adressaten zu gewinnen, um auf dieser Grundlage zielgerichtete Entscheidungen des Adressatenkreises zu ermöglichen. Das Rechnungswesen zielt damit auf die Erfassung, rechnerische Darstellung, Planung, Steuerung und Überwachung des betriebswirtschaftlichen Handelns. Damit umfasst das Rechnungswesen Rechenwerke, Rechnungen bzw. rechnerische Abbildungen, die die erfassten zahlenmäßigen Informationen zielorientiert verarbeiten und darstellen. Die Rechenwerke können sich sowohl auf einen Zeitpunkt (z. B. Bilanz zum Abschlussstichtag) als auch auf einen Zeitraum (z. B. Gewinn- und Verlustrechnung für das abgelaufene Geschäftsjahr) beziehen. Grundlage für die zu erstellenden Rechenwerke bildet zunächst einmal die systematische und vollständige Erfassung sowie Aufbereitung aller quantitativen Informationen. Dieses geschieht in der **Buchhaltung** als Teil und notwendiges Fundament des Rechnungswesens, auf deren Zahlen nachfolgend die anderen Teilbereiche des Rechnungswesens zurückgreifen.

Dem Rechnungswesen kommt vor diesem Hintergrund eine **Dokumentations-, Planungs- und Kontrollfunktion** zu. Der Dokumentationszweck beinhaltet zum einen die Bereitstellung von Informationen für die an den Unternehmensdaten aus verschiedenen Gründen interessierten Adressaten. Dies wird als Informationsfunktion bezeichnet und bildet die Grundlage für Entscheidungen der Interessenten. Zum anderen umfasst der Dokumentationszweck des Rechnungswesens

---

1 Vgl. Hinz (Beck'sches HdR), B 100, Rn. 1.

eine Zahlungsbemessungsfunktion. Auf Basis bestimmter Rechenwerke resultieren gesetzlich oder vertraglich vorgesehene Rechtsfolgen, wie etwa Steuerzahlungen oder Erfolgsbeteiligungen der Unternehmensleitung (Tantiemen), oder aber es ergibt sich z. B. auch ein Rahmen für die Festlegung der Höhe der Gewinnausschüttungen bzw. Gewinnentnahmen. Die Planung und Steuerung des wirtschaftlichen Unternehmensgeschehens dient dem Treffen zieloptimaler Entscheidungen und damit der Erreichung der Unternehmensziele. Für diesen Zweck liefert das Rechnungswesen Planungsrechnungen wie z. B. Wirtschaftlichkeits- oder Rentabilitätsberechnungen sowie betriebswirtschaftliche Regeln, so dass das Rechnungswesen eine Planungsfunktion aufweist. Die Kontrolle der vorherigen Planung mittels Soll-Ist-Vergleichen, Ermittlung des Zielerreichungsgrades und Analyse der Abweichungen um Verbesserungspotentiale zu identifizieren schlägt sich in der Kontrollfunktion des Rechnungswesens nieder.

Das Rechnungswesen lässt sich aufteilen in das **interne und externe Rechnungswesen**.[2] Das **interne Rechnungswesen** ist an den Unternehmer bzw. die Unternehmensleitung und an verschiedene Unternehmensbereiche gerichtet. Es dient insbesondere der (Selbst-)Information zur Planung, Steuerung und Kontrolle der Unternehmenstätigkeit und beinhaltet auch rein intern veröffentlichte und/oder vertrauliche Daten. Zur Erfüllung der Aufgaben des internen Rechnungswesens bedarf es keiner gesetzlichen Regelungen, da keine konkreten Rechtsfolgen an die ermittelten Werte anknüpfen. Zudem fehlt das Risiko bewusster Falschinformationen, da die Unternehmensleitung sowohl Informationsempfänger als auch Informationslieferant darstellt.[3] Aufbau und Organisation des Teilbereichs sowie Art und Inhalt der genutzten Rechenwerke liegen im Ermessen der Unternehmensleitung und sollten rein betriebswirtschaftlichen Überlegungen folgen. Die weitere Unterteilung des internen Rechnungswesens in den Teilbereich der Kosten- und Leistungsrechnung sowie den Teilbereich Investition und Finanzierung beruht auf den unterschiedlichen Rechengrößen sowie dem zumeist differierenden Planungszeitraum. Während die Kosten- und Leistungsrechnung auf die Rechengrößen Kosten sowie Leistungen zurückgreift und ihren Fokus auf kurzfristige Entscheidungen legt, verwendet der Bereich Investition und Finanzierung hauptsächlich die Rechengrößen Ein- und Auszahlungen und bildet insbesondere die Grundlage für längerfristige Entscheidungen.

Im Gegensatz zum internen Rechnungswesen richtet sich das **als Rechnungslegung bezeichnete externe Rechnungswesen** sowohl an sämtliche interne Adressaten wie den Unternehmer bzw. die Unternehmensleitung als auch an die unternehmensexternen Adressaten. Die Rechnungslegung dient insbesondere der Dokumentation des Unternehmensgeschehens. Dies beinhaltet sowohl die Bereitstellung von Informationen über die Vermögens-, Finanz- und Ertragslage des Unternehmens als Entscheidungsgrundlage für die Adressaten (Informationsfunktion des Rechnungswesens) als auch die Festlegung von Steuerzahlungen und Aus-

---

2 Vgl. hierzu ausführlich Coenenberg/Haller/Mattner/Schultze (Einführung), S. 7 ff.
3 Vgl. Wöhe/Döring/Brösel (BWL), S. 630.

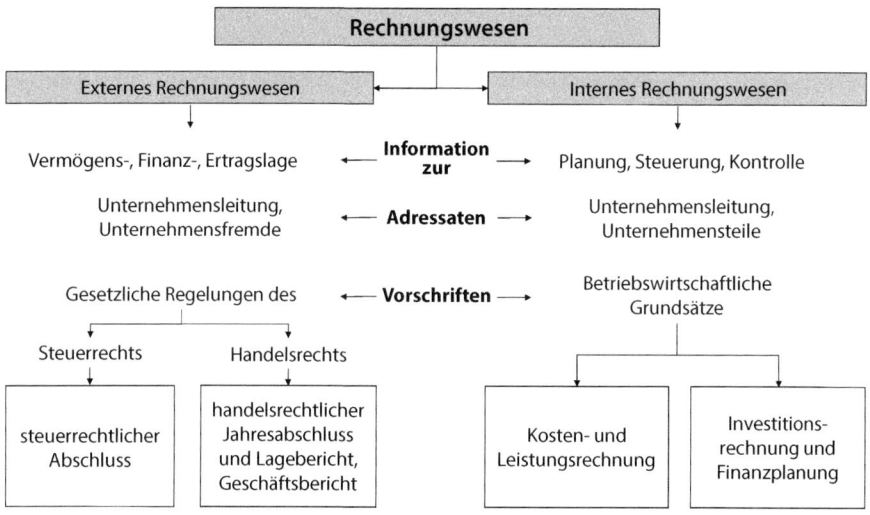

Dar. 1.1: Gegenüberstellung von externem und internem Rechnungswesen[4]

schüttungen (Zahlungsbemessungsfunktion des Rechnungswesens). Um diesen Aufgaben gerecht zu werden, bedarf es nachprüfbarer, objektiver und klar definierter Informationen. Neben diesem Erfordernis existiert auch die Gefahr von Fehlsteuerungen aufgrund von Informationsasymmetrien zwischen der Unternehmensleitung und den externen Adressaten. Zudem liegen Interessensgegensätze zwischen den einzelnen Adressatengruppen vor. Vor dem Hintergrund der an die Informationen zu stellenden Anforderungen, der Vermeidung von Fehlsteuerungen und der vorliegenden Interessensgegensätze zwischen den Adressaten besteht die **Notwendigkeit**, die Erstellung der Rechenwerke des externen Rechnungswesens **gesetzlich zu regeln**. Dies hat der deutsche Gesetzgeber auch getan. Das Steuerrecht regelt die Erstellung der Steuerbilanz als Bemessungsgrundlage für die Festlegung der Ertragsteuern. Alleiniger Adressat der steuerlichen Rechnungslegung ist neben der Unternehmensleitung der Staat in Form der Finanzverwaltung als Empfänger der Steuerzahlungen. Neben den steuerrechtlichen Vorschriften hat der Gesetzgeber zur Erfüllung der Ausschüttungsbemessungsfunktion sowie zur Erfüllung der Informationsfunktion handelsrechtliche Regelungen festgelegt. Die **handelsrechtliche Rechnungslegung** oder anders ausgedrückt **das auf das Handelsrecht bezogene externe Rechnungswesen** beinhaltet die Erstellung des Jahresabschlusses eines Unternehmens, bestehend aus Bilanz, Gewinn- und Verlustrechnung sowie ggf. Anhang, Kapitalflussrechnung und Eigenkapitalspiegel, darüber hinaus des Lageberichts sowie möglicherweise weitere veröffentlichte Rechenwerke oder Informationen. Neben den auf **ein Unternehmen** bezogenen Rechenwerken umfasst die handelsrechtliche Rechnungslegung auch die Zahlenwerke für einen **Konzern**

---

4 Vgl. in Anlehnung an Coenenberg/Haller/Mattner/Schultze (Einführung), S. 8.

als Gruppe von Unternehmen, die wirtschaftlich aufgrund ihrer Verbundbeziehungen eine Einheit darstellen (Konzernrechnungslegung). Allerdings stellt der Konzernabschluss im Gegensatz zum Einzel- bzw. Jahresabschluss allein auf die Informationsfunktion ab, da ein Konzern aufgrund mangelnder Rechtspersönlichkeit niemals eine Ausschüttungsbemessungsfunktion übernehmen kann.[5] Dies gilt sowohl für einen auf Basis des Handelsgesetzbuchs (HGB) als auch für einen auf Grundlage der International Financial Reporting Standards (IFRS) erstellten Konzernabschluss. Den Rechnungslegungsadressaten werden der Konzernabschluss und Konzernlagebericht oftmals mittels der Veröffentlichung eines Geschäftsberichts zur Verfügung gestellt. Dieses Lehrbuch konzentriert sich im Folgenden auf den auf den Jahresabschluss und Lagebericht eines Unternehmens bezogenen Teil der handelsrechtlichen Rechnungslegung. Durch die Vorgabe gesetzlicher Regelungen eröffnet sich für die Unternehmen die Möglichkeit der **Rechnungslegungspolitik**. Unter Rechnungslegungspolitik ist die bewusste und (unternehmens-)zielkonforme Gestaltung der Rechenwerke der Rechnungslegung zur Beeinflussung der Verhaltensweisen der Adressaten im Rahmen des gesetzlichen Rahmens zu verstehen.[6] Zu der Gestaltung der Rechenwerke bedient man sich des zur Verfügung stehenden und rechtlich zulässigen Instrumentariums. Dabei kommt z. B. die Ausübung von Ermessensspielräumen und Wahlrechten oder auch die Durchführung sachverhaltsgestaltender Maßnahmen in Betracht.

Trotz Aufteilung des Rechnungswesens anhand der Adressatenorientierung in internes und externes Rechnungswesen sollte nicht vergessen werden, dass **zwischen beiden Teilbereichen ein enger Zusammenhang** besteht. Beide dienen der Bereitstellung von Informationen als Grundlage zu treffender Entscheidungen und greifen auf die gleichen, in der Buchhaltung erfassten quantitativen Informationen zurück. Die Zahlen werden anschließend teilweise nur unterschiedlich in den Rechenwerken verarbeitet, um die differierenden Zwecke zu erfüllen. Darüber hinaus fließen im externen Rechnungswesen ermittelte Zahlen und Informationen in das interne Rechnungswesen ein und andersherum. So nutzt z. B. das interne Rechnungswesen die im Rahmen des externen Rechnungswesens vorgenommene Bewertung von Derivaten und ermittelten latenten Steuern zum Abschlussstichtag oder auch die im externen Rechnungswesen berechneten Währungsumrechnungsaufwendungen und -erträge. Das externe Rechnungswesen dagegen greift z. B. auf die im internen Rechnungswesen kalkulierten Herstellungskosten selbst erstellter Vermögensgegenstände oder auch die ggf. dort verantworteten Werbeaufwendungen zurück. Zudem lässt sich beispielsweise eine Wirtschaftsprüferin bzw. ein Wirtschaftsprüfer im Rahmen der vorgesehenen Prüfung des handelsrechtlichen Jahresabschlusses regelmäßig von den Leitungspersonen im Finanz- und Rechnungswesen sowie im Controlling oder dem Finanzvorstand selbst die Abweichungen von Werten im (intern genutzten) Managementreporting und den (extern zu

---

5 Vgl. hierzu ausführlich Kapitel 2.1.
6 Vgl. hierzu und zum Begriff etwa Schäfer (Entscheidungsmodelle), S. 29 mit einer Vielzahl w.N.

veröffentlichenden) Rechnungslegungsinformationen erläutern. Sofern die Abweichungen begründbar den unterschiedlichen Rechenwerken geschuldet sind, kann mit dieser Prüfungshandlung die Richtigkeit und Vollständigkeit der zugrunde liegenden Zahlen sichergestellt werden, da die Unternehmensleitung das Unternehmen nicht mit fehlerhaften oder unvollständigen Informationen steuern dürfte ohne bewusst Schaden der Gesellschaft zufügen zu wollen. Eine ohne nachvollziehbaren Grund bestehende Differenz zwischen beiden Rechenwerken führt dagegen zu einer Prüfungsfeststellung mit den daraufhin folgenden Anpassungen oder anderweitigen Schritten in Abhängigkeit der Wesentlichkeit des Fehlers.

Als **Adressaten des Rechnungswesens** kommt eine Vielzahl verschiedener Gruppen in Betracht. Ihnen allen gemeinsam ist, dass sie ein Interesse an den im Rechnungswesen erstellten Rechenwerken haben und diese Informationen als Grundlage für die von ihnen zu treffenden Entscheidungen nutzen. Allerdings unterscheiden sich die Informationsinteressen und auch die jeweils zu treffenden Entscheidungen zwischen den einzelnen Adressatengruppen. Nach dem Umfang der gewährten Informationen lassen sich die Interessenten in externe und interne Adressaten einteilen. Externen Adressaten werden die im externen Rechnungswesen auf Basis gesetzlicher Vorschriften ermittelten Rechenwerke zur Verfügung gestellt. Interne Adressaten können aufgrund ihrer Stellung oder ihrer Möglichkeit zur Einflussnahme neben den Informationen für externe Adressaten auch auf rein unternehmensinterne, nicht zu einer Veröffentlichung nach außen vorgesehene Informationen zurückgreifen. Diese weisen regelmäßig vertraulichen Charakter auf und sollten nicht in die Hände von Konkurrenten fallen. Dabei kann es sich z. B. um Zahlen der Kosten- und Leistungsrechnung, die mittel- und langfristige Unternehmensplanung oder auch noch nicht weiter konkretisierte strategische Überlegungen handeln. Die Darstellung 1.2 enthält einen Überblick über verschiedene Adressaten des Rechnungswesens.

Dar. 1.2: Adressaten des Rechnungswesens

Externe Adressaten	Interne Adressaten
• Potentielle Anteilseigner • Kleinaktionäre/ Eigentümer mit geringem bzw. keinem Einfluss • Kreditgeber • Arbeitnehmerinnen/ Arbeitnehmer • Gewerkschaften • Finanzanalysten • Lieferanten und Kunden • Konkurrenz • Presse • Rating Agenturen • Fondsmanagement • Staat/Aufsichtsbehörden • Gesellschaft/ Öffentlichkeit	• Großaktionäre/ Eigentümer mit Möglichkeit der Einflussnahme auf Entscheidungen • Großgläubiger • Unternehmensleitung (Vorstand, Geschäftsführung) • Kontrollorgane (Aufsichtsrat, Beirat, Wirtschaftsprüfer) • (Leitung) Finanz- und Rechnungswesen, (Leitung) Controlling • Finanzverwaltung

1.2 Rechnungslegungsvorschriften

Um die Informations- und Zahlungsbemessungsfunktion als Aufgaben der handelsrechtlichen Rechnungslegung zu erfüllen, bedarf es, wie oben erläutert, nachprüfbarer, objektiver und klar definierter Informationen. Darüber hinaus bestehen Interessensgegensätze zwischen den einzelnen Adressatengruppen der Rechenwerke sowie Informationsunterschiede zwischen der Unternehmensleitung als Informationslieferant und den externen Adressaten als Informationsempfängern. Die Anforderungen an die in den Rechenwerken darzustellenden Informationen und die Interessens- sowie Informationsdifferenzen bedingen **gesetzlich festgelegte Regelungen**. Durch die gesetzlichen Vorschriften wird ein standardisierter Rahmen für die Art, die Ermittlung und den Umfang der abzubildenden Informationen vorgegeben.

Die zentralen Rechnungslegungsvorschriften finden sich im HGB. Daher kommt auch der Begriff handelsrechtliche Rechnungslegung. Daneben existieren ergänzende und in anderen Gesetzen geregelte Vorschriften, die sich z. B. auf Rechtsformunterschiede, die Unternehmensgröße oder Branchenbesonderheiten beziehen.

Grundlage für die deutschen Rechnungslegungsregelungen bilden die **EG-Richtlinien**. Relevant sind hier insbesondere die 4. EG-Richtlinie (Bilanzrichtlinie) und die 7. EG-Richtlinie (Konzernbilanzrichtlinie) einschließlich ihrer Ergänzungen sowie Änderungen im Zeitablauf.[7] Die EG-Richtlinien dienen der Harmonisierung des Gesellschaftsrechts und damit auch der Rechnungslegung in den Mitgliedstaaten der Europäischen Union (EU). Die Richtlinien richten sich allein an die Mitgliedstaaten, die ihre Vorgaben und Ziele unter Ausübung oder Weitergabe der enthaltenen Wahlrechte innerhalb einer bestimmten Zeit umsetzen müssen.

Im **HGB** sind die Rechnungslegungsvorschriften im dritten Buch (§§ 238 bis 342e HGB) niedergelegt. Das dritte Buch unterteilt sich in sechs Abschnitte. Darstellung 1.3 stellt diese systematisiert dar.

Einzelkaufleute und Personenhandelsgesellschaften haben allein die Vorschriften des ersten Abschnitts anzuwenden. Für Kapitalgesellschaften bestehen dagegen ergänzend im zweiten Abschnitt weitere Vorschriften, so dass sie sowohl die Vorgaben des ersten Abschnitts als auch die Regelungen des zweiten Abschnitts beachten müssen. Die Differenzierung der gesetzlichen Vorschriften in Abhängigkeit der Rechtsform des Unternehmens beruht auf der gesellschaftsrechtlichen Trennung bzw. dem Zusammenliegen von **Eigentum und Geschäftsführung**. Bei Einzelunternehmen sowie Personenhandelsgesellschaften wie OHG und KG haften der Einzelkaufmann, die Gesellschafter bzw. zumindest ein Gesellschafter unmittelbar und unbeschränkt mit ihrem Privatvermögen. Die Unternehmensleitung liegt bei Einzelunternehmen beim Einzelkaufmann. Die Gesellschafter einer OHG

---

7 Vgl. Vierte Richtlinie 78/660/EWG und Siebente Richtlinie 83/349/EWG. Zu einem Überblick über die EG-Richtlinien und ihrer Entwicklung vgl. etwa BT-Drucksache 16/10067, S. 32 f.

Dar. 1.3: Überblick über das dritte Buch des HGB

bzw. der persönlich haftende Gesellschafter einer KG agieren oftmals gleichzeitig als Geschäftsführer des Unternehmens.[8] Bei Kapitalgesellschaften wie AG, GmbH oder KGaA dagegen besteht eine Trennung von Eigentum und Geschäftsführung. Das Unternehmen selbst weist eine eigene Rechtspersönlichkeit auf. Die Kapitalgesellschaft haftet allein mit ihrem Gesellschaftsvermögen. Die Haftung der Gesellschafter ist auf ihre Einlage ins Unternehmen beschränkt, so dass grundsätzlich kein Rückgriff auf ihr Privatvermögen erfolgen kann. Über die Geschäftsführung beschließen wiederum die Gesellschafter. Sie ist aber aufgrund der auf das Gesellschaftsvermögen beschränkten Haftung nicht an das Eigentum gekoppelt. Vor diesem Hintergrund besteht bei den **Gläubigern und Anteilseignern von Kapitalgesellschaften ein zusätzlicher Informations- sowie Schutzbedarf** gegenüber denen von Einzelunternehmen und Personenhandelsgesellschaften.

Die für Kapitalgesellschaften ergänzend anzuwendenden Vorschriften des zweiten Abschnitts[9] gelten nach § 264a Abs. 1 HGB auch für **haftungsbeschränkte Personengesellschaften** wie z. B. die GmbH & Co. KG. Bei einer haftungsbeschränkten Personengesellschaft ist der persönlich haftende Gesellschafter einer Personenhandelsgesellschaft (Komplementär) keine natürliche Person oder keine Personengesellschaft mit einer natürlichen Person als persönlich haftendem Gesellschafter. So ist der Komplementär bei einer GmbH & Co. KG die GmbH. Da es sich bei der GmbH um eine Kapitalgesellschaft handelt, begrenzt sich die Haftung

---

8 Vgl. § 114 Abs. 1 HGB und § 164 HGB.
9 Einzig ausgenommen ist die Anwendung der Straf- und Bußgeldvorschriften (6. Unterabschnitt).

wiederum nur auf deren Gesellschaftsvermögen. Insofern weisen auch die Gläubiger und die als natürliche Personen Beteiligten bei haftungsbeschränkten Personengesellschaften ein erhöhtes Informations- und Schutzbedürfnis auf. Der Gesetzgeber hat folglich den Anwendungsbereich der ergänzenden Vorschriften für Kapitalgesellschaften auch auf haftungsbeschränkte Personengesellschaften ausgedehnt.

Unter das Publizitätsgesetz (PublG) fallende Unternehmen besitzen als Großunternehmen eine hohe wirtschaftliche Bedeutung. Insofern besteht auch hier ein erhöhtes Informationsinteresse bei einer Vielzahl von Adressaten. Unternehmen fallen in den Anwendungsbereich des PublG, wenn sie zwei von drei in § 1 Abs. 1 PublG festgelegte Größenkriterien an 3 aufeinanderfolgenden Abschlussstichtagen überschreiten und sie eine bestimmte in § 3 Abs. 1 PublG definierte Rechtsform aufweisen. Danach gilt das PublG insbesondere für große Unternehmen in der Rechtsform einer nicht haftungsbeschränkten Personenhandelsgesellschaft, eines Einzelunternehmens und einer Körperschaft, Stiftung oder Anstalt des öffentlichen Rechts.[10] Fallen Unternehmen unter das PublG haben sie eine Vielzahl der ergänzenden Vorschriften für Kapitalgesellschaften anzuwenden. Welche Regelungen im Einzelfall berücksichtigt werden müssen, bestimmt sich u. a. rechtsformabhängig nach den jeweiligen Vorgaben des PublG.

Die Darstellungen 1.4 und 1.5 geben einen Überblick über den Aufbau und die einzelnen Regelungen des ersten und zweiten Abschnitts des dritten Buchs des HGB zur Rechnungslegung.

Dar. 1.4: Überblick über die Vorschriften des HGB für alle Kaufleute

---

10 Darüber hinaus fallen auch Vereine mit wirtschaftlichem Geschäftsbetrieb und gewerbliche Stiftungen in den Anwendungsbereich des PublG.

Dar. 1.5: Überblick über die ergänzenden Vorschriften des HGB für Kapitalgesellschaften[11]

Die Anwendung der ergänzenden Regelungen für Kapitalgesellschaften und haftungsbeschränkte Personengesellschaften hängt von der **Unternehmensgröße** ab. Das HGB unterscheidet dabei zwischen **großen, mittelgroßen, kleinen und Kleinstgesellschaften**. Je größer das Unternehmen ist, desto mehr Vorschriften finden Anwendung und umso umfassender muss berichtet werden. Die Zuordnung des Unternehmens in eine der vier Größenklassen große, mittelgroße, kleine oder Kleinstgesellschaft erfolgt nach § 267 und § 267a HGB in Abhängigkeit der drei Kriterien Bilanzsumme, Umsatzerlöse und durchschnittliche Mitarbeiterzahl im Jahr. Die für diese Kriterien festgelegten Schwellenwerte werden regelmäßig mittels Gesetzesänderungen angepasst. Die mit der Einstufung des Unternehmens in eine der Größenklassen sich ergebenden Rechtsfolgen treten nach § 267 Abs. 4 S. 1 HGB allerdings erst dann ein, wenn das Unternehmen zwei von drei Größenkriterien an zwei aufeinanderfolgenden Abschlussstichtagen über- oder unterschreitet.[12] Eine Zuordnung kapitalmarktorientierter Gesellschaften im Sinne des § 264d HGB in eine der Größenklassen bedarf es nicht. Sie gelten nach § 267 Abs. 3 S. 2 HGB stets als große Gesellschaften.

Neben dem HGB finden sich **weitere ergänzende Rechnungslegungsvorschrift**en. So bestehen **rechtsformspezifische Besonderheiten** bei der AG, KGaA, GmbH und Genossenschaft, die in den jeweiligen Gesetzen kodifiziert sind.

---

11 Hinweis: Der 4. Titel im 1. Unterabschnitt (UA) §§ 279 bis 283 HGB wurde aufgehoben.
12 Im Falle der Neugründung eines Unternehmens oder bei Umwandlung treten dagegen die Rechtsfolgen schon am ersten Abschlussstichtag nach Gründung oder Umwandlung ein (§ 267 Abs. 4 S. 2 HGB).

- AktG (§§ 58, 150-160, 170-174, 256, 257 sowie ergänzend § 286 für die KGaA)
- GmbHG (§§ 29, 42, 42a)
- GenG (§§ 33, 48, 53, 160) neben dem dritten Abschnitt des dritten Buches im HGB

Branchenspezifische Besonderheiten werden neben gesetzlichen Vorschriften regelmäßig ergänzend mittels Verordnungen Rechnung getragen. Spezielle Regelungen zur Rechnungslegung finden sich beispielsweise in den Branchen Verkehr, Energieversorgung, Krankenhäuser und Pflegeeinrichtungen, Entsorgung oder Wohnungswirtschaft.[13] Dies betrifft oftmals auch die Wirtschaftsbetriebe der öffentlichen Hand, die in diesen Branchen tätig sind. Darüber hinaus existieren Besonderheiten im Rahmen der Rechnungslegung öffentlicher Verwaltungen.

Wie oben in diesem Kapitel erläutert enthält das PublG **größenspezifische Vorschriften**. Fallen Unternehmen in den Anwendungsbereich des PublG, haben sie bestimmte der ergänzenden Vorschriften für Kapitalgesellschaften im HGB zu berücksichtigen. Betroffen sind u. a. nicht haftungsbeschränkte Personengesellschaften, Einzelunternehmen oder Körperschaften des öffentlichen Rechts, die die Größenkriterien des § 1 Abs. 1 PublG an 3 aufeinanderfolgenden Abschlussstichtagen überschreiten.

Nach § 342 Abs. 1 HGB kann das BMJV eine privatrechtlich organisierte Einrichtung durch Vertrag anerkennen und ihr bestimmte Aufgaben übertragen. Zu diesen Aufgaben gehört nach § 342 Abs. 1 Nr. 1 HGB die Entwicklung von Empfehlungen zur Anwendung der Grundsätze über die Konzernrechnungslegung. Diese Möglichkeit hat das BMJV wahrgenommen und als privates Rechnungslegungsgremium das DRSC anerkannt. Nach § 342 Abs. 2 HGB gelten die vom DRSC verabschiedeten **Deutschen Rechnungslegungsstandards (DRS)** als Grundsätze ordnungsmäßiger Konzernrechnungslegung (**Konzern GoB**). Um als Konzern GoB zu gelten bedarf es als Voraussetzung allerdings einer vorherigen Bekanntmachung des DRS durch das BMJV.

Neben diesen weiteren, das HGB ergänzenden Rechnungslegungsvorschriften können in Deutschland auch die **IFRS** zur Anwendung kommen. Dies betrifft insbesondere den Konzernabschluss. Nach § 315e Abs. 1 HGB müssen zur Erstellung eines Konzernabschlusses verpflichtete kapitalmarktorientierte Unternehmen zwingend einen IFRS-Konzernabschluss erstellen. Die Pflicht zur Aufstellung eines Konzernabschlusses ergibt sich aus §§ 290 bis 293 HGB und damit auf Grundlage handelsrechtlicher Vorschriften. Für nicht kapitalmarktorientierte und zur Erstellung eines Konzernabschlusses verpflichtete Unternehmen besteht dagegen nach § 315e Abs. 3 HGB ein Wahlrecht, ihren Konzernabschluss nach HGB oder nach IFRS aufzustellen. Neben dem Konzernabschluss können die IFRS auch im Einzelabschluss Anwendung finden. Dies betrifft allerdings nur die Offenlegung des Einzelabschlusses. Die Aufstellung des Jahresabschlusses hat unverändert nach

---

13 Vgl. zu einem umfassenden Überblick über die in diesen Branchen anzuwendenden Vorschriften WP-Handbuch 2012, (Band I), L, Tz. 34-48.

HGB zu erfolgen. Insofern kann nach § 325 Abs. 2a und 2b HGB statt des nach HGB erstellten Einzelabschlusses ein zusätzlich nach IFRS aufgestellter Jahresabschluss offengelegt werden. Die Darstellung 1.6 enthält zusammenfasend den Anwendungsbereich der IFRS in Deutschland.

Dar. 1.6: Möglichkeiten und Verpflichtungen zur Erstellung eines IFRS-Abschlusses

	Kapitalmarktorientierte Unternehmen	Nicht kapitalmarktorientierte Unternehmen
Konzernabschluss	IFRS Pflicht (§ 315e Abs. 1 und 2 HGB)	IFRS Wahlrecht (§ 315e Abs. 3 HGB)
Einzelabschluss	IFRS Wahlrecht (aber allein) für Offenlegungszwecke (§ 325 Abs. 2a und 2b HGB)	

Als Bedingung für die Anwendung eines IFRS im Einzel- oder Konzernabschluss in Deutschland besteht die Notwendigkeit, dass der entsprechende IFRS vorab von der EU in europäisches Recht übernommen wurde. Die Anerkennung eines IFRS in der EU wird als **Endorsement** bezeichnet. Diese Voraussetzung ergibt sich aus § 315e Abs. 1 HGB i. V. m. Art. 2, 3 und 6 der IAS Verordnung[14].

1.3 Bestandteile der handelsrechtlichen Rechnungslegung

Die handelsrechtliche Rechnungslegung beinhaltet verschiedene Informationsinstrumente. Dabei handelt es sich gesetzlich im HGB verankert um **Bilanz, GuV, Anhang, Kapitalflussrechnung, Eigenkapitalspiegel, Segmentberichterstattung und Lagebericht**. Neben diese Bestandteile der Rechnungslegung können freiwillig oder auf Grundlage anderer Gesetze **weitere Rechenwerke und Informationen** treten. Das HGB legt in Abhängigkeit von Rechtsform, Größe und Kapitalmarktorientierung fest, welches Informationsinstrument ein Unternehmen verpflichtend zu erstellen hat.

Nach § 242 Abs. 3 HGB besteht der Jahresabschluss grundsätzlich aus Bilanz und GuV. § 264 Abs. 1 S. 1 HGB bestimmt zusätzlich, dass Kapitalgesellschaften den Jahresabschluss um einen Anhang zu erweitern haben und neben dem Jahresabschluss einen Lagebericht aufzustellen haben. Da für haftungsbeschränkte Personengesellschaften im Sinne des § 264a HGB (z. B. GmbH & Co. KG) auch die ergänzenden Vorschriften für Kapitalgesellschaften gelten (§ 264a Abs. 1 HGB), müssen auch diese Unternehmen einen Anhang und einen Lagebericht erstellen. Vor diesem Hintergrund sind **Einzelunternehmen und nicht haftungsbe-**

---

14 Vgl. Verordnung (EG) Nr. 1606/2002, auf die explizit in § 315e Abs. 1 HGB verwiesen wird.

schränkte **Personenhandelsgesellschaften** (OHG, KG) verpflichtet, einen Jahresabschluss bestehend aus Bilanz und GuV aufzustellen. **Kapitalgesellschaften** (AG, GmbH, KGaA) **und haftungsbeschränkte Personengesellschaften** (z. B. GmbH & Co. KG) haben dagegen einen Jahresabschluss bestehend aus Bilanz, GuV und Anhang und neben dem Jahresabschluss zusätzlich auch einen Lagebericht zu erstellen.

Für **kapitalmarktorientierte Unternehmen** existieren nach § 264 Abs. 1 S. 2 HGB weitere Ergänzungen der Rechnungslegungsbestandteile. Sofern kapitalmarktorientierte Unternehmen nicht zur Aufstellung eines Konzernabschlusses verpflichtet sind, müssen sie den Jahresabschluss um eine Kapitalflussrechnung und einen Eigenkapitalspiegel erweitern. Zusätzlich können sie den Jahresabschluss freiwillig um eine Segmentberichterstattung ergänzen. D. h. dass die Rechnungslegungsbestandteile einer nicht zur Aufstellung eines Konzernabschlusses verpflichteten kapitalmarktorientierten Gesellschaft zwingend aus Bilanz, GuV, Anhang, Kapitalflussrechnung, Eigenkapitalspiegel und Lagebericht bestehen und weiterhin wahlweise einer Segmentberichterstattung. Existiert dagegen eine Verpflichtung zur Konzernrechnungslegung bei der kapitalmarktorientierten Gesellschaft, entfallen die Erweiterungspflichten des Jahresabschlusses um eine Kapitalflussrechnung und einen Eigenkapitalspiegel. Dies liegt darin begründet, dass diese Informationen mittels des Konzernabschlusses vermittelt werden. Bei Pflicht zur Konzernrechnungslegung hat das Mutterunternehmen nach § 290 Abs. 1 S. 1 i. V. m. § 297 Abs. 1 S. 1 HGB zwingend einen **Konzernabschluss** bestehend aus Bilanz, GuV, Anhang, Kapitalflussrechnung und Eigenkapitalspiegel sowie neben dem Konzernabschluss einen Konzernlagebericht aufzustellen. Zudem kann der Konzernabschluss nach § 297 Abs. 1 S. 2 HGB wiederum um eine Segmentberichterstattung erweitert werden. Darstellung 1.7 fasst die Rechnungslegungsbestandteile für den Einzelabschluss in Abhängigkeit der Rechtsform zusammen. Die ergänzenden Pflichtbestandteile bei einer nicht zur Aufstellung eines Konzernabschlusses verpflichteten kapitalmarktorientierten Gesellschaft sind gestrichelt kenntlich gemacht. Ohne Kapitalmarktorientierung oder bei Konzernrechnungspflicht entfallen diese.

Neben diesen Grundregeln finden sich im HGB **größenabhängige Beschränkungen** der Bestandteile zur Rechnungslegung. So sind kleine Kapitalgesellschaften und kleine haftungsbeschränkte Personengesellschaften nach § 264 Abs. 1 S. 4 HGB von der Aufstellung eines Lageberichts befreit. Dies gilt nach § 267a Abs. 2 HGB auch für Kleinstkapitalgesellschaften, die zudem unter bestimmten Voraussetzungen ebenfalls keinen Anhang erstellen müssen (§ 264 Abs. 1 S. 5 HGB).

Für **unter das PublG fallende Unternehmen** bedarf es einer Differenzierung. Für (große) Einzelunternehmen und Personenhandelsgesellschaften bestehen keine Besonderheiten zu den handelsrechtlichen Regelungen. Sie haben allein einen Bilanz und GuV umfassenden Jahresabschluss zu erstellen. Alle anderen unter das PublG fallenden Gesellschaften wie z. B. die Körperschaften des öffentlichen Rechts müssen wie Kapitalgesellschaften nach § 5 Abs. 2 S. 1 PublG den Jahresabschluss um einen Anhang erweitern und zusätzlich einen Lagebericht aufstellen.

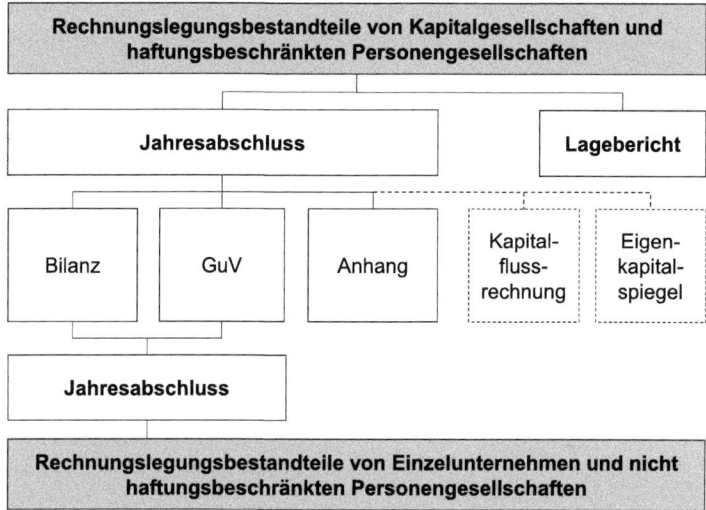

Dar. 1.7: (Pflicht-)Bestandteile der handelsrechtlichen Rechnungslegung

Kapitalmarktorientierte und nicht zur Konzernrechnungslegung verpflichtete Gesellschaften haben nach § 5 Abs. 2a PublG die gleichen Rechnungslegungsbestandteile wie andere kapitalmarktorientierte Unternehmen auch zu erstellen, nämlich Bilanz, GuV, Anhang, Kapitalflussrechnung, Eigenkapitalspiegel, Lagebericht und ggf. Segmentberichterstattung. Bei Einzelunternehmen und nicht haftungsbeschränkten Personenhandelsgesellschaften entfällt hier allerdings der Lagebericht.

Bilanz

In der Bilanz erfolgt eine **Gegenüberstellung von Vermögen und Kapital** zu einem bestimmten Stichtag. Die Bilanz wird demnach auf einen **Zeitpunkt** aufgestellt. Bei diesem Zeitpunkt handelt es sich im Rahmen der Erstellung des Jahresabschlusses um den Abschlussstichtag. Als **Rechengrößen** beinhaltet die Bilanz grundsätzlich das Vermögen, die Schulden (Fremdkapital) und das Eigenkapital. **Vermögen, Schulden und Eigenkapital** stellen insofern Bestandsgrößen zum Abschlussstichtag dar. Auf der Aktivseite der Bilanz wird das Vermögen angesetzt. Das Vermögen gibt Auskunft über die mit Hilfe des Kapitals beschafften Vermögensgegenstände und repräsentiert somit die Mittelverwendung. Der Ansatz des Kapitals erfolgt auf der Passivseite der Bilanz. Das Kapital gibt Auskunft über die Höhe und Herkunft der dem Unternehmen zur Verfügung gestellten finanziellen sowie sachlichen Mittel und repräsentiert die Mittelherkunft. Beim Kapital lässt sich der Herkunft nach zwischen Eigenkapital und Fremdkapital differenzieren. Das **Fremdkapital** stellt das von unternehmensexternen Personen bereitgestellte Kapital dar. Es wird grundsätzlich nur zeitlich begrenzt zur Verfügung gestellt und zieht feste Zinszahlungen für das Unternehmen nach sich. Das **Eigenkapital** umfasst dagegen das von den Anteilseignern von außen zugeführte oder durch Verzicht auf Gewinnentnahmen bzw. Verzicht auf Ausschüttungen dem Unternehmen zur Verfügung gestellte Kapital. Es weist grundsätzlich keine zeitliche Begrenzung auf und führt auch nicht zu festen Zinszahlungen. Die Verzinsung des Kapitals fließt den Anteilseignern über die Entnahme von Gewinnen bzw. über Ausschüttungen zu. Das Eigenkapital lässt sich auch als **Saldo von Vermögen und Schulden** interpretieren. Als rechnerische Größe wird es daher auch als **Reinvermögen** oder Netto(rein)vermögen bezeichnet. Damit ergibt sich die in Darstellung 1.8 dargestellte Grundstruktur einer Bilanz.

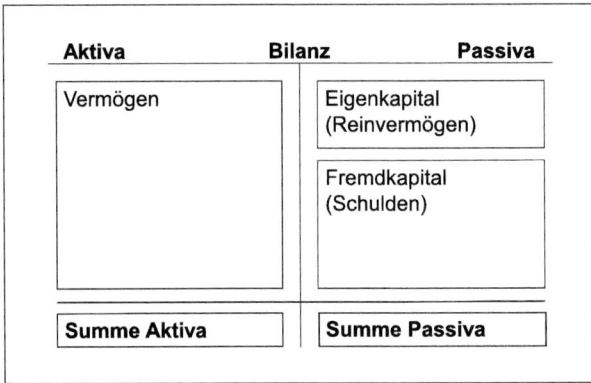

Dar. 1.8: Aufbau einer Bilanz

Für Kapitalgesellschaften, haftungsbeschränkte Personengesellschaften und bestimmte andere Unternehmen[15] sieht § 266 Abs. 2 und 3 HGB eine Untergliederung des Vermögens, der Schulden und des Eigenkapitals in verschiedene Posten vor, die nach § 266 Abs. 1 S. 2 gesondert und in der vorgegebenen Reihenfolge auszuweisen sind. Zudem verlangt § 266 Abs. 1 S. 1 HGB die Aufstellung der Bilanz in **Kontoform**. Für kleine Kapitalgesellschaften und kleine haftungsbeschränkte Personengesellschaften ergibt sich danach die in der folgenden Darstellung abgebildete Gliederung der Bilanz. Große und mittelgroße Gesellschaften müssen eine tiefere Untergliederung vornehmen.

Gewinn- und Verlustrechnung (GuV)

Die GuV dient der **Ermittlung und dem Ausweis des Periodenerfolgs.** Der Periodenerfolg lässt sich auch mittels der Bilanz durch den Vergleich des Eigenkapitals zu Beginn der Periode und dem Eigenkapital am Ende der Periode ermitteln.

---

15 Dieses betrifft z. B. die unter das PublG fallenden Unternehmen oder auch Genossenschaften, da diese ebenfalls die ergänzenden Vorschriften für Kapitalgesellschaften anzuwenden haben.

Allerdings ist diese Differenz noch um die Transaktionen mit den Eigenkapitalgebern zu korrigieren wie z. B. um die in der Periode vorgenommenen Einlagen (Kapitalerhöhungen) oder Entnahmen (Kapitalherabsetzungen). Zudem lässt sich für die Adressaten des Abschlusses durch den Reinvermögensvergleich nicht die **Zusammensetzung und Entstehung des Periodenerfolgs** erkennen. In der GuV wird der Periodenerfolg durch die Erfassung von Aufwendungen und Erträgen für eine Periode ermittelt und ausgewiesen. Die GuV stellt demnach eine **Zeitraumrechnung** dar, da sie sämtliche Rechengrößen innerhalb einer Periode erfasst.

Dar. 1.9: Gliederung und Aufbau der Bilanz einer kleinen Kapitalgesellschaft und einer kleinen haftungsbeschränkten Personengesellschaft nach § 266 HGB

Aktiva	Bilanz zum (Stichtag)		Passiva
A. Anlagevermögen		A.	Eigenkapital
I. Immaterielle Vermögensgegenstände		I.	Gezeichnetes Kapital
II. Sachanlagen		II.	Kapitalrücklage
III. Finanzanlagen		III.	Gewinnrücklagen
B. Umlaufvermögen		IV.	Gewinnvortrag/Verlustvortrag
I. Vorräte		V.	Jahresüberschuss/-fehlbetrag
II. Forderungen und sonstige Vermögensgegenstände		B.	Rückstellungen
III. Wertpapiere		C.	Verbindlichkeiten
IV. Liquide Mittel		D.	Rechnungsabgrenzungsposten
C. Rechnungsabgrenzungsposten		E.	Passive latente Steuern
D. Aktive latente Steuern			
E. Aktiver Unterschiedsbetrag aus der Vermögensverrechnung			
Summe Aktiva		**Summe Passiva**	

Im Rahmen des Jahresabschlusses bezieht sich dieser Zeitraum auf das Geschäftsjahr (z. B. vom 01.01.t1 bis 31.12.t1 oder 01.04.t1 bis 31.03.t2). Als **Rechengrößen** beinhaltet die GuV **Aufwendungen und Erträge**. Bei Erträgen handelt es sich um die Reinvermögensmehrungen der betrachteten Periode, bei Aufwendungen um die Reinvermögensminderungen der Periode. Die Definition der als Stromgrößen zu charakterisierenden Erträge und Aufwendungen hängt in hohem Maße von den der Erfolgsermittlung zugrunde liegenden **Rechtsnormen** ab. So hat der Gesetzgeber im HGB eine Vielzahl von Vorschriften erlassen, die eine periodengerechte Gewinnermittlung sicherstellen sollen (z. B. Regelungen zur Periodenabgrenzung, Vornahme planmäßiger und außerplanmäßiger Abschreibungen oder auch Rückstellungsbildung). Als Saldo der Erträge und Aufwendungen ergibt sich der Überschuss oder Fehlbetrag der Periode und damit bei Erstellung des Jahresabschlusses der **Jahresüberschuss oder Jahresfehlbetrag**. Der Jahresüberschuss stellt folglich neben den Transaktionen mit den Anteilseignern die Mehrung des Eigenkapitals des Geschäftsjahres und der Jahresfehlbetrag die Minderung des Eigenkapitals des Geschäftsjahres dar. Die GuV repräsentiert damit buchhalterisch ein Unterkonto des Eigenkapitals. In Abhängigkeit des Periodenerfolgs ergeben sich die in Darstellung 1.10 dargestellten Strukturen der GuV in Kontoform.

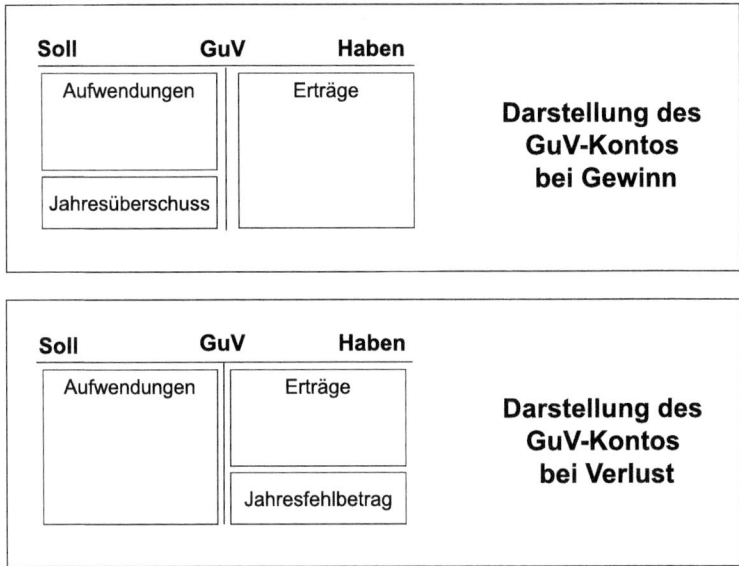

Dar. 1.10: Darstellung der GuV in Kontoform

Während sich in den für alle Unternehmen geltenden Vorschriften des HGB und somit für Einzelunternehmen und nicht haftungsbeschränkte Personengesellschaften keine Formvorgabe für die GuV findet, existiert für Kapitalgesellschaften und haftungsbeschränkte Personenhandelsgesellschaften[16] ein umfassendes gesetzliches Mindestgliederungsschema in § 275 HGB. Die Aufstellung der GuV hat danach zwingend gem. § 275 Abs.1 S.1 HGB in **Staffelform** zu erfolgen. Die in § 275 Abs. 2 oder alternativ in Abs. 3 HGB vorgegebenen Posten müssen dabei in der angegebenen Reihenfolge gesondert ausgewiesen werden (§ 275 Abs. 1 S. 2 HGB). Der

---

16 Dieses betrifft auch andere Unternehmen mit Verpflichtung zur Anwendung der ergänzenden Vorschriften für Kapitalgesellschaften, wie z.B. Genossenschaften oder bestimmte unter das PublG fallende Unternehmen, vgl. umfassend hierzu Kapitel 5.

Vorteil des Aufbaus der GuV in Staffelform statt in Kontoform besteht darin, dass das Einfügen von Zwischensummen sowie Gruppierungen möglich ist und damit auch eine Erfolgsspaltung in verschiedene Komponenten wie betriebliches Ergebnis oder Finanzergebnis direkt in der GuV vorgenommen werden kann. Die folgende Darstellung 1.11 zeigt das Beispiel einer stark komprimierten GuV in Staffelform.[17]

Dar. 1.11: Beispiel einer GuV in Staffelform

GuV vom 01.01.t1 bis 31.12.t1	
	Betriebliche Erträge
−	Betriebliche Aufwendungen
+	Finanzielle Erträge
−	Finanzielle Aufwendungen
+/−	Steuern vom Einkommen und Ertrag
=	Ergebnis nach Steuern
+/−	Sonstige Steuern
=	**Jahresüberschuss/ Jahresfehlbetrag**

Anhang

Der Anhang dient der **Erläuterung von Bilanz und GuV** und hat nach § 264 Abs. 1 S. 1 und 2 HGB zusammen mit diesen beiden sowie ggf. anderen Jahresabschlussbestandteilen eine Einheit zu bilden. Der Anhang enthält verbale (qualitative) und zusätzlich quantitative Informationen. So finden sich neben einer Vielzahl anderer Angabepflichten z. B. Erläuterungen zu den angewandten Bilanzierungs- und Bewertungsmethoden, Aufspaltungen von Posten in die zugrunde liegenden Sachverhalte oder Aufteilungen der Posten nach Fristigkeiten. Die Anhangsangaben helfen dabei, den Adressaten die Zahlenwerke von Bilanz und GuV besser zu interpretieren und entsprechende Fehlinterpretationen zu vermeiden.

Die Regelungen zum Anhang finden sich in den §§ 284 bis 288 HGB. Insbesondere § 284 und § 285 HGB schreiben dabei die einzelnen Angabe- und Erläuterungspflichten vor. Eine Struktur bzw. Form des Anhangs wird anders als bei Bilanz und GuV nicht im HGB vorgegeben. Die Gestaltung hat grundsätzlich einzig den in Kapitel 2.2.3 dargestellten Grundsätzen ordnungsmäßiger Buchführung (GoB) für den Jahresabschluss zu entsprechen. Dabei bedarf es insbesondere einer

---

17 Zu den vorgegebenen Mindestgliederungsschemata für die GuV und den auszuweisenden Posten siehe ausführlich Kapitel 12.

Orientierung an den allgemeinen Grundsätzen wie z. B. der Klarheit und Übersichtlichkeit, Richtigkeit, Vergleichbarkeit oder der Wirtschaftlichkeit und Wesentlichkeit. **Kapitel 13** enthält Erläuterungen und Beispiele zu Angabepflichten im Anhang.

Lagebericht

Der Lagebericht steht neben dem Jahresabschluss und ergänzt diesen, ist aber kein Bestandteil des Jahresabschlusses. Der Lagebericht gibt, wie das Wort schon aussagt, Erläuterungen zur Lage der Gesellschaft. Die Regelungen zum Lagebericht finden sich in § 289 bis § 289f HGB. Der Lagebericht hat u. a. nach § 289 Abs. 1 S. 1 HGB den Geschäftsverlauf einschließlich des Geschäftsergebnisses und die Lage des Unternehmens so darzustellen, dass **ein den tatsächlichen Verhältnissen entsprechendes Bild** vermittelt wird. Ähnlich bestimmt § 264 Abs. 2 S. 1 HGB als Generalnorm für den Jahresabschluss von Kapitalgesellschaften und ihnen gleichgestellte Unternehmen, dass der Jahresabschluss unter Beachtung der GoB ein den tatsächlichen Verhältnissen entsprechendes Bild der Vermögens-, Finanz- und Ertragslage zu vermitteln hat. Während allerdings der Lagebericht den tatsächlichen Verhältnissen entsprechen muss, hat der Jahresabschluss den tatsächlichen Verhältnissen unter Beachtung der GoB und damit unter Beachtung der gesetzlichen Vorgaben zu entsprechen. Aufgrund dieses Unterschieds kann der Lagebericht kein Bestandteil des Jahresabschlusses sein. Er hat die tatsächlichen Verhältnisse wiederzugeben und wird nicht durch Bewertungs- und Ansatzvorschriften des Jahresabschlusses beschränkt. Darüber hinaus begrenzt sich der Lagebericht nicht wie der Jahresabschluss auf die Darstellung der Vermögens-, Finanz- und Ertragslage des Unternehmens für die abgelaufene Berichtsperiode und damit die Vergangenheit, sondern enthält zum einen auch einen Prognosebericht sowie zum anderen weitere Informationen. So umfasst der Lagebericht neben anderen Erläuterungspflichten z. B. Ausführungen zu den wesentlichen Chancen und Risiken, zum Risikomanagementsystem, zu Forschung und Entwicklung oder bei börsennotierten Unternehmen z. B. zum Vergütungssystem. Eine Darstellung des Lageberichts findet sich in **Kapital 14.**

Kapitalflussrechnung

In einer Kapitalflussrechnung wird der Einzahlungs- bzw. Auszahlungsüberschuss für eine Periode ermittelt und ausgewiesen. Den Einzahlungs- oder Auszahlungsüberschuss bezeichnet man auch als **positiven bzw. negativen Cashflow.** Wie die GuV stellt die Kapitalflussrechnung eine **Zeitraumrechnung** dar, da sie die Rechengrößen für eine Periode erfasst. Bei Erstellung des Jahresabschlusses bezieht sich die Periode wiederum auf das Geschäftsjahr. Als **Rechengrößen** beinhaltet die Kapitalflussrechnung die in der Periode angefallenen **Einzahlungen und Auszahlungen.** Bei Einzahlungen handelt es sich um den Zufluss liquider Mittel, bei Auszahlungen um den Abfluss liquider Mittel. Die liquiden Mittel repräsentieren die Zahlungsmittel und umfassen den Kassenbestand sowie die verfügbaren Bankguthaben. Insofern verändern die in der Periode erfolgten Einzahlungen und Auszahlungen als Stromgrößen die in der Bilanz anzusetzende Bestandsgröße der Zahlungsmittel. Der Cashflow der Periode lässt sich auch mit Hilfe der Bilanz durch Zeitvergleich der Posten der liquiden Mittel ermittelt. Allerdings sind so nicht die Ursachen der Veränderung erkennbar. Durch die Erfassung der Einzahlungen und Auszahlungen in der Kapitalflussrechnung sowie ihre Unterteilung in wesentliche Zahlungsströme werden die Ursachen der Veränderung der Zahlungsmittel dargestellt. Damit dient die Kapitalflussrechnung der Beurteilung der **Finanzlage** des Unternehmens[18] und im Rahmen der **Krisenprognose** als Frühwarnindikator. Sofern der (Gesamt-)Cashflow des Unternehmens einen negativen Wert aufweist, befindet sich das Unternehmen wahrscheinlich in der Krise. Dauerhaft negative Cashflows führen unweigerlich zur Zahlungsunfähigkeit und damit zur Insolvenzanmeldung. In Abhängigkeit der Höhe des negativen Cashflows kann auch schon dessen einmalige Erwirtschaftung eine Zahlungsunfähigkeit und damit Insolvenz nach sich ziehen.

Im HGB finden sich keine konkreten Vorschriften zur Ausgestaltung der Kapitalflussrechnung. Es besagt lediglich, dass der Jahresabschluss einer nicht zur Erstellung eines Konzernabschlusses verpflichteten kapitalmarktorientierten Gesellschaft und der Konzernabschluss eine Kapitalflussrechnung zu enthalten habe. Regelungen zur Kapitalflussrechnung bestehen in DRS 21 und nach IFRS in IAS 7. Beide Vorschriften müssen nicht bei der Erstellung des Jahresabschlusses angewendet werden. Allerdings ist der als Konzern-GoB geltende DRS 21 verpflichtend einem HGB-Konzernabschluss und IAS 7 verpflichtend einem IFRS-Konzernabschluss zugrunde zu legen. Für den Jahresabschluss kann sich das Unternehmen aber freiwillig an diesen beiden Vorschriften orientieren. Sowohl DRS 21 als auch IAS 7 enthalten einen Fondveränderungsnachweis und eine Ursachenrechnung. In der Fondsnachweisrechnung wird die Veränderung der Zahlungsmittel (und Zahlungsmitteläquivalente) aufgeführt. Die Ursachenrechnung enthält die Darstellung der einzelnen Einzahlungen und Auszahlungen als Ursachen der Veränderung der Zahlungsmittel und Zahlungsmitteläquivalente. Dabei unterteilt sich die Ursachenrechnung in die drei Bereiche laufende (betriebliche) Geschäftätigkeit, Investitionstätigkeit und Finanzierungstätigkeit. Die Einzahlungen und Auszahlungen werden dabei in bestimmte Kategorien eingeteilt und innerhalb eines der drei Bereiche ausgewiesen. Die Grundstruktur einer Kapitalflussrechnung findet sich in Darstellung 1.12.

---

18 Zudem kann die Kapitalflussrechnung zur Beurteilung der Ertragslage eingesetzt werden, da Einzahlungen und Auszahlungen im Gegensatz zu Erträgen und Aufwendungen nicht von Rechtsvorschriften und damit der Bewertung abhängen.

Dar. 1.12: Grundstruktur einer Kapitalflussrechnung

Kapitalflussrechnung vom 01.01.t1 bis 31.12.t1	
Ursachenrechnung	
+/–	Mittelzuflüsse/ -abflüsse aus laufender Geschäftstätigkeit
+/–	Mittelzuflüsse/ -abflüsse aus Investitionstätigkeit
+/–	Mittelzuflüsse/ -abflüsse aus Finanzierungstätigkeit
=	**Veränderung der Zahlungsmittel und -äquivalente**
Fondsnachweisrechnung	
	Veränderung der Zahlungsmittel und -äquivalente
+	Zahlungsmittel und -äquivalente zum 01.01.t1
=	Zahlungsmittel und -äquivalente zum 31.12.t1

Eigenkapitalspiegel

Ein Eigenkapitalspiegel stellt die **Zusammensetzung und Entwicklung des Eigenkapitals** innerhalb einer Periode dar. Er gibt quantitative Erläuterungen zu den Veränderungen des Eigenkapitals und wird daher auch Eigenkapitalveränderungsrechnung genannt. Wie GuV und Kapitalflussrechnung handelt es um eine **Zeitraumrechnung** für die abgelaufene Periode und bezieht sich bei Erstellung des Jahresabschlusses auf das vergangene Geschäftsjahr. Der Eigenkapitalspiegel enthält in den einzelnen Spalten die **Komponenten des Eigenkapitals und** in den einzelnen Zeilen die jeweiligen Bestände sowie **Vorgänge**, die zu den Veränderungen des Eigenkapitals geführt haben. Dabei bestimmt sich die Struktur des Eigenkapitalspiegels stets nach der **Rechtsform**. Sowohl die Komponenten als auch Veränderungsvorgänge des Eigenkapitals unterscheiden sich zwischen Kapitalgesellschaften sowie Einzelunternehmen und Personenhandelsgesellschaften.

Im HGB finden sich wie auch zur Kapitalflussrechnung keine konkreten Vorschriften zur Ausgestaltung des Eigenkapitalspiegels. Das HGB legt lediglich die identisch zur Kapitalflussrechnung geltende Erstellungspflicht fest. Regelungen zum Eigenkapitalspiegel bestehen in DRS 22 und nach IFRS in IAS 1. Beide Vorschriften ziehen wiederum keine Anwendungspflicht bei der Erstellung eines Jahresabschlusses nach sich, sind aber verpflichtend einem HGB- bzw. einem IFRS-Konzernabschluss zugrunde zu legen. Für den Jahresabschluss bietet sich für die Unternehmen eine freiwillige Orientierung an den bestehenden Vorschriften an. Die folgende Darstellung 1.13 enthält die Grundstruktur eines Eigenkapitalspiegels bei Kapitalgesellschaften.

Dar. 1.13: Grundstruktur eines Eigenkapitalspiegels bei Kapitalgesellschaften

Eigenkapitalspiegel vom 01.01.t1 bis 31.12.t1					
(in EUR)	Gezeichne-tes Kapital	Kapital-rücklage	Gewinnrück-lagen	Jahresüber-schuss	**Summe**
Stand 1.1.t1					
Kapitalerhöhung					
Kapitalherabset-zung					
Einstellung in Rücklagen					
Ausschüttung					
Ergebnis in t1					
Stand 31.12.t1					

Segmentberichterstattung

Nach HGB besteht nirgends eine Verpflichtung zur Erstellung eines Segmentbe-richts.[19] Nicht zur Aufstellung eines Konzernabschlusses verpflichtete kapital-marktorientierte Unternehmen können den Jahresabschluss um eine Segmentbe-richterstattung erweitern. Das gleiche gilt für den Konzernabschluss. Nach IFRS existiert allein bei kapitalmarktorientierten Unternehmen eine Pflicht zur Seg-mentberichterstattung (IFRS 8.2). Sie ist dort aber in den Anhang zu integrieren und stellt keinen eigenständigen Bestandteil der Rechnungslegung wie nach HGB dar. Die Segmentberichterstattung dient der **Information der Adressaten** durch einen **verbesserten Einblick in die Vermögens-, Finanz- und Ertragslage** eines Unternehmens. Im Rahmen einer Segmentberichterstattung werden die Rech-nungslegungsinformationen auf einzelne Segmente des Unternehmens aufgeteilt. Als Segmente kommen dabei **Geschäftsbereiche und geografische Bereiche** in Betracht. Da die Segmente unterschiedlichen Einflussfaktoren ausgesetzt sind, leisten sie auch jeweils einen unterschiedlichen Erfolgsbeitrag zum Gesamtergeb-nis des Unternehmens, was sich durch die Segmentierung der Daten erkennen lässt und entsprechende Entscheidungen ermöglicht.

Im HGB finden sich wie auch zur Kapitalflussrechnung und dem Eigenkapital-spiegel keine konkreten Vorschriften zur Ausgestaltung der Segmentberichterstat-tung. Regelungen zur Segmentberichterstattung bestehen in DRS 3 und in IFRS 8. Beide Vorschriften ziehen keine Anwendungspflicht bei der Erstellung eines Jah-

---

19 Eine Segmentierung von Daten findet sich für den Jahresabschluss nach HGB einzig im Anhang, in dem die Umsatzerlöse vorbehaltlich § 286 Abs. 1 und 2 HGB aufzugliedern sind (§ 285 Nr. 4 HGB).

resabschlusses nach sich. Es bietet sich hierfür aber wiederum eine freiwillige Orientierung an den bestehenden Vorschriften an. Sowohl DRS 3 als auch IFRS 8 regeln die Bildung der Segmente und die für jedes Segment vorzunehmenden Angaben (z. B. Umsätze, Ergebnis, Vermögen und Schulden).

2 Zwecke und Grundsätze der externen Rechnungslegung

2.1 Zwecke und Funktionen der handelsrechtlichen Rechnungslegung

Die Zwecke der handelsrechtlichen Rechnungslegung und die damit verbundenen Funktionen dienen als Bezugsrahmen für die Konkretisierung und Auslegung der im HGB kodifizierten Vorschriften, sofern diese Regelungen nicht eindeutig die Behandlung eines Sachverhalts vorschreiben. Allerdings enthält das HGB nirgends konkret die Zwecke und Aufgaben handelsrechtlicher Rechnungslegung. Gleichwohl geben die Rechtsnormen entsprechende Anhaltspunkte. Zudem werden die vom Gesetzgeber beabsichtigten Funktionen des handelsrechtlichen Jahres- und Konzernabschlusses explizit in den Gesetzesbegründungen bezeichnet.[20]

Der **Zweck** handelsrechtlicher Rechnungslegung liegt im **Schutz der unterschiedlichen Interessen der Adressaten** der Rechnungslegung. Jede einzelne Adressatengruppe besitzt ihre eigenen Bedürfnisse und Vorstellungen, so dass zwangsläufig Interessenkonflikte zwischen den jeweiligen Gruppen bestehen. Während z. B. Gläubiger oder Kleinaktionäre aufgrund ihrer externen Stellung an einer umfassenden Information über die wirtschaftliche Lage des Unternehmens mittels des Jahresabschlusses und des Lageberichts interessiert sind, erhalten die Geschäftsführung oder auch Großanteilseigner als interne Adressaten diese Informationen auf einem anderen Weg und wollen daher eher weniger Informationen nach außen bekanntgeben. Durch die konkreten, auf einen Interessenausgleich gerichteten gesetzlichen Vorschriften kommt es zur Berücksichtigung der Interessen aller Adressaten. Dabei nimmt der Gesetzgeber allerdings eine Gewichtung der einzelnen Vorstellungen vor und sieht sie insofern nicht als gleichrangig an. Zudem definiert der Gesetzgeber das Schutzbedürfnis der einzelnen Gruppen in Abhängigkeit ihrer Rechtsstellung, der Rechtsform des Unternehmens und den damit verbundenen rechtlichen Regelungen.

Mit der Erstellung eines handelsrechtlichen Jahresabschlusses werden **zwei Hauptaufgaben** verfolgt. Zum einen besteht eine **Informationsfunktion** der Rechnungslegung. Danach kommt es auf Grundlage des zu dokumentierenden Unternehmensgeschehens zu der Festlegung eines Mindestumfangs der an die Unternehmensleitung, Eigen- und Fremdkapitalgeber sowie sonstige Interessenten zu

---

20 Vgl. z. B. BT Drucksache 16/10067, S. 34.

gewährenden Informationen. Zum anderen weist der Einzelabschluss nach HGB eine **Zahlungsbemessungsfunktion** auf. Das sich auf Basis der handelsrechtlichen Gewinnermittlungsvorschriften ergebende Jahresergebnis stellt die Bemessungsgrundlage für die Ermittlung ergebnisabhängiger Zahlungen an die Anteilseigner dar (**Ausschüttungsbemessungsfunktion**). Zudem kommt es aufgrund des Maßgeblichkeitsprinzips nach § 5 Abs. 1 EStG zu einer **Steuerbemessungsfunktion** durch die Ermittlung des handelsrechtlichen Ergebnisses. Zwar dient die Steuerbilanz als Bemessungsgrundlage für die Festlegung der Steuerzahlungen. Aber sofern steuerrechtlich keine gesonderten Vorschriften für den Ansatz sowie die Bewertung von Aktiv- und Passivposten existieren, sind die Wertansätze der Handelsbilanz maßgeblich und werden in die Steuerbilanz übernommen. Im Gegensatz zum handelsrechtlichen Jahresabschluss zielt dagegen die Erstellung eines handelsrechtlichen Konzernabschlusses allein auf die Informationsfunktion. Die nachfolgende Darstellung 2.1 fasst die Funktionen der Rechnungslegung zusammen.

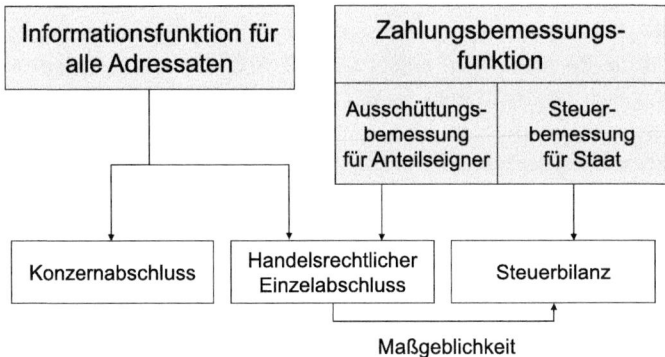

Dar. 2.1: Funktionen der Rechnungslegung

Informationsfunktion

Allen Adressaten der Rechnungslegung ist gemeinsam, dass sie **Entscheidungen** treffen wollen oder müssen. Dabei kommt es nicht darauf an, ob die Adressaten schon mit dem Unternehmen in Geschäftsbeziehungen stehen oder dies möglicherweise erst künftig passiert. So hat z. B. ein potentieller Gläubiger zu entscheiden, ob er dem Unternehmen Fremdkapital zur Verfügung stellt oder nicht. Ein Lieferant wird die Entscheidung treffen, ob er auch künftig das Unternehmen beliefert. Ein beherrschender Anteilseigner entscheidet u. a., ob die Unternehmensleitung weiterhin das Unternehmen führen darf und in welcher Höhe das Managementgehalt in Abhängigkeit des erzielten Unternehmenserfolgs gezahlt wird. Diese beispielhaft genannten und darüber hinaus alle anderen zu treffenden Entscheidungen bedingen als Grundlage **Informationen**, damit sich eine optimale Entscheidung im Sinne der jeweils von den Adressaten verfolgten Ziele ergibt. Vor diesem

Hintergrund hat der Gesetzgeber die Vermittlung entscheidungsrelevanter Informationen als Aufgabe des handelsrechtlichen Jahresabschlusses festgelegt.

Aufgrund der unterschiedlichen Informationsinteressen der Adressaten bestehen die Notwendigkeit zur Vermittlung objektivierter Informationen und die Notwendigkeit zu einer gesetzlichen Vorgabe, welche Informationen in welcher Form gegeben werden müssen. Diese mittels des handelsrechtlichen Jahresabschlusses bereitgestellten Informationen dienen insofern der **Rechenschaftslegung** über die Verwendung der dem Unternehmen zur Verfügung gestellten Mittel. Die Erstellung eines handelsrechtlichen Jahresabschlusses führt mithin zu

- einer Rechenschaftslegung gegenüber sich selbst (Selbstinformation des Kaufmanns bzw. der Unternehmensleitung) und
- einer Rechenschaftslegung gegenüber Dritten (Information der übrigen Adressaten).

Die Vermittlung von Informationen setzt wiederum die vollständige **Dokumentation** des Unternehmensgeschehens bzw. die Dokumentation und Erfassung sämtlicher Geschäftsvorfälle während der betrachteten Periode voraus. Die Dokumentation erfolgt mittels der Buchhaltung. Daher hat der Gesetzgeber in § 238 Abs. 1 S. 1 HGB auch die Pflicht zur Buchführung für die zur Aufstellung eines handelsrechtlichen Einzelabschlusses verpflichteten Unternehmen festgelegt.

Ausschüttungsbemessungsfunktion

Der auf Basis des handelsrechtlichen Jahresabschlusses ermittelte Gewinn (Jahresüberschuss) stellt die Grundlage für die Bemessung der an die Anteilseigner auszuschüttenden Beträge bzw. die Festlegung der für die Anteilseigner entnahmefähigen Beträge dar, ohne das Haftungskapital der Gesellschaft zu mindern. Sofern ein den Jahresüberschuss überschreitender Betrag ausgeschüttet oder entnommen wird, kommt es zu einer Minderung des Eigenkapitals. Dagegen resultiert aus der Ausschüttung oder Entnahme nur eines Teils des Jahresüberschusses eine Erhöhung des Eigenkapitals in Höhe des verbliebenen Teils des Jahresergebnisses, was als Thesaurierung bezeichnet wird. Bezüglich der Festlegung der Höhe der Ausschüttungen oder Entnahmen bestehen in Abhängigkeit der Rechtsform und Anteilseignerstruktur **unterschiedliche Interessen** zwischen Gläubigern, Anteilseignern sowie der Unternehmensleitung, aber auch innerhalb dieser Gruppen. Während z. B. Gläubigern am ehesten ein Verzicht auf Ausschüttungen oder Entnahmen entgegenkommt, weil sich damit das Haftungskapital der Gesellschaft nicht vermindert, wünschen Kleinaktionäre oder nur kurzfristig am Unternehmen Beteiligte einen möglichst hohen Ausschüttungsbetrag, um ihr Einkommen unabhängig vom Unternehmen zu maximieren.

Da bei Kapitalgesellschaften die Haftung auf das Gesellschaftsvermögen beschränkt ist, bedarf es einer **Begrenzung der an die Anteilseigner auszuschüttenden Beträge**, um die Gläubiger durch Erhalt des Eigenkapitals und damit des

Mindesthaftungsvermögens zu schützen. Dies wird erreicht durch die Implementation von

- für Kapitalgesellschaften geltende Ausschüttungsbegrenzungen und Ausschüttungssperren (in das HGB sowie das AktG) und von
- für alle Gesellschaften geltende Bewertungsregeln (in das HGB), die eine Überbewertung des Vermögens vermeiden sollen.

Ausschüttungssperren finden sich z. B. in § 268 Abs. 8 HGB und beziehen sich auf genau definierte Sachverhalte, bei denen die künftige Ertragsrealisation u. a. aufgrund bestehender Ermessensspielräume unsicher erscheint. Ausschüttungsbegrenzungen sind für Aktiengesellschaften im AktG kodifiziert. So dürfen bestimmte Eigenkapitalbestandteile wie z. B. gewisse Gewinn- oder Kapitalrücklagen nicht oder nur unter bestimmten Voraussetzungen ausgeschüttet werden. Oder es besteht für den Vorstand auch die Möglichkeit, bis zu 50 % des Jahresüberschusses in die Gewinnrücklagen einzustellen und damit den Betrag einer Ausschüttung zu entziehen, ohne dass es der Zustimmung durch die Hauptversammlung bedarf.[21]

Da das HGB auf einen Interessenausgleich zwischen den Adressaten abzielt, hat der Gesetzgeber neben dem Gläubigerschutz und der Begrenzung der auszuschüttenden Beträge auch den Schutz von Anteilseignern im Rahmen der Ausschüttungsbemessungsfunktion geregelt, indem er eine **Mindestausschüttung** sicherstellt. Ohne derartige Vorschriften könnte z. B. die Unternehmensleitung durch entsprechende Gestaltungen den Anteilseignern vollständig eine Gewinnausschüttung vorenthalten. Oder Großaktionäre wären in der Lage, keine oder nur sehr geringe Ausschüttungen zu beschließen, so dass Kleinaktionäre mangels Einflusses dauerhaft auf Dividenden und damit die Verzinsung ihres eingesetzten Kapitals verzichten müssten. Die Sicherung einer Mindestausschüttung wird erreicht durch die Implementation von

- auf die Anteilseigner bezogene Ausschüttungs- bzw. Entnahmerechte sowie
- Bewertungsregeln, die eine Unterbewertung des Vermögens vermeiden sollen.

Die Ausschüttungs- und Entnahmerechte beziehen sich anders als die im AktG enthaltenen Ausschüttungsbegrenzungen auf alle Gesellschaften. So finden sich für die unterschiedlichen Rechtsformen jeweils entsprechende Vorschriften.[22] Z. B. bezogen auf Aktiengesellschaften definiert u. a. § 58 Abs. 4 AktG für alle Aktionäre einen Anspruch auf den Bilanzgewinn. Zudem können Minderheitsaktionäre nach § 254 Abs. 1 AktG den Gewinnverwendungsbeschluss der Hauptversammlung anfechten, wenn die Rücklagendotierung übermäßig hoch ausfällt und

---

21 Vgl. zu den Ausschüttungsregelungen und zur Bildung sowie Auflösung von Rücklagen ausführlich Kapitel 8.2.
22 Vgl. zu einem ausführlichen Überblick der Ausschüttungs- und Entnahmerechte bei den einzelnen Rechtsformen Hinz (Beck'sches HdR), B 100, Rn. 46-51.

keine Mindestdividende von 4 % des Grundkapitals gezahlt wird. Bezogen auf die Gesellschafter einer offenen Handelsgesellschaft bestimmt § 122 Abs. 1 HGB, dass jedem Gesellschafter die Berechtigung zusteht immer geltend bis zu 4 % seines Kapitalanteils zu entnehmen und darüber hinaus nach freiem Ermessen weitere Entnahmen seines Anteils am Gewinn zu tätigen, sofern daraus kein Schaden für die offene Handelsgesellschaft entsteht.

Steuerbemessungsfunktion

Die Steuerbilanz bildet die Grundlage für die Bemessung der Steuern vom Einkommen und Ertrag, kurz Ertragssteuern. Unter die Ertragssteuern fallen die Einkommenssteuer, Körperschaftssteuer, Gewerbeertragssteuer und der Solidaritätszuschlag. Aufgrund des in § 5 Abs. 1 EStG festgelegten Maßgeblichkeitsprinzips basieren die Wertansätze des Vermögens und der Schulden in der Steuerbilanz auf den handelsrechtlichen Ansätzen der Vermögensgegenstände und Schulden im Jahresabschluss. Oder anders ausgedrückt die Wertansätze der Vermögensgegenstände und Schulden in der Handelsbilanz sind maßgeblich für den Ansatz und die Bewertung der Aktiv- sowie Passivposten in der Steuerbilanz. Insofern kommt es durch den Ansatz und die Bewertung im handelsrechtlichen Jahresabschluss zu einer Beeinflussung der Höhe des Steuerbilanzgewinns und damit zur Bemessung der Höhe der Ertragssteuern. Dies gilt allerdings nur, soweit steuerliche Vorschriften nicht zwingend etwas anderes vorschreiben oder Wahlrechte eröffnen und somit das Maßgeblichkeitsprinzip durchbrechen. Aufgrund der seit der Umsetzung des BilMoG bestehenden Neuregelung des Verhältnisses zwischen Handels- und Steuerbilanz und den mittlerweile vielfältig im Steuerrecht existierenden Durchbrechungen der Maßgeblichkeit aufgrund steuerpolitischer Gründe löst sich die Steuerbilanz immer weiter von der Handelsbilanz. Folglich hat die Steuerbemessungsfunktion als Aufgabe des handelsrechtlichen Jahresabschlusses abgenommen und spielt nur noch eine untergeordnete Rolle.

Handelsrechtlicher Konzernabschluss

Bei einem Konzernabschluss handelt es sich um eine Zusammenfassung der Einzelabschlüsse rechtlich selbständiger Unternehmen, die zusammen aufgrund des Einflusses eines beherrschenden Unternehmens **wirtschaftlich eine Einheit** bilden. Dabei ist auf Grundlage des einheitstheoretischen Grundsatzes nach § 297 Abs. 3 S. 1 HGB die Vermögens-, Finanz- und Ertragslage der in den Konzernabschluss einbezogenen Unternehmen so darzustellen, als ob diese Unternehmen insgesamt ein einziges Unternehmen wären. Dem handelsrechtlichen Konzernabschluss kommt als alleinige Aufgabe eine **Informationsfunktion** zu, und zwar der Information über die wirtschaftliche Lage des Konzerns. Er tritt ergänzend neben die jeweiligen handelsrechtlichen Jahresabschlüsse, um zusätzliche Informationen zu gewähren. Mangels eigener Rechtspersönlichkeit kann ein Konzern nicht der Träger von Rechten und Pflichten sein, so dass ein Konzernabschluss auch weder eine Ausschüttungs- noch eine Steuerbemessungsfunktion übernehmen kann. Das gleiche gilt für einen nicht nach handelsrechtlichen Vorschriften, sondern einen nach § 315a HGB auf Grundlage der International Financial Reporting Standards (IFRS) erstellten Konzernabschlusses.

2.2 Grundsätze ordnungsmäßiger Buchführung

2.2.1 Begriff, Aufgaben und Methoden zur Ermittlung der GoB

Der Begriff Grundsätze ordnungsgemäßer Buchführung (GoB) findet sich an verschiedenen Stellen im HGB. So verlangt § 238 Abs. 1 S. 1 HGB, dass jeder Kaufmann in den von ihm zu führenden Büchern seine Handelsgeschäfte und die Lage seines Vermögens nach den GoB ersichtlich zu machen hat. Nach § 243 Abs. 1 HGB ist der Jahresabschluss nach den GoB aufzustellen. Zudem muss gemäß der Generalnorm des § 264 Abs. 2 S. 1 HGB der Jahresabschluss einer Kapitalgesellschaft und der ihnen gleichgestellten Gesellschaften unter Beachtung der GoB ein den tatsächlichen Verhältnissen entsprechendes Bild der Vermögens-, Finanz- und Ertragslage vermitteln.[23] Bei der Bezeichnung GoB handelt es sich um einen **unbestimmten Rechtsbegriff**, da er zwar mehrfach vom Gesetzgeber genutzt, aber nirgends definiert wird. Infolgedessen besteht die **Notwendigkeit zur Interpretation und Auslegung** dieses Begriffs.

Die GoB stellen **allgemein anerkannte Regeln zur Dokumentation** (Buchführung) **sowie zur Rechenschaftslegung** (Erstellung des Jahresabschlusses) dar und dienen der Erfüllung der handelsrechtlichen Jahresabschlusszwecke. Durch den Gesetzesbezug auf die GoB sind sie verpflichtend anzuwenden. Sie kommen immer dann zur Anwendung, wenn keine Einzelregelung für einen bestimmten Sachverhalt existiert oder wo bestimmte Einzelvorschriften ausgelegt bzw. konkretisiert werden müssen. Vor dem Hintergrund der bestehenden Unmöglichkeit einer vollständigen gesetzlichen Regelung aller denkbaren und undenkbaren Sachverhalte kann der Gesetzgeber durch den Verweis auf die GoB auf die Aufnahme einer Vielzahl konkreter und umfassender Einzelnormen verzichten, wie dies z. B. der Fall nach IFRS oder noch viel weitergehender aufgrund der entsprechenden Konzeption nach US GAAP ist. Darüber hinaus gelingt es regelmäßig über die Weiterentwicklung der GoB bei Auftreten neuer und bislang nicht geregelter Sachverhalte auf eine Anpassung des HGB zu verzichten.[24]

Die GoB lassen sich in kodifizierte und nicht kodifizierte GoB unterteilen. Die **Methode zur Ermittlung der GoB** im Sinne der Ableitung nicht normierter GoB

---

23 Weitere Verweise auf die GoB finden sich z. B. auch in § 239 Abs. 4 S. 1, § 241 Abs. 1 S. 2, Abs. 2 und Abs. 3 Nr. 2, § 256 oder § 257 Abs. 3 S. 1 HGB.

24 Wie z. B. bei Derivaten, Mitarbeiter-Aktienoptionen oder Altersteilzeitmodellen, die allesamt nicht konkret innerhalb des HGB geregelt sind, aber aufgrund der GoB sachgerecht im Jahresabschluss abgebildet werden.

und der Auslegung im Gesetz aufgeführter GoB ist strittig.[25] Zur Diskussion stehen die induktive, deduktive und hermeneutische Methode.

- Bei der **induktiven Methode** basiert die Ableitung der GoB auf den Ansichten der ordentlichen und ehrenwerten Kaufleute. Kaufleute stellen allerdings nur eine Adressatengruppe des handelsrechtlichen Jahresabschlusses dar und sind direkt von den Rechtsfolgen betroffen. Insofern besteht aufgrund eigener Interessen und fehlender Neutralität die Gefahr, dass der vom Gesetzgeber bezweckte Interessenausgleich zwischen den einzelnen Adressatengruppen nicht erreicht werden kann. Damit scheidet die Induktion nach h. M. als alleinige Ermittlungsmethode für die GoB mangels Objektivität aus.
- Die **deduktive Methode** beruht für die Ableitung der GoB auf den Zwecken der Rechnungslegung. Teilweise unterschiedliche Auffassungen zu den Jahresabschlusszwecken und das Fehlen eines übergeordneten Zwecks bedürfen zusätzlich eines Rückgriffs auf die Ziele sowie Vorstellungen des Gesetzgebers. Allerdings fehlt aufgrund mehrerer auch auf den Interessenausgleich der Adressaten gerichteter Zwecke die Eindeutigkeit der Ableitungsbasis, so dass nicht immer widerspruchsfreie Aussagen möglich sind.
- Als dritte Methode zur Ermittlung der GoB beinhaltet die **Hermeneutik** sowohl die induktive als auch die deduktive Methode, indem sie auch auf die Ansichten ordentlicher und ehrenwerter Kaufleute sowie die Rechnungslegungszwecke zurückgreift. Die hermeneutische Methode berücksichtigt insgesamt aber sämtliche Einflussfaktoren auf die Rechnungslegung. Sie gilt als die in der Rechtswissenschaft anerkannte und übliche Auslegungsmethode. Die Hermeneutik beruht insbesondere auf einer ganzheitlichen Interpretation der gesetzlichen Vorschriften anhand der Kriterien Wortlaut und Wortsinn, Bedeutungszusammenhang sowie Entstehungsgeschichte der gesetzlichen Vorschriften, Gesetzesmaterialien und Ansichten des Gesetzgebers zu den Zwecken des Jahresabschlusses und den auszulegenden GoB, betriebswirtschaftlich sowie objektiv-teleologisch ermittelte Buchführungs- und Jahresabschlusszwecke sowie die Verfassungskonformität der Auslegung. Allerdings kann es auch bei der hermeneutischen Methode zu Auslegungswidersprüchen kommen.[26]

2.2.2 Dokumentationsgrundsätze für die Buchführung

Die Dokumentationsgrundsätze beziehen sich auf die **Buchführung und deren ordnungsmäßige Ausgestaltung**. Insofern werden sie oftmals als GoB im engeren Sinne in Abgrenzung zu den im folgenden Kapitel umfassend darzustellenden GoB für den Jahresabschluss bezeichnet. Die Buchführung bildet die Grundlage für den

---

25 Vgl. zu den Methoden exemplarisch Baetge/Kirsch/Thiele (Bilanzen), S. 105 ff. oder Justenhoven/Usinger (Beck'scher Bilanzkommentar), Rn. 12 bis 18 zu § 243 HGB m. w. N. und unterschiedlich in der Literatur vertretenen Meinungen.
26 Vgl. hierzu und umfassend zur Hermeneutik Baetge/Kirsch/Thiele, Bilanzen, S. 107 ff.

auf den dort erfassten Daten aufbauenden Jahresabschluss. Nur wenn eine ordnungsmäßige Buchführung vorliegt, kann auch der Jahresabschluss seine Zwecke ordnungsgemäß erfüllen. Ansonsten besteht das Risiko fehlerhafter auf den Jahresabschluss bezogener Aussagen und Rechtsfolgen, da die Rechnungslegung auf einer kritischen und ggf. mangelbehafteten Datenbasis beruht. Die Dokumentationsgrundsätze sind teilweise in § 238 und § 239 HGB kodifiziert und konkretisieren diese Buchführungsvorschriften.

Die Buchführung muss nach § 238 Abs. 1 S. 2 HGB grundsätzlich **für einen Dritten nachvollziehbar** sein. Sie hat insbesondere eine **richtige, vollständige, zeitgerechte und geordnete Erfassung der Geschäftsvorfälle** sicherzustellen (§ 239 Abs. 2 HGB). Zudem verlangt § 239 Abs. 3 HGB die **Unveränderlichkeit** der Eintragungen und Aufzeichnungen. Insofern bestehen folgende Dokumentationsgrundsätze.[27]

- Grundsatz der **Vollständigkeit**: Alle rechnungslegungsrelevanten Geschäftsvorfälle bedürfen einer lückenlosen Erfassung. Zudem ist eine mehrfache Berücksichtigung desselben Geschäftsvorfalls zu vermeiden.
- Grundsatz der **Richtigkeit**: Belege und Bücher müssen die Geschäftsvorfälle inhaltlich zutreffend abbilden. Darüber hinaus hat die Abbildung der Geschäftsvorfälle die tatsächlichen Verhältnisse widerzuspiegeln und im Einklang mit den gesetzlichen Vorschriften zu stehen.
- Grundsatz der **Zeitgerechtigkeit**: Jeder Geschäftsvorfall muss zum einen der Rechnungsperiode zugeordnet werden, in der er angefallen ist, und zum anderen zeitnah nach seiner Entstehung erfasst werden.
- Grundsatz der **Ordnung**: Das Buchführungsverfahren hat die Darstellungsmöglichkeit der Buchungen in zeitlicher Ordnung (**Journalfunktion**) sowie in sachlicher Ordnung (**Kontenfunktion**) zu gewährleisten. Mittels Journalfunktion wird der Nachweis der tatsächlichen und zeitgerechten Verarbeitung der Geschäftsvorfälle geführt. Zur Erfüllung der Journal- und Kontenfunktion bedarf es auch des Schutzes der vorgenommenen und/oder gespeicherten Aufzeichnungen gegen Veränderungen oder Löschung.
- Grundsatz der **Nachvollziehbarkeit**: Die Buchführung hat sicherzustellen, dass sich ein sachverständiger Dritter innerhalb angemessener Zeit einen Überblick über die Geschäftsvorfälle und über die Lage des Unternehmens verschaffen kann (§ 238 Abs. 1 S. 2 HGB). Zudem müssen sich die Geschäftsvorfälle sowie die angewandten Buchführungs- und Rechnungslegungsverfahren in ihrer Abwicklung und Entstehung verfolgen lassen (§ 238 Abs. 1 S. 3 HGB). Dies bedingt auch eine ordnungsgemäße **Dokumentation der Buchführung** (Verfahrensdokumentation).
- Grundsatz der **Unveränderlichkeit**: Nach dem Buchungszeitpunkt dürfen Eintragungen und Aufzeichnungen nicht in einer Weise verändert werden, dass der ursprüngliche Inhalt nicht mehr feststellbar ist (§ 239 Abs. 3 S. 1 HGB). Ferner

---

27 Vgl. hierzu IDW RS FAIT 1, Tz. 8 und 25 ff.

müssen spätere Eintragungen und Aufzeichnungen die Erkennbarkeit des ursprünglichen Inhalts sowie die Sichtbarmachung der vorgenommenen Veränderung gewährleisten (§ 239 Abs. 3 S. 2 HGB). Infolgedessen bedürfen z. B. Berichtigungen einer Vornahme von Storno- und Korrekturbuchungen, ohne dass es zu einer Löschung der ehemals unzutreffenden Buchung kommt.

- **Beleggrundsatz:** »Keine Buchung ohne Beleg«. Darüber hinaus gilt, dass jeder Beleg zu einer Buchung führen muss. Dies dient der Nachvollziehbarkeit der Buchhaltung und Beweissicherung. Liegt kein Fremdbeleg vor, wie z. B. für Abschreibungen oder Rückstellungen, ist ein Eigenbeleg zu erstellen. Mittels Belegfunktion erfolgt der Nachweis der zutreffenden Abbildung aller Geschäftsvorfälle im Rechnungswesen.
- Grundsatz der Einhaltung der **Aufbewahrungspflichten**: Zur Sicherstellung der Nachvollziehbarkeit der Buchführung über einen bestimmten Zeitraum bestehen in § 257 Abs. 4 und Abs. 5 HGB vorgegebene Aufbewahrungsfristen. Für Journale, Konten, Belege, Abschlüsse und die zum Verständnis der Buchführung erforderlichen Unterlagen gilt eine Aufbewahrungspflicht von 10 Jahren (§ 257 Abs. 4 i. V. m. Abs. 1 Nr. 1 und Nr. 4 HGB).
- Grundsatz der Einrichtung eines **internen Kontrollsystems** (IKS): Die Gewährleistung einer ordnungsmäßigen Buchführung und damit Einhaltung der oben beschriebenen Dokumentationsgrundsätze bedingt die Implementation eines nach Art und Größe angemessenen internen Kontrollsystems. Das auf die Buchhaltung bezogene interne Kontrollsystem beinhaltet die Grundsätze, Verfahren und Regelungen zur Bewältigung der aus der Buchhaltung resultierenden Risiken. Es umfasst sowohl die Regelungen zur Erfassung der Geschäftsvorfälle (internes Steuerungssystem) als auch prozessintegrierte und prozessunabhängige Regelungen zur Überwachung der Einhaltung dieser Vorgaben (internes Überwachungssystem).[28]

Die Dokumentationsgrundsätze gelten unabhängig davon, ob die Buchführungsverfahren unter Einsatz von Informationstechnologie (eingesetzte Hard- und Software zur elektronischen Datenverarbeitung) oder in anderer Form geführt werden (§ 239 Abs. 4 HGB).

2.2.3 GoB für den Jahresabschluss

2.2.3.1 Überblick

Die GoB für den Jahresabschluss beziehen sich auf die **Rechenschaftslegung** und stellen Regeln zur **ordnungsmäßigen Erstellung des Jahresabschlusses** dar. Im Folgenden wird eine Systematisierung der GoB für den Jahresabschluss vorgenommen, um eine gewisse Strukturierung der GoB und damit Übersichtlichkeit ihrer Darstellung zu erreichen. Die GoB lassen sich in die vier in der nachfolgenden

---

28 Vgl. auch IDW PS 261 n. F., Tz. 19 f.

Darstellung 2.2 aufgeführten Kategorien einteilen. Neben der hier gewählten Unterteilung finden sich in der Literatur verschiedene andere GoB-Strukturen.[29] Letztlich lassen sich aber einige GoB aufgrund der zwischen ihnen und anderen GoB bestehenden Überschneidungen und Abhängigkeiten nicht immer eindeutig und überschneidungsfrei einzelnen der jeweils vorgegebenen Gliederungskriterien zuordnen. Bei den unter die einzelnen Kategorien der nachstehenden Darstellung konkret subsummierten GoB handelt es sich um eine Auswahl wesentlicher GoB, denen für die Erstellung eines handelsrechtlichen Jahresabschlusses grundlegende Bedeutung zukommt und die damit für die Gewinnung eines Verständnisses über den Jahresabschluss unabdingbar sind.

Dar. 2.2: GoB für den Jahresabschluss im Überblick

Systembeschreibende Bewertungsgrundsätze	
• Unternehmensfortführung (Going Concern)	§ 252 Abs. 1 Nr. 2 HGB
• Einzelbewertung	§ 252 Abs. 1 Nr. 3 HGB
• Pagatorik und Periodenabgrenzung	§ 252 Abs. 1 Nr. 5 HGB
Allgemeine Grundsätze	
• Klarheit und Übersichtlichkeit	§ 243 Abs. 2 HGB
• Richtigkeit und Willkürfreiheit (Wahrheit)	Nicht kodifiziert
• Vergleichbarkeit	§ 246 Abs. 3 S. 1, § 252 Abs. 1 Nr. 6, § 265 Abs. 1 S. 1 HGB
• Wirtschaftlichkeit und Wesentlichkeit	Nicht konkret kodifiziert
• Abschlussstichtagsprinzip	§ 252 Abs. 1 Nr. 3 und § 242 Abs. 1 HGB
Ansatzgrundsätze	
• Vollständigkeit	§ 246 Abs. 1 S. 1 HGB
• Bilanzidentität	§ 252 Abs. 1 Nr. 1 HGB
• Verrechnungsverbot (Saldierungsverbot)	§ 246 Abs. 2 S. 1 HGB
Weitere Bewertungsgrundsätze	
• Realisationsprinzip	§ 252 Abs. 1 Nr. 4 2. HS HGB
• Realisationszeitpunkt	Nicht kodifiziert
• Anschaffungskostenprinzip	§ 253 Abs. 1 S. 1 HGB
• Aufwandszuordnung (und Verursachungsprinzip)	§ 252 Abs. 1 Nr. 4 2. HS HGB
• Abgrenzung zeitraumbezogener Erträge und Aufwendungen	§ 250 Abs. 1 und 2 sowie § 246 Abs. 1 S. 1 HGB
• Imparitätsprinzip	§ 252 Abs. 1 Nr. 4 HGB
• Vorsichtsprinzip	§ 252 Abs. 1 Nr. 4 HGB

---

29 Zu einem Überblick über in der Literatur diskutierte GoB-Strukturen vgl. Ballwieser (Beck'sches HdR), B 105, Rz. 13. Grundlegende Systematisierungen finden sich u. a. bei Leffson (GoB), Moxter (Grundsätze), Ballwieser (Informations-GoB), S. 115 ff. und Baetge/Kirsch/Thiele (Bilanzen), S. 114 ff.

2.2.3.2 Systembeschreibende Bewertungsgrundsätze

Bei den systembeschreibenden Bewertungsgrundsätzen handelt es sich um GoB, die das dem HGB zugrunde liegende Rechnungslegungssystem zur Erfüllung der vom Gesetzgeber vorgegebenen Zwecke definieren und damit die fundamentalen Eckpfeiler für die Erstellung eines handelsrechtlichen Jahresabschlusses darstellen. So würden sich ohne diese konkret kodifizierten Grundsätze vollständig andere Rechensysteme ergeben. Wie nachfolgend noch tiefergehender erläutert wäre es ohne diese Grundsätze denkbar, den Gewinn auch durch eine Zahlungsüberschussrechnung oder ein Kostenrechnungssystem zu ermitteln, die Vermögensgegenstände und Schulden wie im Rahmen eines insolvenzrechtlichen Überschuldungsstatus anzusetzen oder das Eigenkapital auf Basis einer Unternehmensbewertung mittels Gesamtbewertungsverfahren festzulegen.

Unternehmensfortführung

Der **Grundsatz der Unternehmensfortführung** (*Going Concern*-Prämisse) nach § 252 Abs. 1 Nr. 2 HGB verlangt bei der Bewertung »von der Fortführung des Unternehmens auszugehen, sofern dem nicht tatsächliche oder rechtliche Gegebenheiten entgegenstehen«. Damit werden der Ansatz und die Bewertung von Vermögensgegenständen und Schulden unter Liquidationsgesichtspunkten vermieden. So ist z. B. zur Klärung der Frage des Vorliegens einer Überschuldung als zwingendem Grund für die Eröffnung eines Insolvenzverfahrens (vgl. § 19 InsO) ein Überschuldungsstatus aufzustellen, bei dem im Falle einer negativen Fortbestehensprognose die Vermögensgegenstände zu Zerschlagungs- oder Liquidationswerten und die Schulden mit Ablösebeträgen angesetzt werden.[30] Die Bewertung unter Fortführungsgesichtspunkten führt dagegen zu vollkommen anderen Wertansätzen und dient zudem einer periodengerechten Gewinnermittlung.

Beispiel zur periodengerechten Gewinnermittlung

Ein Maschinenbauunternehmen hat zu Beginn t1 eine speziell auf ihren Herstellungsprozess abgestimmte Spezialmaschine gefertigt. Die Herstellungskosten betragen 800 TEUR bei einer geplanten Nutzungsdauer der Maschine von 10 Jahren. Ende t1 beläuft sich der Liquidationswert auf 9 TEUR, da andere Unternehmen keine passende Nutzungsmöglichkeit für diese Spezialmaschine aufweisen.

Unter Liquidationsgesichtspunkten kommt es Ende t1 zu einem Ansatz der Spezialmaschine mit 9 TEUR, so dass auf die Periode t1 ein Abschreibungsaufwand von 791 TEUR entfällt. In den Jahren t2 bis t10 werden die verbleibenden 9 TEUR als Abschreibung erfasst.

---

30 Zur insolvenzrechtlichen Überschuldungsprüfung vgl. z. B. IDW S 11.

Unter der Fortführungsannahme besitzt der Liquidationswert keine Relevanz, da die Spezialmaschine 10 Jahre lang genutzt und nicht veräußert werden soll. Insofern kommt es zu einer nutzungsadäquaten Verteilung der Herstellungskosten über die Nutzungsdauer von 10 Jahren. Bei einer z. B. unterstellten gleichmäßigen Abnutzung der Spezialmaschine ergeben sich Abschreibungen von 80 TEUR pro Jahr über die geplante Nutzungsdauer von t1 bis t10 (= 800 TEUR / 10 Jahre). Aus der verursachungsgerechten nutzungsabhängigen Bemessung der Abschreibungen resultiert infolgedessen eine periodengerechte Gewinnermittlung mit dem Ausweis vergleichbarer Periodenergebnisse.

Pagatorik und Periodenabgrenzung

Der **Grundsatz der Pagatorik und Periodenabgrenzung** findet sich in § 252 Abs. 1 Nr. 5 HGB, nach der die »Aufwendungen und Erträge des Geschäftsjahres unabhängig von den Zeitpunkten der entsprechenden Zahlungen im Jahresabschluss zu berücksichtigen« sind. Aus dieser Formulierung ergeben sich zwei Konsequenzen für die Erstellung des handelsrechtlichen Jahresabschlusses. Zunächst müssen alle für Zwecke der handelsrechtlichen Rechnungslegung erfassten Aufwendungen und Erträge auf tatsächlichen Zahlungsvorgängen beruhen, mithin pagatorisch sein. Aufgrund dieser ersten Folge scheiden alle kalkulatorischen Werte oder auch auf individuellen Vorstellungen basierende Werte aus. Dies dient dem Grundsatz der Objektivierung der Rechnungslegungsinformationen. Zudem kommt es durch das **Verbot zur Nutzung kalkulatorischer Kosten und Leistungen**, wie kalkulatorischer Abschreibungen, kalkulatorischer Eigenkapitalzinsen oder dem kalkulatorischen Unternehmerlohn, zu einem Ausschluss der handelsrechtlichen Gewinnermittlung mittels eines für interne Zwecke verwendeten Kosten- und Leistungsrechnungssystems. Als zweite Konsequenz aus der Formulierung hat die Ermittlung des handelsrechtlichen Gewinns nicht mittels einer Zahlungsüberschussrechnung (z. B. Kapitalflussrechnung) durch Gegenüberstellung der Ein- und Auszahlungen einer Rechnungsperiode zu erfolgen, sondern geht auf **periodisierte Zahlungen** zurück. Folglich können die konkreten Zahlungszeitpunkte der einzelnen Geschäftsvorfälle in vergangenen, der laufenden oder zukünftigen Perioden liegen. Das Prinzip der Periodenabgrenzung regelt allerdings nicht, wie die Zahlungen auf die einzelnen Perioden aufzuteilen bzw. zu periodisieren sind. Bestimmungen hierzu finden sich neben konkreten einzelnen Vorschriften des HGB in den weiteren Bewertungsgrundsätzen wie z. B. den nachfolgend in diesem Kapitel dargestellten Realisationsprinzip und Imparitätsprinzip. Für die Zurechnung von Aufwendungen und Erträgen zu einer bestimmten Berichtsperiode kommt es neben diesen Regelungen grundsätzlich auf den Zeitpunkt ihrer wirtschaftlichen Verursachung an (**Verursachungsprinzip**).

Einzelbewertung

Mit dem in § 252 Abs. 1 Nr. 3 HGB kodifizierten **Grundsatz der Einzelbewertung** legt der Gesetzgeber fest, dass grundsätzlich alle Vermögensgegenstände und Schulden zum Abschlussstichtag einzeln zu bewerten sind. Dies führt zu einer Ermittlung des Eigenkapitals des Unternehmens und damit Ermittlung des Unternehmenswerts durch Gegenüberstellung einzeln erfasster und bewerteter Vermögensgegenstände sowie Schulden. Damit repräsentiert das handelsrechtliche Eigenkapital einen **Substanzwert** und zeigt das **Schuldendeckungspotential** des Unternehmens. Den Gegensatz zu einer Einzelbewertung stellt eine **Gesamtbewertung** dar. Eine Gesamtbewertung betrachtet das zu bewertende Unternehmen als Bewertungseinheit. Das Eigenkapital des Unternehmens beruht auf dem zukünftigen Gesamtertrag des Unternehmens. Insofern handelt es sich bei diesem Unternehmenswert um einen **Zukunftserfolgswert**, der sich aus der Abzinsung künftiger geplanter (unsicherer) Ertrags- oder Einzahlungsüberschüsse bestimmt. Er spiegelt damit die künftige Ertragskraft des Unternehmens wider und stellt den entscheidungstheoretisch zutreffenden, auf Basis eines investitionstheoretischen Kapitalwertverfahrens unter Unsicherheit ermittelten Unternehmenswert dar.[31] Aufgrund der einer Planung innewohnenden Unsicherheit und subjektiver Einflüsse fehlt es bei einer Gesamtbewertung aber an der Objektivität der Wertansätze, so dass der Gesetzgeber auch mittels des Einzelbewertungsgrundsatzes beabsichtigt, die Objektivität der den Rechnungslegungsadressaten zur Verfügung gestellten Informationen zu gewährleisten.[32] Allerdings lassen Wirtschaftlichkeits- und Wesentlichkeitsüberlegungen Abweichungen von der Einzelbewertung in begründeten Ausnahmefällen zu. So finden sich z. B. mit § 254 HGB (Bewertungseinheiten), § 256 HGB (Bewertungsvereinfachungsverfahren) oder § 240 Abs. 3 und 4 HGB (Fest- oder Gruppenbewertung) gesetzliche Vorschriften, die unter bestimmten Voraussetzungen eine Durchbrechung dieses Grundsatzes ermöglichen.

2.2.3.3 Allgemeine Grundsätze

Die allgemeinen Grundsätze bilden den Rahmen für die Erstellung des handelsrechtlichen Jahresabschlusses. Sie dienen insbesondere der Ermittlung (entscheidungs-)nützlicher Informationen, auf deren Basis die Rechnungslegungsadressaten ihre Entscheidung treffen.

Klarheit und Übersichtlichkeit

Die in § 243 Abs. 2 HGB aufgeführten **Grundsätze der Klarheit und Übersichtlichkeit** bedingen, dass die Adressaten des Jahresabschlusses die zu vermittelnden

---

31 Zur Ermittlung des Unternehmenswerts kommen hier das Ertragswert- und die verschiedenen DCF-Verfahren (APV-, Equity- und WACC-Ansatz) in Betracht.
32 Das Spannungsverhältnis zwischen ökonomischer Brauchbarkeit und Objektivität von Informationen wird ausführlich im folgenden Kapitel 2.3 erläutert.

Informationen und Zusammenhänge verständlich zur Verfügung gestellt bekommen. Sie betreffen die formale Gestaltung von Bilanz, GuV sowie ggf. Anhang, Lagebericht[33], Kapitalflussrechnung und Eigenkapitalspiegel. So bedarf es etwa einer eindeutigen sowie unmissverständlichen Bezeichnung der Jahresabschlussposten, der Abbildung gleicher Sachverhalte unter demselben Posten und unterschiedlicher Sachverhalte in verschiedenen Posten oder auch einer systematischen Gliederung der einzelnen Abschlussbestandteile und des Lageberichts.

Richtigkeit und Willkürfreiheit

Der auch als Grundsatz der Wahrheit bezeichnete **Grundsatz der Richtigkeit und Willkürfreiheit** findet sich nicht für den Jahresabschluss gesetzlich normiert, sondern nur für die Buchhaltung in § 239 Abs. 2 HGB. Dieser Grundsatz beschreibt allerdings eine Selbstverständlichkeit für die Vermittlung entscheidungsrelevanter Informationen und lässt sich deduktiv aus den Zwecken des handelsrechtlichen Jahresabschlusses ableiten. **Richtigkeit** bedeutet nicht fehlerbehaftet und den gesetzlichen Vorschriften sowie GoB entsprechend. Infolgedessen besteht eine **Nachprüfbarkeit** der Einhaltung des Grundsatzes. Konkret bedeutet Richtigkeit z. B. rechnerisch richtig, auf Basis der richtigen Datengrundlage und bei inhaltlich zutreffender Bezeichnung. **Willkürfreiheit** liegt dann vor, wenn der Bilanzierende in Bezug auf die für Zwecke der Rechnungslegung vorzunehmenden Schätzungen (z. B. Schätzung von Nutzungsdauern oder Bewertung von Rückstellungen) seine subjektiven Wertvorstellungen begründen kann und die von ihm zugrunde gelegten Annahmen im Sinne der Nachprüfbarkeit darstellt.

Vergleichbarkeit

Um die Vermögens-, Finanz- und Ertragslage eines Unternehmens zu beurteilen, bedarf es eines Vergleichsmaßstabs für die jeweils der Unternehmensanalyse zugrunde gelegten absoluten oder relativen Kennzahlen wie z. B. Höhe der Forderungen, Umsatzerlöse oder Eigenkapitalquote. Als Beurteilungsmaßstäbe kommen ein Zeitvergleich, Branchenvergleich oder Soll-Ist-Vergleich in Betracht. Grundvoraussetzung für das Treffen einer Aussage ist die bestehende sachliche und zeitliche Vergleichbarkeit der zu analysierenden Informationen. Ansonsten kommt es zwangsläufig zu unzutreffenden Schlussfolgerungen. Vor diesem Hintergrund hat der Gesetzgeber den **Grundsatz der Vergleichbarkeit** explizit mittels dreier Stetigkeitsgrundsätze kodifiziert, die sowohl die Vergleichbarkeit in formeller als auch materieller Hinsicht sicherstellen sollen. Aus materieller Sicht gilt die **An-**

---

33 Der Lagebericht stellt zwar keinen Bestandteil des Jahresabschlusses dar, so dass sich die in § 243 Abs. 2 HGB kodifizierten Grundsätze nicht auf den Lagebericht beziehen. Gleichwohl stellt die Forderung nach Übersichtlichkeit und Klarheit eine fundamentale Anforderung an die Vermittlung entscheidungsnützlicher Informationen dar und gilt mithin entsprechend auch nicht kodifiziert für den Lagebericht.

satzstetigkeit (§ 246 Abs. 3 S. 1 HGB) und die **Bewertungsstetigkeit** (§ 252 Abs. 1 Nr. 6 HGB), nach denen die auf den vorhergehenden Jahresabschluss angewandten Ansatz- und Bewertungsmethoden beizubehalten sind. Aus formeller Sicht besteht der Grundsatz der **Ausweisstetigkeit** (§ 265 Abs. 1 und 2 HGB), der die unveränderte Form der Darstellung[34], insbesondere die stetige Gliederung der aufeinanderfolgenden Bilanzen sowie GuV, verlangt und damit die Vergleichbarkeit von Informationen gewährleistet.[35] Allerdings können Stetigkeitsunterbrechungen nicht immer vermieden werden, bedingen aber einen begründeten Ausnahmefall.[36] Insbesondere rechtfertigen z. B. eine Änderung rechtlicher Gegebenheiten, eine verbesserte Darstellung der Vermögens-, Finanz- und Ertragslage oder steuerliche Gründe eine Durchbrechung der Stetigkeit.[37]

Wirtschaftlichkeit und Wesentlichkeit

Wirtschaftlichkeit im Sinne der Rechnungslegung liegt vor, wenn der Nutzen aus zusätzlich gegebenen Informationen die Kosten zur Bereitstellung dieser Informationen übersteigt. **Wesentlichkeit** von Informationen besteht dann, wenn die Informationen für den Rechnungslegungsadressaten **Entscheidungsrelevanz** aufweisen, d. h. die Entscheidungen der Adressaten durch die zur Verfügung oder eben nicht zur Verfügung gestellten Informationen beeinflusst werden können. Der Grundsatz der Wirtschaftlichkeit und Wesentlichkeit ist nicht konkret im Gesetz kodifiziert. Allerdings finden sich entsprechende Überlegungen an verschiedenen Stellen im HGB. So eröffnet z. B. § 256 HGB die Möglichkeit, für den Bilanzierenden aus Wirtschaftlichkeitsgründen statt einer Einzelbewertung bestimmte Bewertungsvereinfachungsverfahren zur Bestimmung der Anschaffungskosten von Vorräten anzuwenden, sofern gewisse Voraussetzungen erfüllt sind. Zudem verwendet der Gesetzgeber auch immer wieder Formulierungen wie »von untergeordneter Bedeutung«, »nicht erheblich« oder »wesentlich«.[38] Aufgrund fehlender quantitativer Vorgaben bedingt die Festlegung der Wirtschaftlichkeit und Wesentlichkeit insofern immer eine qualitative Beurteilung der Informatio-

---

34 Dies bedingt z. B. die stetige Zuordnung von Sachverhalten zu den einzelnen Jahresabschlussposten oder auch die unveränderte Bezeichnung dieser Jahresabschlussposten.

35 Zwar ist die Darstellungsstetigkeit nur explizit in den Vorschriften für Kapitalgesellschaften kodifiziert, sie gilt jedoch implizit über den Grundsatz der Klarheit und Übersichtlichkeit nach § 243 Abs. 2 HGB auch für alle anderen Kaufleute.

36 Vgl. § 246 Abs. 3 S. 2 HGB, § 252 Abs. 2 HGB und § 265 Abs. 1 S. 1 HGB. Darüber hinaus sind die Auswirkungen der Durchbrechung der Stetigkeit bei Kapitalgesellschaften und ihnen gleichgestellter Gesellschaften im Anhang anzugeben und zu begründen (für die Ausweisstetigkeit § 265 Abs. 1 S. 2, Abs. 2 S. 2 HGB, für die Ansatz- und Bewertungsstetigkeit § 284 Abs. 2 Nr. 2 HGB).

37 Zu möglichen Durchbrechungsgründen vgl. IDW RS HFA 38, Tz. 15.

38 Vgl. z. B. neben anderen § 286 Abs. 3 Nr. 1 HGB, § 265 Abs. 7 Nr. 1 HGB oder § 285 Nr. 21 HGB.

nen hinsichtlich ihrer Adressatenorientierung, Entscheidungsrelevanz und Klarheit.

Abschlussstichtagsprinzip

§ 252 Abs. 1 Nr. 3 HGB legt neben dem Einzelbewertungsgrundsatz auch das Abschlussstichtagsprinzip fest. Danach sind alle Vermögensgegenstände und Schulden **zum Abschlussstichtag** zu bewerten. Dabei kommt es nicht darauf an, wann diese Werte konkret ermittelt werden, sondern dass sich die Bewertung auf den Schluss des Geschäftsjahres bzw. der entsprechenden Rechnungslegungsperiode bezieht. Die Bemessung der Wertansätze ergibt sich aus den jeweils für die einzelnen Vermögensgegenstände und Schulden geltenden Vorschriften. So sind z. B. Rückstellungen gemäß § 253 Abs. 1 S. 2 HGB entsprechend mit dem *am Abschlussstichtag* nach vernünftiger kaufmännischer Beurteilung notwendigen Erfüllungsbetrag anzusetzen. Oder Vermögensgegenstände des Umlaufvermögens bedürfen nach § 253 Abs. 4 S. 1 HGB einer außerplanmäßigen Abschreibung auf den niedrigeren, sich aus einem Börsen- oder Marktpreis *am Abschlussstichtag* ergebenden Wert.[39] Insofern sind für die Bewertung die **Verhältnisse am Abschlussstichtag** ausschlaggebend.

Dabei kommt es nicht darauf an, dass diese Verhältnisse erst nach dem Abschlussstichtag bekannt werden. Dieser Fall tritt durchaus öfters auf, da die Erstellung des Jahresabschlusses regelmäßig nicht am Abschlussstichtag erfolgen kann, sondern einen längeren Zeitraum in Anspruch nimmt. So darf nach § 264 Abs. 1 S. 3 und 4 HGB der Zeitraum zwischen Abschlussstichtag und Aufstellung des Jahresabschlusses für große und mittelgroße Kapitalgesellschaften bis zu 3 Monate und für kleine Kapitalgesellschaften bis zu 6 Monate umfassen. Ereignisse, die nach dem Abschlussstichtag, aber vor dem Ende der Aufstellung des Jahresabschlusses bekannt werden, wirken sich werterhellend auf die Bewertung der Vermögensgegenstände und Schulden zum Abschlussstichtag aus. Insofern besteht die **Pflicht**, diese **wertaufhellenden Ereignisse** im Jahresabschluss zu berücksichtigen, wenn sie bis zum Abschlussstichtag verursacht wurden.[40] Dabei ist aufgrund des Abschlussstichtagsprinzips entscheidend, dass die **Verursachung des Ereignisses vor dem Abschlussstichtag** liegt. Eine Berücksichtigung **wertbegründender Ereignisse nach dem Stichtag** scheidet dagegen aus. Diese finden Eingang in die Bilanz und GuV der Folgeperiode. Allerdings resultiert aus der Entscheidungsrelevanz von Informationen die Pflicht, nach dem Schluss des Geschäftsjahres ein-

---

39 Vgl. ausführlich zur Bewertung von Rückstellungen Kapitel 9.3.2 und zur Bewertung von Gegenständen des Umlaufvermögens Kapitel 7.3.

40 Vgl. IDW PS 203 n. F., Tz. 9, ADS (Rechnungslegung), Tz. 39 zu § 252 HGB oder auch Störk/Büssow (Beck'scher Bilanzkommentar), Rn. 39 zu § 252 HGB. Darüber hinaus bestimmt auch § 252 Abs. 1 Nr. 4 HS 1 HGB, dass alle vorhersehbaren und bis zum Abschlussstichtag verursachten Risiken und Verluste zu berücksichtigen sind, selbst wenn diese erst zwischen Abschlussstichtag und dem Tag der Aufstellung des Jahresabschlusses bekannt werden.

getretene wertbegründende Ereignisse von **besonderer Bedeutung** im Anhang zu erläutern.[41] Bei einigen Fällen ist es allerdings schwierig zwischen den im Abschluss zu berücksichtigenden werterhellenden Ereignissen und den nicht im Abschluss zu berücksichtigenden wertbegründenden Ereignissen zu differenzieren.

Beispiele zum Abschlussstichtagsprinzip

Der Jahresabschluss einer Reederei zum 31. Dezember t2 wird am 15. März t3 aufgestellt.

Ein Containerschiff der Reederei geht am 5. Januar t3 unter.

Bei dem Untergang des Containerschiffes handelt es sich um ein wertbegründendes Ereignis nach dem Abschlussstichtag. Aufgrund der mangelnden Verursachung vor dem Abschlussstichtag darf die außerplanmäßige Abschreibung des Schiffes nicht im Jahresabschluss zum 31. Dezember t2 berücksichtigt werden. Allerdings kommt ggf. eine Anhangsangabe als Vorgang von besonderer Bedeutung nach dem Abschlussstichtag in Betracht.

Ein Containerschiff der Reederei geht am 30. Dezember t2 unter, was der Reederei erst am 2. Januar t3 bekannt wird.

Bei der Kenntniserlangung über den Untergang des Schiffes im Januar t3 handelt es sich um eine wertaufhellende Information. Die Verursachung dieses bis zur Aufstellung des Jahresabschlusses bekannt gewordenen Ereignisses lag im abgelaufenen Geschäftsjahr t2, so dass die außerplanmäßige Abschreibung des Containerschiffes zwingend auch noch im Jahresabschluss zum 31. Dezember t2 zu erfolgen hat.

Kunde A der Reederei meldet Ende Januar t3 Insolvenz an. Gegen Kunden A besteht von der Reederei zum 31. Dezember t2 eine Forderung.

Ob die Forderung im Jahresabschluss zum 31. Dezember t2 abzuschreiben ist, hängt von dem Zeitpunkt der Ursache für die Insolvenzanmeldung ab. Befand sich Kunde A schon vor dem Abschlussstichtag in Schwierigkeiten, was bei einer Insolvenzanmeldung im Monat nach dem Abschlussstichtag grundsätzlich vermutet werden dürfte, handelt es sich bei der Insolvenzanmeldung um eine wertaufhellende Tatsache, die zwingend im Jahresabschluss der Reederei zum 31. Dezember t2 die Abschreibung der Forderung nach sich zieht. Sofern allerdings ein nach dem Abschlussstichtag eingetretener Sachverhalt die Insolvenz des Kunden A veranlasst hat, ist dieser konkrete Sachverhalt als wertbegründendes Ereignis in t3 zu charakterisieren. Damit käme dann eine Forderungsabschreibung im Jahresabschluss der Reederei zum 31. Dezember t2 nicht in Betracht.

Im Dezember t2 erlangt der Reederei Kenntnis, dass Kunde B in ernsthaften Zahlungsschwierigkeiten steckte und Insolvenz angemeldet hat. Die Forderungen der Reederei

---

41 Vgl. § 285 Nr. 33 HGB. Dies gilt natürlich nur für Gesellschaften, die einen Anhang aufzustellen haben.

gegen B beliefen sich zum 31. Dezember t2 auf 400 TEUR. Noch während der Aufstellung des Jahresabschlusses wurde der Reederei im Februar t3 bekannt, dass der Insolvenzverwalter des Kunden B überraschenderweise im Januar t3 einen neuen Großinvestor gefunden hat, so dass die Reederei mit einem vollständigen Zahlungseingang der Forderung im April t3 rechnet.

Da die Insolvenzanmeldung des Kunden B im Geschäftsjahr t2 erfolgte, ist die Forderung aufgrund des Abschlussstichtagsprinzips im Jahresabschluss der Reederei zum 31. Dezember t2 abzuschreiben. Die werterhellende Information im Februar t3 führt nicht zu einer Rückgängigmachung der außerplanmäßigen Abschreibung in t2, da der Eintritt des neuen Großinvestors im Januar t3 ein wertbegründendes Ereignis nach dem Abschlussstichtag darstellt. Der im April t3 zu erwartende Zahlungseingang der Forderung wurde nach dem Stichtag durch die mittels des neuen Investors wiedergewonnene Zahlungsfähigkeit im Januar t3 begründet. Insofern bedarf es erst in t3 einer Zuschreibung der Forderung.

2.2.3.4 Ansatzgrundsätze

Die Ansatzgrundsätze beziehen sich auf die Bilanzierung dem Grunde nach. Insofern geht es um die Fragestellung, ob Vermögensgegenstände, Schulden und weitere Posten in der Bilanz anzusetzen sowie Erträge und Aufwendungen in der GuV zu erfassen sind.

Vollständigkeit

Das in § 246 Abs. 1 S. 1 HGB festgelegte Vollständigkeitsprinzip verlangt, dass der Jahresabschluss sämtliche Vermögensgegenstände, Schulden, Rechnungsabgrenzungsposten sowie Aufwendungen und Erträge zu enthalten hat. Darüber hinaus haben zur Erstellung eines Anhangs und Lageberichts verpflichtete Unternehmen sämtliche Pflichtangaben im Anhang und Lagebericht entsprechend § 284, 285 und 289 HGB zu machen und damit die Vollständigkeit der vom Gesetzgeber als entscheidungsrelevant erachteter Informationen zu gewährleisten. Das Vollständigkeitsprinzip stellt insofern die **Voraussetzung** für die Erfüllung der Zwecke und Funktionen handelsrechtlicher Rechnungslegung dar und ist als **Selbstverständlichkeit** zu qualifizieren. Alles andere würde eine willkürliche Rechnungslegung zur Folge haben. Das Vollständigkeitsprinzip gilt allerdings nur insoweit, als nicht konkrete gesetzliche Regelungen etwas anderes fordern bzw. Wahlrechte eröffnen. Diese Durchbrechung des Vollständigkeitsgrundsatzes findet sich explizit in § 246 Abs. 1 S. 1 HGB, wonach der Jahresabschluss sämtliche Vermögensgegenstände, Schulden usw. zu enthalten hat, soweit das Gesetz nichts anderes bestimmt.[42]

---

42 Zum Ansatz sowie den gesetzlich bestehenden Ansatzgeboten, Ansatzwahlrechten und Ansatzverboten siehe ausführlich Kapitel 3.

Bilanzidentität

Nach dem Grundsatz der Bilanzidentität in § 252 Abs. 1 Nr. 1 HGB müssen die Wertansätze in der Eröffnungsbilanz des Geschäftsjahres mit denen der Schlussbilanz des vorhergehenden Geschäftsjahres übereinstimmen. Damit wird sichergestellt, dass der Totalgewinn eines Unternehmens über dessen gesamte Lebensdauer (Totalperiode) der Summe der einzelnen Gewinne aller Geschäftsjahre entspricht. Durch den Zwang zur Bilanzidentität dürfen keine Buchungen, keine Änderungen des Bilanzinhalts und keine Bewertungsänderungen zwischen der Schlussbilanz des Vorjahres und der Eröffnungsbilanz des Geschäftsjahres vorgenommen werden.[43] Insofern können auch keine Sachverhalte oder Aufwendungen und Erträge verloren gehen bzw. absichtlich nicht erfasst werden.

Verrechnungsverbot (Saldierungsverbot)

§ 246 Abs. 2 S. 1 HGB verbietet grundsätzlich die Saldierung von Posten der Aktivseite mit Posten der Passivseite der Bilanz und von Aufwendungen mit Erträgen in der GuV. Damit stellen Bilanz sowie GuV Bruttorechnungen dar. Dies dient letztlich eines verbesserten Einblicks in die Vermögens-, Finanz- und Ertragslage, da durch Verrechnung von Sachverhalten Informationen verloren gehen. Das Saldierungsverbot wird nur in einigen wenigen Ausnahmefällen durchbrochen.[44]

2.2.3.5 Weitere Bewertungsgrundsätze

Neben den systembeschreibenden Bewertungsgrundsätzen Unternehmensfortführung, Einzelbewertung sowie Pagatorik und Periodenabgrenzung bestehen weitere Grundsätze, die sich auf die Bilanzierung der Höhe nach beziehen. Diese weiteren Bewertungsgrundsätze dienen zum einen einer periodengerechten Erfolgsermittlung. Sie definieren insofern, wie sich der Periodenerfolg bzw. bei Erstellung eines Jahresabschlusses das Jahresergebnis (Jahresüberschuss oder Jahresfehlbetrag) ermittelt. Zum anderen verfolgen sie den Zweck, das Kapital des Unternehmens (nominell) zu erhalten.

---

43 Vgl. ADS (Rechnungslegung), Tz. 10 zu § 252 HGB, Störk/Büssow (Beck'scher Bilanzkommentar), Rn. 5 zu § 252 HGB. Zur Vorgehensweise bei unter bestimmten Voraussetzungen notwendigen Änderungen von Jahresabschlüssen vgl. IDW RS HFA 6. Allerdings ist auch bei einer Änderung des Jahresabschlusses die Bilanzidentität einzuhalten, was ebenfalls eine Änderung, sofern vorliegend, nachfolgender Jahresabschlüsse zur Folge hat, vgl. IDW RS HFA 6, Tz. 27.

44 So können z. B. Forderungen und Verbindlichkeiten verrechnet werden, wenn sie sich nach § 387 BGB aufrechenbar gegenüberstehen. Zudem bestimmt z. B. § 246 Abs. 2 S. 2 HGB ein Saldierungsgebot für genau definierte Vermögensgegenstände (Deckungsvermögen) mit den Schulden aus Altersversorgungsverpflichtungen oder vergleichbaren langfristig fälligen Verpflichtungen.

Realisationsprinzip

Das Realisationsprinzip findet sich in § 252 Abs. 1 Nr. 4 HS 2 HGB und bestimmt: »Gewinne sind nur zur berücksichtigen, wenn sie am Abschlussstichtag realisiert sind«. Damit legt das Realisationsprinzip den **Zeitpunkt** fest, wann ein Erfolg als entstanden gilt und folglich in der GuV zu erfassen ist. Dieser Zeitpunkt liegt dann vor, wenn gegenüber einem Dritten eine Leistung erbracht und insofern ein Umsatz am Absatzmarkt getätigt wurde. Durch die Definition des Zeitpunkts ergibt sich darüber hinaus das **Anschaffungs- oder Herstellungskostenprinzip**. Trotz gesetzlicher Kodifizierung in § 253 Abs. 1 S. 1 HGB spiegelt es sich mithin auch im Realisationsprinzip wider. Danach sind Vermögensgegenstände höchstens mit den Anschaffungs- oder Herstellungskosten anzusetzen, ggf. vermindert um plan- und außerplanmäßige Abschreibungen. Aufgrund des Realisationsprinzips können die Vermögensgegenstände nicht bis zum Realisationszeitpunkt mit einem höheren Zeitwert bzw. einen Gewinnzuschlag enthaltenen Verkaufspreis bewertet werden. Sie sind bis zu diesem Zeitpunkt erfolgsneutral zu behandeln, da der Umsatz bzw. die Transaktion mit dem Absatzmarkt noch aussteht. Das Realisationsprinzip führt grundsätzlich vor diesem Hintergrund zu einer Vermeidung des Ausweises und der Ausschüttung unrealisierter Gewinne sowie zu einer Vermeidung von Erfolgswirkungen aus Beschaffungs- und Herstellungsvorgängen.

Aufwandszuordnung und Verursachungsprinzip

Neben der Festlegung des Zeitpunkts der Gewinnrealisation regelt das Realisationsprinzip auch die **Zuordnung von Aufwendungen** zu den Erträgen (Aufwandsrealisation).[45] Dies ergibt sich aus dem in § 252 Abs. 1 Nr. 4 HS 2 HGB genutzten Begriffs des Gewinns, der sich als Differenz von Erträgen und Aufwendungen ermittelt.[46] Insofern sind den bereits realisierten Erträgen die zugehörigen Aufwendungen zuzuordnen. Folgende Beispiele sollen diese Zuordnungsregel verdeutlichen:

- Künftige (wahrscheinliche) Leistungen an einen Kunden aus einer noch gerichtlich zu entscheidenden Schadenersatzklage aus dem Verkauf eines Produkts bedürfen im Geschäftsjahr des Umsatzes einer Aufwandserfassung, da der Aufwand durch das Verkaufsgeschäft begründet wurde. Gleichzeitig ist eine Prozesskostenrückstellung in der Bilanz anzusetzen.

---

45 Vgl. u. a. Moxter (Realisationsprinzip), S. 1783 f.; Ballwieser (Beck'sches HdR), B 105, Rn. 31 f., Tiedchen (Beck OGK), Rn. 75 zu § 252 HGB m. w. N.

46 Sofern beim Realisationsprinzip allein auf die Ertragsrealisierung abgestellt wird, bedarf es eines weiteren Grundsatzes für die periodengerechte Erfassung von Aufwendungen. Dieses Prinzip nennt sich **Grundsatz der Abgrenzung der Sache nach** (*matching principle*). Nach diesem Grundsatz werden den nach dem Realisationsprinzip zu erfassenden Erträgen diejenigen zur Realisation der Erträge notwendigen Aufwendungen gegenübergestellt. Vgl. hierzu Baetge/Kirsch/Thiele (Bilanzen), S. 133 f. oder Leffson (GoB), S. 299 ff.

- Künftig gesetzlich zu erbringende Garantieleistungen aus dem Verkauf eines Produkts haben ihre Ursache im Verkauf des Produkts. Insofern sind die künftig geschätzt anfallenden Garantieaufwendungen den realisierten Umsätzen zuzuordnen und damit im Geschäftsjahr des Umsatzes mittels der Bildung einer Garantierückstellung zu erfassen.

Der Zeitpunkt der Gewinnrealisation bedingt wie nachfolgend noch zu erläutern einen Umsatzakt aus einer Lieferung und Leistung. Dies ist zumeist auch der Zeitpunkt der Ertragsrealisation. Insofern dürfen Aufwendungen grundsätzlich nicht erfasst werden, wenn sie sich auf künftige Erträge beziehen bzw. diese erst ermöglichen. Dies gilt allerdings nicht bei wirtschaftlicher Verursachung der Aufwendungen. Nach dem **Verursachungsprinzip** kommt es für die Zurechnung von Aufwendungen und Erträgen zu einer bestimmten Berichtsperiode neben dem (Gewinn-)Realisationsprinzip und Imparitätsprinzip auch auf den Zeitpunkt ihrer **wirtschaftlichen Verursachung** an.[47] Die Entstehung von Aufwendungen kann auf verschiedenen Gründen basieren.[48] In Betracht kommen z. B. der Verbrauch von Vermögensgegenständen, die Inanspruchnahme von Dienstleistungen, die Nutzung von abnutzbarem Anlagevermögen oder aber auch dem Unternehmen auferlegte Zahlungen für eine bestimmte Periode ohne direkte Gegenleistungen (etwa Gebühren, Steuern und andere Abgaben). Die folgenden Beispiele sollen das Verursachungsprinzip verdeutlichen:

- Statt die Auszahlung für den Erwerb einer in der Produktion eingesetzten Maschine im Jahr der Anschaffung als Aufwand zu erfassen, wird die Maschine im Anlagevermögen aktiviert und planmäßig über die Nutzungsdauer abgeschrieben. Dies ergibt zum einen aus dem Vollständigkeitsprinzip nach § 246 Abs. 1 S. 1 HGB, nach dem die Maschine als Vermögensgegenstand einem Ansatzgebot im Jahresabschluss unterliegt. Zum anderen verursacht die Nutzung (und nicht die Anschaffung) der Maschine ihre Wertminderung und damit die Entstehung der Aufwendungen. Damit ist aufgrund des Verursachungsprinzips der Aufwand mittels jährlicher Abschreibungen über den Zeitraum der Nutzungsdauer der Maschine zu erfassen.[49]
- Die für die Produktion von noch nicht abgesetzten fertigen und unfertigen Erzeugnissen (Produktion auf Lager) angefallenen Aufwendungen werden in der Periode ihrer Verursachung in der GuV erfasst.[50] Das gleiche gilt für die im Zu-

---

47 Vgl. ADS (Rechnungslegung), Tz. 97 zu § 252 HGB m. w. N. oder Störk/Büssow (Beck'scher Bilanzkommentar), Rn. 70 f. zu § 252 HGB. Vgl. auch die Ausführungen zum Grundsatz der Pagatorik und Periodenabgrenzung.
48 Vgl. hierzu ADS (Rechnungslegung), Tz. 98 zu § 252 HGB.
49 Zudem kommt es über die jährlichen Abschreibungen zu einer Zuordnung des Aufwands zu den jährlich aus der Nutzung der Maschine anfallenden Erträgen, die sich aus der Herstellung und dem Verkauf von Produkten generieren.
50 Dies betrifft die Erstellung einer GuV nach dem Gesamtkostenverfahren. Vgl. hierzu und den Unterschieden beim Umsatzkostenverfahren Kapitel 12.2.

sammenhang mit der Selbsterstellung von Anlagevermögen (z. B. selbst erstellte und zur eigenen Nutzung bestimmte Maschinen) entstandenen Aufwendungen. Dies betrifft in beiden Fällen z. B. die angefallenen Materialaufwendungen, Personalaufwendungen für die in der Fertigung eingesetzten Personen oder auch Abschreibungen von Vermögensgegenständen im Fertigungsbereich. Aufgrund des Vollständigkeitsprinzips nach § 246 Abs. 1 S. 1 HGB besteht für die fertigen und unfertigen Erzeugnisse eine Ansatzpflicht und zwar nach § 253 Abs. 1 S. 1 HGB in Höhe ihrer Herstellungskosten. Insofern kommt es durch den Ansatz der Vermögensgegenstände zur Erfassung eines Ertrags in Höhe der Herstellungskosten, der die verursachten Aufwendungen teilweise kompensiert. Statt Erfassung eines Ertrags hätte auch der Aufwand storniert werden können. Allerdings gebietet das Saldierungsverbot nach § 246 Abs. 2 S. 1 HGB einen Bruttoausweis der entstandenen Aufwendungen und Erträge. Eine Gewinnrealisation hat durch die Erfassung des Ertrags allerdings noch nicht stattgefunden, was das folgende Beispiel 1 zum Realisationszeitpunkt verdeutlicht.

- Die für eine bestimmte Periode an den Staat zu leistende Grundsteuer für ein Gebäude ist in der Periode verursacht und zu erfassen, auf die sich die Grundsteuer bezieht. Auf den Zahlungszeitpunkt kommt es nicht an. Auch spielt es keine Rolle, ob das Gebäude einer Nutzung unterliegt oder z. B. auch leer steht und damit keinerlei realisierte oder künftig realisierbare Erträge nach sich zieht.

Die Erfassung von Aufwendungen nach dem Realisationsprinzip und Verursachungsprinzip gilt allerdings nur insoweit, als sich aus dem noch im Folgenden darzustellenden **Imparitätsprinzip** nicht ein früherer Ausweis von Aufwendungen ergibt.

Realisationszeitpunkt

Regelungen zum **Zeitpunkt der Gewinnrealisation** finden sich nicht im Gesetz. Der Zeitpunkt ist insofern nach den GoB zu bestimmen. Die Gewinnrealisation bedingt dabei grundsätzlich einen **Umsatzakt aus einer Lieferung oder Leistung**.[51] Der Realisationszeitpunkt liegt dann vor, wenn die Lieferung oder Leistung bewirkt wurde, oder anders ausgedrückt, wenn die Leistungsverpflichtung erfüllt wurde. Im Falle des Abgangs eines Vermögensgegenstands kommt es mit **Erfüllung der Leistungsverpflichtung** zum Übergang des wirtschaftlichen Eigentums

---

51 Daneben können Gewinne nicht nur aus Absatzmarkttransaktionen resultieren, sondern sie entstehen z. B. auch bei einer Auflösung von Rückstellungen, wenn sich eine geringere als ursprünglich geschätzte Belastung ergibt und folglich der Grund für die (Rest-) Rückstellung entfällt (§ 249 Abs. 2 S. 2 HGB). Ein weiteres Beispiel ist das nach § 253 Abs. 5 S. 1 HGB bestehende Zuschreibungsgebot eines Vermögensgegenstandes bei Wegfall des Grundes einer in einer vorherigen Periode vorgenommenen außerplanmäßigen Abschreibung.

und damit des **Übergangs der Chancen und Risiken**. Ab diesem Zeitpunkt trägt der Erwerber die Gefahr des Untergangs oder der Verschlechterung des Vermögensgegenstands, besitzt dagegen aber auch die Chancen auf Wertsteigerungen z. B. aufgrund der Veränderung von Marktverhältnissen. Dagegen ist für den Zeitpunkt der Erfassung des Gewinns weder auf Zeitpunkt des Vertragsabschlusses (Beginn schwebendes Geschäft) noch den Zahlungszeitpunkt abzustellen.

Beispiel 1 zum Realisationsprinzip

Unternehmen Produktion schließt am 6. Dezember t2 einen Vertrag über die Herstellung und Lieferung einer Maschine. Die Lieferung an den Käufer erfolgt vereinbarungsgemäß am 5. Januar t3 (Folgegeschäftsjahr) mit Rechnung über 100 TEUR zuzüglich Umsatzsteuer. Die Herstellungskosten der schon bis zum Abschlussstichtag 31. Dezember t2 gefertigten Maschine belaufen sich auf 70 TEUR.

Mit Vertrag vom **6. Dezember t2** beginnt ein schwebendes Geschäft. Ein Ertrag aus dem Verkauf der Maschine darf noch nicht erfasst werden, da es nicht auf den Vertragsabschluss, sondern die Erfüllung des Vertrags ankommt. Aufwendungen sind noch nicht entstanden.

Am **Abschlussstichtag 31. Dezember t2** steht die Erfüllung des Vertrags weiterhin aus. Insofern darf unverändert noch nicht der Gewinn aus dem Verkauf der Maschine realisiert und damit der Umsatz erfasst werden. Allerdings sind in t2 Herstellungskosten von 70 TEUR angefallen. Zudem bedarf es aufgrund des Vollständigkeitsprinzips nach § 246 Abs. 1 S. 1 HGB eines Ansatzes der hergestellten Maschine in der Bilanz, und zwar in Höhe der Herstellungskosten (§ 253 Abs. 1 S. 1 HGB). Die Buchung[52] lautet:

Fertige Erzeugnisse an Ertrag (Bestandserhöhung fertiger Erzeugnisse) 70 TEUR

Nach dem Verursachungsprinzip[53] sowie aufgrund des Saldierungsverbots von Aufwendungen und Erträgen nach § 246 Abs. 2 S. 1 HGB[54] müssen die Aufwendungen in Höhe der angefallenen Herstellungskosten von 70 TEUR im Geschäftsjahr t2 in der GuV erfasst werden. Die Buchung lautet verkürzt:

Diverse Aufwendungen an diverse Aktiva 70 TEUR[55]

---

52 Zur Wiederholung der Buchungsweise von Bestandsveränderungen fertiger und unfertiger Erzeugnisse vgl. etwa. Döring/Buchholz (Buchhaltung), S. 88 ff.

53 Für die Zurechnung von Aufwendungen und Erträgen zu einer bestimmten Berichtsperiode kommt es grundsätzlich auf den Zeitpunkt ihrer wirtschaftlichen Verursachung an, vgl. die Erläuterungen zum Grundsatz der Pagatorik und Periodenabgrenzung sowie zum Verursachungsprinzip.

54 Darüber hinaus gilt dies hier auch nach dem Realisationsprinzip, den realisierten Erträgen von 70 TEUR sind die zugehörigen Aufwendungen von 70 TEUR zuzuordnen.

55 Der Erfassung der Herstellungskosten liegen verschiedene Geschäftsvorfälle mit verschiedenen Buchungen zugrunde, wie z. B. »Abschreibungen an Sachanlagen«, Materialaufwand an Vorräte »oder Personalaufwand an Bank«.

Damit ergibt sich in t2 aus diesem Geschäftsvorfall weder ein Gewinn noch ein Verlust. Aufwendungen von in Summe 70 TEUR stehen Erträge von 70 TEUR gegenüber.

Am **5. Januar t3** erfolgt die Lieferung der Maschine an den Käufer. Damit erfüllt Unternehmen Produktion seine Leistungsverpflichtung, so dass die Chancen und Risiken aus der Maschine auf den Käufer übergehen. Insofern ist der Gewinn aus der Herstellung und dem Verkauf der Maschine zu realisieren. Auf die Rechnungsstellung und den späteren Zahlungszeitpunkt kommt es nicht an. Die Buchungen lauten:

Forderungen aus Lieferungen und Leistungen 119 TEUR

an Ertrag (Umsatzerlöse) 100 TEUR

an Umsatzsteuer 19 TEUR

und

Aufwand (Bestandsminderung fertiger Erzeugnisse) an Fertige Erzeugnisse 70 TEUR

Damit ergibt sich ein Gewinn in t3 von 30 TEUR (100 TEUR Ertrag – 70 TEUR Aufwand). Der Gesamtgewinn aus der Herstellung und dem Verkauf wird damit auch erst in t3 zum Realisationszeitpunkt erfasst. Vorher und somit in t2 darf es nicht zu einer Gewinnrealisierung kommen.

Beispiel 2 zum Realisationsprinzip

Ein Autohändler verkauft mit Kaufvertrag vom 31. Oktober t2 ein Auto an einen Geschäftskunden für 50 TEUR zuzüglich Umsatzsteuer. Der Nettoeinkaufspreis betrug 40 TEUR. Die Übergabe des Fahrzeugs erfolgt am 20. Dezember t2 und die Zahlung am 19. Januar t3.

Mit Kaufvertrag am **31. Oktober t2** beginnt ein schwebendes Geschäft. Es werden weder Erträge noch Aufwendungen erfasst. Beim vorherigen PKW-Einkauf des Autohändlers handelt es sich um einen erfolgsneutralen Vorgang. Der Autohändler hat das Auto zu Anschaffungskosten von 40 TEUR unter den Vorräten (Handelswaren) anzusetzen. Entsprechend verminderte sich das Bankkonto.

Mit Übergabe des Fahrzeugs (Lieferung) am **20. Dezember t2** erfüllt der Autohändler seine Leistungsverpflichtung aus dem Kaufvertrag und die Chancen und Risiken gehen auf den Geschäftskunden über. Infolgedessen hat der Autohändler den Gewinn aus dem Autoverkauf zu realisieren. Die Buchung lautet:

Forderungen aus Lieferungen und Leistungen 59,5

an Ertrag (Umsatzerlöse) 50 TEUR

an Umsatzsteuer 9,5 TEUR

und

Aufwand (Materialaufwand) an Vorräte 40 TEUR

Damit ergibt sich für den Autohändler noch in t2 ein Gewinn von 10 TEUR aus dem Geschäft.

> Die Zahlung des Geschäftskunden am **19. Januar t3** weist für den Gewinnreali-
> sierungszeitpunkt keinerlei Relevanz auf. Sie wird erfolgsneutral gebucht:
> *Bank an Forderungen aus Lieferungen und Leistungen 59,5 TEUR*

Der genaue Realisationszeitpunkt ergibt sich in Abhängigkeit des konkret zugrunde liegenden Sachverhalts und der jeweiligen vertraglichen Vereinbarung. Es können die folgenden grundlegenden Fälle unterschieden werden.[56]

- **Verkauf** von Vermögensgegenständen: Der Gewinnrealisierungszeitpunkt liegt
  grundsätzlich dann vor, wenn der Vermögensgegenstand geliefert, der Anspruch auf die Gegenleistung (i.d.R. der Zahlungsanspruch) entstanden und
  die Preisgefahr übergegangen ist. Wann genau dieser Zeitpunkt eintritt, basiert
  auf dem geschlossenen Kaufvertrag und den darin vereinbarten Lieferbedin-
  gungen. So kommt es z.B. darauf an, wo sich der vereinbarte Erfüllungsort befindet und ob ein Spediteur eingeschaltet wird.[57]
- **Dienstleistungen**: Die Realisierung des Gewinns erfolgt hier mit Beendigung
  der Dienstleistung, da erst in diesem Zeitpunkt die Leistung auf Basis des zugrunde liegenden Dienstvertrags erbracht wurde und der Anspruch auf die Gegenleistung entsteht.
- Leistungen auf Grundlage eines **Werkvertrags**: Im Fall von Werk- und Werklie-
  ferungsverträgen hängt der Gewinnrealisationszeitpunkt aufgrund der gesetzlichen Regelungen nach § 640 BGB (neben der Auslieferung) auch von der Abnahme des Werkes durch den Auftraggeber ab. Insofern erwächst auch erst bei
  der Abnahme des Werkes der Anspruch auf die Gegenleistung.
- **Dauerschuldverhältnisse**: Bei Dauerschuldverhältnissen wie Miet-, Leasing-
  oder Darlehensverträgen erfolgt die Gewinnrealisierung *pro rata temporis*
  (zeitanteilig). Eine ausführliche Erläuterung findet sich nachfolgend bei »Abgrenzung zeitraumbezogener Erträge und Aufwendungen«.
- **Beteiligungserträge**: Der Gewinnanspruch aus einer Beteiligung an einer Personengesellschaft steht grundsätzlich den Gesellschaftern am Abschlussstichtag
  ohne weiteren Gesellschafterbeschluss zu, so dass auch der Beteiligungsertrag
  beim Gesellschafter noch am Abschlussstichtag (und somit im abgelaufenen Geschäftsjahr) erfasst werden muss. Die Realisierung eines Beteiligungsertrags aus
  einer Beteiligung an einer Kapitalgesellschaft bedarf dagegen regelmäßig eines
  Beschlusses der Haupt- oder Gesellschafterversammlung über die Gewinnausschüttung. Insofern kommt es zur Erfassung des Ertrags auch erst am Tag des

---

56 Vgl. hierzu und zu weiteren Fällen wie Mehrkomponentengeschäfte, langfristige Auf-
   tragsfertigung oder Tauschgeschäfte ausführlich etwa ADS (Rechnungslegung), Tz. 82 ff.
   zu § 252 HGB; Böcking/Gros/Wirth (EBJS), Rn. 30 ff. zu § 252 HGB, Hoffmann/Lüdenbach
   (NWB Kommentar Bilanzierung), Rz. 110 ff. zu § 252 HGB.
57 Im Fall des Versendungskaufs geht z.B. die Gefahr durch den Transport durch einen
   Dritten mit Übergabe des Vermögensgegenstands an den Spediteur über, vgl. § 447 BGB.

Gewinnverwendungsbeschlusses. Besteht allerdings die Mehrheit der Anteile an einer Kapitalgesellschaft, kann unter bestimmten Voraussetzungen die Dividende schon phasengleich und damit im abgelaufenen Geschäftsjahr in der Handelsbilanz vereinnahmt werden. Im Fall eines geschlossenen Ergebnisabführungsvertrags existiert ein Rechtsanspruch zur Übernahme des Gewinns bzw. eine Verpflichtung zur Übernahme des Verlusts von der abführenden Gesellschaft. Insofern sind die Erträge aus Gewinnabführung bzw. die Aufwendungen aus Verlustübernahme beim Mutterunternehmen zum Abschlussstichtag der abführenden Gesellschaft zu realisieren.

Abgrenzung zeitraumbezogener Erträge und Aufwendungen

Streng **zeitraumbezogene Erträge und Aufwendungen** wie Miete, Leasing, Nutzungsentgelte oder Zinsen werden **zeitanteilig** (*pro rata temporis*) erfasst.[58] Dies ergibt sich u. a. aus dem in § 252 Abs. 1 Nr. 5 HGB geregelten Grundsatz der Periodenabgrenzung, nach dem Aufwendungen und Erträge des Geschäftsjahres unabhängig von den Zahlungszeitpunkten im Jahresabschluss zu berücksichtigen sind. Da sich dort allerdings keine konkreten Regelungen für die Aufteilung der Zahlungen auf die einzelnen Perioden finden, gilt für die Periodisierung grundsätzlich das **Verursachungsprinzip** ergänzt durch **Ansatzregelungen** zu Vermögensgegenständen, Schulden, Rechnungsabgrenzungsposten und Sonderposten sowie das **Realisationsprinzip** und ggf. Imparitätsprinzip. In Abhängigkeit der im Voraus oder der im Nachhinein gezahlten zeitraumbezogenen Aufwendungen und Erträge erfolgt die Zurechnung der Aufwendungen und Erträge auf die einzelnen Perioden mittels des Ansatzes von Rechnungsabgrenzungsposten (transitorische Abgrenzung) oder des Ansatzes von Forderungen und Verbindlichkeiten (antizipative Abgrenzung). Dies ist immer dann relevant, wenn die zeitraumbezogenen Aufwendungen und Erträge über den Abschlussstichtag hinweg laufen und damit zwei Abschlussperioden betreffen. Die Darstellung 2.3 gibt einen Überblick über die Abgrenzung zeitraumbezogener Aufwendungen und Erträge.

Bei **Zahlungen im Voraus** bedarf es eines Verschiebens eines Teils der Auszahlungen oder Einzahlungen von der laufenden Periode in die nachfolgende Periode, wenn dieser Teil der Aus- oder Einzahlungen für eine bestimmte Zeit nach dem Abschlussstichtag einen Aufwand oder Ertrag darstellt.[59] Diese als transitorische

---

58 Dies wird in der Literatur teilweise auch als separater **Abgrenzungsgrundsatz der Zeit nach** bezeichnet. Vgl. etwa Baetge/Kirsch/Thiele (Bilanzen), S. 134; Bitz/Schneeloch/Wittstock/Patek (Jahresabschluss), S. 233 f., Coenenberg/Haller/Schultze (Jahresabschluss), S. 44 f., Leffson (GoB), S. 299 ff. oder Ruhnke/Simons (Rechnungslegung), S. 196.

59 § 250 HGB spricht genauer von Ausgaben und Einnahmen statt Auszahlungen und Einzahlungen. Zu hierbei abzugrenzenden (Sonder-)Fällen von Ausgaben, die keine Auszahlungen darstellen, und Einnahmen, bei denen es sich nicht um Einzahlungen handelt, siehe Kapitel 10.1.

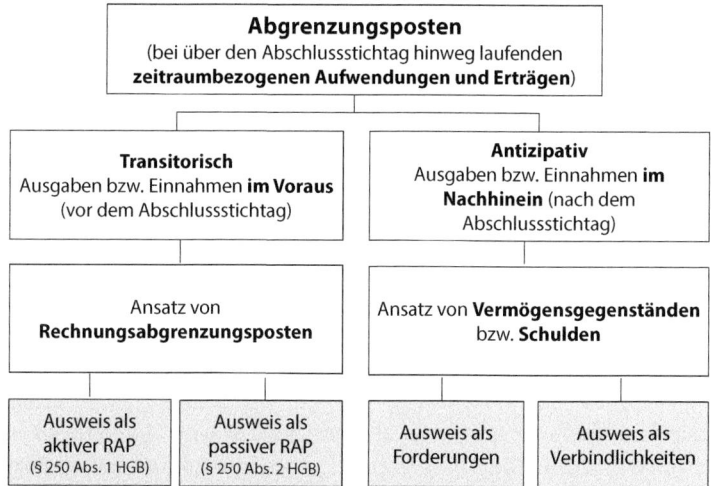

Dar. 2.3: Ansatz von Abgrenzungsposten

Abgrenzung bezeichneten Fälle erfordern die **Bildung von Rechnungsabgrenzungsposten.** In den aktiven Rechnungsabgrenzungsposten werden die in die folgende Periode zu berücksichtigenden Aufwendungen eingestellt, in den passiven Rechnungsabgrenzungsposten die in der folgenden Periode zu erfassenden Erträge. Durch erfolgswirksame Auflösung der Rechnungsabgrenzungsposten zu Beginn des folgenden Geschäftsjahres kommt es dann zur Erfassung der der folgenden Periode zuzuordnenden Aufwendungen und Erträge.

Beispiel 1 zur transitorischen Rechnungsabgrenzung (Aufwand)

Ein Telekommunikationsunternehmen mietet von einem anderen Unternehmen Telekommunikationsleitungen. Laut Vertrag hat das Telekommunikationsunternehmen die Jahresmiete von 120 TEUR **im Voraus** für den Mietzeitraum vom 1. November t1 bis zum 31. Oktober t2 zu zahlen.
Insofern bucht das Telekommunikationsunternehmen zunächst am 1. November t1 den Zahlungsausgang.
(1.11.t1) Aufwand (sonstige betriebliche Aufwendungen) an Bank 120 TEUR
Für Zwecke periodengerechter Gewinnermittlung und auf Basis des Grundsatzes der Periodenabgrenzung entfällt die anteilige Miete für die Monate November und Dezember auf Periode t1, hier 20 TEUR (120 TEUR × 2 Monate / 12 Monate), und die Miete für die Monate Januar bis Oktober auf die Periode t2, hier 100 TEUR (120 TEUR × 10 Monate / 12 Monate). Da von der bislang in t1 als Aufwand erfassten Auszahlung von 120 TEUR allerdings nur 20 TEUR in Periode t1 gehören, müssen 100 TEUR in Periode t2 verschoben werden. Dies geschieht mittels der Bildung eines aktiven Rechnungsabgrenzungsposten (RAP)

über 100 TEUR zum Abschlussstichtag am 31. Dezember t1. Gleichzeitig erfolgt die Elimination der in t1 bislang berücksichtigten Aufwendungen.

(31.12.t1) Aktiver RAP an Aufwand (sonstige betriebliche Aufwendungen) 100 TEUR

Damit verbleiben in der Periode t1 Aufwendungen von 20 TEUR (120 TEUR – 100 TEUR).[60] Durch erfolgswirksame Auflösung des aktiven Rechnungsabgrenzungspostens am 1. Januar t2 kommt es dann zu einer verursachungsgerechten Berücksichtigung der Aufwendungen von 100 TEUR in Periode t2.

(1.1.t2) Aufwand (sonstige betriebliche Aufwendungen) an aktiver RAP 100 TEUR

Beispiel 2 zur transitorischen Rechnungsabgrenzung (Ertrag)

Ein Handelsunternehmen vermietet als Leasinggeber eine Maschine an ein Produktionsunternehmen. Die Leasingrate ist vom Produktionsunternehmen jeweils halbjährlich **vorschüssig** zu zahlen. Als Leasingbeginn wurde der 15. November t1 vereinbart. Der halbjährliche Leasingertrag beläuft sich jeweils auf 42 TEUR.

Am 15. November t1 bucht das Handelsunternehmen den Zahlungseingang.

(15.11.t1) Bank an Ertrag (sonstige betriebliche Erträge) 42 TEUR

Von der Einzahlung von 42 TEUR sind 10,5 TEUR Periode t1 (42 TEUR × 1,5 Monate / 6 Monate) und 31,5 TEUR Periode t2 (42 TEUR × 4,5 Monate / 6 Monate) periodengerecht zuzurechnen. Insofern muss der der Periode t2 zuzuordnende Ertrag von 31,5 TEUR in t1 eliminiert und in t2 verschoben werden. Dies geschieht mit Hilfe der Bildung eines passiven Rechnungsabgrenzungspostens zum Abschlussstichtag am 31. Dezember t1.

(31.12.t1) Ertrag (sonstige betriebliche Erträge) an passiver RAP 31,5 TEUR

Damit verbleibt in Periode t1 wie beabsichtigt ein Ertrag von 10,5 TEUR (42 TEUR – 31,5 TEUR). Aus der erfolgswirksamen Auflösung des passiven Rechnungsabgrenzungspostens am 1. Januar t2 resultiert nachfolgend die Erfassung der Erträge von 31,5 TEUR in Periode t2.

(1.1.t2) Passiver RAP an Ertrag (sonstige betriebliche Erträge) 31,5 TEUR

Zahlungen im Nachhinein von zeitraumbezogenen Aufwendungen und Erträgen erfordern schon vorab die Erfassung der der laufenden Periode zuzuordnenden Aufwendungen und Erträge. Diese antizipative Abgrenzung erfolgt mittels des Ansatzes von **Forderungen oder Verbindlichkeiten**, da die im folgenden Kapitel 3

---

60 Statt dieser zwei Buchungssätze kann natürlich auch die Abgrenzung schon direkt am 1. November t1 gebucht werden: *Aufwand 20 TEUR und aktiver Rechnungsabgrenzungsposten 100 TEUR an Bank 120 TEUR.* Dies ist allerdings unüblich, insbesondere wenn neben dem Jahresabschluss auch Monatsberichte im Rahmen des Managementreportings, Quartals und/oder Halbjahresabschlüsse erstellt und damit unterschiedliche Abgrenzungen erforderlich werden.

noch darzustellenden Ansatzkriterien für Vermögensgegenstände und Schulden erfüllt sind. Insofern bedarf es auch keiner aktiven oder passiven Rechnungsabgrenzungsposten, um eine verursachungsgerechte und periodengenaue Erfassung der Aufwendungen und Erträge zu erreichen.

Beispiel 1 zur antizipativen Rechnungsabgrenzung (Aufwand)

Ein Telekommunikationsunternehmen mietet von einem anderen Unternehmen Telekommunikationsleitungen. Laut Vertrag hat das Telekommunikationsunternehmen die Jahresmiete von 120 TEUR erst **im Nachhinein** am 31. Oktober t2 für den Mietzeitraum vom 1. November t1 bis zum 31. Oktober t2 zu zahlen. Beispiel 3 entspricht Beispiel 1 mit der Ausnahme, dass die Zahlung der Jahresmiete nicht vorschüssig, sondern nachschüssig erfolgt.

Würde der Mietaufwand beim Telekommunikationsunternehmen erst mit Zahlung am 31. Oktober t2 erfasst, käme es zu keiner periodengerechten Berücksichtigung der für die Monate November und Dezember auf Periode t1 entfallenden Aufwendungen. Insofern muss der Mietaufwand für November und Dezember von 20 TEUR (120 TEUR × 2 Monate / 12 Monate) noch in t1 gebucht werden. In gleicher Höhe entsteht eine Verbindlichkeit (sichere Schuld). Am 31. Dezember t1 hat das Telekommunikationsunternehmen die Mietleistung für die beiden Monate in Anspruch genommen. Die Zahlung des Betrags erfolgt am 31. Oktober t2. Dieser Verpflichtung zur Zahlung der 20 TEUR kann sich das Telekommunikationsunternehmen (auch bei fristloser Kündigungsmöglichkeit des Mietvertrags) durch die bislang in Anspruch genommene Leistung nicht mehr entziehen. Die Buchung lautet:

(31.12.t1) Aufwand (sonstige betriebliche Aufwendungen) an Verbindlichkeit 20 TEUR

Mit Zahlung des Mietbetrags am 31. Oktober t2 von 120 TEUR begleicht das Telekommunikationsunternehmen die bestehende Verbindlichkeit von 20 TEUR und erfasst periodengerecht den auf die Periode t2 entfallenden Mietaufwand von 100 TEUR.

(31.10.t2) Aufwand (sonstiger betrieblicher Aufwand) 100 TEUR

Verbindlichkeit 20 TEUR

an Bank 120 TEUR

Beispiel 2 zur antizipativen Rechnungsabgrenzung (Ertrag)

Ein Handelsunternehmen vermietet als Leasinggeber eine Maschine an ein Produktionsunternehmen. Die Leasingrate ist vom Produktionsunternehmen jeweils halbjährlich **nachschüssig** zu zahlen. Als Leasingbeginn wurde der 15. November t1 vereinbart. Der halbjährliche Leasingertrag beläuft sich jeweils auf 42 TEUR. Beispiel 4 entspricht Beispiel 2 mit der Ausnahme, dass die Zahlung der halbjährlichen Leasingrate nicht vorschüssig, sondern nachschüssig erfolgt.

Die Zahlung der Leasingrate findet am 15. Mai t2 statt. Von dieser Einzahlung entfallen Erträge von 10,5 TEUR auf Periode t1 (42 TEUR × 1,5 Monate / 6 Monate) und Erträge von 31,5 TEUR auf Periode t2 (42 TEUR × 4,5 Monate / 6 Monate). Für Zwecke einer periodengerechten Gewinnermittlung ist der in Periode t1 schon realisierte Ertrag von 10,5 TEUR zum Abschlussstichtag am 31. Dezember t1 zu erfassen. Der Ertrag gilt als realisiert, da das Handelsunternehmen am Ende des Abschlussstichtags seine Leistung vom 15. November bis 31. Dezember t1 erbracht und der Leasingnehmer die Leistung in Anspruch genommen hat. In Höhe des Ertrags entsteht zum 31. Dezember t1 gleichzeitig eine Forderung gegen das Produktionsunternehmen, da die Zahlung erst Mitte Mai t2 erfolgt.

(31.12.t1) Forderung an Ertrag (sonstige betriebliche Erträge) 10,5 TEUR

Im Zeitpunkt des Zahlungseingangs der Leasingrate über 42 TEUR am 15. Mai t2 erlischt aufgrund erfolgter Erfüllung die Forderung und das Handelsunternehmen erfasst ferner den der Periode t2 zuzurechnenden Ertrag von 31,5 TEUR.

(15.5.t2) Bank 42 TEUR
an Forderung 10,5 TEUR
an Ertrag (sonstige betriebliche Erträge) 31,5 TEUR

Imparitätsprinzip

§ 252 Abs. 1 Nr. 4 HS 1 HGB bestimmt u. a., dass alle bis zum Abschlussstichtag entstandenen und vorhersehbaren Risiken sowie Verluste im Jahresabschluss zu berücksichtigen sind. Die Berücksichtigung der Risiken und Verluste bedingt damit ihre Vorhersehbarkeit und ihre Verursachung in der betrachteten Periode. Sofern diese beiden Voraussetzungen vorliegen, besteht die Pflicht diese Risiken und Verluste in der GuV als Aufwand zu erfassen. Auf eine Realisation kommt es dementsprechend nicht an. Nach dem Realisationsprinzip dürfen dagegen Gewinne nur berücksichtigt werden, wenn sie am Abschlussstichtag realisiert sind und damit die Leistung erbracht wurde. Der Name Imparitätsprinzip resultiert aus dieser unterschiedlichen (imparitätischen) Behandlung von Gewinnen und Verlusten. **Während unrealisierte Gewinne nicht erfasst werden dürfen, müssen unrealisierte Verluste berücksichtigt werden.** Diese vorgezogene Verminderung des Jahresergebnisses um unrealisierte Verluste dient der Kapitalerhaltung und damit auch dem Gläubigerschutz. Ohne die Verlustantizipation käme es zu einem höheren Jahresergebnis und damit könnte mehr an die Anteilseigner ausgeschüttet oder von den Gesellschaftern entnommen werden. Durch die höheren Ausschüttungen oder Entnahmen würden diese Mittel dem Unternehmen bei (möglichem) Eintritt des Verlusts in einer Folgeperiode nicht mehr zur Verfügung stehen. Insofern entzieht das Imparitätsprinzip die vorhersehbaren Risiken und Verluste einer Ausschüttung bzw. Entnahme.

Neben der gesetzlichen Kodifizierung als GoB in § 252 Abs. 1 Nr. 4 HS 1 HGB hat der Gesetzgeber das Imparitätsprinzip auch in weiteren Einzelvorschriften verankert. So findet es sich explizit in § 249 Abs. 1 S. 1 HGB bei der Pflicht zum Ansatz einer **Rückstellung für drohende Verluste aus schwebenden Geschäften**.[61] Zudem findet sich das Imparitätsprinzip in den Niederstwertvorschriften nach § 253 Abs. 3 und 4 HGB, die die Vornahme außerplanmäßiger Abschreibungen im Anlage- und Umlaufvermögen auf einen am Abschlussstichtag bestehenden niedrigeren Wert regeln (**Niederstwertprinzi**p). Während für die Folgebewertung von Vermögensgegenständen explizite gesetzliche Vorschriften existieren, fehlt es z. B. an derartigen Regelungen für die außerplanmäßige Folgebewertung von Schulden. Insofern bleibt allein ein Rückgriff auf die GoB und damit insbesondere das Imparitätsprinzip, so dass sich hieraus das **Höchstwertprinzip** für die Folgebewertung von Schulden ergibt.[62]

Beispiel zum Niederstwertprinzip

Unternehmen »Fertigung« hat am 29. November t1 einen Einkaufsvertrag über 20 Tonnen Rohstoffe zu einem Preis von 10 TEUR pro Tonne abgeschlossen. Die Rohstoffe wurden am 28. Dezember t1 geliefert. Am Abschlussstichtag zum 31. Dezember t1 beläuft sich der Marktpreis für die Rohstoffe auf 9 TEUR pro Tonne (t).

Mit Lieferung am 28. Dezember t1 gehen die Chancen und Risiken an den Rohstoffen auf Unternehmen »Fertigung« über. Unternehmen »Fertigung« hat damit die Rohstoffe zu Anschaffungskosten von 200 TEUR (10 TEUR/t × 20 t) im Vorratsvermögen anzusetzen. Da der Marktpreis am Abschlussstichtag 9 TEUR/t beträgt, würde das Unternehmen »Fertigung« bei einem erneuten Einkauf der Rohstoffe am 31. Dezember t1 nur noch180 TEUR (9 TEUR/t × 20 t) zahlen müssen bzw. bei einem Verkauf der Rohstoffe nur noch 180 TEUR erhalten. Damit ergibt sich am Abschlussstichtag ein unrealisierter Verlust von 20 TEUR (200 TEUR Anschaffungskosten – 180 TEUR Marktwert), der aufgrund des Imparitätsprinzips mittels einer Abwertung der Vorräte zu erfassen ist.[63] Die Buchung lautet

Aufwand (Materialaufwand) an Vorräte 20 TEUR

Würde sich der Marktpreis am Abschlussstichtag nicht auf 9 TEUR/t, sondern auf 10,6 TEUR/t belaufen, käme es zu einem unrealisierten Gewinn von

---

61 Vgl. zu Drohverlustrückstellungen aus schwebenden Geschäften ausführlich Kapitel 9.3.4.1.

62 Vgl. zum Niederstwertprinzip für Vermögensgegenstände ausführlich Kapitel 4.3 und zum Höchstwertprinzip für Schulden Kapitel 4.4.

63 Die Pflicht zur Abwertung der Vorräte ergibt sich hier neben dem Imparitätsprinzip zusätzlich aus § 253 Abs. 4 S. 1 HGB.

12 TEUR [212 TEUR Marktpreis (= 10,6 TEUR/t × 20 t) - 200 TEUR Anschaffungskosten]. Aufgrund des Realisationsprinzips darf dieser im Gegensatz zum unrealisierten Verlust nicht berücksichtigt werden, so dass es beim Ansatz der Rohstoffe zu Anschaffungskosten (als Bewertungsobergrenze bei Vermögensgegenständen) bleibt.

Beispiel zum Höchstwertprinzip

Am 28. Februar t2 nimmt Unternehmen »International« eine langfristige Fremdwährungsverbindlichkeit (in GBP) bei einer Bank in London zu umgerechnet 800 TEUR auf. Am Abschlussstichtag zum 31. Dezember t2 beträgt die umgerechnete Fremdwährungsverbindlichkeit 870 TEUR.
Mit Aufnahme der Fremdwährungsverbindlichkeit am 28. Februar t2 entsteht gleichzeitig eine Verpflichtung zur künftigen Rückzahlung des Darlehensbetrags. Insofern hat Unternehmen »International« die Schuld mit ihrem Erfüllungsbetrag von umgerechnet 800 TEUR anzusetzen. Da sich die Fremdwährungsverbindlichkeit am Abschlussstichtag auf umgerechnet 870 TEUR beläuft, muss der sich ergebende unrealisierte Verlust von 70 TEUR (870 TEUR - 800 TEUR) aufgrund des Imparitätsprinzips sowie des daraus abgeleiteten Höchstwertprinzips für Schulden erfasst werden. Die Buchung lautet
Aufwand (sonstige betriebliche Aufwendungen) an Verbindlichkeiten 70 TEUR
Würde sich die Fremdwährungsverbindlichkeit am 31. Dezember t2 dagegen auf umgerechnet 750 TEUR belaufen, ergäbe sich ein unrealisierter Gewinn von 50 TEUR (800 TEUR - 750 TEUR), der aufgrund des Realisationsprinzips nicht den Wertansatz der Verbindlichkeit vermindern darf.

Vorsichtsprinzip

§ 252 Abs. 1 Nr. 4 HS 1 HGB bestimmt im ersten Teil: »Es ist vorsichtig zu bewerten ...«, bevor im zweiten Teil des ersten Halbsatzes das eng mit dem Vorsichtsprinzip verbundene Imparitätsprinzip definiert wird. Eine weitere gesetzliche Konkretisierung findet sich nicht. Das Vorsichtsprinzip kommt immer dann zur Anwendung, wenn aufgrund unvollständiger Informationen oder Unsicherheit künftiger Ereignisse zwangsläufig Ermessensspielräume bestehen, die infolgedessen **Schätzungen des Bilanzierenden** erforderlich machen.[64] Ermessensspielräume bestehen im Rahmen der Rechnungslegung in einer Vielzahl von Fällen. So muss z. B. die Höhe sämtlicher Rückstellungen aufgrund der ihnen zugrunde liegenden Unsicherheit, beim abnutzbaren Anlagevermögen die voraussichtliche Nutzungsdauer oder bei Forderungen aus Lieferungen und Leistungen das Ausfall-

---

64 Vgl. ADS (Rechnungslegung), Tz. 61 und 65 zu § 252 HGB.

risiko geschätzt werden. Damit repräsentiert das Vorsichtsprinzip einen Maßstab für die Schätzung eines Wertes, sofern für diesen Wert eine Bandbreite bzw. mehrere mögliche Werte bestehen. Als Konsequenz kommt es in diesem Rahmen eher zu einem zu niedrigen Ansatz von Aktivposten und eher zu einem zu hohen Ansatz von Passivposten, mithin zur Bildung stiller Reserven, was wiederum der nominellen Kapitalerhaltung dient.

2.3 Das Spannungsverhältnis zwischen ökonomischer Brauchbarkeit und Objektivität

Zwischen der ökonomischen Brauchbarkeit von Informationen und ihrer Objektivität besteht ein Spannungsverhältnis oder anders ausgedrückt ein Zielkonflikt.[65] Die vom Gesetzgeber vorzunehmende Gestaltung der Rechnungslegung und damit die Festlegung der Zwecke sowie ihrer Grundsätze bewegt sich immer in diesem Spannungsverhältnis. Dies betrifft grundsätzlich alle existierenden Rechnungslegungssysteme, sei es HGB, IFRS oder weitere nationale Rechnungslegungsvorschriften anderer Länder. Dieser Zielkonflikt zwischen den beiden Forderungen sowohl nach Objektivität im Sinne intersubjektiver Nachprüfbarkeit als auch nach ökonomischer Brauchbarkeit von Informationen umfasst sowohl den Jahres- als auch den Konzernabschluss.

Informationen sind dann **ökonomisch brauchbar**, wenn sie die tatsächliche Vermögens-, Finanz- und Ertragslage des Unternehmens bzw. Konzerns widerspiegeln. Dies bedingt regelmäßig die Berücksichtigung zukünftiger Erwartungen, wie z. B. die Verwendung von Zeitwerten der Vermögensgegenstände und Schulden. Zeitwerte werden aus individuellen Schätzungen zukünftiger Ein- und Auszahlungen (Cashflows) abgeleitet. Subjektive Schätzungen künftiger Ereignisse eröffnen allerdings in hohem Maße Gestaltungsmöglichkeiten und Ermessensspielräume, die die Glaubwürdigkeit der Rechnungslegungsinformationen und ihre Entscheidungsrelevanz beeinträchtigen.

Die Glaubwürdigkeit und Verlässlichkeit von Informationen beruhen auf ihrer **Objektivität**. Denn nur auf Basis nachprüfbarer, allgemeingültiger und wenig beeinflussbarer Informationen können von den Adressaten der Rechnungslegung sachgerechte Entscheidungen getroffen werden. Objektivität bedeutet insofern Ersatz subjektiver Gestaltungsmöglichkeiten durch objektivierte Festlegungen. Allerdings kommt es damit wiederum zu einer Beeinträchtigung der Darstellung der Vermögens-, Finanz- und Ertragslage des Unternehmens.[66]

So würde z. B. der Ansatz eines vor 20 Jahren zu Anschaffungskosten von 2.000 TEUR erworbenen Grundstücks in der Kölner Innenstadt mit seinem derzeitigen Zeitwert von 10.000 TEUR in der Bilanz die tatsächliche Vermögenslage des

---

65 Vgl. hierzu auch Baetge (Objektivierung), S. 168-173.
66 Vgl. hierzu Leffson (GoB), S. 67.

Unternehmens widerspiegeln. Allerdings unterliegt die Ermittlung des Zeitwerts erheblichen Gestaltungs- und Ermessenspielräumen. Angefangen von der Auswahl des Bewertungsverfahrens für das Grundstück bis hin zur Schätzung der künftigen mit dem Grundstück verbundenen Ein- und Auszahlungen kann die Unternehmensleitung die Höhe des Zeitwerts beeinflussen. Als objektiver Bewertungsmaßstab und damit objektive Information kommen dagegen die Anschaffungskosten des Grundstücks in Betracht. Die Anschaffungskosten sind nachprüfbar, allgemeingültig und wenig gestaltbar.

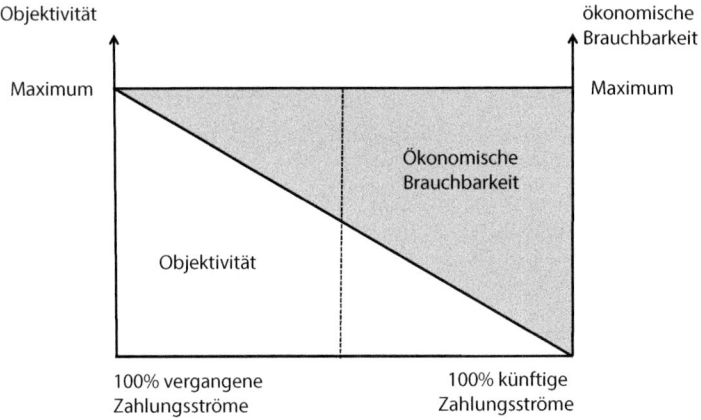

Dar. 2.4: Zielkonflikt zwischen ökonomischer Brauchbarkeit und Objektivität[67]

Da ein auf Grundlage der IFRS erstellter (Konzern-)Abschluss wie ein handelsrechtlicher Konzernabschluss allein auf die Informationsfunktion gerichtet ist und damit die Ausschüttungs- sowie Steuerbemessungsfunktion keine Rolle spielen, beinhaltet der IFRS-Abschluss ein höheres Maß an ökonomisch brauchbaren Informationen und liegt im Vergleich zu einem handelsrechtlichen Jahresabschluss weiter rechts in der Darstellung 2.4. Gleichwohl kann auch dieser Abschluss nicht auf die Vermittlung objektiver Informationen verzichten, da ansonsten die vermittelten Informationen für die Adressaten wertlos wären. Der neben der Informationsvermittlung u. a. auch auf die Bemessung der Ausschüttung abzielende handelsrechtliche Jahresabschluss umfasst insofern auch die vom Gesetzgeber gewollte Sicherung eines Mindesthaftungsvermögens, so dass er zwangsläufig weiter links in der Darstellung 2.4 als ein IFRS Konzernanschluss liegen muss. Dennoch kann auch der Einzelabschluss nach HGB nicht auf ökonomisch brauchbare Informationen verzichten, wie z. B. die Ermittlung der niedrigeren Zeitwerte und damit Festlegung von außerplanmäßigen Abschreibungen im Rahmen der Folgebewertung von Vermögensgegenständen.

---

67 Vgl. in Anlehnung an Baetge (Objektivierung), S. 169.

Vor dem Hintergrund des bestehenden Spannungsverhältnisses ist für jeden Abschluss und unabhängig von nationalen oder internationalen Normen immer die **optimale Kombination aus ökonomischer Bauchbarkeit und Objektivität von Informationen** zu suchen. Oder anders formuliert bedingt jedes Rechnungslegungssystem unter Berücksichtigung der beabsichtigten Zwecke und Aufgaben eine Festlegung, für welche Sachverhalte und in welchem Umfang Einschränkungen der Objektivität zugunsten der ökonomischen Brauchbarkeit hingenommen werden – und andersherum.[68]

Für das obige Beispiel des Grundstücks in der Kölner Innenstadt mit Anschaffungskosten von 2.000 TEUR vor 20 Jahren und einem derzeitigen Zeitwert von 10.000 TEUR hat sich der deutsche Gesetzgeber im handelsrechtlichen Jahresabschluss vor dem Hintergrund der verfolgten Aufgaben der Rechnungslegung und den Interessen der Adressaten für die objektive Information entschieden. § 253 Abs. 1 S. 1 HGB legt in diesem Fall die Anschaffungskosten als Obergrenze für die Bewertung des Grundstücks fest.

---

68 Vgl. Schruff (IFRS Rechnungslegung), S. 858.

3 Allgemeine Ansatzregelungen

3.1 Überblick über die Ansatzregelungen

Beim Ansatz geht es um die Klärung der Fragestellung, welche Posten in der Bilanz angesetzt werden müssen (Ansatzgebot) oder angesetzt werden dürfen (Ansatzwahlrecht) und für welche Sachverhalte ein Ansatzverbot besteht. Erst im Anschluss an die Entscheidung über den Ansatz stellen sich die Fragen der Bewertung[69] und des Ausweises[70]. Nach dem Vollständigkeitsgebot des § 246 Abs. 1 S. 1 HGB hat der Jahresabschluss **sämtliche** Vermögensgegenstände, Schulden, Rechnungsabgrenzungsposten, Erträge und Aufwendungen zu enthalten, soweit sich gesetzlich keine anderen Regelungen finden. Dabei ist entsprechend § 242 Abs. 1 HGB das Vermögen den Schulden in der Bilanz gegenüberzustellen.[71] Zudem definiert § 247 Abs. 1 HGB mit dem Anlage- und Umlaufvermögen (= Vermögen), dem Eigenkapital, den Schulden sowie den Rechnungsabgrenzungsposten den Inhalt der Bilanz. Allerdings gibt es im Gesetz keine Definition, was genau unter den Begriffen Vermögen und Schulden zu verstehen ist, so dass diese Begriffe aus den GoB abgeleitet werden müssen.

Vor diesem Hintergrund ergibt sich für die Frage des Ansatzes die Notwendigkeit zur Differenzierung zwischen abstrakter und konkreter Bilanzierungsfähigkeit. Die **abstrakte Bilanzierungsfähigkeit** klärt die theoretische Frage, ob ein Vermögensgegenstand oder eine Schuld vorliegt. Wird dieses bejaht, ist aufgrund des Vollständigkeitsgebots zunächst unabhängig von weiteren gesetzlichen Regelungen das Gut zu aktivieren, wenn es einen Vermögensgegenstand darstellt, bzw. die Schuld zu passivieren, wenn sie die Kriterien für das Bestehen eines Schuldpostens erfüllt. Die **konkrete Bilanzierungsfähigkeit** klärt dagegen die rechtliche Frage, ob die gesetzlichen Vorschriften ein konkretes Ansatzgebot, Ansatzverbot oder Ansatzwahlrecht vorsehen. Diese Trennung zwischen abstrakter und konkreter Bilanzierungsfähigkeit findet sich explizit in § 246 Abs. 1 S. 1 HGB, wonach der Jahresabschluss u. a. sämtliche Vermögensgegenstände und Schulden zu enthalten hat, **soweit das Gesetz nichts anderes bestimmt.**

---

69 Die Fragestellung, in welcher Höhe der Posten bilanziell anzusetzen ist, wird in Kapitel 4 eingehend behandelt.

70 Die Fragestellung, wo der Posten im Jahresabschluss ausgewiesen wird, folgt in Kapitel 5.

71 Eine entsprechende Regelung findet sich für die Aufwendungen und Erträge, die nach § 242 Abs. 2 HGB in der GuV gegenüberzustellen sind.

Für die Entscheidung des Ansatzes eines Sachverhalts in der Bilanz ist insofern zunächst die Frage zu klären, ob sich ein konkret gesetzlich geregeltes Ansatzgebot, Ansatzverbot oder Ansatzwahlrecht findet. Nur wenn eine derartige Regelung fehlt, kommt es im Anschluss auf die Frage an, ob ein Vermögensgegenstand oder eine Schuld vorliegt, der oder die dann folglich aufgrund des Vollständigkeitsgebots einer Ansatzpflicht unterliegt. Die abstrakte Bilanzierungsfähigkeit greift also nur dann, wenn keine konkrete Bilanzierungsfähigkeit besteht. Die folgende Darstellung 3.1 verdeutlicht noch einmal den Zusammenhang zwischen konkreter und abstrakter Ansatzfähigkeit.

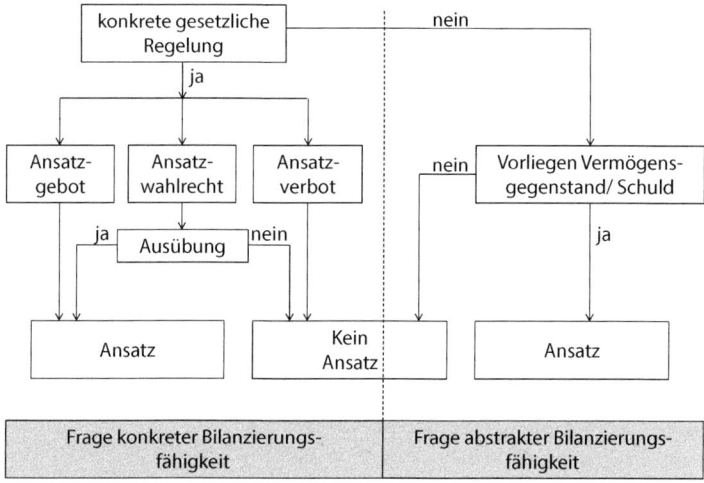

Dar. 3.1: Zusammenhang zwischen abstrakter und konkreter Bilanzierungsfähigkeit

Dar. 3.2: Kombinationsmöglichkeiten des Ansatzes

Fall	Vorliegen eines Vermögensgegenstandes/ einer Schuld	Gesetzliche Regelung zum Ansatz	Konsequenz
1	Ja	Verbot	Ansatzverbot
2	Ja	Gebot oder Wahlrecht	Ansatzpflicht oder -wahlrecht
3	Ja	Keine	Ansatzpflicht
4	Nein	Verbot	Ansatzverbot
5	Nein	Gebot oder Wahlrecht	Ansatzpflicht oder – wahlrecht
6	Nein	Keine	Ansatzverbot

Damit ergeben sich insgesamt sechs Kombinationsmöglichkeiten zwischen dem Vorliegen gesetzlicher Regelungen und dem Bestehen abstrakter Bilanzierungsfähigkeit. Davon führen allein die Fälle 2, 3 und 5 der vorstehenden Darstellung 3.2 zu einer Ansatzpflicht bzw. der Möglichkeit zum Ansatz eines Aktiv- bzw. Passivpostens sowie die Fälle 1, 4 und 6 zu einem Verbot.

3.2 Regelungen des Ansatzes von Aktiva

Wie im vorstehenden Kapitel beschrieben besteht grundsätzlich ein Aktivierungsgebot, sofern ein Vermögensgegenstand vorliegt (= abstrakte Ansatzfähigkeit). Dies gilt allerdings dann nicht, wenn eine konkrete gesetzliche Regelung existiert, die ein Aktivierungsverbot oder Aktivierungswahlrecht kodifiziert. Zudem treten ergänzend gesetzliche Vorschriften hinzu, die Aktivierungsgebote oder -wahlrechte für Nicht-Vermögensgegenstände vorsehen.

Abstrakte Aktivierungsfähigkeit

Mangels gesetzlicher Definition des Begriffs Vermögensgegenstand leitet der Begriff sich aus den GoB ab.[72] Ein Vermögensgegenstand liegt vor, wenn es sich

- um einen wirtschaftlichen Wert handelt,
- der selbständig bewertbar und
- selbständig verwertbar (einzeln veräußerbar) ist.[73]

Wirtschaftliche Werte umfassen neben Sachen und Rechten auch sonstige wirtschaftliche Werte wie z. B. Know-how oder Kundenlisten. Die selbständige Bewertbarkeit stellt die Einhaltung des Einzelbewertungsgrundsatzes sicher und fordert die eindeutige Zuordnung von Aufwendungen und damit das Bestehen eines geeigneten Wertmaßstabs (Anschaffungs- oder Herstellungskosten). Die selbständige Verwertbarkeit beinhaltet die Möglichkeit zur Einzelveräußerung oder entgeltlichen Nutzungsüberlassung an einen Dritten. Durch Erfüllung dieses Kriteriums verkörpern die wirtschaftlichen Werte Schuldendeckungspotential und dienen dem Gläubigerschutz, da sie zur Tilgung der Schulden genutzt werden können.

Bei Erfüllung der Kriterien und damit Vorliegen eines Vermögensgegenstandes besteht grundsätzlich ein Aktivierungsgebot, es sei denn, es existiert eine gesetzliche Regelung, die ein Aktivierungsverbot oder Ansatzwahlrecht kodifiziert.

---

72 Zur abstrakten Aktivierungsfähigkeit vgl. Coenenberg/Haller/Schultze (Jahresabschluss), S. 84.
73 Vgl. ADS (Rechnungslegung), Tz. 9 bis 30, insbesondere Tz. 26 ff. zu § 246 HGB; Schubert/Waubke (Beck'scher Bilanzkommentar), Rn. 10 und 13 zu § 247 HGB.

Aktivierungsverbote

Diese sind konkretisiert in § 248 HGB. Nach **§ 248 Abs. 1 HGB** bestehen **Verbote** zur Aktivierung von

- Aufwendungen für die **Gründung eines Unternehmens** (Nr.1),
- Aufwendungen für die **Beschaffung von Eigenkapital** ((Nr. 2) und
- Aufwendungen für den **Abschluss von Versicherungsverträgen** (Nr. 3).

Nr. 1 und Nr. 2 betreffen Klarstellungen, da es sich aufgrund der mangelnden selbständigen Verwertbarkeit nicht um Vermögensgegenstände handelt, so dass die Aufwendungen auch ohne die gesetzliche Regelung einem Ansatzverbot unterliegen. Nr. 3 verbietet den Ansatz eines aktiven Rechnungsabgrenzungspostens, da ansonsten die Aufwendungen nach § 250 Abs. 1 HGB über die Dauer des Versicherungsvertrags abzugrenzen wären.

Darüber hinaus findet sich in **§ 248 Abs. 2 S. 2 HGB** ein **Verbot** der Aktivierung **selbst geschaffener Marken, Drucktitel, Verlagsrechte, Kundenlisten oder vergleichbarer immaterieller Vermögensgegenstände des Anlagevermögens.** Zwar sind diese selbst erstellten immateriellen Vermögensgegenstände des Anlagevermögens in der Regel selbständig verwertbar und verkörpern einen wirtschaftlichen Wert. Allerdings fehlt die selbständige Bewertbarkeit, da ihnen die Herstellungskosten teilweise nicht zweifelsfrei zugerechnet werden können. Dabei sind die für die Erstellung angefallenen Aufwendungen grundsätzlich nicht eindeutig von den aufwandswirksam zu erfassenden Aufwendungen für die Entwicklung des Unternehmens in seiner Gesamtheit (dem selbst geschaffenen Geschäfts- oder Firmenwert[74]) abgrenzbar. Zur Vermeidung eines rechnungslegungspolitisch nutzbaren Ermessenspielraums und um dem Vorsichtsprinzip Genüge zu tun, hat der Gesetzgeber ein entsprechendes Ansatzverbot kodifiziert.[75]

So wäre es beispielsweise denkbar, die in der Vergangenheit angefallenen **Werbeaufwendungen** einer selbst geschaffenen Marke oder dem originären Geschäfts- oder Firmenwert als Aufwendungen für die Entwicklung des Gesamtunternehmens zuzuordnen. In jedem Fall fehlt eine eindeutige Abgrenzbarkeit. Bei Zurechnung zur Marke und einem fehlenden Ansatzverbot käme es zu einer Aktivierung der Werbeaufwendungen, während bei der Zuordnung zum selbst geschaffenen Geschäfts- oder Firmenwert die Aufwendungen ergebniswirksam erfasst werden. Durch das Aktivierungsverbot für die selbst erstellte Marke ist es somit irrelevant, wo die Zurechnung erfolgt. In beiden Fällen unterliegen die Wer-

---

74 Der selbst geschaffene (originäre) Geschäfts- oder Firmenwert unterliegt einem Ansatzverbot. Im Gegensatz dazu besteht für den entgeltlich erworbenen (derivativen) Geschäfts- oder Firmenwert eine nach § 246 Abs. 1 S. 4 HGB gesetzlich kodifizierte Ansatzpflicht.

75 Zu den Erläuterungen und der Begründung des Verbots vgl. BT-Drucksache 16/10067, S. 50.

beaufwendungen damit einem Ansatzverbot und müssen sofort aufwandswirksam erfasst werden.

Aktivierungswahlrechte

Aktivierungswahlrechte bestehen derzeit für genau drei Sachverhalte:

- Selbst geschaffene immaterielle Vermögensgegenstände des Anlagevermögens (§ 248 Abs. 2 S. 1 HGB),
- Disagio (§ 250 Abs. 3 HGB) und
- aktive latente Steuern (§ 274 Abs. 1 S. 2 HGB).

Das **Wahlrecht** zur Aktivierung **selbst geschaffener immaterieller Vermögensgegenstände des Anlagevermögens** nach § 248 Abs. 2 S. 1 HGB schränkt das Vollständigkeitsgebot nach § 246 Abs. 1 HGB ein. Denn wie die Formulierung schon sagt und anders als beim Verbot für selbst erstellte Marken u.Ä. nach § 248 Abs. 2 S. 2 HGB muss es sich um einen Vermögensgegenstand handeln,[76] der ohne diese gesetzliche Regelung der abstrakten Ansatzfähigkeit unterliegen würde. Insofern stellt sich die Frage, warum der Gesetzgeber nun ein Wahlrecht gewährt. Dies liegt begründet in dem **Problem der Objektivierung des Werts** für den selbst erstellten immateriellen Vermögensgegenstand, da oftmals erhebliche Spielräume bei Ermittlung der Herstellungskosten[77] und eine hohe Unsicherheit hinsichtlich der künftigen Nutzungsdauer bestehen.[78] Damit liegt hier ein Spannungsverhältnis zwischen ökonomischer Brauchbarkeit und Objektivität vor.[79] Für den Ansatz des Vermögensgegenstands spricht die ökonomische Brauchbarkeit der Information, da der Vermögensgegenstand einen Wert und Nutzen für das Unternehmen repräsentiert.[80] Gegen eine Aktivierung spricht die Objektivität des Werts aufgrund der in diesem Zusammenhang in erheblichem Umfang existierenden Ermessensspielräume.[81] Folglich hat der Gesetzgeber mit dem Wahlrecht versucht, einen Interessensausgleich zu schaffen.[82]

---

76 Vgl. BT-Drucksache 16/12407, S. 110, die dies eindeutig klarstellt.

77 Anders als beim Verbot nach § 248 Abs. 2 S. 2 HGB sind die Herstellungskosten aber von den Aufwendungen für den selbst geschaffenen Geschäfts- oder Firmenwert abgrenzbar und ist damit die selbständige Bewertbarkeit gegeben.

78 Vgl. hierzu ausführlich BT-Drucksache 16/10067, S. 49 f.

79 Vgl. hierzu Kapitel 2.3.

80 Vor diesem Hintergrund besteht nach IFRS eine Ansatzpflicht nach IAS 38.

81 Daher bestand nach HGB bis zum Jahr 2010 ein Ansatzverbot.

82 Zudem hat es der Gesetzgeber mit dem Wahlrecht den Unternehmen ermöglicht, bei Aktivierung eine Übereinstimmung der Bilanzierung mit IFRS herzustellen, und bei Verzicht auf die Aktivierung eine Entlastung der Unternehmen durch Vermeidung der in diesem Zusammenhang bestehenden hohen Dokumentationserfordernisse zu erreichen.

Beispiel zum Ansatz eines selbst geschaffenen immateriellen Vermögensgegenstands

Ein neu gegründetes Unternehmen beschäftigt eine Mitarbeiterin, die im abgelaufenen Geschäftsjahr eine konkret definierte Software entwickelt hat. Weitere Tätigkeiten führte die Mitarbeiterin nicht aus. Die Software soll im Unternehmen im Rahmen des Geschäftsmodells genutzt werden. Für die Mitarbeiterin fällt ein Bruttojahresgehalt von 100 TEUR an. Wie sind die Gehaltsaufwendungen zu behandeln?

Die Software wird selbst erstellt und verkörpert einen immateriellen Wert. Zudem handelt es sich bei der Software um einen Vermögensgegenstand, da dieser wirtschaftliche Wert selbständig verwertbar und aufgrund eindeutiger Zurechenbarkeit der Herstellungskosten auch selbständig bewertbar ist. Wegen der Nutzungsabsicht im Unternehmen handelt es sich darüber hinaus um Anlagevermögen. Würde keine längerfristige Nutzungsabsicht, sondern eine Verkaufsabsicht vorliegen, wäre die Software als Umlaufvermögen einzustufen.[83] Im Falle der Einordnung als Umlaufvermögen unterläge die Software einem Ansatzgebot, da keine konkrete gesetzliche Regelung für diesen Sachverhalt besteht, so dass das Vollständigkeitsgebot greifen würde (abstrakte Aktivierungsfähigkeit). Insofern liegen die Voraussetzungen des Ansatzwahlrechts nach § 248 Abs. 2 S. 1 HGB vor:

- selbst erstellt,
- immateriell,
- Vermögensgegenstand und
- Anlagevermögen.

Wird das Ansatzwahlrecht nicht ausgeübt und die Software nicht aktiviert, verbleibt es bei der ergebniswirksamen Erfassung der Gehaltsaufwendungen mit der folgenden Buchung.

Aufwand (Personalaufwand) an Bank 100 TEUR

Bei Ausübung des Ansatzwahlrechts kommt es zu einer Aktivierung der Software in Höhe der Herstellungskosten von 100 TEUR. Mithin bedarf es der folgenden zusätzlichen Buchung.

Immaterieller Vermögensgegenstand an Ertrag (andere aktivierte Eigenleistungen) 100 TEUR

Durch den Ansatz der Software ergibt sich insgesamt kein Effekt auf das Ergebnis und damit auch das Eigenkapital, weil sich Aufwendungen und Erträge in gleicher Höhe gegenüberstehen. Im Vergleich zu einem Ansatzverzicht resultiert ein in Höhe der Herstellungskosten von 100 TEUR höheres Ergebnis und entsprechend höheres Eigenkapital.

---

83 Zur Abgrenzung zwischen Anlage- und Umlaufvermögen vgl. Kapitel 6.1.

Nach § 250 Abs. 3 S. 1 HGB besteht ein weiteres **Wahlrecht** auf der Aktivseite der Bilanz in Bezug auf die Behandlung eines **Disagios.** Ein Disagio liegt vor, wenn der Erfüllungsbetrag einer Verbindlichkeit (i. d. R. der Rückzahlungsbetrag) den Ausgabebetrag dieser Verbindlichkeit übersteigt. Das Disagio als resultierender Unterschiedsbetrag kann insofern im Jahr der Entstehung der Verbindlichkeit erfolgswirksam als Aufwand erfasst oder alternativ als Rechnungsabgrenzungsposten aktiviert werden. Im Fall des Ansatzes ist das Disagio nach § 250 Abs. 3 S. 2 HGB planmäßig über die Laufzeit der Verbindlichkeit abzuschreiben.[84]

Beispiel zum Ansatzwahlrecht des Disagios

Ein Unternehmen nimmt am 1.1.t2 ein Darlehen von 500 TEUR mit einer Laufzeit von 5 Jahren auf. Der Auszahlungsbetrag beläuft sich auf 475 TEUR.
Ohne Ausübung des Ansatzwahlrechts wird der Unterschiedsbetrag von 25 TEUR sofort erfolgswirksam erfasst. Der Buchungssatz bei Darlehensaufnahme lautet wie folgt:
Bank 475 TEUR
Aufwand (Zinsen und ähnliche Aufwendungen) 25 TEUR
an Verbindlichkeiten 500 TEUR
Bei Ausübung des Ansatzwahlrechts wird dagegen das Disagio als aktiver Rechnungsabgrenzungsposten (RAP) aktiviert und dann jährlich mit 25 TEUR/5 Jahre = 5 TEUR/Jahr planmäßig abgeschrieben. Der Buchungssatz bei Darlehensaufnahme lautet:
Bank 475 TEUR
aktiver RAP 25 TEUR
an Verbindlichkeiten 500 TEUR
und die Buchungssätze danach jährlich bis zum Ende der Laufzeit
Aufwand (Zinsen und ähnliche Aufwendungen) an aktiver RAP 5 TEUR
Damit ergeben sich folgende Ergebnisunterschiede über die Laufzeit der Verbindlichkeit:

Periode	t2	t3	t4	t5	t6
Kein Ansatz Disagio	−25	0	0	0	0
Aktivierung Disagio	−5	−5	−5	−5	−5

---

84 Da das Disagio im Prinzip eine einmalige Zinszahlung für die Kapitalüberlassung darstellt, dient das Aktivierungswahlrecht bei Ausübung aufgrund der Verteilung des Aufwands über die Laufzeit der Verbindlichkeit einer periodengerechten Gewinnermittlung.

Das dritte **Wahlrecht** auf der Aktivseite betrifft die Möglichkeit zum Ansatz **aktiver latenter Steuern** nach § 274 Abs. 1 S. 2 HGB. Aufgrund der gesetzlichen Einordnung in die Vorschriften für Kapitalgesellschaften besteht das Wahlrecht grundsätzlich nur für Kapitalgesellschaften, haftungsbeschränkte Personengesellschaften und unter das PublG fallende Gesellschaften.[85] Latente Steuern entstehen immer dann, wenn die effektive, sich aus der Steuerbilanz ergebende Steuerbeoder -entlastung von der fiktiven, sich aus der Handelsbilanz ergebenden Steuerbeoder -entlastung abweicht. Anders ausgedrückt handelt es sich bei den latenten Steuern um den mit dem Steuersatz multiplizierten Unterschiedsbetrag zwischen den handelsrechtlichen Wertansätzen der Vermögensgegenstände, Schulden sowie Rechnungsabgrenzungsposten und ihren zugehörigen steuerlichen Wertansätzen. Voraussetzung für den Ansatz latenter Steuern ist allerdings, dass sich die Differenzen in den Wertansätzen in späteren Geschäftsjahren voraussichtlich abbauen und somit nicht permanent bestehen bleiben. Eine aus den Differenzen der Wertansätze in Handels- und Steuerbilanz resultierende Steuerentlastung führt zu aktiven latenten Steuern[86], eine sich ergebende Steuerbelastung zu passiven latenten Steuern. Das Ansatzwahlrecht für aktive latente Steuern kommt dann zum Tragen, wenn aktive sowie passive latente Steuern miteinander verrechnet werden und die aktiven Latenzen die passiven Latenzen übersteigen. Da es sich bei der Rechnungslegung latenter Steuern mit um eines der schwierigsten Gebiete der Rechnungslegung handelt, wird das Ansatzwahlrecht für die aktiven latenten Steuern noch einmal umfassend und ausführlicher mit Beispielen in **Kapitel 11** und damit im Gesamtkontext der latenten Steuern dargestellt.

Aktivierungsgebote für Nicht-Vermögensgegenstände

Trotz mangelnder Vermögensgegenstandseigenschaft bestehen mehrere gesetzlich kodifizierte Fälle, in denen ein Zwang zur Aktivierung vorliegt. Dies betrifft

- entgeltlich erworbene (derivative) Geschäfts- oder Firmenwerte (§ 246 Abs. 1 S. 4 HGB),
- aktive Rechnungsabgrenzungsposten (§ 250 Abs. 1 HGB) und
- den aktiven Unterschiedsbetrag aus der Vermögensverrechnung (§ 246 Abs. 2 S. 3 HGB).

Nach § 246 Abs. 1 S. 4 HGB besteht ein **Aktivierungsgebot** für den **entgeltlich erworbenen (derivativen) Geschäfts- oder Firmenwert**[87], obwohl er aufgrund sei-

---

85 Alle anderen Unternehmen können freiwillig die Vorschriften zur Rechnungslegung latenter Steuern nach § 274 HGB anwenden (vgl. IDW RS HFA 7, Tz. 18).

86 Eine Steuerentlastung liegt vor, wenn der Wertansatz für einen Aktivposten in der Handelsbilanz dessen Wertansatz in der Steuerbilanz unterschreitet oder der Wertansatz für einen Passivposten in der Handelsbilanz dessen Wertansatz in der Steuerbilanz überschreitet.

87 Vgl. ausführlich zum Geschäfts- oder Firmenwert das Kapitel 6.5.1.

ner fehlenden selbständigen Verwertbarkeit keinen Vermögensgegenstand repräsentiert. Der Geschäfts- oder Firmenwert umfasst alle nicht ansatzfähigen Werte
eines Unternehmens, wie u. a. die Managementqualität, das Know-how der Mitarbeiter, den Wert der Organisationstruktur, den Ruf des Unternehmens oder den
Wert des Kundenstamms. Rechnerisch ermittelt sich der Geschäfts- oder Firmenwert als positiver Unterschiedsbetrag zwischen dem Unternehmenswert, i. d. R.
dem Kaufpreis für das Unternehmen, und dem zu Zeitwerten bewerteten Eigenkapital (Vermögensgegenstände abzüglich der Schulden) für diese Gesellschaft. Sofern die nicht ansatzfähigen Werte selbst geschaffen wurden, handelt es sich um
den originären Geschäfts- oder Firmenwert. Für diesen originären Geschäfts- oder
Firmenwert existiert ein Ansatzverbot, da dem Wert des Unternehmens mangels
Kaufpreises die Objektivierung fehlt. Bei entgeltlichem Erwerb des Unternehmens
und damit auch der nicht ansatzfähigen Werte bezeichnet man ihn als derivativen
Geschäfts- oder Firmenwert. Aufgrund des mit dem Erwerb objektivierten Werts
für das Unternehmen unterliegt der derivative Geschäfts- oder Firmenwert einem
Ansatzgebot, da er nach § 246 Abs. 1 S. 4 HGB durch gesetzliche Fiktion zu einem
zeitlich begrenzt nutzbaren Vermögensgegenstand erhoben wird[88].

Für **aktive Rechnungsabgrenzungsposten** besteht nach § 250 Abs. 1 HGB eine
Ansatzpflicht, obwohl sie aufgrund mangelnder Einzelveräußerbarkeit keine Vermögensgegenstände darstellen. Sie dienen einer periodengerechten Gewinnermittlung, indem mit ihrer Hilfe vor dem Stichtag zu Ausgaben geführte zeitraumbezogene Aufwendungen verursachungsgerecht (*pro rata temporis*) auf die
einzelnen Perioden verteilt werden.[89]

Mit dem **aktiven Unterschiedsbetrag aus der Vermögensverrechnung** nach
§ 246 Abs. 2 S. 3 HGB existiert ein weiterer gesetzlich speziell geregelter und gesondert in der Bilanz anzusetzender Sachverhalt, der ebenfalls aufgrund fehlender
selbständiger Verwertbarkeit keinen Vermögensgegenstand[90] darstellt. Bei diesem
Unterschiedsbetrag handelt es sich um einen verbleibenden Verrechnungsposten,
wenn das zum beizulegenden Zeitwert bewertete Planvermögen die zu verrechnenden Pensionsverpflichtungen oder vergleichbaren langfristig fälligen Verpflichtungen (z. B. Altersteilzeitverpflichtungen) übersteigt. Dabei umfasst das Planvermögen die Vermögensgegenstände, die einem Zugriff aller übrigen Gläubiger entzogen
sind und ausschließlich der Erfüllung der zu verrechnenden Schulden dienen.[91]

3.3 Regelungen des Ansatzes von Passiva

Wie in Kapitel 3.1 beschrieben existiert grundsätzlich ein Passivierungsgebot,
wenn eine Schuld vorliegt (= abstrakte Passivierungsfähigkeit). Dies gilt allerdings

---

88 Vgl. BT-Drucksache 16/10067, S. 47.
89 Vgl. hierzu im Detail die Erläuterungen zum GoB der »Abgrenzung zeitraumbezogener
    Erträge und Aufwendungen« in Kapitel 2.3.3 sowie im Kapitel 10.1.
90 Vgl. auch Ballwieser (Münchener Kommentar zum HGB), Rn. 146 zu § 246 HGB.
91 Vgl. § 246 Abs. 2 S. 2 HGB. Vgl. hierzu ausführlich Kapitel 9.3.4.2.4.

dann nicht, sofern eine konkrete gesetzliche Regelung besteht, die ein Passivierungsverbot oder Passivierungswahlrecht kodifiziert. Darüber hinaus treten ergänzend gesetzliche Vorschriften hinzu, die Passivierungsgebote für Nicht-Schulden vorsehen.

Abstrakte Passivierungsfähigkeit

Wie bei dem Begriff Vermögensgegenstand findet sich auch im Gesetz für den Begriff der **Schulden** keine Definition.[92] Eine Schuld liegt vor, wenn

- eine rechtliche oder wirtschaftliche Verpflichtung besteht,
- die zu einer Belastung des Vermögens führt und
- die selbständig bewertbar (quantifizierbar) ist.

Schulden umfassen sowohl Verbindlichkeiten als auch Rückstellungen und damit zwei Unterkategorien. Bei **Verbindlichkeiten** sind das Bestehen und die Höhe der Verpflichtung sicher, d.h. das Unternehmen hat Kenntnis über den Erfüllungszeitpunkt und den Erfüllungsbetrag. Bei **Rückstellungen** besteht dagegen Unsicherheit hinsichtlich des Bestehens und/oder der Höhe der Verpflichtung, d.h. das Unternehmen hat keine eindeutige Kenntnis über den Erfüllungszeitpunkt oder über den Erfüllungsbetrag oder über beides.

Bei Erfüllung der Kriterien und damit Vorliegen einer Schuld kommt es wie ausgeführt grundsätzlich zu einem Passivierungsgebot, es sei denn, es besteht eine gesetzliche Regelung, die ein Passivierungsverbot oder Ansatzwahlrecht kodifiziert.

Passivierungsverbote

Verbote sind allein im Zusammenhang mit dem Ansatz von Rückstellungen gesetzlich geregelt. Weitere diesbezügliche Vorschriften finden sich nicht. Danach besteht gem. § 249 Abs. 2 S. 1 HGB ein **Verbot zur Bildung von Rückstellungen für andere als die in § 249 Abs. 1 HGB bezeichneten Zwecke**. Anders ausgedrückt heißt das, fällt ein Sachverhalt unter § 249 Abs. 1 HGB ist zwingend eine Rückstellung zu bilden. Kann der Sachverhalt dagegen nicht unter § 249 Abs. 1 HGB eingeordnet werden, kommt es zu einem Verbot der Passivierung einer Rückstellung. Das HGB sieht in **§ 249 Abs. 1 HGB** die folgenden fünf zwingend anzusetzenden **Rückstellungsarten** vor:

- Rückstellungen für ungewisse Verbindlichkeiten (§ 249 Abs. 1 S. 1 HGB), z.B. Pensionsrückstellungen, Steuerrückstellungen, gesetzliche Gewährleistungsrückstellungen oder Prozesskostenrückstellungen;

---

92 Zur abstrakten Passivierungsfähigkeit vgl. ADS (Rechnungslegung), Tz. 102 – 106 zu § 246 HGB und Baetge/Kirsch/Thiele (Bilanzen), S. 175 ff.

- Rückstellungen für drohende Verluste aus schwebenden Geschäften (§ 249 Abs. 1 S. 1 HGB);
- Rückstellungen für im Geschäftsjahr unterlassene Aufwendungen für Instandhaltung, sofern diese innerhalb von 3 Monaten des folgenden Geschäftsjahres nachgeholt werden (§ 249 Abs. 1 S. 2 Nr. 1 HGB);
- Rückstellungen für im Geschäftsjahr unterlassene Aufwendungen für Abraumbeseitigung, sofern diese im folgenden Geschäftsjahr nachgeholt werden (§ 249 Abs. 1 S. 2 Nr. 1 HGB) und
- Rückstellungen für Gewährleistungen, die ohne rechtliche Verpflichtung erbracht werden (Kulanzrückstellungen, § 249 Abs. 1 S. 2 Nr. 2 HGB).

Bei diesen Rückstellungsarten kann dazwischen differenziert werden, ob sie auf einer Außenverpflichtung (Fälle § 249 Abs. 1 S. 1 und S. 2 Nr. 2 HGB) oder einer Innenverpflichtung (Fälle § 249 Abs. 1 S. 2 Nr. 1 HGB) beruhen. Bei einer **Außenverpflichtung** besteht eine wirtschaftliche oder rechtliche Verpflichtung gegenüber einem Dritten, so dass auch eine Schuld und damit die Erfüllung der abstrakten Ansatzfähigkeit vorliegt. Bei einer **Innenverpflichtung**, sogenannten Aufwandsrückstellungen, existiert keine Verpflichtung gegenüber einem Dritten. Der Bilanzierende kann sich folglich dieser Verpflichtung entziehen, so dass auch keine Schuld besteht. Dennoch hat der deutsche Gesetzgeber hier für die beiden in § 249 Abs. 1 S. 2 Nr. 1 HGB genannten Fälle aufgrund EG-Richtlinienvorgaben eine Ansatzpflicht vorgeschrieben.[93]

So könnte ein Unternehmen auf eine im laufenden Geschäftsjahr unterlassene und auf den Februar des Folgejahres verschobene Reparatur einer Maschine auch verzichten. Bei der vorgesehenen Reparatur der Maschine handelt es sich allein um eine Innenverpflichtung, der sich das Unternehmen auch entziehen könnte. In der Folge ergäben sich Konsequenzen auf den Jahresüberschuss durch eine z. B. geringere Produktionsmenge. Gleichwohl muss in diesem Fall aufgrund gesetzlicher Vorgaben eine Rückstellung für unterlassene Instandhaltungsaufwendungen nach § 249 Abs. 1 S. 2 Nr. 1 HGB gebildet werden.

Unter das Verbot des § 249 Abs. 2 S. 1 HGB fallen mithin alle Aufwandsrückstellungen, die nicht unterlassene und in den ersten 3 Monaten des folgenden Geschäftsjahres nachgeholte Instandhaltungen oder unterlassene und im folgenden Geschäftsjahr nachgeholte Abraumbeseitigungen darstellen. So dürfen z. B. künftig auftretende Zinsaufwendungen oder zukünftig geplante Werbeaufwendungen nicht passiviert werden. Ebenfalls verboten ist es etwa auch, Aufwendungen für im Geschäftsjahr unterlassene Instandhaltungsmaßnahmen anzusetzen, die erst im April und damit nicht den ersten 3 Monaten des Folgejahres nachgeholt werden sollen.

---

93 Darüber hinaus sind Aufwandsrückstellungen Ausfluss dynamischer Bilanztheorie und dienen einer periodengerechten Gewinnermittlung.

Passivierungswahlrechte

Seit dem BilMoG bestehen nur noch zwei anwendbare Ansatzwahlrechte auf der Passivseite der Bilanz, die beide Pensionsverpflichtungen betreffen:

- unmittelbare Pensionsaltzusagen (Art. 28 Abs. 1 S. 1 EGHGB) und
- mittelbare Pensionsverpflichtungen (Art. 28 Abs. 1 S. 2 EGHGB).

Für Mitarbeitern **vor dem 1. Januar 1987 gegebene direkte Pensionszusagen** (unmittelbare Pensionsaltzusagen[94]) existiert ein gesetzlich kodifiziertes **Wahlrecht zum Ansatz einer Pensionsrückstellung** nach Art. 28 Abs. 1 S. 1 EGHGB. Grundsätzlich würde für alle unmittelbaren Pensionszusagen eine Passivierungspflicht als Rückstellungen für ungewisse Verbindlichkeiten nach § 249 Abs. 1 S. 1 HGB vorliegen. Durch die Gewährung dieses aus der Historie und im Zusammenhang mit dem Bilanzrichtliniengesetz (BiRiLiG) eingeführten Wahlrechts für Altzusagen beschränkt sich das Ansatzgebot daher nur auf Zusagen nach dem 31. Dezember 1986.

Bei **mittelbaren Pensionsverpflichtungen** kommt es nur dann zu einer Verpflichtung für das Unternehmen, wenn das bei der zwischengeschalteten Versorgungseinrichtung (z. B. Unterstützungskasse oder Pensionskasse) vorhandene Vermögen zur Deckung der Pensionsverpflichtung nicht ausreicht. Denn in diesem Fall erwirbt der Pensionsempfänger einen Anspruch gegenüber dem Unternehmen.[95] In Höhe dieser Deckungslücke wäre eine Pensionsrückstellung nach § 249 Abs. 1 S. 1 HGB zu bilden. Durch Art. 28 Abs. 1 S. 2 EGHGB gilt hierfür allerdings ein ebenfalls aus der Historie vor Umsetzung des BiRiLiG begründetes **Passivierungswahlrecht**.[96]

Neben diesen beiden Ansatzwahlrechten kodifiziert Art. 28 Abs. 1 S. 2 EGHGB ein weiteres Passivierungswahlrecht für unmittelbare und mittelbare **pensionsähnliche Verpflichtungen**. Allerdings gibt es bis heute hierfür keine Anwendungsfälle,[97] so dass diese gesetzlich normierte Passivierungsmöglichkeit ins Leere läuft.

---

94 Eine unmittelbare Verpflichtung liegt vor, wenn das Unternehmen sich verpflichtet hat, die Leistung gegenüber dem Pensionsempfänger selbst zu erbringen. Dagegen kommt es bei einer mittelbaren Verpflichtung nicht zur Erfüllung der Verpflichtung durch das Unternehmen selbst, sondern durch eine zwischengeschaltete Versorgungseinrichtung, wie z. B. Unterstützungskassen, Pensionskassen oder Pensionsfonds. Vgl. hierzu IDW RS HFA 30, Tz. 10 und 36 sowie ausführlich Kapitel 9.3.4.2.2.

95 Vgl. § 1 Abs. 1 S. 3 BetrAVG, auch als Subsidiärhaftung bezeichnet.

96 Sollte das Unternehmen aus seiner Haftung allerdings tatsächlich durch den Pensionsempfänger in Anspruch genommen werden, greift das Wahlrecht nicht mehr, sondern es kommt zu einer Passivierungspflicht einer Verbindlichkeit (vgl. IDW RS HFA 30 Tz. 37).

97 Vgl. IDW RS HFA 30, Tz. 9.

Passivierungsgebote für Nicht-Schulden

Neben den oben schon bei den Passivierungsverboten erläuterten gesetzlich vorgesehenen Aufwandsrückstellungen gibt es die folgenden Ansatzgebote auf der Passivseite der Bilanz, obwohl sie keine Schulden darstellen:

- das Eigenkapital (§ 247 Abs. 1 HGB),
- die passiven Rechnungsabgrenzungsposten (§ 250 Abs. 2 HGB) und
- die passiven latenten Steuern (§ 274 Abs. 1 S. 1 HGB).

Nach § 247 Abs. 1 HGB ist das **Eigenkapital** gesondert auszuweisen und damit auch **zwingend anzusetzen**. Eine gesetzliche Begriffsbestimmung fehlt. Bezogen auf die Kapitalherkunft definiert es sich als Gegenpol zu den Schulden (Fremdkapital). Darüber hinaus stellt es den Differenzbetrag zwischen Aktiva und Passiva dar. Insofern kann es im Ausnahmefall bei einem Überschuss der Passivposten über die Aktivposten auch zu einem negativen Eigenkapital und damit Ansatz des Eigenkapitals auf der Aktivseite der Bilanz kommen.[98]

Für **passive Rechnungsabgrenzungsposten** besteht nach § 250 Abs. 2 HGB eine **Ansatzpflicht**, obwohl sie definitionsgemäß keine Schulden darstellen.[99] Sie dienen einer periodengerechten Gewinnermittlung, indem mit ihrer Hilfe zeitraumbezogene Erträge, die vor dem Stichtag zu Einnahmen geführt haben, verursachungsgerecht (*pro rata temporis*) auf die einzelnen Perioden verteilt werden.[100]

Auch für **passive latente Steuern** gilt ein **Passivierungsgebot** nach § 274 Abs. 1 S. 1 HGB. Die Ausführungen zum Anwendungsbereich, der Entstehung und Ermittlung latenter Steuern bei Darstellung des Ansatzwahlrechts aktiver latenter Steuern gelten gleichermaßen auch für die passiven latenten Steuern, so dass hier auf Kapitel 3.2 verwiesen wird. Dabei führt eine aus den Differenzen der Wertansätze in Handels- und Steuerbilanz resultierende Steuerbelastung[101] zu passiven latenten Steuern. Die passiven latenten Steuern gelten als Sonderposten eigener Art, da ihm in Abhängigkeit der bestehenden Differenzen teilweise, aber nicht insgesamt Rückstellungscharakter zukommt.[102]

---

98 Vgl. nach oder in analoger Anwendung des § 268 Abs. 3 HGB. Dies gilt grundsätzlich rechtsformübergreifend, vgl. Hoffmann/Lüdenbach (NWB Kommentar Bilanzierung), Rz. 125 zu § 268 HGB.

99 Vgl. Hayn/Weigert (Beck'sches HdR), B 218, Rz. 11 m. w. N. Oftmals handelt es sich bei Rechnungsabgrenzungsposten auch um Schulden. Allerdings setzt die Bildung eines Rechnungsabgrenzungspostens nicht zwingend eine Schuld voraus, vgl. ADS (Rechnungslegung), Tz. 11 zu § 250 HGB.

100 Vgl. hierzu im Detail die Erläuterungen zum GoB der »Abgrenzung zeitraumbezogener Erträge und Aufwendungen« in Kapitel 2.3.3 sowie Kapitel 10.1.

101 Eine Steuerbelastung liegt vor, wenn der Wertansatz für einen Aktivposten in der Handelsbilanz dessen Wertansatz in der Steuerbilanz überschreitet oder der Wertansatz für einen Passivposten in der Handelsbilanz dessen Wertansatz in der Steuerbilanz unterschreitet.

3.4 Beispiele zur Verdeutlichung der Ansatzvorschriften

Beispiel 1:

Unterliegen die folgenden Sachverhalte einem Ansatzgebot, -verbot oder -wahlrecht in der Bilanz zum 31.12.t1?

a) Rechts- und Steuerberateraufwendungen für die Beschaffung neuen Eigenkapitals für das Unternehmen.
   Da es sich um Aufwendungen für die Beschaffung von Eigenkapital handelt, besteht aufgrund konkreter gesetzlicher Regelung ein Ansatzverbot nach § 248 Abs. 1 Nr. 2 HGB.
b) Herstellungskosten für eine selbst erstellte und zur eigenen Nutzung bestimmte Maschine.
   Die Maschine repräsentiert einen Vermögensgegenstand. Darüber hinaus ist sie zur eigenen Nutzung bestimmt. Daher käme es zu einer Zuordnung zum Anlagevermögen. Zudem handelt es sich um eine Sachanlage. Da keine konkreten gesetzlichen Regelungen für selbst erstellte Sachanlagen existieren, eine konkrete Bilanzierungsfähigkeit mithin ausscheidet, besteht insofern aufgrund abstrakter Bilanzierungsfähigkeit ein Ansatzgebot nach § 246 Abs. 1 S. 1 HGB.
c) Herstellungskosten für ein selbst geschaffenes und zur eigenen Nutzung bestimmtes Patent.
   Bei dem Patent handelt es sich um einen immateriellen Vermögensgegenstand. Aufgrund der Nutzungsabsicht im Unternehmen liegt Anlage- und kein Umlaufvermögen vor. Daher besteht nach § 248 Abs. 2 S. 1 HGB ein Ansatzwahlrecht für einen selbst erstellten immateriellen Vermögensgegenstand des Anlagevermögens.
d) Unternehmenswert durch Standortvorteile und die Qualität der Mitarbeiter.
   Dieser Unternehmenswert ist nicht erworben, sondern selbst geschaffen. Insofern handelt es sich hier um den originären Geschäfts- oder Firmenwert. Die Standortvorteile und die Qualität der Mitarbeiter (sowie damit auch der Unternehmenswert) sind weder mangels Kaufpreis objektiv bewertbar noch einzeln veräußerbar, so dass sie keine Vermögensgegenstände darstellen. Aufgrund fehlender abstrakter und auch konkreter Bilanzierungsfähigkeit existiert daher ein Ansatzverbot.
e) Herstellungskosten für eine selbst erstellte und zum Verkauf bestimmte Software.
   Bei der Software handelt es sich um einen selbst erstellten immateriellen Vermögensgegenstand. Aufgrund der Verkaufsabsicht liegt Umlauf- und kein Anlagevermögen vor. Für selbst erstellte immaterielle Vermögensgegenstände des Umlaufvermögens fehlt eine konkrete gesetzliche Vorschrift. Insofern kommt

---

102 Vgl. BT-Drucksache 16/10067, S. 67. Vgl. hierzu auch noch einmal umfassender Kapitel 10.2.

es auf Grundlage abstrakter Bilanzierungsfähigkeit zu einem Ansatzgebot nach § 246 Abs. 1 S. 1 HGB.

f) Aufwendungen für die Schulung der Mitarbeiter im Lager.

Für die Schulungsaufwendungen fehlt eine konkrete gesetzliche Regelung. Da diese Aufwendungen nicht selbständig verwertet werden können, stellen sie keinen Vermögensgegenstand dar, so dass ein Ansatzverbot vorliegt.

g) Verschiebung der notwendigen Reparaturaufwendungen für drei Maschinen auf den Mai des Folgejahres.

Die Reparaturaufwendungen fallen (wahrscheinlich) im folgenden Geschäftsjahr t2 an. Fraglich ist, ob eine Rückstellung schon zum 31.12.t1 gebildet werden darf oder muss und damit die Aufwendungen schon in t1 erfasst werden können oder müssen. Da keine der in § 249 Abs. 1 HGB genannten Rückstellungsarten vorliegt, insbesondere auch nicht § 249 Abs. 1 S. 2 Nr. 1 HGB (die Instandhaltungsaufwendungen werden nicht innerhalb von 3 Monaten des folgenden Geschäftsjahres nachgeholt), besteht ein Ansatzverbot nach § 249 Abs. 2 S. 1 HGB. Insofern kommt es auch erst in t2 bei Durchführung der Reparatur zu einer Erfassung der Aufwendungen in der GuV.

h) Aufnahme eines neuen Darlehens mit einem Rückzahlungsbetrag von 300 TEUR bei einer Auszahlung von 290 TEUR.

Für den Unterschiedsbetrag von 10 TEUR zwischen Erfüllungsbetrag der Verbindlichkeit und dem Auszahlungsbetrag handelt es sich um ein Disagio, für das ein Aktivierungswahlrecht aufgrund konkreter gesetzlicher Regelung nach § 250 Abs. 3 HGB besteht. Darüber hinaus sind zwingend das Darlehen auf Grundlage abstrakter Passivierungsfähigkeit als Verbindlichkeit sowie der Auszahlungsbetrag auf Basis abstrakter Aktivierungsfähigkeit als Bankguthaben anzusetzen.

i) Mitarbeitern in diesem Jahr gewährte unmittelbare Pensionszusagen.

Bei der den Mitarbeitern in diesem Jahr gewährten unmittelbaren Pensionszusage handelt es sich um eine Schuld, die hinsichtlich des Erfüllungszeitpunkts und des Erfüllungsbetrags unsicher ist, und damit um eine Rückstellung. Da sie unter den Katalog der Rückstellungsarten nach § 249 Abs. 1 HGB fällt, hier als Rückstellung für ungewisse Verbindlichkeiten nach § 249 Abs. 1 S. 1 HGB, und kein Anwendungsfall eines Wahlrechts nach EGHGB vorliegt, existiert ein Passivierungsgebot.

j) Zahlung von Zinsen in Höhe von 420 TEUR im Voraus am 1.12.t1 für die nächsten 3 Monate.

Bei den Aufwendungen handelt es sich nicht um einen Vermögensgegenstand. Allerdings sind sie zeitlich verursachungsgerecht abzugrenzen. Insofern besteht nach § 250 Abs. 1 HGB eine konkrete Ansatzpflicht eines aktiven Rechnungsabgrenzungspostens von 280 TEUR zum 31.12.t1.

k) Zahlung von Zinsen in Höhe von 420 TEUR im Nachhinein am 28.2.t2 für die letzten 3 Monate.

Eine konkrete gesetzliche Regelung fehlt. Aufgrund abstrakter Bilanzierungsfähigkeit kommt es zu einem Ansatzgebot einer (sonstigen) Verbindlichkeit von

140 TEUR zum 31.12.t1 nach § 246 Abs. 1 S. 1 HGB, da zum 31.12.t1 eine Schuld zur Zahlung von Zinsen für den Monat Dezember t1 entstanden ist, der man sich nicht entziehen kann.

l) Zahlung von Zinsen in Höhe von 420 TEUR im Nachhinein am 31.3.t2 für die letzten 3 Monate.

Die in t2 zu zahlenden Zinsaufwendungen betreffen alle das Jahr t2 und damit die Zukunft. Der Ansatz einer Rückstellung für künftige Aufwendungen unterliegt mangels einer konkreten Rückstellungsart nach § 249 Abs. 1 HGB einem Passivierungsverbot nach § 249 Abs. 2 S. 1 HGB.

m) Abschluss eines langfristigen Fertigungsauftrags auf dessen Basis der Kunde eine Anzahlung von 200 TEUR leistet.

Eine explizite gesetzliche Regelung besteht nicht. Durch die abstrakte Bilanzierungsfähigkeit kommt es zu einem Ansatzgebot einer Schuld nach § 246 Abs. 1 S. 1 HGB in Höhe der erhaltenen Anzahlung, da entweder bei Nichterfüllung des Vertrags die Anzahlung zurückzuzahlen oder bei Erfüllung des Vertrags der Fertigungsauftrag zu erbringen ist.

n) Unterschiedsbetrag aus der Übernahme eines Unternehmens zwischen Kaufpreis von 1.000 TEUR und Reinvermögen zu Zeitwerten von 800 TEUR.

Der erworbene Unterschiedsbetrag repräsentiert einen derivativen Geschäfts- oder Firmenwert, für den ein konkretes Aktivierungsgebot nach § 246 Abs. 1 S. 4 HGB existiert.

Beispiel 2:

Unternehmen »Kauf« hat am 22.12.t1 einen Kaufvertrag über fünf Tische für insgesamt 10 TEUR zuzüglich USt abgeschlossen. Die Tische sollen weiterveräußert werden. Der Kaufpreis ist fällig am 21.01.t2 ohne Abzug.

a) Wie ist der Geschäftsvorfall bei Unternehmen »Kauf« am 31.12.t1 zu behandeln, wenn die Tische am 22.12.t1 geliefert werden und sich am 31.12.t1 noch auf Lager befinden?

Mit Lieferung am 22.12.t1 und damit Übergang der Chancen und Risiken sind die Tische bei Unternehmen »Kauf« aufgrund des Vorliegens abstrakter Bilanzierungsfähigkeit nach § 246 Abs. 1 S. 1 HGB anzusetzen. Zum gleichen Zeitpunkt entsteht die Schuld zur Zahlung des Kaufpreises und damit die Passivierungspflicht einer Verbindlichkeit ebenfalls aufgrund abstrakter Bilanzierungsfähigkeit nach § 246 Abs. 1 S. 1 HGB. Der Buchungssatz in t1 lautet:

Waren 10 TEUR
Vorsteuer 1,9 TEUR
an Verbindlichkeiten 11,9 TEUR

b) Wie ist der Geschäftsvorfall bei Unternehmen »Kauf« am 31.12.t1 zu behandeln, wenn die Tische am 22.12.t1 geliefert und noch am selben Tag für 12 TEUR zuzüglich USt auf Ziel verkauft und weitergeliefert werden?

Der Geschäftsvorfall ist zunächst wie in Aufgabe a) zu behandeln. Zusätzlich hat ein Verkaufsgeschäft stattgefunden. Insofern können keine Waren mehr am 31.12.t1 auf Lager liegen. Zudem sind die Chancen und Risiken an den Tischen mit Weiterlieferung auf den Käufer übergegangen, so dass Unternehmen »Kauf« einen Ertrag realisiert. Damit entsteht bei Unternehmen »Kauf« auch ein Anspruch auf den Verkaufspreis, der als Forderung einem Ansatzgebot nach § 246 Abs. 1 S. 1 HGB unterliegt.[103] Die zusätzlichen Buchungen in t1 zu den in Aufgabe a) lauten:

Forderungen 14,28 TEUR

an Umsatzerlöse 12 TEUR

an USt 2,28 TEUR

und

Aufwand (Materialaufwendungen) an Waren 10 TEUR

c) Welche Auswirkungen ergeben sich bei Unternehmen »Kauf« am 31.12.t1, wenn die Tische erst am 21.01.t2 geliefert (sowie gezahlt) werden und kein Weiterverkauf wie bei Aufgabe b) stattgefunden hat.

Sofern die Lieferung erst am 21.01.t2 erfolgt, wurde der Kaufvertrag noch nicht erfüllt. Es besteht ein schwebendes Geschäft, so dass es weder zum Ansatz der Tische als Vermögensgegenstände noch dem Ansatz einer Verbindlichkeit kommt.

d) Ergeben sich Auswirkungen auf den Sachverhalt von Aufgabe c) bei Unternehmen »Kauf«, wenn der Marktpreis für einen Tisch am 31.12.t1 auf 1,9 TEUR sinkt?

Nach wie vor liegt ein schwebendes Geschäft vor. Allerdings droht pro Tisch ein Verlust von 0,1 TEUR, da der Verkaufspreis mit 1,9 TEUR den verpflichtend zu zahlenden Einkaufspreis von 2 TEUR unterschreitet. Vor diesem Hintergrund muss der Verlust bei Unternehmen »Kauf« zum 31.12.t1 aufgrund des Imparitätsprinzips nach § 252 Abs. 1 Nr. 4 HGB erfasst werden und es besteht ein Ansatzgebot einer Rückstellung für drohende Verluste aus schwebenden Geschäften nach § 249 Abs. 1 S. 1 HGB von insgesamt 0,5 TEUR. Die Buchung in t1 lautet:

Aufwand (Materialaufwendungen) an Rückstellungen 0,5 TEUR

---

103 Insofern ist aus beiden Geschäften ein Gewinn von 2 TEUR entstanden (Einkauf 10 TEUR, Verkauf 12 TEUR).

4 Allgemeine Bewertungsregelungen

4.1 Überblick über die Bewertungsregelungen

Nach Klärung der Frage des Ansatzes, ob Sachverhalte in der handelsrechtlichen Bilanz aufgrund einer Ansatzpflicht oder eines Ansatzwahlrechts angesetzt werden (können oder müssen), stellt sich anschließend die Frage nach der Bewertung. Bei der **Bewertung** geht es um die Festlegung eines Werts in Form eines Geldbetrags für den anzusetzenden Bilanzposten. Damit determiniert die Bewertung die **Höhe des Ansatzes** von Vermögensgegenständen, Schulden, Rechnungsabgrenzungsposten, latenten Steuern und anderen Posten. Die Bewertungsregelungen finden sich gesetzlich kodifiziert in den §§ 252 bis 256a HGB. Die Bewertung beinhaltet **drei Bewertungsschritte**, die zu unterschiedlichen Zeitpunkten durchgeführt und zwischen denen differenziert werden müssen:

- Zugangsbewertung,
- planmäßige Folgebewertung und
- außerplanmäßige Folgebewertung.

Bei der **Zugangsbewertung** als erstem Bewertungsschritt geht es um die Frage, welcher Wert einem Vermögensgegenstand, einer Schuld oder einem anderen Bilanzposten[104] bei dem **erstmaligen Ansatz** zuzuordnen ist. **Vermögensgegenstände** sind bei ihrem erstmaligen Ansatz im Falle eines Erwerbs mit den **Anschaffungskosten** und im Falle einer Selbsterstellung mit den **Herstellungskosten** zu bewerten (§ 253 Abs. 1 S. 1 HGB). Bei **Schulden** stellt der sichere oder wahrscheinliche **Erfüllungsbetrag** den beim erstmaligen Ansatz zugrunde zu legenden Wertmaßstab dar (§ 253 Abs. 1 S. 2 HGB). Während Verbindlichkeiten mit dem (sicheren) Erfüllungsbetrag bewertet werden, bedarf es bei Rückstellungen aufgrund der bestehenden Unsicherheit eines Rückgriffs auf den nach vernünftiger kaufmännischer Beurteilung notwendigen Erfüllungsbetrag. Darüber hinaus existiert nach § 253 Abs. 2 S. 1 HGB die Verpflichtung Rückstellungen mit einer Restlaufzeit von mehr als einem Jahr abzuzinsen. Durch die Abzinsung des ge-

---

104 In Bezug auf die anderen Bilanzposten wie Rechnungsabgrenzungsposten (▶ Kap. 10.1) oder latente Steuern (▶ Kap. 10.2) finden sich die Bewertungsvorschriften grundsätzlich in den einzelnen gesetzlichen Regelungen für diese besonderen Bilanzposten. Sie werden ausführlich später in den einzelnen Kapiteln behandelt.

schätzten Erfüllungsbetrags bei langfristigen Rückstellungen handelt es sich hier mithin um einen **Barwertansatz**.

Der zweite Bewertungsschritt umfasst die **planmäßige Folgebewertung** von Vermögensgegenständen und Schulden. **Vermögensgegenstände des abnutzbaren Anlagevermögens** verbleiben dauerhaft im Unternehmen und weisen eine zeitlich begrenzte Nutzungsdauer auf. Für diese Vermögensgegenstände besteht nach § 253 Abs. 3 S. 1 HGB die Verpflichtung, sie in den Folgeperioden planmäßig abzuschreiben. Die **planmäßige Abschreibung** dient dem Zweck, die Anschaffungs- oder Herstellungskosten der Vermögensgegenstände planmäßig über die Nutzungsdauer zu verteilen. Insofern ergibt sich die Notwendigkeit, einen Abschreibungsplan zu erstellen. Die um planmäßige Abschreibungen geminderten ursprünglichen Anschaffungs- oder Herstellungskosten werden als fortgeführte Anschaffungs- oder Herstellungskosten bezeichnet. Bei **Vermögensgegenständen des nicht abnutzbaren Anlagevermögens und des Umlaufvermögens** kommt aufgrund fehlender Abnutzung die Vornahme planmäßiger Abschreibungen nicht in Betracht. Sie werden weiterhin zu ihren ursprünglichen Anschaffungs- oder Herstellungskosten bewertet. Durch den Zwang zur Abzinsung langfristiger Rückstellungen resultiert in den Folgeperioden durch Zeitablauf die Notwendigkeit, die **langfristigen Rückstellungen** jeweils um eine Periode **aufzuzinsen**, um sie zum Abschlussstichtag mit dem dann zutreffenden Barwert anzusetzen. **Verbindlichkeiten und kurzfristige Rückstellungen** werden unverändert weiterhin zum (ursprünglichen) Erfüllungsbetrag bewertet. Zusammenfassend betrachtet betrifft damit der zweite Bewertungsschritt die planmäßige Fortentwicklung des abnutzbaren Anlagevermögens und die Aufzinsung langfristiger Rückstellungen.

Beim dritten Bewertungsschritt stellt sich die Frage **außerplanmäßiger Folgebewertung** von Vermögensgegenständen und Schulden. Dabei ist nach der Zugangsbewertung an jedem folgenden Abschlussstichtag zu prüfen, ob die Notwendigkeit oder auch die Möglichkeit zur Vornahme **außerplanmäßiger Wertkorrekturen** besteht. Da bei Vermögensgegenständen die ursprünglichen bzw. fortgeführten Anschaffungs- oder Herstellungskosten die Wertobergrenze darstellen (§ 253 Abs. 1 S. 1 HGB), kommen zunächst nur Wertkorrekturen nach unten und damit außerplanmäßige Abschreibungen in Betracht. Bei Schulden handelt es sich beim ursprünglichen oder fortgeführten abgezinsten Erfüllungsbetrag in Anwendung der allgemeinen Bewertungsvorschriften nach § 252 Abs. 1 Nr. 4 HGB um eine Wertuntergrenze. Insofern betreffen hier Wertkorrekturen zunächst allein außerplanmäßige Zuschreibungen. In Bezug auf die außerplanmäßigen Abschreibungen bei Vermögensgegenständen ist zu differenzieren. Beim Vorliegen von **Anlagevermögen** gilt das gemilderte Niederstwertprinzip. Danach besteht eine Pflicht zur außerplanmäßigen Abschreibung auf den niedrigeren beizulegenden Wert bei voraussichtlich dauernder Wertminderung (§ 253 Abs. 3 S. 5 HGB). Zudem sieht das Gesetz eine Besonderheit bei Finanzanlagen vor (§ 253 Abs. 3 S. 6 HGB). Während für Finanzanlagen ein Abschreibungswahlrecht bei voraussichtlich vorübergehender Wertminderung existiert, herrscht für immaterielle Vermögensgegenstände und Sachanlagen hier ein Verbot. Für Vermögensgegenstände des **Umlaufvermögens** gilt dagegen das strenge Niederstwertprinzip. Nach § 253 Abs. 4 HGB liegt eine Abschreibungspflicht auf den niedrigeren Börsen- oder Marktpreis bzw. den niedrigeren beizulegenden Wert sowohl bei voraussichtlich dauernder als auch bei voraussichtlich vorübergehender Wertminderung vor. Sofern in späteren Perioden die Gründe für eine außerplanmäßige Abschreibung nicht mehr bestehen, ist nach § 253 Abs. 5 S. 1 HGB zwingend eine **Zuschreibung (Wertaufholung)** auf die ursprünglichen oder fortgeführten Anschaffungs- oder Herstellungskosten als Obergrenze vorzunehmen. Dies gilt allerdings als einzige Ausnahme nicht für einen Geschäfts- oder Firmenwert, der immer einem Zuschreibungsverbot unterliegt (§ 253 Abs. 5 S. 2 HGB). Mangels expliziter Regelungen und unter Anwendung des Vorsichts- und Imparitätsprinzips nach § 252 Abs.1 Nr. 4 HGB gilt für **Schulden** in Analogie zum strengen Niederstwertprinzip bei Vermögensgegenständen das strenge Höchstwertprinzip. Schulden sind somit zwingend auf den höheren Wert zuzuschreiben, falls der am Abschlussstichtag existierende Erfüllungsbetrag über dem ursprünglichen Erfüllungsbetrag liegt. Bei späterem Wegfall der Gründe für die Aufwertung muss analog zur Wertaufholung bei Vermögensgegenständen die Schuld auf den ursprünglichen oder fortgeführten abgezinsten Erfüllungsbetrag als Untergrenze vermindert werden.

Neben den allgemeinen Bewertungsgrundsätzen in § 252 HGB sowie den Regelungen zur Zugangs- und Folgebewertung in § 253 HGB bestimmt § 255 HGB mit der Definition der Anschaffungs- und Herstellungskosten sowie des beizulegenden Zeitwerts die für die Bewertung relevanten Wertmaßstäbe. Daneben finden sich in § 254 HGB (Bewertungseinheiten)[105], § 256 HGB (Bewertungsvereinfachungsverfahren)[106] und § 256a HGB (Währungsumrechnung)[107] Besonderheiten der Bewertung für bestimmte Sachverhalte.

4.2 Zugangsbewertung von Vermögensgegenständen

4.2.1 Anschaffungskosten

Nach § 253 Abs. 1 S. 1 HGB sind Vermögensgegenstände höchstens mit den um planmäßige und außerplanmäßige Abschreibungen verminderten Anschaffungs- oder Herstellungskosten anzusetzen. Die Anschaffungs- oder Herstellungskosten repräsentieren damit einerseits den **Wertmaßstab** zum Ansatz eines Vermögensgegenstands bei dessen **Zugang** und andererseits stellen sie die **absolute Wertobergrenze** für den angesetzten Vermögensgegenstand dar.[108] Der Bewertungs-

---

105 Vgl. hierzu die Bewertung der Wertpapiere des Umlaufvermögens in Kapitel 7.6.
106 Vgl. hierzu ausführlich die Bewertung der Vorräte in Kapitel 7.4.
107 Vgl. ausführlich zur Währungsumrechnung von Forderungen Kapitel 7.5 und zur Umrechnung von Fremdwährungsverbindlichkeiten Kapitel 9.2.2.
108 Grundsätzlich repräsentieren die historischen, im Zeitpunkt des Zugangs angesetzten Anschaffungs- oder Herstellungskosten die Wertobergrenze für einen Vermögensgegen-

maßstab »Anschaffungskosten« kommt im Falle eines **Erwerbsvorgangs** zur Anwendung, ohne dass im Unternehmen eine Bearbeitung des erworbenen Vermögensgegenstands stattgefunden hat. Bei Herstellung oder Bearbeitung eines Vermögensgegenstands ist dagegen auf den im folgenden Kapitel erläuterten Bewertungsmaßstab »Herstellungskosten« zurückzugreifen.

Die Definition des Begriffs der **Anschaffungskosten** findet sich in **§ 255 Abs. 1 HGB**. Nach § 255 Abs. 1 S. 1 HGB umfassen die Anschaffungskosten »die Aufwendungen, die geleistet werden, um einen Vermögensgegenstand zu erwerben und ihn in einen betriebsbereiten Zustand zu versetzen, soweit sie dem Vermögensgegenstand einzeln zugerechnet werden können«. Darüber hinaus bestimmen § 255 Abs. 1 S. 2 und 3 HGB, dass (neben dem Anschaffungspreis und den Aufwendungen für die Versetzung in den betriebsbereiten Zustand) auch die Nebenkosten sowie die nachträglichen Anschaffungskosten zu den Anschaffungskosten gehören und die einzeln zurechenbaren Anschaffungspreisminderungen abzusetzen sind. Damit umfassen die Anschaffungskosten die in der folgenden Darstellung aufgeführten Komponenten.

Dar. 4.1: Ermittlungsschema der Anschaffungskosten

	Anschaffungspreis (Kaufpreis, Rechnungsbetrag)
−	Einzeln zuordenbare Anschaffungspreisminderungen
+	Anschaffungsnebenkosten (einschließlich der Aufwendungen für die Versetzung in einen betriebsbereiten Zustand)
+	Nachträgliche Anschaffungskosten
=	Anschaffungskosten

Anschaffungspreis

Der Anschaffungspreis ergibt sich i. d. R. aus der Rechnung. Sofern beim Erwerb bestimmter Vermögensgegenstände wie Immobilien oder Beteiligungen keine Rechnung ausgestellt wird, ist auf den zugrunde liegenden Kaufvertrag zurückzugreifen. Die Anschaffungskosten umfassen grundsätzlich nur den **Nettopreis**, d. h. den Bruttopreis abzüglich der Umsatzsteuer. Dies gilt immer dann, wenn ein Unternehmer gegenüber dem Finanzamt einen Rechtsanspruch auf Erstattung der Umsatzsteuer hat. In diesem Fall handelt es sich bei der Umsatzsteuer um einen durchlaufenden Posten für das Unternehmen. Fehlt dagegen die Berechtigung des

---

stand. Wird jedoch ein Vermögensgegenstand des abnutzbaren Anlagevermögens planmäßig abgeschrieben, so stellen die fortgeführten Anschaffungs- oder Herstellungskosten die Wertobergrenze des Vermögensgegenstands dar. Die fortgeführten Anschaffungs- oder Herstellungskosten errechnen sich aus den (allein) um die planmäßigen Abschreibungen geminderten ursprünglichen Anschaffungs- oder Herstellungskosten.

Unternehmers zum Vorsteuerabzug[109], erhöhen die nichtabzugsfähigen Vorsteuern grundsätzlich die Anschaffungskosten.[110] Bei Erwerb eines Vermögensgegenstands in **Auslandswährung** wird der Vermögensgegenstand auf Grundlage der Umrechnung mit dem zum Anschaffungszeitpunkt geltenden Kurs angesetzt.[111] Nach dem Zugangsbewertungszeitpunkt auftretende Wechselkursveränderungen haben keinerlei Auswirkungen mehr auf die Höhe der Anschaffungskosten. Im Fall eines **Gesamtkaufpreises** für mehrere Vermögensgegenstände bedarf es nach dem Einzelbewertungsgrundsatz des § 252 Abs. 1 Nr. 3 HGB einer Aufteilung des Gesamtanschaffungspreises auf die einzelnen Vermögensgegenstände. Als angemessener Aufteilungsmaßstab dienen hier grundsätzlich die Zeitwerte der erworbenen Vermögensgegenstände.[112] So wäre z. B. der Gesamtkaufpreis für ein mit einer Lagerhalle bebautes Grundstück und für einen LKW auf diese drei Vermögensgegenstände in Relation des jeweiligen Zeitwerts des Grundstücks, Zeitwerts der Lagerhalle und Zeitwerts des LKWs zum Gesamtzeitwert aufzuteilen.[113]

Anschaffungspreisminderungen

Anschaffungspreisminderungen sind entsprechend § 255 Abs. 1 S. 3 HGB von den Anschaffungskosten abzusetzen, wenn sie dem Vermögensgegenstand einzeln zugeordnet werden können. Zu den Anschaffungspreisminderungen gehören insbesondere **Nachlässe** wie gewährte Boni, Rabatte und Skonti. **Boni** kommen in unterschiedlicher Form vor. Sie hängen oftmals von der Absatzmenge oder dem Umsatz für eine bestimmte Periode ab. Insofern erfolgt meist auch eine rückwirkende Gewährung auf Basis der geleisteten Zahlungen bzw. der gesammelten quantitativen Einheiten wie Punkte oder Meilen. **Rabatte** definieren sich als Nachlässe bzw. Abschläge auf den Netto-Verkaufspreis und werden in der Regel auf der Rechnung offen abgesetzt, wenn sie nicht schon im Vorwege im Rahmen der Verhandlungen den Anschaffungspreis gemindert haben. Unter **Skonto** versteht man die Differenz zwischen dem Veräußerungspreis auf Ziel und dem aufzubringenden Preis bei beschleunigter Zahlung innerhalb einer bestimmten Frist. Damit reduziert das Skonto den Anschaffungspreis. Sofern Skonto nicht in Anspruch genommen und damit die Rechnung nicht innerhalb der Skontofrist begli-

---

109 Zu Fällen fehlender Vorsteuerabzugsberechtigung siehe § 15 Abs. 2 UStG.

110 Vgl. IDW RH HFA 1.017, Tz. 11. Bei Gegenständen des Umlaufvermögens kann allerdings aus Vereinfachungsgründen die nichtabzugsfähige Vorsteuer direkt als Aufwand erfasst werden, vgl. ebenda, Tz. 13.

111 Dies entspricht dem in bar gezahlten Betrag oder der Höhe der im Zugangszeitpunkt anzusetzenden Fremdwährungsverbindlichkeit (vgl. hierzu Kapitel 9.2.2).

112 Vgl. etwa WP-Handbuch (Wirtschaftsprüfung und Rechnungslegung), Kapitel F, Tz. 118.

113 Neben den diskutierten Aspekten besteht eine Vielzahl weiterer Besonderheiten bei Ermittlung des Anschaffungspreises. **Sonderfragen** ergeben sich z. B. im Zusammenhang mit einem Kauf auf Rentenbasis, einem Erwerb mit Hilfe von Kaufoptionen oder im Wege der Zwangsversteigerung, in Fällen des Tausches oder auch bei unentgeltlichem Erwerb. Vgl. hierzu die weiterführende Kommentarliteratur, beispielsweise ADS (Rechnungslegung), Tz. 65-103 zu § 255 HGB.

chen wird, entsteht ein (extrem teurer) Lieferantenkredit und es liegt folglich auch keine Anschaffungskostenminderung vor.

Ein Abzug der Nachlässe vom Anschaffungspreis des Vermögensgegenstands hat nur zu erfolgen, wenn der Nachlass dem Vermögensgegenstand einzeln zugeordnet werden kann. Das Problem der **Einzelzurechenbarkeit** stellt sich grundsätzlich bei Rabatten und Skonti nicht, da sich diese Preisnachlässe auf der Rechnung wiederfinden und sich folglich auf den oder die erworbenen Vermögensgegenstände beziehen, auf deren Kauf die Rechnung basiert. Sofern allerdings mengen- oder umsatzabhängige Boni den Vermögensgegenständen nicht einzeln zugerechnet werden können, kommt ein Abzug als Anschaffungspreisminderung von den Anschaffungskosten nicht in Betracht.[114] In diesem Fall ist statt einer Minderung der Anschaffungskosten der Nachlass sofort als Ertrag zu erfassen.

Unter die Anschaffungspreisminderungen fallen neben den beschriebenen Preisnachlässen auch **Reduzierungen des Kaufpreises aufgrund von Mängeln oder Schlechtlieferungen**, die auf gesetzlichen, vertraglichen oder gerichtlichen Ansprüchen beruhen. Darüber hinaus können unter die Anschaffungspreisminderungen ebenfalls **Zuwendungen** wie Subventionen oder Zuschüsse Dritter subsummiert werden.[115]

Anschaffungsnebenkosten

Anschaffungsnebenkosten sind nach § 255 Abs. 1 S. 1 und 2 HGB als Teil der Anschaffungskosten zu aktivieren, soweit sie dem Vermögensgegenstand einzeln zugeordnet werden können. Zu den Anschaffungsnebenkosten gehören Nebenkosten des Erwerbs sowie Aufwendungen für die Lieferung und die Inbetriebnahme des Vermögensgegenstands. Unter die **Erwerbsnebenkosten** fallen z. B. Provisionen, Maklergebühren, Notariats- und Registerkosten oder auch die Grunderwerbsteuer. Die **Aufwendungen für die Lieferung** umfassen z. B. Transportkosten, Transportversicherungen, Speditionsgebühren oder Zwischenlagerungskosten. Als **Aufwendungen für die Inbetriebnahme** kommen beispielsweise Aufwendungen für Montage – und Fundamentierungsarbeiten oder Aufwendungen für die Abnahme sowie Sicherheitsüberprüfung in Betracht.

Ein Ansatz als Anschaffungskosten hat nur dann zu erfolgen, wenn die Nebenkosten während des **Anschaffungszeitraums** anfallen. Vor dem Anschaffungsvorgang entstehende Aufwendungen für die **Entscheidungsfindung** wie z. B. die Kosten eines Bewertungsgutachtens stellen keinen Bestandteil der Anschaffungsnebenkosten dar,[116] sondern werden direkt als Aufwand erfasst. Bei Aufwendun-

---

114 Vgl. BT-Drucksache 18/4050, S. 57.
115 Bei Investitionszulagen und Investitionszuschüssen kommt neben einer Anschaffungskostenminderung ebenfalls die Bildung eines gesonderten Passivpostens sowie in Ausnahmefällen auch eine sofortige Ertragsvereinnahmung in Betracht. Vgl. hierzu WP-Handbuch (Wirtschaftsprüfung und Rechnungslegung), Kapitel F, Tz. 112 m. w. N.
116 Vgl. ADS (Rechnungslegung), Tz. 22 zu § 255 HGB.

gen, die nach dem Ende des Anschaffungsvorgangs auftreten, ist zu prüfen, ob eine Qualifikation als nachträgliche Anschaffungskosten in Betracht kommt. Ansonsten scheidet auch hier eine Einbeziehung in die Anschaffungskosten aus. Das **Ende des Anschaffungsvorgangs** ist bei Vorliegen der Nutzbarkeit bzw. dem Abschluss des Versetzens des Vermögensgegenstands in den betriebsbereiten Zustand gegeben. So kommt es z. B. bei Handelswaren oder Rohstoffen in der Regel auf den Zeitpunkt der Erlangung der wirtschaftlichen Verfügungsgewalt an, da ab dem Zeitpunkt des Übergangs der Chancen und Risiken die Handelswaren oder Rohstoffe direkt genutzt werden können und es keiner weiteren Maßnahmen zur Versetzung in einen betriebsbereiten Zustand mehr bedarf. Bei dem Erwerb einer im Rahmen der Produktion einzusetzenden Maschine fallen dagegen nach Lieferung weitere Aufwendungen wie z. B. Montage- und Anschlusskosten an, um die Sachanlage in Betrieb nehmen zu können. Diese bis zum Zeitpunkt der erstmaligen Möglichkeit der Inbetriebnahme anfallenden Aufwendungen stellen folglich Anschaffungskosten dar. Bei **Anlaufkosten** wie die Einstellung einer technischen Anlage auf ein bestimmtes Fertigungsprogramm oder das Testen der Anlage zur Realisation optimaler Produktionsergebnisse handelt es sich regelmäßig nicht mehr um Anschaffungsnebenkosten, da sie nach Vorliegen der Betriebsbereitschaft auftreten. Zwar liefert die technische Anlage noch keine optimalen Ergebnisse, sie kann aber ihrer Zweckbestimmung nach genutzt werden. Aufwendungen im Zusammenhang mit **Probeläufen** dürften dagegen grundsätzlich Anschaffungsnebenkosten darstellen, da sie notwendig sind, um den Zustand der Betriebsbereitschaft überhaupt zu erreichen.

Eine wesentliche Einschränkung der Aktivierung von unternehmensintern anfallenden Anschaffungsnebenkosten ergibt sich aus dem nach § 255 Abs. 1 S. 1 HGB bestehenden **Zwang der Einzelzurechenbarkeit** der Aufwendungen zu dem Vermögensgegenstand analog zum entsprechenden Erfordernis bei Anschaffungspreisminderungen auf Grundlage von § 255 Abs. 1 S. 3 HGB. Insofern muss es sich bei den Aufwendungen um **Einzelkosten** handeln. Die Einbeziehung von **Gemeinkosten** in die Anschaffungskosten unterliegt damit einem Verbot, da sich Gemeinkosten definitionsgemäß nicht einzeln, sondern eben nur mit Hilfe eines Verteilungsschlüssels auf den Vermögensgegenstand zuordnen lassen. Dies stellt einen wesentlichen Unterschied zur Ermittlung der Herstellungskosten dar, da in die Herstellungskosten Material- und Fertigungsgemeinkosten einbezogen werden müssen sowie Verwaltungsgemeinkosten eingerechnet werden dürfen. In die Ermittlung der Anschaffungskosten für eine Maschine sind z. B. von Dritten in Rechnung gestellte Aufwendungen für die Erstellung eines Stromanschlusses für die Maschine als Einzelkosten einzubeziehen. Beim Verlegen des Stromanschlusses durch die eigenen Mitarbeiter müsste dagegen differenziert werden. Während die Aufwendungen für das Material in die Anschaffungskosten einbeziehungspflichtige Einzelkosten darstellen, handelt es sich bei den Gehältern für die Mitarbeiter um nicht als Anschaffungskosten ansatzfähige Gemeinkosten.

Ein Ansatz von **Finanzierungskosten** als Anschaffungsnebenkosten scheidet aus, da die Anschaffung oder auch Herstellung eines Vermögensgegenstands grundsätzlich einen von der Finanzierung unabhängigen Vorgang darstellt. Insofern dürfen z. B. Aufwendungen für die Aufnahme einer Hypothek oder Grundschuld wie Notarkosten und Gebühren für die Eintragung ins Grundbuch nicht als Anschaffungskosten eines Grundstücks bzw. Gebäudes angesetzt werden, da die Aufwendungen allein der Absicherung eines zur Finanzierung des Kaufpreises aufgenommenen Darlehens dienen. Für auf den Zeitraum der Herstellung entfallende und zur Finanzierung der Herstellung eines Vermögensgegenstands angefallene **Fremdkapitalzinsen** sieht § 255 Abs. 3 S. 2 HGB ein Wahlrecht zur Einbeziehung in die Herstellungskosten vor, obwohl die Fremdkapitalzinsen ausdrücklich nach § 255 Abs. 3 S. 1 HGB nicht zu den Herstellungskosten gehören. In Bezug auf Anschaffungskosten besteht jedoch kein entsprechendes gesetzliches Wahlrecht für die Einbeziehung von Fremdkapitalzinsen, so dass grundsätzlich ein Ansatz von Fremdkapitalzinsen als Anschaffungskosten ausscheidet.[117]

Nachträgliche Anschaffungskosten

Wie Anschaffungsnebenkosten sind nachträgliche Anschaffungskosten nach § 255 Abs. 1 S. 1 und 2 HGB als Teil der Anschaffungskosten anzusetzen, soweit sie dem Vermögensgegenstand einzeln zugeordnet werden können. Nachträgliche Anschaffungskosten umfassen sowohl nachträgliche Aufwendungen für die bereits erworbenen Vermögensgegenstände als auch nachträgliche Anschaffungspreiserhöhungen. Nachträglich in diesem Zusammenhang heißt, dass die Aufwendungen nach dem Erwerb oder der erstmaligen Versetzung in den betriebsbereiten Zustand auftreten.

Nachträgliche Aufwendungen bedingen einen Ansatz als Anschaffungskosten, wenn sie den Vermögensgegenstand erweitern oder über seinen ursprünglichen Zustand hinaus wesentlich verbessern. Sofern keine Erweiterung oder wesentliche Verbesserung des Vermögensgegenstands über seinen ursprünglichen Zustand hinaus vorliegt, handelt es sich alternativ um sofort erfolgswirksam zu erfassenden Erhaltungsaufwand. Erhaltungsaufwendungen dienen im Gegensatz zu einer Erweiterung oder wesentlichen Verbesserung der Bewahrung des ursprünglichen Zustands des Vermögensgegenstands. Eine **Erweiterung** der Nutzungsmöglichkeit des Vermögensgegenstands besteht z. B. bei Aufstockung eines Verwaltungsgebäudes um eine Etage oder bei später zu leistenden Kanalanschlussgebühren für das Verwaltungsgebäude, da sich in diesen Fällen die Substanz des Gebäudes nachträglich vermehrt bzw. noch während des ursprünglichen Anschaffungsvorgangs er-

---

117 In Teilen der Literatur wird ein Ansatzwahlrecht bzw. eine Ansatzpflicht von Fremdkapitalzinsen während des Anschaffungszeitraums gesehen, allerdings nur für den Fall, wenn die Darlehen der Finanzierung der Anschaffung von Neuanlagen mit längerer Bauzeit durch **Anzahlungen oder Vorauszahlungen** dienen und bestimmte weitere Voraussetzungen erfüllt sind. Vgl. ADS (Rechnungslegung), Tz. 36-38 zu § 255 HGB, Schubert/Hutzler (Beck'scher Bilanzkommentar), Rn. 501 zu § 255 HGB oder WP-Handbuch (Wirtschaftsprüfung und Rechnungslegung), Kapitel F, Tz. 110 mit jeweils umfassenden Literaturverweisen.

höht hat. Eine **wesentliche Verbesserung** des Vermögensgegenstands liegt dann vor, wenn durch die vorgenommenen Veränderungen eine andere Verwendungsmöglichkeit oder faktisch ein neuer Vermögensgegenstand entsteht. So handelt es sich beim Umbau einer bisher als Materiallager genutzten Halle in ein Verwaltungsgebäude oder der wesentlichen Erhöhung der Kapazität einer Maschine[118] um wesentliche Verbesserungen. Reparaturen oder dem technischen Fortschritt entsprechende Modernisierungen stellen dagegen **Erhaltungsaufwand** dar, da sie die ursprüngliche Nutzungsmöglichkeit des Vermögensgegenstands sicherstellen.

Zum Ansatz nachträglicher Anschaffungskosten kommt es auch bei **nachträglichen Kaufpreiserhöhungen.** So können Kaufverträge teilweise Vereinbarungen beinhalten, die eine spätere Anpassung des Anschaffungspreises bei Eintritt bestimmter Ereignisse vorsehen. Bei entsprechender vertraglicher Vereinbarung führen z. B. die Erteilung einer Baugenehmigung bei Erwerb eines Grundstücks oder das Überschreiten bestimmter Ergebnisschwellen bei Unternehmens- bzw. Beteiligungserwerb zu einer Kaufpreiserhöhung.[119] Neben Kaufpreisanpassungen aufgrund vereinbarter Bedingungen sind auch rückwirkende Anschaffungspreiserhöhungen etwa durch gerichtliche Entscheidungen, Schiedsgutachten oder Vergleiche denkbar.

Beispiel zur Ermittlung der Anschaffungskosten

Ausgangsdaten

Unternehmen »Anschaffung« hat am 30. Juli t1 eine Maschine zu einem Preis von 476.000 EUR brutto (inklusive 19 % USt) erworben. Auf den Nettoveräußerungspreis erhielt Unternehmen »Anschaffung« 3 % Rabatt und 2 % Skonto für die Zahlung innerhalb von 10 Tagen. Die an den Spediteur zu zahlenden Transportkosten beliefen sich auf 11.900 EUR brutto (inklusive 19 % USt). Die Transportversicherung von 1.000 EUR netto (Betrag ohne USt von 19 %) war laut Kaufvertrag vom Lieferanten zu tragen. Die im Zusammenhang mit der Auswahl der Maschine angefallenen Kosten der Investitionsabteilung u. a. für Flüge, Hotel und Restaurantbesuche im Rahmen der Verhandlungen mit verschiedenen Lieferanten weisen einen Umfang von 33.000 EUR netto (Betrag ohne USt von 19 %) auf. Die Installation der Maschine (Erstellung des Fundaments und Elektroanschlusses) erfolgte durch zwei Mitarbeiter von Unternehmen »Anschaffung«. Dafür sind insgesamt Materialaufwendungen von 5.000 EUR netto (Betrag ohne USt von 19 %) an-

---

118 Wesentliche Kapazitätserhöhungen lassen sich sowohl als Erweiterung des Vermögensgegenstands als auch als wesentliche Verbesserung qualifizieren, da durch einen erheblich ausgeweiteten Kapazitätsumfang faktisch ein neuer Vermögensgegenstand entsteht.

119 Entsprechend kann es auch zu Kaufpreisminderungen kommen, wie z. B. bei Haftung des Veräußerers für Risiken aus einer steuerlichen Betriebsprüfung oder für Risiken aus Rechtsstreitigkeiten.

gefallen. Die beiden Mitarbeiter haben zwei Arbeitstage mit der Installation verbracht. Sie erhalten ein monatliches Fixgehalt von je 3.200 EUR inklusive Sozialleistungen. Neben der Installation der Maschine wurde auch die Fertigungshalle renoviert. Insgesamt belaufen sich die Materialaufwendungen hierfür auf 3.000 EUR netto (Betrag ohne USt von 19 %). 4 Monate nach dem Kauf der Maschine wurde ein Zusatzmodul für die Maschine für 65.000 EUR netto (Betrag ohne USt von 19 %) erworben und integriert, so dass die Leistung der Maschine um 30 % erhöht werden konnte. Zudem hat Unternehmen »Anschaffung« gleichzeitig eine Belüftungsanlage in die Fertigungshalle für 35.700 EUR brutto (inklusive 19 % USt) durch Unternehmen »Belüftungsexperte« einbauen lassen. Bei Unternehmen »Anschaffung« besteht eine Berechtigung zum Vorsteuerabzug. Auf welchen Betrag belaufen sich die handelsrechtlichen Anschaffungskosten?

Berechnung der Anschaffungskosten des Beispiels

Da bei Unternehmen »Anschaffung« eine Berechtigung zum Vorsteuerabzug besteht und es damit einen Rechtsanspruch auf Erstattung der USt besitzt, ist für die Ermittlung der Anschaffungskosten auf den Nettopreis abzustellen und der Rechnungsbetrag um die USt zu kürzen. Es ergibt sich daher ein Anschaffungspreis von 400.000 EUR[120]. Die Kürzung um die USt gilt mit gleicher Begründung auch für alle etwaigen Anschaffungsnebenkosten und nachträglichen Anschaffungskosten, so dass auch bei diesen Anschaffungskostenbestandteilen immer der Nettopreis zugrunde zu legen ist. Als einzeln zurechenbare Anschaffungspreisminderung reduziert zunächst der Rabatt den Anschaffungspreis bevor auf Grundlage des verbleibenden Betrags das Skonto in Abzug gebracht wird.[121] Die Transportkosten von netto 10.000 EUR stellen einzeln der Maschine zuordenbare Anschaffungsnebenkosten dar, die Aufwendungen für die Transportversicherung jedoch nicht, da der Lieferant diese trägt und insofern bei Unternehmen »Anschaffung« hierfür keine Aufwendungen anfallen. Bei den Kosten der Investitionsabteilung für Flüge, Hotel und Restaurantbesuche handelt es sich um vor dem Beginn des Anschaffungszeitraums verursachte Kosten der Entscheidungsvorbereitung, da sie sich nicht auf den konkreten Bezug der in Rede stehende Maschine, sondern die vorher erfolgte Auswahlentscheidung beziehen. Infolgedessen scheidet eine Qualifikation als Anschaffungsnebenkosten aus. Die Installationskosten für die Maschine sind als Aufwendungen für die Inbetriebnahme und damit Anschaffungsnebenkosten zu charakterisieren, sofern sie sich einzeln der Maschine zurechnen lassen. Da es sich bei den Materialaufwendungen von netto 5.000 EUR um Einzelkosten handelt, erhöhen diese die Anschaffungskosten. Die Gehälter für die Mitarbeiter stellen Fix- und damit Gemeinkosten dar, so dass sie nicht in die Anschaffungskosten einbezogen wer-

---

120 400.000 EUR = 476.000 EUR × 100 / 119

121 Hinweis: Mathematisch ist es auch möglich, zunächst das Skonto und anschließend den Rabatt in Abzug zu bringen. Dies macht aber aus betriebswirtschaftlicher Sicht keinen Sinn.

den dürfen. Die Materialaufwendungen für die Renovierung der Fertigungshalle betreffen nicht den Erwerb der Maschine und spiegeln damit auch keine Anschaffungsnebenkosten wider. Mit dem Kauf des Zusatzmoduls liegt aufgrund der Leistungserhöhung der Maschine um 30 % eine wesentliche Verbesserung vor und daher nachträgliche Anschaffungskosten von netto 65.000 EUR. Bei der Belüftungsanlage handelt es sich um einen selbständigen Vermögensgegenstand, der aufgrund des Einzelbewertungsgrundsatzes separat mit Anschaffungskosten von netto 30.000 EUR aktiviert werden muss. Es ergibt sich die in Darstellung 4.2 dargestellte Ermittlung der Anschaffungskosten für die Maschine.

Dar. 4.2: Ermittlung der Anschaffungskosten für die am 1. Juli t1 erworbene Maschine

	Bruttopreis	476.000
−	USt (476.000 × 19 / 119)	76.000
=	Nettopreis (= Anschaffungspreis)	400.000
−	Rabatt (0,03 × 400.000)	12.000
−	Skonto [0,02 × (400.000 − 12.000)]	7.760
+	Transportkosten (11.900 × 100 / 119)	10.000
+	Installationseinzelkosten Material	5.000
+	Zusatzmodul (nachträgliche Anschaffungskosten)	65.000
=	**Anschaffungskosten**	**460.240**

4.2.2 Herstellungskosten

Nach § 253 Abs. 1 S. 1 HGB repräsentieren die Herstellungskosten wie auch die Anschaffungskosten den **Wertmaßstab** zum Ansatz eines Vermögensgegenstands bei dessen **Zugang** und stellen darüber hinaus die **absolute Wertobergrenze** für den angesetzten Vermögensgegenstand dar. Während sich die Anschaffungskosten auf einen Erwerbsvorgang beziehen, kommt der Bewertungsmaßstab »Herstellungskosten« im Falle von **selbst hergestellten oder bearbeiteten Vermögensgegenständen** zur Anwendung. Dabei spielt es keine Rolle, ob es sich um selbst geschaffene Vermögensgegenstände des Anlage- oder des Umlaufvermögens handelt.

Die Definition des Begriffs der **Herstellungskosten** findet sich in **§ 255 Abs. 2 S. 1 HGB**. Danach umfassen die Herstellungskosten »die Aufwendungen, die durch den Verbrauch von Gütern und die Inanspruchnahme von Diensten für die Herstellung eines Vermögensgegenstands, seine Erweiterung oder für eine über seinen ursprünglichen Zustand hinausgehende wesentliche Verbesserung entstehen«. Insofern basiert die Ermittlung der Herstellungskosten auf einer Ableitung der Werte aus der Kostenrechnung bzw. dem Controlling. Allerdings wird durch die in § 255 Abs. 2 S. 1 HGB gewählte Formulierung »Herstellungskosten sind die Aufwendungen...« festgelegt, dass ein **Verbot der Einbeziehung kalkulatorischer Kostenbestandteile** in die handelsrechtlichen Herstellungskosten besteht. Die Kosten der Herstellung nach HGB beinhalten daher allein **aufwandsgleiche Kosten**. Entsprechend scheidet eine Berücksichtigung von Zusatzkosten wie dem kalkulatorischen Unternehmerlohn oder den kalkulatorischen Eigenkapitalzinsen aus. Zudem darf kein Rückgriff auf Anderskosten wie die kalkulatorischen Abschreibungen auf Basis von Wiederbeschaffungswerten erfolgen, sondern es sind die in der handelsrechtlichen GuV erfassten Aufwendungen zugrunde zu legen, in diesem Beispiel die planmäßigen Abschreibungen auf Basis der Anschaffungs- oder Herstellungskosten. Das Verbot der Einbeziehung kalkulatorischer Kosten begründet sich neben der gesetzlich vorgenommenen Definition der Herstellungskosten auch aus dem Grundsatz der Pagatorik nach § 252 Abs. 1 Nr. 5 HGB.

Der Umfang der Herstellungskosten ergibt sich aus den gesetzlich kodifizierten Regelungen in § 255 Abs. 2 S. 2 bis 4, Abs. 2a S. 1 und Abs. 3 HGB. Damit bestehen die in der folgenden Darstellung 4.3 aufgeführten **Gebote, Wahlrechte sowie Verbote** zur Einbeziehung in die Herstellungskosten. Während Einzelkosten dem Vermögensgegenstand als Bezugsobjekt unmittelbar zugerechnet werden können, lassen sich Gemeinkosten nicht einzeln, sondern nur mit Hilfe von Verteilungsschlüsseln oder Umlagen auf den Vermögensgegenstand zuordnen.

Dar. 4.3: Ermittlungsschema der Herstellungskosten

Herstellungskosten-Bestandteile	Einbeziehungsregelung	Quelle § 255 ... HGB
Materialeinzelkosten	Pflicht	Abs. 2 S. 2
Materialgemeinkosten	Pflicht	Abs. 2 S. 2
Fertigungseinzelkosten	Pflicht	Abs. 2 S. 2
Fertigungsgemeinkosten	Pflicht	Abs. 2 S. 2
Sondereinzelkosten der Fertigung	Pflicht	Abs. 2 S. 2
Wertuntergrenze		
Verwaltungsgemeinkosten	Wahlrecht	Abs. 2 S. 3
Bestimmte soziale Aufwendungen	Wahlrecht	Abs. 2 S. 3
Fremdkapitalzinsen	Wahlrecht	Abs. 3 S. 2
Wertobergrenze		
Vertriebskosten (Einzel-, Gemein- und Sondereinzelkosten)	Verbot	Abs. 2 S. 4
Forschungskosten	Verbot	Abs. 2 S. 4

In der nachfolgenden Darstellung 4.4 sind Beispiele enthalten, was unter die einzelnen Kostenarten fallen kann.

Dar. 4.4: Beispiele für Herstellungskosten-Bestandteile

Kostenarten	Beispiele
Materialeinzelkosten	Aufwendungen für verbrauchtes Material wie Rohstoffe oder fremdbezogene Teile
Materialgemeinkosten	Gehälter der Lagermitarbeiter, Abschreibungen und Energiekosten der Lagerhalle
Fertigungseinzelkosten	Akkordlöhne inklusive deren Nebenkosten
Fertigungsgemeinkosten	Gehälter des Fertigungsbereichs, Abschreibungen der Produktionsmaschinen, Stromkosten für die Maschinen und die Fertigungshalle
Sondereinzelkosten der Fertigung	Kosten für Modelle, Entwürfe oder Spezialwerkzeuge, die nicht einem einzelnen Vermögensgegenstand (Stück), aber einem Auftrag einzeln zugerechnet werden können
Verwaltungsgemeinkosten	Kosten des Rechnungswesens oder des Personalbereichs, Gehälter der Geschäftsleitung, Abschreibungen des Verwaltungsgebäudes, Heizungs- und Stromkosten für das Verwaltungsgebäude
Vertriebskosten	Variable und fixe Gehälter für Vertriebsmitarbeiter, Werbeaufwendungen, Kosten für Verpackung und Transport

§ 255 Abs. 2 S. 2 HGB führt explizit als Herstellungskosten-Pflichtbestandteil den Werteverzehr des Anlagevermögens auf, soweit dieser auf einer Veranlassung durch die Fertigung beruht. Bei den Abschreibungen des Fertigungsbereichs handelt es sich grundsätzlich um Fertigungsgemeinkosten. Die gesonderte Aufnahme dieser Regelung dient dazu, eine Einbeziehung der Abschreibungen in die Herstellungskosten auf die **planmäßigen Abschreibungen** zu beschränken. **Außerplanmäßige Abschreibungen** dürfen dagegen nicht in die Ermittlung der Herstellungskosten einbezogen werden, da die Ursache für eine Vornahme außerplanmäßiger Abschreibungen nicht aus dem eigentlichen Produktionsprozess resultiert, sondern auf außerhalb des Fertigungsprozesses liegenden Gründen basiert, wie einem Maschinenbrand, Blitzeinschlag in die Produktionshalle oder auch dauerhaft gesunkenen Wiederbeschaffungskosten für eine in der Fertigung eingesetzte Maschine. Insofern entsprechen die Gründe außerplanmäßiger Abschreibungen nicht der gesetzlichen Forderung »Veranlassung durch die Fertigung«.

Für bestimmte, explizit im Gesetz aufgeführte **soziale Aufwendungen** besteht ein Einbeziehungswahlrecht in die Herstellungskosten. Hierunter fallen:

- Aufwendungen für soziale Einrichtungen des Betriebs (z. B. Kantinen, Betriebsärzte, Kindertagesstätten, Sporteinrichtungen),
- Aufwendungen für freiwillige soziale Leistungen (z. B. Jubiläums- und Weihnachtsgeschenke, freiwillige Beihilfen, Hochzeits- und Geburtszuschüsse) und
- Aufwendungen für die betriebliche Altersversorgung (z. B. Zuführungen zu Pensionsrückstellungen und Beiträge zu Direktversicherungen, Pensionskassen oder Pensionsfonds).

Bei den **Aufwendungen für freiwillige soziale Leistungen sowie die betriebliche Altersversorgung** handelt es sich um Lohn- bzw. Gehaltsbestandteile der einzelnen Mitarbeiterinnen und Mitarbeiter, die ohne die gesetzliche Regelung entsprechend dem Material-, Fertigungs-, Verwaltungs- oder Vertriebsbereich als Einzel- oder Gemeinkosten zugerechnet worden wären. Folglich resultiert aus der gesetzlichen Vorschrift des § 255 Abs. 2 S. 3 HGB ein Einbeziehungswahlrecht für die Aufwendungen für freiwillige soziale Leistungen und die betriebliche Altersversorgung, während es bei gesetzlich oder arbeits- bzw. tarifvertraglich vereinbarten Sozialleistungen sowie gesetzlichen Altersversorgungsleistungen auf die Zuordnung der Personen zu den Kostenstellen ankommt. Als Konsequenz ergibt sich dann für die letztgenannten Aufwendungen wie z. B. den Arbeitnehmer- und Arbeitgeberbeiträgen zur gesetzlichen Sozialversicherung ein Verbot (Vertriebskostenstelle), ein Wahlrecht (Verwaltungskostenstelle) oder eine Pflicht (Material- oder Fertigungskostenstelle) zum Ansatz als Herstellungskosten. **Soziale Einrichtungen des Betriebs** werden kostenrechnerisch regelmäßig als Hilfskostenstellen geführt und somit die dafür angefallenen Aufwendungen im Rahmen der innerbetrieblichen Leistungsverrechnung auf die Hauptkostenstellen umgelegt. Infolgedessen kommt es durch die Regelung in § 255 Abs. 2 S. 3 HGB auch hier zu einem Einbeziehungswahlrecht, statt in Abhängigkeit der Verteilung auf die Material-, Fertigungs-, Verwaltungs- oder Vertriebskostenstellen zu einem Gebot, Wahlrecht oder Verbot.

Für angefallene **Fremdkapitalzinsen** besteht grundsätzlich nach § 255 Abs. 3 S. 1 HGB ein Einbeziehungsverbot in die Herstellungskosten. Allerdings gilt nach § 255 Abs. 3 S. 2 HGB dann ein Einbeziehungswahlrecht für Fremdkapitalzinsen, wenn zwei Voraussetzungen vorliegen. Danach kann das Wahlrecht in Anspruch genommen werden, sofern das Fremdkapital der Finanzierung der Herstellung des zu bewertenden Vermögensgegenstands dient (sachlicher Bezug) und die Fremdkapitalzinsen auf den Zeitraum der Herstellung entfallen (zeitlicher Bezug).

Sofern es um die Einbeziehung von **Gemeinkosten** in die Herstellungskosten geht, spricht das Gesetz in § 255 Abs. 2 S. 2 und 3 HGB immer von »**angemessenen Teilen**« der entsprechenden Gemeinkostenarten. Angemessen ist eine Einbeziehung von Gemeinkosten dann, wenn die Zurechnung vernünftigen betriebswirtschaftlichen Kriterien entspricht und es sich nicht um ungewöhnlich hohe Kosten, betriebs- oder periodenfremde oder auch außergewöhnliche bzw. selten anfallende Kosten handelt.[122]

---

122 Vgl. ADS (Rechnungslegung), Tz. 157 f. zu § 255 HGB.

Zudem bedingt die Inanspruchnahme der Einbeziehungswahlrechte für allgemeine Verwaltungsgemeinkosten, bestimmte soziale Aufwendungen und Fremdkapitalzinsen, dass diese Aufwendungen auf den **Zeitraum der Herstellung**[123] entfallen. Infolgedessen scheidet ein Ansatz als Herstellungskosten aus, wenn die Aufwendungen vor- oder nachgelagerte Zeiträume betreffen und nicht als nachträgliche Herstellungskosten zu qualifizieren sind. Der Herstellungszeitraum beginnt mit dem erstmaligen Auftreten von Aufwendungen im sachlichen Zusammenhang mit der zu erstellenden betrieblichen Leistung. Dies kann auch schon vor dem Beginn des technischen Herstellungsprozesses anfallende Kosten für Vorbereitungshandlungen wie die Abbruchkosten eines mit Abbruchabsicht erworbenen Gebäudes oder Aufwendungen für die Baustelleneinrichtung beinhalten. Das Ende des Herstellungszeitraums ist mit der Fertigstellung des Vermögensgegenstands erreicht. Das heißt konkret bezogen auf einen Vermögensgegenstand des Anlagevermögens liegt eine Fertigstellung mit der Versetzung in den betriebsbereiten Zustand vor,[124] bezogen auf das Vorratsvermögen mit dem Erreichen der Auslieferungs- bzw. Absatzfähigkeit.

Wie auch im Rahmen eines Anschaffungsvorgangs können im Falle eigener Produktion **nachträgliche Herstellungskosten** auftreten. Zu einem Ansatzgebot der nach dem Ende des Herstellungszeitraums anfallenden Herstellungskosten kommt es dann, wenn die Aufwendungen den Vermögensgegenstand erweitern oder über seinen ursprünglichen Zustand hinaus wesentlich verbessern. Sofern keine Erweiterung oder wesentliche Verbesserung des Vermögensgegenstands über seinen ursprünglichen Zustand hinaus vorliegt, handelt es sich dagegen um sofort erfolgswirksam zu erfassenden Erhaltungsaufwand. Die Ausführungen zu den nachträglichen Anschaffungskosten im vorangegangenen Kapitel gelten hier entsprechend.

Sowohl für **Vertriebs- als auch Forschungskosten** besteht nach § 255 Abs. 2 S. 4 HGB ein explizites Einbeziehungsverbot in die Herstellungskosten. Die nicht ansatzfähigen Forschungskosten sind von **Entwicklungskosten** abzugrenzen, da Entwicklungskosten als Material- oder Fertigungskosten in die Herstellungskosten einbezogen werden müssen bzw. bei Vorliegen allgemeiner Verwaltungsgemeinkosten, bestimmter sozialer Aufwendungen oder Fremdkapitalzinsen im Zusammenhang mit der Entwicklung eines Vermögensgegenstands einbezogen werden können. Eine Differenzierung zwischen Forschungs- und Entwicklungskosten ist oftmals nicht eindeutig und ermessensbehaftet. Insofern hat der Gesetzgeber die Begriffe Forschung sowie Entwicklung in § 255 Abs. 2a S. 2 und 3 HGB definiert und ein Ansatzverbot im Falle nicht verlässlicher Unterscheidung in § 255 Abs. 2a S. 4 HGB festgelegt. Eine ausführliche Erläuterung der Abgrenzung zwischen Forschungs- und Entwicklungskosten findet sich bei Darstellung des Ansatzwahl-

---

123 Zum Herstellungszeitraum vgl. umfassend ADS (Rechnungslegung), Tz. 164-171 zu § 255 HGB.

124 Die Ausführungen zu Anlaufkosten und Aufwendungen für Probeläufe im Zusammenhang mit Anschaffungskosten im Kapitel 4.2.1 gelten entsprechend.

rechts für selbst erstellte immaterielle Vermögensgegenstände des Anlagevermögens.[125]

Durch die gesetzlich kodifizierten Einbeziehungswahlrechte in die Herstellungskosten bestehen **rechnungslegungspolitische Gestaltungsmöglichkeiten.** Je nachdem, ob die selbst erstellten Vermögensgegenstände mit der **Wertunter- oder Wertobergrenze** angesetzt werden, ergeben sich u. a. unterschiedliche Auswirkungen auf eine Vielzahl von Bilanz- und GuV-Kennzahlen sowie auf die Höhe des Jahresergebnisses. Sofern die rechnungslegungspolitischen Entscheidungsträger eines Unternehmens ein möglichst geringes Ergebnis anstreben, bedarf es möglichst hoher Aufwendungen oder möglichst niedriger Erträge. Infolgedessen müssen Wahlrechte so ausgeübt werden, dass sie diese Anforderung erfüllen. Da die Aktivierung des Vermögensgegenstands zu Herstellungskosten mittels Erfassung eines Ertrags [Zugehöriger Buchungssatz: *Vermögensgegenstand an Ertrag (andere aktivierte Eigenleistungen oder Erhöhungen des Bestands an fertigen und unfertigen Erzeugnissen)*] erfolgt, ist hier zur Erreichung des Ziels eines möglichst geringen Ertrags der Vermögensgegenstand nur in Höhe der Wertuntergrenze zu aktivieren. Die Ausübung der Einbeziehungswahlrechte unterliegt allerdings grundsätzlich der Bewertungsmethodenstetigkeit nach § 252 Abs. 1 Nr. 6 HGB, die nur in begründeten Ausnahmefällen durchbrochen werden kann (§ 252 Abs. 2 HGB).

Beispiel 1 zur Ermittlung der Herstellungskosten

Ausgangsdaten

Unternehmen »Herstellung« hat zur Ermittlung der Wertunter- und Wertobergrenze der handelsrechtlichen Herstellungskosten eines Produkts die folgenden Angaben durch seine Controllingabteilung ermittelt (alle Angaben in EUR).

Dar. 4.5: Ausgangsdaten Beispiel 1 zur Ermittlung der Herstellungskosten

Materialeinzelkosten	300
Kosten des Materiallagers	100
Fertigungseinzelkosten	420
Marktforschungsaufwendungen	500
Kalkulatorische Abschreibungen des Fertigungsbereichs	800
Planmäßige Abschreibungen des Fertigungsbereichs	650
Außerplanmäßige Abschreibungen des Fertigungsbereichs	200
Kosten des Rechnungswesens	120

---

125 Vgl. hierzu Kapitel 6.5.2.

Dar. 4.5: Ausgangsdaten Beispiel 1 zur Ermittlung der Herstellungskosten – Fortsetzung

Kosten der Personalabteilung	220
Kalkulatorische Eigenkapitalzinsen	80
Fremdkapitalzinsen (sachlich und zeitlich dem Produkt zuzuordnen)	110
Sondereinzelkosten des Vertriebs	50
Sondereinzelkosten der Fertigung	40
Sonstige Fertigungsgemeinkosten	130
Sonstige Verwaltungskosten	160
Sonstige Vertriebsgemeinkosten	180
Gewinnzuschlag	800

Berechnung der Herstellungskosten im Beispiel 1

Sowohl für die Material- als auch die Fertigungseinzelkosten besteht eine Einbeziehungspflicht.[126] Die Kosten des Materiallagers stellen Materialgemeinkosten dar, so dass hier ebenfalls ein Einbeziehungsgebot gilt. Bei den Marktforschungsaufwendungen handelt es sich um Vertriebskosten, für die ein Einbeziehungsverbot existiert.[127] Aufgrund des Verbots der Einbeziehung kalkulatorischer Kosten scheidet eine Berücksichtigung der kalkulatorischen Abschreibungen und auch der kalkulatorischen Eigenkapitalzinsen in die Herstellungskosten aus. Während die panmäßigen Abschreibungen des Fertigungsbereichs als Fertigungsgemeinkosten angesetzt werden müssen, fehlt den außerplanmäßigen Abschreibungen eine Veranlassung durch den Fertigungsprozess, so dass eine Aktivierung nicht in Betracht kommt. Die Kosten des Rechnungswesens und die Kosten der Personalabteilung stellen allgemeine Verwaltungsgemeinkosten dar, für die folglich ein Wahlrecht besteht. Da die Fremdkapitalzinsen sachlich und zeitlich dem Produkt zuzurechnen sind, können auch diese Finanzierungsaufwendungen wahlweise in die Herstellungskosten einbezogen werden. Sowohl die Sondereinzelkosten des

---

126 Welche Kosten einem Verbot, Wahlrecht oder Gebot unterliegen findet sich einschließlich der zugrunde liegenden gesetzlichen Norm in der Darstellung 4.3 in diesem Kapitel.

127 Vertriebsmaßnahmen fallen nicht zwingend nach dem Herstellungsvorgang an, sie können auch vor oder begleitend zur Fertigung auftreten, wie z. B. Werbemaßnahmen. Bei den Marktforschungsaufwendungen resultiert das Einbeziehungsverbot in die Herstellungskosten nicht nur aufgrund ihres Vertriebscharakters, sondern auch weil die Aufwendungen nicht durch die Herstellung des Produkts verursacht wurden und damit der sachliche Bezug zum Herstellungsvorgang fehlt. Die Marktforschungsaufwendungen beziehen sich allein auf die Entscheidung vor Beginn des Herstellungsvorgangs, ob das Produkt überhaupt gefertigt wird.

Vertriebs als auch die sonstigen Vertriebsgemeinkosten unterliegen als Vertriebskosten einem Verbot. Dagegen müssen die Sondereinzelkosten der Fertigung sowie die sonstigen Fertigungsgemeinkosten als Fertigungskosten und können die sonstigen Verwaltungskosten als allgemeine Verwaltungsgemeinkosten angesetzt werden. Beim Gewinnzuschlag handelt es sich nicht um Aufwendungen. Insofern fällt der Gewinnzuschlag nicht unter die Definition der Herstellungskosten, so dass ein Einbeziehungsverbot vorliegt. Damit ergeben sich im Beispiel die folgende Wertunter- und Wertobergrenze:

Dar. 4.6: Ermittlung der Wertunter- und Wertobergrenze der Herstellungskosten in Beispiel 1

(alle Werte in EUR)	Betrag	Wertuntergrenze	Wertobergrenze
Materialeinzelkosten	300	300	300
Kosten Materiallager	100	100	100
Fertigungseinzelkosten	420	420	420
Planmäßige Abschreibungen	650	650	650
Kosten des Rechnungswesens	120	0	120
Kosten der Personalabteilung	220	0	220
Fremdkapitalzinsen	110	0	110
Sondereinzelkosten der Fertigung	40	40	40
Sonstige Fertigungsgemeinkosten	130	130	130
Sonstige Verwaltungsgemeinkosten	160	0	160
Summe	–	**1.640**	**2.250**

Beispiel 2 zur Ermittlung der Herstellungskosten

Ausgangsdaten

Unternehmen »Maschinenbau« hat die Fertigung einer zum Verkauf bestimmten Maschine am 20. Dezember t2 abgeschlossen. Die Lieferung an den Käufer und damit die Realisation des Ertrags aus dem Verkauf erfolgt im Januar t3. Unternehmen »Maschinenbau« strebt ein möglichst hohes Ergebnis in seinem handelsrechtlichen Jahresabschluss zum 31. Dezember t2 an. Es besteht eine Berechtigung zum Vorsteuerabzug. Für Zwecke des Ansatzes der Maschine im Jahresabschluss hat die Controllingabteilung des Unternehmens für die Berechnung der Wertunter- und Wertobergrenze der Herstellungskosten die in Darstellung 4.7 zusammengestellten Angaben ermittelt (alle Angaben in EUR).

Dar. 4.7: Ausgangsdaten Beispiel 2 zur Ermittlung der Herstellungskosten

Rechnung über die Lieferung des Materials (inklusive USt von 19 %)	4.760
Materialgemeinkostenzuschlag	50 %
Fertigungslöhne	3.200
Sonstige Fertigungseinzelkosten	400
Fertigungsgemeinkostenzuschlag (auf die Fertigungslöhne) ohne Berücksichtigung von Abschreibungen und ohne Aufwendungen für soziale Leistungen für Gehaltsempfänger	200 %
Planmäßige Abschreibungen von Maschinen	350
Planmäßige Abschreibungen auf Verwaltungsgebäude	300
Werbeanzeigeaufwand	700
Kalkulatorischer Unternehmerlohn	800
Soziale Leistungen für Gehaltsempfänger im Fertigungsbereich (davon 80 % gesetzlich und 20 % freiwillig)	800
Verpackungsmaterialkosten	250
Sonstige Verwaltungsgemeinkosten	1.600

Berechnung der Herstellungskosten im Beispiel 2

Wie im Rahmen der Ermittlung der Anschaffungskosten im vorherigen Kapitel dargestellt ist aufgrund der Berechtigung zum Vorsteuerabzug für die Ermittlung der Materialaufwendungen auf den Nettopreis abzustellen und damit der Rechnungsbetrag um die USt zu kürzen. Es ergeben sich daher Materialeinzelkosten von 4.000 EUR, für die eine Einbeziehungspflicht in die Herstellungskosten besteht. Auch die Materialgemeinkosten, die Fertigungslöhne und sonstigen Fertigungseinzelkosten als Fertigungseinzelkosten, die Fertigungsgemeinkosten und planmäßigen Abschreibungen auf Maschinen (ebenfalls Fertigungsgemeinkosten) unterliegen einem Ansatzgebot. Die planmäßigen Abschreibungen auf das Verwaltungsgebäude stellen Verwaltungsgemeinkosten dar, so dass hierfür ein Einbeziehungswahlrecht gilt. Für den Werbeanzeigeaufwand als Vertriebskosten und den kalkulatorischen Unternehmerlohn als kalkulatorische Kostenart existiert ein Einbeziehungsverbot in die handelsrechtlichen Herstellungskosten. Während für die freiwilligen sozialen Leistungen nach § 255 Abs. 2 S. 3 HGB ein Wahlrecht gilt, sind die gesetzlichen sozialen Leistungen für die Gehaltempfänger im Fertigungsbereich als Fertigungsgemeinkosten zu qualifizieren und infolgedessen zwingend in die Herstellungskosten einzubeziehen. Das Verpackungsmaterial darf als Vertriebskostenbestandteil nicht und die sonstigen Verwaltungsgemeinkosten können als allgemeine Verwaltungsgemeinkosten angesetzt werden. Damit ergeben sich die folgende Wertunter- und Wertobergrenze:

Dar. 4.8: Ermittlung der Wertunter- und Wertobergrenze der Herstellungskosten in Beispiel 2

(alle Werte in EUR)	Wertuntergrenze	Wertobergrenze
Materialeinzelkosten (ohne USt = 4.760 × 100 % / 119 %)	4.000	4.000
Materialgemeinkosten (50 % auf 4.000)	2.000	2.000
Fertigungslöhne	3.200	3.200
Sonstige Fertigungseinzelkosten	400	400
Fertigungsgemeinkosten (200 % auf die Fertigungslöhne von 3.200)	6.400	6.400
Planmäßige Abschreibungen auf Maschinen	350	350
Planmäßige Abschreibungen Verwaltungsgebäude	0	300
Soziale Leistungen für Gehaltsempfänger im Fertigungsbereich	640	800
Sonstige Verwaltungsgemeinkosten	0	1.600
Summe	**16.990**	**19.050**

Da Unternehmen »Maschinenbau« ein möglichst hohes Ergebnis in seinem handelsrechtlichen Jahresabschluss zum 31. Dezember t2 anstrebt, ist die Maschine als Gegenstand des Vorratsvermögens mit möglichst hohen Herstellungskosten und damit zur Wertobergrenze anzusetzen. Die Buchung lautet:

Fertige Erzeugnisse an Ertrag (Erhöhung des Bestands an fertigen Erzeugnissen) 19.050

4.3 Folgebewertung von Vermögensgegenständen

Im Anschluss an die Zugangsbewertung bedarf es der Folgebewertung vom ersten Abschlussstichtag an nach dem Zugang des Vermögensgegenstands bis zu dessen Abgang. Die Folgebewertung umfasst sowohl die Durchführung planmäßiger Abschreibungen als auch die Vornahme außerplanmäßiger Abschreibungen. Die **planmäßige Folgebewertung** betrifft allein das abnutzbare Anlagevermögen. Während die Vermögensgegenstände des nicht abnutzbaren Anlagevermögens und des Umlaufvermögens an den Abschlussstichtagen weiterhin mit ihren historischen, im Rahmen der Zugangsbewertung ermittelten Anschaffungs- oder Herstellungskosten bewertet werden, besteht für das abnutzbare Anlagevermögen nach § 253 Abs. 3

S. 1 HGB die Verpflichtung, die Vermögensgegenstände planmäßig abzuschreiben. Die **planmäßige Abschreibung** wird daher nicht an dieser Stelle, sondern ausführlich in **Kapitel 6.3.2.1** im Rahmen der Bewertung des Anlagevermögens erläutert. Die außerplanmäßige Folgewertung betrifft dagegen sämtliche Vermögensgegenstände des Anlage- und Umlaufvermögens. Um zwischen den verschiedenen Fällen außerplanmäßiger Wertkorrekturen differenzieren zu können, bedarf es eines umfassenden Überblicks über die **außerplanmäßige Folgebewertung**.

Die Regelungen zu **außerplanmäßigen Abschreibungen** finden sich in § 253 Abs. 3 und Abs. 4 HGB. Außerplanmäßige Abschreibungen dienen der Erfassung realisierter sowie unrealisierter Verluste und unterstützen damit den Zweck der Kapitalerhaltung. Durch die sofortige Aufwandsberücksichtigung vermindert sich eine mögliche Gewinnausschüttung, so dass dem Unternehmen kein Kapital entzogen werden kann. Die folgende Darstellung 4.9 enthält einen Überblick über die nach HGB in Betracht kommenden Fälle außerplanmäßiger Abschreibungen.

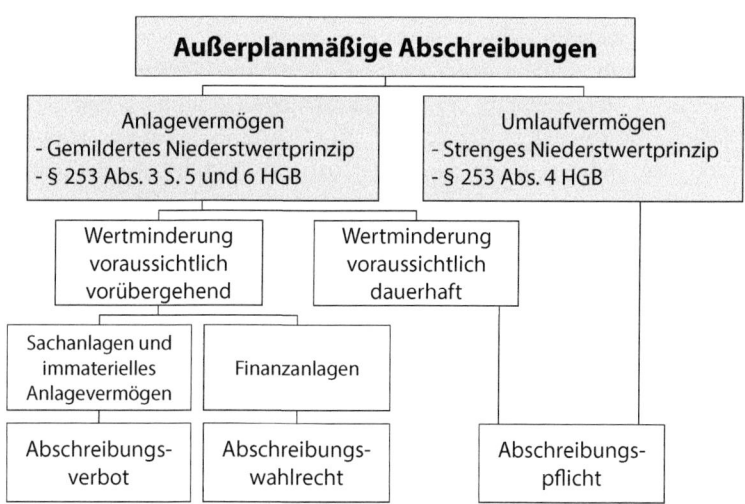

Dar. 4.9: Außerplanmäßige Abschreibungen nach HGB

Im **Anlagevermögen** besteht nach § 253 Abs. 3 S. 5 HGB eine Pflicht zur außerplanmäßigen Abschreibung auf den niedrigeren beizulegenden Wert, wenn eine voraussichtlich dauernde Wertminderung vorliegt. Im Fall einer dagegen voraussichtlich vorübergehenden Wertminderung muss weiter differenziert werden. Während für immaterielle Vermögensgegenstände und Sachanlagen bei einer voraussichtlich nicht dauernden Wertminderung ein Abschreibungsverbot herrscht, existiert für Finanzanlagen nach § 253 Abs. 3 S. 6 HGB sozusagen als Ausnahme ein Abschreibungswahlrecht.

Für Vermögensgegenstände des **Umlaufvermögens** gilt nach § 253 Abs. 4 HGB sowohl bei einer voraussichtlich dauernden als auch bei einer voraussichtlich vorübergehenden Wertminderung ein Abschreibungsgebot auf den sich aus einem niedrigeren Börsen- oder Marktpreis ergebenden Wert bzw. auf den niedrigeren beizulegenden Wert.

Der **Differenzierung der Bewertungsvorschriften** zwischen Anlage- und Umlaufvermögen liegt die Überlegung zugrunde, dass die Vermögensgegenstände des Anlagevermögens dem Unternehmen langfristig zur Verfügung stehen, weil sie definitionsgemäß nach § 247 Abs. 2 HGB dazu bestimmt sind, dauerhaft dem Geschäftsbetrieb zu dienen. Insofern droht ein Verlust aus einer voraussichtlich vorübergehenden Wertminderung auch nur zeitweilig und bedarf keiner Erfassung. Die Vermögensgegenstände des Umlaufvermögens stehen dem Unternehmen jedoch nur kurzfristig zur Verfügung. Infolgedessen sind auch voraussichtlich vorübergehende Wertminderungen für das Unternehmen bewertungsrelevant und müssen erfasst werden. Voraussichtlich dauernde Wertminderungen unterliegen sowohl im Anlage- als auch Umlaufvermögen einer Abschreibungspflicht, weil sie sich zukünftig nicht ausgleichen. Vor diesem Hintergrund spricht man auch von der Geltung des strengen Niederstwertprinzips im Umlaufvermögen und des gemilderten Niederstwertprinzips im Anlagevermögen.

Als Wertmaßstab für den niedrigeren beizulegenden Wert im Rahmen der außerplanmäßigen Abschreibung im **Anlagevermögen** kommt grundsätzlich der **Wiederbeschaffungswert** in Betracht.[128] Die Ableitung des Werts vom Beschaffungsmarkt begründet sich aus der längerfristigen Nutzungsabsicht der Vermögensgegenstände des Anlagevermögens und damit einer fehlenden Veräußerungsabsicht, so dass ein Rückgriff auf den Absatzmarkt ausscheidet. Gleichwohl findet im Ausnahmefall auch der **Einzelveräußerungspreis** Verwendung, wenn ein Gegenstand des Anlagevermögens verkauft werden soll. Für bestimmte Vermögensgegenstände wie Beteiligungen oder Patente fehlen eine Wiederbeschaffungsmöglichkeit und damit auch ein Wiederbeschaffungspreis. Auch im Fall einer Veräußerungsabsicht derartiger Vermögensgegenstände dürfte regelmäßig nicht auf einen Marktpreis zurückgegriffen werden können. Hier verbleibt dann nur die Nutzung eines Ertragswerts als Bestimmungsgröße für den niedrigeren beizulegenden Wert. Der **Ertragswert** ermittelt sich als Barwert künftiger Ertrags- oder Einzahlungsüberschüsse auf Basis der Anwendung von Ertragswert- oder *Discounted Cash Flow* (DCF)-Verfahren.

Für das **Umlaufvermögen** bestehen in § 253 Abs. 4 HGB drei konkret genannte Wertmaßstäbe, nach denen sich in der angegebenen Reihenfolge die Höhe der außerplanmäßigen Abschreibung bemisst. Zunächst ist auf den sich aus einem Börsenpreis ergebenden Wert zurückzugreifen. Sofern dieser nicht existiert, ist der sich aus dem Marktpreis resultierenden Wert zugrunde zu legen, und wenn dieser auch nicht existiert, muss zuletzt auf den niedrigeren beizulegenden Wert abge-

---

128 Beim Wiederbeschaffungswert kann es sich um einen Börsen- oder Marktpreis, Wiederbeschaffungszeitwert, fortgeführten Wiederbeschaffungsneuwert oder auch einen Reproduktionswert handeln. Zu allen Wertmaßstäben des Anlagevermögens vgl. Kapitel 6.3.2.2.

stellt werden. Die aufgeführte Reihenfolge folgt insofern dem unterschiedlichen Genauigkeitsgrad und dient der Objektivierung der Rechnungslegungsinformationen. Die im Gesetz benutzte Terminologie »sich ergebender Wert« bedingt nicht die Abschreibung auf den Börsen- oder Marktpreis als solchen, sondern die Abschreibung auf einen **aus einem Börsen- oder Marktpreis abgeleiteten Wert**. Sofern z. B. der außerplanmäßigen Abschreibung eines Gegenstands des Vorratsvermögens der Absatzmarkt zugrunde liegt, hat keine Abschreibung auf den Nettoveräußerungserlös als Absatzmarktpreis zu erfolgen, sondern auf den um die künftig noch anfallenden Aufwendungen, wie z. B. Vertriebskosten, reduzierten Absatzmarktpreis. Ansonsten käme es zu einer zu geringen Erfassung unrealisierter Verluste im Rahmen der Bewertung des Umlaufvermögens. Bei dem **beizulegenden Wert** handelt es sich um einen Preis oder Wert, der keinen Börsen- oder Marktpreis darstellt. Er repräsentiert den Verkaufswert oder den Wiederbeschaffungswert wie z. B. die Wiederherstellungskosten. Für die Bestimmung aller drei Wertmaßstäbe ist immer die Maßgeblichkeit des **Absatz- oder Beschaffungsmarktes** zu klären und damit die Entscheidung zu treffen, ob auf die Wiederbeschaffungskosten oder den Nettoveräußerungserlös zurückgegriffen wird. Die Zugrundelegung des Absatz- oder Beschaffungsmarktes hängt jeweils von der Art des Vermögensgegenstands ab. Während z. B. Rohstoffe in der Produktion eingesetzt werden sollen und damit allein der Beschaffungsmarkt Bewertungsrelevanz aufweist, kommt für Wertpapiere des Umlaufvermögens aufgrund der bestehenden Veräußerungsabsicht nur die Verwendung des Absatzmarktes in Betracht. Für Handelswaren stellen dagegen sowohl der Beschaffungsmarkt als auch der Absatzmarkt die relevanten Märkte dar, so dass hier dem Vorsichtsprinzip folgend der niedrigere beider Werte den Vergleichsmaßstab bildet.[129]

Beispiel zur außerplanmäßigen Abschreibung

Unternehmen »Anlage« hat am 15.09.t1 insgesamt 1.000 zur Weiterveräußerung bestimmte Aktien erworben. Der Aktienkurs im Erwerbszeitpunkt belief sich auf 20 EUR/Aktie. Die bei Kauf angefallenen Gebühren betrugen 300 EUR. Zum 31.12.t1 wird die Aktie mit einem Kurs von 15 EUR/Aktie notiert und zum 31.12.t2 mit einem Kurs von 32 EUR/Aktie.
Im Erwerbszeitpunkt am 15.09.t1 sind die Aktien mit ihren Anschaffungskosten als Zugangswert zu aktivieren. Die Anschaffungskosten betragen insgesamt 20.300 EUR und umfassen den Anschaffungspreis von 1.000 Aktien zu 20 EUR/Aktie sowie die Gebühren von 300 EUR als Anschaffungsnebenkosten. Aufgrund der vorliegenden Weiterveräußerungsabsicht werden die Aktien im Umlaufvermögen angesetzt (als Wertpapiere des Umlaufvermögens), da sie nicht dauernd dem Geschäftsbetrieb zu dienen bestimmt sind. Am 31.12.t2 besteht durch die

---

129 Welcher Markt den entsprechenden Vermögensgegenständen des Umlaufvermögens jeweils zugrunde zu legen ist, wird in Kapitel 7 behandelt.

Geltung des strengen Niederstwertprinzips für Vermögensgegenstände des Umlaufvermögens die Pflicht zur außerplanmäßigen Abschreibung auf den niedrigeren Börsenpreis von 15 EUR/Aktie, also insgesamt auf 15.000 EUR. Die Frage vorübergehender oder dauerhafter Wertminderung weist hier keinerlei Relevanz auf. Die Buchung zum 31.12.t2 lautet

Aufwand (Abschreibungen auf Finanzanlagen und auf Wertpapiere des Umlaufvermögens)
an Wertpapiere des Umlaufvermögens 5.300 EUR

Fallvariation

Sofern Unternehmen »Anlage« beabsichtigt, die erworbenen Aktien nicht weiter zu veräußern, sondern längerfristig zu halten, kommt es zu einem Ansatz der Aktien im Anlagevermögen, da die Wertpapiere dauernd dem Geschäftsbetrieb dienen sollen. U. a. auch aufgrund des Kursanstiegs in t2 von 15 EUR/Aktie auf 32 EUR/Aktie handelt es sich um eine vorübergehende Wertminderung. Da die Aktien darüber hinaus Finanzanlagevermögen darstellen, besteht ein Abschreibungswahlrecht nach § 253 Abs. 3 S. 6 HGB auf den niedrigeren Börsenwert von 15.000 EUR. Alternativ hat Unternehmen Anlage auch die Möglichkeit, den Wertansatz in Höhe der Anschaffungskosten von 20.300 EUR beizubehalten.

Bei Wegfall der Gründe für eine außerplanmäßige Abschreibung besteht nach § 253 Abs. 5 S. 1 HGB ein generelles **Zuschreibungsgebot**. Dabei darf die Wertaufholung die Anschaffungs- oder Herstellungskosten bzw. im Fall planmäßiger Abschreibung die fortgeführten Anschaffungs- oder Herstellungskosten als Wertobergrenze nach § 253 Abs. 1 S. 1 HGB nicht überschreiten. Als einzige Ausnahme vom grundsätzlich geltenden Wertaufholungsgebot herrscht nach § 253 Abs. 5 S. 2 HGB für den **Geschäfts- oder Firmenwert** ein **Zuschreibungsverbot**.[130]

Beispiel zur Zuschreibung

Die Daten des Beispiels zur außerplanmäßigen Abschreibung in diesem Kapitel gelten unverändert, d. h. die Anschaffungskosten der Aktien am 15.09.t1 betrugen 20.300 EUR und zum 31.12.t1 kam es auf Basis des strengen Niederstwertprinzips zu einer Abwertung auf 15.000 EUR. Durch den starken Kursanstieg bei den zur kurzfristigen Anlage bestimmten Aktien hat Unternehmen Anlage die Aktien nicht verkauft, beabsichtigt sie aber weiterhin künftig zu veräußern. Am 31.12.t2 beläuft sich der Börsenwert der Aktien auf 32.000 EUR.

---

130 Zur Begründung des Zuschreibungsverbots für den Geschäfts- oder Firmenwert vgl. Kapitel 6.5.1.

Durch den Anstieg des Kurses ist der Grund für die außerplanmäßige Abschreibung entfallen. Insofern besteht nach § 253 Abs. 5 S. 1 HGB ein Zuschreibungsgebot, allerdings nicht bis auf den Kurs zum 31.12.t2 von insgesamt 32.000 EUR, sondern entsprechend § 253 Abs. 1 S. 1 HGB bis maximal zu den Anschaffungskosten von 20.300 EUR als Obergrenze. Die Buchung zum 31.12.t2 lautet *Wertpapiere des Umlaufvermögens an Ertrag (sonstige betriebliche Erträge) 5.300 EUR*

4.4 Bewertung der Schulden

Auch im Rahmen der Bewertung der Schulden muss zwischen den **drei Bewertungsschritten** Zugangsbewertung, planmäßige Folgebewertung und außerplanmäßige Folgebewertung unterschieden werden. Schulden repräsentieren dem Grundsatz abstrakter Passivierungsfähigkeit entsprechend selbständig quantifizierbare Verpflichtungen, die künftig zu einer Belastung des Vermögens führen. Sie unterteilen sich in Verbindlichkeiten und Rückstellungen.

Bei **Zugang** bzw. im Zeitpunkt der Entstehung ist die Schuld nach § 253 Abs. 1 S. 2 HGB mit ihrem sicheren oder wahrscheinlichen **Erfüllungsbetrag** zu bewerten. Da Verbindlichkeiten hinsichtlich Höhe und Fälligkeitszeitpunkt sichere Schulden darstellen, greift der (sichere) Erfüllungsbetrag als zu verwendender Wertmaßstab. Rückstellungen bedürfen aufgrund ihrer innewohnenden Unsicherheit einer Schätzung hinsichtlich Höhe und/oder Fälligkeitszeitpunkt. Insofern kommt hier der (wahrscheinliche) in Höhe der nach vernünftiger kaufmännischer Beurteilung notwendige Erfüllungsbetrag zur Anwendung. Der Erfüllungsbetrag stellt den notwendigen Betrag dar, um die bestehende Verpflichtung abzulösen bzw. zu begleichen. Dabei kann es sich um eine Geldleistung wie z. B. zur Ablösung eines Darlehens, oder um eine zu erbringende Sach- oder Dienstleistung handeln wie z. B. die Lieferung von Energie oder die Durchführung einer Reparatur. Im Zuge der Bewertung der Rückstellungen sind bei Bestimmung des zu schätzenden Erfüllungsbetrags zwingend auch künftige Preis- und Kostensteigerungen zu berücksichtigen, da es, wie der Begriff auch aussagt, auf den zu erbringenden Wert ankommt, um die Schuld in der Zukunft zu erfüllen.

Der zweite Bewertungsschritt und damit die **planmäßige Folgebewertung** betrifft wie erläutert[131] allein die **Aufzinsung der langfristigen Rückstellungen**, während Verbindlichkeiten und kurzfristige Rückstellungen unverändert zum sicheren oder nach vernünftiger kaufmännischer Beurteilung notwendigen Erfüllungsbetrag angesetzt werden. Als Zinssatz ist für die Diskontierung nach § 253 Abs. 2 S. 1 HGB grundsätzlich ein der Restlaufzeit der Rückstellung entsprechender durchschnittlicher Marktzinssatz der vergangenen 7 Geschäftsjahre zugrunde zu legen. Für Pensionsrückstellungen gilt hier die Besonderheit, einen zehnjährigen

---

131 Vgl. Kapitel 4.1.

statt eines siebenjährigen Durchschnitts für die Ermittlung des restlaufzeitkonformen Marktzinssatzes zu verwenden. Zudem besteht für Pensionsrückstellungen eine weitere Besonderheit, da § 253 Abs. 2 S. 2 HGB ein Wahlrecht zum Rückgriff auf eine pauschale Restlaufzeit von 15 Jahren für sämtliche Altersversorgungsverpflichtungen statt der Zugrundelegung der jeweils tatsächlichen Restlaufzeit gewährt. Die Deutsche Bundesbank ermittelt und gibt die anzuwendenden Abzinsungszinssätze für die langfristigen Rückstellungen monatlich bekannt.[132]

Im Rahmen der **außerplanmäßigen Folgebewertung** von Schulden im dritten Bewertungsschritt muss an jedem Abschlussstichtag geprüft werden, ob eine Notwendigkeit zur Vornahme außerplanmäßiger Wertkorrekturen der Schuldposten vorliegt. In Analogie zum Niederstwertprinzip bei Vermögensgegenständen gilt für Schulden das Höchstwertprinzip. Während für das Anlage- und Umlaufvermögen explizite gesetzliche Vorschriften für die Folgebewertung in § 253 HGB bestehen, fehlt es an derartigen Regelungen für die außerplanmäßige Folgebewertung der Schulden. Insofern bleibt allein ein Rückgriff auf die allgemeinen Bewertungsgrundsätze und damit insbesondere das Imparitätsprinzip gem. § 252 Abs. 1 Nr. 4 HGB, nach dem unrealisierte Verluste zwingend auch unabhängig von der Kategorisierung als vorübergehend oder dauerhaft zu erfassen sind, während unrealisierte Gewinne nicht realisiert werden dürfen. Infolgedessen gilt für Schulden das **strenge Höchstwertprinzip.** Damit kommt es am Abschlussstichtag verpflichtend zum Ansatz des höheren Betrags und folglich einer Werterhöhung der Schuld, falls der am Abschlussstichtag bestehende Erfüllungsbetrag oberhalb des bisherigen Buchwerts liegt. Eine Bewertung der Schuld unterhalb des ursprünglichen oder fortgeführten abgezinsten Erfüllungsbetrags ist ausgeschlossen, da der **Zugangswert die Wertuntergrenze** darstellt und es ansonsten zur Erfassung eines unrealisierten Gewinns käme. Analog zum Zuschreibungsgebot bei Vermögensgegenständen nach § 253 Abs. 5 S. 1 HGB bedarf es allerdings der Verminderung einer Schuld bis minimal zum Zugangswert, wenn der Grund für eine frühere Aufwertung entfällt.

---

132 Im Detail zur Abzinsung langfristiger Rückstellungen vgl. Kapitel 9.3.2.

5   Allgemeine Ausweisregelungen

Nach Klärung der Fragen des Ansatzes und der Bewertung stehen sowohl fest, welche Sachverhalte in der Bilanz aufgrund einer Ansatzpflicht oder eines Ansatzwahlrechts angesetzt werden, als auch welche Werte diesen Sachverhalten zugeordnet werden. Beim Ausweis geht es anschließend um die Aufgabenstellung, den **Ort und** die **Bezeichnung** dieser Sachverhalte in der Bilanz festzulegen. Der Ausweis betrifft aufgrund der erfolgswirksamen Erfassung einiger Geschäftsvorfälle ebenfalls die GuV.[133] Vom Ausweis abzugrenzen sind Fragen zur Erläuterung der Sachverhalte. Eine Erläuterung erfolgt im Anhang sowie ggf. auch im Lagebericht, sofern eine Aufstellungspflicht für diese Rechnungslegungsobjekte besteht. Die Darstellung der allgemeinen Angabepflichten findet sich zusammenfassend in Kapitel 13 zum Anhang und Kapitel 14 zum Lagebericht.

Der **Ausweis in der Bilanz** erfolgt auf Basis einer Bilanzgliederung, die Struktur und Darstellung der in die Bilanz aufzunehmenden Informationen vorgibt. Dabei folgt der Ausweis der Aktiva und Passiva verschiedenen Gliederungskriterien, wie z. B. einer Gliederung nach Liquidität, Fälligkeit, Rechtsverhältnissen oder dem Ablaufprinzip. Die handelsrechtlichen Vorschriften zum Ausweis unterteilen sich in Regelungen, die für alle Unternehmen gelten, und zusätzliche Regelungen, die Kapitalgesellschaften, Genossenschaften, haftungsbeschränkte Personengesellschaften sowie unter das PublG fallende Gesellschaften anzuwenden haben. Darüber hinaus existieren besondere Vorschriften für Kreditinstitute (§ 340a Abs. 2 HGB) und Versicherungsunternehmen (§ 341a Abs. 2 HGB).

Für alle Unternehmen gilt nach § 247 Abs. 1 HGB eine **Unterteilung** der Bilanz in Anlage- und Umlaufvermögen,[134] Eigen- und Fremdkapital sowie aktive und passive Rechnungsabgrenzungsposten. Mindestens diese Posten bedürfen demnach eines gesonderten Ausweises. Darüber fordert § 247 Abs. 1 HGB aber zusätzlich eine hinreichende Aufgliederung dieser Posten, so dass es in der Regel nicht genügen dürfte, allein die genannten Oberpositionen darzustellen. Die Aufgliederung hat entsprechend § 243 Abs. 1 HGB nach den **GoB** zu erfolgen, so dass u. a. die Grundsätze der Klarheit, Übersichtlichkeit oder auch Wesentlichkeit Anwendung finden müssen.[135]

---

133 Sollte der Jahresabschluss ebenfalls eine Kapitalflussrechnung und einen Eigenkapitalspiegel umfassen, betreffen die Fragestellungen des Ausweises auch diese beiden Rechenwerke.

134 Zur Abgrenzung zwischen Anlage- und Umlaufvermögen siehe ausführlich Kapitel 6.1.

135 Die GoB der Klarheit und Übersichtlichkeit sind explizit niedergelegt in § 243 Abs. 2 HGB.

Als Hilfestellung für die Umsetzung dieser sehr wenig konkret formulierten Regelungen bietet sich für die Unternehmen eine Orientierung an den detaillierteren Gliederungsvorschriften für Kapitalgesellschaften an.

Für Kapitalgesellschaften, Genossenschaften, haftungsbeschränkte Personengesellschaften sowie unter das PublG fallende Gesellschaften besteht die detaillierte Vorgabe einer **Mindestgliederung nach § 266 HGB**. Für die nach § 266 HGB anzugebenden Posten liegt eine Differenzierung der auszuweisenden Posten in Abhängigkeit der Einteilung der Unternehmen in große, mittelgroße, kleine und Kleinstgesellschaften zugrunde. Während für die großen Unternehmen der umfassendste Ausweis vorgesehen ist, bedarf es entsprechend für Kleinstgesellschaften der Angabe der wenigsten Posten (§ 266 Abs. 1 HGB). Die Einteilung der Unternehmen in die **Größenkategorien** erfolgt auf Basis der in § 267 und § 267a HGB vorgeschriebenen Größenklassen nach den Kriterien Umfang der Bilanzsumme, Höhe der Umsatzerlöse und Anzahl der Arbeitnehmer. Die sich aus der Eingruppierung ergebenden Rechtsfolgen treten jedoch nur dann ein, wenn grundsätzlich zwei der drei Größenkriterien an zwei aufeinanderfolgenden Abschlussstichtagen über- oder unterschritten werden (§ 267 Abs. 4 S. 1 HGB). Kapitalmarktorientierte Kapitalgesellschaften nach § 264d HGB gelten stets als große Gesellschaften (§ 267 Abs. 3 S. 2 HGB). Die handelsrechtliche Bilanzgliederung folgt **allen Gliederungsprinzipien**. So richtet sich die Gliederung der Aktivseite der Bilanz nach der **Liquidität**. Immaterielle Vermögensgegenstände sind am schwierigsten oder z. B. der Geschäfts- oder Firmenwert gar nicht einzeln veräußerbar. Sie werden daher als Vermögensgegenstände mit der geringsten Liquidität ganz oben auf der Aktivseite gezeigt. Je weiter man nach unten geht, desto liquider sind die Vermögensgegenstände. Insofern endet der Ausweis der Vermögensgegenstände mit dem Kassenbestand und den Guthaben bei Kreditinstituten als liquiden Mitteln. Die Untergliederung der Passivseite der Bilanz in Eigen- und Fremdkapital folgt dagegen der **Fälligkeit**. Während Eigenkapital dem Unternehmen langfristig und grundsätzlich zeitlich unbegrenzt zur Verfügung steht, muss Fremdkapital erfüllt werden und steht mithin weniger lang oder ggf. nur sehr kurzfristig zur Verfügung. Das Prinzip der Gliederung nach **Rechtsverhältnissen** spiegelt sich beispielsweise in der Unterteilung des Kapitals in Eigen- und Fremdkapital oder dem gesonderten Ausweis von Forderungen und Verbindlichkeiten in Abhängigkeit von bestimmten Personengruppen wider, wie z. B. Verbindlichkeiten gegenüber Kreditinstituten, Lieferantenverbindlichkeiten oder Verbindlichkeiten gegenüber verbundenen Unternehmen. Das **Ablaufprinzip** manifestiert sich etwa in der Unterteilung der Vorräte dem betrieblichen Herstellungsprozess folgend in Roh-, Hilfs- und Betriebsstoffe, unfertige Erzeugnisse sowie fertige Erzeugnisse.

Weitere **Untergliederungen** der nach den im Mindestgliederungsschema des § 266 HGB enthaltenen Posten sind unter Einhaltung der vorgesehenen Reihenfolge zulässig (§ 265 Abs. 5 S. 1 HGB). Zudem gewährt § 265 Abs. 5 S. 2 HGB die Möglichkeit, **neue Posten und Zwischensummen** einzufügen, wenn ihr Inhalt nicht von einem vorgeschriebenen Posten gedeckt wird. Daneben besteht nach § 265 Abs. 6 HGB die Verpflichtung die **Bezeichnung** und Gliederung bestimmter Posten zu ändern, wenn dies die Klarheit und Übersichtlichkeit erhöht. **Leerposten** dürfen dagegen entfallen, sofern sie auch im Vorjahr keinen Betrag enthalten haben (§ 265 Abs. 8 HGB).

In § 268 HGB bestehen bestimmte Vorschriften, die das Gliederungsschema des § 266 HGB zwingend ergänzen. So muss zu den **Forderungen** jeweils der Betrag als »davon«-Vermerk angegeben werden, der eine Restlaufzeit von mehr als einem Jahr aufweist (§ 268 Abs. 4 S. 1 HGB). Gleiches gilt nach § 268 Abs. 5 S. 1 HGB auch für die **Verbindlichkeiten**. Zusätzlich bedarf es hier der entsprechenden Angabe der Verbindlichkeiten mit einer Restlaufzeit von weniger als einem Jahr. Im Fall des Vorliegens eines **Disagios** bestimmt § 268 Abs. 6 HGB das Wahlrecht, dieses gesondert als eigenständigen Posten unter den aktiven Rechnungsabgrenzungsposten auszuweisen oder es im Anhang anzugeben. Darüber hinaus gewährt § 268 Abs. 1 HGB verschiedene Ausweismöglichkeiten des **Eigenkapitals**, das vor, nach oder nach teilweiser Ergebnisverwendung in der Bilanz dargestellt werden kann. Aufgrund der Wesentlichkeit des Eigenkapitals und den verschiedenen mit den unterschiedlichen Darstellungsvarianten verbundenen Aussagen findet sich eine ausführliche Erläuterung in Kapitel 8.1. Da sich der Ausweis des Eigenkapitals nach § 266, § 268 und § 272 HGB grundsätzlich auf Kapitalgesellschaften bezieht, sieht § 264c Abs. 2 HGB besondere Regelungen für den Ausweis des Eigenkapitals bei **haftungsbeschränkten Personengesellschaften** vor. Zudem kann es auch durch **andere Gesetze** zu einer Ergänzung der Bilanzgliederung kommen. So bestehen z. B. nach § 152 AktG oder § 42 GmbHG rechtsformspezifische Vorschriften mit Einfluss auf den Ausweis. Nach § 42 Abs. 3 GmbHG sind beispielsweise Ausleihungen, Forderungen und Verbindlichkeiten gegenüber Gesellschaftern aufgrund der besonderen Stellung der Gesellschafter bei einer GmbH jeweils gesondert auszuweisen oder im Anhang anzugeben. Die gleiche Regelung findet sich auch für haftungsbeschränkte Personengesellschaften in § 264c Abs. 1 HGB.

Für den **Ausweis in der GuV** gilt entsprechendes wie für die Bilanzgliederung. Die Gliederung der GuV gibt die Struktur und Darstellung der in die GuV aufzunehmenden Informationen vor. Dabei existieren für den Aufbau der GuV unterschiedliche Gestaltungskriterien. Hierunter fallen u. a. die Wahlmöglichkeiten zwischen Konto- oder Staffelform, Gesamt- oder Umsatzkostenverfahren, Brutto- oder Nettorechnung und Lang- oder Kurzform. Auch für den Ausweis der GuV unterteilen sich die handelsrechtlichen Vorschriften in die für alle Unternehmen geltenden Regelungen, die zusätzlichen Regelungen für bestimmte Gesellschaften und die besonderen Vorschriften für Kreditinstitute (§ 340a Abs. 2, § 340c HGB) sowie Versicherungsunternehmen (§ 341a Abs. 2 HGB).

Die für alle Unternehmen geltenden Regelungen sehen keine bestimmte Form für die GuV vor. In § 242 Abs. 2 HGB wird allein die Aufstellungspflicht für die GuV und deren Definition als »Gegenüberstellung der Aufwendungen und Erträge des Geschäftsjahres« vorgegeben. Zudem bestimmt § 246 Abs. 2 S. 1 HGB ein generelles **Saldierungsverbot** für Erträge und Aufwendungen und damit vom Grundprinzip her die Zugrundelegung einer Bruttorechnung. Insofern können Einzelunternehmen und Personengesellschaften (ohne die haftungsbeschränkten Personengesellschaften nach § 264a HGB) grundsätzlich zwischen den einzelnen Gestaltungskriterien mit Ausnahme einer Nettodarstellung wählen. Dies gilt nach § 5 Abs. 5 PublG anders als beim Bilanzausweis auch für Einzelkaufleute und Personenhandelsgesellschaften, die dem PublG unterliegen. Allerdings muss die GuV den **GoB** entsprechen (§ 243 Abs. 1 HGB), so dass auch hier u. a. die Grundsätze der Klarheit, Übersichtlichkeit und Wesentlichkeit gelten. Insofern bietet es sich auch für die GuV an, sich in der Praxis an den detaillierten gesetzlichen Regelungen für Kapitalgesellschaften zu orientieren.

Für Kapitalgesellschaften, Genossenschaften, haftungsbeschränkte Personengesellschaften und unter das PublG fallende Unternehmen, die keine Personengesellschaften oder Einzelkaufleute darstellen, existiert ein umfassendes gesetzliches **Mindestgliederungsschema in § 275 HGB**. Dabei hat die Aufstellung der GuV zwingend nach § 275 Abs. 1 S. 1 HGB in **Staffelform** zu erfolgen. Gegenüber dieser Einschränkung gewährt das Handelsrecht das Wahlrecht, die GuV entweder nach dem **Gesamtkostenverfahren oder dem Umsatzkostenverfahren** zu erstellen (§ 275 Abs. 1 S. 1 HGB). Die Darstellung beider Verfahren und die in § 275 Abs. 2 und Abs. 3 HGB dafür vorgegebenen Gliederungen finden sich in Kapitel 12, so dass an dieser Stelle hierauf nicht näher eingegangen wird. Kleinstkapitalgesellschaften können anstelle des Gesamt- oder Umsatzkostenverfahrens auch eine abweichende, in § 275 Abs. 5 HGB aufgeführte Gliederung verwenden. Zudem dürfen kleine und mittelgroße Gesellschaften sowie Kleinstkapitalgesellschaften bestimmte Posten zusammenfassen (§ 276 HGB). Die im Rahmen der Bilanz erläuterten Regelungen für weitere Untergliederungen, neue Posten und Zwischensummen, zur Postenbezeichnung sowie zu Leerposten gelten entsprechend der Formulierungen in § 265 HGB auch für die GuV. Darüber hinaus sieht § 277 HGB **Vorschriften zu einzelnen Posten der GuV** vor. So definiert beispielsweise § 277 Abs. 1 HGB, was den Umsatzerlösen zu subsummieren ist. Weitere Regelungen betreffen den Umfang der Bestandsveränderungen und Ausweisfragen im Zusammenhang mit außerplanmäßigen Abschreibungen im Anlagevermögen sowie Erträgen und Aufwendungen bei Vorliegen eines Ergebnisabführungsvertrags, aus der Abzinsung sowie im Rahmen der Währungsumrechnung.

6 Anlagevermögen

6.1 Begriff und Arten

Nach § 266 Abs. 2 HGB unterteilt sich das Anlagevermögen wie folgt:

A. Anlagevermögen
  I. Immaterielle Vermögensgegenstände
   1. Selbst geschaffene gewerbliche Schutzrechte und ähnliche Rechte und Werte
   2. Entgeltlich erworbene Konzessionen, gewerbliche Schutzrechte und ähnliche Rechte und Werte sowie Lizenzen an solchen Rechten und Werten
   3. Geschäfts- oder Firmenwert
   4. Geleistete Anzahlungen
  II. Sachanlagen
   1. Grundstücke, grundstücksgleiche Rechte und Bauten einschließlich der Bauten auf fremden Grundstücken
   2. Technische Anlagen und Maschinen
   3. Andere Anlagen, Betriebs- und Geschäftsausstattung
   4. Geleistete Anzahlungen und Anlagen im Bau
  III. Finanzanlagen
   1. Anteile an verbundenen Unternehmen
   2. Ausleihungen an verbundene Unternehmen
   3. Beteiligungen
   4. Ausleihungen an Unternehmen, mit denen ein Beteiligungsverhältnis besteht
   5. Wertpapiere des Anlagevermögens
   6. Sonstige Ausleihungen

Während Sachanlagen i. d. R. körperlich erfasst werden können, weisen immaterielle Vermögensgegenstände und Finanzanlagen keine physische Substanz auf. Immateriellen Vermögensgegenständen fehlt wiederum in Abgrenzung zu den Finanzanlagen die finanzielle Natur. Unter Finanzanlagen fallen ausschließlich (Finanz-)Investitionen in Finanzinstrumente. Dabei handelt es sich um Vermögensgegenstände, bei denen das Unternehmen als Eigenkapital- oder Fremdkapitalgeber fungiert.

§ 247 Abs. 2 HGB definiert in Abgrenzung zu den weiteren Posten der Aktivseite, welche Vermögensgegenstände zwingend zur Einordnung als **Anlagevermögen** führen.

> Danach sind beim Anlagevermögen nur die Vermögensgegenstände auszuweisen, die bestimmt sind, dauernd dem Geschäftsbetrieb zu dienen.

Sofern Vermögensgegenstände nicht dauernd dem Geschäftsbetrieb dienen sollen, wie etwa Gegenstände des Vorratsvermögens, dürfen sie nicht im Anlagevermögen ausgewiesen werden. In diesem Fall kommt allein eine Zuordnung zum **Umlaufvermögen** in Betracht, da das Umlaufvermögen die verbleibende Kategorie für Vermögensgegenstände auf der Aktivseite der Bilanz darstellt. Bei den **aktiven Rechnungsabgrenzungsposten**[136], den **aktiven latenten Steuern**[137] und **dem aktiven Unterschiedsbetrag aus der Vermögensverrechnung**[138] als weiteren Posten der Aktivseite nach § 266 Abs. 2 HGB handelt es sich dagegen um gesetzlich speziell geregelte und gesondert in der Bilanz auszuweisende Sachverhalte, die grundsätzlich keine Vermögensgegenstände sind. Bei diesen Bilanzposten fehlt aufgrund ihrer mangelnden Einzelveräußerbarkeit die vollständige Erfüllung der Definitionskriterien für das Vorliegen eines Vermögensgegenstands. Damit können sie weder dem Anlage- noch dem Umlaufvermögen zugeordnet werden.

Auf Grundlage der Definition kommt es demnach für die Zuordnung in das Anlagevermögen auf die **Zweckbestimmung** des Vermögensgegenstands an. Das Kriterium »**dauernd**« zur Abgrenzung zwischen Anlage- und Umlaufvermögen heißt, dass der Vermögensgegenstand grundsätzlich durch das Unternehmen für eine längere Zeit, in der Regel mehr als ein Geschäftsjahr,[139] fortlaufend oder wiederholt genutzt werden soll. Für die Eingruppierung in eine der beiden Kategorien liegt allein die Zweckbestimmung zu Beginn der Nutzung zugrunde. Ein sich an einem nachfolgenden Abschlussstichtag abzeichnendes Ende der Nutzungsdauer führt auf keinen Fall zu einer Umgliederung des Vermögensgegenstands in das Umlaufvermögen, da die ursprünglich beabsichtigte Zweckbestimmung zur betrieblichen Nutzung weiterhin Gültigkeit besitzt. Gleichwohl zieht dagegen eine im Zeitablauf erfolgende Zweckänderung grundsätzlich einen Wechsel vom Anlage- in das Umlaufvermögen nach sich und umgekehrt.[140]

---

136 Vgl. § 250 Abs. 1 HGB. Siehe hierzu ausführlich Kapitel 10.1.

137 Vgl. § 274 HGB. Siehe hierzu ausführlich Kapitel 10.2.

138 Vgl. § 246 Abs. 2 S. 3 HGB. Bei diesem Unterschiedsbetrag handelt es sich um einen verbleibenden Verrechnungsposten, wenn das Planvermögen die zu verrechnenden Pensionsverpflichtungen oder vergleichbaren langfristig fälligen Verpflichtungen (z. B. Altersteilzeitverpflichtungen) übersteigt. Dabei umfasst das Planvermögen die Vermögensgegenstände, die einem Zugriff aller übrigen Gläubiger entzogen sind und ausschließlich der Erfüllung der zu verrechnenden Schulden dienen.

139 Zum Zeitraum auch Baetge/Kirsch/Thiele (Bilanzen), S. 240 und IDW RH HFA 1.014, Tz. 8.

140 Ausgenommen von dieser Umwidmung ist der Fall, wenn ein dem Anlagevermögen zugeordnetes Wertpapier entgegen des bisherigen Zwecks infolge unvorhergesehener Umstände kurzfristig veräußert werden soll oder muss. Vgl. IDW RH HFA 1.014, Tz. 13.

6.2 Ansatzregelungen des Anlagevermögens

Die Frage des Ansatzes für Gegenstände des Anlagevermögens basiert auf den **allgemeinen Ansatzregelungen** des HGB.[141] Danach besteht grundsätzlich ein Aktivierungsgebot, sofern ein Vermögensgegenstand (des Anlagevermögens) vorliegt, d. h. es sich also um einen wirtschaftlichen sowie selbständig bewertbaren und selbständig verwertbaren Wert handelt (= abstrakte Ansatzfähigkeit). Dies gilt allerdings dann nicht, wenn eine konkrete gesetzliche Regelung existiert, die ein Aktivierungsverbot oder Aktivierungswahlrecht kodifiziert. Zudem treten ergänzend gesetzliche Vorschriften hinzu, die Aktivierungsgebote oder -wahlrechte für Nicht-Vermögensgegenstände vorsehen. Bezogen auf das Anlagevermögen bestehen zusammengefasst die folgenden gesetzlichen Regelungen. Die umfassende Darstellung dieser Verbote, Wahlrechte und Gebote findet sich in **Kapitel 3** sowie den ergänzend genannten Kapiteln.

Aktivierungsverbote im Anlagevermögen

Die Ansatzverbote sind vollumfänglich konkretisiert in § 248 HGB. Danach bestehen Verbote zur Aktivierung von

- Aufwendungen für die Gründung eines Unternehmens (§ 248 Abs. 1 Nr. 1 HGB),
- Aufwendungen für die Beschaffung von Eigenkapital (§ 248 Abs. 1 Nr. 2 HGB) und
- Aufwendungen für den Abschluss von Versicherungsverträgen (§ 248 Abs. 1 Nr. 3 HGB) sowie
- selbst geschaffenen Marken, Drucktiteln, Verlagsrechten, Kundenlisten oder vergleichbaren immateriellen Vermögensgegenständen des Anlagevermögens (§ 248 Abs. 2 S. 2 HGB).

Aktivierungswahlrechte im Anlagevermögen

Im Anlagevermögen besteht mit der Regelung nach § 248 Abs. 2 S. 1 HGB für selbst geschaffene immaterielle Vermögensgegenstände des Anlagevermögens genau ein Ansatzwahlrecht. Dieses Wahlrecht kommt allerdings nur dann zum Tragen, wenn nicht das Ansatzverbot nach § 248 Abs. 2 S. 2 HGB greift. Die ausführlichen Erläuterungen des Wahlrechts finden sich in Kapitel 3.2 und Kapitel 6.5.2.

Aktivierungsgebote für Nicht-Vermögensgegenstände im Anlagevermögen

Obwohl der entgeltlich erworbene Geschäfts- oder Firmenwert keinen Vermögensgegenstand darstellt, sieht § 246 Abs. 1 S. 4 HGB explizit ein Aktivierungs-

---

141 Siehe hierzu im Detail Kapitel 3.1 und 3.2.

gebot vor. Die Darstellung der Rechnungslegung zum Geschäfts- oder Firmenwert erfolgt neben Kapitel 3.2 insbesondere in Kapitel 6.5.1.

6.3 Bewertungsregelungen des Anlagevermögens

6.3.1 Zugangsbewertung

Die Vermögensgegenstände des Anlagevermögens sind nach § 253 Abs. 1 S. 1 HGB im Zeitpunkt ihres Zugangs mit ihren **Anschaffungs- oder Herstellungskosten** anzusetzen. Die Erläuterung dieser Wertmaßstäbe findet sich ausführlich in **Kapitel 4.2.** Daneben bestehen mit dem Ansatz von Festwerten und der Gruppenbewertung **zwei Besonderheiten** im Rahmen der Zugangsbewertung im Anlagevermögen. Sowohl das Festwert- als auch das Gruppenbewertungsverfahren stellen nach § 256 S. 2 HGB zulässige **Bewertungsvereinfachungsverfahren** im Jahresabschluss dar, sofern jeweils bestimmte Anwendungsvoraussetzungen erfüllt sind. Bei ihrer Anwendung kommt es neben Erleichterungen bei der Inventur zu einer Durchbrechung des Einzelbewertungsgrundsatzes und damit zu Arbeitsvereinfachungen für die Jahresabschlussersteller.

Bei Ausübung des Wahlrechts zur Anwendung des in § 240 Abs. 3 HGB geregelten **Festwertverfahrens** werden bestimmte Vermögensgegenstände des Sachanlagevermögens mit einer gleichbleibenden Menge und einem festen Wert angesetzt. Zudem bedarf es statt einer jährlichen körperlichen Bestandsaufnahme nur noch einer Inventur alle 3 Jahre. Die Inanspruchnahme dieser Bewertungsvereinfachungsmöglichkeit ist an die folgenden Voraussetzungen geknüpft:

- Es muss sich um Sachanlagen handeln.[142] Damit scheidet das Wahlrecht für immaterielle Vermögensgegenstände und Finanzanlagen aus.
- Die Sachanlagen müssen regelmäßig ersetzt werden. Dieses bedingt die Annahme, dass sich Wertminderungen sowie Abgänge einschließlich Schwunds auf der einen Seite mit Zugängen bzw. Ersatzbeschaffungen auf der anderen Seite in etwa ausgleichen.
- Der Gesamtwert der zum Festwert bewerteten Vermögensgegenstände darf nur eine nachrangige (untergeordnete) Bedeutung für das Unternehmen aufweisen.
- Schließlich darf der Bestand in seiner Größe, seinem Wert und seiner Zusammensetzung nur geringen Veränderungen unterliegen.

Die Anwendung des Festwertverfahrens kommt beispielsweise bei Hotels u. a. in Bezug auf Hotelgeschirr oder Handtücher in Betracht. So wird ein Hotel z. B. grundsätzlich einen konstanten Bestand an Tellern aufweisen, um das Frühstück

---

142 Darüber hinaus ist die Anwendung des Festwertverfahrens für im Umlaufvermögen anzusetzende Roh-, Hilfs- und Betriebsstoffe möglich.

aller Gäste gewährleisten zu können. Regelmäßig dürften allerdings auch Teller zu Bruch gehen, so dass Ersatzbeschaffungen erforderlich werden. Bei Anwendung des Festwertverfahrens verbleibt es beim Ansatz der Teller mit einer gleichbleibenden Menge und einem gleichbleibenden Wert. Die Ersatzbeschaffung der Teller wird direkt als Aufwand erfasst. Ohne Rückgriff auf das Festwertverfahren bedarf es auf Grundlage des Einzelbewertungsgrundsatzes jeweils der Elimination des zu Bruch gegangenen Tellers im Bestand durch Erfassung einer außerplanmäßigen Abschreibung und zudem des Ansatzes des neu erworbenen Tellers im Sachanlagenbestand mit ggf. in der Folge einer Vornahme planmäßiger Abschreibungen. Weitere Anwendungsfälle des Festwertverfahrens bestehen z. B. bei Werkzeugen, Feuerlöschern, Laboreinrichtungen oder Flaschen und Kästen in der Getränkeindustrie.

Bei Ausübung des Wahlrechts zur **Gruppenbewertung** nach § 240 Abs. 4 HGB kommt es statt einer Einzelbewertung zur Zusammenfassung von bestimmten Vermögensgegenstände zu einer Gruppe und der Bewertung dieser Gruppe mit dem gewogenen Durchschnittswert. Die Anwendung der Gruppenbewertung im Anlagevermögen ist auf gleichartige oder annähernd gleichwertige bewegliche Vermögensgegenstände beschränkt.[143] Da es sich um bewegliche Vermögensgegenstände handeln muss, verbleibt hier die Möglichkeit der Inanspruchnahme des Wahlrechts allein für bestimmte Sachanlagen, da immaterielle Vermögensgegenstände und Finanzanlagen als unbeweglich zu qualifizieren sind.[144] Gleichartigkeit bedeutet, dass eine Zugehörigkeit der Vermögensgegenstände zur gleichen Warengattung (z. B. verschiedene Arten von Schreibtischen) oder eine Funktionsgleichheit (z. B. Laptops und PCs) besteht. Statt gleichartiger beweglicher Sachanlagen kann es sich alternativ auch um annähernd gleichwertige bewegliche Sachanlagen handeln. Daraus folgt, dass sich die Preise der in der Gruppe zusammengefassten Vermögensgegenstände nicht wesentlich unterscheiden dürfen.[145] Ein ausführliches **Beispiel** zur Durchschnittsbewertung wird in **Kapitel 7.4** dargestellt. Im Sachanlagevermögen findet die Gruppenbewertung insbesondere bei

---

143 Darüber hinaus kann die Gruppenbewertung auch auf gleichartige Vermögensgegenstände des Vorratsvermögens (▶ Kap. 7.4) sowie gleichartige oder annähernd gleichwertige Schulden sowie andere Vermögensgegenstände des Umlaufvermögens angewandt werden.

144 Allerdings können Wertpapiere des Anlagevermögens (und Wertpapiere des Umlaufvermögens) auch mit dem gewogenen Durchschnitt ihrer Anschaffungskosten bewertet werden. Dabei handelt es sich um eine GoB entsprechende Vereinfachung der Wertermittlung der Anschaffungskosten (▶ Kap. 7.6), aber mangels der »Beweglichkeit« nicht um eine Gruppenbewertung nach § 240 Abs. 4 HGB, so dass bei Wertpapieren auch keine Vereinfachung bei der mengenmäßigen Bestandsaufnahme bestehen kann.

145 Allerdings scheidet eine Zusammenfassung zu einer Gruppe aus, wenn die Vermögensgegenstände allein rein zufällig annähernd gleiche Anschaffungs- oder Herstellungskosten aufweisen. Um den GoB zu entsprechen und dem Sinn der Vorschrift nicht zu widersprechen, bedingt die Zusammenfassung von ungleichartigen Vermögensgegenständen zu einer Gruppe auch das Vorliegen gemeinsamer Merkmale bei den Vermögensgegenständen. Vgl. etwa ADS (Rechnungslegung), Tz. 126 zu § 240 HGB.

größeren Beständen beweglicher Vermögensgegenstände Anwendung, bei denen ein Ansatz zum Festwert mangels Erfüllung von Voraussetzungen ausscheidet. Dies kann z. B. der Fall sein bei Wesentlichkeit der Werte, so dass eine nachrangige Bedeutung des Gesamtwerts für das Unternehmen nicht mehr vorliegt. Auch bei nicht regelmäßig ersetzten, sondern nur einmalig angeschafften oder hergestellten Vermögensgegenständen wie Tischen, Stühlen oder Laptops bietet sich insofern grundsätzlich allein die Möglichkeit einer Gruppenbewertung.

6.3.2 Folgebewertung

6.3.2.1 Planmäßige Abschreibungen des abnutzbaren Anlagevermögens

Die Anschaffungs- oder Herstellungskosten stellen nach § 253 Abs. 1 S. 1 HGB den Ausgangspunkt und gleichzeitig auch die Obergrenze der Bewertung dar. Darüber hinaus bestimmt § 253 Abs. 3 S. 1 HGB, das bei Vermögensgegenständen des abnutzbaren Anlagevermögens die Anschaffungs- oder Herstellungskosten um planmäßige Abschreibungen zu vermindern sind. Der um planmäßige Abschreibungen verringerte Wertansatz wird als **fortgeführte Anschaffungs- oder Herstellungskosten** bezeichnet und repräsentiert sodann die **Wertobergrenze** im Sinne des § 253 Abs. 1 S. 1 HGB.

Abnutzbares Anlagevermögen liegt bei einer nur zeitlich begrenzten Nutzungsmöglichkeit des Vermögensgegenstands vor. Dabei kann eine zeitliche Begrenzung der Nutzungsdauer verschiedene Gründe haben.

- *Technische Entwertung*: Hierbei beruht die Abnutzung des Vermögensgegenstands u. a. auf Verschleiß durch Gebrauch (z. B. bei Maschinen oder Fahrzeugen), durch Zeitablauf (z. B. witterungsbedingte Abnutzung bei Gebäuden) oder auch durch Substanzverringerung (z. B. Abbau von Kohle und Kies, Förderung von Rohöl).
- *Wirtschaftliche Entwertung*: Vermögensgegenstände können beispielsweise im Zeitablauf wirtschaftlich an Wert durch technischen Fortschritt verlieren. Werden etwa auf einer Maschine technische Produkte gefertigt, so haben diese Produkte einen bestimmten Lebenszyklus und weisen regelmäßig auch eine begrenzte Lebensdauer auf (z. B. Handys, Computer, Fernseher). Damit einhergehend können auch nur die dem Anlagevermögen zu subsummierenden Fertigungsmaschinen für diese Produkte wirtschaftlich im Rahmen der jeweiligen Produktlebensdauern genutzt werden. Neben technischen Fortschritt können weitere Gründe für eine wirtschaftliche Entwertung z. B. Marktveränderungen auf Absatz- und Beschaffungsmärkten (Preisänderungen, Mode- oder Nutzungswandel, neue Wettbewerber) oder auch Produktionsumstellungen sein.
- *Rechtliche Begrenzung*: Beispielsweise weisen Nutzungs- und Schutzrechte, Patente, Lizenzen, Konzessionen oder Leasingvereinbarungen oftmals eine zeitliche Begrenzung auf, nach deren Ablauf die Verträge enden bzw. Rechte nicht

mehr genutzt werden können. Darüber hinaus kann es aber auch durch neue gesetzliche Regelungen (z. B. im Umweltschutz oder Arbeitsrecht) zu einer veränderten Nutzbarkeit kommen.

Im Gegensatz zu abnutzbaren Vermögensgegenständen wie Maschinen oder Lizenzen gibt es im Anlagevermögen auch eine Reihe von Vermögensgegenständen, die keiner zeitlich begrenzten Nutzung unterliegen. So nutzen sich z. B. weder Grundstücke noch Finanzanlagen wie Beteiligungen oder Wertpapiere durch technische Entwertung, wirtschaftliche Entwertung oder rechtliche Begrenzung ab. Insofern kommen planmäßige Abschreibungen bei nicht abnutzbaren Vermögensgegenständen nicht in Betracht.

Abschreibungsbeginn

Der **Abschreibungsbeginn** liegt im Zeitpunkt des Zugangs des Vermögensgegenstands, also grundsätzlich im Zeitpunkt des Endes des Anschaffungs- bzw. Herstellungsvorgangs vor. Das Ende des Anschaffungsvorgangs ist bei Bestehen der Nutzbarkeit bzw. dem Abschluss des Versetzens des Vermögensgegenstands in den betriebsbereiten Zustand gegeben. Das Ende des Herstellungsvorgangs ist mit Fertigstellung des Vermögensgegenstands erreicht, was bezogen auf Vermögensgegenstände des Anlagevermögens bei Versetzung in den betriebsbereiten Zustand vorliegt. Insofern kommt es für den Abschreibungsbeginn grundsätzlich auf den **Zeitpunkt der erstmaligen Möglichkeit der Inbetriebnahme** an. Der tatsächliche Nutzungsbeginn spielt folglich mit Ausnahme von Wesentlichkeitsüberlegungen keine Rolle, da ein Verschieben der Inbetriebnahme grundsätzlich keine Auswirkung auf den Abnutzungsbeginn hat.

Erfolgt die Anschaffung oder Herstellung eines Vermögensgegenstands **während des Geschäftsjahres**, ist der verbleibende anteilige Jahresbetrag abzuschreiben.[146] Bei Zugang innerhalb eines Monats kann vereinfachend der **volle Monat** zugrunde gelegt werden, was Unternehmen auch zumeist machen. Die planmäßige Abschreibung im ersten Jahr entsprechend der Anzahl der Monate (bzw. nach Tagen) wird auch **Abschreibung *pro rata temporis*** (zeitanteilige Abschreibung) genannt. Neben dieser Vorgehensweise besteht eine **Vereinfachungsregel**[147] auf Basis des Wesentlichkeitsprinzips. Danach ist es auch möglich bei Zugang im 1. Halbjahr die volle Jahresabschreibung und bei Zugang im 2. Halbjahr die halbe Jahresabschreibung zu erfassen.

---

146 Vgl. hierzu und den folgenden Vereinfachungen Tiedchen (Beck OGK), Rn. 120 zu § 253 HGB m. w. N.

147 Die Vereinfachungsregel stammt ursprünglich aus dem Steuerrecht und wurde dort mittlerweile abgeschafft. Sie widerspricht allerdings nicht den GoB, so dass nichts dagegen spricht, diese Vereinfachung handelsrechtlich (weiterhin) anzuwenden.

Abschreibungsplan

Die Vornahme planmäßiger Abschreibungen bedingt die Erstellung eines **Abschreibungsplan**s. Der Abschreibungsplan hat nach § 253 Abs. 3 S. 2 HGB die Anschaffungs- oder Herstellungskosten auf die Jahre zu verteilen, in denen der Vermögensgegenstand voraussichtlich genutzt werden kann. Damit bestehen drei festzulegende Bestimmungsgrößen für die Höhe planmäßiger Abschreibungen:

- die Abschreibungssumme,
- die voraussichtliche (wirtschaftliche) Nutzungsdauer und
- die Abschreibungsmethode.

Die **Abschreibungssumme** ergibt sich grundsätzlich aus den **Anschaffungs- oder Herstellungskosten**, also dem im Rahmen der Zugangsbewertung ermittelten Wert. Im Ausnahmefall sind die Anschaffungs- oder Herstellungskosten noch um einen am Ende der Nutzungsdauer verbleibenden **Restwert** zu vermindern.[148] Relevanz kommt der Berücksichtigung eines Restwerts allerdings nur dann zu, wenn er einen erheblichen Wert aufweist, weil er z. B. aus wertvollem Material besteht. Im Fall der Berücksichtigung eines Restwerts muss dieser wiederum um noch entstehende Abbruch- und Veräußerungskosten reduziert werden. Da sich in der Regel ein Restwert und die anfallenden Abbruch- und Veräußerungskosten ausgleichen, bleibt üblicherweise ein Restwert unberücksichtigt.

Um den Abschreibungsbetrag über einen Zeitraum planmäßig zu verteilen, bedarf es einer Festlegung der **voraussichtlichen Nutzungsdauer** des Vermögensgegenstands. Dabei ist auf die wirtschaftliche und nicht die in der Regel längere technische Nutzungsdauer zurückzugreifen. Während die technische Nutzungsdauer angibt, wie lange ein Vermögensgegenstand genutzt werden kann, bezeichnet die **wirtschaftliche Nutzungsdauer** den ökonomisch sinnvollen Nutzungszeitraum des Vermögensgegenstands. Damit ermittelt sich z. B. die technische Nutzungsdauer für eine Produktionsmaschine auf Basis des Zeitraums, in dem sich das entsprechende Produkt auf der Maschine fertigen lässt. Dagegen stellt die wirtschaftliche Nutzungsdauer den Zeitraum dar, in dem die Maschine wirtschaftlich genutzt werden kann. Diese endet beispielsweise, wenn der Markt für das Produkt entfällt oder sich das Produkt auf einer anderen Maschine zu geringeren Kosten herstellen lässt. Die Festlegung der voraussichtlichen Nutzungsdauer bedarf einer Schätzung auf Grundlage von Erfahrungswerten. Da es sich um einen geplanten Wert handelt, eröffnet die Schätzung der Nutzungsdauer abnutzbarer Vermögensgegenstände einen erheblichen Ermessensspielraum im Rahmen rechnungslegungspolitischer Gestaltung des Jahresabschlusses. Je kürzer die Nutzungsdauer gewählt wird, desto höher ist die jährliche Abschreibung und desto geringer fällt das Jahresergebnis aus (und andersherum). Vor diesem Hintergrund

---

148 Zur Berücksichtigung eines Restwerts vgl. etwa ADS (Rechnungslegung), Tz. 415-417 zu § 253 HGB.

hat die Finanzverwaltung AfA-Tabellen entwickelt, in denen die betriebsgewöhnlichen Nutzungsdauern von Anlagegütern zur Bemessung steuerlicher Abschreibungen angegeben werden. Allerdings orientieren sich diese AfA-Tabellen seit ihrer Überarbeitung im Jahr 2000 an der technischen Nutzungsdauer, so dass sie nicht generell der Bestimmung der handelsrechtlich relevanten wirtschaftlichen Nutzungsdauer zugrunde gelegt werden können.[149] Insofern kann man sich bei Erstellung des Jahresabschlusses als erstem Anhaltspunkt an den AfA-Tabellen orientieren, muss aber immer auch die wirtschaftliche Nutzungsdauer überprüfen. Beim Abbau von **Rohstoffvorkommen** (z.B. Kohle, Kies, Öl) besteht die Besonderheit, dass hier grundsätzlich nicht der Zeitablauf und damit die Nutzungsdauer entscheidend für die Bemessung der Abnutzung ist, sondern sich der Wert des Rohstoffvorkommens insbesondere durch den Umfang des Abbaus bzw. der Fördermengen reduziert. Insofern wird in diesem Fall auf die **Substanzverringerung** abgestellt, so dass es statt Festlegung der Nutzungsdauer einer Schätzung des Gesamtnutzungspotentials (z.B. in Tonnen oder Barrel) bedarf.

Die dritte Bestimmungsgröße planmäßiger Abschreibung stellt das zugrunde gelegte **Abschreibungsverfahren** dar. Dabei ist die Wahl der Abschreibungsmethode grundsätzlich frei. Allerdings muss das verwendete Verfahren nach § 243 Abs. 1 HGB den GoB entsprechen. Dieses bedingt, dass Abschreibungs- und Nutzungsverlauf des Vermögensgegenstands nicht in vollständigem Widerspruch zueinanderstehen dürfen. Insgesamt bestehen handelsrechtlich die in der nachfolgenden Darstellung 6.1 aufgeführten Methoden, die daraufhin jeweils anhand eines Beispiels erläutert werden.

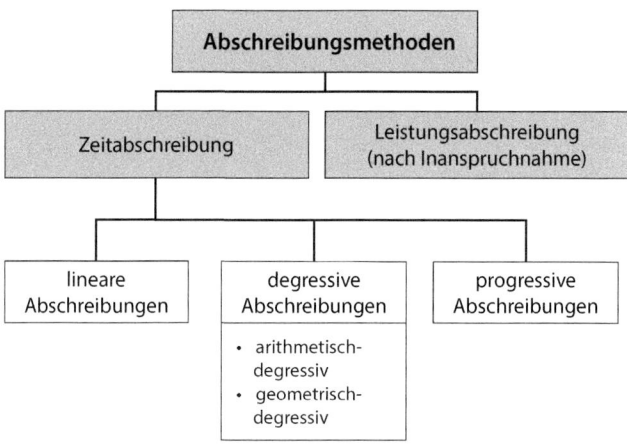

Dar. 6.1: Abschreibungsmethoden nach HGB

---

149 Vgl. Schubert/Andrejewski (Beck'scher Bilanzkommentar), Rn. 231 zu § 253 HGB.

Im Rahmen der Zeitabschreibung wird die Abschreibungssumme mittels eines Verfahrens über die wirtschaftliche Nutzungsdauer verteilt. Dabei ist es denkbar im Zeitablauf konstante (lineare), sinkende (degressive) oder steigende (progressive) jährliche Abschreibungswerte zu verrechnen. Bei der Leistungsabschreibung ermittelt sich dagegen die jährliche Abschreibung nach der Substanzverringerung bzw. Inanspruchnahme des Vermögensgegenstands in Abhängigkeit seines Gesamtnutzungspotentials.

Darstellung der Abschreibungsverfahren

Bei der **linearen Abschreibung** wird die Abschreibungssumme gleichmäßig und damit linear über die Jahre der Nutzung des Vermögensgegenstands verteilt. Damit ergeben sich jährlich gleichbleibende Abschreibungen. Der jährliche Abschreibungsbetrag (A_t) berechnet sich durch die Division der Anschaffungs- oder Herstellungskosten (AnkoHeko) mit der voraussichtlichen Nutzungsdauer (ND). Sofern im Ausnahmefall ein Restwert (RW) am Ende der Nutzungsdauer besteht, sind die Anschaffungs- oder Herstellungskosten vorab um den Restwert zu vermindern.

$$A_t = \frac{\text{AnkoHeko-RW}}{\text{ND}}$$

Beispiel lineare Abschreibung

Die Anschaffungskosten einer Maschine zu Beginn des 1. Jahres belaufen sich auf 280 TEUR. Die voraussichtlich wirtschaftliche Nutzungsdauer wird auf 7 Jahre geschätzt. Ein Restwert am Ende der Nutzungsdauer besteht nicht.

Damit ergibt sich ein jährlicher Abschreibungsbetrag von 40 TEUR (280 TEUR / 7 Jahre) und der in der nachfolgenden Darstellung 6.2 dargestellte Abschreibungsplan über die 7 Jahre.

Im Rahmen der **degressiven Abschreibung** sinken die jährlichen Abschreibungsbeträge im Zeitablauf. Insofern werden zu Beginn des Abschreibungszeitraums relativ hohe und über den Werten bei linearer Abschreibung liegende Abschreibungen erfasst. Zum Ende der Nutzungsdauer hin kommt es dagegen zu einer Ermittlung relativ geringer Abschreibungsbeträge, die sich entsprechend unterhalb der Werte bei linearer Abschreibung bewegen. Folglich sinkt bei degressiver Abschreibung der Restbuchwert des Vermögensgegenstands in den ersten Jahren stärker als in den letzten Jahren der Nutzungsdauer. Dies spiegelt z. B. den typischen Abnutzungsverlauf eines Fahrzeugs wider, das regelmäßig zu Beginn seiner Nutzung (zumindest bei Orientierung an den Neu- und Gebrauchtwagenpreisen) am meisten an Wert verliert. Entsprechendes gilt für Vermögensgegenstände, die einem hohen technischen Fortschritt unterliegen wie Computer oder Handys/Smartphones.

Dar. 6.2: Abschreibungsplan bei linearer Abschreibung (in TEUR)

Jahr (t)	Buchwert zu Beginn des Jahres	Abschreibungsbetrag (At)	Buchwert am Ende des Jahres
1	280	40	240
2	240	40	200
3	200	40	160
4	160	40	120
5	120	40	80
6	80	40	40
7	40	40	0

Bei **geometrisch-degressiver Abschreibung** ermittelt sich der jährliche Abschreibungsbetrag durch Multiplikation eines im Zeitablauf konstanten Abschreibungsprozentsatzes (a) mit dem jeweiligen Restbuchwert des Vermögensgegenstands zu Beginn des Jahres (RBW_{t-1}). Im ersten Jahr wird der Restbuchwert zu Beginn des Jahres durch die Anschaffungs- oder Herstellungskosten des Vermögensgegenstands repräsentiert.

$$A_t = \alpha \times RBW_{t-1}$$

Beispiel geometrisch-degressive Abschreibung

Es liegen die gleichen Daten wie im Beispiel bei linearer Abschreibung zugrunde (Anschaffungskosten 280 TEUR, Nutzungsdauer 7 Jahre). Der jährlich konstante Abschreibungsprozentsatz beträgt 25 %.

Durch Multiplikation eines konstanten Prozentsatzes mit dem Restwert zu Beginn des Jahres kann der Wert Null niemals erreicht werden. Insofern würden die Abschreibungen theoretisch bis ins Unendliche laufen. Vor diesem Hintergrund und der zeitlich begrenzten Nutzungsmöglichkeit des Vermögensgegenstands muss es zu einer Vollabschreibung des Restbuchwerts im letzten Jahr kommen, so dass die geometrisch-degressive Abschreibungsmethodik durchbrochen wird. Zudem widersprechen ein hoher Restwert und damit ein hoher Abschreibungsbetrag im letzten Jahr dem mittels der Vornahme degressiver Abschreibung verfolgten Ziel, zu Beginn und nicht am Ende der Nutzungsdauer hohe Abschreibungen zu erfassen.

Dar. 6.3: Abschreibungsplan bei geometrisch-degressiver Abschreibung (in TEUR)

Jahr (t)	Buchwert zu Beginn des Jahres (RBW$_{t-1}$)	Abschreibungsbetrag (A$_t$)	Buchwert am Ende des Jahres
1	280	(280 × 0,25 =) 70	210
2	210	(210 × 0,25 =) 52,5	157,5
3	157,5	(157,5 × 0,25 =) 39,375	118,125
4	118,125	(118,125 × 0,25 =) 29,531	88,594
5	88,594	(88,594 × 0,25 =) 22,149	66,445
6	66,445	(66,445 × 0,25 =) 16,611	49,834
7	49,834	**49,834**	0

Daher bietet sich statt einer Vollabschreibung des Restbuchwerts im letzten Jahr ein **Wechsel von der geometrisch-degressiven Abschreibung auf die lineare Abschreibung** an.[150] Der Wechsel auf die lineare Abschreibung ist in dem Zeitpunkt sinnvoll, in dem die lineare Abschreibung höhere jährliche Abschreibungsbeträge ergibt, als die Fortführung der degressiven Abschreibung. Damit gelingt es den Vermögensgegenstand mit möglichst hohen Werten vollständig abzuschreiben. Insofern ist zum Ende eines jeden Jahres ein Vergleich der linearen und geometrisch-degressiven Abschreibung vorzunehmen. Dabei ermittelt sich die lineare Abschreibung nach dem jeweiligen Restbuchwert und der jeweiligen Restnutzungsdauer.

Bei der **arithmetisch-degressive Abschreibung** vermindern sich die jährlichen Abschreibungsbeträge kontinuierlich über die Nutzungsdauer um denselben (konstanten) Differenzbetrag (**Degressionsbetrag**). Insofern bilden die arithmetisch-degressiven Abschreibungswerte eine arithmetische Folge. Der Degressionsbetrag berechnet sich nach folgender Formel:

$$\text{Degressionsbetrag} = \frac{\text{AnkoHeko}}{\text{Summe der Nutzungsjahre}}$$

Den Abschreibungsbetrag des 1. Jahres ermittelt man durch Multiplikation des Degressionsbetrags mit der Ordnungszahl des letzten Nutzungsjahres, den des zweiten Jahres durch Multiplikation des Degressionsbetrags mit der Ordnungszahl

---

150 Ein Wechsel von der linearen auf die geometrisch-degressive Abschreibung ist dagegen ausgeschlossen, da dies keinen sachgerechten Abnutzungsverlauf eines Vermögensgegenstands repräsentieren würde und damit gegen die GoB verstößt. Dazu mit a. A. Ballwieser (Münchener Kommentar zum HGB), Rn. 37 zu § 253 HGB; kritisch zum Verbot Wöhe (Bilanzierung), S. 450 und dem Wechsel aufgrund steuerlichen Verbots auch handelsrechtlich keine Bedeutung beilegend Baetge/Kirsch/Thiele (Bilanzen), S. 273.

des zweitletzten Nutzungsjahres usw. Damit ergibt sich die Abschreibung des letzten Jahres durch Multiplikation des Degressionsbetrags mit der Ordnungszahl des ersten Nutzungsjahres (1).

1. Abschreibung 1. JahrDegressionsbetrag × ND
2. Abschreibung 2. JahrDegressionsbetrag × (ND – 1)
3. Abschreibung 3. JahrDegressionsbetrag × (ND – 2)
4. usw. ... bis
5. Abschreibung letztes Jahr der NDDegressionsbetrag × 1

Beispiel arithmetisch-degressive Abschreibung

Dem Beispiel liegen wiederum die gleichen Daten wie dem Beispiel bei linearer und geometrisch-degressiver Abschreibung zugrunde (Anschaffungskosten 280 TEUR, Nutzungsdauer 7 Jahre). Damit ermittelt sich der Degressionsbetrag wie folgt:

$$\text{Degressionsbetrag} = \frac{\text{AnkoHeko}}{\text{Summe der Nutzungsjahre}} = \frac{280}{1+2+3+4+5+6+7}$$

$$\frac{280}{28} = 10$$

Statt die Ordnungszahlen der Nutzungsjahre einzeln zu addieren, kann auch folgende Formel verwendet werden:

$$\text{Summe der Nutzungsjahre} = \frac{ND \times (ND+1)}{2} = \frac{7 \times (7+1)}{2} = \frac{7 \times 8}{2} = \frac{56}{2} = 28$$

Damit resultiert der in Darstellung 6.5 dargestellte Abschreibungsplan.

Dar. 6.5: Abschreibungsplan bei arithmetisch-degressiver Abschreibung (in TEUR)

Jahr (t)	Buchwert zu Beginn des Jahres (RBW$_{t-1}$)	Abschreibungsbetrag (A$_t$)	Buchwert am Ende des Jahres
1	280	(10 × 7 =) 70	210
2	210	(10 × 6 =) 60	150
3	150	(10 × 5 =) 50	100
4	100	(10 × 4 =) 40	60
5	60	(10 × 3 =) 30	30
6	30	(10 × 2 =) 20	10
7	10	(10 × 1 =) 10	0

Die **progressive Abschreibung** weist über die Nutzungsdauer des Vermögensgegenstands jährlich steigende Abschreibungsbeträge auf. Insofern werden zu Beginn des Abschreibungszeitraums relativ geringe und zum Ende hin relativ hohe Abschreibungsbeträge erfasst. Folglich sinkt bei progressiver Abschreibung der Restbuchwert des Vermögensgegenstands in den ersten Jahren weniger stark als in den letzten Jahren der Nutzungsdauer. Die progressive Abschreibung spiegelt insofern das genaue Gegenteil der degressiven Abschreibung wider. Auch hier ist die Abschreibung sowohl in geometrisch-progressiver als auch arithmetisch-progressiver Form möglich. Die Anwendung des progressiven Abschreibungsverfahrens ist handelsrechtlich denkbar, aber äußerst selten. Sie ist dann möglich, wenn die GoB beachtet werden, insbesondere das Vorsichtsprinzip und die sachgerechte Abbildung des Abnutzungsverlaufs.[151] Insofern kann die progressive Abschreibung z.B. bei Vermögensgegenständen mit längerer Anlaufzeit wie Obstplantagen oder Kernkraftwerken in Betracht kommen. Auf Beispielsrechnungen wird hier aufgrund der untergeordneten Bedeutung progressiver Abschreibung verzichtet.[152]

Die **leistungsabhängige Abschreibung** ermittelt die jährlichen Abschreibungsbeträge nach der Höhe der Inanspruchnahme des Vermögensgegenstands. Dieses bedingt im ersten Schritt eine Schätzung des gesamten Nutzungs- oder Leistungspotentials des Vermögensgegenstands wie z.B. die Festlegung der Kapazität in Abhängigkeit produzierbarer Stückzahlen, lauffähiger Maschinenstunden oder fahrbarer Kilometer. Im zweiten Schritt wird die Abschreibungssumme entsprechend der jährlichen Nutzung auf die einzelnen Jahre verteilt. Damit kommt es bei der Leistungsabschreibung nicht zu einer Berechnung der planmäßigen Abschreibungen in Abhängigkeit der Nutzungsdauer und des Zeitablaufs, sondern in Abhängigkeit der jeweiligen Inanspruchnahme bzw. Leistungsabgabe. In der Regel findet daher keine Erfassung einer wirtschaftlichen Entwertung, rechtlichen Begrenzung oder auch technischen Entwertung im Zeitablauf statt. Vielmehr steht die gebrauchsbedingte technische Entwertung im Vordergrund der Überlegungen. Vor diesem Hintergrund kommt die Leistungsabschreibung insbesondere bei substanzbedingten Wertminderungen in Form des Abbaus oder der Förderung von Rohstoffvorkommen wie z.B. Kohle, Kies, Erz, Seltene Erden oder Öl in Betracht.

---

151 Vgl. Coenenberg/Haller/Schultze (Jahresabschluss), S. 168. Vgl. auch Ballwieser (Münchener Kommentar zum HGB), Rn. 36 zu § 253 HGB mit einem Überblick über die für und gegen die progressive Abschreibung sprechenden Argumente.

152 Bei arithmetisch-progressiver Abschreibung ergeben sich z.B. die Abschreibungsbeträge genau andersherum als bei arithmetisch-degressiver Abschreibung (1. Jahr 10 TEUR, 2. Jahr 20 TEUR, 3. Jahr 30 TEUR, 4. Jahr 40 TEUR, 5. Jahr 50 TEUR, 6. Jahr 60 TEUR und 7. Jahr 70 TEUR).

Beispiel Leistungsabschreibung

Es gelten die gleichen Daten wie in den vorherigen Beispielen (Anschaffungskosten 280 TEUR). Auf der Maschine können insgesamt 40.000 Stück produziert werden. Damit ergibt sich der folgende Abschreibungssatz:

$$\text{Abschreibungssatz} = \frac{\text{AntoHeko}}{\text{Nutzungspotential}} = \frac{280.000 \text{ EUR}}{40.000 \text{ Stück}} = 7\frac{\text{EUR}}{\text{Stück}}$$

In Abhängigkeit der jährlichen Nutzung repräsentiert in diesem Beispiel durch die jährlich produzierte Stückzahl (3. Spalte) ergibt sich der in Darstellung 6.6 Abschreibungsplan.

Dar. 6.6: Abschreibungsplan bei leistungsabhängiger Abschreibung (in TEUR)

Jahr (t)	Buchwert zu Beginn des Jahres (RBW$_{t-1}$)	Produzierte Stückzahl	Abschreibungsbetrag (A$_t$) (in TEUR)	Buchwert am Ende des Jahres
1	280	8.000	(8.000 × 7 =) 56	224
2	224	2.000	(2.000 × 7 =) 14	210
3	210	11.000	(11.000 × 7 =) 77	133
4	133	9.000	(9.000 × 7 =) 63	70
5	70	3.000	(3.000 × 7 =) 21	49
6	49	1.000	(1.000 × 7 =) 7	42
7	42	6.000	(6.000 × 7 =) 42	0
Summe		**40.000**	**280**	

Die Abschreibungsverfahren stellen eine Bewertungsmethode dar und unterliegen insofern dem GoB der Vergleichbarkeit in Form der in § 252 Abs. 1 Nr. 6 HGB **Bewertungsstetigkeit**.[153] Durchbrechungen der Stetigkeit sind daher entsprechend § 252 Abs. 2 HGB nur in begründeten Ausnahmefällen möglich. Vor diesem Hintergrund kommt eine Änderung des Abschreibungsplans grundsätzlich nur bei einem begründbaren Wechsel der Abschreibungsmethode, einer Änderung der Nutzungsdauerschätzung, dem Vorliegen nachträglicher Anschaffungs- oder Herstellungskosten oder auch bei der Vornahme außerplanmäßiger Abschreibungen und Zuschreibungen in Betracht.

---

153 Vgl. hierzu Kapitel 2.2.3.3.

Kombination planmäßiger und außerplanmäßiger Abschreibung

Sofern es einer außerplanmäßigen Abschreibung des Vermögensgegenstands bedarf,[154] ist nach Durchführung der außerplanmäßigen Abschreibung die planmäßige Abschreibung anzupassen und fortzuführen. Dabei ist der sich nach außerplanmäßiger Abschreibung ergebende Restbuchwert auf die Restnutzungsdauer zu verteilen. In Abhängigkeit des Grunds für die außerplanmäßige Wertminderung des Vermögensgegenstands kann sich auch die Restnutzungsdauer des Vermögensgegenstands verringert haben, so dass dann der verkürzte Zeitraum die Grundlage zur Ermittlung der verbleibenden planmäßigen Abschreibung bildet.

Beispiel zur Kombination von planmäßiger und außerplanmäßiger Abschreibung

Ein Unternehmen hat am 15. Juli t1 eine Maschine mit Anschaffungskosten von 480 TEUR erworben und die wirtschaftliche Nutzungsdauer auf 12 Jahre geschätzt. Dem Nutzungsverlauf entsprechend wurde als Abschreibungsmethode die lineare Abschreibung gewählt. Am Ende von t6 musste aufgrund eines Kurzschlusses an der Maschine und dem daraus resultierenden Schaden eine außerplanmäßige Abschreibung auf 150 TEUR als Restwert vorgenommen werden. Zudem hat sich durch den Schaden die wirtschaftliche Nutzungsdauer von 12 auf 8 Jahre verkürzt. Der Abschreibungsplan für die Maschine findet sich in Darstellung 6.7.

Die jährliche Abschreibung der Maschine vor Berücksichtigung der außerplanmäßigen Wertminderung in t6 beläuft sich auf 40 TEUR (480 TEUR / 12 Jahre). Aufgrund der unterjährigen Anschaffung im Juli t1 wird nur die zeitanteilige Abschreibung in t1 von 20 TEUR (bei 6 von 12 Monaten) berücksichtigt.[155] Am Ende von t6 ergibt sich nach 5,5 Jahren mithin ein planmäßiger Restbuchwert von 260 TEUR (480 TEUR – 5,5 Jahre × 40 TEUR). Da aufgrund des Kurzschlusses in t6 der Restbuchwert der Maschine am Ende von t6 nur noch 150 TEUR beträgt, muss in t6 neben der planmäßigen Abschreibung von 40 TEUR eine außerplanmäßige Abschreibung von 110 TEUR vorgenommen werden. Der neue Restbuchwert von 150 TEUR ist für die Folgeperioden planmäßig und damit in diesem Fall linear über die nunmehr verkürzte Restnutzungsdauer von 2,5 Jahren (verkürzte Restnutzungsdauer von 8 Jahren – 5,5 bereits genutzte Jahre) zu verteilen. Damit berechnet sich eine neue planmäßige Abschreibung von 60 TEUR jährlich (150 TEUR / 2,5 Jahre).

---

154 Zur außerplanmäßigen Abschreibung im Anlagevermögen im Detail siehe Kapitel 6.3.2.2.

155 Statt die Maschine in t1 *pro rata temporis* (zeitanteilig) abzuschreiben, hätte auch die Vereinfachungsregel angewendet werden können. Die Anschaffung im 2. Halbjahr führt dann zu einer Berücksichtigung des hälftigen Jahresbetrags und demnach hier zum gleichen Ergebnis von 20 TEUR wie bei zeitanteiliger Abschreibung.

Dar. 6.7: Abschreibungsplan bei Kombination von planmäßiger und außerplanmäßiger Abschreibung (in TEUR)

Jahr (t)	Buchwert zu Beginn des Jahres (RBW$_{t-1}$)	Abschreibungsbetrag (A$_t$)	Buchwert am Ende des Jahres
1	480	$(40 \times 6 / 12 =)$ 20	460
2	460	40	420
3	420	40	380
4	380	40	340
5	340	40	300
6	300	$(40 + 110 =)$ 150	150
7	150	$(150 / 2{,}5 =)$ 60	90
8	90	60	30
9	30	30 (für 6 Monate)	0

Besonderheit bei geringwertigen Anlagegütern

Aus Vereinfachungsgründen und unter Beachtung der Wesentlichkeit kann in Anlehnung an die steuerrechtlichen Regelungen zu geringwertigen Wirtschaftsgütern (GWG) bei abnutzbaren Sachanlagen sowie abnutzbaren immateriellen Vermögensgegenständen von geringem Wert eine Sofortabschreibung im Zugangszeitpunkt vorgenommen werden, statt sie über die Nutzungsdauer planmäßig abzuschreiben.[156] Dabei handelt es sich um ein Wahlrecht. An die steuerliche Höchstgrenze von 800 EUR nach § 6 Abs. 2 S. 1 EStG wie u. a. auch an die Voraussetzung eines beweglichen Wirtschaftsguts ist das Handelsrecht nicht gebunden. Handelsrechtlich gilt grundsätzlich eine **Sofortabschreibung von Werten bis 1.000 EUR** als GoB konform. Sofern darüber hinaus die Anschaffungs- oder Herstellungskosten **maximal 250 EUR** betragen, kann zusätzlich als Vereinfachung auf die Aufnahme in das Bestandsverzeichnis verzichtet werden. Wird in der Steuerbilanz das nach § 6 Abs. 2a EStG bestehende Wahlrecht in Anspruch genommen und ein **Sammelposten** für Wirtschaftsgüter mit Anschaffungs- oder Herstellungskosten zwischen 250 EUR und 1.000 EUR gebildet, so kann dieser Sammelposten trotz Durchbrechung des Einzelbewertungsgrundsatzes auch handelsrechtlich übernommen werden, wenn er insgesamt von untergeordneter Bedeutung ist. In diesem Fall besteht darüber hinaus die Möglichkeit den Sammelposten der steuer-

---

156 Vgl. zu den steuer- und handelsrechtlichen Regelungen zu geringwertigen Anlagegütern Schubert/Andrejewski (Beck'scher Bilanzkommentar), Rn. 275-276 zu § 253 HGB m. w. N.

rechtlichen Regel folgend über 5 Jahre aufwandswirksam aufzulösen oder die in dem Sammelposten enthaltenen Anschaffungs- oder Herstellungskosten direkt vollständig abzuschreiben.

6.3.2.2 Außerplanmäßige Abschreibungen des Anlagevermögens

Die Regelungen zur Vornahme außerplanmäßiger Abschreibungen beim Anlagevermögen finden sich in § 253 Abs. 3 HGB. Während sich die planmäßigen Abschreibungen nur auf das abnutzbare Anlagevermögen beziehen, kommen außerplanmäßige Abschreibungen bei sämtlichen Vermögensgegenständen des Anlagevermögens in Betracht. Also auch die nicht abnutzbaren Anlagegüter wie Finanzanlagen (z. B. Beteiligungen, Aktien, Investmentfondsanteile, Ausleihungen), Grundstücke oder auch Anlagen im Bau und geleistete Anzahlungen auf Anlagen fallen in den Regelungsbereich. Im Gegensatz zu dem im Umlaufvermögen anzuwendenden strengen Niederstwertprinzip gilt im Anlagevermögen das **gemilderte Niederstwertprinzip.**[157] Danach besteht bei sämtlichen Gegenständen des Anlagevermögens eine Abschreibungspflicht auf den niedrigeren beizulegenden Wert bei **voraussichtlich dauernder Wertminderung** (§ 253 Abs. 3 S. 5 HGB). Im Fall einer **voraussichtlich vorübergehenden Wertminderung** herrscht dagegen für Sachanlagen und immaterielle Vermögensgegenstände ein Abschreibungsverbot, während für Finanzanlagen ein Abschreibungswahlrecht nach § 253 Abs. 3 S. 6 HGB vorliegt. Diese Regelungen gelten für alle Unternehmen und unabhängig von Rechtsform und Größe.

Vor diesem Hintergrund ist immer das **Kriterium der Dauerhaftigkeit** zu klären, also wann eine voraussichtlich dauerhafte und wann eine voraussichtlich vorübergehende Wertminderung vorliegt. Eine dauerhafte Wertminderung besteht nur dann, wenn der Wert des Vermögensgegenstands am Abschlussstichtag während eines erheblichen Teils der Restnutzungsdauer unter dem sich bei planmäßiger Abschreibung ergebenen Restbuchwert liegt.[158] Unter einem erheblichen Teil werden in der Regel die halbe Restnutzungsdauer oder maximal 5 Jahre verstanden.[159] Da sich beim nicht abnutzbaren Anlagevermögen nicht vorgenommene Wertminderungen im Zeitablauf auch nicht durch planmäßige Abschreibungen ausgleichen, ist im Zweifel aus Vorsichtsgründen bei diesen Vermögensgegenständen eher von einer voraussichtlich dauerhaften Wertminderung auszugehen.[160] Beispiele für eine vorübergehende Wertminderung sind Börsenkursschwankungen, Anlaufverluste bei Beteiligungsgesellschaften oder auch durch das gewählte Abschreibungsverfahren auftretende Differenzen zwischen Zeit- und Buchwert. Dagegen handelt es sich in den Fällen von Schäden am Vermögensgegenstand

---

157 Vgl. ausführlich zu sämtlichen Regelungen außerplanmäßiger Abschreibungen sowie zu der vom Gesetzgeber vorgenommenen Differenzierung zwischen Anlage- und Umlaufvermögen Kapitel 4.3.
158 Vgl. stellvertretend für viele ADS (Rechnungslegung), Tz. 477 zu § 253 HGB.
159 Vgl. WP-Handbuch (Wirtschaftsprüfung und Rechnungslegung), Kapitel F, Tz. 183 m. w. N.
160 Vgl. ADS (Rechnungslegung), Tz. 478 zu § 253 HGB.

durch Naturereignisse (z. B. Blitzeinschlag, Überflutungsschäden), bei erheblichem technischen Fortschritt, bei einem Sinken des Ertragswerts von Beteiligungsgesellschaften oder auch bei erheblichen finanziellen Problemen von Schuldnern grundsätzlich um dauerhafte Wertminderungen.[161]

So führt beispielsweise das **Absinken des Börsenkurses** einer unter den Finanzanlagen angesetzten Aktie regelmäßig nicht zu einer Abschreibungspflicht aufgrund dauerhafter Wertminderung, sondern allein zu einem Abschreibungswahlrecht durch das Bestehen einer voraussichtlich vorübergehenden Wertminderung. Börsenkursschwankungen basieren auf Angebot und Nachfrage der Aktie bei am Markt agierenden Käufern und Verkäufern mit unvollkommenen Informationen. Darüber hinaus beeinflussen auch Spekulationsgeschäfte den Börsenkurs. Dies hat keine Auswirkungen auf den Wert des Unternehmens, an dem die Aktie gehalten wird. Insofern kommt es im Zeitablauf mit sich ändernden Markterwartungen auch wieder zu Börsenkurssteigerungen, so dass es sich bei einem Absinken des Börsenkurses grundsätzlich nur um eine voraussichtlich vorübergehende Wertminderung handelt. Anders ist der Fall gelagert, wenn der **Unternehmenswert** des Unternehmens sinkt, auf das sich die Aktie bezieht. Der Unternehmenswert wird regelmäßig durch den Ertragswert (oder eines mittels *Discounted Cash Flow* (DCF)-Verfahren ermittelten Werts) repräsentiert. Der Ertrags- und damit Unternehmenswert nimmt ab, wenn das Unternehmen zukünftig z. B. geringere finanzielle Überschüsse (Jahresergebnisse, Cashflows) erwirtschaftet, weil etwa durch den Eintritt neuer Marktteilnehmer künftig der Marktanteil und infolgedessen auch Umsatz und Ergebnis des Unternehmens sinken. Fällt der Unternehmenswert, wird sich auch der Aktienkurs nachhaltig auf einem tieferen Niveau einpendeln. Somit liegt hier eine voraussichtlich dauernde Wertminderung vor mit der sich daraus ergebenden Pflicht zur außerplanmäßigen Abschreibung der Aktie.

Bei **Wegfall der Gründe für eine außerplanmäßige Abschreibung** in einer späteren Periode besteht nach § 253 Abs. 5 S. 1 HGB ein generelles **Zuschreibungsgebot**. Der infolge außerplanmäßiger Abschreibung niedrigere Wertansatz des Vermögensgegenstands darf nicht beibehalten werden. Bei Zuschreibung darf die Wertaufholung die Anschaffungs- oder Herstellungskosten bzw. im Fall planmäßiger Abschreibung die fortgeführten Anschaffungs- oder Herstellungskosten als **Wertobergrenze** nach § 253 Abs. 1 S. 1 HGB nicht überschreiten. Nach vorgenommener Wertaufholung bedarf es bei abnutzbaren Gegenständen des Anlagevermögens auch einer Anpassung der in den Folgeperioden weiterzuführenden planmäßigen Abschreibungen. Der sich nach Zuschreibung ergebende Restbuchwert ist infolgedessen auf die Restnutzungsdauer zu verteilen. Das gesetzlich kodifizierte Gebot zur Wertaufholung bezieht sich immer nur auf einen Wegfall des Grundes und damit einer Korrektur bzw. Rückgängigmachung außerplanmäßiger Abschreibungen und niemals auf eine Korrektur erhöhter planmäßiger Abschreibungen. Als einzige Ausnahme von der geltenden Zuschreibungspflicht bei Weg-

---

161 Zu den Beispielen vorübergehender und dauerhafter Wertminderung vgl. WP-Handbuch (Wirtschaftsprüfung und Rechnungslegung), Kapitel F, Tz. 182 und 183.

fall von Gründen für außerplanmäßige Abschreibungen besteht nach § 253 Abs. 5 S. 2 HGB ein **Zuschreibungsverbot für den Geschäfts- oder Firmenwert**. Dieses Wertaufholungsverbot bzw. die Weiterführung des niedrigeren Wertansatzes liegt darin begründet, dass es ansonsten zu einer verbotenen Aktivierung eines originären Geschäfts- oder Firmenwerts käme.[162]

Beispiel zur außerplanmäßigen Abschreibung und Zuschreibung

Ein Unternehmen hat am 15. Juni t1 eine Maschine mit Anschaffungskosten von 80 TEUR erworben. Die Nutzungsdauer beträgt 8 Jahre. Die Maschine wird linear unter Anwendung der (Halbjahres-) Vereinfachungsregel abgeschrieben. In t2 ist neben der planmäßigen Abschreibung zusätzlich eine außerplanmäßige von 18 TEUR vorzunehmen. Am Ende von t4 stellt das Unternehmen überraschend fest, dass der Grund für die außerplanmäßige Abschreibung in t2 nicht mehr besteht.

Dar. 6.8: Abschreibungsplan bei Vornahme von Ab- und Zuschreibungen (in TEUR)

Jahr (t)	Buchwert zu Beginn des Jahres (RBW$_{t-1}$)	Abschreibungsbetrag (A$_t$)	Buchwert am Ende des Jahres
1	80	(80 / 8 =) 10	70
2	70	(10 + 18 =) 28	42
3	42	(42 / 6 =) 7	35
4	35	(-7 + 12 =) 5 (Wertaufholung)	40
5	40	(40 / 4 =) 10	30
6	30	10	20
7	20	10	10
8	10	10	0

Die jährliche Abschreibung der Maschine vor Berücksichtigung der außerplanmäßigen Wertminderung in t2 beläuft sich zunächst auf 10 TEUR (80 TEUR / 8 Jahre). Aufgrund der unterjährigen Anschaffung im Juni und damit im ersten Halbjahr von t1 kommt es durch Anwendung der Vereinfachungsregel zu einer Erfassung des vollen Jahresabschreibungsbetrags von 10 TEUR im Zugangsjahr statt einer nur monatlich zeitanteiligen Abschreibung (die hier 10 × 7 / 12 = 5,83 TEUR in t1 betragen würde). Der Restbuchwert der Maschine am Ende von t2 beläuft sich nach planmäßiger Abschreibung von 10 TEUR und zusätzlich außer-

---

162 Vgl. BT-Drucksache 16/10067, S. 57 und ausführlicher Kapitel 6.5.1.

planmäßiger Abschreibung von 18 TEUR auf 42 TEUR. Damit ergibt sich in der Folge ein planmäßiger Abschreibungsbetrag von 7 TEUR jährlich (42 TEUR Restbuchwert / 6 Jahre Restnutzungsdauer). Am Ende von t4 resultiert damit ein Restbuchwert von 28 TEUR (35 TEUR – 7 TEUR). Da allerdings in t4 der Grund für die in t2 vorgenommene außerplanmäßige Abschreibung entfallen ist, bedarf es einer Zuschreibung auf die fortgeführten Anschaffungskosten als Wertobergrenze. Die planmäßig fortgeführten Anschaffungskosten der Maschine (ohne außerplanmäßige Abschreibung in t2) am Ende von t4 belaufen sich auf 40 TEUR (80 TEUR Anschaffungskosten – 4 Jahre × 10 TEUR Abschreibung). Damit ergibt sich in t4 eine Werterhöhung des Restbuchwerts der Maschine von 35 TEUR auf 40 TEUR, so dass sich insgesamt ein positiver Ergebniseffekt von 5 TEUR ergibt. Allerdings wird diese Zuschreibung nicht netto erfasst, sondern es bedarf sowohl einer Erfassung des Aufwands aus planmäßiger Abschreibung in t4 als auch einer Erfassung des Ertrags aus der Zuschreibung der Maschine. Die Buchungssätze am Ende von t4 lauten:

Aufwand (Abschreibungen auf immaterielle Vermögensgegenstände des Anlagevermögens und Sachanlagen) an Technische Anlagen und Maschinen 7 TEUR
Technische Anlagen und Maschinen an Ertrag (Sonstige betriebliche Erträge) 12 TEUR
Ab t5 ermittelt sich in der Folge eine planmäßige Abschreibung von 10 TEUR (40 TEUR Restbuchwert nach Zuschreibung / 4 Jahre Restnutzungsdauer).

Für den der außerplanmäßigen Abschreibung im Anlagevermögen zugrunde zu legenden **Wertmaßstab »niedrigerer beizulegender Wert«**[163] findet sich keine weitere Definition oder Ermittlungsvorschrift im Gesetz. Um Anlagevermögen handelt es sich grundsätzlich dann, wenn für den Vermögensgegenstand eine längerfristige Nutzungsabsicht im Unternehmen besteht. Insofern ist wegen fehlender Verkaufsabsicht zunächst primär der Beschaffungsmarkt maßgeblich und infolgedessen auf den **Wiederbeschaffungspreis** zurückzugreifen. Existiert ein **Börsen- oder Marktpreis**, wie z. B. bei börsennotierten Wertpapieren des Anlagevermögens, repräsentiert dieser den Wiederbeschaffungswert. Bei abnutzbaren Vermögensgegenständen lassen sich zudem ein Wiederbeschaffungszeitwert und ein fortgeführter Wiederbeschaffungsneuwert differenzieren. Zunächst ist der **Wiederbeschaffungszeitwert** als Wert für einen Vermögensgegenstand gleichen Alters und Zustands zu verwenden. Dies bedingt allerdings die Existenz eines Markts, wie einen Gebrauchtmaschinen- oder Gebrauchtwagenmarkt. Kann nicht auf einen derartigen Marktpreis zurückgegriffen werden, bietet sich die Nutzung des **Wiederbeschaffungsneuwerts abzüglich planmäßiger Abschreibungen** an. Bei Fehlen eines Beschaffungsmarkts wie bei selbst erstellten Vermögensgegenständen des Anlagevermögens kommt da-

---

163 Vgl. zu den einzelnen Wertmaßstäben und der zu verwendenden Reihenfolge ADS (Rechnungslegung), Tz. 457 – 466 zu § 253 HGB; Schubert/Andrejewski (Beck'scher Bilanzkommentar), Rn. 306 – 308 zu § 253 HGB; Tiedchen (Beck OGK), Rn. 161 zu § 253 HGB m. w. N.

gegen der **Reproduktionswert** als Vergleichsmaßstab in Betracht. Sofern bei einem Vermögensgegenstand des Anlagevermögens nicht mehr die Nutzungsabsicht im Vordergrund steht, sondern das Unternehmen einen Verkauf oder eine Stilllegung beabsichtigt, ist für diesen **Ausnahmefall** auf den **Einzelveräußerungspreis** abzustellen. Darüber hinaus gibt es Vermögensgegenstände, für die sich weder aufgrund mangelnder Wiederbeschaffungsmöglichkeit Wiederbeschaffungspreise noch bei Veräußerungsabsicht Verkaufspreise feststellen lassen. Hierbei kann es sich z. B. um Beteiligungen, Patente oder vermietete Objekte handeln. In diesem Fall verbleibt nur die Nutzung eines Ertragswerts als Bestimmungsgröße für den niedrigeren beizulegenden Wert. Der **Ertragswert** ermittelt sich als Barwert künftig erwarteter und damit geschätzter Ertrags- oder Einzahlungsüberschüsse und bedingt mithin die Anwendung eines Bewertungsmodells wie das Ertragswert- oder die *Discounted Cash Flow* (DCF)-Verfahren.

6.4 Ausweisregelungen und Angabepflichten des Anlagevermögens

Für sämtliche Unternehmen gilt, dass nach § 247 Abs. 1 HGB das Anlagevermögen gesondert auszuweisen und hinreichend aufzugliedern ist. Die Festlegung der Gliederungstiefe muss sich dabei an den GoB orientieren, wie z. B. den Grundsätzen der Übersichtlichkeit, Klarheit und Wesentlichkeit. Kapitalgesellschaften, haftungsbeschränkte Personengesellschaften, Genossenschaften und unter das PublG fallende Gesellschaften haben darüber hinaus zwingend das in **Kapitel 6.1 dargestellte Mindestgliederungsschema** des § 266 Abs. 2 A. HGB für das Anlagevermögen anzuwenden. Für die in § 267 Abs. 1 HGB definierten kleinen Kapitalgesellschaften und ihnen gleichgestellte Unternehmen reicht dabei eine Untergliederung in immaterielle Vermögensgegenstände, Sachanlagen und Finanzanlagen aus.[164] Zudem sind die allgemeinen Gliederungsgrundsätze nach § 265 HGB zu beachten. So können u. a. weitere Untergliederungen vorgenommen, Leerposten nicht aufgeführt, neue Posten und Zwischensummen eingefügt oder auch die Bezeichnung sowie Gliederung bestimmter Posten geändert werden. So weisen z. B. Reedereien ihre »Schiffe« und Fluggesellschaften ihre »Flugzeuge« regelmäßig gesondert in den Sachanlagen aus, statt sie dem Posten »Technische Anlagen und Maschinen« zu subsummieren.

Darüber hinaus bestehen in Bezug auf das Anlagevermögen zahlreiche **Berichtspflichten im Anhang**, u. a. die

- Angabe des gewählten Abschreibungsverfahrens (§ 284 Abs. 2 Nr. 1 HGB).
- Angabe von Änderungen eines Abschreibungsverfahrens mit Begründung des Wechsels und Darstellung des Einflusses der Methodenänderung auf die Vermögens-, Finanz- und Ertragslage (§ 284 Abs. 2 Nr. 2 HGB).

---

164 Vgl. § 266 Abs. 1 S. 3 HGB. Für die in § 267a HGB definierten Kleinstkapitalgesellschaften gilt die allgemeine Regelung nach § 247 Abs. 1 HGB (vgl. § 266 Abs. 1 S. 4 HGB).

- Aufstellung eines **Anlagespiegels,** der die Entwicklung der einzelnen Posten des Anlagevermögens darstellt (§ 284 Abs. 3 HGB). Dabei existieren verschiedene Aufstellungsmöglichkeiten die zumindest auf Grundlage der gesetzlichen Vorgabe die Anschaffungs- oder Herstellungskosten, die Zugänge, Abgänge, Umbuchungen und Zuschreibungen des Jahres sowie die Abschreibungen (kumuliert zu Beginn und Ende des Jahres, die im Laufe des Jahres vorgenommenen Abschreibungen sowie die kumulierten Abschreibungen im Zusammenhang mit Zu- und Abgängen im Laufe des Jahres) beinhalten müssen.
- Angaben über die Einbeziehung von Zinsen für Fremdkapital in die Herstellungskosten (§ 284 Abs. 2 Nr. 4 HGB). Sofern Zinsen einbezogen worden sind, bedarf es darüber hinaus für jeden Posten des Anlagevermögens der Nennung des Betrags der im laufenden Jahr in den Herstellungskosten aktivierten Zinsen (§ 284 Abs. 3 S. 4 HGB).
- Angaben zu Beteiligungen wie beispielsweise einer Anteilsbesitzliste (§ 285 Nr. 11, 11a, 11b HGB)
- Angaben bei Ausübung des Abschreibungswahlrechts für Finanzanlagen bei einer voraussichtlich vorübergehenden Wertminderung nach § 253 Abs. 3 S. 6 HGB (§ 285 Nr. 18 HGB). Im Fall des Unterlassens der Vornahme von außerplanmäßigen Abschreibungen müssen sowohl Buch- und Zeitwert des Vermögensgegenstands als auch die Gründe für das Unterlassen der Abschreibung einschließlich der Anhaltspunkte für eine nur vorübergehende Wertminderung aufgeführt werden.
- Angaben bei Ausübung des Ansatzwahlrechts für selbst erstellte immaterielle Vermögensgegenstände des Anlagevermögens nach § 248 Abs. 2 S. 1 HGB (§ 285 Nr. 22 HGB). Im Fall der Aktivierung besteht die Verpflichtung zur Nennung des Gesamtbetrags der Forschungs- und Entwicklungskosten des Geschäftsjahres sowie des davon auf die selbst erstellten immateriellen Vermögensgegenstände entfallenden Betrags.

Kleine Kapitalgesellschaften und ihnen gleichgestellte Unternehmen brauchen nach § 288 Abs. 1 Nr. 1 HGB mit Ausnahme der ersten beiden oben aufgeführten Angabepflichten (Darstellung der Abschreibungsverfahren und Angaben bei Durchbrechung der Bewertungsmethodenstetigkeit) die übrigen hier dargestellten Anhangsangaben zum Anlagevermögen nicht zu machen.

6.5 Ausgewählte Bilanzposten

6.5.1 Geschäfts- oder Firmenwert

Der Geschäfts- oder Firmenwert setzt sich aus einer Vielzahl unterschiedlicher wirtschaftlicher Wertkomponenten zusammen, die alle keine (immateriellen) Vermögensgegenstände repräsentieren, da ihnen die Bewertbarkeit und/oder selbständige Verwertbarkeit fehlt/en. Der Geschäfts- oder Firmenwert umfasst mithin alle nicht ansatzfähigen Werte eines Unternehmens. Dazu zählen etwa der Wert des Vertriebsnetzes, der Wert der Organisationsstruktur, der Ruf des Unternehmens, die Managementqualität, das Know-how der Mitarbeiter, Standortvorteile oder der Wert des Kundenstamms. Grundsätzlich entstehen diese Werte im Laufe der Unternehmenstätigkeit und stellen den **originären Geschäfts- oder Firmenwert** dar. Für diesen selbst geschaffenen Geschäfts- oder Firmenwert besteht ein **Ansatzverbot**, weil ihm mangels Kaufpreis für das Unternehmen die Objektivierung fehlt. Zudem fehlt neben seiner Bewertbarkeit auch die Einzelveräußerbarkeit. Sofern der Geschäfts- oder Firmenwert aber z. B. im Rahmen eines Unternehmenserwerbs entgeltlich erworben wurde, handelt es sich um den **derivativen Geschäfts- oder Firmenwert**. Durch den entgeltlichen Erwerb besteht ein objektivierter Wert für das Unternehmen insgesamt und damit auch für den derivativen Geschäfts- oder Firmenwert, so dass seine Bewertbarkeit gegeben ist. Gleichwohl fehlt es ihm weiter an der selbständigen Verwertbarkeit. Nichtsdestotrotz gilt er mittels gesetzlicher Fiktion nach § 246 Abs. 1 S. 4 HGB als ein zeitlich begrenzt nutzbarer Vermögensgegenstand, obwohl er wie ausgeführt die Definition eines Vermögensgegenstands nicht erfüllt. In der Folge kommt es aufgrund des Vollständigkeitsgrundsatzes nach § 246 Abs. 1 S. 1 HGB zu einem **Ansatzgebot** für den derivativen Geschäfts- oder Firmenwert.[165]

Ein derivativer Geschäfts- oder Firmenwert entsteht im Einzelabschluss bei einem *asset deal.* Bei einem *asset deal* erfolgt der Unternehmenserwerb durch die Übertragung der Vermögensgegenstände und Schulden auf den Käufer im Wege der Einzelrechtsnachfolge. Anders ausgedrückt werden die Vermögensgegenstände und Schulden einzeln gegen Zahlung eines Gesamtkaufpreises erworben. Der Geschäfts- oder Firmenwert ergibt sich dann rechnerisch als positiver Unterschiedsbetrag zwischen dem Kaufpreis für das Unternehmen und dem zu Zeitwerten bewerteten Eigenkapital der Gesellschaft. Das **zu Zeitwerten bewertete Eigenkapital** repräsentiert den Substanzwert des erworbenen Unternehmens, d. h. den Wert des Eigenkapitals, wenn die einzelnen Vermögensgegenstände und Schulden im Zeitpunkt der Übernahme veräußert bzw. gekauft werden. Der Substanzwert beinhaltet damit neben dem bilanziellen Eigenkapital auch sämtliche **stillen Reserven und Lasten**, die durch die Ausübung von Ansatz- und Bewertungsmöglichkeiten oder durch die Einhaltung der Ansatz- und Bewertungsgebote bzw. entsprechender Verbote entstehen. Der **Kaufpreis** oder eine anderweitige Gegenleistung für das Unternehmen spiegelt den Unternehmenswert wider. Dieser Unternehmenswert weicht in der Regel vom zu Zeitwerten bewerteten Eigenkapital des Unternehmens ab, da ein dem Kauf zugrundeliegender Unternehmenswert grundsätzlich als Barwert der künftig erzielbaren Cashflows oder der künftig erzielbaren Jahresergebnisse ermittelt wird.[166]

---

165 Durch diese Vorgehensweise hat es der Gesetzgeber erreicht, ohne eine Änderung des handelsrechtlichen Vermögensgegenstandsbegriffs den derivativen Geschäfts- oder Firmenwert einer Ansatzpflicht und den allgemeinen Bewertungsvorschriften zu unterwerfen. Vgl. BT-Drucksache 16/10067, S. 47 f.

166 Grundsätzlich ist im Rahmen der Unternehmensbewertung ein mittels *Discounted Cash Flow*- oder Ertragswertverfahren zu bestimmender Unternehmenswert zu ermitteln,

Beispiel zum derivativen Geschäfts- und Firmenwert

Die »Käufer GmbH« erwirbt zum 31.12.t2 Unternehmen »Kaufobjekt GmbH« im Wege eines *asset deals* durch Übernahme der einzelnen Vermögensgegenstände und Schulden zu einem Kaufpreis von 1.500 TEUR. In den Grundstücken der »Kaufobjekt GmbH« sind (nicht bilanzierte) stille Reserven von 300 TEUR enthalten. Die Bilanzen der »Käufer GmbH« und der »Kaufobjekt GmbH« (in TEUR) haben folgendes Aussehen zum Erwerbszeitpunkt:

Aktiva	Bilanz Kaufobjekt GmbH zum 31.12.t2		Passiva
Grundstücke	800	Eigenkapital	1.000
Vorräte	600	Verbindlichkeiten	400
Bilanzsumme	1.400	Bilanzsumme	1.400

Aktiva	Bilanz Käufer GmbH zum 31.12.t2		Passiva
Bank	2.000	Eigenkapital	2.000
Bilanzsumme	2.000	Bilanzsumme	2.000

Der Geschäfts- oder Firmenwert errechnet sich nunmehr wie folgt (in TEUR):

Kaufpreis		1.500
– Eigenkapital zu Zeitwerten		
Zeitwert der Aktiva (800 + 300 + 600 =)	1.700	
– Zeitwert der Schulden	400	1.300
= Geschäfts- oder Firmenwert		200

Damit hat die »Käufer GmbH« den Erwerb der »Kaufobjekt GmbH« zum 31.12. t2 wie folgt zu buchen:
Grundstücke 1.100
Vorräte 600
Geschäfts- oder Firmenwert 200
an Bank 1.500
an Verbindlichkeiten 400

---

der sich durch Diskontierung der vom Bewertungsstichtag bis in die Unendlichkeit ergebenden finanziellen Überschüsse des Unternehmens errechnet.

Somit ergibt sich die folgende Bilanz der »Käufer GmbH« zum 31.12.t2 nach Übernahme:

Aktiva	Bilanz Käufer GmbH nach Übernahme zum 31.12.t2		Passiva	
Geschäfts- oder Firmenwert		200	Eigenkapital	2.000
Grundstücke		1.100	Verbindlichkeiten	400
Vorräte		600		
Bank		500		
Bilanzsumme		2.400	Bilanzsumme	2.400

Bei einem *share deal* erwirbt der Käufer das Unternehmen im Gegensatz zu einem *asset deal* durch Kauf der vollständigen oder mehrheitlichen Beteiligung im Wege der Gesamtrechtsnachfolge. Die Beteiligung ist in Folge zu Anschaffungskosten in Höhe des Kaufpreises im Finanzanlagevermögen anzusetzen, so dass im Einzelabschluss **kein Unterschiedsbetrag** entstehen kann.[167]

Da der entgeltliche erworbene Geschäfts- oder Firmenwert nach § 246 Abs. 1 S. 4 HGB als **zeitlich begrenzt nutzbarer** Vermögensgegenstand gilt, besteht die Pflicht ihn nach § 253 Abs. 3 S. 1 und 2 HGB **planmäßig** über seine voraussichtliche Nutzungsdauer **abzuschreiben**. Sofern im Ausnahmefall die voraussichtliche Nutzungsdauer nicht verlässlich geschätzt werden kann, ist gem. § 253 Abs. 3 S. 4 i. V. m. S. 3 HGB zwingend ein Zeitraum von 10 Jahren zugrunde zu legen. Zudem hat nach § 285 Nr. 13 HGB bei Aufstellungspflicht eines Anhangs eine Erläuterung des Abschreibungszeitraums zu erfolgen. Neben der Vornahme planmäßiger Abschreibungen existiert nach § 253 Abs. 3 S. 5 HGB eine **Pflicht zur außerplanmäßigen Abschreibung** des Geschäfts- oder Firmenwerts **bei voraussichtlich dauerhafter Wertminderung**. Bei voraussichtlich vorübergehender Wertminderung kommt dagegen wie bei allen anderen immateriellen Vermögengegenständen eine außerplanmäßige Abschreibung nicht in Betracht. Bei Wegfall der Gründe für eine außerplanmäßige Abschreibung besteht als einzige Ausnahme vom generellen Wertaufholungsgebot ein **Zuschreibungsverbot** für den Geschäfts- oder Firmenwert nach § 253 Abs. 5 S. 2 HGB. Dieses Wertaufholungsverbot liegt darin begründet, dass es ansonsten zu einer verbotenen Aktivierung eines originären Geschäfts- oder Firmenwerts käme. Denn grundsätzlich basiert die Werterholung nicht auf dem Wegfall des Grundes für die außerplanmäßige Abschreibung des derivativen Geschäfts- oder Firmenwerts. Vielmehr resultiert eine Werterholung auf

---

167 In diesem Fall entsteht allerdings ein Geschäfts- oder Firmenwert im Konzernabschluss im Rahmen der Kapitalkonsolidierung bei Aufrechnung der Beteiligung mit dem Eigenkapital des erworbenen Unternehmens.

der Geschäfts- oder Betriebstätigkeit des Erwerbers, die u. a. auch die Geschäftstätigkeit des ursprünglich erworbenen Unternehmens beinhaltet, bei dessen Kauf der Geschäfts- oder Firmenwert entstanden ist.[168]

6.5.2 Selbst erstellte immaterielle Vermögensgegenstände

Wie in Kapitel 3.2 ausführlich erläutert besteht nach § 248 Abs. 2 S. 1 HGB ein **Ansatzwahlrecht** für selbst erstellte immaterielle Vermögensgegenstände des Anlagevermögens (z. B. selbstentwickelte Patente oder Software). Das Wahlrecht kommt allerdings nur dann zur Anwendung, wenn nicht aufgrund mangelnder selbständiger Bewertbarkeit das **Ansatzverbot** für selbst geschaffene Marken, Drucktitel, Verlagsrechte, Kundenlisten oder vergleichbare immaterielle Vermögensgegenstände des Anlagevermögens nach § 248 Abs. 2 S. 2 HGB greift. Problematisch bei Aktivierung dieses selbst geschaffenen Vermögensgegenstands ist insbesondere die Objektivierung des zugrunde zu legenden Werts.[169] Handelt es sich dagegen aufgrund der beabsichtigten Zweckbestimmung nicht um einen selbst erstellten immateriellen Vermögensgegenstand des Anlage-, sondern des Umlaufvermögens, besteht eine **Ansatzpflicht** für diesen nur kurzfristig im Unternehmen verbleibenden Vermögensgegenstand. Aber auch hier tritt natürlich das nachfolgend beschriebene Problem der Objektivierung des Werts auf.

Die **Bewertung** des selbst erstellten immateriellen Vermögensgegenstands des Anlage- oder Umlaufvermögens hat bei Zugang zwingend mit den **Herstellungskosten** zu erfolgen (§ 253 Abs. 1 S. 1 i. V. m. § 255 Abs. 2, 2a und 3 HGB). Dabei umfassen nach § 255 Abs. 2a S. 1 HGB die Herstellungskosten eines selbst erstellten immateriellen Vermögensgegenstands die bei dessen **Entwicklung** anfallenden Aufwendungen. Der **Umfang** der Entwicklungskosten ermittelt sich nach den allgemeinen Regeln zur Bestimmung der Herstellungskosten.[170] Insofern umfassen die Entwicklungskosten sowohl Material- und Fertigungskosten in der Form von Einzel- und Gemeinkosten als auch wahlweise Verwaltungsgemeinkosten, bestimmte soziale Aufwendungen und Fremdkapitalzinsen. Im Gegensatz zu den Entwicklungskosten dürfen **Forschungskosten** gem. § 255 Abs. 2 S. 4 HGB nicht in die Herstellungskosten einbezogen werden. Insofern bedarf es einer **Trennung** zwischen Forschungs- und Entwicklungskosten, um das Ansatzwahlrecht im Anlagevermögen ausnutzen bzw. der Pflicht zur Aktivierung im Umlaufvermögen nachkommen zu können.

Zur **Abgrenzung** zwischen Forschung und Entwicklung hat der Gesetzgeber Definitionen für diese Begriffe festgelegt, an denen man sich zu orientieren hat.[171]

---

168 Vgl. BT-Drucksache 16/10067, S. 57.
169 Zum Spannungsverhältnis von ökonomischer Brauchbarkeit und Objektivität einschließlich der Begründung für die Einführung des Ansatzwahlrechts selbst erstellter immaterieller Vermögensgegenstände des Anlagevermögens vgl. umfassend Kapitel 3.2.
170 Vgl. § 255 Abs. 2a S. 1 i. V. m. Abs. 2 HGB. Siehe hierzu ausführlich Kapitel 4.2.2.
171 Vgl. hierzu im Folgenden einschließlich der verschiedenen Begriffe BT-Drucksache 16/10067, S. 60 f.

Nach § 255 Abs. 2a S. 3 HGB ist **Forschung** »die eigenständige und planmäßige Suche nach neuen wissenschaftlichen oder technischen Erkenntnissen oder Erfahrungen allgemeiner Art, über deren technische Verwertbarkeit und wirtschaftlichen Erfolgsaussichten grundsätzlich keine Aussagen gemacht werden können«. Forschung richtet sich damit auf die Erlangung neuer Kenntnisse oder auch die Suche nach Alternativen für Materialien, Produkte, Verfahren, Vorrichtungen, Systeme und Dienstleistungen. Ein unmittelbarer Bezug zu einem konkreten Produkt oder einem konkreten Produktionsverfahren liegt noch nicht vor. Als **Entwicklung** definiert § 255 Abs. 2a S. 2 HGB »die Anwendung von Forschungsergebnissen oder von anderem Wissen für die Neuentwicklung von Gütern oder Verfahren oder die Weiterentwicklung von Gütern oder Verfahren mittels wesentlicher Änderungen«. Den Gütern sind Materialien, Produkte, geschützte Rechte, ungeschütztes Know-How oder auch Dienstleistungen, den Verfahren typische Produktions- und Herstellungsverfahren sowie entwickelte Systeme zu subsummieren. Die Entwicklung bezieht sich damit auf den Entwurf, Konstruktion und Test neuer Prototypen und Modelle wie z. B. den Betrieb einer Pilotanlage oder den Entwurf von Werkzeugen, Spannvorrichtungen und Gussformen unter Verwendung neuer Technologien. Zum **Übergang von Forschung zu Entwicklung** kommt es dann, wenn vom systematischen Suchen auf ein Erproben und Testen der gewonnenen Erkenntnisse oder Fertigkeiten übergegangen wird. Ab dem Zeitpunkt der Aktivierung der Entwicklungskosten »muss mit hoher Wahrscheinlichkeit davon ausgegangen werden können, dass ein einzeln verwertbarer immaterieller Vermögensgegenstand des Anlagevermögens zur Entstehung gelangt«[172]. Dagegen liegt bezogen auf die Vermögensgegenstandseigenschaft des Forschungsergebnisses grundsätzlich eine erhebliche Unsicherheit vor. Wie die Ausführungen verdeutlichen besteht kein eindeutiges Kriterium für die Abgrenzung zwischen Forschung und Entwicklung bzw. den Übergang zwischen beiden. Vielmehr gehen die Phasen oftmals fließend ineinander über. Darüber hinaus wird es problematisch, wenn Forschung und Entwicklung nicht nacheinander, sondern abwechselnd erfolgen. Vor diesem Hintergrund existieren umfassende Ermessensspielräume, die sich rechnungslegungspolitisch nutzen lassen.

Lassen sich Forschung und Entwicklung **nicht verlässlich trennen**, insofern sich der Zeitpunkt des Übergangs nicht hinreichend nachvollziehbar und plausibel festlegen lässt oder eine Abgrenzung zwischen beiden aus anderen Gründen nicht durchführbar ist, besteht nach § 255 Abs. 2a S. 4 HGB aus Vorsichtsgründen ein Aktivierungsverbot.[173] Die angefallenen Forschungs- und/oder Entwicklungsaufwendungen sind folglich aufwandswirksam in der GuV zu erfassen. Da die Aktivierung von Entwicklungskosten eine hohe Wahrscheinlichkeit der Entstehung eines immateriellen Vermögensgegenstands voraussetzt, dürfen in Vorperioden nicht angesetzte, sondern erfolgswirksam erfasste Entwicklungskosten auch nicht in der lau-

---

172 BT-Drucksache 16/10067, S. 60.
173 Vgl. BT-Drucksache 16/10067, S. 61.

fenden Periode nachaktiviert werden, da in diesem Fall offensichtlich noch nicht von einer Erfüllung der Annahme in der Vorperiode ausgegangen wurde.[174]

Im Fall der Ausübung des Ansatzwahlrechts und Aktivierung der Entwicklungskosten für den selbst erstellten immateriellen Vermögensgegenstand des Anlagevermögens besteht die Pflicht ihn nach § 253 Abs. 3 S. 1 und 2 HGB **planmäßig** über seine voraussichtliche Nutzungsdauer **abzuschreiben**. Sofern im Ausnahmefall die wirtschaftliche Nutzungsdauer nicht verlässlich geschätzt werden kann, sind gem. § 253 Abs. 3 S. 3 HGB Abschreibungen auf die Herstellungskosten über einen Zeitraum von 10 Jahren vorzunehmen. Neben der Vornahme planmäßiger Abschreibungen liegt nach § 253 Abs. 3 S. 5 HGB **bei einer voraussichtlich dauerhaften Wertminderung** eine **Pflicht zur außerplanmäßigen Abschreibung** vor. Bei voraussichtlich vorübergehender Wertminderung kommt dagegen eine außerplanmäßige Abschreibung nicht in Betracht. Bei Wegfall der Gründe für eine außerplanmäßige Abschreibung bedarf es einer **Zuschreibung** nach § 253 Abs. 5 S. 1 HGB. Im Fall der Aktivierung der Entwicklungskosten existiert zudem nach § 285 Nr. 22 HGB bei Aufstellungspflicht eines **Anhangs** eine Verpflichtung zur Nennung des Gesamtbetrags der Forschungs- und Entwicklungskosten des Geschäftsjahres sowie des davon auf die selbst erstellten immateriellen Vermögensgegenstände entfallenden Betrags.

Vor dem Hintergrund der Bewertungsunsicherheit, einer daraus folgenden fehlenden Objektivität des Werts angesetzter immaterieller Vermögensgegenstände und insofern auch zum Gläubigerschutz hat der Gesetzgeber in § 268 Abs. 8 S. 1 HGB eine **Ausschüttungssperre** implementiert. Danach dürfen Kapitalgesellschaften und ihnen gleichgestellte Unternehmen Gewinne nur dann ausschütten, wenn die nach Ausschüttung verbleibenden frei verfügbaren Rücklagen zuzüglich eines Gewinn- und abzüglich eines Verlustvortrags mindestens den Erträgen aus der Aktivierung der selbst erstellten immateriellen Vermögensgegenstände des Anlagevermögens entsprechen.[175] Damit kann zwar die mit erheblichem Ermessen behaftete Ausübung des Ansatzwahlrechts das Jahresergebnis beeinflussen, aber der auf die Aktivierung entfallende Betrag nicht ausgeschüttet werden, so dass sich auch nicht die Haftungssubstanz des Unternehmens mindern kann.

Handelt es sich nicht um selbst erstellte immaterielle Vermögensgegenstände des Anlagevermögens, sondern um Gegenstände des **Umlaufvermögens,** besteht eine Aktivierungspflicht der Entwicklungskosten für die selbst erstellten immateriellen Vermögensgegenstände des Umlaufvermögens. Sie unterliegen keiner planmäßigen Abschreibung. Dagegen sind sie zwingend sowohl bei einer voraussichtlich dauerhaften als auch einer vorübergehenden Wertminderung nach § 253 Abs. 4 HGB außerplanmäßig abzuschreiben. Das Wertaufholungsgebot nach § 253 Abs. 5 S. 1 HGB gilt auch hier. Allerdings existiert weder eine Angabepflicht der Forschungs- und Entwicklungskosten im Anhang noch greift eine Ausschüttungssperre.

---

174 Andernfalls läge bei Erfüllung der Annahme und Nachaktivierung eine unzulässige Durchbrechung der Ansatzmethodenstetigkeit nach § 246 Abs. 3 S. 1 HGB vor.

175 Dabei sind die Erträge noch um die hierauf entfallenden (aufwandswirksam gebildeten) passiven latenten Steuern (vgl. hierzu Kapitel 10.2) zu reduzieren.

7 Umlaufvermögen

7.1 Begriff und Arten

Nach § 266 Abs. 2 HGB unterteilt sich das Umlaufvermögen wie folgt:

B. Umlaufvermögen
  I. Vorräte
   1. Roh-, Hilfs- und Betriebsstoffe
   2. Unfertige Erzeugnisse, unfertige Leistungen
   3. Fertige Erzeugnisse und Waren
   4. Geleistete Anzahlungen
  II. Forderungen und sonstige Vermögensgegenstände
   1. Forderungen aus Lieferungen und Leistungen
   2. Forderungen gegen verbundene Unternehmen
   3. Forderungen gegen Unternehmen, mit denen ein Beteiligungsverhältnis besteht
   4. Sonstige Vermögensgegenstände
  III. Wertpapiere
   1. Anteile an verbundenen Unternehmen
   2. Sonstige Wertpapiere
  IV. Kassenbestand, Bundesbankguthaben, Guthaben bei Kreditinstituten und Schecks

In das Umlaufvermögen müssen alle Vermögensgegenstände aufgenommen werden, für die eine Zuordnung zum Anlagevermögen ausscheidet, da das Anlage- und das Umlaufvermögen die beiden einzigen Kategorien für Vermögensgegenstände in der Bilanz darstellen. Durch die gesetzliche Definition in § 247 Abs. 2 HGB, dass Anlagevermögen dann vorliegt, wenn ein Vermögensgegenstand dauerhaft dem Geschäftsbetrieb zu dienen bestimmt ist, handelt es sich beim Umlaufvermögen damit um die verbleibende Kategorie für Vermögensgegenstände, die das Kriterium »dauerhaft dem Geschäftsbetrieb zu dienen bestimmt« nicht erfüllen. Eine umfassende Abgrenzung zwischen Anlage- und Umlaufvermögen findet sich in Kapitel 6.1.

7.2 Ansatzregelungen des Umlaufvermögens

Der Ansatz von Gegenständen des Umlaufvermögens richtet sich nach den allgemeinen Ansatzregeln des HGB.[176] Insofern besteht grundsätzlich ein **Aktivierungsgebot**, wenn ein **Vermögensgegenstand** (des Umlaufvermögens) vorliegt, d. h. es sich also um einen wirtschaftlichen sowie selbständig bewertbaren und selbständig verwertbaren Wert handelt (abstrakte Bilanzierungsfähigkeit), der nicht dauerhaft dem Geschäftsbetrieb zu dienen bestimmt ist. Dies würde allerdings dann nicht gelten, wenn eine konkrete gesetzliche Regelung existiert, die ein Aktivierungsverbot, ein Aktivierungswahlrecht oder eine Ansatzpflicht für einen Nicht-Vermögensgegenstand im Umlaufvermögen kodifiziert. Diese Fälle konkreter Bilanzierungsfähigkeit bestehen jedoch für das Umlaufvermögen nicht. Folglich geht es beim Ansatz von Gegenständen des Umlaufvermögens immer nur um die Fragestellungen,

1. ob ein Vermögensgegenstand vorliegt und wenn ja,
2. ob dieser auch dem Umlaufvermögen zuzuordnen ist.

7.3 Bewertungsregelungen des Umlaufvermögens

Im Zeitpunkt des Zugangs sind Vermögensgegenstände des Umlaufvermögens nach § 253 Abs. 1 S. 1 HGB mit ihren **Anschaffungs- oder Herstellungskosten** anzusetzen.[177] Besonderheiten der Zugangsbewertung bestehen insbesondere bei den Vorräten aufgrund der dortigen Möglichkeit zur Nutzung von Bewertungsvereinfachungsverfahren. Die Darstellung dieser Verfahren erfolgt daher bei den Vorräten in Kapitel 7.4.

Im Rahmen der planmäßigen **Folgebewertung** kommt eine Vornahme planmäßiger Abschreibungen bei Vermögensgegenständen des Umlaufvermögens aufgrund fehlender Abnutzung im Zeitablauf nicht in Betracht. Das Umlaufvermögen wird daher grundsätzlich weiterhin zu historischen Anschaffungs- oder Herstellungskosten bewertet. Allerdings ist an jedem Abschlussstichtag im Rahmen außerplanmäßiger Folgebewertung zu prüfen, ob die Notwendigkeit zur Vornahme außerplanmäßiger Abschreibungen besteht. Für Vermögensgegenstände des Umlaufvermögens gilt nach § 253 Abs. 4 HGB das **strenge Niederstwertprinzip**. Das heißt, dass sowohl bei einer voraussichtlich dauernden als auch bei einer voraussichtlich vorübergehenden Wertminderung herrscht ein **Abschreibungsgebot** auf den sich aus einem niedrigeren Börsen- oder Marktpreis ergebenden Wert bzw. auf den niedrigeren beizulegenden Wert.

Bei Wegfall der Gründe für eine außerplanmäßige Abschreibung existiert nach § 253 Abs. 5 S. 1 HGB ein **Zuschreibungsgebot**. Dabei darf die Wertaufholung die

---

176 Siehe hierzu im Detail Kapitel 3.1 und 3.2.
177 Zur Erläuterung dieser Wertmaßstäbe siehe ausführlich Kapitel 4.2.

Anschaffungs- oder Herstellungskosten als Wertobergrenze nicht überschreiten (§ 253 Abs. 1 S. 1 HGB).

Für das Umlaufvermögen bestehen in § 253 Abs. 4 HGB drei konkret genannte **Wertmaßstäbe**, die in der angegebenen Reihenfolge der Prüfung zur Vornahme einer außerplanmäßigen Abschreibung zugrunde zu legen sind:

- der sich aus einem Börsenpreis ergebende Wert,
- der sich aus einem Marktpreis ergebende Wert und
- der beizulegende Wert[178].

Die aufgeführte **Reihenfolge** folgt insofern dem unterschiedlichen Detaillierungsgrad und dient der Objektivierung der mit dem Abschluss bereitgestellten Informationen. Eine höhere Genauigkeit führt zu weniger Ermessensspielräumen und damit einer höheren Objektivität. Die Bestimmung aller drei Wertmaßstäbe bedingt immer die Klärung der Frage, ob der **Absatz- oder Beschaffungsmarkt maßgeblich** für die Bewertung ist. Bei Relevanz des Beschaffungsmarkts erfolgt der Rückgriff auf die Wiederbeschaffungskosten, bei Maßgeblichkeit des Absatzmarkts findet der Nettoveräußerungserlös Anwendung. Die Entscheidung für die Ableitung des Werts von der Absatz- oder Beschaffungsseite hängt jeweils von der Art des Vermögensgegenstands ab. Für Roh-, Hilfs- und Betriebsstoffe bietet sich z. B. grundsätzlich nur ein Rückgriff auf den Beschaffungsmarkt an, da Roh-, Hilfs- und Betriebsstoffe in der Produktion eingesetzt werden sollen. Für Wertpapiere des Umlaufvermögens kommt aufgrund der bestehenden Veräußerungsabsicht dagegen nur die Verwendung des Absatzmarktes in Betracht. Welcher Markt den entsprechenden Vermögensgegenständen des Umlaufvermögens zugrunde zu legen ist, wird jeweils in den nachfolgenden Kapiteln näher erläutert.

Das Gesetz sieht nicht einen Vergleich von Buchwert und Börsen- oder Marktpreis vor, sondern einen Vergleich von Buchwert und einem sich aus einem Börsen- oder Marktpreis **ergebenden Wert**. Dies bedingt damit auch nicht die Abschreibung auf den Börsen- oder Marktpreis als solchen, sondern die Abschreibung auf einen aus einem Börsen- oder Marktpreis abgeleiteten Wert. In Bezug auf den Beschaffungsmarkt bedeutet das, dass sich die **Wiederbeschaffungskosten** ggf. um die bei Erwerb noch zusätzlich anfallenden Anschaffungsnebenkosten erhöhen. Bei Zugrundelegung des Absatzmarkts hat eine Abschreibung auf den **Nettoveräußerungserlös** unter Verringerung um künftig noch anfallende Aufwendungen zu erfolgen. Bei Fertigerzeugnissen und Handelswaren kommen hier z. B. Erlösschmälerungen, weiter anfallende Verwaltungskosten oder Vertriebskosten wie Kosten für Verpackung, Transport oder Transportversicherungen in Betracht. Bei unfertigen Erzeugnissen fallen zusätzlich die noch ausstehenden Herstellungskosten an. Ohne

---

178 Bei dem beizulegenden Wert handelt es sich um einen Preis oder Wert, der keinen Börsen- oder Marktpreis darstellt. Er kommt z. B. bei unfertigen Erzeugnissen mangels eines Börsen- oder Marktpreises zur Anwendung und repräsentiert in diesem Fall die Wiederherstellungskosten.

den Verkaufswert um die künftigen Aufwendungen zu reduzieren und damit den Abschreibungsumfang zu erhöhen käme es ansonsten zu einer zu geringen Erfassung unrealisierter Verluste. Eine Verminderung des Nettoveräußerungserlöses um einen Gewinnzuschlag ist dagegen handelsrechtlich nach herrschender Meinung nicht zulässig.[179] Ein Beispiel zur Ermittlung des Nettoveräußerungserlöses auf Basis einer retrograden Bewertung findet sich in Kapitel 7.4.1.

7.4   Vorräte

7.4.1   Begriff sowie Besonderheiten bei Ansatz und Bewertung

Eine Definition für Vorräte findet sich nach HGB nicht. Das für Kapitalgesellschaften und ihnen gleichgestellte Unternehmen anzuwendende Mindestgliederungsschema der Bilanz nach § 266 Abs. 2 B. I. HGB unterteilt die Vorräte in folgende vier Posten.

1. Roh-, Hilfs- und Betriebsstoffe
2. Unfertige Erzeugnisse, unfertige Leistungen
3. Fertige Erzeugnisse und Waren
4. Geleistete Anzahlungen

Roh- und Hilfsstoffe gehen als Bestandteile in unfertige und fertige Erzeugnisse bzw. Dienstleistungen ein. Während **Rohstoffe** dabei einen wesentlichen Bestandteil darstellen (z. B. Erz, Holz, Aluminium, Stahl, Steine), handelt es sich bei **Hilfsstoffen** um Bestandteile von nur untergeordneter Bedeutung (z. B. Nägel, Schrauben, Klebstoffe, Farbe). **Betriebsstoffe** bilden dagegen keinen Bestandteil des Erzeugnisses oder der Dienstleistung unterstützen jedoch den Herstellungsprozess oder die Erbringung der Dienstleistung (z. B. Benzin, Motoröl, Gas). Bei **unfertigen und fertigen Erzeugnissen** handelt es sich in Abhängigkeit ihres Fertigstellungsgrads um im Unternehmen selbst herzustellende bzw. hergestellte Produkte (z. B. jeweils zum Verkauf bestimmte Maschinen, Gebäude, elektronische Geräte oder auch Lebensmittel). Unter **Waren** sind erworbene Vermögensgegenstände zu verstehen, die ohne wesentliche Bearbeitung weiterverkauft werden sollen (z. B. Fahrzeuge eines Automobilhändlers, Waschmaschinen und Fernseher eines Elektronikhandelsunternehmens). **Unfertige Leistungen** beziehen sich auf in Arbeit befindliche Dienstleistungen, die grundsätzlich erst mit Fertigstellung abgerechnet bzw. realisiert werden können (z. B. Erbringung einer Unternehmensberatungsleistung oder Durchführung einer Jahresabschlussprüfung). So erbringt beispielsweise eine Wirtschaftsprüfungsgesellschaft mit der Durchführung einer Jahresabschluss-

---

179 Vgl. ADS (Rechnungslegung), Tz. 526 zu § 253 HGB m. w. N. oder Böcking/Korn (Beck'sches HdR), B 164, Rn. 180 m. w. N.

prüfung eine Dienstleistung für das zu prüfende Unternehmen. Die Wirtschaftsprüfungsgesellschaft darf den Umsatz erst mit Beendigung der Dienstleistung realisieren und kann die Erbringung der Dienstleistung dem Unternehmen auch erst dann in Rechnung stellen (Entstehung der Forderung).[180] Gleichwohl handelt es sich bei einer teilweise erbrachten Dienstleistung um einen Vermögensgegenstand (wirtschaftlicher Wert, mit Herstellungskosten bewertbar und auch selbständig verwertbar), der insofern nach § 246 Abs. 1 S. 1 HGB in der Bilanz angesetzt werden muss.

Dem Mindestgliederungsschema folgend und unter Berücksichtigung der nach HGB vorgenommenen Abgrenzung zwischen Anlage- und Umlaufvermögen können **Vorräte** insofern **definiert** werden als Vermögensgegenstände,[181]

1. die als Roh-, Hilfs- und Betriebsstoffe dazu dienen, bei der Herstellung oder der Erbringung von Dienstleistungen verbraucht zu werden (oder)
2. die sich in der Herstellung bzw. dem Prozess der Erbringung einer Dienstleistung befinden und zur Veräußerung bestimmt sind (oder)
3. die im Rahmen der betrieblichen Tätigkeit zum Verkauf gehalten werden (oder)
4. die sich im Erwerbsprozess mit späterer Verkaufs- oder Verbrauchsabsicht befinden und für die eine Anzahlung geleistet wurde.

Beim Einkauf von Vorräten kommt es manchmal zur Vereinbarung eines **Eigentumsvorbehalts.** Darüber hinaus können Vorräte auch als Sicherheit im Rahmen einer **Sicherungsübereignung** dienen. In diesen Fällen ist zu klären, bei wem die Vorräte in der Bilanz angesetzt werden. Grundsätzlich aktiviert der rechtliche Eigentümer den Vermögensgegenstand. Er hat die Verfügungsmacht über den Vermögensgegenstand, so dass der Vermögensgegenstand für ihn auch einen wirtschaftlich be- und verwertbaren Wert aufweist. Im Falle eines Eigentumsvorbehalts und bei Sicherungsübereignung **fallen** allerdings **wirtschaftliches und rechtliches Eigentum auseinander.** Beim Eigentumsvorbehalt verbleibt das rechtliche Eigentum an den Vorräten so lange beim Verkäufer, bis das erwerbende Unternehmen den vollständigen Kaufpreis entrichtet hat. Im Fall einer Sicherungsübereignung überträgt ein Unternehmen als Sicherungsgeber das rechtliche Eigentum an einer Sache (hier den Vorräten) zur Absicherung einer bestehenden Verbindlichkeit auf den Gläubiger der Schuld als Sicherungsnehmer. Sowohl beim Eigentumsvorbehalt als auch bei Sicherungsübereignung liegt das rechtliche Eigentum damit beim Sicherungsnehmer (Verkäufer bzw. Gläubiger). Allerdings besitzt der Sicherungsgeber (Käufer bzw. Schuldner) das wirtschaftliche Eigentum an den Vorräten, da er mit Ausnahme der Sicherung frei über die Vermögensgegenstände ver-

---

180 Davon ausgenommen sind ggf. vereinbarte Anzahlungen, die das Unternehmen leisten muss.

181 Definition angelehnt an die Definition für Vorräte in den International Financial Reporting Standards (IFRS), vgl. IAS 2.6.

fügen kann. Insofern bedarf es bei Auseinanderfallen von rechtlichem und wirtschaftlichem Eigentum einer gesetzlichen Regelung. Hier bestimmt § 246 Abs. 1 S. 2 HGB, das immer der **wirtschaftliche Eigentümer** den Vermögensgegenstand in der Bilanz ausweist. Dies ist im Fall des Eigentumsvorbehalts der Käufer der Vorräte, bei Sicherungsübereignung der Schuldner der Verbindlichkeit, dem die Vorräte als Sicherungsmittel zur Erlangung der Schuld dienen.

Vorräte sind im Rahmen der **Zugangsbewertung** nach § 253 Abs. 1 S. 1 HGB bei Erwerb mit ihren Anschaffungskosten und bei Selbsterstellung mit ihren Herstellungskosten anzusetzen. Zudem unterliegen sie grundsätzlich dem Einzelbewertungsgrundsatz nach § 252 Abs. 1 Nr. 3 HGB. Aus Gründen der Wirtschaftlichkeit kann in bestimmten Fällen auf die Anwendung von **Bewertungsvereinfachungsverfahren** als Ausnahme vom Grundsatz der Einzelbewertung zurückgegriffen werden. In Abhängigkeit des mengenmäßigen Bestands, der Anzahl der Lieferungen und auch durch Eigenarten der Lagerung (z. B. Vermischung von Flüssigkeiten oder Schüttgütern, Auszeichnung der Waren im Laden mit Verkaufspreisen) kann es bei Durchführung einer Einzelbewertung zu einem erheblichen zeit- und/oder kostenintensiven Arbeitsaufwand kommen, der unter Wesentlichkeitsüberlegungen bezogen auf die Jahresabschlusserstellung und der damit verfolgten Zwecke keinen Sinn macht. Vor diesem Hintergrund bestehen die folgenden auf die Zugangsbewertung von Vorräten bezogenen Bewertungsvereinfachungsverfahren:

1. Gruppenbewertung (§ 256 S. 2 i. V. m. § 240 Abs. 4 HGB)
2. Sammelbewertung (§ 256 S. 1 HGB)
3. Festbewertung (§ 256 S. 2 i. V. m. § 240 Abs. 3 HGB)
4. Retrograde Ermittlung der Anschaffungskosten

Eine ausführliche Darstellung dieser Bewertungsvereinfachungsverfahren erfolgt im nachstehenden **Kapitel 7.4.2.**

Für die **Folgebewertung von Vorräten** gilt zur Festlegung der außerplanmäßigen Abschreibungen das im Umlaufvermögen anzuwendende strenge Niederstwertprinzip. Danach bedarf es einer außerplanmäßigen Abschreibung, wenn eine Wertminderung des Vorratsbestands sowohl voraussichtlich dauernder als auch vorübergehender Natur ist. Der Umfang außerplanmäßiger Abschreibung ergibt sich aus dem Vergleich der Anschaffungs- oder Herstellungskosten mit dem in § 253 Abs. 4 HGB definierten Wert. Dieser Vergleichsmaßstab wird repräsentiert durch den sich aus einem Börsenpreis ergebenden Wert, dem sich aus einem Marktpreis ergebenden Wert oder dem beizulegenden Wert. Dabei sind die Wertmaßstäbe durch den Grad ihrer Objektivierung in der angegebenen Reihenfolge zugrunde zu legen. Die Bestimmung dieser Werte bedingt immer die Klärung der Frage, ob der **Absatz- oder Beschaffungsmarkt** maßgeblich für die Bewertung ist. Die Entscheidung für die Ableitung des Werts von der Absatz- oder Beschaffungsseite hängt jeweils von der Art des Vermögensgegenstands ab.[182]

---

182 Vgl. hierzu ausführlich ADS (Rechnungslegung), Tz. 488-500 zu § 253 HGB.

Dar. 7.1: Relevanz von Beschaffungs- und Absatzmarkt im Vorratsvermögen

Vorräte	Relevanter Markt
Roh-, Hilfs- und Betriebsstoffe (Normalbestand)	Beschaffungsmarkt
Roh-, Hilfs- und Betriebsstoffe (Überbestand)	Absatzmarkt
Fertige und unfertige Erzeugnisse ohne Fremdbezugsmöglichkeit	Absatzmarkt
Fertige und unfertige Erzeugnisse mit Fremdbezugsmöglichkeit	Beschaffungsmarkt
Fertige und unfertige Erzeugnisse mit Fremdbezugsmöglichkeit (Überbestand)	Beschaffungs- und Absatzmarkt (jeweils niedrigerer Wert)
Handelswaren	Beschaffungs- und Absatzmarkt (jeweils niedrigerer Wert)

Roh-, Hilfs- und Betriebsstoffe werden im Normalfall in der Produktion oder für die Erbringung einer Dienstleistung eingesetzt und verbraucht. Damit spielen allein die Einkaufsseite und infolgedessen der Beschaffungsmarkt eine Rolle. Besteht allerdings ein Überbestand an Roh-, Hilfs- und Betriebsstoffen, scheidet ein Verbrauch im Unternehmen aus, so dass die Überbestände regelmäßig verkauft werden dürften und insofern allein der Absatzmarkt Anwendung findet. Für fertige und unfertige Erzeugnisse ohne Fremdbezugsmöglichkeit fehlt es an einem Beschaffungsmarkt, so dass nur der Absatzmarkt in Betracht kommen kann. Sofern dagegen für fertige und unfertige Erzeugnisse die Möglichkeit eines Fremdbezugs vorliegt, existiert ein Beschaffungsmarktpreis, so dass auf diesen auch aus Gründen der Objektivierung zurückzugreifen ist. Bei Handelswaren erfolgen ein Einkauf und auch eine Veräußerung. Das handelnde Unternehmen agiert damit sowohl auf dem Beschaffungs- als auch auf dem Absatzmarkt. Damit greift die **doppelte Maßgeblichkeit**. Unter Beachtung des Vorsichtsprinzips und zum Gläubigerschutz muss auf den niedrigeren der beiden Werte abgestellt werden. Gleiches gilt für einen Überbestand an fertigen und unfertigen Erzeugnissen. In diesem Fall scheint das Unternehmen Absatzprobleme bezogen auf die Produkte aufzuweisen. Insofern bedarf es auch hier einer Zugrundelegung der doppelten Maßgeblichkeit und Verwendung des niedrigeren Werts. Sofern dabei eine Fremdbezugsmöglichkeit nicht besteht, ist statt des Wiederbeschaffungspreises auf den Reproduktionswert (Wiederherstellungskosten) abzustellen.

Bei Relevanz des **Beschaffungsmarkts** erfolgt ein Rückgriff auf die **Wiederbeschaffungskosten**, bei Maßgeblichkeit des **Absatzmarkts** auf den **Nettoveräußerungserlös**. § 253 Abs. 4 HGB verlangt dabei nicht eine außerplanmäßige Abschreibung auf den Börsen- oder Marktpreis, sondern eine außerplanmäßige Abschreibung auf den sich aus einem Börsen- oder Marktpreis **ergebenden Wert**.

Bei Relevanz des Beschaffungsmarkts sind folglich die Wiederbeschaffungskosten ggf. um die beim fiktiven Erwerb noch zusätzlich anfallenden Anschaffungsnebenkosten zu erhöhen. Bei Zugrundelegung des Absatzmarkts hat eine Abschreibung auf den Nettoveräußerungserlös unter Verringerung um zu gewährende Erlösschmälerungen (z. B. Skonti, Rabatte, Boni) und künftig noch anfallende Aufwendungen zu erfolgen. Bei Fertigerzeugnissen und Handelswaren kommen als künftig noch anfallende Aufwendungen z. B. weiterhin auftretende Verwaltungskosten sowie insbesondere Vertriebskosten wie beispielsweise Verpackungs-, Transport-, Transportversicherungs- oder Ausgangslagerkosten in Betracht. Bei unfertigen Erzeugnissen fallen zusätzlich noch die bis zur Fertigstellung ausstehenden Herstellungskosten an. Insofern ergibt sich das in Darstellung 7.2 dargestellte Schema zur Ermittlung des sich aus einem Börsen- oder Marktpreis ergebenden Werts bzw. zur Bestimmung des beizulegenden Werts bei Zugrundelegung des Absatzmarkts.

Dar. 7.2: Retrograde Bewertung zur Bestimmung des beizulegenden Werts bei Relevanz des Absatzmarkts

	Nettoveräußerungserlös (Verkaufspreis auf dem Absatzmarkt ohne USt)
–	zu gewährende Erlösschmälerungen
–	noch bis zur Ertragsrealisierung anfallende Aufwendungen
=	Vergleichswert zu den Anschaffungs- oder Herstellungskosten (beizulegender Wert)

Die Ermittlungsmethodik zur Bestimmung des relevanten Vergleichswerts bei Prüfung und Vornahme einer außerplanmäßigen Abschreibung im Umlaufvermögen (insbesondere bei Vorräten) für den Fall der **Relevanz des Absatzmarkts** wird auch **retrograde Bewertung** genannt. Diese retrograde Bewertung ist nicht zu verwechseln mit der als Bewertungsvereinfachung geltenden und in Kapitel 7.4.2 dargestellten retrograden Bewertung der Anschaffungskosten. Die hier dargestellte retrograde Bewertung des beizulegenden (Vergleichs-)Werts basiert auf dem **Grundsatz der verlustfreien Bewertung**. Durch die Verringerung des Nettoveräußerungspreises um die künftig noch anfallenden Aufwendungen und zu gewährenden Erlösschmälerungen erhöht sich die Differenz zu den Anschaffungs- oder Herstellungskosten und damit der Umfang außerplanmäßiger Abschreibungen. Es kommt zu einer Erfassung des sich aus der Veräußerung des Vermögensgegenstands ergebenden Verlusts in der laufenden Periode und nicht erst im Zeitpunkt des Verkaufs. Infolgedessen gelingt es, den bis zur Veräußerung unrealisierten Verlust zu realisieren, wie auch nach dem Imparitätsprinzip (§ 252 Abs. 1 Nr. 4 HGB) gefordert. Ein im Nettoveräußerungserlös enthaltener Gewinnzuschlag darf nach herrschender Meinung anders als im Steuerrecht handelsrechtlich nicht abgezogen werden.[183]

---

183 Vgl. ADS (Rechnungslegung), Tz. 526 zu § 253 HGB m. w. N. oder Böcking/Korn (Beck‹sches HdR), B 164, Rn. 180 m. w. N. Bei Berücksichtigung eines Gewinnzuschlags käme

---

Beispiel zur retrograden Bewertung

Die Herstellungskosten eines fertigen Erzeugnisses belaufen sich auf 100 TEUR. Am Abschlussstichtag beträgt der Veräußerungspreis auf dem Absatzmarkt 92 TEUR. Bei Verkauf werden noch Vertriebskosten in Form von Verpackungsmaterial und Transportaufwendungen von 4 TEUR anfallen.

Mittels retrograder Bewertung ergibt sich ein beizulegender Wert für das Fertigerzeugnis von 88 TEUR (Verkaufspreis 92 TEUR – noch anfallende Aufwendungen 4 TEUR). Nach § 253 Abs. 4 HGB bedarf es damit einer in der laufenden Periode zu erfassenden außerplanmäßigen Abschreibungen von 12 TEUR (100 TEUR Herstellungskosten – 88 TEUR aus dem Absatzmarktpreis abgeleiteter beizulegender Wert). Damit beläuft sich das Ergebnis in der Verkaufsperiode aus der Veräußerung des Fertigerzeugnisses auf 0 EUR. Einem Ertrag aus dem Verkauf von 92 TEUR stehen anfallende Vertriebsaufwendungen von 4 TEUR und der Aufwand aus der Lagerbestandsentnahme (Bestandsminderung) in Höhe der abgewerteten Herstellungskosten von 88 TEUR gegenüber.

Würden dagegen unzutreffend die künftig noch anfallenden Aufwendungen nicht abgezogen, ergäbe sich nur eine in der laufenden Periode zu erfassende außerplanmäßige Abschreibung von 8 TEUR. In der Periode der Veräußerung käme es zu einem Verlust von 4 TEUR (92 TEUR Ertrag abzüglich 4 TEUR Vertriebsaufwendungen und abzüglich 92 TEUR Aufwand aus der Lagerbestandsentnahme).

Bei Wegfall der Gründe für eine außerplanmäßige Abschreibung besteht bei Vorräten wie bei allen anderen Vermögensgegenständen des Umlaufvermögens eine **Zuschreibungspflicht** nach § 253 Abs. 5 S. 1 HGB bis maximal zu den Anschaffungs- oder Herstellungskosten als Wertobergrenze.

7.4.2 Bewertungsvereinfachungsverfahren

Wie vorstehend ausgeführt können aus Wesentlichkeits- und Wirtschaftlichkeitsüberlegungen mit der Gruppenbewertung, Sammelbewertung, Festbewertung und retrograden Ermittlung der Anschaffungskosten **Bewertungsvereinfachungsverfahren** zur Anwendung kommen. Der Einsatz dieser Bewertungsvereinfachungsverfahren bezieht sich auf die Zugangsbewertung der Vorräte und damit auf die **Bestimmung der Anschaffungs- oder Herstellungskosten**. Aufgrund einer Durchbrechung der grundsätzlich geltenden Einzelbewertung basiert die Anwendung dieser Bewertungsvereinfachungsverfahren immer auch auf bestimmten Voraussetzungen.

---

es ansonsten zu einer zusätzlichen Verlustantizipation in der laufenden Periode und zur Erfassung eines Ertrags in der Verkaufsperiode.

Gruppenbewertung

Die nach § 256 S. 2 i. V. m. § 240 Abs. 4 HGB mögliche Anwendung der Gruppenbewertung bei Vorräten setzt voraus, dass es sich um gleichartige Vermögensgegenstände des Vorratsvermögens handelt. Unter **Gleichartigkeit** ist eine Zugehörigkeit der Vermögensgegenstände zur gleichen Warengattung oder das Vorliegen einer Funktionsgleichheit zu verstehen. Wesentliche Qualitätsunterschiede dürfen zur Gewährleistung der Gleichartigkeit nicht existieren. Einer annähernden Preisgleichheit bedarf es dagegen nicht. Bei Anwendung der Gruppenbewertung kommt es statt einer Einzelbewertung zur Zusammenfassung gleichartiger Vorräte zu einer Gruppe und Bewertung dieser Gruppe mit dem gewogenen Durchschnitt. Dabei kann zwischen einfach gewogenem und gleitend gewogenem Durchschnitt unterschieden werden. Auf Grundlage bekannter Mengen und Preise des Anfangsbestands sowie sämtlicher Zugänge während der Periode erfolgt eine Ermittlung des gewogenen Durchschnittspreises zur Bewertung der Abgänge und des Endbestands.

Beispiel zur Gruppenbewertung

Das Lager bzw. der Bestand eines Rohstoffs weist die in der folgenden Darstellung 7.3 dargestellte Entwicklung auf.

Dar. 7.3: Ausgangsdaten der Beispiele zu den Bewertungsvereinfachungsverfahren

Datum	Bestand/Bewegung	Mengen in Tonnen (t)	Preis (TEUR/t)
1.1.	Anfangsbestand	30 t	á 10 TEUR/t
1.2.	Zugang	50 t	á 12 TEUR/t
1.3.	Abgang	20 t	
1.5.	Zugang	40 t	á 8 TEUR/t
1.6.	Abgang	80 t	
1.8	Zugang	30 t	á 13 TEUR/t
1.9.	Abgang	10 t	
31.12.	Endbestand	40 t	

Der Marktpreis am 31.12. für den Rohstoff beläuft sich auf 11,25 TEUR/t.

Mittels des **einfach gewogenen Durchschnitts** wird ein Durchschnittspreis aus dem Anfangsbestand und sämtlichen Zugängen ermittelt, der im Anschluss der Bewertung der Abgänge und des Endbestands zugrunde liegt. Der sich daraus ergebende Wert des Endbestands repräsentiert die Anschaffungskosten des Rohstoffs.

Infolgedessen belaufen sich die **Anschaffungskosten** der zum 31.12. des Geschäftsjahres noch auf Lager befindlichen Rohstoffe auf 429,33 TEUR. Da der Marktwert des Rohstoffs am Ende des Jahres 11,25 TEUR/t bzw. für die 40 t des Endbestands 450 TEUR (40 t × 11,25 TEUR/t) beträgt, kommt es im Rahmen der Folgebewertung zum 31.12. zu einem Ansatz des Rohstoffs mit den Anschaffungskosten von 429,33 TEUR, da die Anschaffungskosten als Obergrenze nicht überschritten werden dürfen.

Dar. 7.4: Beispiel einfach gewogener Durchschnitt

Anfangsbestand 1.1.	30 t x 10 TEUR/t =	300 TEUR
Zugang 1.2.	50 t x 12 TEUR/t =	600 TEUR
Zugang 1.5.	40 t x 8 TEUR/t =	320 TEUR
Zugang 1.8.	30 t x 13 TEUR/t =	390 TEUR
Summe	150 t	1.610 TEUR

$$\text{Durchschnittspreis} = \frac{\text{Wert}}{\text{Menge}} = \frac{1.610\ \text{TEUR}}{150\ \text{t}} = 10,7\overline{3}\ \text{TEUR/t}$$

Abgänge (20 + 80 + 10 = 110 t)	110 t x 10,7$\overline{3}$ TEUR/t =	1.180,67 TEUR
Endbestand	**40 t** x 10,7$\overline{3}$ TEUR/t =	**429,33 TEUR**

Bei der **gleitenden gewogenen Durchschnittsmethode** wird nach jedem Zugang ein Durchschnittspreis ermittelt, mit dem der folgende Abgang bzw. Endbestand bis zum nächsten Zugang bewertet wird.

Dar. 7.5: Beispiel gleitend gewogener Durchschnitt

Anfangsbestand 1.1.	30 t × 10 TEUR/t =	300 TEUR
Zugang 1.2.	50 t × 12 TEUR/t =	600 TEUR
Bestand	80 t	900 TEUR
Durchschnittspreis = 900 TEUR/ 80 t =11,25 TEUR/t		
Abgang 1.3.	20 t × 11,25 TEUR/t =	225 TEUR
Zugang 1.5.	40 t × 8 TEUR/t =	320 TEUR
Bestand	(80 – 20 + 40 =) 100 t	(900 – 225 +320 =) 995 TEUR
Durchschnittspreis = 995 TEUR / 100 t = 9,95 TEUR/t		
Abgang 1.6.	80 t × 9,95 TEUR/t =	796 TEUR
Zugang 1.8.	30 t × 13 TEUR/t =	390 TEUR

Dar. 7.5: Beispiel gleitend gewogener Durchschnitt – Fortsetzung

Bestand	(100 – 80 + 30 =) 50 t	(995 – 796 + 390 =) 589 TEUR
Durchschnittspreis = 589 TEUR / 50 t = 11,78 TEUR/t		
Abgang 1.9.	10 t × 11,78 TEUR/t =	117,80 TEUR
Endbestand	**(50 – 10 =) 40 t [× 11,78 TEUR/t]**	**471,20 TEUR**

Die **Anschaffungskosten** der am 31.12. noch auf Lager befindlichen Rohstoffe betragen 471,20 TEUR. Der sich auf Basis des **Marktwerts** ergebende Wert der Rohstoffe beläuft sich auf 450 TEUR (40 t × 11,25 TEUR/t). Insofern bedarf es nach § 253 Abs. 4 HGB im Rahmen der Folgebewertung zum 31.12. des Geschäftsjahres zwingend einer außerplanmäßigen Abschreibung von 21,20 TEUR, um die Vorräte mit dem im Vergleich zu den Anschaffungskosten niedrigeren sich ergebenden Marktwert von 450 TEUR anzusetzen.

Sammelbewertung

Wie auch die Gruppenbewertung setzt die nach § 256 S. 1 HGB mögliche Anwendung der Sammelbewertung bei den Vorräten voraus, dass es sich um gleichartige Vermögensgegenstände des Vorratsvermögens handelt. Die Sammelbewertungsverfahren unterstellen eine bestimmte Verbrauchsfolge der Vorräte. § 256 S. 1 HGB lässt hier entweder das Lifo-Verfahren (*last in - first out*) oder das Fifo-Verfahren (*first in - first out*) zu.[184] Das **Lifo-Verfahren** unterstellt, dass die zuletzt angeschafften oder hergestellten Vorräte als erstes wieder verbraucht werden. Dies entspricht z. B. der Lagerhaltung eines Schüttgutes in einer Tonne oder einem Container. Das zuletzt in den Behälter geschüttete Gut wird auch als erstes wieder von oben entnommen. Aufgrund dieser zugrunde liegenden Zu- und Abgangsfolge kommt es zu einer Bewertung der Abgänge mit den Preisen der letzten Zugänge und einer Bewertung des Endbestands mit den Werten des Anfangsbestands bzw. der ersten Zugänge. Das **Fifo-Verfahren** dagegen unterstellt, dass die zuerst angeschafften oder hergestellten Vorräte auch als erstes wieder verbraucht werden. Dies ist typischerweise der Fall bei Lebensmitteln oder bei einer Silolagerung. So wird bei einem Silo ein Gut von oben in das Silo geschüttet und unten durch Öffnung eines Ventils oder Ablaufs wieder entnommen. Als Ergebnis dieser Verbrauchsfolge kommt es zu einer Bewertung der Abgänge mit den Anfangsbestandswerten bzw. den Preisen der zuerst zugegangenen Güter

---

184 Andere denkbare Verbrauchsfolgen wie z. B. Hifo (*highest in - first out*), Lofo (*lowest in - first out*), Kilo (*Konzern in - last out*) oder Kifo (*Konzern in - first out*) sind seit Änderung des § 256 HGB durch das BilMoG nicht mehr zu lässig.

und einer Bewertung des Endbestands mit den Werten der zuletzt zugegangenen Vorräte.

Die Anwendung der Lifo- und Fifo-Methode bedingt nach § 256 S. 1 HGB, dass sie den GoB entspricht. **Die unterstellte Zu- und Abgangsfolge muss aber nicht mit der tatsächlichen Verbrauchsfolge übereinstimmen.** Vielmehr darf sie nur nicht in völligem Widerspruch zu den tatsächlichen Verhältnissen stehen oder absolut undenkbar sein.[185] So dürfte die Nutzung des Lifo-Verfahrens bei einem Fleisch- oder Fischhändler grundsätzlich ausscheiden, da ansonsten bei tatsächlicher Anwendung der Verbrauchsfolge der Endbestand aus verdorbener Ware bestehen würde. Bei Kühlung des Fisches oder Fleisches und gleichzeitig hoher Umschlagshäufigkeit dürfte der Verwendung der Lifo-Methode allerdings wiederum nichts entgegenstehen. Auch ist fraglich, ob bei **hohen Anschaffungs- oder Herstellungskosten** eines Vermögensgegenstands die Sammelbewertungsverfahren noch den GoB entsprechen. So wird sich die Durchbrechung des Einzelbewertungsgrundsatzes ggf. nicht rechtfertigen lassen, wenn die Möglichkeit besteht, hohe individuelle Anschaffungskosten ohne Schwierigkeiten zu identifizieren und den einzelnen Vermögensgegenständen auf Grundlage individueller Merkmale zuzuordnen.[186] In diesem Fall bedarf es einer Abwägung zwischen der mittels einer Anwendung der Verbrauchsfolgeverfahren erreichten Bewertungsvereinfachung aus Wirtschaftlichkeits- und Wesentlichkeitsüberlegungen auf der einen Seite und der Geltung der allgemeinen GoB auf der anderen Seite. So besteht durchaus ein Unterschied in der Anwendung der Verbrauchsfolgeverfahren auf die zum Verkauf bestimmten Fahrzeuge eines kleinen KFZ-Händlers und der Nutzung des Lifo- oder Fifo-Verfahrens bei einem großen KFZ-Handelsunternehmen mit einer Vielzahl von Fahrzeugen.

Sowohl die Lifo- als auch die Fifo-Methode lassen sich in zwei Formen differenzieren, das Perioden-Verfahren und das Permanente Verfahren. Allerdings führen das Perioden-Fifo-Verfahren und das Permanente Fifo-Verfahren immer zum gleichen Ergebnis, wie u. a. auch das folgende Beispiel zeigt.

Beispiel zu den Sammelbewertungsverfahren

Dem Beispiel zu den Sammelbewertungsverfahren liegen die in Darstellung 7.3 zusammengefassten Ausgangsdaten wie dem Beispiel zur Gruppenbewertung zugrunde.[187]

---

185 Vgl. hierzu etwa ADS (Rechnungslegung), Tz. 18 zu § 256 HGB m. w. N. oder auch Hennrichs (Beck OGK), Rn. 19 zu § 256 HGB m. w. N.

186 Vgl. hierzu die Begründung des BFH (BStBl II 2001, S. 636). Zu einem umfassenden Überblick über diese Diskussion vgl. Hennrichs (Beck OGK), Rn. 20 zu § 256 HGB m. w. N.

187 Vgl. Dar. 7.3 mit Ausgangsdaten der Beispiele zu den Bewertungsvereinfachungsverfahren.

Dar. 7.6: Beispiel Perioden-Lifo-Verfahren

Anfangsbestand 1.1.	30 t × 10 TEUR/t	
Zugang 1.2.	50 t × 12 TEUR/t	
Zugang 1.5.	40 t × 8 TEUR/t	
Zugang 1.8.	30 t × 13 TEUR/t	
Summe	150 t	
Abgänge (20 + 80 + 10 = 110 t)	110 t	
Endbestand	**40 t**	
	davon 30 t × 10 TEUR/t =	300 TEUR
	davon 10 t × 12 TEUR/t =	120 TEUR
		420 TEUR

Durch die beim **Perioden-Lifo-Verfahren** getroffene Annahme, dass die zuletzt zugegangenen Rohstoffe zuerst wieder verbraucht bzw. vom Lager entnommen werden, besteht der Endbestand von 40 t zwangsläufig aus den zuerst vorhandenen Vorräten. Damit entfallen die 40 t auf den Anfangsbestand von 30 t (bewertet mit 10 TEUR/t) sowie der verbleibende Rest von 10 t auf den ersten Zugang (bewertet mit 12 TEUR/t). Der daraus resultierende Wert des Endbestands von 420 TEUR repräsentiert die Anschaffungskosten der Rohstoffe. Es ermittelt sich ein Durchschnittspreis von 10,5 TEUR/t (= 420 TEUR / 40 t). Eine zusammengefasste Erläuterung der Folgebewertung zum 31.12. für alle vier Formen der Sammelbewertung erfolgt im Anschluss an deren Darstellung.

Beim **Permanenten Lifo-Verfahren** werden die **Abgänge** fortlaufend während des Geschäftsjahres erfasst und auf Basis der unterstellten Verbrauchsfolge *last in - first out* bewertet.

Dar. 7.7: Beispiel Permanentes Lifo-Verfahren

Anfangsbestand 1.1.	30 t × 10 TEUR/t =	300 TEUR
Zugang 1.2.	50 t × 12 TEUR/t =	600 TEUR
Bestand	80 t	900 TEUR
Abgang 1.3.	20 t × 12 TEUR/t (aus Zugang 1.2.) =	– 240 TEUR
Zugang 1.5.	40 t × 8 TEUR/t =	320 TEUR
Bestand	(80 – 20 + 40 =) 100 t	980 TEUR
Abgang 1.6.	80 t	

Dar. 7.7: Beispiel Permanentes Lifo-Verfahren – Fortsetzung

	davon 40 t × 8 TEUR/t (aus zweitem Zugang 1.5.) =	− 320 TEUR
	davon 30 t × 12 TEUR/t (aus erstem Zugang 1.2.) =	− 360 TEUR
	davon 10 t × 10 TEUR/t (aus Anfangsbestand) =	− 100 TEUR
Zugang 1.8.	30 t × 13 TEUR/t =	390 TEUR
Bestand	(100 − 80 + 30 =) 50 t	590 TEUR
Abgang 1.9.	10 t × 13 TEUR/t (aus drittem Zugang 1.8.) =	− 130 TEUR
Endbestand	**(50 − 10 =) 40 t**	**460 TEUR**

Die Bewertung des ersten Abgangs von 20 t am 1.3. erfolgt auf Grundlage der angenommenen Verbrauchsfolge mit 12 TEUR/t, da die zuletzt zugegangenen Rohstoffe (hier aus dem ersten Zugang am 1.2.) auch wieder als erstes entnommen werden. Der zweite Abgang von 80 t am 1.6. ist aufgrund seines Umfangs aufzuteilen. Zunächst gilt der letzte Zugang (hier Zugang von 40 t am 1.5.) als verbraucht. Danach bedarf es eines Rückgriffs auf den vorherigen Zugang (hier erster Zugang am 1.2.). Von diesem Zugang von insgesamt 50 t sind rechnerisch allerdings nur noch 30 t auf Lager, da 20 t schon für die Bewertung des ersten Abgangs am 1.3. genutzt wurden. Die verbleibenden 10 t des Abgangs entfallen auf den Anfangsbestand. Zum 1.6. befinden sich nach dem Abgang noch 20 t auf Lager, die vollständig aus dem Anfangsbestand kommen. Der dritte und letzte Abgang von 10 t gilt wiederum als aus dem letzten Zugang (hier dritter Zugang am 1.8.) entnommen. Der Endbestand von 460 TEUR bei einer Menge von 40 t entfällt somit wie ausgeführt mit 20 t auf den Anfangsbestand (20 t × 10 TEUR/t = 200 TEUR) und mit den restlichem 20 t auf den letzten Zugang vom 1.8. (20 t × 13 TEUR/t = 260 TEUR). Es ergibt sich ein Durchschnittspreis von 11,5 TEUR/t (= 460 TEUR / 40 t). Eine Erläuterung der Folgebewertung zum 31.12. erfolgt im Anschluss an die Darstellung der Formen der Sammelbewertung.

Dar. 7.8: Beispiel Perioden-Fifo-Verfahren

Anfangsbestand 1.1.	30 t × 10 TEUR/t	
Zugang 1.2.	50 t × 12 TEUR/t	
Zugang 1.5.	40 t × 8 TEUR/t	
Zugang 1.8.	30 t × 13 TEUR/t	
Summe	150 t	
Abgänge (20 + 80 + 10 = 110 t)	110 t	
Endbestand	**40 t**	

Dar. 7.8: Beispiel Perioden-Fifo-Verfahren – Fortsetzung

davon 30 t × 13 TEUR/t =	390 TEUR
davon 10 t × 8 TEUR/t =	80 TEUR
	470 TEUR

Das **Perioden-Fifo-Verfahren** definiert als Zu- und Abgangsfolge, dass die als erstes zugegangenen Vorräte auch als erstes wieder verbraucht oder veräußert werden. Der Endbestand besteht daher aus den zuletzt zugegangenen Rohstoffen. In diesem Beispiel entfällt damit der Endbestand von 40 t auf den kompletten letzten Zugang von 30 t am 1.8. (bewertet mit 13 TEUR/t). Der verbleibende Rest von 10 t stammt aus dem vorherigen Zugang vom 1.5. (bewertet mit 8 TEUR/t). Die Anschaffungskosten der auf Lager befindlichen Rohstoffe belaufen sich insofern auf 470 TEUR. Es ergibt sich ein Durchschnittspreis von 11,75 TEUR/t. Die Erläuterung der Folgebewertung zum 31.12. findet sich im Anschluss an die Darstellung des Permanenten Fifo-Verfahrens.

Dar. 7.9: Beispiel Permanentes Fifo-Verfahren

Anfangsbestand 1.1.	30 t x 10 TEUR/t =	300 TEUR
Zugang 1.2.	50 t x 12 TEUR/t =	600 TEUR
Bestand	80 t	900 TEUR
Abgang 1.3.	20 t x 10 TEUR/t (aus Anfangsbestand) =	- 200 TEUR
Zugang 1.5.	40 t x 8 TEUR/t =	320 TEUR
Bestand	(80 – 20 + 40 =) 100 t	1.020 TEUR
Abgang 1.6.	80 t	
	davon 10 t x 10 TEUR/t (aus Anfangsbestand) =	- 100 TEUR
	davon 50 t x 12 TEUR/t (aus erstem Zugang 1.2.) =	- 600 TEUR
	davon 20 t x 8 TEUR/t (aus zweitem Zugang 1.5.) =	- 160 TEUR
Zugang 1.8.	30 t x 13 TEUR/t =	390 TEUR
Bestand	(100 – 80 + 30 =) 50 t	550 TEUR
Abgang 1.9.	10 t x 8 TEUR/t (aus zweitem Zugang 1.5.) =	- 80 TEUR
Endbestand	**(50 – 10 =) 40 t**	**470 TEUR**

Das **Permanente Fifo-Verfahren** bewertet die Abgänge fortlaufend während des Geschäftsjahres nach der unterstellten Verbrauchsfolge *first in - first out*. Für den ersten Abgang am 1.3. von 20 t gelten daher die zuerst zugegangenen bzw. vorhandenen Vorräte als verbraucht, so dass sie aus dem Anfangsbestand kommen müssen. Der zweite Abgang von 80 t am 1.6. entfällt zunächst mit 10 t auf den restlichen Anfangsbestand, danach mit 50 t auf den kompletten ersten Zugang am 1.2. sowie zuletzt mit den restlichen 20 t auf den zweiten Zugang vom 1.5. Der letzte Abgang von 10 t am 1.9. stammt aus dem zweiten Zugang vom 1.5. Insofern resultiert letztlich der Endbestand von 40 t aus dem restlichen zweiten Zugang vom 1.5. mit 10 t (40 t – 20 t Abgang 1.6. – 10 t Abgang 1.9.) und dem letzten Zugang vom 1.8. von 30 t. Es ermittelt sich wiederum ein Durchschnittspreis von 11,75 TEUR/t. Wie das Beispiel zeigt, haben das Perioden-Fifo-Verfahren und das Permanente Fifo-Verfahren zum gleichen Ergebnis geführt. Diese Regel gilt immer. Denn egal wie die Abgänge während der laufenden Periode bei der Permanenten Fifo-Methode bewertet werden, der Endbestand muss bei beiden Verfahren immer auf den zuletzt zugegangenen Vorräten beruhen.

Im Rahmen der **Folgebewertung** zum Ende des Geschäftsjahres bedarf es eines Vergleichs zwischen den mit Hilfe der Sammelbewertungsverfahren ermittelten Anschaffungskosten der Rohstoffe und dem nach § 253 Abs. 4 HGB definierten Vergleichswert, bei dem es sich um einen aus einem Börsenpreis ergebenden Wert, aus einem Marktpreis ergebenden Wert oder, wenn beide nicht feststellbar sind, um den beizulegenden Wert handeln kann. In dem zugrunde liegenden Beispiel besteht ein sich aus einem Marktpreis von 11,25 TEUR/t ergebender Wert.[188] Insgesamt beträgt damit der Zeitwert für die 40 t sich auf Lager befindlicher Rohstoffe 450 TEUR. Sofern die Anschaffungskosten über dem sich aus einem Marktpreis ergebenden Wert von 450 TEUR liegen, bedarf es aufgrund des im Umlaufvermögen geltenden strengen Niederstwertprinzips einer außerplanmäßigen Abschreibung auf den niedrigeren Wert. Überschreitet allerdings der sich aus einem Marktpreis ergebenden Wert von 450 TEUR die Anschaffungskosten, so verbleibt es bei dem Ansatz der Rohstoffe mit den Anschaffungskosten als geringerem Wert, da die Anschaffungskosten die in § 253 Abs. 1 S. 1 definierte Wertobergrenze darstellen. Nach dem Perioden-Lifo-Verfahren betragen die Anschaffungskosten 420 TEUR. Die Vorräte werden insofern zum 31.12. mit diesem Wert angesetzt. Bei den anderen drei Methoden überschreiten die Anschaffungskosten den Wert von 450 TEUR, so dass auf den geringeren Wert abzuschreiben ist. Danach bedarf es beim Permanenten Lifo-Verfahren einer außerplanmäßigen Anschreibung von 10 TEUR (460 TEUR – 450 TEUR) und beim Perioden-Fifo-Verfahren sowie Permanenten Fifo-Verfahren von jeweils 20 TEUR (470 TEUR – 450 TEUR).

---

188 Für die Bewertung der Rohstoffe ist auf den Beschaffungsmarkt abzustellen und damit auf die Wiederbeschaffungskosten zurückzugreifen. Die Wiederbeschaffungskosten belaufen sich hier auf 11,25 EUR/t. Sie müssen noch um mögliche Anschaffungsnebenkosten erhöht werden, da der sich **aus einem Marktpreis ergebende Wert** als Vergleichswert gilt. Allerdings bestehen mangels Angabe keine Anschaffungsnebenkosten in diesem Beispiel. Vgl. hierzu auch Kapitel 7.4.1.

Das **Wahlrecht** zwischen dem Lifo- und Fifo-Verfahren und auch zur Anwendung der Durchschnittsbewertung (Gruppenbewertung) lässt sich **rechnungslegungspolitisch** in Anhängigkeit der erwarteten Preisentwicklung **nutzen**. Bei steigenden Preisen führt das Lifo-Verfahren im Vergleich zur Durchschnittsbewertung und dem Fifo-Verfahren zu einem geringeren Ergebnis und zu einem geringeren Ansatz der Vorräte in der Bilanz. Dies liegt darin begründet, dass bei steigenden Preisen die Abgänge und damit der Aufwand aus dem Materialeinsatz mit den höheren Preisen bewertet werden. Der Endbestand beruht damit auf den zu Beginn der Periode vorhandenen oder zugegangenen Vermögensgegenständen, die auf dem geringeren Preisniveau basieren. Bei Anwendung des Fifo-Verfahrens kommt es bei steigenden Preisen entsprechend zu einem höheren Ergebnis. Genau gegenläufig sind die Effekte bei fallenden Preisen. Zielt das Unternehmen auf den Ausweis eines möglichst geringen Jahresüberschusses, sollte es bei Erwartung steigenden Preise im Geschäftsjahr das Lifo-Verfahren und bei Erwartung fallender Preise das Fifo-Verfahren wählen. Bei Erwartung schwankender Preise erscheint unter Risikogesichtspunkten die Durchschnittsbewertung am geeignetsten, da bei Anwendung eines der Sammelbewertungsverfahren bei gleichzeitig unvorhersehbaren Preisen am Jahresende möglicherweise nur die gegenläufige und damit suboptimale Zielerreichung realisiert werden kann. Die Wahl eines der Bewertungsvereinfachungsverfahren unterliegt allerdings der Bewertungsmethodenstetigkeit des § 252 Abs. 1 Nr. 6 HGB. Zudem besteht nach § 284 Abs. 2 Nr. 3 i. V. m. § 288 Abs. 1 Nr. 1 HGB für große und mittelgroße Kapitelgesellschaften und ihnen jeweils gleichgestellte Unternehmen eine Pflicht zur Angabe eines erheblichen Unterschiedsbetrags zwischen Bilanzansatz und dem fiktiv zu einem Börsen- oder Marktpreis bewerteten Endbestand der Vermögensgegenstände.

Festbewertung

Mit der Möglichkeit zum Ansatz eines Festwerts nach § 256 S. 2 i. V. m. § 240 Abs. 3 HGB besteht ein weiteres Bewertungsvereinfachungsverfahren. Allerdings beschränkt sich die Anwendung der Festbewertung im Vorratsvermögen auf **Roh-, Hilfs- und Betriebsstoffe**. Danach können **unter bestimmten Voraussetzungen** Roh-, Hilfs- und Betriebsstoffe mit einer gleichbleibenden Menge und einem festen Wert angesetzt werden. In der Folge kommt es bei Ersatzbeschaffungen direkt zur Erfassung eines Aufwands, während Bestandsminderungen unberücksichtigt bleiben. Zu umfassenderen Erläuterungen und den Anwendungsvoraussetzungen des auch für Sachanlagen geltenden Wahlrechts zur Festbewertung siehe die Ausführungen in **Kapitel 6.3.1**.

Retrograde Ermittlung der Anschaffungskosten

Da im **Einzelhandel** die Ware direkt mit Verkaufspreisen ausgezeichnet wird, würde die individuelle Zuordnung von Beschaffungspreisen und damit Anschaffungskosten sowohl zur verkauften als auch noch auf Lager befindlichen Ware einen erheblichen Arbeitsaufwand verursachen. Aus Vereinfachungsgründen ist es daher sowohl in der Handels- als auch Steuerbilanz zulässig, die Anschaffungskosten ausgehend vom Verkaufspreis mittels Rückrechnung zu ermitteln.[189]

Dar. 7.10: Retrograde Ermittlung der Anschaffungskosten

	Nettoverkaufspreis (ohne USt)
−	Rohgewinnaufschlag (Handelsspanne)
=	Retrograd ermittelter Wert vor Preisnachlässen
−	erhaltene Preisnachlässe (z. B. Lieferantenrabatt, Skonti, Boni)
=	**Retrograd ermittelte Anschaffungskosten**

Die Höhe des Rohgewinnaufschlags ergibt sich nach dem für das einzelne Stück oder die Warengruppe kalkulierten Gewinnzuschlag. Im Fall herabgesetzter Verkaufspreise (Sonderangebote) bedarf es einer Anpassung der Handelsspanne. Bei erhaltenen und der Ware einzeln zurechenbaren Rabatten, Boni oder Skonti handelt es sich um Anschaffungspreisminderungen, die nach § 255 Abs. 1 S. 3 HGB von den Anschaffungskosten abzusetzen sind und insofern auch bei einer retrograden Ermittlung die Anschaffungskosten mindern.

7.5   Forderungen

7.5.1   Begriff und allgemeine Regelungen

Bei Forderungen handelt es sich grundsätzlich um Ansprüche aus gegenseitigen Verträgen (z. B. Kauf-, Werk-, Dienst- oder Mietverträgen), bei denen das rechnungslegende Unternehmen die Lieferung oder Leistung schon erbracht hat, aber die Gegenleistung bzw. Erfüllung durch den Vertragspartner (z. B. Zahlung der Vergütung oder Erbringung einer Leistung) noch aussteht.[190] Mit der Entstehung eines Anspruchs liegt ein Vermögensgegenstand vor, da es sich um einen bewertbaren und selbständig verwertbaren (z. B. mittels *Factoring*) wirtschaftlichen Wert handelt. Mangels expliziter Ansatzregelungen im Umlaufvermögen kommt es aufgrund des Vollständigkeitsgebots nach § 246 Abs. 1 S. 1 HGB mithin zu einer Ansatzpflicht. Das für Kapitalgesellschaften und ihnen gleichgestellte Unternehmen anzuwendende Mindestgliederungsschema der Bilanz verlangt nach § 266 Abs. 2 B. II. HGB einen **Ausweis** von »Forderungen und sonstigen Vermögensgegenständen«. Es sieht eine Unterteilung in die folgenden vier Posten vor:

---

189 Vgl. ADS (Rechnungslegung), Tz. 114 zu § 255 HGB, EStH 6.2 »Waren«.
190 Vgl. ADS (Rechnungslegung), Tz. 120 zu § 266 HGB.

1. Forderungen aus Lieferungen und Leistungen
2. Forderungen gegen verbundene Unternehmen
3. Forderungen gegen Unternehmen, mit denen ein Beteiligungsverhältnis besteht
4. Sonstige Vermögensgegenstände

Unter die **Forderung aus Lieferungen und Leistungen** fallen grundsätzlich die Ansprüche, die unter den als Umsatzlösen auszuweisenden Erträgen erfasst werden.[191] § 277 Abs. 1 HGB definiert Umsatzerlöse als die Erträge »aus dem Verkauf und der Vermietung oder Verpachtung von Produkten sowie der Erbringung von Dienstleistungen«.[192] Unter den **Forderungen gegen verbundene Unternehmen** sowie **Forderungen gegen Unternehmen, mit denen ein Beteiligungsverhältnis besteht,** müssen sämtliche dem Umlaufvermögen zurechenbaren Forderungen gegen diese Unternehmen unabhängig von ihrer Entstehungsursache subsummiert werden.[193] Damit fallen neben Forderungen aus kurzfristigen Darlehen, Gewinnausschüttungen oder Unternehmensverträgen (etwa Gewinnabführungsverträgen) auch Forderungen aus Lieferungen und Leistungen unter diese Posten. Zwecks Offenlegung der finanziellen Beziehungen zwischen den über Beteiligungen in einem Abhängigkeitsverhältnis stehenden Unternehmen hat ein Ausweis unter diesen Posten Vorrang vor einem Ausweis unter den Forderungen aus Lieferungen und Leistungen. Bei den **sonstigen Vermögensgegenständen** handelt es sich um einen Misch- und Sammelposten. Ein Ausweis unter diesem Bilanzposten findet dann statt, wenn ein Vermögensgegenstand sich nicht einem anderen Posten des Umlaufvermögens zuordnen lässt. In Betracht kommen antizipative Abgrenzungsposten, Schadenersatzansprüche, Vorsteuer, weitere Steuererstattungsansprüche oder auch debitorische Kreditoren.

Die unter den **Finanzanlagen im Anlagevermögen auszuweisenden Ausleihungen** stellen im Gegensatz zu den Forderungen und sonstigen Vermögensgegenständen langfristige Finanzforderungen dar, die der Definition des Anlagevermögens entsprechend dauernd dem Geschäftsbetrieb zu dienen bestimmt sind. Hierzu zählen z. B. langfristig gewährte Darlehen. Langfristige Forderungen aus Lieferungen und Leistungen fallen jedoch mangels Erfüllung der Definition niemals unter die Ausleihungen, sondern bedürfen eines Ausweises im Umlaufvermögen.

Im Rahmen der Zugangsbewertung repräsentieren die **Anschaffungskosten** den nach § 253 Abs. 1 S. 1 HGB den Forderungen zugrunde zu legenden Bewertungsmaßstab. Die Anschaffungskosten entsprechen grundsätzlich dem **Nennbetrag**, also dem auf der Rechnung ausgewiesenen Rechnungsbetrag. Für die Folge-

---

191 Vgl. Richter (Umsatzerlösdefinition), S. 385.
192 Die Umsatzerlöse sind dabei zu kürzen um Erlösschmälerungen, die Umsatzsteuer und sonstige direkt mit dem Umsatz verbundene Steuern (§ 277 Abs. 1 HGB).
193 Vgl. zu den Ausführungen zu diesen Posten ADS (Rechnungslegung), Tz. 129 und 132 zu § 266 HGB.

bewertung gilt das **strenge Niederstwertprinzip** im Umlaufvermögen. Die Forderungen sind also unabhängig vom Vorliegen einer voraussichtlich dauernden oder einer nur vorübergehenden Wertminderung zwingend auf den niedrigeren beizulegenden Wert außerplanmäßig abzuschreiben. Der beizulegende Wert stellt bei Forderungen den vom Unternehmen unter Beachtung der GoB geschätzten wahrscheinlich eingehenden Betrag dar.

Im Folgenden werden die regelmäßig im Rahmen der Bewertung auftretenden speziellen Fragestellungen bei Forderungen tiefergehend erläutert. Dabei handelt es sich um die Vorgehensweise bei der Gewährung von Skonto, die Vornahme von Wertberichtigungen, die Bewertung von Fremdwährungsforderungen und die Behandlung unverzinslicher und niedrigverzinslicher Forderungen.

7.5.2 Besonderheiten bei der Bewertung

Gewährung von Skonto

Im Fall der Gewährung von Skonto repräsentiert das Skonto aus wirtschaftlicher Sicht einen Zinsertrag für einen gegebenen Kredit zwischen dem Ende der Skontofrist und dem Ende des Zahlungsziels. Den Abzug von Skonto vom Kaufpreis bzw. Entgelt ermöglicht der Lieferant bzw. Leistungserbringer, wenn er diese Option auf der Rechnung ausweist. Bei Zahlung innerhalb der Skontofrist kürzt sich der Rechnungsbetrag um das gewährte Skonto. Bei Begleichung der Rechnung erst nach Ablauf der Skontofrist bis zum Ende des Zahlungsziels ist der volle Rechnungsbetrag zu leisten. Ob unter Abzug von Skonto gezahlt wird, entscheidet der Käufer bzw. Leistungsempfänger.[194] Der Lieferant bzw. Leistungserbringer kennt diese von ihm nicht zu beeinflussende und nach dem Entstehungszeitpunkt der Forderung liegende Entscheidung nicht.

Im Rahmen der Zugangsbewertung erfolgt ein **Ansatz** der Forderung zu Anschaffungskosten und damit **zum auf der Rechnung ausgewiesen Betrag ohne Abzug von Skonto**. Sofern der Kunde später innerhalb der Skontofrist zahlt unter Minderung des Rechnungsbetrags um den Skontobetrag, bedarf es einer Erfassung des Skontos als Erlösschmälerung und einer Korrektur der Umsatzsteuer. Die Erlösschmälerung ist nach § 277 Abs. 1 HGB zwingend als Minderung der Umsatzerlöse zu behandeln.

Beispiel bei Gewährung von Skonto

Ein Unternehmen verkauft ein hergestelltes Produkt für 1.000 EUR zuzüglich USt von 19 %. Das Zahlungsziel beträgt 30 Tage. Bei Zahlung innerhalb von 10 Tagen, können 3 % Skonto vom Rechnungsbetrag (1.190 EUR) abgezogen werden.

---

194 Für ihn repräsentiert Skonto in diesem Fall eine Anschaffungspreisminderung.

Im Zeitpunkt der Lieferung des Produkts als Realisationszeitpunkt erfasst das Unternehmen die Umsatzerlöse und gleichzeitig mit Entstehung des Anspruchs auf die Zahlung als Gegenleistung die Forderungen aus der Lieferung zum Rechnungsbetrag. Die Buchung lautet:

Forderungen 1.190 EUR

an Ertrag (Umsatzerlöse) 1.000 EUR

an USt 190 EUR

Sofern der Kunde die Forderung ohne Abzug von Skonto begleicht und den vollen Rechnungsbetrag leistet, kommt es zur folgenden Buchung.

Bank an Forderungen 1.190 EUR

Nimmt der Kunde dagegen Skonto in Anspruch, sind die Umsatzerlöse in Höhe der Erlösschmälerung und die USt bei Zahlung zu vermindern. Die Buchung lautet

Bank 1.154,30 EUR (97 % von 1.190 EUR)

Ertrag (Umsatzerlöse) 30 EUR (3 % von 1.000 EUR)

USt 5,7 EUR (3 % von 190 EUR)

an Forderungen 1.190 EUR

Wertberichtigungen von Forderungen

Sofern ein Unternehmen nur noch mit einer teilweisen Erfüllung oder sogar einem vollständigen Ausfall der Forderung rechnet, besteht aufgrund des strengen Niederstwertprinzips nach § 253 Abs. 4 HGB die Pflicht, die Forderung auf den wahrscheinlich noch eingehenden Betrag als niedrigeren beizulegenden Wert außerplanmäßig abzuschreiben. Die Prüfung ob und in welcher Höhe ein Ausfallrisiko vorliegt, hat auf Basis des **Einzelbewertungsgrundsatzes** für jede Forderung einzeln zu erfolgen. Dabei ist zwischen uneinbringlichen und zweifelhaften Forderungen zu unterscheiden.

Bei einer vollständig oder teilweise **uneinbringlichen Forderung** steht der Zahlungsausfall fest. Dies kann z. B. bei einer erfolgslosen Zwangsvollstreckung vorliegen. Die Abschreibung hat auf den wahrscheinlich noch erzielbaren Betrag zu erfolgen. Bei diesem als sicher geltenden Forderungsausfall bedarf es nach umsatzsteuerrechtlichen Vorschriften zwingend einer **Korrektur der USt**.[195] Bei **Eröffnung des Insolvenzverfahrens** beim Kunden besteht ein **Sondersachverhalt** uneinbringlicher Forderungen. In diesem Fall ist eine **vollständige Korrektur** der USt unbeschadet einer möglichen Insolvenzquote vorzunehmen.[196] Bei nachträglicher Vereinnahmung eines Forderungsbetrags muss die USt dann erneut berichtigt werden.

Bei **zweifelhaften Forderungen** steht der Zahlungsausfall der Forderung noch nicht fest, sondern es liegen begründete Zweifel an der Zahlungsfähigkeit des

---

195 Vgl. § 17 Abs. 2 Nr. 1 UStG.
196 Vgl. Urteil des BFH vom 13.07.2011, in: BStBl II 2011, S. 988.

Kunden vor. Dies wäre z. B. denkbar, wenn der Schuldner trotz mehrfacher Mahnung nicht gezahlt hat. Die Abschreibung hat wie bei uneinbringlichen Forderungen auf den wahrscheinlich noch erzielbaren Betrag zu erfolgen. Allerdings darf bei zweifelhaften Forderungen **keine Korrektur der USt** vorgenommen werden, da der Forderungsausfall noch nicht feststeht.

Im Anschluss an die Einzelwertberichtigung uneinbringlicher und zweifelhafter Forderungen kommt die Vornahme einer **Pauschalwertberichtigung** in Betracht. Sie muss immer dann durchgeführt werden, wenn nach der Vornahme von Einzelabwertungen noch mit bestimmter Wahrscheinlichkeit auftretende Ausfall- und Kreditrisiken im Forderungsbestand existieren, die jedoch dem Unternehmen noch nicht konkret bekannt oder erkennbar sind. Die Pauschalwertberichtigung berechnet sich durch Multiplikation eines pauschalen Prozentsatzes auf den verbleibenden, um die einzelwertberichtigten Forderungen gekürzten Forderungsbestand. Die Festlegung des Prozentsatzes hat auf einer unternehmensindividuellen Schätzung unter Beachtung sich bereits abzeichnender Entwicklungen zu beruhen. Grundsätzlich bieten die Erfahrungswerte der Vergangenheit einen entsprechenden Anhaltspunkt zur Bestimmung des Prozentsatzes.

Die **außerplanmäßigen Abschreibungen** berechnen sich immer auf den um die USt gekürzten **Netto-Forderungsbestand**. Dies gilt gleichermaßen für die Einzelwertberichtung uneinbringlicher und zweifelhafter Forderungen als auch für die Vornahme einer Pauschalwertberichtigung. Allein bei der Abwertung uneinbringlicher Forderungen bedarf es einer Korrektur der USt. Ansonsten verbleibt die USt in voller Höhe im Forderungsbestand.

Beispiel zu Wertberichtigungen von Forderungen

Der Forderungsbestand eines Unternehmens beträgt 2.380 TEUR inklusive USt. Der Prozentsatz für die Pauschalwertberichtigung beläuft sich auf 4 %. Es besteht eine noch nicht wertberichtigte Forderung A von 119 TEUR (einschließlich USt), die mit Sicherheit zu 80 % ausfällt. Zudem umfasst der Forderungsbestand eine Forderung B von 59,5 TEUR (inklusive USt), die wahrscheinlich zu 80 % ausfällt.

Zunächst sind die Einzelwertberichtigungen vorzunehmen. Bei der mit Sicherheit zu 80 % ausfallenden **Forderung A** handelt es sich um eine uneinbringliche Forderung. Insofern bedarf es hier auch einer USt-Korrektur. Der Nettobetrag der Forderung beläuft sich auf 100 TEUR, die USt auf 19 TEUR. Die Buchung lautet:

Aufwand (sonstige betriebliche Aufwendungen) 80 TEUR (80 % von 100 TEUR)

USt 15,2 TEUR (80 % von 19 TEUR)

an Forderungen 95,2 TEUR

Forderung B fällt wahrscheinlich, aber nicht mit Sicherheit aus. Insofern stellt sie eine zweifelhafte Forderung dar. Eine Korrektur der USt darf nicht erfolgen. Die Nettoforderung beträgt 50 TEUR und damit die außerplanmäßige Abschreibung 40 TEUR (80 % von 50 TEUR). Es ist zu buchen:

> *Aufwand (sonstige betriebliche Aufwendungen) an Forderungen 40 TEUR*
> Die **Pauschalwertberichtigung** ist auf den Netto-Forderungsbestand ohne die einzelwertberichtigten Forderungen A und B zu beziehen. Insofern ergibt sich ein korrigierter Brutto-Forderungsbestand von 2.201,5 TEUR (= 2.380 TEUR – 119 TEUR – 59,5 TEUR). Der Netto-Forderungsbestand beläuft sich damit auf 1.850 TEUR (2.201,5 TEUR / 1,19), so dass sich eine Pauschalwertberichtigung von 74 TEUR (= 1850 TEUR × 4 %) berechnet. Die Buchung lautet:
> *Aufwand (sonstige betriebliche Aufwendungen) an Forderungen 74 TEUR*
> Nach Vornahme der außerplanmäßigen Abschreibungen beträgt der **Gesamtbestand** der Forderungen 2.170,8 TEUR (= 2.380 TEUR – 95,2 TEUR – 40 TEUR – 74 TEUR). Er beinhaltet Netto-Forderungen von 1.806 TEUR (2.000 TEUR – 80 TEUR – 40 TEUR – 74 TEUR) und USt von 364,8 TEUR (380 TEUR – 15.2 TEUR).

Fremdwährungsforderungen

Allgemein besteht eine Notwendigkeit zur Währungsumrechnung von auf fremde Währung lautenden Vermögensgegenständen, Schulden, Aufwendungen, Erträgen und auch Anhangsangaben, da nach § 244 HGB ein Jahresabschluss zwingend in Euro aufzustellen ist. Die Zugangsbewertung der hier behandelten Fremdwährungsforderungen erfolgt nach den allgemeinen Bewertungsgrundsätzen zu Anschaffungskosten. Zur Bestimmung der **Anschaffungskosten** wird die Forderung mit dem **Kurs der Fremdwährung im Zeitpunkt des Zugangs** umgerechnet.[197]

Die Regelungen zur **Folgebewertung von Fremdwährungsforderungen** finden sich in **§ 256a HGB.** Dazu bestimmt § 256a S. 1 HGB, das Fremdwährungsforderungen zum Devisenkassamittelkurs am Abschlussstichtag umzurechnen sind. Die gesetzliche Vorschrift spricht allerdings nicht nur von Fremdwährungsforderungen, sondern allgemein von auf fremde Währung lautende Vermögensgegenstände und Verbindlichkeiten. Insofern gilt die Währungsumrechnung neben Fremdwährungsforderungen z. B. auch für liquide Mittel wie Bankguthaben in Fremdwährung als auch für Fremdwährungsverbindlichkeiten. Beim Devisenkassamittelkurs handelt es sich um das arithmetische Mittel zwischen Briefkurs (Kurs zum Ankauf von Devisen) und Geldkurs (Kurs zum Verkauf von Devisen). Damit müssen die **Fremd-**

---

[197] Für Fremdwährungsforderungen ist der **Briefkurs** zu verwenden, da es zukünftig zu einem Zufluss von Fremdwährungen und anschließend einen Tausch in Euro kommt. Zur Umrechnung von bei einem Erwerb auf Fremdwährung lautenden Vermögensgegenständen einschließlich der korrespondierenden Verbindlichkeiten sowie sämtlichen anderen Fremdwährungsverbindlichkeiten muss auf den **Geldkurs** zurückgegriffen werden, da es zur Begleichung der Verbindlichkeiten eines Tausches von Euro in Fremdwährung bedarf. Vgl. Grottel/Koeplin (Beck'scher Bilanzkommentar), § 256a HGB, Rn. 33. Die Umrechnung kann allerdings in analoger Weise zur Folgebewertung auch mittels des **Durchschnittskurses** (Mittelkurs von Brief- und Geldkurs) erfolgen, wenn daraus keine wesentlichen Auswirkungen auf die Vermögens-, Finanz- und Ertragslage resultieren (vgl. BT-Drucksache 16/10067, S. 62).

währungsforderungen am Jahresabschlussstichtag mit dem an diesem Tag **geltenden Stichtagskurs** (definiert als Devisenkassamittelkurs) umgerechnet werden. Ob aber auch der Ansatz der Forderung mit dem zum Stichtagskurs umgerechneten Wert erfolgt, ist damit noch nicht entschieden. Die Festlegung des Werts der Fremdwährungsforderung hängt nach Umrechnung mit dem Stichtagskurs davon ab, ob es sich um eine **langfristige oder kurzfristige Forderung** handelt. Nach § 256a S. 2 HGB gelten Forderungen mit einer Restlaufzeit von einem Jahr oder weniger als kurzfristig. Insofern lassen sich langfristige Forderungen definieren, wenn sie eine Restlaufzeit von mehr als einem Jahr aufweisen.

Bei **langfristigen Fremdwährungsforderungen** gilt das Realisationsprinzip (§ 252 Abs. 1 Nr. 4 HS 2 HGB) und das Anschaffungskostenprinzip (§ 253 Abs.1 S. 1 HGB).[198] Wenn die zum Stichtagskurs bewertete Forderung unterhalb der mittels des Kurses im Zugangszeitpunkt bewerteten Forderung liegt, dann ist die Forderung zwingend aufgrund der Umrechnungsvorschrift nach § 256a S.1 HGB mit dem geringeren zum Stichtagskurs umgerechneten Wert anzusetzen. Das gleiche Ergebnis ergibt sich auch ohne Anwendung des § 256a HGB. Aufgrund des im Umlaufvermögen geltenden strengen Niederstwertprinzips besteht die Pflicht die Forderung nach § 253 Abs. 4 HGB außerplanmäßig auf den geringeren zum Stichtagskurs umgerechneten Wert abzuschreiben. Liegt die zum Stichtagskurs bewertete Forderungen dagegen oberhalb der mittels Kurses im Zugangszeitpunkt umgerechneten Forderung, dann darf der Wertansatz der Forderung aufgrund des Realisations- und Anschaffungskostenprinzips nicht erhöht werden. Die mit dem Kurs im Zeitpunkt des Zugangs bewertete Forderung stellt gleichzeitig die Anschaffungskosten der Forderung dar, so dass eine Aufwertung mit Überschreiten der **Anschaffungskosten als Obergrenze** sowie die Realisation eines unrealisierten Gewinns zwangsläufig ausscheiden. Es verbleibt beim Ansatz der Forderung in Höhe der Anschaffungskosten. Sofern der Wertansatz der Forderung an einem früheren Abschlussstichtag unter der mit dem Zugangskurs bewerteten Forderung lag, bedarf es einer Erhöhung der Forderung bis zu dem mit dem Stichtagskurs umgerechneten Wert, aber maximal bis zu den Anschaffungskosten als Obergrenze.

Für **kurzfristige Fremdwährungsforderungen** setzt § 256a S. 2 HGB die Geltung des Realisations- und Anschaffungskostenprinzips aus. Aufgrund der fehlenden Anwendbarkeit dieser GoB ist die Forderung am Abschlussstichtag nach § 256a S.1 HGB **immer mit dem zum Stichtagskurs bewerteten Wert** anzusetzen. Damit kommt es entweder bei Abwertung zur Erfassung eines Aufwands aus der Währungsumrechnung oder bei Aufwertung zur Erfassung eines Ertrags aus der Währungsumrechnung. Im Fall der Zuschreibung bedarf es bei kurzfristigen Fremdwährungsforderungen immer auch einer Werterhöhung über die Anschaffungskosten hinaus, so dass zwangsläufig immer auch unrealisierte Gewinne erfasst werden.

---

198 Vgl. hierzu ausführlich Kapitel 2.2.3.5.

Abwertungen und damit gleichbedeutend außerplanmäßige Abschreibungen von Fremdwährungsforderungen führen zu Aufwendungen aus der Währungsumrechnung. Aufwertungen der auf fremde Währung lautenden Forderungen ziehen Erträge aus der Währungsumrechnung nach sich. Diese Währungsumrechnungsaufwendungen und -erträge sind zwingend nach § 277 Abs. 5 S. 2 HGB gesondert unter den Posten »sonstige betriebliche Aufwendungen« bzw. »sonstige betriebliche Erträge« auszuweisen.

Beispiel 1 zur Bewertung von Fremdwährungsforderungen

Ein Unternehmen verkauft am 30.06.t2 eine Maschine in die USA zu einem Preis von 200 TUSD. Das Zahlungsziel beträgt 5 Jahre. Im Zugangszeitpunkt sowie exemplarisch an den folgenden 3 Abschlussstichtagen ergibt sich die in der nachstehenden Darstellung 7.11 aufgeführte Kursentwicklung. In Abhängigkeit des Kurses ermittelt sich der Wert der Forderung im Zugangszeitpunkt und zu den jeweiligen Abschlussstichtagen.

Bei der Fremdwährungsforderung handelt es sich an allen vier oben aufgeführten Zeitpunkten um eine **langfristige Forderung**, weil die jeweilige Restlaufzeit immer über einem Jahr liegt. Erst ab dem 30.06.t6 und damit am Abschlussstichtag zum 31.12.t6 geht die Forderung in eine kurzfristige Forderung über, was aber erst im nächsten Beispiel betrachtet wird. Die **Anschaffungskosten** der Forderung am 30.06.t2 belaufen sich durch Umrechnung mit dem im Zugangszeitpunkt geltenden Kurs auf 153,85 TEUR. Solange die Fremdwährungsforderung als langfristig zu qualifizieren ist, gelten die Anschaffungskosten als Obergrenze. Am Abschlussstichtag zum 31.12.t2 beträgt die mit dem Stichtagskurs umgerechnete Forderung 142,86 TEUR und liegt damit mit 10,99 TEUR unter den Anschaffungskosten von 153,85 TEUR. Aufgrund des Zwangs zur Umrechnung mit dem Stichtagskurs nach § 256a S. 1 HGB (und zudem auch Geltung des strengen Niederstwertprinzips im Umlaufvermögen) muss die Forderung auf den niedrigeren Wert abgewertet werden.

Dar. 7.11: Beispiel Kursentwicklung und umgerechnete Werte der Fremdwährungsforderungen

Datum	Kurs	Umgerechneter Wert der Forderung (in TEUR)
30.06.t2	1 EUR = 1,30 USD (bzw. 1 USD = 0,769 EUR)	153,85 TEUR (= 200 TUSD / 1,30 USD/EUR) (= alternativ 200 TUSD x 0,769 EUR/USD)
31.12.t2	1 EUR = 1,40 USD	142,86 TEUR (= 200 TUSD / 1,40 USD/EUR)
31.12.t3	1 EUR = 1,25 USD	160,00 TEUR (= 200 TUSD / 1,25 USD/EUR)
31.12.t4	1 EUR = 1,35 USD	148,15 TEUR (= 200 TUSD / 1,35 USD/EUR)

Aufwand (sonstige betriebliche Aufwendungen) an Forderungen 10,99 TEUR
Am Abschlussstichtag zum 31.12.t3 beläuft sich die zum Stichtagskurs bewertete Forderung auf 160 TEUR. Da sie oberhalb der zum Vorjahresstichtag 31.12.t2 angesetzten Forderung von 142,86 TEUR liegt, bedarf es einer Aufwertung wegen des Zwangs zur Bewertung der Forderung mit dem Stichtagskurs nach § 256a S. 1 HGB. Aufgrund des bei langfristigen Forderungen geltenden Anschaffungskosten- und Realisationsprinzips stellen allerdings die Anschaffungskosten von 153,85 TEUR die Obergrenze dar, so dass die zwingend vorzunehmende Aufwertung nur bis zu den Anschaffungskosten erfolgen darf.
Forderungen an Ertrag (sonstige betriebliche Erträge) 10,99 TEUR
Da am Abschlussstichtag zum 31.12.t4 die zum Stichtagskurs umgerechnete Forderung 148,15 TEUR beträgt und damit unterhalb der im Vorjahr zu Anschaffungskosten angesetzten Forderung liegt, muss die Forderung wiederum auf den niedrigeren Wert abgewertet werden.
Aufwand (sonstige betriebliche Aufwendungen) an Forderungen 5,7 TEUR

Beispiel 2 zur Bewertung von Fremdwährungsforderungen

Ein Unternehmen verkauft am 31.10.t3 eine Maschine in die USA zu einem Preis von 200 TUSD. Das Zahlungsziel beläuft sich auf 3 Monate. Der Kurs im Zugangszeitpunkt der Forderung beträgt 1 EUR = 1,29 USD und am Abschlussstichtag zum 31.12.t3 1 EUR = 1,25 USD.
Damit ergeben sich Anschaffungskosten der Fremdwährungsforderung von 155,04 TEUR (200 TUSD / 1,29 USD/EUR) und ein Abschlussstichtagswert zum 31.12.t3 von 160,00 TEUR (200 TUSD / 1,25 USD/EUR). Da die Restlaufzeit der Forderung 3 Monate und damit weniger als ein Jahr beträgt, handelt es sich um eine **kurzfristige Forderung**. Aufgrund des nach § 256a S. 2 HGB in diesem Fall nicht geltenden Anschaffungskosten- und Realisationsprinzips ist die kurzfristige Forderung mit dem zum Stichtagskurs bewerteten Wert von 160,00 TEUR anzusetzen. Es kommt zur Erfassung eines unrealisierten Gewinns von 4,96 TEUR und damit auch eines Ansatzes der kurzfristigen Forderung oberhalb ihrer Anschaffungskosten.
Forderungen an Ertrag (sonstige betriebliche Erträge) 4,96 TEUR

Unverzinsliche und niedrig verzinsliche Forderungen

Unverzinsliche und niedrig verzinsliche Forderungen sind zum niedrigeren **Barwert** zu bewerten, da der Barwert in diesem Fall die Anschaffungskosten der Forderung repräsentiert. Ein nach langfristiger Gewinnmaximierung strebendes Unternehmen wird niemals ein längerfristiges Zahlungsziel oder ein Darlehen gewähren, ohne dass sich eine entsprechende Verzinsung und/oder ein anderer

Vorteil erzielen lassen. Insofern enthält der Nennbetrag einer unverzinslichen oder niedrig verzinslichen Forderung einen **verdeckten Zinsanteil**. Der Wert der zu einem späteren Zeitpunkt zu vereinnahmenden Gegenleistung muss nach diesen Überlegungen über einem (fiktiv) direkt in bar vereinnahmten Wert für die erbrachte Lieferung oder Leistung liegen. Der verdeckte Zinsanteil darf aufgrund des Realisationsprinzips nicht sofort im Entstehungszeitpunkt der Forderung, sondern nur über deren Laufzeit als Zinsertrag erfasst werden. Die Realisation des Zinsertrags im Zeitablauf erfolgt mittels Aufzinsung des Barwerts zu den einzelnen Abschlussstichtagen, so dass schließlich der am Ende der Laufzeit bestehende Barwert dem zu vereinnahmenden Nennbetrag der Forderung entspricht.[199] Zur Ermittlung der Barwerte ist auf einen risiko- und laufzeitkonformen Marktzinssatz (z. B. für festverzinsliche Wertpapiere) zurückzugreifen.

Beispiel für unverzinsliche Forderungen aus Lieferungen und Leistungen

Am 01.01.t2 hat ein Unternehmen eine Maschine an einen Kunden zu 100 TEUR verkauft und dabei dem Kunden ein unverzinsliches Zahlungsziel von 2 Jahren eingeräumt. Der risiko- und laufzeitkonforme Marktzinssatz beläuft sich auf 5 %.

Die unverzinsliche Forderung ist am 01.01.t2 mit dem Barwert anzusetzen. Der Barwert beträgt 90,70 TEUR (**100 TEUR** $\times \frac{1}{1{,}05^2}$).

Forderungen aus Lieferungen und Leistungen an Ertrag (Umsatzerlöse) 90,70 TEUR

Zum 31.12.t2 ergibt sich durch die Aufzinsung des Barwerts der unverzinslichen Forderung um ein Jahr ein in t2 zu erfassender Zinsertrag von 4,54 TEUR (90,70 TEUR × 0,05) und damit ein neuer Barwert der Forderung von 95,24 TEUR.

Forderungen aus Lieferungen und Leistungen
an Ertrag (sonstige Zinsen und ähnliche Erträge) 4,54 TEUR

Die zum 31.12.t3 durchzuführende Aufzinsung führt zu einem Wert der Forderung von 100 TEUR (95,24 TEUR × 1,05) und damit einem Zinsertrag in t3 von 4,76 TEUR. Darüber hinaus begleicht der Kunde zum 31.12.t3 die Forderung.

Forderungen aus Lieferungen und Leistungen
an Ertrag (sonstige Zinsen und ähnliche Erträge) 4,76 TEUR
und
Bank an Forderungen aus Lieferungen und Leistungen 100 TEUR

---

199 Die Aufzinsung der Forderung widerspricht nicht dem Anschaffungskostenprinzip, nach dem der Barwert als Anschaffungskosten der Forderung die Wertobergrenze repräsentiert. Die Aufzinsungsbeträge können entweder als nachträgliche Anschaffungskosten der Forderung angesehen werden [vgl. ADS (Rechnungslegung), Tz. 54 zu § 253 HGB] oder als zeitanteilig entstehende separate Zinsforderung [vgl. Schubert/Hutzler (Beck‹scher Bilanzkommentar), Rn. 190 zu § 255 HGB].

Wie an dem Beispiel zu erkennen ist, kommt es durch den Ansatz der unverzinslichen Forderung zum Barwert und der nachfolgenden Aufzinsung zur Erfassung von Zinserträgen im Zeitablauf (im Beispiel 4,54 TEUR in t2 und 4,76 TEUR in t3). Wäre die unverzinsliche Forderung direkt mit 100 TEUR angesetzt worden, hätte das Unternehmen direkt zu Beginn von t2 einen (Zins-)Ertrag von 9,30 TEUR (100 TEUR – 90,70 TEUR) realisiert und aufgrund der Notwendigkeit zur Abgrenzung zeitraumbezogener Erträge gegen das Realisationsprinzip verstoßen.[200]

Im Fall eines längerfristig unverzinslich oder niedrig verzinslich **gewährten Darlehens** handelt es sich im Zugangszeitpunkt um einen erfolgsneutralen Geschäftsvorfall. Der Entstehung der Forderung steht ein Abfluss auf dem Bankkonto gegenüber. Das gewährte Darlehen ist dabei in der Regel im Finanzanlagevermögen unter den sonstigen Ausleihungen auszuweisen. In diesem Fall bedarf es im Gegensatz zu Forderungen aus Lieferungen und Leistungen direkt der Erfassung einer **außerplanmäßigen Abschreibung** der Ausleihung im Zugangszeitpunkt. Die nachfolgende Aufzinsung entspricht der Vorgehensweise bei unverzinslichen Forderungen aus Lieferungen und Leistungen.

Beispiel für unverzinsliche Ausleihung

Ein Unternehmen hat am 01.01.t2 einem Kunden ein unverzinsliches Darlehen von 100 TEUR mit einer Laufzeit von 2 Jahren gewährt. Der risiko- und laufzeitkonforme Marktzinssatz beläuft sich auf 5 %.

Der Barwert der Ausleihung am 01.01.t2 beläuft sich wie im vorherigen Beispiel auf 90,70 TEUR, so dass das Unternehmen sofort eine außerplanmäßige Abschreibung auf das Darlehen von 9,30 TEUR vornehmen muss.

Aufwand (Abschreibungen auf Finanzanlagen und auf Wertpapiere des Umlaufvermögens) 9,30 TEUR

Sonstige Ausleihungen 90,70 TEUR

an Bank 100,00 TEUR

Zum 31.12.t2 sowie 31.12.t3 bedarf es wie im vorherigen Beispiel der Aufzinsung der unverzinslichen Ausleihung. Zudem vereinnahmt das Unternehmen am 31.12.t3 die Rückzahlung des Darlehens durch den Kunden von 100 TEUR.

Sonstige Ausleihungen an Ertrag (Erträge aus anderen Wertpapieren und Ausleihungen des Finanzanlagevermögens) 4,54 TEUR (in t2) bzw. 4,76 TEUR (in t3)

und

Bank an Sonstige Ausleihungen 100 TEUR (31.12.t3)

---

200 Vgl. ausführlich Kapitel 2.2.3.5.

7.6 Wertpapiere des Umlaufvermögens

Den Wertpapieren des Umlaufvermögens sind diejenigen Wertpapiere zu subsummieren, die nicht dem Anlagevermögen zugeordnet werden. Mangels expliziter Ansatzregelungen im Umlaufvermögen besteht für diese Vermögensgegenstände aufgrund des Vollständigkeitsgebots nach § 246 Abs. 1 S. 1 HGB eine **Ansatzpflicht**. Das für Kapitalgesellschaften und ihnen gleichgestellte Unternehmen geltende Mindestgliederungsschema der Bilanz verlangt nach § 266 Abs. 2 B. III. HGB einen **Ausweis** im Umlaufvermögen mittels der Bezeichnung »Wertpapiere« und sieht eine Unterteilung in die Posten »Anteile an verbundenen Unternehmen« sowie »Sonstige Wertpapiere« vor.

Die Zugangsbewertung der Wertpapiere erfolgt nach § 253 Abs. 1 S. 1 HGB zu **Anschaffungskosten**. Die bei Kauf anfallenden Spesen wie Maklergebühren (Courtage) und Bankprovisionen stellen dabei entsprechend § 255 Abs. 1 S. 2 HGB ansatzpflichtige Anschaffungsnebenkosten dar. Die Ermittlung der Anschaffungskosten kann auf Grundlage einer **Einzelbewertung** oder aus Vereinfachungsgründen aber auch auf Basis einer **Durchschnittsbewertung** erfolgen. Die Anwendung einer Einzelbewertung setzt eine Eigenverwahrung oder einen Identitätsnachweis voraus. Daher kommt für die Bestimmung der Anschaffungskosten z. B. im Fall des Haltens der Wertpapiere in einem Giro-Sammeldepot grundsätzlich nur eine Durchschnittsbewertung in Betracht.[201] Die Vorgehensweise bei Anwendung der Durchschnittsbewertung entspricht der in Kapitel 7.4 dargestellten Bewertungsvereinfachung im Rahmen der nach § 256 S. i. V. m. § 240 Abs. 4 HGB zulässigen Gruppenbewertung. Allerdings handelt es sich dabei nicht um die Anwendung des Gruppenbewertungsverfahrens, da eine Gruppenbewertung u. a. das Vorliegen beweglicher Vermögensgegenstände fordert und Wertpapiere (des Anlage- und Umlaufvermögens) nach der hier vertretenen Auffassung diese Voraussetzung grundsätzlich nicht erfüllen.[202] Ob eine Anwendung der Sammelbewertungsverfahren zur Bestimmung der Anschaffungskosten in Betracht kommt, ist in der Literatur umstritten.[203] Nach dem Wortlaut des § 256 S. 1 HGB scheidet eine Bewertungsvereinfachung mittels **Lifo- oder Fifo-Methode** aus, da sich beide Verfahrensmöglichkeiten nur auf das Vorratsvermögen beziehen. Durch die gewichtigen unterschiedlichen Auffassungen

---

201 Vgl. Schubert/Hutzler (Beck'scher Bilanzkommentar), Rn. 200 zu § 255 HGB und Scheffler (Beck'sches HdR), B 216, Rn. 30.

202 Bei Wertpapieren handelt es sich um Vermögens- und/ oder Mitgliedschaftsrechte, die wie immaterielle Rechte (Lizenzen, Patente, Nutzungsrechte) grundsätzlich als unbeweglich zu qualifizieren sind. Auf eine Urkunde kommt es für das Vorliegen eines Wertpapiers nicht an (so auch die Definition für Wertpapiere in § 2 Abs. 1 WpHG). Auch im Fall der Giro-Sammelverwahrung existiert keine Urkunde für ein einzelnes Wertpapier, sondern nur eine Sammelurkunde, die einen Miteigentumsanteil am Bestand der Wertpapiere gleicher Gattung des Kreditinstituts repräsentiert (§ 6 DepotG).

203 Ausschließend etwa Hennrichs (Beck OGK), Rn. 5 zu § 256 HGB oder Grottel/Huber (Beck'scher Bilanzkommentar), Rn. 4 zu § 256 HGB m. w. N. Zulassend dagegen ADS (Rechnungslegung), Tz. 24 f. zu § 256 HGB oder Schubert/Hutzler (Beck'scher Bilanzkommentar), Rn. 202 zu § 255 HGB.

in der Literatur besteht allerdings für die Unternehmen damit **faktisch** ein **Wahlrecht** zur Nutzung auch dieser beiden Verbrauchsfolgeverfahren.

Im Rahmen der Folgebewertung der Wertpapiere des Umlaufvermögens gilt das **strenge Niederstwertprinzip** nach § 253 Abs. 4 HGB. Sofern der zu ermittelnde Vergleichswert unterhalb der Anschaffungskosten oder dem am vorherigen Abschlussstichtag angesetzten Betrag liegt, bedarf es unabhängig von der Dauer der Wertminderung einer **außerplanmäßigen Abschreibung** auf den niedrigeren Wert. Der Vergleichswert wird repräsentiert durch einen aus einem Börsen- oder Marktpreis abgeleiteten Wert oder, wenn nicht feststellbar, durch den beizulegenden Wert.[204] Für die Bestimmung dieser drei Wertmaßstäbe muss zunächst immer die Relevanz des Absatz- oder Beschaffungsmarkts geklärt werden. Bei Wertpapieren des Umlaufvermögens liegt grundsätzlich der Absatzmarkt zugrunde, da schon aufgrund der Zuordnung zum Umlaufvermögen regelmäßig eine Verkaufsabsicht bestehen dürfte. In diesem Fall hat eine Abschreibung nicht nur auf den Nettoveräußerungserlös für die Wertpapiere, sondern den auch um Veräußerungskosten geminderten Verkaufspreis (als aus einem sich aus einem Börsen- oder Marktpreis ergebenden Wert) zu erfolgen. Sollte im Ausnahmefall auf den Beschaffungsmarkt abgestellt werden, bedarf es einer Abschreibung auf die Wiederbeschaffungskosten, die noch um die bei Erwerb zusätzlich anfallenden Anschaffungsnebenkosten zu erhöhen sind. Bei Wegfall der Gründe für eine außerplanmäßige Abschreibung in einer späteren Periode besteht nach § 253 Abs. 5 HGB eine **Zuschreibungspflicht** bis maximal zu den Anschaffungskosten. In **Kapitel 4.3** findet sich jeweils ein ausführlich erläutertes Beispiel zur außerplanmäßigen Abschreibung und zur Zuschreibung von Wertpapieren.

Für **Kreditinstitute und Finanzdienstleister** besteht in § 304e Abs. 3 HGB eine **Besonderheit** bei der Bewertung von Wertpapieren. Danach sind Finanzinstrumente des Handelsbestands zum beizulegenden Zeitwert abzüglich eines Risikoabschlags zu bewerten. Damit kommt es hier sowohl zu einer erfolgswirksamen Erfassung negativer Wertänderungen als auch von positiven Wertänderungen der Wertpapiere. Die Anschaffungskosten als Obergrenze gelten nicht. Insofern handelt es sich bei dieser Regelung um eine Ausnahmevorschrift.[205]

7.7 Ausweisregelungen und Angabepflichten des Umlaufvermögens

Alle Unternehmen haben nach § 247 Abs. 1 HGB das Umlaufvermögen gesondert in der Bilanz auszuweisen und hinreichend aufzugliedern. Die Festlegung der Gliede-

---

204 Vgl. zu den Wertmaßstäben ausführlich Kapitel 4.3.

205 Eine erfolgswirksame Zeitwertbilanzierung oberhalb der Anschaffungskosten besteht nach HGB neben diesem Fall nur noch bei der Bewertung wertpapiergebundener Versorgungszusagen (§ 253 Abs. 1 S. 3 HGB) sowie der Bewertung des Deckungsvermögens (§ 253 Abs. 1 S. 4 HGB) im Zusammenhang mit Pensionsrückstellungen. Vgl. zu diesen beiden weiteren Fällen Kapitel 9.3.4.2.4.

rungstiefe muss sich dabei an den GoB orientieren, wie z. B. den Grundsätzen der Übersichtlichkeit, Klarheit und Wesentlichkeit. Für Kapitalgesellschaften und ihnen gleichgestellte Unternehmen (wie haftungsbeschränkte Personengesellschaften, Genossenschaften und unter das PublG fallende Unternehmen) besteht darüber hinaus die Verpflichtung, das in **Kapitel 7.1 dargestellte Mindestgliederungsschema** des § 266 Abs. 2 B. HGB für das Umlaufvermögen anzuwenden. Für die in § 267 Abs. 1 HGB definierten kleinen Kapitalgesellschaften und ihnen gleichgestellte Unternehmen reicht dabei eine Untergliederung in »Vorräte«, »Forderungen und sonstige Vermögensgegenstände«, »Wertpapiere« sowie als letztem Posten »Kassenbestand, Bundesbankguthaben, Guthaben bei Kreditinstituten und Schecks«.[206] Zudem sind die allgemeinen Gliederungsgrundsätze nach § 265 HGB zu beachten. So können u. a. weitere Untergliederungen vorgenommen, Leerposten nicht aufgeführt, neue Posten und Zwischensummen eingefügt oder auch die Bezeichnung sowie Gliederung bestimmter Posten geändert werden.

Kapitalgesellschaften und ihnen gleichgestellte Unternehmen müssen nach § 268 Abs. 4 S. 1 HGB bei allen Forderungsposten das Gliederungsschema ergänzen und jeweils mittels eines »davon«-Vermerks die **Forderungen mit einer Restlaufzeit von mehr als einem Jahr** gesondert ausweisen. Hierbei handelt es sich um eine wesentliche und im Rahmen einer Unternehmensanalyse für Zwecke der Ermittlung von Kennzahlen erforderliche Angabe, da eine Vielzahl der zu interpretierenden Kennzahlen eine Aufteilung in kurz- und langfristiges Vermögen und damit auch in kurz- und langfristige Forderungen voraussetzt.

Grundsätzlich besteht nach § 246 Abs. 2 S. 1 HGB ein **Saldierungsverbot** für Aktiv- und Passivposten und damit das Erfordernis eines Bruttoausweises. Dies betrifft insbesondere die Saldierung von Forderungen und Verbindlichkeiten. Eine Saldierung kommt im Ausnahmefall nur dann in Betracht, wenn nach § 387 BGB die Möglichkeit zur Aufrechnung von Forderungen und Verbindlichkeiten vorliegt. Eine Aufrechnung bedingt dabei gleichartige Ansprüche und Verbindlichkeiten mit gleicher Fälligkeit zwischen den gleichen Personen.

Nach § 268 Abs. 5 S. 2 HGB existiert eines der wenigen gesetzlich kodifizierten Ausweiswahlrechte im HGB. Dieses **Ausweiswahlrecht** betrifft **erhaltene Anzahlungen auf Bestellungen**. Unternehmen haben für die von Kunden erhaltenen Anzahlungen die Möglichkeit, die erhaltenen Anzahlungen entweder offen in der Bilanz mit den Vorräten zu saldieren (»offen von ihnen abzusetzen«) oder sie gesondert unter den Verbindlichkeiten auszuweisen. Durch die Nutzung des Ausweiswahlrechts können Unternehmen unternehmensanalytische Kennzahlen gestalten. So zieht z. B. der gesonderte Ausweis unter den Verbindlichkeiten eine geringere Eigenkapitalquote (definiert als Quotient aus Eigenkapital und Bilanzsumme) nach sich, da durch diese Ausweisalternative die Bilanzsumme bei gleichbleibendem Eigenkapital steigt.

---

206 Vgl. § 266 Abs. 1 S. 3 HGB. Für die in § 267a HGB definierten Kleinstkapitalgesellschaften gilt die allgemeine Regelung nach § 247 Abs. 1 HGB (vgl. § 266 Abs. 1 S. 4 HGB).

Bei Unternehmen in der Rechtsform einer GmbH oder bei haftungsbeschränkten Personengesellschaften gilt eine Besonderheit für **Forderungen gegen Gesellschafter**. § 42 Abs. 3 GmbHG bzw. § 264c Abs. 1 HGB verlangen einen gesonderten Ausweis in der Bilanz unter dieser Bezeichnung oder alternativ eine Angabe im Anhang. Erfolgt eine Angabe im Anhang und damit kein Ausweis in der Bilanz mittels einer gesonderten Bezeichnung, so muss diese Eigenschaft bei allen Posten mit Hilfe eines »davon«-Vermerks in der Bilanz oder im Anhang angegeben werden. Allerdings hat aufgrund des Zwecks der Vorschriften grundsätzlich ein Ausweis in der Bilanz zu erfolgen. Eine Anhangsangabe kommt nur unter bestimmten Bedingungen in Betracht. Eine ausführliche Erläuterung des Sinns und Zwecks der Regelungen und damit der Begründung für den Vorrang des Bilanzausweises findet sich in **Kapitel 9.2.3.** Der von den Vorschriften geforderte Ausweis bzw. Angabe bezieht sich nicht nur auf Forderungen gegen Gesellschafter (Umlaufvermögen), sondern betrifft gleichermaßen **Ausleihungen an Gesellschafter** (Anlagevermögen) und **Verbindlichkeiten gegenüber Gesellschaftern** (Fremdkapital).

Darüber hinaus bestehen in Bezug auf das Umlaufvermögen u. a. die folgenden **Berichtspflichten im Anhang.**

- Allgemeine Angaben zu den angewandten Ansatz- und Bewertungsmethoden bei den einzelnen Posten des Umlaufvermögens (§ 284 Abs. 2 Nr. 1 HGB).
- Angabe von Änderungen einer Bewertungsmethode (z. B. der Wechsel von der Lifo-Methode zur Gruppenbewertung auf Basis von Durchschnittswerten) mit Begründung des Wechsels und Darstellung des Einflusses der Methodenänderung auf die Vermögens-, Finanz- und Ertragslage (§ 284 Abs. 2 Nr. 2 HGB).
- Bei Anwendung der Sammelbewertungsverfahren und der Gruppenbewertung Angabe von erheblichen Unterschiedsbeträgen zwischen einer Bewertung der jeweiligen Gruppe mit dem aktuellen Börsen- oder Marktpreis und der Bewertung auf Grundlage der beiden angewandten Bewertungsvereinfachungsverfahren (§ 284 Abs. 2 Nr. 3 HGB).
- Bei selbst erstellten Vorräten Angaben über die Einbeziehung von Zinsen für Fremdkapital in die Herstellungskosten (§ 284 Abs. 2 Nr. 4 HGB).
- Angaben zu Derivaten (§ 285 Nr. 19 HGB).
- Angaben im Fall der Bildung von Bewertungseinheiten nach § 254 HGB (§ 285 Nr. 23 HGB).

Kleine Kapitalgesellschaften und ihnen gleichgestellte Unternehmen müssen nach § 288 Abs. 1 Nr. 1 HGB keine Anhangsangaben tätigen zu Derivaten (Angaben nach § 285 Nr. 19 HGB) sowie zu den Unterschiedsbeträgen bei Anwendung der Sammelbewertungsverfahren und der Gruppenbewertung (Angaben nach § 284 Abs. 2 Nr. 3 HGB).

8 Eigenkapital

8.1 Begriff und Arten

8.1.1 Überblick

Das Eigenkapital beinhaltet alle dem Unternehmen durch die Anteilseigner ohne eine zeitliche Begrenzung zur Verfügung gestellten Mittel. Aufgrund der fehlenden zeitlichen Begrenzung handelt es sich um langfristig nutzbares Kapital. Da sich die Gliederung der Passivseite der Bilanz u. a. nach den Kriterien der Fristigkeit sowie Kapitalherkunft richtet, wird das Eigenkapital daher auf der Passivseite gesondert als erster Posten ausgewiesen. Die Zurverfügungstellung der Mittel kann durch eine Zuführung des Kapitals von außen z. B. in Form von Geld- oder Sacheinlagen erfolgen. Alternativ besteht auch die Möglichkeit, das Eigenkapital von innen heraus durch Verzicht auf eine Gewinnausschüttung oder anders ausgedrückt mittels einer Thesaurierung von Gewinnen zu bilden. Aus bilanzieller Sicht handelt es sich beim Eigenkapital um die Differenz aus Vermögensgegenständen (Vermögen) und Schulden bzw. der Differenz von Aktivseite und Fremdkapital, so dass sich das Eigenkapital auch als (Netto-)Reinvermögen bezeichnen lässt. Insofern bedarf es für das Eigenkapital als Residualgröße auch keiner gesonderten Ansatz- und Bewertungsvorschriften, da Bilanzierung und Höhe des Postens aus dem Ansatz und der Bewertung der übrigen Bilanzposten resultieren.

Da das Eigenkapital als Haftungskapital fungiert, spielt allerdings der **Ausweis** der einzelnen Bestandteile für unternehmensanalytische Zwecke eine wesentliche Rolle. Dies gilt insbesondere bei Kapitalgesellschaften und haftungsbeschränkten Personengesellschaften, da sich bei diesen die Haftung letztlich auf das Gesellschaftsvermögen beschränkt. Vor diesem Hintergrund hat der Gesetzgeber bei Kapitalgesellschaften zudem auch Vorschriften zur Bildung und dem Erhalt der Haftungssubstanz erlassen. Diese Regelungen beziehen sich auf die **Dotierung sowie Auflösung einzelner Komponenten des Eigenkapitals**. Bei Einzelunternehmen und nicht haftungsbeschränkten Personengesellschaften bestehen dagegen für den Ausweis sowie Bildung und Auflösung des Eigenkapitals keine tiefergehenden Vorschriften, da entweder der Einzelunternehmer oder zumindest ein Personengesellschafter auch unmittelbar und unbeschränkt mit dem Privatvermögen haftet. Für alle Gesellschaftsformen finden sich darüber hinaus weitere auf die Erfüllung der Ausschüttungsbemessungsfunktion der handelsrechtlichen Rechnungslegung bezogene Vorschriften.

Vor dem Hintergrund der Bedeutung des Ausweises des Eigenkapitals und der Dotierung sowie Auflösung von Rücklagen bei Kapitalgesellschaften werden zunächst diese entsprechenden Regelungen erläutert bevor in Kapitel 8.3 die Darstellung des Eigenkapitals bei Personengesellschaften und Einzelunternehmen erfolgt.

Das Eigenkapital unterteilt sich nach § 266 Abs. 3 und § 268 Abs. 1 HGB wie folgt:

A. Eigenkapital
   I. Gezeichnetes Kapital
   II. Kapitalrücklage
   III. Gewinnrücklagen
      1. Gesetzliche Rücklage
      2. Rücklage für Anteile an einem herrschenden oder mehrheitlich beteiligten Unternehmen
      3. Satzungsmäßige Rücklagen
      4. Andere Gewinnrücklagen
   IV. Gewinnvortrag/ Verlustvortrag
   V. Jahresüberschuss/ Jahresfehlbetrag

Alternativ zu IV. und V. gem. § 268 Abs. 1 HGB
   VI. Bilanzgewinn/ Bilanzverlust

8.1.2 Gezeichnetes Kapital sowie Kapital- und Gewinnrücklagen

Das **gezeichnete Kapital** ist nach § 272 Abs. 1 S. 1 HGB mit dem Nennbetrag anzusetzen. Es repräsentiert das Nominalkapital der Kapitalgesellschaft, an dessen Inhaberschaft grundsätzlich bestimmte anteilsmäßige Rechte (z. B. Stimm- oder Dividendenbezugsrechte) geknüpft sind. Bei einer AG und einer KGaA handelt es sich um das Grundkapital, bei einer GmbH um das Stammkapital. Dabei regelt die Satzung bzw. der Gesellschaftsvertrag die Höhe des gezeichneten Kapitals. Es weist insofern einen konstanten Betrag auf. Veränderungen des Nominalkapitals können nur nach den rechtsformspezifischen gesetzlichen Vorschriften zu Kapitalerhöhungen oder Kapitalherabsetzungen vorgenommen werden. Die weiteren neben dem gezeichneten Kapital bestehenden Eigenkapitalposten stellen dagegen das variable Eigenkapital der Gesellschaft dar.

Durch die Bildung von **Rücklagen** in Form von Kapital- und Gewinnrücklagen kommt es zu einer Erhöhung der Haftungssubstanz des Unternehmens. Rücklagen dienen insofern der Sicherung des Unternehmens durch eine Stärkung des Kapitals, welches in Krisenzeiten u. a. zum Ausgleich auftretender Verluste genutzt werden kann und damit auch eine Überschuldung zunächst zu vermeiden hilft. Die Aufteilung der Rücklagen in Kapital- und Gewinnrücklagen basiert auf der Art der zur Verfügung gestellten Mittel und bezweckt für die Adressaten des Jahresabschlusses eine Erhöhung der Transparenz der Eigenkapitalstruktur. Während die Kapitalrücklagen das von außen von den Anteilseignern zugeführte Kapital beinhalten, handelt es sich bei Gewinnrücklagen um das von innen durch Gewinnthesaurierung gebildete Eigenkapital. Neben den als **offene Rücklagen** bezeichneten Kapital- und Gewinnrücklagen können auch **stille Rücklagen** existieren. Die offenen Rücklagen werden (offen) für alle Adressaten ersichtlich auf Basis der gesetzlichen Vorgaben in der Bilanz ausgewiesen. Stille Rücklagen oder auch stille Reserven genannt sind dagegen nicht oder bei Durchführung einer Unternehmensanalyse nur teilweise für die externen Adressaten des Abschlusses erkennbar. Sie entstehen durch die zielgerichtete Nutzung des rechnungslegungspolitischen Instrumentariums bei der Ausübung von Ansatz- und Bewertungswahlrechten sowie Ermessensspielräumen. Stille Rücklagen basieren damit auf einer im gesetzlichen Rahmen zulässigen Unterbewertung von Aktivposten oder einer entsprechenden Überbewertung von Fremdkapital.

Die **Kapitalrücklage** beinhaltet das neben dem gezeichneten Kapital von außen zugeführte Eigenkapital. § 272 Abs. 2 HGB umfasst **vier Fälle**, die in die Kapitalrücklage einzustellen sind und zwischen denen auch für Zwecke der Bildung und Auflösung von Rücklagen unterschieden werden muss.

- **Agio bei der Ausgabe von Anteilen** (§ 272 Abs. 2 Nr. 1 HGB): Das Agio (Aufgeld) definiert sich als Betrag, der bei der Ausgabe von Anteilen (einschließlich Bezugsanteilen) über den Nennbetrag bzw. bei Stückaktien über den rechnerischen Wert hinaus erzielt wird. Eine entsprechende Kapitalrücklage kommt u. a. bei Gründungen, Kapitalerhöhungen und Verschmelzungen in Betracht.
- **Agio bei der Ausgabe von Schuldverschreibungen** für Wandlungsrechte und Optionsrechte zum Erwerb von Anteilen (§ 272 Abs. 2 Nr. 2 HGB): Das Agio umfasst in diesem Fall den Wert für das mit der Schuldverschreibung verbundene Wandlungs- oder Optionsrecht zum Erwerb von Anteilen an der Gesellschaft. Es ermittelt sich als Differenzbetrag zwischen dem Ausgabebetrag der Schuldverschreibung mit entsprechendem Recht und dem Ausgabebetrag der gleichen Schuldverschreibung ohne Wandlungs- oder Optionsrecht.
- **Zuzahlungen von Gesellschaftern für die Gewährung eines Vorzugs** für ihre Anteile (§ 272 Abs. 2 Nr. 3 HGB): Sofern Anteilseignern ein Vorzug wie z. B. ein erhöhtes Dividendenbezugsrecht bei Vorzugsaktien (§ 11 S. 1 AktG) oder ein erhöhter Gewinnanteil (§ 29 Abs. 3 S. 2 GmbHG) gewährt wird, haben die Gesellschafter regelmäßig eine Zuzahlung in Form einer Geldzahlung oder Sachleistung zu erbringen. Diese erbrachte Mehrleistung ist als entsprechende Kapitalrücklage anzusetzen.
- **Andere Zuzahlungen von Gesellschaftern auf freiwilliger Basis** (§ 272 Abs. 2 Nr. 4 HGB): Hierunter fallen alle freiwillig in das Eigenkapital erbrachten Leistungen von Gesellschaftern ohne die Gewährung eines Vorzugs. Dazu zählt z. B. auch ein Forderungserlass oder eine Schuldübernahme.

Beispiel zur Gründung einer AG

Im Rahmen der Gründung einer AG wird das Grundkapital von 80 TEUR in 1.000 Aktien zu einem Nennbetrag von je 80 EUR eingeteilt. Die Ausgabe der Aktien an die Gründer erfolgt gegen Zahlung von 150 EUR pro Aktie.

Das gezeichnete Kapital ist nach § 272 Abs. 1 S. 1 HGB mit dem Nennbetrag von 80 TEUR anzusetzen. Bei der Ausgabe der Anteile (Aktien) bei Gründung entsteht ein Aufgeld von 70 EUR pro Aktie. Das Agio von insgesamt 70 TEUR wird daher als Kapitalrücklage nach § 272 Abs. 2 Nr. 1 HGB ausgewiesen. Die Buchung lautet:

Bank 150 TEUR

an Gezeichnetes Kapital 80 TEUR

an Kapitalrücklage 70 TEUR

Die **Gewinnrücklagen** unterteilen sich in vier gesondert in der Bilanz auszuweisende Arten:

- Gesetzliche Rücklage,
- Rücklage für Anteile an einem herrschenden oder mehrheitlich beteiligten Unternehmen,
- Satzungsmäßige Rücklagen,
- andere Gewinnrücklagen.

Die Gewinnrücklagen werden von innen heraus und damit ohne Leistungen von Anteilseignern (von außen) dotiert. Die Bildung der Gewinnrücklagen hat nach § 272 Abs. 3 HGB im Rahmen der Ergebnisverwendung aus dem Ergebnis des Geschäftsjahres oder eines früheren Geschäftsjahres zu erfolgen. Nur für die Rücklage für Anteile an einem herrschenden oder mehrheitlich beteiligten Unternehmen bestehen nach § 272 Abs. 4 S. 1 und S. 3 HGB die Ausnahmen, dass sie auch ohne erwirtschaftetes Ergebnis gebildet werden muss und zudem auch aus frei verfügbaren Rücklagen dotiert werden darf.

Die Bildung der **gesetzlichen Rücklage** basiert auf einer **gesetzlichen Vorschrift**. So sieht § 150 Abs. 1 AktG die Dotierung einer gesetzlichen Rücklage bei der AG oder der KGaA vor. Eine ausführliche Erläuterung hierzu findet sich im nachfolgenden **Kapitel 8.2.** Auch bei der haftungsbeschränkten Unternehmergesellschaft verlangt § 5a Abs. 3 S. 1 GmbHG die Bildung einer gesetzlichen Rücklage. Demgegenüber fehlt z. B. für die GmbH eine entsprechende Regelung, so dass bei einer GmbH Ansatz und Ausweis dieser Gewinnrücklagenart entfällt.

Die **Rücklage für Anteile an einem herrschenden oder mit Mehrheit beteiligten Unternehmen** ist nach § 272 Abs. 4 S. 1 und S. 2 HGB zwingend **in Höhe der auf der Aktivseite der Bilanz angesetzten Anteile** an dem herrschenden oder mit Mehrheit beteiligten Unternehmen zu bilden. Bei dem Erwerb von Anteilen an einem herrschenden oder mit Mehrheit beteiligten Unternehmen handelt es sich um den Kauf von Anteilen an dem Mutterunternehmen der Gesellschaft. Das übergeordnete Mutterunternehmen kann aufgrund seiner beherrschenden Stellung bzw. seiner Mehrheitsbeteiligung und der damit verbundenen Einflussnahmemöglichkeiten auch den Kauf der Anteile (an sich selbst) durchsetzen. Wirtschaftlich entspricht dies einem Erwerb eigener Anteile beim übergeordneten Mutterunternehmen. Das erwerbende Unternehmen hat die Anteile an dem übergeordneten Unternehmen zu Anschaffungskosten anzusetzen. Durch die Bildung einer Rücklage beim Käufer in gleicher Höhe kommt es zu einer Ausschüttungssperre für Zwecke des Gläubiger- und Anteilseignerschutzes. Bei der Bildung der Rücklage beim Anteile erwerbenden Unternehmen im Zeitpunkt der Aufstellung des Jahresabschlusses besteht nach § 272 Abs. 4 S. 3 HGB ein **Wahlrecht**.[207] Die Rücklage darf entweder aus den **frei verfügbaren Rücklagen** oder aus dem **Bilanzergebnis** dotiert werden. Als frei verfügbare Rücklagen kommen allein die Kapitalrücklage nach § 272 Abs. 2 Nr. 4 HGB (Zuzahlungen von Gesellschaftern auf freiwilliger Basis) sowie die anderen Gewinnrücklagen in Betracht. Alle anderen Rücklagenarten sind ausgeschlossen, da sie einer Zweckbestimmung unterliegen und ihnen insofern die freie Verfügbarkeit fehlt. Das Zuführungswahlrecht existiert allerdings nur insoweit, als dass auch frei verfügbare Rücklagen bestehen. Bei fehlenden bzw. nicht in ausreichendem Maße vorhandenen frei nutzbaren Rücklagen muss die Bildung ganz oder teilweise aus dem Bilanzergebnis erfolgen. Dies führt zu einer Minderung eines Bilanzgewinns bzw. zu einer Entstehung oder Erhöhung eines Bilanzverlusts. Die erworbenen **Anteile** sind grundsätzlich im **Umlaufvermögen** unter den Wertpapieren entsprechend § 266 Abs. 2 B. III HGB auszuweisen, da das herrschende oder mit Mehrheit beteiligte Unternehmen jederzeit die Veräußerung der Anteile verlangen kann.[208] Insofern muss für Bewertungszwecke auch das strenge Niederstwertprinzip Anwendung finden. § 272 Abs. 4 S. 4 HGB sieht zwingend die **Auflösung der Rücklage** vor, wenn die Anteile veräußert, ausgegeben oder eingezogen werden oder wenn auf der Aktivseite ein niedrigerer Betrag angesetzt wird. Ansonsten besteht ein Auflösungsverbot. Damit entsprechen sich immer der Wert der auf der Aktivseite angesetzten Anteile und der Betrag der im Eigenkapital ausgewiesenen Rücklage. Die Auflösung der Rücklage erfolgt **entsprechend ihrer Bildung** durch Umgliederung in die frei verfügbaren Rücklagen oder durch Erhöhung des Bilanzergebnisses im Rahmen der Ergebnisverwendungsrechnung.[209]

---

207 Vgl. hierzu auch Störk/Kliem/Meyer (Beck'scher Bilanzkommentar), Rn. 302 f. zu § 272 HGB.

208 Vgl. BT-Drucksache 16/10067, S. 66. Für einen Ausweis im Anlagevermögen unter den Finanzanlagen bedarf es ansonsten zwingend hinreichender Anhaltspunkte, dass auf die Anweisung zur Übertragung der Anteile verzichtet wird (vgl. BT-Drucksache 16/10067, S. 66).

209 Vgl. etwa Störk/Kliem/Meyer (Beck'scher Bilanzkommentar), Rn. 311 zu § 272 HGB. A. A. Reiner (Münchener Kommentar zum HGB), Rn. 128 zu § 272 HGB m. w. N., der immer eine Auflösung mittels Erhöhung des Bilanzergebnisses fordert, so dass später die Haupt- bzw. Gesellschafterversammlung (und nicht Vorstand und Aufsichtsrat bzw. die Geschäftsführung) über die Verwendung des Auflösungsbetrags entscheidet.

Beispiel zur Rücklage für Anteile an einem herrschenden Unternehmen

Die »Mutterunternehmen AG« (M) hält 80 % der Anteile an der »Tochterunternehmen GmbH« (T). T erwirbt zum 31.12.t2 Anteile an dem herrschenden (und auch mit Mehrheit beteiligten) M in Höhe von TEUR 1.000. Das Eigenkapital der T von 6.100 TEUR setzt sich zum 31.12.t2 wie folgt zusammen:

Gezeichnetes Kapital	600 TEUR
Kapitalrücklage (nach § 272 Abs. 2 Nr. 1 HGB)	2.800 TEUR
Andere Gewinnrücklagen	2.000 TEUR
Bilanzgewinn	700 TEUR

Die T wünscht den Ausweis eines möglichst hohen Bilanzergebnisses. Am folgenden Abschlussstichtag zum 31.12.t3 besteht eine vorübergehende Wertminderung für die Anteile an M von 200 TEUR.

Die Anteile werden im Zeitpunkt des Erwerbs in t2 zu Anschaffungskosten von 1.000 TEUR unter den Wertpapieren des Umlaufvermögens als Anteile an verbundenen Unternehmen angesetzt. In gleicher Höhe ist in t2 eine Rücklage für Anteile an einem herrschenden oder mit Mehrheit beteiligten Unternehmen (nachfolgend bezeichnet als Rücklage für Anteile an einem herrschenden Unternehmen) zu bilden. Da die T ein möglichst hohes Bilanzergebnis anstrebt, erfolgt die Dotierung der Rücklage aus den anderen Gewinnrücklagen als frei verfügbaren Rücklagen (Wahlrecht). Zu beachten ist, dass die Kapitalrücklage nach § 272 Abs. 2 Nr. 1 HGB keine frei verfügbare Rücklage darstellt, sondern nur die Kapitalrücklage nach § 272 Abs. 2 Nr. 4 HGB. Insofern verbleiben hier nur die anderen Gewinnrücklagen zur Bildung. Die Buchungssätze lauten:

Anteile an verbundenen Unternehmen (UV) an Bank 1.000 TEUR

und

Andere Gewinnrücklagen

an Rücklage für Anteile an einem herrschenden Unternehmen 1.000 TEUR

Das Eigenkapital der T von 6.100 TEUR setzt sich zum 31.12.t2 dann wie folgt zusammen:

Gezeichnetes Kapital	600 TEUR
Kapitalrücklage (nach § 272 Abs. 2 Nr. 1 HGB)	2.800 TEUR
Rücklage für Anteile an einem herrschenden Unternehmen	1.000 TEUR
Andere Gewinnrücklagen	1.000 TEUR
Bilanzgewinn	700 TEUR

Sofern die T ein möglichst geringes Bilanzergebnis anstrebt, hätte die Bildung der Rücklage für Anteile an einem herrschenden Unternehmen nicht aus den anderen Gewinnrücklagen erfolgen dürfen, sondern aus dem Bilanzgewinn. In diesem Fall würde statt eines Bilanzgewinns von 700 TEUR ein Bilanzverlust von -300 TEUR ausgewiesen. Die anderen Gewinnrücklagen beliefen sich unverändert auf 2.000 TEUR.

In t3 führt die vorübergehende Wertminderung der im Umlaufvermögen gehaltenen Anteile an M aufgrund des strengen Niederstwertprinzips zwingend zu einer außerplanmäßigen Abschreibung der Anteile von 200 TEUR nach § 253 Abs. 4 HGB. In gleicher Höhe muss die Rücklage für Anteile an einem herrschenden Unternehmen aufgelöst werden. Die Auflösung erfolgt entsprechend der Bildung durch Umgliederung in die anderen Gewinnrücklagen. Die Buchungssätze zum 31.12.t3 lauten:

Aufwand (Abschreibungen auf Finanzanlagen und auf Wertpapiere des Umlaufvermögens)

an Anteile an verbundenen Unternehmen (UV) 200 TEUR

und

Rücklage für Anteile an einem herrschenden Unternehmen

an andere Gewinnrücklagen 200 TEUR

Aufgrund der im folgenden Kapitel 8.1.3 noch darzustellenden Ergebnisverwendungsrechnung werden **Einstellungen in Rücklagen** und **Entnahmen aus Rücklagen** auf separaten Konten gebucht, um die entsprechenden Beträge gesondert ausweisen zu können. Insofern bedarf es z. B. statt der verkürzten Buchung »*Andere Gewinnrücklagen an Rücklage für Anteile an einem herrschenden Unternehmen 1.000 TEUR*« der Durchführung zweier Buchungssätze

»Andere Gewinnrücklagen

an Entnahmen aus anderen Gewinnrücklagen 1.000 TEUR« und

»Einstellungen in die Rücklage für Anteile an einem herrschenden Unternehmen

an Rücklage für Anteile an einem herrschenden Unternehmen 1.000 TEUR«.

Aus Gründen der Übersichtlichkeit und Verständlichkeit wird im Folgenden bewusst nur die verkürzte Buchungssystematik dargestellt.

Die **satzungsmäßigen Rücklagen** ergeben sich aus den Vorschriften der Satzung bzw. des Gesellschaftsvertrags. Bestehen keine Vorschriften in der Satzung oder dem Gesellschaftsvertrag, entfällt ein Ausweis dieser Gewinnrücklagenart. Auch sich auf andere Gewinnrücklagen oder die gesetzlichen Rücklagen beziehende Regelungen in der Satzung oder dem Gesellschaftsvertrag führen nicht zu einem Ausweis satzungsmäßiger Rücklagen. In diesen Fällen liegen für den Vorstand bzw. die Geschäftsführung zwar zwingend zu beachtende Regelungen der Satzung oder des Gesellschaftsvertrags vor, die aber die Bildung oder Auflösung der gesetzlichen Rücklage oder der anderen Gewinnrücklagen betreffen. In welcher Höhe die satzungsmäßigen Rücklagen zu bilden und auch aufzulösen sind, ergibt sich aus der konkret in der Satzung oder dem Gesellschaftsvertrag vorgegebenen Formulierung, ohne dass hier gesetzliche Vorgaben bestehen.

Die **anderen Gewinnrücklagen** umfassen als Residualgröße alle nicht gesondert nach HGB auszuweisenden und aus dem Ergebnis zu bildenden Gewinnrücklagen. Nach § 58 AktG besteht für die AG und KGaA eine gesetzliche Regelung zur Bildung anderer Gewinnrücklagen, die in **Kapitel 8.2** dargestellt wird. Für die Auflösung finden sich dagegen keine gesetzlichen Vorschriften, so dass dies vorbehaltlich einer Satzungsbestimmung im freien Ermessen des Vorstands oder der Hauptversammlung liegt. Für die GmbH finden sich ebenfalls keine gesetzlichen

Regelungen zur Auflösung. Die Bildung anderer Gewinnrücklagen bei einer GmbH unterliegt nach § 29 Abs. 2 GmbHG dem Beschluss der Gesellschafter über die Ergebnisverwendung. An eine bestimmte Dotierungsobergrenze ist die Gesellschafterversammlung anders als bei der AG oder KGaA nicht gebunden.

8.1.3 Ergebnisausweis

Für den **Ergebnisausweis** bei einer Kapitalgesellschaft in der Bilanz bestehen **drei Möglichkeiten.** Je nach der gewählten Alternative kommt es zu einem Ausweis eines Jahresüberschusses/Jahresfehlbetrags und eines Gewinnvortrags/Verlustvortrags oder zu einem Ausweis eines Bilanzgewinns/Bilanzverlusts oder zu keinem Ausweis eines Ergebnisbestandteils in der Bilanz. Wie die genutzten Begriffe verdeutlichen, gibt es in der handelsrechtlichen Terminologie für das Ergebnis nicht den Begriff Gewinn oder Verlust. Dies sind in der Kosten- und Leistungsrechnung bzw. allgemein in der Betriebswirtschaftslehre verwendete Begriffe. In der handelsrechtlichen Rechnungslegung wird dagegen zwingend von Jahresüberschuss bzw. Jahresfehlbetrag oder Bilanzgewinn bzw. Bilanzverlust gesprochen und zwischen diesen Begriffen differenziert.

Der Jahresabschluss dient u. a. im Rahmen der ihm zugewiesenen Funktionen als Ausschüttungsbemessungsgrundlage, die bereits in Kapitel 2.1 dargestellt wurde. Insofern setzt die Ergebnisverwendung am Jahresabschluss und an dem in der abgelaufenen Periode angefallenen Ergebnis an. Dabei bestimmen sich die für die Ergebnisverwendung zuständigen Organe und die einzuhaltenden Vorschriften aus den für die jeweilige Rechtsform geltenden gesetzlichen Regelungen und Bestimmungen des Gesellschaftsvertrags.[210] Bei **Personengesellschaften und Einzelunternehmen** wird der festgestellte Jahresüberschuss oder Jahresfehlbetrag den Gesellschaftern bzw. dem Einzelunternehmer unmittelbar zugerechnet und steht direkt für Entnahmezwecke zur Verfügung. Bei **Kapitalgesellschaften** dagegen bedarf es eines konkreten Beschlusses des zuständigen Organs über die Verwendung des Jahresüberschusses. In diesem Zusammenhang bestehen grundsätzlich drei Möglichkeiten, was mit dem in der abgelaufenen Periode angefallenen Jahresüberschuss gemacht werden kann:

- Ausschüttung (Dividendenzahlung) an die Anteilseigner,
- Einstellung in Gewinnrücklagen (Gewinnthesaurierung) oder
- Vortrag ins nächste Jahr mangels getroffener Entscheidung über die Verwendung des Jahresüberschusses.

Im Fall eines Jahresfehlbetrags fehlt die Notwendigkeit eines Beschlusses über seine Verwendung. Für den Jahresfehlbetrag existieren die Alternativen, ihn durch Entnahme aus den Rücklagen auszugleichen oder ihn ins nächste Jahr vorzutragen. Nicht zur Verwendung des Ergebnisses zählen vom Jahresüberschuss abhän-

---

210 Vgl. hierzu auch nachfolgend Heymann (Beck'sches HdR), B 390, Rn. 1 bis 3.

gige Aufwendungen. Bei **ergebnisabhängigen Aufwendungen** kann es sich z. B. um Tantiemen bzw. Gewinnbeteiligungen des Managements und der Mitarbeiter oder auch um zu leistende ergebnisabhängige Zahlungen für Genussrechtskapital und an stille Gesellschafter handeln. Diese Zahlungsverpflichtungen stellen Aufwand der laufenden Periode dar und haben das Jahresergebnis bereits reduziert.

Gemäß § 268 Abs. 1 i. V. m. § 266 Abs. 3 HGB umfasst der Ergebnisausweis in der Bilanz **drei Möglichkeiten**. Danach kann die Bilanz vor Ergebnisverwendung, nach teilweiser Ergebnisverwendung oder nach vollständiger Ergebnisverwendung aufgestellt werden. Welche der Möglichkeiten für das jeweilige Unternehmen in Betracht kommt, hängt von der tatsächlichen Situation über die Ergebnisverwendung im Einzelfall und der zugrundeliegenden Rechtsform ab.

Bei einer **Aufstellung vor Ergebnisverwendung** findet das gesetzliche Gliederungsschema des § 266 Abs. 3 A. HGB für den Ausweis des Ergebnisses Anwendung. Eine Entscheidung über die Verwendung des Ergebnisses liegt noch nicht vor. Insofern wird das in der GuV ermittelte und dargestellte Ergebnis des abgelaufenen Geschäftsjahres auch in der Bilanz gezeigt. Neben den **Jahresüberschuss oder Jahresfehlbetrag** bedarf es des Ausweises eines **Gewinnvortrags oder** eines **Verlustvortrags** als zusätzlichem Posten im Eigenkapital. Beim Gewinn- bzw. Verlustvortrag handelt es sich um in Vorjahren erwirtschaftete Ergebnisse, über dessen Verwendung entweder zur Ausschüttung oder zur Rücklagenverrechnung noch nicht von den zuständigen Organen entschieden worden ist. Für die Verwendung eines Gewinnvortrags gilt das gleiche wie für den Jahresüberschuss. Er kann ausgeschüttet, in die Gewinnrücklagen eingestellt oder (erneut) ins nächste Jahr vorgetragen werden. Für den Verlustvortrag besteht die Möglichkeit, ihn mit dem Jahresüberschuss oder den Gewinnrücklagen zu verrechnen oder ihn wiederum ins nächste Geschäftsjahr vorzutragen. Sofern aufgrund gesetzlicher oder satzungsbzw. gesellschaftsvertraglicher Vorschriften eine Pflicht zur Rücklagendotierung vorliegt, wie z. B. die Pflicht zur Bildung einer gesetzlichen oder satzungsmäßigen Rücklage, dann kommt eine Aufstellung der Bilanz vor Ergebnisverwendung nicht mehr in Betracht, da ein Teil des Ergebnisses schon im Rahmen der Bildung von Gewinnrücklagen verwendet wurde.

Bei einer **Aufstellung** der Bilanz **nach teilweiser Ergebnisverwendung** bedarf es nach § 268 Abs. 1 S. 2 HGB des Ausweises eines **Bilanzgewinns oder Bilanzverlusts**. Die Posten Jahresüberschuss bzw. Jahresfehlbetrag und Gewinnvortrag bzw. Verlustvortrag entfallen. Dabei ist ein vorhandener Gewinn- oder Verlustvortrag in den Posten Bilanzgewinn oder Bilanzverlust einzubeziehen. Gleichwohl sieht § 268 Abs. 1 S. 2 HS 2 und S. 3 HGB weiterhin eine gesonderte Angabe des Gewinn- oder Verlustvortrags in der Bilanz (als davon-Ausweis vom Bilanzgewinn bzw. Bilanzverlust) oder im Anhang vor. Bei einer Aufstellung nach teilweiser Ergebnisverwendung sind zumindest **teilweise schon Gewinnrücklagen gebildet** worden. Der Bilanzgewinn repräsentiert insofern den Betrag, der für Ausschüttungszwecke zur Verfügung steht und über den die Gesellschafterversammlung oder Hauptversammlung entscheidet. Als Entscheidung kommen wiederum Ausschüttung, weitere Rücklagendotierung oder Vortrag ins nächste Jahr in Betracht. Für den Bilanzverlust entfällt die Entscheidungsmöglichkeit einer Ausschüttung oder Rücklagenzuweisung. Der Bilanzgewinn oder Bilanzverlust beinhaltet neben dem nach Rücklagenbildung verbleibenden Ergebnis des Geschäftsjahres und dem Gewinn- oder Verlustvortrag aus dem Vorjahr auch von Vorstand und Aufsichtsrat bzw. der Geschäftsführung oder Gesellschafterversammlung vorgenommene **Auflösungen frei verfügbarer Rücklagen** (insbesondere andere Gewinnrücklagen und die Kapitalrücklage nach § 272 Abs. 2 Nr. 4 HGB), um diese auszuschütten bzw. einem Ausschüttungsbeschluss zu unterwerfen. Die Aufstellung nach teilweiser Ergebnisverwendung stellt bei Aktiengesellschaften aufgrund der meistens existierenden Einstellungsverpflichtungen in Rücklagen und der Entscheidungskompetenz der nach Aufstellung des Jahresabschlusses abzuhaltenden Hauptversammlung über die Ausschüttung den Regelfall dar. Vor diesem Hintergrund sollte verinnerlicht werden, dass der Bilanzgewinn eine rein rechnerische und mittels Rücklagenauflösungen sowie Rücklageneinstellungen vom Management gestaltbare Größe darstellt, die nichts über den wirtschaftlichen Erfolg der abgelaufenen Periode aussagt. Um eine Aussage über den wirtschaftlichen Erfolg der Unternehmenstätigkeit für das vergangene Geschäftsjahr zu treffen, ist auf den in der GuV ausgewiesenen Jahresüberschuss oder Jahresfehlbetrag zurückzugreifen.

Bei **Aufstellung** der Bilanz **nach vollständiger Ergebnisverwendung** erfolgt weder ein Ausweis der Posten Jahresüberschuss/Jahresfehlbetrag und Gewinnvortrag/Verlustvortrag noch des Postens Bilanzgewinn/Bilanzverlust. Nach vollständiger Verwendung des Ergebnisses herrscht Klarheit, welcher Betrag des Ergebnisses zur Ausschüttung gelangt und welcher Betrag des Ergebnisses auf die Rücklagenzuführung entfällt. Dabei wird die Ergebnisaufteilung schon in der Bilanz in den entsprechenden Posten berücksichtigt. Der sich auf die Einstellung in die Rücklagen beziehende Betrag findet sich in den entsprechend dotierten Gewinnrücklagen. Der zur **Ausschüttung** vorgesehene Betrag des Ergebnisses zuzüglich etwaiger Rücklagenauflösungen und eines auszuschüttenden Gewinnvortrags oder eines verrechneten Verlustvortrags stellt eine **Verbindlichkeit** des Unternehmens **gegenüber seinen Gesellschaftern** dar. Insofern bedarf es einer Umgliederung der vorgesehenen Ausschüttung vom Eigen- in das Fremdkapital. Die Aufstellung der Bilanz nach vollständiger Ergebnisverwendung bedingt allerdings einen **Beschluss über die Höhe der Ausschüttung** vor oder bei Aufstellung der Bilanz. Dies ist grundsätzlich bei einer GmbH möglich.[211] Bei einer AG oder KGaA dagegen hat nach § 174 Abs. 1 S. 2 AktG zwingend die Hauptversammlung über die Ausschüttung (Verwendung des Bilanzgewinns) auf Basis des festgestellten und damit aufgestellten Jahresabschlusses zu beschließen. Infolgedessen entfällt grundsätzlich diese Ergebnisausweismöglichkeit bei einer AG oder KGaA, da im Zeitpunkt der Feststellung des Jahresabschlusses noch kein Ausschüttungsbeschluss der Hauptversammlung schon aufgrund der nach §175 AktG geltenden Einberufungsregeln für eine ordentliche Hauptversammlung vorliegen kann.

---

211 So besteht bei der GmbH die Möglichkeit den Ausschüttungsbeschluss gleichzeitig mit oder vor der Feststellung des Jahresabschlusses zu treffen. Vgl. etwa ADS (Rechnungslegung), Tz. 31 zu § 268 HGB.

Beispiel zum Ergebnisausweis

Das Eigenkapital einer kleinen GmbH von insgesamt 100 TEUR besteht aus den folgenden Bestandteilen zum 31.12.t2:

Gezeichnetes Kapital	30 TEUR
Kapitalrücklage	10 TEUR
Gewinnrücklagen	40 TEUR
Gewinnvortrag	5 TEUR
Jahresüberschuss	15 TEUR

Die Verbindlichkeiten der Gesellschaft belaufen sich auf 300 TEUR. Weitere Passivposten existieren nicht.

Vor Ergebnisverwendung ergibt sich der folgende Ausweis auf der Passivseite der Bilanz (ohne die Angabe von Vorjahreszahlen).

Dar. 8.1: Beispiel Ausweis der Passiva vor Ergebnisverwendung

Passiva der Bilanz zum 31.12.t2			in TEUR
A.		Eigenkapital	
	I.	Gezeichnetes Kapital	30
	II.	Kapitalrücklage	10
	III.	Gewinnrücklagen	40
	IV	Gewinnvortrag	5
	V.	Jahresüberschuss	15
B.		Verbindlichkeiten	300
Bilanzsumme			400

Dar. 8.2: Beispiel Ausweis der Passiva nach teilweiser Ergebnisverwendung

Passiva der Bilanz zum 31.12.t2			in TEUR
A.		Eigenkapital	
	I.	Gezeichnetes Kapital	30
	II.	Kapitalrücklage	10
	III.	Gewinnrücklagen	47
	IV.	Bilanzgewinn	13
B.		Verbindlichkeiten	300
Bilanzsumme			400

Nach teilweiser Ergebnisverwendung kommt es zu folgendem Ausweis der Passiva zum 31.12.t2 (ohne Angabe der Vorjahreswerte). Dabei wurde unterstellt, dass 7 TEUR in die Gewinnrücklagen einstellt werden. Der Bilanzgewinn unterliegt der späteren Beschlussfassung durch die Gesellschafterversammlung. Eine Auflösung von Rücklagen hat nicht stattgefunden.

Nach vollständiger Ergebnisverwendung resultiert der nachstehende Ausweis der Passiva zum 31.12.t2 (ohne Vorjahreszahlen), wenn 8 TEUR in die Gewinnrücklagen eingestellt werden und die Ausschüttung auf Grundlage des getroffenen Beschlusses 12 TEUR betragen soll.

Dar. 8.3: Beispiel Ausweis der Passiva nach vollständiger Ergebnisverwendung

Passiva der Bilanz zum 31.12.t2			in TEUR
A.	Eigenkapital		
	I.	Gezeichnetes Kapital	30
	II.	Kapitalrücklage	10
	III.	Gewinnrücklagen	48
B.	Verbindlichkeiten		312
Bilanzsumme			400

Ergebnisverwendungsrechnung

Unternehmen mit der Rechtsform einer **AG oder KGaA** müssen zwingend nach § 158 Abs. 1 S. 1 AktG eine **Ergebnisverwendungsrechnung** aufstellen. Bei der Ergebnisverwendungsrechnung handelt es sich um eine Überleitungsrechnung vom Jahresüberschuss/ Jahresfehlbetrag auf den Bilanzgewinn/Bilanzverlust. Die Ergebnisverwendungsrechnung hat das in Darstellung 8.4 gezeigte Aussehen.

Die Ergebnisverwendungsrechnung ergänzt die **GuV**. Sie ist nach § 158 Abs. 1 S. 1 AktG **nach dem Posten Jahresüberschuss/ Jahresfehlbetrag** in die GuV aufzunehmen. Entsprechendes gilt nach § 275 Abs. 4 HGB, nach dem Veränderungen der Kapital- und Gewinnrücklagen erst nach dem Posten Jahresüberschuss/ Jahresfehlbetrag ausgewiesen werden dürfen. Statt des Ausweises in der GuV besteht das Wahlrecht, die Angaben zur Ergebnisverwendungsrechnung auch im **Anhang** zu machen (§ 158 Abs. 1 S. 2 AktG). Im Gegensatz zur AG und KGaA existiert für die **GmbH** keine entsprechende Verpflichtung zur Angabe einer Ergebnisverwendungsrechnung. Zur Erhöhung des Verständnisses für die externen Jahresabschlussadressaten empfiehlt sich aber auch für die GmbH eine Aufnahme der Überleitungsrechnung in die GuV oder den Anhang. In diesem Fall gilt auch hier, dass Einstellungen in Gewinnrücklagen und Entnahmen aus Kapital- und Gewinnrücklagen erst nach dem Posten Jahresüberschuss/ Jahresfehlbetrag in der GuV dargestellt werden dürfen (§ 275 Abs. 4 HGB).

Dar. 8.4: Ergebnisverwendungsrechnung nach § 158 Abs. 1 AktG

...	**Jahresüberschuss/ Jahresfehlbetrag**
1.	Gewinnvortrag/ Verlustvortrag aus dem Vorjahr
2.	Entnahmen aus der Kapitalrücklage
3.	Entnahmen aus Gewinnrücklagen
	a) aus der gesetzlichen Rücklage
	b) aus der Rücklage für Anteile an einem herrschenden oder mehrheitlich beteiligten Unternehmen
	c) aus satzungsmäßigen Rücklagen
	d) aus anderen Gewinnrücklagen
4.	Einstellungen in Gewinnrücklagen
	a) in die gesetzliche Rücklage
	b) in die Rücklage für Anteile an einem herrschenden oder mehrheitlich beteiligten Unternehmen
	c) in satzungsmäßige Rücklagen
	d) in andere Gewinnrücklagen
5.	**Bilanzgewinn/ Bilanzverlust**

Bei der Ergebnisverwendungsrechnung handelt es sich **nicht** um einen **Eigenkapitalspiegel**[212]. Ein Eigenkapitalspiegel repräsentiert einen eigenständigen Bestandteil der Rechnungslegung und ist zwingend nach § 297 Abs. 1 S. HGB als Rechenwerk in einem Konzernabschluss aufzustellen. Zudem besteht auch für kapitalmarktorientierte Unternehmen ohne Verpflichtung zur Aufstellung eines Konzernabschlusses der Zwang, den Jahresabschluss um einen Eigenkapitalspiegel zu erweitern (§ 264 Abs. 1 S. 2 HGB). Die Angaben im Eigenkapitalspiegel umfassen die Darstellung der Bestände und Veränderungen sämtlicher Posten des Eigenkapitals und gehen damit über die Überleitung von Jahresüberschuss/Jahresfehlbetrag auf den Bilanzgewinn/Bilanzverlust hinaus.

---

212 Zum Eigenkapitalspiegel vgl. Kapitel 1.3.

Negatives Eigenkapital

Sofern das Eigenkapital durch Verluste aufgebraucht ist, übersteigt der Jahresfehlbetrag, Verlustvortrag oder Bilanzverlust die übrigen noch existierenden Eigenkapitalposten. Damit ergibt sich ein negatives Eigenkapital oder anders ausgedrückt liegt das Fremdkapital über der Summe sämtlicher Aktivposten. Allerdings wird nicht das negative Eigenkapital auf der Passivseite mittels eines Minusbetrags ausgewiesen. Vielmehr verlangt § 268 Abs. 3 HGB den Ansatz des negativen Eigenkapitals (als Differenzbetrag zwischen Passiva und Aktiva) als gesonderten **letzten Posten auf der Aktivseite** der Bilanz unter der Bezeichnung »**Nicht durch Eigenkapital gedeckter Fehlbetrag**«. Trotz Ausweises des aktivischen Fehlbetrags verbleibt es bei dem Ausweis aller übrigen Eigenkapitalposten auf der Passivseite der Bilanz entsprechend der Vorgabe des § 266 Abs. 3 HGB, sofern diese unverändert bestehen, da ansonsten gegen das Vollständigkeits- und Saldierungsverbot verstoßen würde.[213]

Beispiel[214] zum negativen Eigenkapital

Das Eigenkapital einer GmbH umfasst das Stammkapital von 100 TEUR, nicht aufgelöste Kapitalrücklagen von 300 TEUR und einen Jahresfehlbetrag von 450 TEUR.

Damit ergibt sich insgesamt ein negatives Eigenkapital von 50 TEUR. Dieser Betrag wird auf der Aktivseite als letzter Posten als »Nicht durch Eigenkapital gedeckter Fehlbetrag« ausgewiesen (§ 268 Abs. 3 HGB). Gleichwohl ist auch das Eigenkapital auf der Passivseite entsprechend § 266 Abs. 3 HGB darzustellen. Es ergibt sich folgender Ausweis in der Bilanz:

Dar. 8.5: Ausweis eines negativen Eigenkapitals

Aktivseite			TEUR
...			
F.	Nicht durch Eigenkapital gedeckter Fehlbetrag		50

Passivseite		TEUR	TEUR	TEUR
A.	Eigenkapital			

---

213 Vgl. ADS (Rechnungslegung), Tz. 95 zu § 268 HGB. Grundsätzlich erfolgt keine Verrechnung der Verlustbestandteile des Eigenkapitals mit dem Gezeichneten Kapital oder den Rücklagen. Auch die Verwendung von Rücklagen zum Verlustausgleich setzt einen entsprechenden Beschluss voraus.

214 Beispiel in Anlehnung an Beispiele von Grottel/Waubke (Beck'scher Bilanzkommentar), Rn. 19 f. zu § 268 HGB.

Aktivseite					TEUR
I.	Gezeichnetes Kapital			100	
II.	Kapitalrücklage			300	
III.	Jahresfehlbetrag	450			
	davon nicht gedeckt		50	./.400	
	Buchmäßiges Eigenkapital				− − −

Bei Auftreten eines nicht durch Eigenkapital gedeckten Fehlbetrags liegt eine **Überschuldung** vor. Dabei handelt es sich aber nicht um eine Überschuldung im insolvenzrechtlichen Sinne, die nach § 19 Abs. 1 InsO als zwingender Eröffnungsgrund für ein Insolvenzverfahren gilt. Die in der handelsrechtlichen Bilanz auftretende Überschuldung lässt sich auch als buchmäßige Überschuldung bezeichnen, da hier die Buchwerte aller Passiva die Buchwerte aller Aktiva übersteigen. Für insolvenzrechtliche Zwecke ist dagegen ein auf anderen Wertansätzen beruhender Überschuldungsstatus zu erstellen.[215] Allerdings ist auch im Fall einer buchmäßigen Überschuldung die wirtschaftliche Lage des Unternehmens aufgrund der in der Vergangenheit aufgetretenen Jahresfehlbeträge schwierig. Dies sollte nicht nur, sondern muss immer auch insolvenzrechtliche und betriebswirtschaftliche Überlegungen der Entscheidungsträger des Unternehmens nach sich ziehen.

8.2   Dotierung und Auflösung von Rücklagen

Bei einer **AG und KGaA** bestehen aufgrund gesetzlicher Regelungen Besonderheiten für die

- Bildung der gesetzlichen Gewinnrücklage,
- Auflösung der gesetzlichen Gewinnrücklage und der Kapitalrücklagen,
- Bildung von anderen Gewinnrücklagen.

Für die Auflösung von anderen Gewinnrücklagen finden sich dagegen keine gesetzlichen Vorschriften bei der AG und KGaA. Insofern liegt deren Auflösung vorbehaltlich von Satzungsbestimmungen im freien Ermessen des Vorstands und Aufsichtsrats oder der Hauptversammlung.

---

215 Vgl. hierzu auch die Ausführungen zum Grundsatz der Unternehmensfortführung in Kapitel 2.2.3.2. Zur Ermittlung der Überschuldung nach § 19 InsO siehe im Einzelnen IDW S 11.

Mit Ausnahme bei der haftungsbeschränkten Unternehmergesellschaft im Sinne des § 5a GmbHG existiert für die **GmbH** keine Verpflichtung zur Bildung einer gesetzlichen Rücklage.[216] Insofern spielt auch die Frage der Auflösung der gesetzlichen Rücklage keine Rolle. Zur Auflösung von Kapitalrücklagen bei der GmbH enthält das Gesetz im Gegensatz zu AG und KGaA keine Regelungen. Daraus wird grundsätzlich die freie Verfügbarkeit der Kapitalrücklagen bei einer GmbH geschlossen.[217] Für die Bildung anderer Gewinnrücklagen sieht § 29 Abs. 2 GmbHG bei einer GmbH allein einen Beschluss der Gesellschafter über die Ergebnisverwendung vor, ohne weitere Vorgaben zu machen. Auch die Auflösung anderer Gewinnrücklagen unterliegt bei der GmbH mangels gesetzlicher Vorschriften keinen Beschränkungen. Damit stehen die anderen Gewinnrücklagen bei der GmbH wie bei der AG und KGaA zur freien Verfügung.

Bildung gesetzlicher Rücklagen bei AG und KGaA

§ 150 Abs. 1 AktG bestimmt die Verpflichtung zur Dotierung einer gesetzlichen Rücklage im handelsrechtlichen Jahresabschluss der AG und KGaA. § 150 Abs. 2 AktG regelt die Höhe der Bildung der gesetzlichen Rücklage. Danach sind jährlich **5 % des Jahresüberschusses** in die gesetzliche Rücklage einzustellen. Bei Bestehen eines Verlustvortrags ist der Jahresüberschuss vorher um diesen Verlustvortrag zu mindern. Die Dotierung der gesetzlichen Rücklage hat solange zu erfolgen, bis die gesetzliche Rücklage zusammen mit den Kapitalrücklagen nach § 272 Abs. 2 Nr. 1 bis 3 HGB **10 % des gezeichneten Kapitals** beträgt. In der Satzung kann auch ein höherer Teil als 10 % festgelegt werden. Bei Erreichen des Grenzwerts entfällt die Pflicht zur weiteren Rücklagenbildung. Ebenso liegt keine Pflicht zur Dotierung einer gesetzlichen Rücklage vor, wenn schon die Kapitalrücklagen nach § 272 Abs. 2 Nr. 1 bis 3 HGB 10 % des Grundkapitals (oder den in der Satzung festgelegten höheren Anteil) abdecken. Der Umfang der Kapitalrücklage nach § 272 Abs. 2 Nr. 4 HGB spielt dagegen im Rahmen der Bildung einer gesetzlichen Rücklage keine Rolle.

Auflösung der gesetzlichen Gewinnrücklage und der Kapitalrücklagen bei AG und KGaA

Sowohl die gesetzliche Gewinnrücklage als auch die Kapitalrücklagen nach § 272 Abs. 2 Nr. 1 bis 3 HGB dürfen grundsätzlich **nicht bzw. nur in Ausnahmefällen**

---

216 Bildung und Auflösung der gesetzlichen Rücklage bei einer Unternehmergesellschaft richten sich nach § 5a Abs. 3 GmbHG.

217 Vgl. Störk/Kliem/Meyer (Beck'scher Bilanzkommentar), Rn. 212 zu § 272 HGB oder Heymann (Beck'sches HdR), B 231, Rz. 133. Die freie Verfügbarkeit gilt nicht für die Rücklage aus Nachschüssen (§ 42 Abs. 2 GmbHG) und die Rücklage bei vereinfachter Kapitalherabsetzung (§ 58b Abs. 3 und § 58c S. 2 GmbHG) als spezifische bei der GmbH zu bildende Kapitalrücklagen.

aufgelöst werden. Ihre Bildung dient der Erhöhung der Haftungssubstanz des Unternehmens. Die Beschränkung ihrer Verwendung dient der Kapitalerhaltung und damit dem Gläubigerschutz. Insofern ist die Auflösung der gesetzlichen Gewinnrücklage und der Kapitalrücklagen nach § 272 Abs. 2 Nr. 1 bis 3 HGB nur unter restriktiven Bedingungen möglich. Diese **Auflösungsregelungen** finden sich **in § 150 Abs. 3 und Abs. 4 AktG.** Sie sehen eine Auflösung neben einer Kapitalerhöhung aus Gesellschaftsmitteln nur im Fall hoher aufgetretener Verluste und damit in Krisenzeiten vor. Bei Klärung der Frage, in welchen Fällen die Möglichkeit zur Auflösung der Rücklagen besteht, bilden die gesetzliche Rücklage und die Kapitalrücklagen nach § 272 Abs. 2 Nr. 1 bis 3 HGB eine **Einheit**. Dabei ist immer auf die Summe aus gesetzlicher Rücklage und Kapitalrücklagen nach § 272 Abs. 2 Nr. 1 bis 3 HGB abzustellen und nicht auf den Betrag der einzelnen Rücklagenart.

Im Gegensatz zu den Kapitalrücklagen nach § 272 Abs. 2 Nr. 1 bis 3 HGB unterliegt die Kapitalrücklage nach **§ 272 Abs. 2 Nr. 4 HGB** keinen Auflösungsbeschränkungen. Aufgrund fehlender Vorschriften besteht für die auf freiwilliger Basis gebildete Kapitalrücklage auch die Möglichkeit, sie jederzeit unbegrenzt aufzulösen.

Bei der Auflösung differenziert das Gesetz **zwei Fälle**. Der **in § 150 Abs. 3 AktG geregelte Fall 1** beinhaltet die Auflösungsmöglichkeiten, wenn die gesetzliche Rücklage und die Kapitalrücklagen nach § 272 Abs. 2 Nr. 1 bis 3 HGB zusammen nicht 10 % des gezeichneten Kapitals (oder nicht den in der Satzung bestimmten höheren Prozentsatz des gezeichneten Kapitals) übersteigen. Der **in § 150 Abs. 4 AktG kodifizierte Fall 2** behandelt die Auflösungsmöglichkeiten, wenn die gesetzliche Rücklage und die Kapitalrücklagen nach § 272 Abs. 2 Nr. 1 bis 3 HGB 10 % des gezeichneten Kapitals (oder den in der Satzung bestimmten höheren Prozentsatz des gezeichneten Kapitals) übersteigen. Die dort genannten Auflösungsalternativen beziehen sich jedoch nur auf den 10 % (oder den in der Satzung bestimmten höheren Prozentsatz) **übersteigenden Betrag**. Die Verwendung des Betrags bis zum Grenzwert unterliegt weiterhin Fall 1.

Eine Auflösung der betrachteten Rücklagenarten kommt **im Fall 1 nach § 150 Abs. 3 AktG** nur in Betracht zum Ausgleich des Umfangs eines nicht durch einen Gewinnvortrag gedeckten Jahresfehlbetrags oder eines nicht durch einen Jahresüberschuss gedeckten Verlustvortrags, wenn diese Unterdeckungen nicht durch die Auflösung anderer Gewinnrücklagen ausgeglichen werden können. Darstellung 8.6 stellt die Auflösungsmöglichkeiten des Falles 1 noch einmal zusammenfassend dar.

Im **Fall 2 nach § 150 Abs. 4 AktG** ist eine Auflösung der Rücklagen in Bezug auf den Grenzwert von 10 % bzw. den höheren in der Satzung festgelegten Prozentsatz übersteigenden Betrag nur möglich zum Ausgleich des Umgangs eines nicht durch einen Gewinnvortrag gedeckten Jahresfehlbetrags oder eines nicht durch einen Jahresüberschuss gedeckten Verlustvortrags. Diese Ausgleichsmöglichkeiten bestehen anders als nach § 150 Abs. 3 AktG unabhängig von der Existenz anderer Gewinnrücklagen. Allerdings dürfen keine Gewinnrücklagen gleichzeitig zur Ausschüttung verwendet werden. Neben diesen beiden Ausgleichsmöglichkeiten sieht das Gesetz eine Nutzungsmöglichkeit des übersteigenden Betrags im Rahmen einer

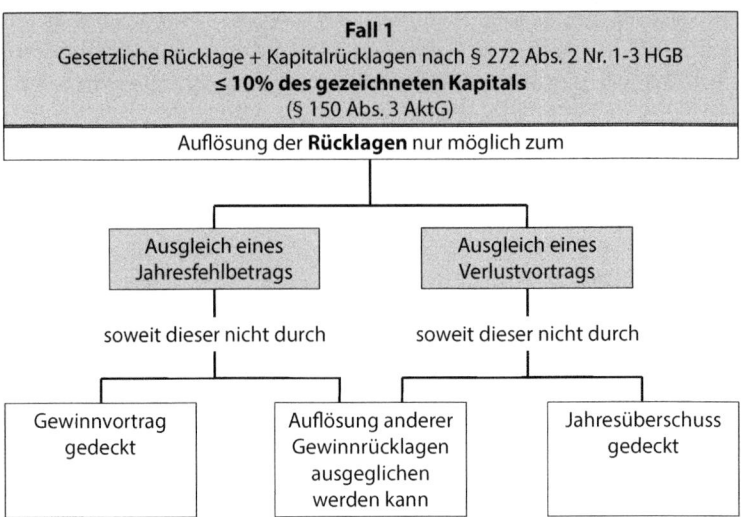

Dar. 8.6: Möglichkeiten der Auflösung von Rücklagen nach § 150 Abs. 3 AktG (Fall 1)[218]

Kapitalerhöhung aus Gesellschaftsmitteln nach § 207 bis 220 AktG vor. Darstellung 8.7 fasst die Auflösungsmöglichkeiten des Falles 2 zusammen.

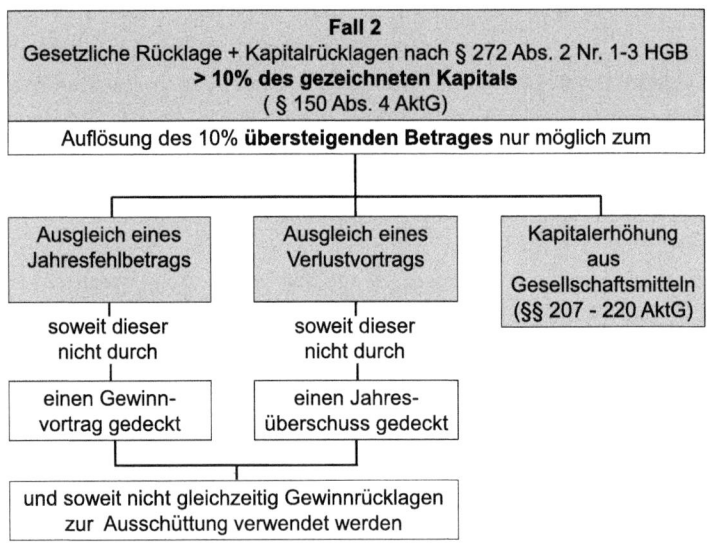

Dar. 8.7: Möglichkeiten der Auflösung von Rücklagen nach § 150 Abs. 4 AktG (Fall 2)[219]

---

218 Vgl. in Anlehnung an Coenenberg/Haller/Schultze (Jahresabschluss), S. 374.
219 Vgl. in Anlehnung an Coenenberg/Haller/Schultze (Jahresabschluss), S. 374.

Bildung von anderen Gewinnrücklagen bei AG und KGaA

§ 58 AktG regelt die Zuführung anderer Gewinnrücklagen. Die Bildung hängt dabei von dem Vorliegen einer Satzungsbestimmung und dem Jahresabschluss fest-
stellenden Organ ab. Der Jahresabschluss kann nach §§ 172, 173 AktG entweder
durch die Hauptversammlung oder durch Aufsichtsrat und Vorstand festgestellt
werden. Die Feststellung des Jahresabschlusses durch Vorstand und Aufsichtsrat
stellt den Regelfall dar.

Stellen **Vorstand und Aufsichtsrat** den Jahresabschluss fest, so können sie
nach § 58 Abs. 2 S. 1 AktG einen beliebigen Betrag des Jahresüberschusses, **höchstens jedoch 50 %**, in die anderen Gewinnrücklagen einstellen. Demzufolge entscheidet die Hauptversammlung in diesem Fall später über den restlichen, zunächst mindestens 50 % umfassenden Betrag des Jahresüberschusses. Die Satzung
kann allerdings Vorstand und Aufsichtsrat die Zuführung eines größeren oder
kleineren Teils des Jahresüberschusses in die anderen Gewinnrücklagen ermöglichen (§ 58 Abs. 2 S. 2 AktG). Aufgrund einer solchen Satzungsermächtigung dürfen
nach § 58 Abs. 2 S. 3 AktG keine Beträge in andere Gewinnrücklagen eingestellt
werden, wenn die anderen Gewinnrücklagen vor oder nach der Zuführung die
Hälfte des gezeichneten Kapitals übersteigen. Diese Grenze schränkt jedoch nicht
die Möglichkeit, für Vorstand und Aufsichtsrat nach § 58 Abs. 2 S. 1 AktG ein, bis
zur Hälfte des Jahresüberschusses den anderen Gewinnrücklagen zuzuführen.

Obliegt die Feststellung des Jahresabschlusses der **Hauptversammlung**, kann
der Ergebnisverwendungsbeschluss und damit auch die Einstellung von Beträgen
in die anderen Gewinnrücklagen erst im folgenden Jahresabschluss berücksichtigt
werden. Dieses Problem lässt sich aber mittels der Aufnahme einer zwingend anzuwendenden Regelung in die **Satzung** umgehen, nach der Beträge aus dem Jahresüberschuss den anderen Gewinnrücklagen zuzuführen und damit noch im abgelaufenen Geschäftsjahr in den anderen Gewinnrücklagen auszuweisen sind.
Genau diese Möglichkeit eröffnet § 58 Abs. 1 S. 1 AktG, die aber allein für den Fall
der Feststellung des Jahresabschlusses durch die Hauptversammlung gilt. Allerdings begrenzt § 58 Abs. 1 S. 2 AktG die Einstellungshöhe des Jahresüberschusses
in die anderen Gewinnrücklagen mittels einer Satzungsbestimmung auf **höchstens 50 %** des Jahresüberschusses. Insofern entscheidet wie auch bei Feststellung
des Jahresabschlusses durch Aufsichtsrat und Vorstand die Hauptversammlung
später über den restlichen, zunächst mindestens 50 % umfassenden Betrag des
Jahresüberschusses.

Der der Bemessung der anderen Gewinnrücklagen zugrunde zu legende Jahresüberschuss (maximal 50 % des Jahresüberschusses) ist nach § 58 Abs. 1 S. 3 und
Abs. 2 S. 4 AktG vorab um die in die gesetzliche Rücklage einzustellenden Beträge
und einen bestehenden Verlustvortrag zu kürzen. Im Umkehrschluss bedeutet
dies, dass die den satzungsmäßigen Rücklagen und der Rücklage für Anteile an einem herrschenden oder mit Mehrheit beteiligten Unternehmen zuzuführenden
Beträge nicht vorab vom Jahresüberschuss abgezogen werden dürfen. Die in diese
Rücklagen einzustellenden Beträge mindern erst nach Dotierung der anderen Ge-

winnrücklagen den verbleibenden Jahresüberschuss und damit den Betrag des Jahresüberschusses, über den später die Hauptversammlung entscheidet. Die Regelungen zur Festlegung der Bemessungsgrundlage zur Dotierung der anderen Gewinnrücklagen gelten sowohl bei Feststellung des Jahresabschlusses durch Aufsichtsrat und Vorstand als auch bei Feststellung durch die Hauptversammlung.

Neben der oben beschriebenen Bildung anderer Gewinnrücklagen nach § 58 Abs. 1 und Abs. 2 AktG eröffnet § 58 Abs. 3 S. 1 AktG die Möglichkeit, **weitere Beträge mittels Ergebnisverwendungsbeschlusses** in die anderen Gewinnrücklagen einzustellen. Der spätere Beschluss der Hauptversammlung über die Ergebnisverwendung führt entsprechend § 174 Abs. 3 AktG nicht mehr zu einer Änderung des festgestellten Jahresabschlusses. Die weiteren Zuführungen zu den anderen Gewinnrücklagen sind daher erst im folgenden Jahresabschluss zu berücksichtigen. Durch Stimmrechtsmehrheit auf der Hauptversammlung könnten Großaktionäre den nach weiterer Rücklagendotierungen verbleibenden Bilanzgewinn vollständig in die anderen Gewinnrücklagen einstellen und damit den Kleinaktionären Dividendenzahlungen vorenthalten. Zum Schutz der Minderheitsaktionäre besteht nach § 254 Abs. 1 AktG daher die Möglichkeit den Hauptversammlungsbeschluss bei übermäßiger Rücklagenbildung anzufechten. Eine übermäßige Rücklagendotierung liegt grundsätzlich dann vor, wenn keine Mindestausschüttung von 4 % des gezeichneten Kapitals erfolgt, sofern wiederum nicht eine wirtschaftliche oder finanzielle Notwendigkeit zur Rücklagenbildung existiert.

Darüber hinaus besteht für Unternehmen sowohl in der Rechtsform einer AG und KGaA nach § 58 Abs. 2a S. 1 AktG als auch in der Rechtsform einer GmbH nach § 29 Abs. 4 S. 1 GmbHG die Möglichkeit eine **Wertaufholungsrücklage** als Teil der anderen Gewinnrücklagen zu bilden. Dieser zusätzliche Bestandteil der anderen Gewinnrücklagen betrifft den Eigenkapitalanteil von Wertaufholungen bei Vermögensgegenständen des Anlage- und Umlaufvermögens. Durch das Zuschreibungsgebot nach § 253 Abs. 5 S. 1 HGB bei Wegfall des Grunds für eine außerplanmäßige Abschreibung kommt es zu einer Aufdeckung stiller Reserven und einer Erhöhung des ausschüttungsfähigen Ergebnisses. Die Einstellung des Eigenkapitalanteils der Zuschreibungen in die anderen Gewinnrücklagen sperrt insofern diesen Betrag vor einer Ausschüttung. Bei dem Eigenkapitalanteil der Wertaufholungen handelt es sich um den nach Steuern verbleibenden Betrag.[220] Bei der AG und KGaA können Vorstand und Aufsichtsrat die Rücklagen in eigener Zuständigkeit dotieren. Bei einer GmbH benötigt die Geschäftsführung die Zustimmung des Aufsichtsrats oder der Gesellschafter. Da die Wertaufholungsrücklage einen Teil der anderen Gewinnrücklagen darstellt, unterliegt ihre spätere Auflösung auch keinen Beschränkungen. Der auf die Wertaufholungsrücklage entfallen-

---

220 Die Steuern umfassen sowohl die effektiven als auch latenten Steuern sowie die KSt, GewESt und den SolZ als Steuerarten. Die um diese Steuern zu kürzenden Zuschreibungen stellen den Fremdkapitalanteil der Wertaufholungen dar. Kommt es aufgrund eines Verlusts nicht zur Zahlung von Steuern, so ist der volle Wertaufholungsbetrag in die Rücklage einzustellen.

de Betrag ist entweder in der Bilanz gesondert auszuweisen oder im Anhang anzugeben (§ 58 Abs. 2a S. 2 AktG, § 29 Abs. 4 S. 2 GmbHG).

Die nachfolgende Darstellung 8.8 enthält zusammenfassend die Vorgehensweise und Reihenfolge der Gewinnrücklagendotierung einschließlich der Überleitung auf den Bilanzgewinn.

Dar. 8.8: Ermittlung der Bildung von Gewinnrücklagen bei einer AG und KGaA[221]

	Jahresüberschuss
–	**Verlustvortrag**
=	Bemessungsgrundlage 1 (BG 1)
–	Pflichtdotierung der **gesetzlichen Rücklage** (5 % der BG 1 bis diese zusammen mit den Kapitalrücklagen nach § 272 Abs. 2 Nr. 1 bis 3 HGB 10 % des gezeichneten Kapitals erreichen)
=	Bemessungsgrundlage 2 (BG 2)

	Hauptversammlung stellt Jahresabschluss fest:	Vorstand und Aufsichtsrat stellen Jahresabschluss fest:
–	Einstellung von maximal 50 % der BG 2 in die **anderen Gewinnrücklagen** Nur aufgrund einer in der Satzung geregelten Bestimmung möglich!	Einstellung von maximal 50 % der BG 2 in die **anderen Gewinnrücklagen** (bzw. aufgrund einer Satzungsbestimmung eines höheren oder geringeren Anteils bis 50 % des gezeichneten Kapitals erreicht)

–	Einstellung in die **Rücklage für Anteile an einem herrschenden oder mehrheitlich beteiligten Unternehmen**
–	Einstellung in die **satzungsmäßigen Rücklagen**
–	Einstellung in die **Wertaufholungsrücklage**
+	**Gewinnvortrag**
=	**Bilanzgewinn** (Bemessungsgrundlage für den Ergebnisverwendungsbeschluss der Hauptversammlung vor Rücklagenentnahme)

Die beiden folgenden Beispiele sollen die Vorgehensweise und den Gestaltungsspielraum im Rahmen der Ergebnisverwendung verdeutlichen.

Beispiel 1 zur Ergebnisverwendung: Maximale Ausschüttung

Am 31.12.t2 besteht das Eigenkapital der »Dividende AG« von 960 TEUR aus den Posten gezeichnetes Kapital 600 TEUR, Kapitalrücklage 170 TEUR (davon

---

221 Vgl. Coenenberg/Haller/Schultze (Jahresabschluss), S. 380.

unter § 272 Abs. 2 Nr. 1 HGB fallend 150 TEUR und unter § 272 Abs. 2 Nr. 4 HGB fallend 20 TEUR), gesetzliche Rücklage 50 TEUR, andere Gewinnrücklagen 120 TEUR, Verlustvortrag 60 TEUR und Jahresüberschuss 80 TEUR. Der Jahresabschluss wird von Vorstand und Aufsichtsrat festgestellt. Sie möchten der Hauptversammlung den maximal möglichen Betrag zur Ausschüttung vorschlagen und damit auch Rücklagen in maximal zulässiger Höhe entnehmen.

Die gesetzliche Rücklage muss zusammen mit den Kapitalrücklagen nach § 272 Abs. 2 Nr. 1 bis 3 HGB 10 % des gezeichneten Kapitals und damit 60 TEUR (10 % von 600 TEUR) betragen, damit keine Pflicht der Zuführung zur gesetzlichen Rücklage besteht. Die Summe aus gesetzlichen Rücklagen von 50 TEUR und den Kapitalrücklagen nach § 272 Abs. 2 Nr. 1 bis 3 HGB von 150 TEUR (hier Kapitalrücklage nach § 272 Abs. 2 Nr. 1 HGB) beläuft sich auf 200 TEUR. Eine Pflichtdotierung der gesetzlichen Rücklage ist insofern nicht erforderlich, auch wenn die gesetzliche Rücklage allein nur 50 TEUR und damit weniger als 60 TEUR umfasst. Zu überlegen wäre, ob eine Auflösung der gesetzlichen Rücklage oder der Kapitalrücklagen nach § 272 Abs. 2 Nr. 1 HGB in Betracht kommen. Nach § 150 Abs. 4 AktG besteht hier jedoch keine Auflösungsmöglichkeit des 10 % des gezeichneten Kapitals übersteigenden Betrags von 140 TEUR (200 TEUR – 60 TEUR). Es existiert weder ein Jahresfehlbetrag noch eine Kapitalerhöhung aus Gesellschaftsmitteln und es liegt eine Deckung des Verlustvortrags durch den Jahresüberschuss vor.

Dar. 8.9: Ausweis des Eigenkapitals nach teilweiser Ergebnisverwendung bei Beispiel 1

Passiva der Bilanz zum 31.12.t2			in TEUR
A.		Eigenkapital	
	I.	Gezeichnetes Kapital	600
	II.	Kapitalrücklage (nach § 272 Abs. 2 Nr. 1 HGB)	150
	III.	Gewinnrücklagen (gesetzliche Rücklage)	50
	IV.	Bilanzgewinn	160
	Summe		960

Allerdings kann die keiner Beschränkungen unterliegenden Kapitalrücklage nach § 272 Abs. 2 Nr. 4 HGB von 20 TEUR vollständig aufgelöst und damit zur Ausschüttung vorgeschlagen werden. Auch für die anderen Gewinnrücklagen von 120 TEUR besteht mangels gesetzlicher Auflösungsbeschränkungen die Möglichkeit, sie vollständig auszuschütten. Zudem fließt der den Verlustvortrag übersteigende Betrag des Jahresüberschusses von 20 TEUR (80 TEUR – 60 TEUR) in den Bilanzgewinn ein. Insofern beträgt der maximal mögliche, der Hauptversammlung zur Ausschüttung vorzuschlagende Betrag 160 TEUR (Bilanzgewinn). Das Eigenkapital nach einer teilweisen Ergebnisverwendung hat danach folgendes Aussehen, wobei die Gewinnrücklagen aufgrund der Entnahme der anderen Gewinnrücklagen vollständig auf die gesetzliche Rücklage entfallen.

Beispiel 2 zur Ergebnisverwendung: Maximale Gewinnrücklage

Am 31.12.t2 beläuft sich das Eigenkapital der »Thesaurierung AG« auf 748 TEUR. Es setzt sich zusammen aus den Posten gezeichnetes Kapital 500 TEUR, Kapitalrücklage 18 TEUR (davon unter § 272 Abs. 2 Nr. 1 HGB fallend 12 TEUR und unter § 272 Abs. 2 Nr. 4 HGB fallend 6 TEUR), gesetzliche Rücklage 20 TEUR, satzungsmäßige Rücklage 30 TEUR, andere Gewinnrücklagen 100 TEUR, Gewinnvortrag 20 TEUR und Jahresüberschuss 60 TEUR. Der Jahresabschluss wird von Vorstand und Aufsichtsrat festgestellt. Laut einer Satzungsbestimmung sind Vorstand und Aufsichtsrat verpflichtet, 10 % des um einen Verlustvortrag und um eine Pflichtdotierung der gesetzlichen Rücklage geminderten Jahresüberschusses in die satzungsmäßige Rücklage einzustellen. Vorstand und Aufsichtsrat möchten den maximal möglichen Betrag den Gewinnrücklagen zuführen und damit der Hauptversammlung den minimal möglichen Betrag zur Ausschüttung vorschlagen.

Nach § 150 Abs. 2 AktG müssen die gesetzliche Rücklage zusammen mit den Kapitalrücklagen nach § 272 Abs. 2 Nr. 1 bis 3 HGB 10 % des gezeichneten Kapitals von 500 TEUR und insofern mindestens 50 TEUR betragen. Bei der »Thesaurierung AG« beläuft sich der Betrag auf 32 TEUR (20 TEUR gesetzliche Rücklage und 12 TEUR Kapitalrücklage nach § 272 Abs. 2 Nr. 1 HGB). Folglich bedarf einer Zuführung der gesetzlichen Rücklage von 5 % des um einen Verlustvortrag gekürzten Jahresüberschusses (Bemessungsgrundlage 1). Es ergibt sich eine Pflichtdotierung der gesetzlichen Rücklage von 3 TEUR (60 TEUR × 5 %), so dass danach die gesetzliche Rücklage einen Wert von 23 TEUR aufweist.

Im Anschluss berechnet sich die für die Bildung anderer Gewinnrücklagen erforderliche Bemessungsgrundlage 2 mit 57 TEUR (60 TEUR – 3 TEUR). Von dieser Bemessungsgrundlage können wie im vorliegenden Fall bei Feststellung des Jahresabschlusses durch Vorstand und Aufsichtsrat maximal 50 % in die anderen Gewinnrücklagen eingestellt werden. Aufgrund der in diesem Beispiel bestehenden Zielsetzung maximaler Rücklagenbildung kommt es zu einer Dotierung der anderen Gewinnrücklagen in maximaler Höhe von 28,5 TEUR. Es ergeben sich andere Gewinnrücklagen von insgesamt 128,5 TEUR.

Aufgrund der Satzungsbestimmung besteht die Verpflichtung der satzungsmäßigen Rücklage 5,7 TEUR zuzuführen (10 % des um die Einstellung in die gesetzliche Rücklage bereinigten Jahresüberschusses = 0,1 × 57 TEUR). Die satzungsmäßige Rücklage beträgt nach ihrer Dotierung 35,7 TEUR.

Die maximale Rücklagenzuführung beläuft sich damit auf 37,2 TEUR. Nach Rücklageneinstellungen verbleibt ein noch nicht verwendeter Betrag des Jahresüberschusses von 22,8 TEUR (60 TEUR – 3 TEUR – 28,5 TEUR – 5,7 TEUR), der zusammen mit dem Gewinnvortrag von 20 TEUR als Bilanzgewinn in Höhe von 42,8 TEUR auszuweisen ist und über den die Hauptversammlung entscheidet. Es ergibt sich die folgende Darstellung des Eigenkapitals in der Bilanz nach teilweiser Ergebnisverwendung.

Dar. 8.10: Ausweis des Eigenkapitals nach teilweiser Ergebnisverwendung bei Beispiel 2

Passiva der Bilanz zum 31.12.t2				**in TEUR**
A.	Eigenkapital			
	I.	Gezeichnetes Kapital		500
	II.	Kapitalrücklage (nach § 272 Abs. 1 Nr. 1 und Nr. 4 HGB)		18
	III.	Gewinnrücklagen		
		1.	Gesetzliche Rücklage	23
		2.	Satzungsmäßige Rücklage	35,7
		3.	Andere Gewinnrücklagen	128,5
	IV.	Bilanzgewinn		42,8
	Summe			748

8.3 Besonderheiten bei Personengesellschaften und Einzelunternehmen

Zur handelsrechtlichen Rechnungslegung des Eigenkapitals für Einzelunternehmen und Personengesellschaften mit Ausnahme haftungsbeschränkter Personengesellschaften finden sich keine konkreten, sondern nur allgemeine Regelungen im HGB. Danach haben Einzelunternehmen und die OHG sowie KG als nicht haftungsbeschränkte Personenhandelsgesellschaften die **GoB zu beachten** und das Eigenkapital nach § 247 Abs. 1 HGB **gesondert auszuweisen sowie hinreichend aufzugliedern.**

Gemäß der gesetzlich vorgesehenen Regelungen nach § 120 Abs. 2 und § 161 Abs. 2 HGB für die OHG und KG wird für jeden Gesellschafter ein **variables Eigenkapitalkonto** geführt. Der Stand dieses Kapitalkontos unterliegt laufend Änderungen durch Erfassung sämtlicher Eigenkapitalbewegungen wie Entnahmen[222] und Einlagen oder der Gewinn- und Verlustzurechnung[223]. Insofern kann grundsätzlich durch Jahresfehlbeträge und Entnahmen auch ein negatives Kapitalkonto entstehen. Das gleiche gilt auch für das Eigenkapital bei Einzelunternehmen. Auch dort handelt es sich um variables, dem Einzelunternehmer zuzurechnendes Eigenkapital.

Diese gesetzlichen Regelungen finden allerdings oftmals durch zulässigerweise abweichende gesellschaftsvertragliche Bestimmungen keine Anwendung. Insbesondere die auf der Höhe des Kapitalanteils basierenden gesetzlichen oder einzelvertraglichen Gewinn- und Verlustverteilungsregeln sowie Mitspracherechte bedingen neben weiteren Gründen die Führung von mindestens **zwei Kapitalkonten**n. Durch die Einrichtung **eines fixen und eines variablen Kontos** und die Bindung der Gewinn- und Verlustverteilung sowie der Stimmrechte an das feste Kapitalkonto bleibt der Ergebnisanteil und Stimmrechtsanteil für jeden Gesellschafter im Zeitablauf gleich und weist keine Schwankungen etwa in Abhängigkeit von Entnahmen auf. Das variable Kapitalkonto kann dagegen beliebig schwanken und erfasst alle Transaktionen zwischen Gesellschaft und jeweiligem Gesellschafter, die sich nicht auf die an das fixe Kapitalkonto anknüpfenden Rechtsfolgen wie den Stimmrechtsanteil auswirken sollen. Neben den beiden Kapitalkonten lassen sich darüber hinaus weitere Konten wie Privat- oder Sonderkonten für jeden Gesellschafter führen.

Bei **haftungsbeschränkten Personengesellschaften** im Sinne von § 264a HGB sind nach § 264c Abs. 2 S. 1 HGB als Eigenkapital die folgenden Posten gesondert auszuweisen.

I. Kapitalanteile
II. Rücklagen
III. Gewinnvortrag/ Verlustvortrag
IV. Jahresüberschuss/ Jahresfehlbetrag

Dabei müssen die **Kapitalanteile** der Komplementäre getrennt von den Kapitalanteilen der Kommanditisten ausgewiesen werden (§ 264c Abs. 2 S. 6 HGB). Der auf die Gesellschafter entfallende Gewinn- oder Verlustanteil erhöht bzw. reduziert nach den gesetzlichen Regelungen der §§ 120 Abs. 2 und § 167 Abs. 2, 3 HGB den jeweiligen Kapitalanteil.[224] Sofern es im Rahmen der Verlustzurechnung dazu

---

222 Das Entnahmerecht ist für die persönlich haftenden Gesellschafter der OHG und KG in § 122 HGB sowie für die Kommanditisten in § 169 HGB geregelt.

223 Die gesetzlichen Regelungen sehen sowohl bei der OHG als auch der KG nach § 121 Abs. 1, 2 und § 168 Abs. 1 HGB zunächst im Rahmen der Gewinnverteilung für jeden Gesellschafter einen Anteil von 4 % seines Kapitalanteils vor. Der danach verbleibende Gewinn oder auch die Verluste des Geschäftsjahres werden bei der OHG nach Köpfen (§ 121 Abs. 3 HGB) und bei der KG nach einem den Umständen angemessenen Verhältnis verteilt (§ 168 Abs. 3 HGB).

224 Für Kommanditisten wird der Gewinnanteil allerdings nur solange dem Kapitalanteil zugeschrieben, bis der Kapitalanteil der bedungenen Einlage entspricht (§ 167 Abs. 2 HGB). Für den übersteigenden Betrag hat der Kommanditist nach § 169 Abs. 1 HGB ein

kommt, dass die Verluste die Kapitalanteile übersteigen, so hat nach § 264c Abs. 2 S. 4 und 5 HGB die Bildung eines Aktivpostens zu erfolgen. Im Fall einer Zahlungsverpflichtung der Gesellschafter bedarf es eines gesonderten Ausweises unter den Forderungen mittels der Bezeichnung »Einzahlungsverpflichtungen« und ohne bestehende Zahlungsverpflichtung eines Ausweises entsprechend § 268 Abs. 3 HGB[225] als letztem Posten auf der Aktivseite unter der Bezeichnung »Nicht durch Vermögenseinlagen gedeckter Verlustanteil«.

Der Posten **Rücklagen** kommt nur aufgrund bestehender gesellschaftsvertraglicher Bestimmung in Betracht[226] und hat den dort festgelegten Vorgaben hinsichtlich Bildung und Auflösung zu folgen. Da bei Anwendung der gesetzlichen Regelungen zur Gewinn- und Verlustermittlung eine Zu- oder Abschreibung des Kapitalanteils um den dem jeweiligen Gesellschafter zuzurechnenden Gewinn bzw. Verlust erfolgt, ist der Ausweis eines **Gewinnvortrags/ Verlustvortrags** und **Jahresüberschusses/ Jahresfehlbetrags** hier nicht denkbar. Aus den gesetzlichen Vorschriften ergibt sich automatisch eine Bilanzaufstellung nach vollständiger Ergebnisverwendung. Ein Ausweis der Posten Gewinnvortrag/Verlustvortrag und Jahresüberschuss/Jahresfehlbetrag wäre z. B. dann notwendig, wenn der Gesellschaftsvertrag einen Beschluss über die Ergebnisverwendung vorsieht, der im Zeitpunkt der Bilanzaufstellung noch aussteht. Ohne abweichende gesellschaftsvertragliche Regelungen wird das Eigenkapital ansonsten nur aus dem Posten Kapitalanteile bestehen.

Entnahmerecht, so dass hierfür zum Geschäftsjahresende eine **Verbindlichkeit** der Gesellschaft gegenüber dem Kommanditisten entsteht.

225 Vgl. hierzu ausführlich Kapitel 8.1.3.

226 So auch § 264c Abs. 2 S. 8 HGB.

9 Schulden

9.1 Begriff, Arten und Abgrenzung

Das Fremdkapital unterteilt sich nach § 266 Abs. 3 HGB wie folgt:

B. Rückstellungen
   1. Rückstellungen für Pensionen und ähnliche Verpflichtungen
   2. Steuerrückstellungen
   3. Sonstige Rückstellungen
C. Verbindlichkeiten
   1. Anleihen (davon konvertibel)
   2. Verbindlichkeiten gegenüber Kreditinstituten
   3. Erhaltene Anzahlungen auf Bestellungen
   4. Verbindlichkeiten aus Lieferungen und Leistungen
   5. Verbindlichkeiten aus der Annahme gezogener Wechsel und der Ausstellung eigener Wechsel
   6. Verbindlichkeiten gegenüber verbundenen Unternehmen
   7. Verbindlichkeiten gegenüber Unternehmen, mit denen ein Beteiligungsverhältnis besteht
   8. Sonstige Verbindlichkeiten (davon aus Steuern, davon im Rahmen der sozialen Sicherheit)
D. Rechnungsabgrenzungsposten
E. Passive latente Steuern

Im Gegensatz zum Eigenkapital steht das **Fremdkapital** dem Unternehmen als Kapital nur befristet zur Verfügung. Das Fremdkapital umfasst grundsätzlich alle zukünftig bestehenden Zahlungs- bzw. Leistungsverpflichtungen des Unternehmens gegenüber Dritten. Der handelsrechtliche Begriff der **Schulden** als Teil des Fremdkapitals beinhaltet dabei die Rückstellungen und die Verbindlichkeiten. Während **Verbindlichkeiten** sichere Schulden darstellen, bei denen das Unternehmen mithin Kenntnis über Erfüllungszeitpunkt und Erfüllungsbetrag besitzt, repräsentieren **Rückstellungen** unsichere Schulden, bei denen das Unternehmen entweder keine eindeutige Kenntnis über den Erfüllungszeitpunkt, den Erfüllungsbetrag oder über beides aufweist. Neben den Schulden umfasst das Fremdkapital auch die **passiven Rechnungsabgrenzungsposten** und die **passiven la-**

tenten Steuern, die gesondert in den folgenden Kapiteln 10 und 11 behandelt werden.[227]

9.2 Verbindlichkeiten

9.2.1 Ansatz von Verbindlichkeiten

Verbindlichkeiten sind Verpflichtungen des Unternehmens, die zum Abschlussstichtag ihrer Höhe und Fälligkeit nach feststehen sowie künftig zu einer wirtschaftlichen Belastung des Vermögens führen. Sie stellen demnach in Bezug auf Bestehen und Höhe der Verpflichtung sichere Schulden dar.

Der Ansatz der Verbindlichkeiten als Teil der Schulden richtet sich allein nach dem Vollständigkeitsgebot des § 246 Abs. 1 S. 1 HGB, nach dem der Jahresabschluss sämtliche Schulden zu enthalten hat, da das Gesetz nichts anderes bestimmt. Anders ausgedrückt kommt es mangels konkreter gesetzlicher Ansatzregelungen für Verbindlichkeiten insofern nur auf das Vorliegen **abstrakter Bilanzierungsfähigkeit** an. Danach ist eine Verbindlichkeit anzusetzen, wenn eine sichere Schuld vorliegt, d. h. wenn

- eine rechtliche oder wirtschaftliche Verpflichtung besteht,
- die zu einer Belastung des Vermögens führt,
- die selbständig bewertet (quantifiziert) werden kann und
- bei der Sicherheit hinsichtlich Bestehens und Höhe der Verpflichtung existiert.[228]

Der Ansatz einer Verbindlichkeit endet mit ihrem Erlöschen. Dabei kommt neben Erfüllung der Verpflichtung z. B. auch eine Aufrechnung oder ein Schuldenerlass in Betracht.[229]

9.2.2 Bewertung von Verbindlichkeiten

Verbindlichkeiten sind gem. § 253 Abs. 1 S. 2 HGB zu ihrem **Erfüllungsbetrag** anzusetzen. Der Erfüllungsbetrag repräsentiert den für die Erfüllung der Verbindlichkeit aufzubringenden Betrag. Anders ausgedrückt handelt es sich mithin um den jeweils notwendigen Betrag, um die bestehende Verbindlichkeit abzulösen bzw. zu begleichen. Dabei kommen sowohl Geldleistungen als auch Sach- oder Dienstleistungen in Betracht.

---

227 Zur Abgrenzung von den Schulden vgl. Kapitel 3.3.
228 Vgl. ausführlich hierzu Kapitel 3.3 und 3.1.
229 Vgl. zum Erlöschen von Schuldverhältnissen §§ 362 – 397 BGB.

Mangels expliziter gesetzlicher Regelungen zur Folgebewertung von Verbindlichkeiten bedarf es eines Rückgriffs auf die allgemeinen Bewertungsgrundsätze und hierbei insbesondere auf das Realisations- und Imparitätsprinzip nach § 252 Abs. 1 Nr. 4 HGB. Daraus abgeleitet gilt für Verbindlichkeiten das **strenge Höchstwertprinzip**. In entsprechender Anwendung des Anschaffungskostenprinzips nach § 253 Abs. 1 S. 1 HGB repräsentiert der **Erfüllungsbetrag die Wertuntergrenze**. Ein Ansatz der Verbindlichkeit mit einem Wert unterhalb des Erfüllungsbetrags und somit unterhalb des Zugangswerts scheidet aufgrund des Verbots der Realisierung unrealisierter Gewinne aus. Dagegen ist die Verbindlichkeit zwingend zum höheren Wert anzusetzen, wenn der am Abschlussstichtag zugrunde zu legende Wert den bisherigen Buchwert übersteigt. Aufgrund des Zwangs zur Realisierung unrealisierter Verluste gilt dies unabhängig von der Restlaufzeit sowohl für kurzfristige als auch langfristige Verbindlichkeiten. Bei Wegfall des Grundes für die (außerplanmäßige) Werterhöhung der Schuld muss die Verbindlichkeit wieder in analoger Anwendung des § 253 Abs. 5 S. 1 HGB vermindert werden. Eine Verringerung unter den ursprünglichen Erfüllungsbetrag kommt nicht in Betracht, da der Zugangswert die Wertuntergrenze darstellt.

Neben diesen allgemeinen Bewertungsgrundsätzen für Verbindlichkeiten bestehen einige **besondere Fragestellungen im Rahmen der Bewertung** der Verbindlichkeiten, die nachfolgend näher erläutert werden.

Vorliegen eines Disagios

Ein Disagio entsteht, wenn der Erfüllungsbetrag einer Verbindlichkeit deren Auszahlungsbetrag übersteigt. In diesem Fall existiert nach § 250 Abs. 3 HGB ein **Wahlrecht zur Behandlung des Disagios**. Das Disagio kann dabei entweder im Jahr der Entstehung der Verbindlichkeit als Aufwand erfasst oder alternativ als aktiver Rechnungsabgrenzungsposten in der Bilanz angesetzt werden. Im Fall der Aktivierung des Disagios bedarf es nach § 250 Abs. 3 S. 2 HGB einer planmäßigen Abschreibung des angesetzten Betrags über die Laufzeit der Verbindlichkeit. Unabhängig von der Ausübung des Wahlrechts zur Behandlung des Disagios ist die **Verbindlichkeit** nach HGB **immer in Höhe des Erfüllungsbetrags** und damit nicht nur zum Ausgabebetrag anzusetzen. Ein ausführliches **Beispiel** zum Ansatz der Verbindlichkeit und zum Aktivierungswahlrecht findet sich in **Kapitel 3.2**.

Vorliegen eines Agios

Im Ausnahmefall kann ein Agio auftreten. Ein Agio entsteht, wenn der Auszahlungsbetrag einer Verbindlichkeit über dem Erfüllungsbetrag liegt. Das Agio stellt insofern ein vom Gläubiger gezahltes Entgelt für eine später vom Schuldner zu leistende höhere Verzinsung dar. Der Schuldner hat auch in diesem Fall die Verbindlichkeit im Zugangszeitpunkt mit dem Erfüllungsbetrag anzusetzen. Aufgrund des Realisationsprinzips darf das Agio nicht sofort vollständig als Ertrag erfasst werden, sondern erfordert als zeitraumbezogener Ertrag eine Abgrenzung mittels eines passiven Rechnungsabgrenzungspostens.[230] Infolgedessen kommt es über die Laufzeit der Verbindlichkeit zu einem Ausgleich der höheren (im Vergleich zu einer Normalverzinsung zu zahlenden) Zinsaufwendungen mit dem Zinsertrag aus der Auflösung des passiven Rechnungsabgrenzungspostens.

Fremdwährungsverbindlichkeiten

Durch die nach § 244 HGB bestehende Verpflichtung, den Jahresabschluss in Euro aufzustellen, müssen auf fremde Währung lautende Verbindlichkeiten in Euro umgerechnet werden. Die Währungsumrechnung von Verbindlichkeiten entspricht in analoger Weise der in **Kapitel 7.5.2** dargestellten Umrechnung von Fremdwährungsforderungen. Die auf eine fremde Währung lautende Verbindlichkeit ist im Rahmen der Zugangsbewertung mit ihrem Erfüllungsbetrag zu passivieren. Dabei erfolgt zur Festlegung des Erfüllungsbetrags eine Umrechnung der Verbindlichkeit mit dem **Kurs der Fremdwährung im Zeitpunkt des Zugangs**.[231] Die Vorschriften zur Folgebewertung der Fremdwährungsverbindlichkeiten finden sich wiederum in § 256a HGB. Dazu ist am Abschlussstichtag in einem ersten Schritt die auf fremde Währung lautende Verbindlichkeit nach § 256a S. 1 HGB mit dem **am Abschlussstichtag geltenden Stichtagskurs** (definiert als Devisenkassamittelkurs)[232] umzurechnen. Im zweiten Schritt bedarf es der Entscheidung, mit welchem Wert die Fremdwährungsverbindlichkeit im Jahresabschluss angesetzt wird. Diese Entscheidung hängt davon ab, ob es sich um eine **langfristige oder kurzfristige Verbindlichkeit** handelt. Wie bei den Fremdwährungsforderungen gelten nach § 256a S. 2 HGB Verbindlichkeiten mit einer Restlaufzeit von maximal einem Jahr als kurzfristig und infolgedessen Verbindlichkeiten mit einer Restlaufzeit von mehr als einem Jahr als langfristig.

Die Umrechnung **langfristiger Fremdwährungsverbindlichkeiten** hat unter Beachtung der GoB und dabei insbesondere des Realisations- sowie Anschaffungskostenprinzips zu erfolgen. Sofern die zum Stichtagskurs bewertete Verbindlichkeit oberhalb der zum Kurs im Zeitpunkt des Zugangs umgerechneten Verbindlichkeit und damit oberhalb des Erfüllungsbetrags liegt, muss die langfristige Verbindlichkeit mit dem höheren Stichtagswert angesetzt werden. Dies ergibt sich direkt aus § 256a S. 1 HGB. Indirekt greifen hier auch das für Schulden geltende Höchstwertprinzip und das Imparitätsprinzip, die eine Aufwertung der Verbindlichkeit und Erfassung unrealisierter Verluste zwingend erfordern. Wenn

---

230 Vgl. hierzu ausführlich Kapitel 2.2.3.5.

231 Bei Fremdwährungsverbindlichkeiten ist grundsätzlich auf den **Geldkurs** zurückzugreifen (vgl. Grottel/Koeplin (Beck'scher Bilanzkommentar), Rn. 33 zu § 256a HGB). Allerdings kann auch der **Durchschnittskurs** aus Geld- und Briefkurs zugrunde gelegt werden, wenn daraus keine wesentlichen Auswirkungen auf die Vermögens-, Finanz- und Ertragslage resultieren (vgl. BT-Drucksache 16/10067, S. 62).

232 Bei dem Devisenkassamittelkurs handelt es sich um das arithmetische Mittel aus dem beim Ankauf von Devisen geltenden Briefkurs und dem beim Verkauf von Devisen zugrunde zu legenden Geldkurs.

die zum Stichtagskurs bewertete Verbindlichkeit dagegen unterhalb des Erfüllungsbetrags liegt, dann scheidet eine Wertminderung aufgrund des Realisations- und Anschaffungskostenprinzips aus. Der aus der Umrechnung zum Kurs im Zugangszeitpunkt resultierende **Erfüllungsbetrag** repräsentiert nach analoger Anwendung des Anschaffungskostenprinzips des § 253 Abs. 1 S. 1 HGB die **Wertuntergrenze für die Verbindlichkeit.** Ein Unterschreiten des Erfüllungsbetrags kommt nicht in Betracht, da ansonsten auch durch die Erfassung unrealisierter Gewinne gegen das Realisationsprinzip nach § 252 Abs. 1 Nr. 4 HS 2 HGB verstoßen würde. Lag der Wert der Verbindlichkeit am vorherigen Abschlussstichtag über dem mit dem Kurs im Zugangszeitpunkt ermittelten Erfüllungsbetrag, so muss die Verbindlichkeit auf den mittels Stichtagskurs umgerechneten Wert vermindert werden. Hierbei scheidet allerdings wiederum ein Unterschreiten des Erfüllungsbetrags als Wertuntergrenze aus.

Für **kurzfristige Fremdwährungsverbindlichkeiten** gelten nach § 256a S. 2 HGB dagegen das Realisations- und Anschaffungskostenprinzip nicht. Insofern bedarf es **immer** eines Ansatzes der kurzfristigen auf fremde Währung lautenden Verbindlichkeiten **mit dem zum Stichtagskurs umgerechneten Wert.** Damit kommt es nicht nur wie bei langfristigen Verbindlichkeiten zur Aufwertung auf den höheren Wert, sondern auch zur Erfassung unrealisierter Gewinne durch eine Abwertung unter den Erfüllungsbetrag hinaus, der in diesem Fall keine Wertuntergrenze mehr darstellt.

Beispiel 1 zu Fremdwährungsverbindlichkeiten

Ein Unternehmen hat am 31.12.t4 eine Fremdwährungsverbindlichkeit von 1.000 Tausend-Fremdwährungseinheiten (TFW) mit einer Laufzeit von 10 Jahren aufgenommen. Im Entstehungszeitpunkt der Verbindlichkeit sowie exemplarisch an den folgenden 3 Abschlussstichtagen ergibt sich die in der nachstehenden Darstellung 9.1 aufgeführte Kursentwicklung. In Abhängigkeit des Kurses ermittelt sich der Wert der Verbindlichkeit im Zugangszeitpunkt und zu den jeweiligen Abschlussstichtagen.

Dar. 9.1: Beispiel Kursentwicklung und umgerechnete Werte der Fremdwährungsverbindlichkeit

Datum	Kurs	Umgerechneter Wert der Forderung (in TEUR)
31.12.t4	1 FW = 1,10 EUR	1.100 TEUR (= 1.000 TFW × 1,10 EUR/FW)
31.12.t5	1 FW = 1,50 EUR	1.500 TEUR (= 1.000 TFW × 1,50 EUR/FW)
31.12.t6	1 FW = 1,20 EUR	1.200 TEUR (= 1.000 TFW × 1,20 EUR/FW)
31.12.t7	1 FW = 0,80 EUR	800 TEUR (= 1.000 TFW × 0,80 EUR/FW)

Bei der Fremdwährungsverbindlichkeit handelt es sich an allen vier oben aufgeführten Zeitpunkten um eine **langfristige Verbindlichkeit**, weil die jeweilige Restlaufzeit immer über einem Jahr liegt. Der **Erfüllungsbetrag** der Verbindlichkeit am 31.12.t4 beläuft sich durch Umrechnung mit dem im Zugangszeitpunkt geltenden Kurs auf 1.100 TEUR. Solange die Fremdwährungsverbindlichkeit als langfristig zu qualifizieren ist, gilt dieser Erfüllungsbetrag als Wertuntergrenze. Am Abschlussstichtag zum 31.12.t5 beträgt die mit dem Stichtagskurs umgerechnete Verbindlichkeit 1.500 TEUR und liegt damit mit 400 TEUR über dem Erfüllungsbetrag von 1.100 TEUR. Aufgrund des Zwangs zur Umrechnung mit dem Stichtagskurs nach § 256a S. 1 HGB (und zudem auch Geltung des Höchstwertprinzips für Schulden sowie des Imparitätsprinzips) muss die Verbindlichkeit auf den höheren Wert aufgewertet werden.

Aufwand (sonstige betriebliche Aufwendungen) an Verbindlichkeiten 400 TEUR

Am folgenden Abschlussstichtag zum 31.12.t6 beläuft sich die zum Stichtagskurs bewertete Verbindlichkeit auf 1.200 TEUR. Da sie unterhalb der zum Vorjahresstichtag 31.12.t5 angesetzten Verbindlichkeit von 1.500 TEUR liegt, bedarf es einer Abwertung um 300 TEUR wegen des Zwangs zur Bewertung der Verbindlichkeit mit dem Stichtagskurs nach § 256a S. 1 HGB.

Verbindlichkeiten an Ertrag (sonstige betriebliche Erträge) 300 TEUR

Am Abschlussstichtag zum 31.12.t7 beträgt die zum Stichtagskurs umgerechnete Verbindlichkeit 800 TEUR. Sie liegt damit wiederum unterhalb der im Vorjahr angesetzten Verbindlichkeit von 1.200 TEUR, so dass die Verbindlichkeit grundsätzlich auf den niedrigeren Stichtagswert abgewertet werden muss. Aufgrund des bei langfristigen Verbindlichkeiten geltenden Anschaffungskosten- und Realisationsprinzips stellt allerdings der **Erfüllungsbetrag von 1.100 TEUR die Untergrenze** dar. Die zwingend vorzunehmende Abwertung darf daher nur bis auf den mit dem Kurs im Zugangszeitpunkt umgerechneten Wert der Verbindlichkeit von 1.100 TEUR erfolgen.

Verbindlichkeiten an Ertrag (sonstige betriebliche Erträge) 100 TEUR

Beispiel 2 zu Fremdwährungsverbindlichkeiten

Ein Unternehmen hat am 10.12.t2 Rohstoffe bei einem amerikanischen Lieferanten zu einem Preis von 700 TUSD erworben. Das Zahlungsziel beläuft sich auf 30 Tage. Der Kurs im Zugangszeitpunkt der Verbindlichkeit beträgt 1 EUR = 1,33 USD und am Abschlussstichtag zum 31.12.t2 1 EUR = 1,40 USD.

Damit ergibt sich ein Erfüllungsbetrag der Fremdwährungsverbindlichkeit von 526,32 TEUR (700 TUSD / 1,33 USD/EUR), zu dem die Verbindlichkeit angesetzt wird.

Vorräte an Verbindlichkeiten 526,32 TEUR

Am Abschlussstichtag zum 31.12.t2 beläuft sich der Wert der Verbindlichkeit auf 500 TEUR (700 TUSD / 1,40 USD/EUR). Da das Zahlungsziel 30 Tage beträgt, handelt es sich um eine **kurzfristige Verbindlichkeit**. Aufgrund des nach § 256a S. 2 HGB in diesem Fall nicht geltenden Anschaffungskosten- und Realisationsprinzips ist die kurzfristige Verbindlichkeit mit dem zum Stichtagskurs bewerteten Wert von 500 TEUR anzusetzen. Es kommt zur Erfassung eines unrealisierten Gewinns von 26,32 TEUR und damit auch eines Ansatzes der kurzfristigen Verbindlichkeit unterhalb ihres Erfüllungsbetrags.

Verbindlichkeiten an Ertrag (sonstige betriebliche Erträge) 26,32 TEUR

Inanspruchnahme von Skonto

Verbindlichkeiten sind im Rahmen der Zugangsbewertung mit ihrem Erfüllungsbetrag anzusetzen. Der Erfüllungsbetrag wird im Fall von Verbindlichkeiten aus Lieferungen und Leistungen grundsätzlich durch den Rechnungsbetrag einschließlich der USt repräsentiert. Anders als bei der in Kapitel 7.5.2 erläuterten Gewährung von Skonto entscheidet das die Verbindlichkeit ansetzende Unternehmen über die Inanspruchnahme von Skonto und weiß in der Regel schon zum Zugangszeitpunkt, ob es beabsichtigt, mit oder ohne Abzug von Skonto zu zahlen. Besteht keine Absicht der Inanspruchnahme von Skonto, erfolgt ein Ansatz der Verbindlichkeit zum vollen Rechnungsbetrag. Das gleiche gilt, wenn noch Unsicherheit vorliegt, ob Skonto in Anspruch genommen werden soll. Sollte es später zur Zahlung unter Abzug von Skonto kommen, dann bedarf es nachträglich einer Korrektur der Vorsteuer sowie der Anschaffungskosten der erworbenen Vermögensgegenstände, da Skonto eine Anschaffungspreisminderung darstellt.[233] Sofern dagegen das Unternehmen von vornherein beabsichtigt, unter Skontoabzug zu zahlen, kann aus Vereinfachungsgründen die Verbindlichkeit schon im Zugangszeitpunkt mit dem um Skonto geminderten Betrag angesetzt werden.[234]

Beispiel zur Skontogewährung

Ein Unternehmen hat Vorräte für 1.000 EUR zuzüglich USt von 19 % erworben. Das Zahlungsziel beträgt 30 Tage. Bei Zahlung innerhalb von 10 Tagen können 3 % Skonto vom Rechnungsbetrag (1.190 EUR) abgezogen werden.

Im Zeitpunkt der Lieferung der Vorräte werden sowohl die Vorräte als auch die Verbindlichkeit aus Lieferungen und Leistungen angesetzt. Sofern das Unternehmen nicht beabsichtigt, Skonto in Anspruch zu nehmen oder über eine Inanspruchnahme von Skonto noch nicht entschieden hat, kommt es zu einem Ansatz der Verbindlichkeit zum Rechnungsbetrag.

Vorräte 1.000 EUR

---

233 Vgl. zur Ermittlung der Anschaffungskosten Kapitel 4.2.1.
234 Vgl. ADS (Rechnungslegung), Tz. 159 zu § 253 HGB, Schubert (Beck'scher Bilanzkommentar), Rn. 98 zu § 253 HGB.

Vorsteuer 190 EUR

an Verbindlichkeiten aus Lieferungen und Leistungen 1.190 EUR

Sollte das Unternehmen doch unter Inanspruchnahme von Skonto zahlen, müssen die Anschaffungskosten der Vorräte und die Vorsteuer gemindert werden.

Verbindlichkeiten aus Lieferungen und Leistungen 1.190 EUR

an Bank 1.154,30 EUR (97 % von 1.190 EUR)

an Vorräte 30 EUR (3 % von 1.000 EUR)

an Vorsteuer 5,7 EUR (3 % von 190 EUR)

Sofern das Unternehmen dagegen von vornherein beabsichtigt unter Abzug von Skonto zu zahlen, kann direkt im Rahmen der Zugangsbewertung der Skontoabzug berücksichtigt werden.

Vorräte 970 EUR (97 % von 1.000 EUR)

Vorsteuer 184,3 EUR (97 % von 190 EUR)

an Verbindlichkeiten aus Lieferungen und Leistungen 1.154,30 EUR (97 % von 1.190 EUR)

Unverzinsliche und niedrigverzinsliche Verbindlichkeiten

Anders als bei unverzinslichen und niedrigverzinslichen Forderungen besteht ein **Abzinsungsverbot** für unverzinsliche und niedrigverzinsliche Verbindlichkeiten. Verbindlichkeiten sind nach § 253 Abs. 1 S. 2 HGB mit dem Erfüllungsbetrag und grundsätzlich nicht mit ihrem Barwert anzusetzen. Das Abzinsungsverbot für unverzinsliche und niedrigverzinsliche Verbindlichkeiten resultiert auch aus dem Realisationsprinzip. Ansonsten würde im Zeitpunkt der Zugangsbewertung durch die Minderung der Verbindlichkeit ein unrealisierter Zinsertrag erfasst.[235]

Ein Ansatz zum Barwert und damit eine Abzinsung von Verbindlichkeiten mit anschließend jährlicher aufwandswirksamer Aufzinsung kommt nach § 253 Abs. 2 S. 3 HGB allein für auf Rentenverpflichtungen beruhende Verbindlichkeiten in Betracht, für die eine Gegenleistung nicht mehr zu erwarten ist. Die Vorgehensweise bei der Bewertung dieser sicheren Rentenverpflichtungen entspricht der Bewertung von langfristigen Rückstellungen, was ausführlich in Kapitel 9.3.2 dargestellt wird. Weder bei sicheren Rentenverpflichtungen noch bei langfristigen Rückstellungen handelt es sich aber zunächst um unverzinsliche oder niedrigverzinsliche Verbindlichkeiten.

---

235 Dies gilt gleichermaßen auch, wenn die Verbindlichkeit mit dem Erfüllungsbetrag statt zum Barwert angesetzt und der Abzinsungsbetrag mittels eines aktiven Rechnungsabgrenzungspostens direkt als Ertrag erfasst wird (bei späterer periodengerechter aufwandswirksamer Auflösung in Höhe der jeweiligen Aufzinsung). Vgl. Schubert (Beck'scher Bilanzkommentar), Rn. 63 zu 253 HGB.

Bewertungseinheiten nach § 254 HGB

Sofern Verbindlichkeiten mit Hilfe von Derivaten oder auch anderen originären Finanzinstrumenten (z. B. Fremdwährungsforderungen) abgesichert werden, besteht nach § 254 HGB unter bestimmten Voraussetzungen die Möglichkeit, eine **Bewertungseinheit** zu bilden. Dabei bezieht sich die Bewertungseinheit sowohl auf die Verbindlichkeit als auch das entsprechende Sicherungsinstrument (z. B. Derivat). Im Fall der Bildung einer Bewertungseinheit kommt es dann nicht mehr zu einer gesonderten Einzelbewertung der Verbindlichkeit und des Sicherungsgeschäfts, sondern zu einer Bewertung der Bewertungseinheit insgesamt. Während bei einer Einzelbewertung aufgrund des Realisations- und Imparitätsprinzips grundsätzlich nur unrealisierte Verluste erfasst werden, gleichen sich bei der auf einer Absicherung beruhenden Bewertungseinheit unrealisierte Verluste und unrealisierte Gewinne aus, so dass aus einer Bewertungseinheit kein Ergebniseffekt resultiert.

Zu einer Erläuterung der Absicherung von Grundgeschäften wie z. B. Wertpapieren, Vorräten oder Verbindlichkeiten mittels des Einsatzes von Derivaten sowie der Rechnungslegung von Derivaten siehe Kapitel 11.1.

9.2.3 Ausweis und Angabepflichten von Verbindlichkeiten

Wie auch für das Anlage- und Umlaufvermögen, die Rechnungsabgrenzungsposten sowie das Eigenkapital gilt nach § 247 Abs. 1 HGB, dass alle Unternehmen die Schulden gesondert in der Bilanz auszuweisen und hinreichend aufzugliedern haben. Zur Festlegung der Gliederungstiefe bedarf es dabei einer Orientierung an den GoB, wie z. B. den Grundsätzen der Übersichtlichkeit, Klarheit und Wesentlichkeit. In der Regel dürfte dies zumindest eine Unterteilung der Schulden in Rückstellungen und Verbindlichkeiten erfordern. Für große sowie mittelgroße Kapitalgesellschaften, haftungsbeschränkte Personengesellschaften, Genossenschaften und unter das PublG fallende Unternehmen besteht darüber hinaus die Verpflichtung, das in Kapitel 9.1 dargestellte **Mindestgliederungsschema** des § 266 Abs. 3 C. HGB für Verbindlichkeiten anzuwenden. Der Ausweis mittels der acht dort aufgeführten Unterpositionen unterteilt die Verbindlichkeiten in Gläubigergruppen wie z. B. Akteure am Kapitalmarkt, Kreditinstitute, Kunden oder Lieferanten. Für die in § 267 Abs. 1 bzw. § 267a HGB definierten kleinen Kapitalgesellschaften bzw. Kleinstkapitalgesellschaften und ihnen gleichgestellte Unternehmen reicht dabei gemäß § 266 Abs. 1 S. 3 und 4 HGB der Ausweis einer Sammelposition »Verbindlichkeiten« aus. Zudem haben Unternehmen wie ansonsten auch die allgemeinen Gliederungsgrundsätze nach § 265 HGB zu beachten. So können u. a. weitere Untergliederungen vorgenommen, Leerposten nicht aufgeführt, neue Posten und Zwischensummen eingefügt oder auch die Bezeichnung sowie Gliederung bestimmter Posten geändert werden. Der Ausweis der Verbindlichkeiten erfolgt auf der Passivseite der Bilanz nach dem Eigenkapital und den Rückstellungen und vor den passiven Rechnungsabgrenzungsposten.

Kapitalgesellschaften und ihnen gleichgestellte Unternehmen müssen nach § 268 Abs. 5 S. 1 HGB bei allen Verbindlichkeitsposten das Gliederungsschema ergänzen und jeweils mittels eines »davon«-Vermerks die **Verbindlichkeiten mit einer Restlaufzeit bis zu einem Jahr** sowie die **Verbindlichkeiten mit einer Restlaufzeit von mehr als einem Jahr** gesondert ausweisen. Hierbei handelt es sich wie auch bei den Forderungen um eine für Zwecke der Unternehmensanalyse benötigte Angabe, da eine Vielzahl der zu interpretierenden Kennzahlen eine Aufteilung in kurz- und langfristiges Kapital und damit auch in kurz- und langfristige Verbindlichkeiten voraussetzt.

Wie auch schon im Zusammenhang mit dem Ausweis des Umlaufvermögens dargestellt, besteht nach § 246 Abs. 2 S. 1 HGB grundsätzlich ein **Saldierungsverbot** für Aktiv- und Passivposten. Dies betrifft insbesondere die Saldierung von Forderungen und Verbindlichkeiten. Eine Saldierung kommt im Ausnahmefall nur dann in Betracht, wenn nach § 387 BGB die Möglichkeit zur Aufrechnung von Forderungen und Verbindlichkeiten vorliegt. Eine Aufrechnung bedingt dabei gleichartige Ansprüche und Verbindlichkeiten mit gleicher Fälligkeit zwischen den gleichen Personen.

Nach § 268 Abs. 5 S. 2 HGB existiert ein **Ausweiswahlrecht** für **erhaltene Anzahlungen auf Bestellungen.** Unternehmen haben für die von Kunden erhaltenen Anzahlungen die Möglichkeit, die erhaltenen Anzahlungen entweder gesondert unter den Verbindlichkeiten auszuweisen oder offen in der Bilanz mit den Vorräten zu saldieren (»offen von ihnen abzusetzen«). Die Erläuterung eines Beispiels zur rechnungslegungspolitischen Wirkung dieses Wahlrechts findet sich in Kapitel 7.7.

Bei Unternehmen in der Rechtsform einer GmbH oder bei haftungsbeschränkten Personengesellschaften gilt eine Besonderheit für **Verbindlichkeiten gegenüber Gesellschaftern.** Nach § 42 Abs. 3 GmbHG bzw. § 264c Abs. 1 HGB sind neben Forderungen und Ausleihungen auch die Verbindlichkeiten gegenüber den Gesellschaftern unter dieser Bezeichnung gesondert auszuweisen oder im Anhang anzugeben. Erfolgt eine Angabe im Anhang und damit eben nicht ein Ausweis in der Bilanz mittels einer gesonderten Bezeichnung, so muss diese Eigenschaft bei allen Posten mit Hilfe eines »davon«-Vermerks in der Bilanz angegeben werden. Sinn und Zweck dieser Regelungen liegen zum einen in der Schaffung von Transparenz über die Beziehungen zwischen Gesellschaftern und Gesellschaft.[236] Zum anderen dienen die Regelungen einer Offenlegung von Interessenskonflikten, da Forderungen und Verbindlichkeiten gegenüber Gesellschaftern aufgrund der Stellung der

---

236 Vgl. etwa Fehrenbacher (Beck OGK), Rn. 4 zu § 264c HGB oder ADS (Rechnungslegung), Tz. 27 zu § 42 GmbHG m. w. N. Darüber hinaus unterstützt die Angabepflicht bezogen auf Verbindlichkeiten eine Unternehmensanalyse, da eigenkapitalersetzende Darlehen ggf. wirtschaftlich als Eigenkapital anzusehen sind (vgl. Baetge/Kirsch/Thiele (Bilanzen), S. 413 m. w. N.) und insofern für die Ermittlung von Kennzahlen umzugliedern sind.

Gesellschafter und ihrer Möglichkeiten der Einflussnahme auf die Gestaltung von Verträgen nicht immer zu marktüblichen Konditionen zustande kommen.[237] Aufgrund des Zwecks der Vorschriften sowie der gesetzlichen Formulierung »in der Regel« hat grundsätzlich ein Ausweis in der Bilanz Vorrang vor einer bloßen Angabe im Anhang.[238]

Darüber hinaus bestehen in Bezug auf die Verbindlichkeiten u. a. die folgenden **Berichtspflichten im Anhang.**

- Allgemeine Angaben zu den angewandten Ansatz- und Bewertungsmethoden bei den einzelnen Posten der Verbindlichkeiten (§ 284 Abs. 2 Nr. 1 HGB).
- Angabe von Änderungen einer Bewertungsmethode (z. B. bei der Zugangsbewertung von Fremdwährungsverbindlichkeiten aus Vereinfachungsgründen Rückgriff auf den Durchschnittskurs statt den Geldkurs) mit Begründung des Wechsels und Darstellung des Einflusses der Methodenänderung auf die Vermögens-, Finanz- und Ertragslage (§ 284 Abs. 2 Nr. 2 HGB).
- Angabe des Gesamtbetrags der Verbindlichkeiten mit einer **Restlaufzeit von mehr als 5 Jahren** sowohl in Summe als auch für jeden Posten der in der Bilanz ausgewiesenen Verbindlichkeiten (§ 285 Nr. 1 i. V. m. Nr. 2 HGB). Hierzu bietet es sich an einen **Verbindlichkeitenspiegel** zu erstellen. Bei Angabe eines Verbindlichkeitenspiegels im Anhang können durch zusätzliche Integration der Angaben der »Verbindlichkeiten mit einer Restlaufzeit bis zu einem Jahr« sowie der »Verbindlichkeiten mit einer Restlaufzeit von mehr als einem Jahr« die Vorgaben des § 268 Abs. 5 S. 1 HGB erfüllt werden, so dass jeweils ein gesonderter Ausweis dieser Angaben mittels eines »davon«-Vermerks in der Bilanz entfallen kann.[239]
- Angabe des Gesamtbetrags der Verbindlichkeiten, die durch Pfandrechte oder ähnliche Rechte gesichert sind (§ 285 Nr. 1b HGB). Die Angabe hat darüber hinaus auch für jeden Posten der in der Bilanz ausgewiesen Verbindlichkeiten zu erfolgen (§ 285 Nr. 2 HGB). Zudem müssen jeweils auch Art und Form der Sicherheiten dargestellt werden. Die Angaben lassen sich in den Verbindlichkeitenspiegel integrieren. Als Arten von Sicherheiten kommen als Pfandrechte z. B. die Hypothek, Grundschuld oder eine Rentenschuld sowie als ähnliche Rechte z. B. die Sicherungsübereignung, Sicherungsabtretung von Forderungen oder der Eigentumsvorbehalt in Betracht.[240]
- Angaben im Fall der Bildung von Bewertungseinheiten nach § 254 HGB (§ 285 Nr. 23 HGB).

---

237 Vgl. Reiner (Münchener Kommentar zum HGB), Rn. 18 zu § 264c HGB.

238 Vgl. Fehrenbacher (Beck OGK), Rn. 9 zu § 264c HGB, Reiner (Münchener Kommentar zum HGB), Rn. 19 zu § 264c HGB, Baetge/Kirsch/Thiele (Bilanzen), S. 412; anderer Ansicht dagegen Justenhoven/Roland (Beck'scher Bilanzkommentar), Rn. 9 f. zu § 264c HGB.

239 Vgl. BT-Drucksache 18/4050, S. 62. Dies bedingt allerdings zwingend auch einer Angabe von Vorjahreszahlen im Verbindlichkeitenspiegel (vgl. ebenda, S. 62).

240 Vgl. z. B. Grottel (Beck'scher Bilanzkommentar), Rn. 20 f. und Rn. 38 zu § 285 HGB.

Da bei kleinen Kapitalgesellschaften und ihnen gleichgestellten Unternehmen der Ausweis des Postens Verbindlichkeiten ohne weitere Untergliederung ausreicht, müssen sie nach § 288 Abs. 1 Nr. 1 HGB pro Posten auch weder den Betrag der Verbindlichkeiten mit einer Restlaufzeit von mehr als 5 Jahren angeben noch den Betrag der Verbindlichkeiten, die durch Pfandrechte oder ähnliche Rechte gesichert sind (§ 285 Nr. 2 HGB). Hier genügt für beide Angabepflichten die Nennung des jeweiligen Gesamtbetrags.

9.3 Rückstellungen

9.3.1 Begriffe, Rückstellungsarten und Ansatzregelungen

Bei den Rückstellungen handelt es sich um **Schulden** des Unternehmens, bei denen eine **Unsicherheit** hinsichtlich des Bestehens und/oder der Höhe der Verpflichtung vorliegt. Damit sind Rückstellungen rechtliche oder wirtschaftliche Verpflichtungen, die zu einer Belastung des Vermögens führen, die quantifiziert werden können und bei denen Unsicherheit über den Erfüllungszeitpunkt und/oder über den Erfüllungsbetrag herrscht. Allerdings ist diese Definition nicht ausreichend, da der Gesetzgeber neben dem Ansatz dieser (unsicheren) Außenverpflichtungen auch die Bildung von zwei Arten von **Aufwandsrückstellungen** vorsieht. Aufwandsrückstellungen stellen Innenverpflichtungen dar, also Verpflichtungen des Unternehmens gegenüber sich selbst, denen sich das Unternehmen auch entziehen könnte. Streng genommen zählen damit Aufwandsrückstellungen nicht zum Fremdkapital des Unternehmens. Sie sind Ausfluss dynamischer Bilanztheorie und damit allein auf eine periodengerechte Gewinnermittlung gerichtet. Den Außen- und Innenverpflichtungen gemeinsam und damit für den Ansatz von Rückstellungen gilt, dass es sich um künftige Belastungen des Unternehmens handelt, die ihre **Verursachung vor dem Abschlussstichtag** haben müssen.

Begrifflich sind Rückstellungen streng von **Rücklagen** abzugrenzen. Während Rückstellungen Fremdkapital darstellen, handelt es sich bei Rücklagen um Eigenkapital, das dann in Form von Kapital- oder Gewinnrücklagen auftreten kann. Zudem müssen Rückstellungen von **Haftungsverhältnissen**, auch Eventualschulden genannt, unterschieden werden. Für Haftungsverhältnisse besteht nach § 251 S. 1 HGB eine Angabepflicht als Vermerk unter der Bilanz. Für Gesellschaften, die die ergänzenden Vorschriften für Kapitalgesellschaften anzuwenden haben, existiert stattdessen eine Angabepflicht im Anhang (§ 268 Abs. 7 HGB). Bei Haftungsverhältnissen wie z. B. einer Bürgschaft liegt zwar eine Verpflichtung des Unternehmens vor, jedoch erscheint die Inanspruchnahme aus der vertraglichen Verpflichtung als unwahrscheinlich, so dass ein Ansatz einer Schuld nicht in Betracht kommt. Die Angabe der Haftungsverhältnisse dient damit den Adressaten ausschließlich zur Information über bestehende Risiken.

§ 249 HGB nennt abschließend die folgenden Rückstellungsarten, für die jeweils eine **Passivierungspflicht** besteht:

- Rückstellungen für ungewisse Verbindlichkeiten (§ 249 Abs. 1 S. 1 HGB),
- Rückstellungen für drohende Verluste aus schwebenden Geschäften (§ 249 Abs. 1 S. 1 HGB),
- Rückstellungen für Gewährleistungen, die ohne rechtliche Verpflichtung erbracht werden (= Kulanzrückstellungen) (§ 249 Abs. 1 S. 2 Nr. 2 HGB),
- Rückstellungen für unterlassene Aufwendungen für Instandhaltung, die innerhalb von 3 Monaten im neuen Geschäftsjahr nachgeholt werden (§ 249 Abs. 1 S. 2 Nr. 1 HGB),
- Rückstellungen für unterlassene Abraumbeseitigung, die im nächsten Geschäftsjahr nachgeholt werden (§ 249 Abs. 1 S. 2 Nr. 1 HGB).

Nach § 249 Abs. 2 S. 1 HGB dürfen für andere als die in § 249 Abs. 1 HGB bezeichneten Zwecke Rückstellungen nicht gebildet werden. Folglich liegt ein **Passivierungsverbot** für alle Sachverhalte vor, die sich nicht unter einen der Fälle des § 249 Abs. 1 HGB subsummieren lassen.

Von diesem Ansatzverbot ausgenommen und zusätzlich zu den Ansatzpflichten der Sachverhalte des § 249 Abs. 1 HGB bestehen als Ausnahmen zwei gesetzlich kodifizierte Passivierungswahlrechte im Zusammenhang mit Pensionsverpflichtungen. Diese aus der Historie begründeten und mit dem BiRiLiG eingeführten Ansatzwahlrechte bei Rückstellungen betreffen:

- unmittelbare Pensionsaltzusagen (Art. 28 Abs. 1 S. 1 EGHGB) und
- mittelbare Pensionsverpflichtungen (Art. 28 Abs. 1 S. 2 EGHGB).

Eine weitergehende Erläuterung der beiden Wahlrechte findet sich in Kapitel 9.3.4.2.2. Daneben besteht mit dem Ansatzwahlrecht für (unmittelbare oder mittelbare) pensionsähnliche Verpflichtungen gem. Art. 28 Abs. 1 S. 2 EGHGB eine weitere Passivierungsmöglichkeit, für die sich bislang allerdings kein Anwendungsfall findet.

Die in § 249 HGB abschließend aufgeführten Rückstellungen lassen sich wie in Darstellung 9.2 dargestellt anhand ihres Verpflichtungscharakters unterteilen.

Wie oben schon kurz angesprochen leitet sich die Bildung von Rückstellungen aus den **Bilanztheorien** und damit dem zugrundeliegenden Zweck einer Bilanz ab.

Im Rahmen der **statischen Bilanztheorie** besteht der Zweck des Jahresabschlusses in einer jährlich zutreffenden Ermittlung des Reinvermögens. Dabei ist das Vermögen als Schuldendeckungspotential den Schulden gegenüberzustellen. Um den Umfang der Schuldendeckung und damit die Höhe des Reinvermögens darzustellen, müssen die Schulden und somit die Verpflichtungen gegenüber Dritten vollständig in die Bilanz aufgenommen werden. Ohne eine vollständige Aufnahme sämtlicher Verpflichtungen, denen sich das Unternehmen nicht entziehen könnte, wären die durch die Bilanz bereitgestellten Informationen für die Adressaten keine geeignete Entscheidungsgrundlage. Insofern bedarf es neben dem Ansatz der Verbindlichkeiten auch einer Passivierung von Rückstellungen für ungewisse Verbindlichkeiten und von Rückstellungen für drohende Verluste aus schwebenden Geschäften.

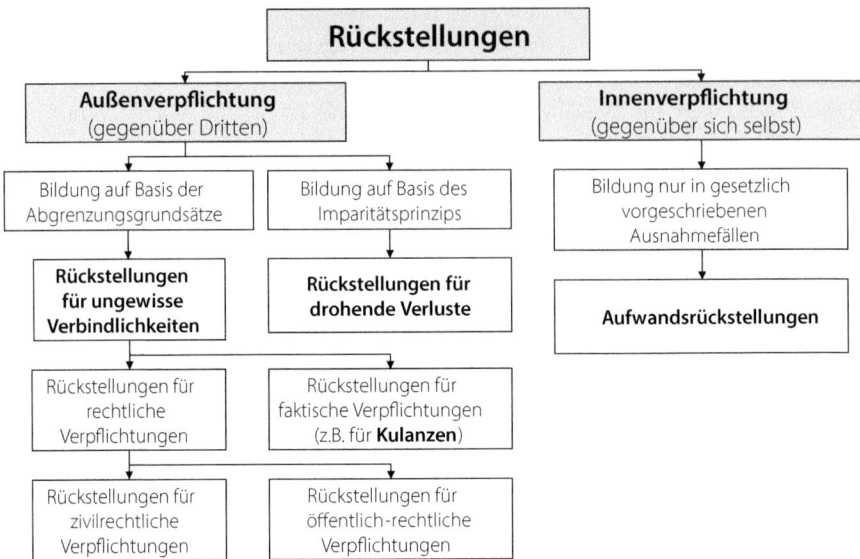

Dar. 9.2: Systematisierung der Rückstellungen anhand des Verpflichtungscharakters[241]

Die **dynamische Bilanztheorie** zielt dagegen primär auf die Ermittlung eines möglichst periodengerechten, vergleichbaren Erfolgs. Dazu bedarf es der Zuordnung der Aufwendungen zum jeweiligen Ertrag, mithin einer Anwendung des Grundsatzes der Aufwandszuordnung und des Verursachungsprinzips nach § 252 Abs. 1 Nr. 4 HS 2 HGB. Insofern umfasst bei dynamischer Sichtweise der Rückstellungsbegriff neben den Rückstellungen für ungewisse Verbindlichkeiten auch die Aufwandsrückstellungen. Aufwandsrückstellungen stellen reine Innenverpflichtungen dar, denen sich das Unternehmen auch entziehen könnte. Hierunter fällt z. B. die unterlassene Instandhaltung einer Maschine, die erst nach dem Abschlussstichtag nachgeholt wird. Ohne Bildung einer Rückstellung und damit auch ohne Anwendung der Grundsätze der Aufwandszuordnung und wirtschaftlichen Verursachung wird der Aufwand für die Durchführung der Instandhaltung erst bei dessen Auftreten als Ausgabe nach dem Abschlussstichtag erfasst. Allerdings beinhaltet die GuV des abgelaufenen Geschäftsjahres die Erträge aus der Nutzung der Maschine, so dass es zu einer Erfassung von Erträgen und Aufwendungen in unterschiedlichen Perioden kommt. Da die Ursache des Instandhaltungsaufwands aber in der Nutzung der Maschine liegt, kann durch die Bildung einer Aufwandsrückstellung der Instandhaltungsaufwand der Periode seiner wirtschaftlichen Verursachung zugeordnet werden, so dass es zu einer periodengerechten Gewinnermittlung kommt. Dies gelingt durch die im abgelaufenen Geschäftsjahr vorzunehmende Buchung *Aufwand an Rückstellungen.* Gleichwohl könnte sich das Unternehmen dieser Verpflichtung gegenüber sich selbst entziehen, indem es die Maschine nicht re-

---

241 Vgl. Baetge/Kirsch/Thiele (Bilanzen), S. 428.

pariert und damit zukünftig eine Minderung des wirtschaftlichen Erfolgs hinnimmt. Im Gegensatz zur dynamischen Sichtweise scheidet folglich ein Ansatz aus statischer Sicht aus, da es das Schuldendeckungspotential am Abschlussstichtag nicht verringert.[242]

Die in **§ 249 HGB** gesetzlich kodifizierten Regelungen zum Ansatz von Rückstellungen beinhalten **Aspekte beider Bilanztheorien.** Neben dem zwingenden Ansatz sämtlicher Außenverpflichtungen und damit einer vollständigen Umsetzung der statischen Sichtweise verlangt der Gesetzgeber die Passivierung von zwei genau spezifizierten Aufwandsrückstellungen und integriert damit weitere dynamische Elemente für Zwecke einer periodengerechten Gewinnermittlung. Dabei handelt es sich um die Rückstellungen für unterlassene Instandhaltungen, die innerhalb von 3 Monaten des folgenden Geschäftsjahres nachgeholt werden, und die Rückstellungen für unterlassene Abraumbeseitigung, die im nächsten Geschäftsjahr nachgeholt werden (§ 249 Abs. 1 S. 2 Nr. 1 HGB). Vor dem Hintergrund der Objektivierung der durch den Jahresabschluss bereitzustellenden Informationen[243] besteht allerdings über § 249 Abs. 2 S. 1 HGB ein Verbot der Bildung anderer Aufwandsrückstellungen.

Beispiele zur Verdeutlichung der Bildung von Rückstellungen

Nachstehend wird für die folgenden Sachverhalte die Pflicht, das Wahlrecht oder das Verbot des Ansatzes von Rückstellungen in der Handelsbilanz erläutert.

1. Unmittelbare in diesem Jahr gewährte Pensionszusagen
   Unmittelbare in diesem Jahr gewährte Pensionszusagen an Arbeitnehmer stellen eine rechtliche Verpflichtung des Unternehmens auf z. B. arbeitsvertrags- oder betriebsrechtlicher Grundlage dar. Damit verpflichtet sich das Unternehmen dem Arbeitnehmer bei Eintritt des Versorgungsfalles, in der Regel dem Eintritt in den Ruhestand, eine bestimmte Pension in Abhängigkeit vereinbarter Regelungen wie möglicherweise die Höhe seines erzielten Gehalts und/ oder seiner Betriebszugehörigkeit zu leisten. Der Arbeitnehmer verdient sich die Pension während seiner aktiven Tätigkeit im Unternehmen. Insofern handelt es sich bei den späteren Pensionsleistungen um Lohn- und Gehaltsaufwendungen, die auf Basis des Grundsatzes der Aufwandszuordnung sowie des Verursachungsprinzips (§ 252 Abs. 1 Nr. 4 HS 2 HGB) den Perioden zugeordnet werden müssen, in denen die Arbeitsleistung anfällt. Hierbei sind sowohl die Höhe als auch die Fälligkeitszeitpunkte der späteren Pensionszahlungen unsicher. Ungewissheit besteht hinsichtlich einer Vielzahl von Parametern. Z. B. kann in keinem Fall der Todeszeitpunkt des Arbeitnehmers und damit der Endzeitpunkt der Pensionsverpflichtung vorausgesagt werden. Aufgrund der vorlie-

---

242 Insofern richtet sich die Rückstellungsbildung bei dynamischer Interpretation nach der wirtschaftlichen Verursachung und nicht nach dem Verpflichtungscharakter.
243 Vgl. ausführlich Kapitel 2.3.

genden Außenverpflichtung gegenüber dem Arbeitnehmer und der bestehenden Unsicherheit handelt es sich um eine Rückstellung für ungewisse Verbindlichkeiten, die nach § 249 Abs. 1 S. 1 HGB zwingend anzusetzen ist.

2. Kulanzleistungen

   Bei Kulanzleistungen handelt es sich um Gewährleistungen, die ohne eine gesetzliche oder vertragliche Verpflichtung erbracht werden.[244] Sie sind explizit als eine Rückstellungsart in § 249 Abs. 1 S. 2 Nr. 2 HGB aufgeführt. Insofern besteht eine Ansatzpflicht als Rückstellung. Ein Ansatz als Verbindlichkeit kommt nicht in Betracht, da bei künftig zu leistenden Gewährleistungen aus Kulanzgründen für die im abgelaufenen Geschäftsjahr erbrachten Lieferungen oder Leistungen sowohl hinsichtlich Fälligkeitszeitpunkt als auch hinsichtlich Höhe Unsicherheit herrscht.

3. Garantieleistungen

   Garantieleistungen basieren in Abgrenzung zu Kulanzrückstellungen auf einer gesetzlichen oder vertraglichen Verpflichtung. So sehen die gesetzlichen Regelungen eine Gewährleistungsfrist von 24 Monaten vor. Auf Grundlage eines zivilrechtlichen Vertrags zwischen Unternehmen und Kunden kann zudem beispielsweise eine Verlängerung der Gewährleistungsfrist oder auch eine Ausweitung des gesetzlichen Gewährleistungsumfangs vereinbart werden. Folglich handelt es sich in diesen beiden Fällen um ungewisse Verbindlichkeiten auf Basis rechtlicher Verpflichtungen, für die jeweils eine Passivierungspflicht als Rückstellung für ungewisse Verbindlichkeiten nach § 249 Abs. 1 S. 1 HGB existiert.

4. Umweltverschmutzung

   Bei Vorliegen einer Umweltverschmutzung durch das Unternehmen kommt es wiederum darauf an, ob eine Verpflichtung beispielsweise zur Beseitigung der Verschmutzung, Wiederherstellung des ursprünglichen Zustands oder Entsorgung des kontaminierten Bodens besteht. Liegt eine rechtliche oder faktische Verpflichtung vor, ist zwingend eine Rückstellung für ungewisse Verbindlichkeiten nach § 249 Abs. 1 S. 1 HGB zu bilden. Bei dem häufig vorkommenden Fehlen einer Verpflichtung herrscht nach § 249 Abs. 2 S. 1 HGB ein Ansatzverbot für die künftig anfallenden Kosten aus Beseitigung der Umweltverschmutzung, da sich dieser Fall nicht unter eine der Rückstellungsarten des § 249 Abs. 1 HGB subsummieren lässt.

5. Unterlassene Instandhaltungsaufwendungen, die im folgenden Jahr nachgeholt werden

   Auch hier besteht keine eindeutige Aussage, da es auf den Zeitpunkt ankommt, wann die unterlassene Instandhaltung nachgeholt wird. Bei Durchführung der Reparatur innerhalb der ersten 3 Monate des Folgejahres unterliegt diese Aufwandsrückstellung einer Ansatzpflicht, da dieser Fall explizit in § 249 Abs. 1

---

244 Zwar existiert keine rechtliche Verpflichtung, es liegt aber eine faktische Verpflichtung zur Durchführung bestimmter Handlungen aus verschiedenen Gründen vor. Dabei kann es sich z. B. um betriebswirtschaftliche, soziale oder auch ethische Gründe handeln.

S. 2 Nr. 1 HGB genannt ist. Bei Nachholung der unterlassenen Aufwendungen für Instandhaltung zwischen dem 5. und 12. Monat des folgenden Geschäftsjahres oder später mangelt es an einer der in § 249 Abs. 1 HGB abschließend aufgeführten Rückstellungsarten, so dass es zu einem Ansatzverbot nach § 249 Abs. 2 S. 1 HGB kommt, da für andere als die in § 249 Abs. 1 HGB bezeichneten Zwecke keine Rückstellungen gebildet werden dürfen.

6. Unterlassene Forschungs- und Entwicklungsaufwendungen, die im folgenden Jahr nachgeholt werden

   Bei unterlassenen sowie im folgenden Jahr nachzuholenden Forschungs- und Entwicklungsaufwendungen fehlt wie auch bei den unterlassenen sowie im Folgejahr nachzuholenden Instandhaltungsaufwendungen eine Verpflichtung gegenüber Dritten. Insofern kommt für diese Innenverpflichtung allein ein Ansatz als Aufwandsrückstellung in Betracht. Da für unterlassene Forschungs- und Entwicklungsaufwendungen mangels Nennung kein Rückstellungsfall nach § 249 Abs. 1 HGB vorliegt, existiert ein Ansatzverbot nach § 249 Abs. 2 S. 1 HGB.

7. Abfindungszahlungen aufgrund eines Restrukturierungsprogramms

   Bei der Durchführung von Restrukturierungsprogrammen und den damit in der Folge oftmals einhergehenden Kündigungen von Arbeitnehmern besteht in der Regel eine rechtliche Verpflichtung (z. B. arbeits- oder betriebsverfassungsrechtlicher Natur) zur Zahlung von Abfindungen. Aufgrund der vorliegenden Außenverpflichtung ist zwingend eine Rückstellung für ungewisse Verbindlichkeiten nach § 249 Abs. 1 S. 1 HGB zu bilden.

8. Im Folgejahr anfallende EDV-Kosten aufgrund der notwendigen Reorganisation auf Basis des Restrukturierungsprogramms

   Bei den auf Basis des Restrukturierungsprogramms intern beschlossenen und aufgrund der notwendigen Reorganisation im Folgejahr auftretenden EDV-Kosten handelt es sich nicht um eine Verpflichtung gegenüber Dritten. Das Unternehmen könnte sich dieser Verpflichtung gegenüber sich selbst jederzeit entziehen. Da § 249 Abs. 1 HGB für diese künftigen Aufwendungen keinen Rückstellungsfall vorsieht, herrscht ein Ansatzverbot nach § 249 Abs. 2 S. 1 HGB.

Die Auflösung von Rückstellungen ist nur zulässig bei Wegfall des Grundes für die Rückstellungsbildung (§ 249 Abs. 2 S. 2 HGB). Insofern muss bei dem **Abgang von Rückstellungen** zwischen zwei Fällen unterschieden werden: der Inanspruchnahme und der Auflösung. Die **Inanspruchnahme** stellt den Verbrauch der Rückstellung dar. Die tatsächliche Auszahlung oder Ausgabe im Geschäftsjahr für die Erfüllung der in Vorjahren aufwandswirksam gebildeten Rückstellung berührt weder die GuV noch das Eigenkapital. Die **Auflösung** betrifft den Fall, dass die Rückstellung in Vorjahren zu hoch gebildet wurde, weil die tatsächliche Inanspruchnahme der Rückstellung geringer ausfällt als ursprünglich geschätzt oder weil der Grund für die Rückstellung aufgrund neuer Erkenntnisse bzw. Sachverhalte nicht mehr existiert. In Höhe des Auflösungsbetrags kommt es dann zu einer Erfassung als Ertrag in der GuV.

Beispiel zur Bildung, Auflösung und Inanspruchnahme von Rückstellungen

Unternehmen »Sünder« wurde am 1.11.t1 verklagt. Nach vernünftiger kaufmännischer Beurteilung erwartet Unternehmen »Sünder«, dass es den in t2 stattfindenden Prozess verlieren wird und an den Kläger 100 TEUR zahlen muss. Auf Grundlage des am 31.3.t2 nach Aufstellung des Jahresabschlusses zum 31.12.t1 erfolgten Gerichtsurteils muss das Unternehmen Sünder überraschenderweise nur 70 TEUR zahlen, die sofort überwiesen werden.

Da das Urteil nach Aufstellung des Jahresabschlusses zum 31.12.t1 und damit nach Ende des Wertaufhellungszeitraums gefällt wurde, konnte der endgültige Betrag noch nicht im Abschluss zum 31.12.t1 berücksichtigt werden. Unternehmen »Sünder« hat daher auf Basis vernünftiger kaufmännischer Beurteilung eine Rückstellung von 100 TEUR zum 31.12.t1 zu bilden:

Aufwand (sonstiger betriebliche Aufwendungen) an Rückstellungen 100 TEUR

Bei Verkündung des Urteils am 31.3.t2 nimmt Unternehmen Sünder dann die Rückstellung mit 70 TEUR in Anspruch und löst den restlichen Betrag von 30 TEUR auf, weil der Grund für die Rückstellungsbildung entfallen ist.

Rückstellungen 100 TEUR

an Bank 70 TEUR

an Ertrag (sonstige betriebliche Erträge) 30 TEUR

Hätte das Gerichtsurteil alternativ Unternehmen Sünder nicht zu einer Zahlung von 70 TEUR, sondern zu einer Zahlung von 120 TEUR verpflichtet, müsste Unternehmen Sünder den zusätzlichen Aufwand nachträglich in t2 erfassen.

Aufwand (sonstige betriebliche Aufwendungen) 20 TEUR

Rückstellungen 100 TEUR

an Bank 120 TEUR

9.3.2 Bewertung von Rückstellungen

Rückstellungen sind nach § 253 Abs. 1 S. 2 HGB mit dem **nach vernünftiger kaufmännischer Beurteilung notwendigen Erfüllungsbetrag** zu bewerten. Da bei Rückstellungen Unsicherheit hinsichtlich Höhe und/oder Fälligkeitszeitpunkt besteht, folgt daraus zwingend eine Notwendigkeit zur Schätzung der ungewissen Parameter. Dabei stellt die »vernünftige kaufmännische Beurteilung« den zu verwendenden Schätzmaßstab dar. Die vernünftige kaufmännische Beurteilung wird durch das Vorsichtsprinzip nach § 252 Abs. 1 Nr. 4 HGB zur Bestimmung eines zweckgerechten Betrags aus einer Bandbreite möglicher Werte konkretisiert.[245] Durch die Zugrundelegung des (geschätzten) Erfüllungsbetrags hat zudem zwingend eine Berücksichtigung **künftiger Preis- und Kostenentwicklungen** wie z. B. künftiger Lohn- oder Gehaltssteigerungen zu erfolgen. Unter Anwendung des Schätzmaßstabs müssen allerdings begründete Erwartungen und hinreichend ob-

---

245 Vgl. Baetge/Kirsch/Thiele (Bilanzen), S. 437.

jektive Hinweise auf die Preis- und Kostenentwicklungen wie z. B. Erfahrungswerte der Vergangenheit vorliegen.

Für **langfristige Rückstellungen**, d. h. Rückstellungen mit einer Restlaufzeit von mehr als einem Jahr, besteht eine **Abzinsungspflicht** nach § 253 Abs. 2 S. 1 HGB. Durch die Abzinsung kommt es zu einer Berücksichtigung der Investitionsmöglichkeit der in den Rückstellungen gebundenen Finanzmittel und einer daraus folgenden Realisation von Erträgen. Damit beabsichtigt der Gesetzgeber eine den tatsächlichen Verhältnissen entsprechende Darstellung der Vermögens-, Finanz- und Ertragslage mittels realitätsgerechterer Information der Adressaten über die wahre Belastung zu erreichen.[246] Als Zinssatz ist mit Ausnahme von Pensionsrückstellungen ein der **Restlaufzeit** der Rückstellung entsprechender durchschnittlicher Marktzinssatz der vergangenen 7 Geschäftsjahre zugrunde zu legen (§ 253 Abs. 2 S. 2 HGB). Die Ermittlung und monatliche Bekanntgabe der Abzinsungszinssätze erfolgt nach Maßgabe der Rückstellungsabzinsungsverordnung (RückAbzinsV) durch die Deutsche Bundesbank (§ 253 Abs. 2 S. 4 und 5 HGB). Die Deutsche Bundesbank veröffentlicht Diskontierungssätze mit Restlaufzeiten zwischen einem Jahr und 50 Jahren. Die Abzinsungszinssätze finden sich unter www.bundesbank.de (im Gebiet Statistiken / Geld- und Kapitalmärkte / Zinssätze und Renditen / Abzinsungszinssätze / Tabellen). Da auch für Rückstellungen der Einzelbewertungsgrundsatz nach § 252 Abs. 1 Nr. 3 HGB gilt, besteht in der Regel die Notwendigkeit für jede einzelne Rückstellung auch einen individuellen Abzinsungszinssatz auf Basis ihrer jeweiligen Restlaufzeit zu verwenden. Bei (kurzfristigen) Rückstellungen mit einer Restlaufzeit von einem Jahr oder weniger ist grundsätzlich mangels gesetzlicher Regelung keine Abzinsung vorzunehmen. Gleichwohl existiert ein Wahlrecht zur Abzinsung, allein auch schon deswegen, weil die Gesetzesbegründung zur Abzinsung langfristiger Rückstellungen gleichermaßen auch für kurzfristige Rückstellungen gilt, auch wenn in diesem Punkt Uneinigkeit in der Literatur herrscht.[247] Die erstmalige Bildung einer abzuzinsenden Rückstellung hat in Höhe des diskontierten Erfüllungsbetrags und ohne Erfassung eines Zinsertrags zu erfolgen.[248]

Für **Pensionsrückstellungen** bestehen zwei **Besonderheiten** hinsichtlich der Abzinsung. Zum einen existiert für die Bewertung von Pensionsrückstellungen nach § 253 Abs. 2 S. 2 HGB ein Wahlrecht. Danach kann einheitlich für alle Pensionsverpflichtungen (oder vergleichbare langfristig fällige Verpflichtungen)[249] ein

---

246 Vgl. BT-Drucksache 16/10067, S. 54.
247 Für ein Wahlrecht vgl. IDW RS HFA 34, Tz. 44, IDW RS HFA 30, Tz. 58, Küting/Cassel/ Metz (Rückstellungen), S. 330 f., Schubert (Beck'scher Bilanzkommentar), Rn. 180 zu § 253 HGB oder WP-Handbuch (Wirtschaftsprüfung und Rechnungslegung), Kapitel F, Tz. 576. A. A. mit Verweis auf den Verstoß gegen das Realisationsprinzip vgl. Tiedchen (Münchener Kommentar zum Bilanzrecht), Rn. 53 zu § 253 HGB mit einer Vielzahl weiterer Nachweise. A. A. auch Scheffler (Beck'sches HdR), B 233, Rn. 57.
248 Vgl. IDW RS HFA 34, Tz. 11.
249 Das Wahlrecht im Zusammenhang mit der ersten Besonderheit gilt auch für langfristig fällige Verpflichtungen wie z. B. Altersteilzeitverpflichtungen, Verpflichtungen aus Lebensarbeitszeitkonten, Jubiläums- oder Sterbegelder. Die zweite Besonderheit gilt für diese Verpflichtungen allerdings nicht.

Zinssatz verwendet werden, der auf einer pauschal angenommenen Restlaufzeit von 15 Jahren beruht, statt für jede Pensionsverpflichtung gegenüber jedem einzelnen Berechtigten den entsprechenden restlaufzeitkonformen Zinssatz zugrunde zu legen. Dieses Wahlrecht dient insbesondere auch bei einer hohen Zahl von Anspruchsberechtigten der Vereinfachung, durchbricht aber den Einzelbewertungsgrundsatz. Zum anderen liegt eine Besonderheit hinsichtlich der Durchschnittsermittlung bei Bestimmung des restlaufzeitkonformen Marktzinssatzes vor. Statt einen Durchschnitt aus den vergangenen 7 Geschäftsjahren zu bilden, sieht § 253 Abs. 2 S. 1 HGB für den Abzinsungszinssatz bei Pensionsrückstellungen eine Durchschnittsbildung aus den vergangenen 10 Geschäftsjahren vor.[250]

Beispiel 1 zur Abzinsung

Bei Unternehmen »Abzinsung« entsteht Anfang t2 eine in 3 Jahren durch Zahlung zu erfüllende Verpflichtung. Unter Berücksichtigung von Kostensteigerungen wird Ende t4 ein nach vernünftiger kaufmännischer Beurteilung notwendiger Erfüllungsbetrag von 100.000 EUR erwartet. Der relevante Abzinsungszinssatz beträgt 5 %.

Am 1.1.t2 beläuft sich die Rückstellung auf $100.000 \times \frac{1}{1,05^3} = 86.384$ EUR. Zum 1.1.t2 lautet die Buchung:

Aufwand (sonstige betriebliche Aufwendungen) an Rückstellungen 86.384 EUR

Ende t2 ist die Rückstellung um ein Jahr aufzuzinsen. Der Zinsaufwand in t2 beträgt 86.384 × 0,05 = 4.319 EUR. Damit beläuft sich die Rückstellung am 31.12. t2 auf 90.703 EUR (= 86.384 + 4.319 oder 86.384 × 1,05 oder $100.000 \times \frac{1}{1,05^2}$). Zum 31.12.t2 ist zu buchen:

Aufwand (Zinsen und ähnliche Aufwendungen) an Rückstellungen 4.319 EUR

Ende t3 muss die Rückstellung wiederum um ein Jahr aufgezinst werden. Der Zinsaufwand in t3 beläuft sich auf 90.703 × 0,05 = 4.535 EUR und damit die Rückstellung auf 95.238 EUR (= 90.703 + 4.535 oder 90.703 × 1,05 oder $100.000 \times \frac{1}{1,05^1}$). In t3 kommt es damit zur Buchung

Aufwand (Zinsen und ähnliche Aufwendungen) an Rückstellungen 4.535 EUR

Auch in t4 ist die Rückstellung noch um ein weiteres Jahr aufzuzinsen. Der Zinsaufwand errechnet sich mit 95.238 × 0,05 = 4.762 EUR, so dass die Rückstellung Ende t4 100.000 EUR (= 95.238 + 4.762) beträgt und anschließend in Anspruch genommen wird. Die Buchungssätze in t4 lauten:

Aufwand (Zinsen und ähnliche Aufwendungen) an Rückstellungen 4.762 EUR

und

Rückstellungen an Bank 100.000 EUR

---

250 Der Unterschiedsbetrag zwischen dem Ansatz der Pensionsrückstellung auf Grundlage eines durchschnittlichen restlaufzeitkonformen Zinssatzes der vergangenen 7 Geschäftsjahre und dem Ansatz auf Basis des entsprechenden Zinssatzes der vergangenen 10 Geschäftsjahre ist jährlich zu ermitteln, anzugeben und unterliegt zudem einer Ausschüttungssperre (§ 253 Abs. 6 HGB).

Fallvariation zu Beispiel 1 zur Abzinsung

Ende t3 stellt Unternehmen Abzinsung fest, dass der geschätzte Erfüllungsbetrag gestiegen ist und sich nicht mehr auf 100.000 EUR Ende t4, sondern auf erwartete 120.000 EUR beläuft.

Ende t3 ist damit die Rückstellung auf Basis des ursprünglich geschätzten Erfüllungsbetrags nach Aufzinsung von 95.238 EUR der Rückstellung auf Grundlage des neuen abgezinsten Erfüllungsbetrags von $120.000 \times \frac{1}{1,05^1} = 114.286$ EUR gegenüberzustellen und die Rückstellung in Höhe der Differenz von 19.048 EUR zu erhöhen. Unter Berücksichtigung der unveränderten Aufzinsung in t3 lautet der Buchungssatz:

Aufwand (Zinsen und ähnliche Aufwendungen) 4.535 EUR

Aufwand (sonstige betriebliche Aufwendungen) 19.048 EUR

an Rückstellungen 23.583 EUR

Die Aufzinsung in t4 weist dann einen Betrag von 114.286 × 0,05 = 5.714 EUR auf, so dass sich Ende t4 eine Rückstellung von 120.000 ergibt. Die Buchungen in t4 lauten:

Aufwand (Zinsen und ähnliche Aufwendungen) an Rückstellungen 5.714 EUR

und

Rückstellungen an Bank 120.000 EUR

Ansammlungsrückstellungen

Eine Besonderheit bei der Bewertung von Rückstellungen besteht dann, wenn die rechtliche Verpflichtung in voller Höhe entstanden ist, sich die wirtschaftliche Verursachung aber sukzessive auf die nachfolgenden Geschäftsjahre bezieht. Dies betrifft z. B. **Rückbau- oder Rekultivierungsverpflichtungen**. So ist z. B. die Verpflichtung zum Rückbau rechtlich dann entstanden, wenn ein Umbau des Gebäudes stattgefunden hat und der Miet- oder Pachtvertrag eine Herstellung des ursprünglichen Zustands vorsieht. Wirtschaftlich verursacht sind die Aufwendungen aber in den Perioden, in denen das umgebaute Gebäude zur Ertragserzielung genutzt wird. In diesen Fällen scheint es aufgrund des (Aufwands-)Realisations- und Verursachungsprinzip sachgerecht, nicht den vollen Erfüllungsbetrag im Zeitpunkt der rechtlichen Entstehung der Verpflichtung anzusetzen, sondern eine Verteilung der Aufwendungen über den entsprechenden Zeitraum und damit eine ratierliche Ansammlung der Rückstellung vorzunehmen.[251] Diese Rückstellungen werden als **Ansammlungsrückstellungen** bzw. Verteilungsrückstellungen bezeichnet.[252] Ansammlungsrückstellungen sind neben dem oben beschriebenen Fall

---

[251] Vgl. hierzu etwa IDW RS HFA 34, Tz. 18 f.; Scheffler (Beck'sches HdR), B 233, Rn. 131 ff. Anderer Auffassung dagegen Hennrichs (Beck OGK), § 249 HGB, Rn. 50 mit einer Vielzahl weiterer befürwortender und ablehnender Meinungen.

[252] Die Ansammlung der Rückstellung dient der periodengerechten Gewinnermittlung und leitet sich ab aus den genannten GoB. Sie widerspricht allerdings der konkreten gesetz-

zudem unstrittig immer dann zu bilden, wenn der Erfüllungsbetrag im Zeitablauf sukzessive zunimmt. So kann es z. B. bei Betreiben einer Chemieanlage zu einer laufenden und damit im Zeitablauf zunehmenden Kontamination des Bodens kommen. Sofern eine Dekontaminationsverpflichtung besteht, steigt auch der Erfüllungsbetrag aufgrund des sich jährlich erhöhenden Dekontaminationsumfangs. Für die ergebniswirksame Verteilung des Erfüllungsbetrags und unter Beachtung der Regelungen zur Abzinsung bestehen mit dem **Barwert- und dem Gleichverteilungsverfahren** zwei Möglichkeiten. Beim **Barwertverfahren** wird der geschätzte Erfüllungsbetrag durch die Anzahl der Nutzungsperioden dividiert und mit dem jeweiligen Barwert zum Abschlussstichtag angesetzt. Durch den Zinseffekt steigt der operative Aufwand im Zeitablauf.

Beispiel 2 zur Abzinsung (bei Ansammlungsrückstellungen) – Barwertverfahren

Bei Unternehmen »Abzinsung« entsteht Anfang t2 eine in 2 Jahren durch Zahlung zu erfüllende Rückbauverpflichtung, die gleichmäßig über die beiden Jahre hinweg zunimmt (Ansammlungsrückstellung). Unter Berücksichtigung von Kostensteigerungen wird Ende t3 ein nach vernünftiger kaufmännischer Beurteilung notwendiger Erfüllungsbetrag von 100.000 EUR erwartet. Der relevante Abzinsungszinssatz beträgt 4,5 %.

Ohne Berücksichtigung von Zinseffekten sind in t2 und t3 jeweils 50.000 EUR der Rückstellung zuzuführen. Es wird unterstellt, dass die Zuführung zur Rückstellung (Ansammlung) immer zu Beginn des Jahres erfolgt. Anfang t2 beläuft sich die Rückstellung auf Basis des in t2 anzusammelnden Erfüllungsbetrags von 50.000 EUR daher auf $50.000 \times \frac{1}{1,045^2} = 45.787$ EUR. Es bedarf folgender Buchung zum 1.1.t2:

Aufwand (sonstige betriebliche Aufwendungen) an Rückstellungen 45.787 EUR

Ende t2 ist die Rückstellung um ein Jahr aufzuzinsen. Der Zinsaufwand in t2 beträgt 45.787 × 0,045 = 2.060 EUR. Damit beläuft sich die Rückstellung am 31.12.t2 auf 47.847 EUR (= 45.787 + 2.060). Die Buchung am 31.12.t2 lautet:

Aufwand (Zinsen und ähnliche Aufwendungen) an Rückstellungen 2.060 EUR

Der Zinsaufwand in t3 umfasst sowohl die Aufzinsung der zum 31.12.t2 bestehenden Rückstellung als auch den Zuführungsbetrag in t3. Es ergibt sich folgender Zinsaufwand in t3: $47.847 \times 0,045 + 50.000 \times \frac{1}{1,045^1} \times 0,045 = 2.153 + 2.153 = 4.306$ EUR. Damit weist die Rückstellung zum 31.12.t3 einen Betrag von

---

lichen Vorgabe der Bewertung der Rückstellung mit dem (vollen) nach vernünftiger kaufmännischer Beurteilung geschätzten Erfüllungsbetrag gemäß § 253 Abs. 1 S. 2 HGB. Die nach IFRS vorgesehene und beiden Anforderungen entsprechende Bilanzierungsmethodik (Erfassung der Rückstellung in voller Höhe bei gleichzeitiger Aktivierung als Anschaffungs- oder Herstellungskosten des Vermögenswerts und ratierlicher Erfassung der Aufwendungen über die planmäßigen Abschreibungen) ist nach HGB nicht zulässig.

(47.847 + 47.847 + 4.306 =) 100.000 EUR auf und es kommt es zu folgender Buchung in t3:

Aufwand (Zinsen und ähnliche Aufwendungen) 4.306 EUR

Aufwand (sonstige betriebliche Aufwendungen) 47.847 EUR (= 50.000 $\times \frac{1}{1,045^T}$)

an Rückstellungen 52.153 EUR

Fallvariation 1 zu Beispiel 2 zur Abzinsung (bei Ansammlungsrückstellungen) – Barwertverfahren

Sofern die Zuführung zur Rückstellung nicht wie im Ausgangsbeispiel zu Beginn des Jahres (vorschüssig) vorgenommen wird, sondern jeweils zum Ende des Jahres (nachschüssig), kommt es im 1. Jahr (hier t2) nicht zu einer Erfassung eines Zinsaufwands. Der zum 31.12.t2 anzusammelnde Betrag beläuft sich auf 50.000 $\times \frac{1}{1,045^T} = 47.847$ EUR. Es bedarf folgender Buchung zum 31.12.t2:

Aufwand (sonstige betriebliche Aufwendungen) an Rückstellungen 47.847 EUR

Zum 31.12.t3 ist der in t3 anzusammelnden (Erfüllungs-)Betrags von 50.000 EUR sowie des Zinsaufwands aus der Aufzinsung der zum 31.12.t2 bestehenden Rückstellung von 0,045 x 47.847 = 2.153 EUR zu erfassen. Die Rückstellung beläuft sich damit zum 31.12.t3 auf (47.847 + 50.000 + 2.153 =) 100.000 EUR. Die Buchung am 31.12.t3 lautet:

Aufwand (Zinsen und ähnliche Aufwendungen) 2.153 EUR

Aufwand (sonstige betriebliche Aufwendungen) 50.000 EUR

an Rückstellungen 52.153 EUR

Statt die Auf- und Abzinsung der Ansammlungsrückstellung mittels des vorstehend erläuterten Barwertverfahrens vorzunehmen, bietet sich auch die Möglichkeit das **Gleichverteilungsverfahren** zu nutzen und den jährlich anzusammelnden operativen Aufwand jeweils in gleicher Höhe (annuitätisch) zu erfassen.[253]

Fallvariation 2 zu Beispiel 2 zur Abzinsung (bei Ansammlungsrückstellungen) – Gleichverteilungsverfahren

Bei Anwendung des Gleichverteilungsverfahrens und Erfassung des Aufwands jeweils zum Ende des Jahres (nachschüssig) wie in der Fallvariation 1 ist zunächst die jährliche gleichbleibende Zuführung zur Rückstellung (Annuität) zu ermitteln. Dies geschieht mittels Umformung der nachschüssigen Rentenendwertformel bzw. durch Anwendung des Annuitätenfaktors. Die Annuität (A) ergibt sich danach wie folgt:

---

253 Vgl. hierzu auch die Vorgehensweise bei Anwendung des Teilwert- und Gegenwartswertverfahrens zur Bewertung von Pensionsrückstellungen in Kapitel 9.3.4.2.3.

$$A = R_n \times \frac{q-1}{q^n-1} = 100.000 \times \frac{1,045-1}{1,045^2-1} = 48.900 \text{ EUR}$$

mit   A   Annuität, hier gleichbleibend anzusammelnder Betrag

            Rn   Rentenendwert, hier Erfüllungsbetrag

            q   Auf- und Abzinsungsfaktor (1+i)

            i   Zinssatz

            n   Jahre, hier Ansammlungszeitraum

Damit wird zum 31.12.t2 der Betrag von 48.900 EUR der Rückstellung zugeführt. Die Buchung lautet:

Aufwand (sonstige betriebliche Aufwendungen) an Rückstellungen 48.900 EUR

In t3 bedarf es zum 31.12. sowohl der Zuführung zur Rückstellung von 48.900 EUR als auch der Erfassung des Zinsaufwands aus der Aufzinsung der Rückstellung um eine Periode von 0,045 x 48.900 = 2.200 EUR. Damit beläuft sich die Rückstellung wiederum auf (48.900 + 48.900 + 2.200 =) 100.000 EUR. Die Buchung zum 31.12.t3 lautet:

Aufwand (Zinsen und ähnliche Aufwendungen) 2.200 EUR

Aufwand (sonstige betriebliche Aufwendungen) 48.900 EUR

an Rückstellungen 51.100 EUR

Sowohl das Barwert- als auch das Gleichverteilungsverfahren sind GoB-konform, so dass ein Wahlrecht besteht. Die Anwendung des Verfahrens unterliegt jedoch der Bewertungsmethodenstetigkeit nach § 252 Abs. 1 Nr. 6 HGB. Ein Vergleich der beiden Verfahren zeigt, dass das Gleichverteilungsverfahren zu höheren Aufwendungen in den früheren Perioden und zu geringeren Aufwendungen in den späteren Perioden des Aufzinsungszeitraums führt.

9.3.3   Ausweis und Angabepflichten von Rückstellungen

Der Ausweis von Rückstellungen erfolgt auf der Passivseite der Bilanz dem Gliederungsschema gem. § 266 HGB folgend nach dem Eigenkapital und vor den Verbindlichkeiten. Für mittlere und große Kapital- sowie haftungsbeschränkte Personengesellschaften, Genossenschaften und unter das PublG fallende Unternehmen sieht § 266 Abs. 3 B. HGB den Ausweis der folgenden Unterpositionen vor:

1. Rückstellungen für Pensionen und ähnliche Verpflichtungen
2. Steuerrückstellungen
3. Sonstige Rückstellungen

Damit folgen die Regelungen zum Ausweis nach § 266 HGB nicht der Terminologie der Vorschriften zum Ansatz nach § 249 HGB, der die einzelnen Rückstellungsarten aufführt, die eine Passivierungspflicht nach sich ziehen. Nach § 266 Abs. 1 S. 3

und 4 HGB besteht für kleine Kapitalgesellschaften sowie Kleinstkapitalgesellschaften keine Aufgliederungspflicht der Rückstellungen. Sie können in Summe im Posten Rückstellungen ausgewiesen werden. Gleiches gilt für (nicht unter das PublG fallende) Einzelunternehmen und Personengesellschaften.

Die Aufwendungen aus der Aufzinsung von Rückstellungen sind nach § 277 Abs. 5 S. 1 HGB gesondert unter dem Posten Zinsen und ähnliche Aufwendungen als Teil des Finanzergebnisses zu zeigen.

Für große und mittelgroße Unternehmen im Anwendungsbereich der Vorschriften für Kapitalgesellschaften besteht im Anhang eine Erläuterungspflicht für die unter dem Posten sonstige Rückstellungen ausgewiesenen Rückstellungen, sofern sie einen nicht unerheblichen Umfang haben (§ 285 Nr. 12 HGB). Darüber hinaus existieren nach § 285 Nr. 24 und 25 HGB spezielle Angabepflichten im Zusammenhang mit Rückstellungen für Pensionen und ähnliche Verpflichtungen. Dabei gelten die Angaben nach § 285 Nr. 25 HGB auch für kleine Gesellschaften, die einen Anhang aufstellen müssen.

Die IFRS sehen die Pflicht zur Erstellung eines Rückstellungsspiegels vor, der die Entwicklung der einzelnen Rückstellungsarten vom Beginn bis zum Ende des Geschäftsjahres und damit die jeweilige Zuführung, Inanspruchnahme und Auflösung darstellt. Diese Notwendigkeit besteht jedoch nach HGB derzeit nicht.

9.3.4 Vertiefende Darstellung und Besonderheiten einzelner Rückstellungsarten

9.3.4.1 Rückstellungen für drohende Verluste aus schwebenden Geschäften

Aufgrund der Relevanz der zu differenzierenden Fälle und allgemein des Schwierigkeitsgrads von Rückstellungen für drohende Verluste aus schwebenden Geschäften bedarf es einer gesonderten ausführlicheren Erläuterung dieser Rückstellungsart.

Die Rückstellungen für drohende Verluste aus schwebenden Geschäften, kurz Drohverlustrückstellungen, leiten sich ab aus dem Imparitätsprinzip, wonach unrealisierte Verluste antizipiert werden müssen, während für unrealisierte Gewinne ein Realisationsverbot herrscht. Der Ansatz einer Drohverlustrückstellung hat nach § 249 Abs. 1 S. 1 HGB zwingend zu erfolgen, wenn, wie die gesetzliche Formulierung es vorsieht, ein Verlust aus einem schwebenden Geschäft droht.

Ein schwebendes Geschäft besteht dann, wenn ein verpflichtender, auf einen Leistungsaustausch gerichteter Vertrag vorliegt, der aus Sicht jedes Vertragspartners eine Verpflichtung und einen Anspruch begründet und der noch von keiner Partei vollständig erfüllt wurde. Ein schwebendes Geschäft beginnt insofern grundsätzlich mit dem Abschluss eines Vertrags. Es endet in der Regel mit Erfüllung der Sachleistung, da ab diesem Zeitpunkt der Anspruch auf die Gegenleistung bzw. die Verpflichtung zur Gegenleitung entsteht. Schwebende Geschäfte können sich auf einmalige Lieferungen und Leistungen oder auch auf Dauerschuldverhältnisse in

Form dauernden Verhaltens (z. B. Leasing, Darlehensgewährung) oder wiederkehrender Lieferungen und Leistungen (z. B. Gaslieferungen) beziehen. Bei Lieferungen kommen sowohl Beschaffungs- als auch Absatzgeschäfte in Betracht.[254]

Grundsätzlich werden schwebende Geschäfte bilanziell nicht erfasst, da bei Abschluss des Vertrages sich Leistung und Gegenleistung aus betriebswirtschaftlicher Sicht ausgleichen (sollten). Nach Vertragsabschluss kann es aber z. B. zu Marktveränderungen oder dem Eintreten unvorhersehbarer Umstände kommen, so dass ein Verpflichtungsüberschuss auftritt. Sofern konkrete Anhaltspunkte diesen drohenden Verlust erwarten lassen, bedarf es der Antizipation des unrealisierten Verlusts. Dabei sind grundsätzlich **vier Fälle** zu unterscheiden.

Fall 1: Beschaffungsgeschäfte über Gegenstände des Umlaufvermögens

In diesem Fall tritt ein Verlust dann auf, wenn der Einkaufspreis und damit die künftigen Anschaffungskosten des zu erwerbenden Gegenstands des Umlaufvermögens entsprechend § 253 Abs. 4 HGB über dem aus einem Börsen- oder Marktpreis abgeleiteten Wert oder dem beizulegenden Wert liegt.

Beispiel zu Beschaffungsgeschäften

Unternehmen »Käufer« schließt im Dezember t2 einen Kaufvertrag über den Bezug von Rohstoffen zum Preis von 500 TEUR mit Lieferzeitpunkt am 1.04.t3 ab. Zum 31.12.t2 beläuft sich der Marktpreis der Rohstoffe auf 460 TEUR.

Zum 31.12.t2 besteht damit ein unrealisierter Verlust von 40 TEUR, da der zwingend künftig zu leistende Einkaufspreis den Marktpreis am 31.12.t2 überschreitet. Der drohende Verlust aus dem schwebenden Geschäft ist daher mittels einer Drohverlustrückstellung im Jahresabschluss zum 31.12.t2 zu erfassen.

Aufwand (Materialaufwand) an Sonstige Rückstellungen[255] *40 TEUR*

Fall 2: Beschaffungsgeschäfte über Gegenstände des Anlagevermögens

Da für Gegenstände des Anlagevermögens das gemilderte Niederstwertprinzip nach § 253 Abs. 3 S. 5 HGB gilt, kommt es nur dann zur Bildung einer Drohverlustrückstellung, wenn es sich wie im Falle außerplanmäßiger Abschreibungen um eine **voraussichtlich dauernde Wertminderung** handelt. Da Anlagevermögen definitionsgemäß dauerhaft dem Geschäftsbetrieb zu dienen bestimmt ist, droht auch kein Verlust bei nur vorübergehender Wertminderung.[256]

---

254 Zum Begriff des schwebenden Geschäfts vgl. ausführlich IDW RS HFA 4, Tz. 2 - 14.

255 Vgl. Kapitel 9.3.3 zum Ausweis der Drohverlustrückstellung in der Bilanz.

256 Im Fall des Abschreibungswahlrechts bei Finanzanlagen bei vorübergehender Wertminderung ist die Bildung einer Drohverlustrückstellung damit auch ausgeschlossen, vgl. auch IDW RS HFA 4, Tz. 31.

Fall 3: Veräußerungsgeschäfte

Bei Absatzgeschäften droht dann ein Verlust, wenn der vereinbarte und künftig zu vereinnahmende Verkaufspreis unterhalb der Selbstkosten liegt und die Selbstkosten noch nicht vor dem Abschlussstichtag als Aufwand erfasst wurden. Damit umfassen die dem Verkaufspreis gegenüberzustellenden Selbstkosten die bereits bis zum Abschlussstichtag aktivierten Anschaffungs- oder Herstellungskosten und sämtliche noch nach dem Abschlussstichtag anfallenden Aufwendungen. Eine Einbeziehung der aufgrund eines Verbots oder eines Wahlrechts bis zum Abschlussstichtag nicht aktivierten Aufwendungen in den Verlust kommt nicht in Betracht, da diese Aufwendungen das Ergebnis des abgelaufenen Geschäftsjahres schon gemindert haben. Somit ergibt sich das in Darstellung 9.3 zusammengefasste Schema:

Dar. 9.3: Ermittlung des drohenden Verlusts bei Absatzgeschäften

	Verkaufspreis
−	Erlösschmälerungen
−	bereits als Vorräte aktivierte Anschaffungs- oder Herstellungskosten
−	noch anfallende Aufwendungen
=	**Verlust** (Rückstellung oder außerplanmäßige Abschreibung)

Beispiel 1 zu Veräußerungsgeschäften: Spezialmaschine

Unternehmen »Verkäufer« hat im September t2 einen Verkaufsvertrag über die Herstellung einer Spezialmaschine abgeschlossen. Die Lieferung erfolgt im März t3 zu einem Festpreis von 130 TEUR. Unternehmen Verkäufer beginnt erst im Januar t3 mit der Herstellung der Spezialmaschine. Durch starke Preisanstiege auf den Rohstoffmärkten im Dezember t2 werden die voraussichtlichen Herstellungskosten 150 TEUR betragen. Zudem erwartet Unternehmen Verkäufer noch Vertriebskosten von 5 TEUR.
Damit ergibt sich folgender drohende Verlust:
Verkaufspreis 130 TEUR
./. bereits als Vorräte aktivierte Herstellungskosten 0 TEUR
./. noch anfallende Aufwendungen (150 TEUR + 5 TEUR =) 155 TEUR
= Verlust 25 TEUR
In Höhe des drohenden Verlusts von 25 TEUR ist zwingend eine Rückstellung zu bilden:
Aufwand (Materialaufwand) an Sonstige Rückstellungen 25 TEUR

Bei Aktivierung von Anschaffungs- oder Herstellungskosten und damit in der Bilanz angesetzten Vermögensgegenständen hat die **Vornahme außerplanmäßiger Abschreibung Vorrang vor der Bildung einer Drohverlustrückstellung** zur antizipativen Erfassung des unrealisierten Verlusts.[257] Grundsätzlich ist deshalb zunächst der aktivierte Vermögensgegenstand abzuschreiben. Erst für den über eine Vollabschreibung hinausgehenden Verlust kommt es danach zu einer Passivierung einer Drohverlustrückstellung. Dabei lassen sich folgende Fälle im Rahmen der Vorratsbewertung differenzieren.

Bei Anwendung der retrograden Bewertungsmethode von Vorräten kommt es grundsätzlich nicht mehr zu Überlegungen hinsichtlich der Bildung einer Drohverlustrückstellung, weil die Verlustantizipation des schwebenden Geschäfts im Rahmen der Bewertung der Vorräte aufgrund des strengen Niederstwertprinzips schon erfolgt ist.

Beispiel 2 zu Veräußerungsgeschäften: Spezialmaschine

Es gelten die gleichen Daten wie in Beispiel 1, aber Unternehmen »Verkäufer« hat die Spezialmaschine schon im Dezember t2 hergestellt und nicht erst mit der Herstellung im Januar t3 begonnen. Die Vertriebskosten fallen unverändert in t3 an. Damit ergibt sich folgender drohende Verlust:
Verkaufspreis 130 TEUR
./. bereits als Vorräte aktivierte Herstellungskosten 150 TEUR
./. noch anfallende Aufwendungen 5 TEUR
= Verlust 25 TEUR
Gleichwohl ist keine Drohverlustrückstellung zu bilden, weil der Verlust von 25 TEUR schon im Rahmen der Bewertung der Vorräte berücksichtigt wurde. Da es sich bei den zu verkaufenden Vorräten um eine Spezialmaschine handelt, liegt mangels Fremdbezugsmöglichkeit zwingend der Absatzmarkt der Folgebewertung zugrunde. Demnach ist auf den Nettoveräußerungserlös abzustellen, der sich über eine retrograde Bewertung bestimmen lässt.[258]
Verkaufspreis 130 TEUR
./. noch anfallende Aufwendungen 5 TEUR
= Nettoveräußerungserlös 125 TEUR
Bei Gegenüberstellung des Nettoveräußerungserlöses mit den höheren Herstellungskosten von 150 TEUR ergibt sich auf Grundlage des strengen Niederstwertprinzips im Umlaufvermögen ein Zwang zur außerplanmäßigen Abschreibung der Spezialmaschine um 25 TEUR auf 125 TEUR. Daraus folgt die Buchung
Aufwand (Verminderung des Bestands an fertigen Erzeugnissen) an Vorräte 25 TEUR

---

257 Vgl. ADS (Rechnungslegung), Tz. 138 zu § 249 HGB; IDW RS HFA 4, Tz. 20; Scheffler (Beck'sches HdR), B 233, Rn. 353, Schubert (Beck'scher Bilanzkommentar), Rn. 108 zu § 249 HGB.
258 Vgl. hierzu Kapitel 7.4.

Bei Relevanz des Beschaffungs- statt des Absatzmarkts im Rahmen der Folgebewertung des Vorratsvermögens greift ebenfalls der Grundsatz des Vorrangs außerplanmäßiger Abschreibungen vor Rückstellungsbildung, so dass der Ansatz einer Drohverlustrückstellung ausscheidet.

Beispiel 3 zu Veräußerungsgeschäften: Standardmaschine

Es gelten die gleichen Daten wie in Beispiel 2, aber der Verkaufsvertrag betrifft nicht eine Spezialmaschine, sondern eine Maschine, die auch von mehreren anderen Anbietern gefertigt wird.

Da für die Maschine auch eine Fremdbezugsmöglichkeit besteht, ist im Rahmen der Folgebewertung der Vorräte auf den Beschaffungsmarkt abzustellen. Der Beschaffungsmarktpreis beträgt unverändert 130 TEUR. Es ergibt sich folgender Verlust:

Verkaufspreis 130 TEUR

./. bereits als Vorräte aktivierte Herstellungskosten 150 TEUR

./. noch anfallende Aufwendungen 5 TEUR

= Verlust 25 TEUR

Aufgrund des Vorrangs außerplanmäßiger Abschreibungen vor Bildung einer Drohverlustrückstellung resultiert die Notwendigkeit zur Abschreibung der Vorräte um 25 TEUR auf 125 TEUR.

Aufwand (Verminderung des Bestands an fertigen Erzeugnissen) an Vorräte 25 TEUR

Beispiel 4 zu Veräußerungsgeschäften: Standardmaschine

Das Unternehmen »Verkäufer« hat im November t2 einen weiteren Verkaufsvertrag über eine Standardmaschine abgeschlossen. Die Auslieferung erfolgt in t3. Der Verkaufspreis beträgt 180 TEUR. An aktivierungsfähigen Herstellungskosten sind bis zum 31.12.t2 180 TEUR angefallen, allerdings hat Unternehmen »Verkäufer« durch Anwendung der Wahlrechte bei Bestimmung des Umfangs der Herstellungskosten zulässigerweise nur 160 TEUR als Vorräte angesetzt. Unternehmen »Verkäufer« rechnet in t3 noch mit weiteren Herstellungskosten von 20 TEUR und Vertriebskosten von 8 TEUR.

Es ermittelt sich folgender Verlust:

Verkaufspreis 180 TEUR

./. bereits als Vorräte aktivierte Herstellungskosten 160 TEUR

./. noch anfallende Aufwendungen (20 TEUR + 8 TEUR =) 28 TEUR

= Verlust 8 TEUR

Aufgrund des Vorrangs außerplanmäßiger Abschreibungen vor Bildung einer Drohverlustrückstellung sind die Vorräte um 8 TEUR auf 152 TEUR zum 31.12. t2 abzuschreiben.

> *Aufwand (Verminderung des Bestands an unfertigen Erzeugnissen) an Vorräte 8 TEUR*
> Damit haben aus diesem Vertrag insgesamt 28 TEUR das Ergebnis von Unternehmen »Verkäufer« in t2 belastet, da zusätzlich zur Abschreibung den in t2 nicht aktivierten Herstellungskosten von 20 TEUR keine Erträge aus der Aktivierung gegenüberstehen.

Fall 4: Dauerschuldverhältnisse

Bei Dauerschuldverhältnissen wie z. B. Miet-, Leasing-, Darlehens- oder Arbeitsverträgen besteht die Pflicht zum Ansatz einer Drohverlustrückstellung, wenn die Gegenleistung hinter der vom Unternehmen zu erbringenden Leistung zurückbleibt. Dabei ist auf die noch ausstehenden Leistungen abzustellen. Sofern sich der Wert der Gegenleistung nicht hinreichend objektiv bestimmen lässt, kommt nur bei fehlender oder unwesentlicher Nutzungs- oder Verwertungsmöglichkeit die Bildung einer Drohverlustrückstellung in Betracht.[259]

Beispiel zu Dauerschuldverhältnis aus Mietvertrag

Das Unternehmen »Mieter« kündigt im Juni t2 den Mietvertrag für eines seiner Verwaltungsgebäude mit einjähriger Kündigungsfrist zum 30.06.t3 als nächstmöglichen Termin. Die Kündigung liegt in der Anmietung eines größeren Verwaltungsgebäudes zum 1.04.t3 für mehr Mitarbeiter begründet. Die monatliche Miete für das alte Verwaltungsgebäude beläuft sich auf 1.000 TEUR.
Vom 1.04.t3 bis zum 30.06.t3 leistet das Unternehmen die Mietzahlungen für das alte Verwaltungsgebäude, ohne das es eine Gegenleistung dafür erhält, da es die Räume durch den Umzug in das neue Verwaltungsgebäude nicht mehr nutzt. Insofern ist zum 31.12.t2 eine Drohverlustrückstellung von 3.000 TEUR zu bilden.
Aufwand (sonstige betriebliche Aufwendungen) an Sonstige Rückstellungen 3.000 TEUR

9.3.4.2 Rückstellungen für Pensionen aufgrund unmittelbarer und mittelbarer Altersversorgungsverpflichtungen

9.3.4.2.1 Überblick

Die auf den ersten Blick hohe Komplexität des Themengebiets der Rechnungslegung von Pensionsverpflichtungen und damit einhergehend der scheinbar schwierigen Verständlichkeit beruht auf den in diesem Kontext verwendeten Begriffen,

---

259 Vgl. IDW RS HFA 4, Tz. 32.

deren Bedeutung nicht immer selbsterklärend ist. Daher soll zunächst einmal ein Überblick über die Terminologie gegeben werden.[260]

Das Gesetz selbst nutzt unterschiedliche Begriffe. § 246 Abs. 2 S. 2 sowie § 253 Abs. 2 S. 2 HGB sprechen von Altersversorgungsverpflichtungen oder vergleichbaren langfristig fälligen Verpflichtungen, dagegen § 266 Abs. 3 B1 HGB, § 285 Nr. 24 HGB sowie Art 28 Abs. 1 EGHGB von Pensionsverpflichtungen und ähnliche Verpflichtungen (bzw. von Rückstellungen für Pensionen und ähnliche Verpflichtungen).

Die Begriffe **Altersversorgungsverpflichtungen** und **Pensionsverpflichtungen** stimmen inhaltlich überein. Das Betriebsrentengesetz definiert Altersversorgungs- und damit Pensionsverpflichtungen in § 1 Abs. 1 S. 1 sowie § 17 Abs. 1 S. 2 BetrAVG als Verpflichtungen des Arbeitgebers bzw. Unternehmens gegenüber Versorgungsberechtigten[261], die aus zugesagten Leistungen der Alters-, Invaliditäts- und Hinterbliebenenversorgung aus Anlass ihrer Tätigkeit für das Unternehmen entstehen. **Vergleichbare langfristig fällige Verpflichtungen** weisen ebenso wie Pensionsrückstellungen biometrische Risiken auf, sie stellen aber keine Altersversorgungsverpflichtungen dar. Zu ihnen zählen z. B. Verpflichtungen aus Altersteilzeitvereinbarungen und Lebensarbeitszeitkonten oder auch zugesagte Leistungen für den Vorruhestand, für Sterbegeld oder für Dienstjubiläen. Bei **(pensions-)ähnlichen Verpflichtungen** handelt es sich um der Altersversorgung inhaltlich ähnliche Verpflichtungen, die aber nicht selbst den Begriff der Altersversorgung erfüllen. Derzeit sind allerdings hierzu keine Anwendungsfälle bekannt.[262]

Bei der Rechnungslegung von Pensionsverpflichtungen ist zwischen **unmittelbaren und mittelbaren** Altersversorgungsverpflichtungen zu differenzieren. Eine unmittelbare Verpflichtung liegt dann vor, wenn das rechnungslegende Unternehmen bzw. der Bilanzierende sich verpflichtet hat, bei Eintritt des Versorgungsfalls die Leistung **selbst** zu erbringen. Bei einer mittelbaren Verpflichtung hat das rechnungslegende Unternehmen bzw. der Bilanzierende dagegen eine **Versorgungseinrichtung** dazwischengeschaltet und zahlt Beiträge an diesen unternehmensexternen Versorgungsträger. Der Versorgungsberechtigte erhält später die Leistungen von der entsprechenden Versorgungseinrichtung. Bei Zwischenschaltung eines Versorgungsträgers und damit auch der Auswahl eines Durchführungsweges der betrieblichen Altersvorsorge steht eine Vielzahl von Möglichkeiten zur Verfügung. Die Alternativen unterscheiden sich u. a. danach, ob der Dritte einen Kapitalstock zur späteren Leistungserbringung aufbauen soll, ob er sich ganz oder nur teilweise durch Umlagen finanziert und welche steuerlichen Regelungen für die Beiträge sowie Leistungen beim Unternehmen und beim Versorgungsberech-

---

260 Vgl. zu den Begriffen nachfolgend umfassend IDW RS HFA 30 n. F., Tz. 6-10, 15, 36 sowie 39-45 m. w. N.

261 Dazu zählen Verpflichtungen gegenüber Arbeitnehmern, Organmitgliedern (z. B. Vorstand und Aufsichtsrat), Gesellschaftern einer Personengesellschaft oder auch externen Beratern des Unternehmens.

262 Vgl. auch Grottel/Johannleweling (Beck'scher Bilanzkommentar), Rn. 182 zu § 249 HGB.

tigten bestehen. Als Versorgungseinrichtungen kommen u. a. folgende Möglichkeiten in Betracht.

- **Unterstützungskassen:** Als rechtlich selbständiger Träger erfüllen sie die Leistungen gegenüber den Versorgungsberechtigten und finanzieren sich durch die Zuwendungen eines (Träger-)Unternehmens oder mehrerer (Träger-)Unternehmen sowie den Erträgen aus der Vermögensanlage. Entsprechend der Definition in § 1b Abs. 4 BetrAVG gewähren sie keinen Rechtsanspruch auf ihre Leistungen.
- **Pensionskassen:** Bei Pensionskassen handelt es sich um rechtlich selbständige Lebensversicherungsunternehmen, die das Versicherungsgeschäft im Wege des Kapitaldeckungsverfahrens betreiben (§ 232 Abs. 1 VAG). Sie finanzieren sich über die Beiträge des Unternehmens, ggf. die Beiträge der Versorgungsberechtigten und die Erträge aus der Vermögensanlage. Die Versorgungsberechtigten besitzen einen eigenen Anspruch auf die zugesagten Leistungen gegen die Pensionskasse.
- **Pensionsfonds:** Pensionsfonds stellen rechtlich selbständige Versorgungseinrichtungen dar, die Leistungen im Wege des Kapitaldeckungsverfahrens für ein oder mehrere Unternehmen zugunsten der Versorgungsberechtigten erbringen (§ 236 Abs. 1 VAG). Sie finanzieren sich wie Pensionskassen und die Versorgungsberechtigten besitzen ebenfalls einen eigenen Anspruch auf die zugesagten Leistungen. Wesentliche Unterschiede zur Pensionskasse liegen darin, dass Pensionsfonds nicht als Versicherungsunternehmen im Sinne des VAG gelten und damit einerseits risikoreichere Anlagen mit höheren Renditemöglichkeiten ermöglichen sowie andererseits keine versicherungsförmigen Garantien zusagen dürfen.
- **Direktversicherungen:** Bei einer Direktversicherung handelt es sich um den Abschluss einer Lebensversicherung auf das Leben des Versorgungsberechtigten durch das Unternehmen, bei der der Versorgungsberechtigte oder dessen Hinterbliebene hinsichtlich der Leistungen ganz oder teilweise bezugsberechtigt sind (§1b Abs., 2 BetrAVG). Das Unternehmen zahlt als Versicherungsnehmer die Beiträge an die Versicherung. Die Versicherungsleistung erhält der Versorgungsberechtigte direkt vom Versicherungsunternehmen.
- **Zusatz- und Beamtenversorgungskassen:** Zusatz- und Beamtenversorgungskassen stellen Pensionskassen dar bzw. entsprechen deren Funktionsweise. Die Zusatzversorgungskassen beziehen sich auf die Beschäftigten im öffentlichen und kirchlichen Dienst sowie die Beamtenversorgungskassen auf Beamte und Richter in Bund und Ländern.

Im Zusammenhang mit Altersversorgungsverpflichtungen haben Unternehmen oftmals **Rückdeckungsversicherungen** insbesondere für Pensionsansprüche von Organmitgliedern und von leitenden Angestellten abgeschlossen. Bei dem Abschluss von Rückdeckungsversicherungen handelt es sich aber nicht um einen Durchführungsweg von mittelbaren Verpflichtungen bzw. bei der Versicherungsgesellschaft um eine zwischengeschaltete Versorgungseinrichtung. Das rechnungslegende Unternehmen ist gleichzeitig Beitragszahler und Empfänger der Versicherungsleistung. Der Zweck des Abschlusses von Rückdeckungsversicherungen im Zusammenhang mit Altersversorgungsverpflichtungen liegt in der Finanzierung und Sicherung von Versorgungsleistungen an den Versorgungsberechtigten aus mittelbaren und unmittelbaren Pensionsverpflichtungen.

9.3.4.2.2 Ansatz von Altersversorgungsverpflichtungen

Zum Ansatz von unmittelbaren und mittelbaren Pensionsverpflichtungen sowie pensionsähnlichen Verpflichtungen bestehen verschiedene gesetzlich normierte Passivierungsgebote und Passivierungswahlrechte. Da es sich bei den vergleichbaren langfristig fälligen Verpflichtungen nicht um Pensionsverpflichtungen handelt, werden sie nachfolgend auch nicht weiter in diesem Kapitel betrachtet.

Dar. 9.4: Ansatzregelungen für Pensionsverpflichtungen und ähnliche Verpflichtungen

Ansatzregelung	Verpflichtung	Quelle
Passivierungs-pflicht	Unmittelbare Pensionsverpflichtungen	§ 249 Abs. 1 S. 1 HGB
Passivierungs-wahlrechte	Ausnahme für unmittelbare Pensionsverpflichtungen bei Altzusagen vor dem 1. Januar 1987	Art. 28 Abs. 1 S. 1 EGHGB
	Mittelbare Pensionsverpflichtungen	Art. 28 Abs. 1 S. 2 EGHGB
	Ähnliche Verpflichtungen (ohne derzeitigen Anwendungsfall)	Art. 28 Abs. 1 S. 2 EGHGB

Für **unmittelbare Pensionsverpflichtungen** besteht grundsätzlich eine **Ansatzpflicht als Rückstellung für ungewisse Verbindlichkeiten** nach § 249 Abs. 1 S. 1 HGB, da aufgrund der bewertbaren und zu einer Belastung des Vermögens führenden Verpflichtung eine Schuld vorliegt, bei der Unsicherheit hinsichtlich Erfüllungszeitpunkt und Erfüllungsbetrag herrscht. Die Verpflichtungen können auf einzelvertraglichen Regelungen zwischen dem Versorgungsberechtigten und dem Unternehmen (z. B. im Arbeits- oder Dienstvertrag) oder aber auch auf tarifrechtlichen oder betrieblichen Vereinbarungen beruhen. Diese Ansatzpflicht wird durchbrochen durch ein gesetzlich in Art. 28 Abs. 1 S. 1 EGHGB kodifiziertes **Wahlrecht**. Diese Ausnahme von der Passivierungspflicht unmittelbarer Pensionsverpflichtungen betrifft **Pensionsaltzusagen**, bei denen der Pensionsberechtigte seinen Rechtsanspruch **vor dem 1. Januar 1987** erworben hat. Das Wahlrecht bezieht auch nachträgliche Erhöhungen dieser Altzusagen mit ein. Diese Ansatzmöglichkeit beruht auf der historischen Entwicklung der Rechnungslegungsvorschriften. Mit Umsetzung der 4. EG-Richtlinie mittels des BiRiLiG wurde mit Geltung ab dem 1. Januar 1987 die Ansatzpflicht für unmittelbare Pensionsverpflichtungen begründet. Das vorher für die Rechnungslegung geltende AktG a. F. sah keine entsprechende Ansatzpflicht vor. Durch das ins EGHGB aufgenommene Wahlrecht konnten die betroffenen Unternehmen daher auf eine rückwirkende Ermittlung der bislang nicht angesetzten Pensionsrückstellungen für ihre Mitarbeiterinnen und Mitarbeiter verzichten und mussten bzw. müssen die Pensionsrückstellungen erst für alle Neueinstellungen ab dem 1. Januar 1987 ermitteln. Dies hat damals zu einer erheblichen Umstellungsvereinfachung geführt. Das Wahlrecht wird sich im Zeitablauf durch den Tod der Versorgungsberechtigten mit einer Altzusage erübrigen.

Für **mittelbare Pensionsverpflichtungen** kommt regelmäßig zunächst einmal keine Bildung einer Pensionsrückstellung in Betracht. Der externe zwischengeschaltete Versorgungsträger hat die Verpflichtungen gegenüber den Versorgungsberechtigten zu erfüllen. Die Verpflichtung des rechnungslegenden Unternehmens beschränkt sich nach Übertragung der Leistungspflicht grundsätzlich auf die Beitragszahlung an die Versorgungseinrichtung. Die in der Regel periodisch zu leistenden Beitragszahlungen stellen Aufwand der jeweiligen Periode dar.[263] Nach § 1 Abs. 1 S. 3 BetrAVG besteht allerdings eine **Subsidiärhaftung** für das rechnungslegende Unternehmen, wenn das Vermögen der Versorgungseinrichtung zur Erfüllung der Pensionsverpflichtungen nicht ausreicht. In diesem Fall erwirbt der Versorgungsberechtigte einen unmittelbaren Anspruch gegenüber dem rechnungslegenden Unternehmen. Genau hier greift das Wahlrecht des Art. 28 Abs. 1 S. 2 EGHGB für mittelbare Pensionsverpflichtungen. Danach kann in Höhe der **Deckungslücke** beim externen Versorgungsträger eine Pensionsrückstellung angesetzt werden. Ohne das im EGHGB kodifizierte Wahlrecht wäre ansonsten in Höhe der Deckungslücke zwischen Vermögen und höherer Verpflichtung eine Rückstellung für ungewisse Verbindlichkeiten nach § 249 Abs. 1 S. 1 HGB zu bilden. Das Passivierungswahlrecht gilt allerdings dann nicht mehr, wenn das rechnungslegende Unternehmen aus seiner Subsidiärhaftung in Anspruch genommen wird.[264] In diesem Fall ist eine Verbindlichkeit in Höhe der Zahlungsverpflichtung anzusetzen. Zusammengefasst ergeben sich die drei folgenden Ansatzregelungen beim Vorliegen mittelbarer Pensionsverpflichtungen:

- Ohne Vorliegen einer Deckungslücke beim externen Versorgungsträger: Kein Ansatz einer Rückstellung, kein Ansatz einer Verbindlichkeit.
- Mit Vorliegen einer Deckungslücke beim externen Versorgungsträger: Ansatzwahlrecht einer Pensionsrückstellung nach Art. 28 Abs. 1 S. 2 EGHGB.

---

263 Die Buchung lautet »Aufwand (Personalaufwand) an Bank«. Sollte die Zahlung vorschüssig geleistet worden sein und mehrere Perioden betreffen, bedarf es einer Abgrenzung mittels eines aktiven Rechnungsabgrenzungspostens. Bei nachschüssiger Zahlung für mehrere Perioden kommt es zum Ansatz einer sonstigen Verbindlichkeit bzw. bei unklarem Zahlungszeitpunkt oder nicht feststehenden Zahlungsbetrag zur Bildung einer Rückstellung für ausstehende Rechnungen.

264 Vgl. hierzu IDW RS HFA 30, Tz. 37.

- Zahlungsverpflichtung aus der Subsidiärhaftung: Ansatzpflicht einer Verbindlichkeit.

Für unmittelbare und mittelbare **ähnliche Verpflichtungen** findet sich zwar ein Passivierungswahlrecht in Art. 28 Abs. 1 S. 2 HGB. Es existiert wie ausgeführt derzeit aber kein bekannter Anwendungsfall, so dass das Wahlrecht ins Leere läuft.

9.3.4.2.3 Bewertung von Altersversorgungsverpflichtungen

Pensionsverpflichtungen sind wie alle anderen Rückstellungen auch gemäß § 253 Abs. 1 S. 2 HGB mit dem nach vernünftiger kaufmännischer Beurteilung notwendigen Erfüllungsbetrag zu bewerten. Dies bedingt eine Einbeziehung künftiger Preis- und Kostenentwicklungen bis zum Erfüllungszeitpunkt und betrifft bei Altersversorgungsverpflichtungen neben **Lohn-, Gehalts- sowie Rententrends** auch den sich in der Höhe der Löhne und Gehälter niederschlagenden **Karrieretrend**. Die Berücksichtigung des entsprechenden Trends setzt begründete Erwartungen und hinreichend objektive Hinweise wie z. B. Erfahrungswerte der Vergangenheit voraus.[265]

Die langfristigen Pensionsrückstellungen bedürfen nach § 253 Abs. 2 S. 1 HGB einer **Abzinsung** mit dem ihrer Restlaufzeit entsprechendem durchschnittlichen Marktzinssatz der vergangenen 10 Geschäftsjahre.[266] Die anzuwendenden Abzinsungszinssätze werden entsprechend der RückAbzinsV von der Deutschen Bundesbank ermittelt und veröffentlicht.[267] Auf Grundlage des Einzelbewertungsgrundsatzes besteht in der Regel die Notwendigkeit für jeden Versorgungsempfänger auch einen **individuellen Abzinsungszinssatz auf Basis der jeweiligen Restlaufzeit** der zugehörigen Verpflichtung zu verwenden. Dies umfasst bei zeitlich unbeschränkt laufenden Pensionsansprüchen regelmäßig den Zeitraum vom Abschlussstichtag bis zum Ende der durchschnittlichen Lebenserwartung des jeweiligen Versorgungsberechtigten. Statt für jeden Versorgungsberechtigten einen individuellen Abzinsungszeitraum und damit Abzinsungszinssatz zugrunde zu legen, hat der Gesetzgeber in § 253 Abs. 2 S. 2 HGB das Wahlrecht kodifiziert, die Pensionsrückstellungen (und auch die vergleichbaren langfristig fälligen Verpflichtungen) **pauschal** mit dem durchschnittlichen zehnjährigen (bzw. siebenjährigen) Marktzinssatz zu diskontieren, der sich bei einer angenommenen **Restlaufzeit von 15 Jahren** ergibt. Dieses Wahlrecht durchbricht den Einzelbewertungsgrundsatz, führt aber insbesondere bei einer hohen Zahl von Anspruchsberechtigten zu einer

---

265 Vgl. IDW RS HFS 30, Tz. 52. Konkrete zukünftige Ereignisse **nach** dem Abschlussstichtag (z. B. Gesetzesänderungen, Tarifvereinbarungen) dürfen noch nicht berücksichtigt werden.

266 Die Abzinsung der Rückstellungen für die einer Altersversorgungsverpflichtung vergleichbaren langfristig fälligen Verpflichtungen haben dagegen auf dem restlaufzeitkonformen Marktzinssatz auf Grundlage eines siebenjährigen Durchschnitts zu basieren. Zur Möglichkeit der **Abzinsung auch kurzfristiger Rückstellungen** vgl. Kapitel 9.3.2.

267 Vgl. hierzu ausführlich Kapitel 9.3.2.

erheblichen Arbeitsvereinfachung. Die Inanspruchnahme des Wahlrechts unterliegt der Bewertungsmethodenstetigkeit nach § 252 Abs. 1 Nr. 6 HGB.

Die Einführung der für Pensionsrückstellungen geltenden Sonderregelung des Rückgriffs auf den zehnjährigen statt wie für alle anderen Rückstellungsarten den siebenjährigen Durchschnitt bei Bestimmung des restlaufzeitkonformen bzw. des fünfzehnjährigen Marktzinssatzes beruht auf der andauernden **Niedrigzinsphase**. Ein fallender Abzinsungszinssatz führt zu einem steigenden Barwert und damit einer höheren Rückstellung. Insofern hat der Gesetzgeber durch die Verlängerung des Zeitraums von 7 auf 10 Jahre bei dem existierenden höheren Zinsniveau in früheren Jahren die Zugrundelegung eines höheren Durchschnittszinssatzes und damit eines geringeren Pensionsrückstellungsumfangs erreicht. Allerdings muss nach § 253 Abs. 6 HGB der Unterschiedsbetrag der Pensionsrückstellung auf Grundlage eines durchschnittlichen restlaufzeitkonformen Marktzinssatzes der vergangenen 7 Geschäftsjahre und dem Ansatz auf Basis des entsprechenden Zinssatzes der vergangenen 10 Geschäftsjahre jährlich ermittelt sowie angegeben[268] werden und unterliegt zudem einer Ausschüttungssperre.

Neben der Abzinsung, der noch darzustellenden Wahl des Bewertungsverfahrens sowie den Einflussgrößen auf die Preis- und Kostenentwicklungen wie den Gehalts-, Karriere- und Rententrends wirken sich eine **Vielzahl weiterer Faktoren** auf die Rückstellungsbewertung aus. So beeinflussen etwa auch der Zeitpunkt des Pensionsbeginns (z. B. Wahrscheinlichkeit der Inanspruchnahme von Vorruhestandsregelungen), Fluktuationswahrscheinlichkeiten oder auch die Lebenserwartung bzw. Invaliditätswahrscheinlichkeiten der Versorgungsberechtigten die Höhe der Pensionsverpflichtungen. Die Festlegung der biometrischen Wahrscheinlichkeiten (Sterbe- und Invaliditätswahrscheinlichkeiten) bedingt einen Rückgriff auf zeitnahe Beobachtungswerte unter Verwendung zulässiger mathematisch-statistischer Methoden. Regelmäßig kommt hier eine Zugrundelegung entsprechender Tabellenwerke wie z. B. die Richttafeln von Heubeck (RT 2018 G) in Betracht. Die Bestimmung von Fluktuationswahrscheinlichkeiten hat unternehmensindividuell, zumindest aber auf Grundlage von Branchenwerten zu erfolgen. Grundsätzlich ist es bei der Festlegung der Bewertungsparameter und auch Auswahl der Bewertungsverfahren als Vereinfachung zulässig, statt auf jeden einzelnen Anspruchsberechtigten auf **Gruppen von Versorgungsberechtigten** zurückzugreifen. Zudem besteht die Möglichkeit die versicherungsmathematischen Parameter sowie den Abzinsungszinssatz innerhalb eines Zeitraums von bis zu **3 Monaten vor dem Abschlussstichtag** zu erheben und ggf. an die Pensionsgutachter weiterzuleiten, um die Ermittlung der Pensionsrückstellungen rechtzeitig im Rahmen der Erstellung des Jahresabschlusses abschließen zu können. Allerdings dürfen sich Änderungen von Parametern in dem Zeitraum bis zum Abschlussstichtag nur unwesentlich auf die Rückstellungshöhe auswirken. Ansonsten bedarf es einer Anpassung und damit Neuermittlung des Wertansatzes der Verpflichtung.[269]

---

268 Vgl. zur Angabepflicht auch Kapitel 9.3.4.2.5.
269 Vgl. zu den Anforderungen an die versicherungsmathematischen Parameter IDW RS HFA 30, Tz. 62 bis 65.

Das HGB selbst enthält keine Vorgabe eines anzuwendenden versicherungsmathe-matischen Berechnungsverfahrens für die Pensionsverpflichtungen. Insofern hat das **Bewertungsverfahren** den GoB zu entsprechen und muss zu einer Ermittlung des nach vernünftiger kaufmännischer Beurteilung notwendigen Erfüllungsbe-trags führen. Im Rahmen der Passivierung der Pensionsrückstellung lassen sich zwei Phasen unterscheiden. Die erste Phase (Rentenanwartschaftsphase) läuft bis zum Eintritt der anspruchsberechtigten Person in den Ruhestand bzw. bis zum Auftreten eines anderweitigen Versorgungsfalls wie z. B. einer Invalidität. Die zweite Phase (Rentenphase) beginnt ab dem Erreichen dieses Zeitpunkts und läuft bis zum Ende des Anspruchszeitraums wie etwa dem Tod der anspruchsberechtig-ten Person.

In der **Rentenphase** werden keine Leistungen mehr von den Versorgungsbe-rechtigten für das Unternehmen erbracht, sondern sie beziehen die entsprechen-den Versorgungsleistungen. Folglich kommt es zu einer Inanspruchnahme der zu-vor gebildeten Rückstellung. Die Bildung einer Rückstellung scheidet aus. Aufgrund des Abzinsungsgebots langfristiger Rückstellungen bedarf es eines Ansatzes der Pensionsrückstellungen mit ihrem Barwert, so dass in dieser Phase zwingend das **Barwertverfahren** Anwendung finden muss. Dabei entspricht die noch ausgewie-sene Rückstellung dem Barwert der auf den Abschlussstichtag abgezinsten zukünf-tig erwarteten Altersversorgungsleistungen. Die Schätzung der künftig zu erbrin-genden Leistungen hat unter Berücksichtigung der Rentenentwicklung sowie der Lebenserwartungen der rentenberechtigten Personen und ihrer Hinterbliebenen zu erfolgen.

In der **Rentenanwartschaftsphase** erbringen die Versorgungsberechtigten ihre Arbeits- bzw. Dienstleistungen für das Unternehmen. Ein Bezug von Alters-versorgungsleistungen findet nicht statt. Gemäß des Aufwandsrealisations- und des Verursachungsprinzips sind die später vom Unternehmen in der Rentenphase zu tätigenden Leistungen vom Versorgungsberechtigten während der Tätigkeit im Unternehmen und damit in der Rentenanwartschaftsphase wirtschaftlich als Per-sonalaufwand verursacht worden. Sie sind entsprechend über die Arbeits- bzw. Dienstleistungsphase anzusammeln. Es bedarf hier der Bildung einer Ansamm-lungsrückstellung, weil der Erfüllungsbetrag der Pensionsverpflichtung sukzessive im Zeitablauf zunimmt. Dies liegt begründet in der regelmäßig vereinbarten Ab-hängigkeit des Erfüllungsbetrags (Höhe der zu beziehenden Rente) vom Umfang des Tätigkeitszeitraums. Vor diesem Hintergrund muss das anzuwendende Bewer-tungsverfahren eine verursachungsgerechte Verteilung des Pensionsaufwands über die Aktivitätsperiode des Altersversorgungsberechtigten sicherstellen.[270] Zu-dem hat am Ende der Phase bei Rentenbeginn die Rückstellung den Barwert der erwarteten Rentenzahlungen zu umfassen. Als versicherungsmathematische Ver-fahren zur Bewertung der Pensionsrückstellungen in der Rentenanwartschafts-

---

270 Vgl. IDW RS HFA 30, Tz. 60.

phase kommen das **Teilwertverfahren**, das **Gegenwartswertverfahren** und das **Anwartschaftsbarwertverfahren** in Betracht.[271]

Handelsrechtliches Teilwertverfahren

Beim Teilwertverfahren ermittelt sich die Pensionsrückstellung als Differenz zwischen dem Barwert der künftig zu erbringenden Pensionsleistungen am Abschlussstichtag (Anwartschaftsbarwert) und dem Barwert der vom Abschlussstichtag bis zum Rentenbeginn noch ausstehenden und vom Versorgungsberechtigten noch zu erbringenden Gegenleistungen (Barwert der noch zu verrechnenden Annuitäten). Die Pensionsrückstellung repräsentiert damit den von Diensteintritt bis zum Abschlussstichtag vom Versorgungsberechtigten erdienten Barwert des Pensionsanspruchs, was gleichzeitig den Barwert der bislang angesammelten und später vom Unternehmen zu erfüllenden Verpflichtung darstellt. Das Teilwertverfahren unterstellt dabei eine kontinuierliche Zunahme der Pensionsleistungen über den Zeitraum der Arbeits- bzw. Dienstleistung. Insofern erfolgt eine versicherungsmathematisch gleichmäßige (annuitätische) Verteilung der erwarteten Pensionszahlungen auf die Perioden vor Eintritt des Versorgungsfalls. Beim Teilwertverfahren umfasst der Verteilungszeitraum die Zeitspanne vom Diensteintritt bis Rentenbeginn. Eine Pensionsrückstellung wird allerdings erst ab dem Zeitpunkt der Zusage gebildet, da auch erst in diesem Zeitpunkt die Verpflichtung für das Unternehmen entsteht. Dies erfordert daher die Bildung einer Einmalrückstellung zum Zeitpunkt der Zusage für die vom Versorgungsberechtigten erbrachte Gegenleistung im Zeitraum zwischen Diensteintritt und Zusage.

Gegenwartswertverfahren

Das Gegenwartwertverfahren unterstellt ebenfalls eine gleichmäßige Verteilung der erwarteten Pensionszahlungen auf die Perioden vor Eintritt des Versorgungsfalls und entspricht der Ermittlungsmethodik des Teilwertverfahrens. Allerdings unterscheiden sich beide Verfahren hinsichtlich des Zeitraums bei der gleichmäßigen Verteilung des Barwerts der zu erbringenden Pensionsleistungen. Anders als beim Teilwertverfahren sieht man die späteren Pensionsleistungen nicht als Vergütung für die gesamte Dienstzeit des Versorgungsberechtigten, sondern als Vergütung für den Zeitraum zwischen Zusage und Rentenbeginn. D. h. die Rückstellung wird erst gebildet und auch angesammelt ab dem Zeitpunkt der Zusage, da die Verpflichtung ab diesem Zeitpunkt auch erst rechtlich entsteht.

Die nachfolgende Darstellung verdeutlicht den unterschiedlichen Verlauf der bei gleichen Annahmen mittels Anwendung des Teilwert- und Gegenwartswertverfahrens ermittelten Pensionsrückstellungen.

---

271 Vgl. etwa Scheffler (Beck'sches HdR), B 233, Rn. 233 ff. (und Rn. 239 dabei das Gegenwartswertverfahren als generell unzulässig ansehend) oder Höfer (Betriebsrentenrecht), Kapitel 48, Rn. 90 f. Dagegen stellt IDW RS HFA 30, Tz. 61 einzig auf das Teilwert- und Anwartschaftsbarwertverfahren ab.

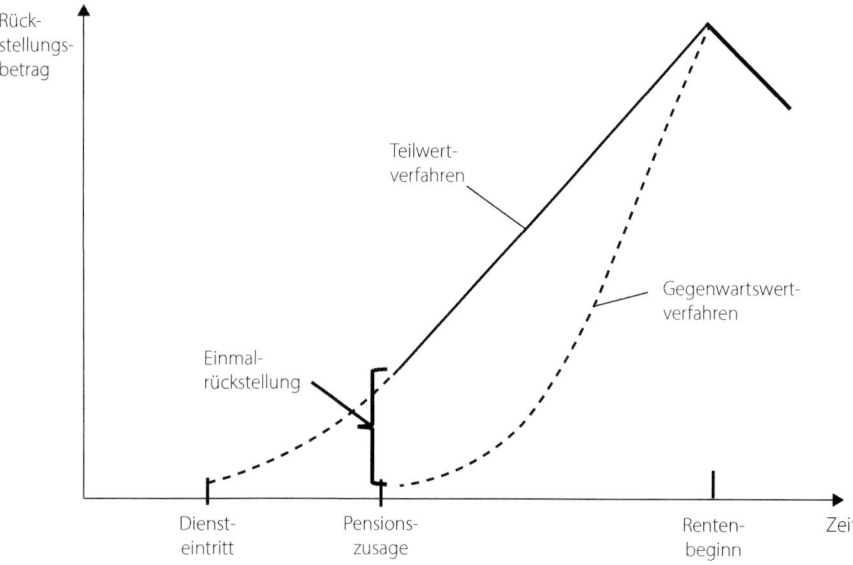

Dar. 9.5: Verläufe der Pensionsrückstellungen nach Teilwert- und Gegenwartswertverfahren[272]

Nach beiden Verfahren wird die Rückstellung erst im Zeitpunkt der Zusage gebildet. Mit Rentenbeginn haben beide Verfahren die Ansammlung des Barwerts der späteren Pensionsleistungen sichergestellt. Ab dem Eintritt des Versorgungsfalls entsprechen sich beide Methoden. In der Anwartschaftsphase liegt dagegen die mittels des Teilwertverfahrens ermittelte Pensionsrückstellung aufgrund der im Zusagezeitpunkt zu bildenden Einmalrückstellung bis genau zum Zeitpunkt des Rentenbeginns immer oberhalb des nach Gegenwartswertverfahren berechneten Rückstellungsbetrags. Dagegen fällt die jährlich ergebniswirksame Zuführung zur Pensionsrückstellung nach dem Teilwertverfahren mit Ausnahme der Zuführung im Zusagezeitpunkt (Bildung der Einmalrückstellung) immer geringer aus als beim Gegenwartswertverfahren. Insofern kommt es bei Auseinanderfallen von Diensteintritt und Zusage beim Teilwertverfahren zu einer früheren Erfassung des Aufwands. Sollten dagegen Diensteintritt und Zusage zeitlich zusammenfallen, führen beide Verfahren zu übereinstimmenden Aufwands- und Rückstellungsverläufen.

Die **Ermittlung der Pensionsrückstellung** nach dem Teilwert- und Gegenwartswertverfahren erfolgt grundsätzlich in fünf Schritten, sofern wie zumeist üblich jährlich ein Anwartschaftsbarwert ermittelt wird.[273]

1. Berechnung des Barwerts der künftigen Rente (BWR) auf den Stichtag des Beginns des Rentenbezugszeitraums

---

272 Vgl. Baetge/Kirsch/Thiele (Bilanzen), S. 450.
273 Alternativ kann die Berechnung der Pensionsrückstellung bei Anwendung des Teilwert- und Gegenwartswertverfahren auch über den Rentenendwert der Annuitäten erfolgen, vgl. im Anschluss an diese Darstellung.

2. Ermittlung des Anwartschaftsbarwerts (ABW) mittels Abzinsung des BWR auf den jeweiligen Abschlussstichtag
3. Berechnung der Annuität zwischen Diensteintritt beim Teilwertverfahren bzw. Pensionszusage beim Gegenwartswertverfahren und Beginn des Rentenbezugszeitraums
4. Ermittlung des Barwerts der noch zu verrechnenden Annuitäten (BWNVA), was den Barwert der vom Abschlussstichtag bis zum Rentenbeginn noch ausstehenden Gegenleistung des Versorgungsberechtigten darstellt
5. Berechnung der Pensionsrückstellung als Differenz zwischen Anwartschaftsbarwert (Schritt 2 – ABW) und Barwert der noch zu verrechnenden Annuitäten (Schritt 4 – BWNVA)

Das nachfolgende Beispiel verdeutlicht die vorzunehmende Ermittlung der Pensionsrückstellung und ihre Entwicklung über die Perioden.

Beispiel zur Verdeutlichung von Teilwert- und Gegenwartswertverfahren

Eine weibliche Führungskraft mit Dienstbeginn am 1.1.t2 hat am 1.1.t5 eine Pensionszusage vom Unternehmen erhalten. In der Vereinbarung ist geregelt, dass sie ab dem 1.1.t9 mit Eintritt in den Ruhestand an ihrem 67. Geburtstag eine lebenslange jährlich nachschüssig zu zahlende Rente auf Basis ihres letzten Gehalts bezieht. Das Unternehmen schätzt die Rente unter Berücksichtigung von Gehalts- und Karriereentwicklung der Arbeitnehmerin sowie weiterer versicherungsmathematischer Parameter auf jährlich 18 TEUR. Rentensteigerungen sind ausgeschlossen. Die durchschnittliche Lebenserwartung für die Arbeitnehmerin beträgt 80 Jahre. Der unter Inanspruchnahme des Wahlrechts nach § 253 Abs. 2 S. 2 HGB als Durchschnitt über 10 Jahre zu ermittelnde Marktzinssatz bei einer pauschal angenommenen Restlaufzeit von 15 Jahren für alle Versorgungsberechtigten beläuft sich auf 4 %.[274] Zudem wird in diesem Beispiel vereinfachend ein konstantes Zinsniveau über alle Perioden unterstellt, so dass es im Zeitablauf keiner Anpassung des Marktzinssatzes bedarf.

Schritt 1: Berechnung des Barwerts der künftigen Rente (BWR)
Der BWR ist auf den Stichtag des Beginns des Rentenbezugszeitraums (hier der 1.1.t9) zu ermitteln. Durch die Vereinbarung jährlich nachschüssig zu leistender Rentenzahlungen muss auf die jährliche Rentenbarwertformel zurückgegriffen werden.

$$BWR = r \times \frac{q^n - 1}{i \times q^n}$$

---

274 Bei Zugrundelegung des restlaufzeitkonformen als Durchschnitt über 10 Jahre zu berechnenden Marktzinssatzes verändert sich ansonsten jedes Jahr der Zinssatz, da jede Periode die Restlaufzeit um ein Jahr abnimmt.

Dabei bezeichnet r die jährlich nachschüssig zu leistende Rentenzahlung von 18 TEUR, i den zugrunde zu legenden Marktzinssatz von 4 %, q den Auf- bzw. Abzinsungsfaktor (1+i) und damit hier 1,04 sowie n die Laufzeit der Rente von geschätzt 13 Jahren (Ruhestand mit 67 Jahren bei einer durchschnittlichen Lebenserwartung von 80 Jahren). Damit ergibt sich ein Wert von

$$BWR = 18 \times \frac{1,04^{13}-1}{0,04 \times 1,04^{13}} = 18 \times 9,9856 = 179,74 \text{ TEUR}$$

Dieser Wert bezeichnet gleichzeitig die Höhe der Pensionsrückstellung die am 31.12.t8 im handelsrechtlichen Jahresabschluss angesetzt werden muss.

Schritt 2: Ermittlung des Anwartschaftsbarwerts (ABW)

Der ABW ergibt sich durch Abzinsung des BWR auf den jeweiligen Abschlussstichtag. In diesem Beispiel kommt erstmalig die Bildung einer Pensionsrückstellung am 31.12.t5 in Betracht und betrifft die Abschlussstichtage bis zum 31.12.t8 als Ende der Rentenanwartschaftsphase. Dies gilt gleichermaßen für Teilwert- wie auch Gegenwartswertverfahren, da die Bildung der Pensionsrückstellung bei beiden Verfahren erst ab dem Jahr der Pensionszusage erfolgen darf. Insofern ist der BWR von 179,74 TEUR zum 31.12.t5 um 3 Jahre, zum 31.12.t6 um 2 Jahre und zum 31.12.t7 um 1 Jahr abzuzinsen. Zum 31.12.t8 müssen sich wie ausgeführt BWR und ABW entsprechen. Danach bestehen folgende ABW:

31.12.t5: ABW $= 179,74 \times \frac{1}{1,04^3} = 159,79$ TEUR

31.12.t6: ABW $= 179,74 \times \frac{1}{1,04^2} = 166,18$ TEUR

Zum 31.12.t7 beläuft sich der ABW demnach weiter auf 172,83 TEUR und zum 31.12.t8 auf 179,74 TEUR.

Schritt 3: Berechnung der Annuitäten (A)

Hier ist zwischen beiden Verfahren zu differenzieren. Während beim Teilwertverfahren die Annuität zwischen Diensteintritt und Beginn des Rentenbezugszeitraums berechnet werden muss (hier 7 Jahre vom 1.1.t2 bis 31.12.t8), hat dies beim Gegenwartswertverfahren zwischen dem Zeitpunkt der Pensionszusage und dem Beginn der Rentenphase (hier 4 Jahre vom 1.1.t5 bis 31.12.t8) zu erfolgen. Die Formel zur Bestimmung der Annuität ergibt sich durch Umformung der nachschüssigen Rentenendwertformel (oder alternativ durch Umformung der nachschüssigen Rentenbarwertformel). Dabei bezeichnet A die jährlich (bei beiden Verfahren gleichmäßig) anzusammelnde Zunahme der Pensionsleistungen. Der Rentenendwert umfasst bei beiden Verfahren den BWR zum 1.1.t9 von 179,74 TEUR.

$BWR = A \times \frac{q^n-1}{i}$, durch Umformung ergibt sich $A = BWR \times \frac{i}{q^n-1}$

Damit ergeben sich die folgenden jährlichen Annuitäten.

Teilwertverfahren: $A = 179,74 \times \frac{0,04}{1,04^7-1} = 22,76$ TEUR

Gegenwartswertverfahren: $A = 179,74 \times \frac{0,04}{1,04^4-1} = 42,33$ TEUR

Schritt 4: Ermittlung des Barwerts der noch zu verrechnenden Annuitäten (BWNVA)

Der BWNVA stellt den Barwert der am jeweiligen Abschlussstichtag von diesem Zeitpunkt bis zum Rentenbeginn noch ausstehenden Gegenleistung des Versorgungsberechtigten dar. An den jeweiligen Abschlussstichtagen ist insofern die entsprechende Restlaufzeit der Rentenanwartschaftsphase sowie die zwischen den beiden Verfahren differierende Annuität zugrunde zu legen. Am 31.12.t5 beträgt die Restlaufzeit 3 Jahre, am 31.12.t6 2 Jahre sowie am 31.12.t7 1 Jahr.

$$\text{BWNVA} = A \times \frac{q^n - 1}{i \times q^n}$$

Teilwertverfahren

31.12.t5: $\text{BWNVA} = 22,76 \times \frac{1,04^3 - 1}{0,04 \times 1,04^3} = 63,16 \text{ TEUR}$

31.12.t6: $\text{BWNVA} = 22,76 \times \frac{1,04^2 - 1}{0,04 \times 1,04^2} = 42,93 \text{ TEUR}$

Zum 31.12.t7 beläuft sich der BWNVA auf 21,88 TEUR und zum 31.12.t8 auf 0 TEUR (Restlaufzeit 0 Jahre).

Gegenwartswertverfahren

31.12.t5: $\text{BWNVA} = 42,33 \times \frac{1,04^3 - 1}{0,04 \times 1,04^3} = 117,46 \text{ TEUR}$

31.12.t6: $\text{BWNVA} = 42,33 \times \frac{1,04^2 - 1}{0,04 \times 1,04^2} = 79,84 \text{ TEUR}$

Der BWNVA beträgt demnach weiter am 31.12.t7 40,70 TEUR und am 31.12.t8 0 TEUR.

Schritt 5: Berechnung der Pensionsrückstellung

Die Pensionsrückstellung zum jeweiligen Abschlussstichtag ermittelt sich als Differenz zwischen dem ABW (Schritt 2) und dem BWNVA (Schritt 4). Sie umfasst damit den Barwert der schon vom Diensteintritt bzw. dem Zeitpunkt der Pensionszusage bis zum Abschlussstichtag erbrachten Gegenleistung der Versorgungsberechtigten. Die beiden folgenden Darstellungen enthalten die Rückstellungen sowie den jährlich zu erfassenden Aufwand nach Teilwert- und Gegenwartswertverfahren (jeweils in TEUR).

Dar. 9.6: Beispiel Ermittlung der Pensionsrückstellung nach dem Teilwertverfahren

Abschluss-stichtag	ABW	BWNVA	Pensions-rückstellung	Personal-aufwand	Zins-aufwand	Gesamt-aufwand
31.12.t5	159,79	63,16	96,63	93,79	2,84	96,63
31.12.t6	166,18	42,93	123,25	22,76	3,86	26,62
31.12.t7	172,83	21,88	150,95	22,76	4,94	27,70
31.12.t8	179,74	0	179,74	22,76	6,03	28,79

Der Personalaufwand in t5 umfasst die zum 1.1.t5 anzusetzende Einmalrückstellung im Zeitpunkt der Pensionszusage sowie die Zuführung zur Pensionsrückstellung in t5 in Höhe der Annuität von 22,76 TEUR. Der Zinsaufwand in t5 von TEUR betrifft die Aufzinsung der Einmalrückstellung in t5. Die am 1.1.t5 zu bildende Einmalrückstellung für den Zeitraum vom 1.1.t2 bis 31.12.t4 ermittelt sich aus der Differenz des ABW zum 1.1.t5 von $(179,74 \times \frac{1}{1,04^4} =)$ 153,64 TEUR und dem BWNVA am 1.1.t5 von $(22,76 \times \frac{1,04^4-1}{0,04 \times 1,04^4} =)$ 82,61 TEUR. Sie beläuft sich demnach auf 71,03 TEUR. Die Buchung lautet

Aufwand (Personalaufwand) (71,03 + 22,76 =) 93,79 TEUR

Aufwand (Zinsen und ähnliche Aufwendungen) (71,03 x 0,04 =) 2,84 TEUR

an Pensionsrückstellungen 96,63 TEUR

In t6 beinhaltet der Zinsaufwand die Aufzinsung der Pensionsrückstellung von 96,63 TEUR um eine Periode und der Personalaufwand allein die annuitätische Zuführung. Entsprechend lautet die Buchung zum 31.12.t6

Aufwand (Personalaufwand) 22,76 TEUR

Aufwand (Zinsen und ähnliche Aufwendungen) (96,63 x 0,04 =) 3,86 TEUR

an Pensionsrückstellungen 26,62 TEUR

Entsprechend der Systematik in t6 entwickelt sich die Pensionsrückstellung in t7 und t8 weiter. Zum 31.12.t8 beläuft sie sich damit auf den BWR von 179,74 TEUR.

Dar. 9.7: Beispiel Ermittlung der Pensionsrückstellung nach dem Gegenwartswertverfahren

Abschluss-stichtag	ABW	BWNVA	Pensions-rückstellung	Personal-aufwand	Zins-aufwand	Gesamt-aufwand
31.12.t5	159,79	117,46	42,33	42,33	0	42,33
31.12.t6	166,18	79,84	86,34	42,33	1,69	44,02
31.12.t7	172,83	40,70	132,13	42,33	3,46	45,79
31.12.t8	179,74	0	179,74	42,33	5,28	47,61

Die Entwicklung der Pensionsrückstellung sowie die vorzunehmenden Buchungen folgen der gleichen Systematik wie beim Teilwertverfahren. Die Pensionsrückstellung wird beim Gegenwartswertverfahren wie erläutert allerdings erst ab dem Zeitpunkt der Pensionszusage gebildet. Insofern kommt es zum 31.12.t5 erstmals zur Erfassung der Pensionsverpflichtung in Höhe der Annuität von 42,33 TEUR. Eine Einmalrückstellung kann nicht entstehen. Die Erfassung eines Zinsaufwands aus der Aufzinsung erfolgt ab Periode t6. In t6 beträgt die Aufzinsung um eine Periode der zum 1.1.t6 bestehenden Pensionsrückstellung von 42,33 TEUR (42,33 x 0,04 =) 1,69 TEUR. Der Zinsaufwand in t7 bezieht sich auf die Pensionsrückstellung zum 31.12.t6 von 86,34 TEUR und der Zinsaufwand in t8 auf die zum 31.12.t7 angesetzte Pensionsrückstellung von 132,13 TEUR.

In der **Rentenphase ab dem 1.1.t9** entsprechen sich Teilwert- und Gegenwartswertverfahren. Die Pensionsrückstellung wird unter Berücksichtigung der Aufzinsung durch Zahlung der Versorgungsleistungen an die Versorgungsberechtigten in Anspruch genommen. Die Entwicklung der Pensionsrückstellung findet sich in der folgenden verkürzt dargestellten Darstellung.

Dar. 9.8: Beispiel Entwicklung der Pensionsrückstellung in der Rentenphase

Abschlussstichtag	Zahlung	Zinsaufwand	Pensionsrückstellung
31.12.t8	- - -	- - -	179,74
31.12.t9	18,00	7,19 (179,74 x 0,04)	168,93
31.12.t10	18,00	6,76 (168,93 x 0,04)	157,69
31.12.t11	18,00	6,31 (157,69 x 0,04)	145,99
...	...	...	...
31.12.t20	18,00	1,36 (33,95 x 0,04)	17,31
31.12.t21	18,00	0,69 (17,31 x 0,04)	0

In t9 ist die Pensionsrückstellung um ein Jahr aufzuzinsen. Am 31.12.t9 kommt es zur (nachschüssigen) Rentenzahlung von 18 TEUR an die Versorgungsberechtigte. Die Buchung zum 31.12.t9 lautet:

Aufwand (Zinsen und ähnliche Aufwendungen) 7,19 TEUR
Pensionsrückstellungen (-18,00 + 7,19 =) 10,81 TEUR
an Bank 18,00 TEUR

Die Systematik in den Folgeperioden entspricht der Vorgehensweise in t9. Die Pensionsrückstellung ist vollständig verbraucht am 31.12.t21 mit Erreichen der durchschnittlichen Lebenserwartung der Arbeitnehmerin von 80 Jahren. Sollte die Versorgungsberechtigte früher sterben, wird die im Todeszeitpunkt bestehende Pensionsrückstellung ertragswirksam aufgelöst. Sollte sie länger leben, werden die Zahlungen ab t22 aufwandswirksam erfasst.

Statt über die jährliche Ermittlung eines Anwartschaftsbarwerts kann die Pensionsrückstellung nach dem Teilwert- sowie Gegenwartswertverfahren in der Rentenanwartschaftsphase auch direkt über die Berechnung des **Rentenendwerts** erfolgen. Damit verkürzt sich die Ermittlung auf drei Schritte:

1. Berechnung des Barwerts der künftigen Rente (BWR) auf den Stichtag des Beginns des Rentenbezugszeitraums

2. Berechnung der Annuität zwischen Diensteintritt beim Teilwertverfahren bzw. Pensionszusage beim Gegenwartswertverfahren und Beginn des Rentenbezugszeitraums

3. Ermittlung der Pensionsrückstellung als Rentenendwert zum jeweiligen Abschlussstichtag

Die ersten beiden Schritte entsprechen damit Schritt 1 sowie Schritt 3 bei jährlicher Ermittlung eines Anwartschaftsbarwerts. Bezogen auf das obige Beispiel beträgt der BWR 179,74 TEUR, die Annuität beim Teilwertverfahren 22,76 TEUR und die Annuität beim Gegenwartswertverfahren 42,33 TEUR. Zum 31.12.t5 sowie 31.12.t6 ermittelt sich die Pensionsrückstellung beispielsweise wie folgt (Schritt 3):

Teilwertverfahren:

31.12.t5: Rückstellung $= A \times \frac{q^n-1}{i} = 22,76 \times \frac{1,04^4-1}{0,04} = 96,64$ TEUR

31.12.t6: Rückstellung $= 22,76 \times \frac{1,04^5-1}{0,04} = 123,27$ TEUR

Gegenwartswertverfahren:

31.12.t5: Rückstellung $= A \times \frac{q^n-1}{i} = 42,33 \times \frac{1,04^1-1}{0,04} = 42,33$ TEUR

31.12.t6: Rückstellung $= 42,33 \times \frac{1,04^2-1}{0,04} = 86,35$ TEUR

Anwartschaftsbarwertverfahren

Das Anwartschaftsbarwertverfahren wird auch Methode der laufenden Einmalprämien (*projected unit credit method*) oder Anwartschaftsansammlungsverfahren genannt. Es folgt grundsätzlich der gleichen Systematik wie Teilwert- und Gegenwartswertverfahren. Der Unterschied besteht darin, dass Teilwert- und Gegenwartswertverfahren eine gleichbleibende Arbeitsleistung des Versorgungsberechtigten unterstellen. Daraus ergibt sich ein jährlich gleichbleibender Personalaufwand (Annuität) als Zuführung zur Pensionsrückstellung neben dem aus der Aufzinsung resultierenden Zinsaufwand. Beim Anwartschaftsbarwertverfahren erhöht sich die Pensionsverpflichtung dagegen jährlich neben der Aufzinsung um den Barwert der in der aktuellen Periode neu erdienten Pensionsansprüche. Der Personalaufwand umfasst damit den Barwert der im laufenden Jahr vom Versorgungsberechtigten erdienten Altersversorgung. Insofern kommt es nicht zu einer gleichbleibenden Erfassung, sondern der Leistungsanteil folgt der zugrunde liegenden Planformel oder wird linear auf die Dienstjahre zugerechnet.[275] Die Pensionsrückstellung beinhaltet damit den Barwert der in der Vergangenheit (tatsächlich) erdienten Pensionsansprüche.

Beispiel 1 zum Anwartschaftsbarwertverfahren

Die neue Geschäftsführerin hat mit den Gesellschaftern des Unternehmens im Rahmen der Gehaltsverhandlungen vereinbart, dass sie über die sechsjährige

---

275 Vgl. etwa IAS 19.68 oder 70.

Laufzeit ihres Dienstvertrags insgesamt einen Pensionsanspruch von 48 TEUR (BWR) erwirbt, davon in den ersten 3 Jahren jährlich 10 TEUR und in den letzten 3 Jahren jährlich 6 TEUR. Die Pensionszahlungen sind ab dem Ende des Dienstvertrags nach bestimmten Vorgaben an den Versorgungsberechtigten zu leisten. Ohne die Berücksichtigung von Abzinsungseffekten und eine Barwertermittlung ergeben sich die in der Darstellung abgebildeten Verteilungen des Personalaufwands sowie Entwicklungen der Pensionsrückstellungen nach Anwartschaftsbarwert- und Teilwertverfahren. Während beim Teilwertverfahren eine gleichmäßige Verteilung des Pensionsanspruchs über die Ansammlungsphase erfolgt, kommt es beim Anwartschaftsbarwertverfahren der Planformel folgend zu einer genauen Erfassung der erdienten Pensionsansprüche.

Dar. 9.9: Entwicklung der Pensionsrückstellung nach Anwartschaftsbarwert- und Teilwertverfahren bei nicht-gleichmäßiger Erdienung des Rentenanspruchs (ohne Abzinsung)

Abschluss-stichtag	Anwartschaftsbarwertverfahren		Teilwertverfahren	
	Personal-aufwand	Rückstellung	Personal-aufwand	Rückstellung
31.12.t1	10	10	8	8
31.12.t2	10	20	8	16
31.12.t3	10	30	8	24
31.12.t4	6	36	8	32
31.12.t5	6	42	8	40
31.12.t6	6	48	8	48

Sofern auch die Abzinsung der Pensionsrückstellung bei einem wiederum unterstellten Marktzinssatz von 4 % berücksichtigt wird, ermittelt sich die Pensionsrückstellung wie im Folgenden dargestellt nach dem Anwartschaftsbarwertverfahren.

Im ersten Schritt ist der Barwert der Rente zum Beginn der Rentenphase zu ermitteln. Dieser beträgt laut Vorgabe 48 TEUR und bildet somit auch den Wert der Pensionsrückstellung zum 31.12.t6. Der Barwert der Rente wird im zweiten Schritt entsprechend der Planformel auf die 6 Dienstjahre verteilt (siehe vorherige Darstellung) und jeweils mit dem Barwert als Personalaufwand in der GuV erfasst. Die Pensionsverpflichtung zu Beginn des Dienstverhältnisses am 1.1.t1 beläuft sich auf 0 EUR und erhöht sich anschließend jährlich neben der Aufzinsung um den Barwert der in der aktuellen Periode neu erdienten Pensionsansprüche. Insofern kommt es in t1 noch nicht zu einer Aufzinsung. Der Barwert des in t1 erdienten Pensionsanspruches beträgt $10 \times \frac{1}{1{,}04^5} = 8{,}22$ TEUR. Die Buchung in t1 lautet damit

Aufwand (Personalaufwand) an Pensionsrückstellungen 8,22 TEUR

In t2 ist der zu Periodenbeginn bestehende Barwert der Pensionsverpflichtung um eine Periode aufzuzinsen und als Zinsaufwand mit (8,22 x 0,04 =) 0,33 TEUR zu erfassen. Zusätzlich ist der Periode t2 zugeordnete Pensionsanspruch von 10 TEUR mit dem Barwert von $10 \times \frac{1}{1,04^4} = 8,55$ TEUR als Personalaufwand in die GuV einzustellen. Als Buchung in t2 ergibt sich

Aufwand (Personalaufwand) 8,55 TEUR

Aufwand (Zinsen und ähnliche Aufwendungen) 0,33 TEUR

an Pensionsrückstellungen 8,88 TEUR

Zum 31.12.t2 beläuft sich danach der Wert der Pensionsrückstellung auf (8,22 + 8,88 =) 17,10 TEUR und entspricht dem Barwert der laufenden sowie früheren Periode zugeordneten Pensionsansprüche. Die Vorgehensweise zur Bestimmung des Zins- und Personalaufwands sowie der Pensionsrückstellung in den Jahren t3 bis t6 erfolgt in analoger Weise. Die Entwicklung findet sich zusammenfassend in der nachfolgenden Darstellung.

Gleichzeitig beinhaltet die Darstellung auch die Entwicklung der Größen bei Ermittlung der Werte nach dem Teilwertverfahren. Beim Teilwertverfahren ergibt sich eine Annuität von $48 \times \frac{0,04}{1,04^6-1} = 7,24$ TEUR. Entsprechend beläuft sich die Pensionsrückstellung zum 31.12.t1 auf 7,24 TEUR. In t2 kommt es mithin neben der Erfassung des Personalaufwand von 7,24 TEUR zu einem Zinsaufwand von (7,24 x 0,04 =) 0,29 TEUR. Die Pensionsrückstellung errechnet sich mit $(7,24 \times \frac{1,04^2-1}{0,04} =)$ bzw. (7,24 + 0,29 + 7,24 =) 14,77 TEUR. Die Ermittlung der Werte in den Jahren t3 bis t6 findet analog statt.

Dar. 9.10: Entwicklung der Pensionsrückstellung nach Anwartschaftsbarwert- und Teilwertverfahren bei nicht-gleichmäßiger Erdienung des Rentenanspruchs (mit Abzinsung)

Ab-schluss-stichtag	Anwartschaftsbarwertverfahren				Teilwertverfahren			
	Rück-stel-lung	Perso-nalauf-wand	Zins-auf-wand	Gesamt-auf-wand	Rück-stel-lung	Perso-nalauf-wand	Zins-auf-wand	Gesamt-auf-wand
31.12.t1	8,22	8,22	0	8,22	7,24	7,24	0	7,24
31.12.t2	17,10	8,55	0,33	8,88	14,77	7,24	0,29	7,53
31.12.t3	26,67	8,89	0,68	9,57	22,6	7,24	0,59	7,83
31.12.t4	33,29	5,55	1,07	6,62	30,74	7,24	0,90	8,14
31.12.t5	40,39	5,77	1,33	7,10	39,20	7,24	1,22	8,46
31.12.t6	48,00	6,00	1,61	7,61	48,00	7,24	1,56	8,80

Das Anwartschaftsbarwertverfahren ist dann zwingend zu wählen, wenn die vertraglichen Regelungen der Versorgungszusage eine gleichmäßige Verteilung der

Pensionsleistungen über die gesamte aktive Dienstzeit ausschließen. So stehen z. B. einmalige Entgeltumwandlungen oder auch Besonderheiten bei der vertraglichen Verteilung der Mittelansammlung im Wiederspruch zu einer gleichmäßigen Verteilung, so dass dann eine Anwendung des Teilwertverfahrens oder auch des Gegenwartswertverfahrens nicht in Betracht kommt[276] – zumindest dann nicht, wenn Wesentlichkeitsüberlegungen nicht greifen.[277] Sollten sowohl das Anwartschaftsbarwert- als auch das Teilwertverfahren zulässig sein, führt das Teilwertverfahren bei identischen Bewertungsparametern zu einem höheren Wert der Pensionsrückstellungen,[278] wie auch das folgende Beispiel zeigt.

Beispiel 2 zum Anwartschaftsbarwertverfahren

Unter Rückgriff auf die Daten des Beispiels zur Verdeutlichung des Unterschieds zwischen Teilwert- und Gegenwartswertverfahren wird nunmehr die Pensionsverpflichtung mittels des Anwartschaftsbarwertverfahrens ermittelt.

Die Berechnung des Barwerts der künftigen Rente (BWR) zum Beginn des Rentenbezugszeitraums im ersten Schritt entspricht sich bei allen Verfahren. Der BWR am 1.1.t9 bzw. 31.12.t8 beläuft sich auf 179,74 TEUR. Der BWR muss anschließend beim Anwartschaftsbarwertverfahren auf die Dienstjahre der weiblichen Führungskraft verteilt werden. Der Dienstzeitraum umfasst 7 Jahre vom 1.1.t2 bis 1.1.t9. Mangels anderweitiger Vereinbarung wie Entgeltumwandlungsmöglichkeiten bedarf es damit einer linearen Verteilung des BWR. Es kommt somit zu einer linearen jährlichen Zuordnung von 179,74 / 7 = 25,68 TEUR. Pro Periode wird aber nicht dieser Betrag erfasst, sondern der zugehörige Barwert (Barwert der erdienten Pensionsansprüche). Für t5 ergibt sich damit ein Personalaufwand[279] von $25,68 \times \frac{1}{1,04^3} =$ = 22,83 TEUR, für t6 von $25,68 \times \frac{1}{1,04^2} =$ 23,74 TEUR, für t7 von $25,68 \times \frac{1}{1,04^1} =$ 24,69 TEUR und für t8 von $25,68 \times \frac{1}{1,04^0} = 25,68$ TEUR.

Auch das Anwartschaftsbarwertverfahren setzt die Pensionsverpflichtung erst mit Pensionszusage am 1.1.t5 und nicht schon bei Diensteintritt an, da erst mit Zusage die Verpflichtung für das Unternehmen entsteht. Der Barwert, der zwischen Diensteintritt und Pensionszusage erdienten Pensionsansprüche ist als (nachzuverrechnender) Personalaufwand im Zeitpunkt der Pensionszusage

---

276 Vgl. hierzu IDW RS HFA 30, Tz. 61.

277 Allerdings gilt diese Aussage nicht, wenn die in späteren Jahren erbrachte Arbeitsleistung eines Versorgungsberechtigten wesentlich höhere Anwartschaften begründet als in früheren Jahren. In diesem Fall sieht IAS 19.70 und .73 bei Anwendung des Anwartschaftsverfahrens eine lineare Verteilung über die Berichtsperioden vor. Dies muss auch nach HGB bei Nutzung des Anwartschaftsbarwertverfahrens gelten, so dass in diesem Fall auch einer Anwendung des Teilwert- oder Gegenwartswertverfahrens nichts entgegensteht.

278 Vgl. auch Grottel/Johannleweling (Beck'scher Bilanzkommentar), § 249 HGB, Rn. 240; Höfer (Betriebsrentenrecht), Kapitel 48, Rn. 93; Pellens/Fülbier/Gassen/Sellhorn (Internationale Rechnungslegung), S. 534.

279 Nach IFRS als Dienstzeitaufwand (service cost) bezeichnet, vgl. IAS 19.8.

zu erfassen.[280] Zum 1.1.t5 ergibt sich damit eine Pensionsverpflichtung von $(3 \times 25,68) \times \frac{1}{1,04^4} = 65,85$ TEUR.

Die Aufzinsung der Pensionsverpflichtung in t5 resultiert in einem Zinsaufwand von (65,85 x 0,04 =) 2,64 TEUR. Damit ergibt sich zum 31.12.t5 eine Pensionsrückstellung von (65,85 + 2,64 + 22,83 =) 91,32 TEUR.[281] Die Buchung in t5 lautet:

Aufwand (Personalaufwand) (65,85 + 22,83 =) 88,68 TEUR

Aufwand (Zinsen und ähnliche Aufwendungen) 2,64 TEUR

an Pensionsrückstellungen 91,32 TEUR

In t6 ist die Pensionsrückstellung wiederum um eine Periode aufzuzinsen. Der Zinsaufwand beläuft sich auf (91,32 x 0,04 =) 3,65 TEUR. Damit kommt es zu einer Pensionsrückstellung von (91,32 + 3,65 + 23,74 =) 118,71 TEUR. Die Vorgehensweise in t7 und t8 entspricht derjenigen in t6. Die nachstehende Darstellung enthält die vollständige Entwicklung der Pensionsrückstellung nach dem Anwartschaftsbarwertverfahren in der Dienstzeitphase. Vergleichend wurden ebenfalls die Werte nach dem Teilwertverfahren aufgenommen.

Dar. 9.11: Entwicklung der Pensionsrückstellung nach Anwartschaftsbarwert- und Teilwertverfahren bei gleichen Bewertungsparametern

Abschlussstichtag	Anwartschaftsbarwertverfahren				Teilwertverfahren			
	Rückstellung	Personalaufwand	Zinsaufwand	Gesamtaufwand	Rückstellung	Personalaufwand	Zinsaufwand	Gesamtaufwand
31.12.t5	91,32	88,68	2,64	91,32	96,63	93,79	2,84	96,63
31.12.t6	118,71	23,74	3,65	27,39	123,25	22,76	3,86	26,62
31.12.t7	148,14	24,69	4,74	29,43	150,95	22,76	4,94	27,70
31.12.t8	179,74	25,68	5,92	31,60	179,74	22,76	6,03	28,79

Wie ersichtlich liegt die mittels des Anwartschaftsbarwertverfahrens berechnete Pensionsrückstellung mit Ausnahme der letzten Periode in der Rentenanwartschaftsphase immer unterhalb der bei Anwendung des Teilwertverfahrens ermittelten Altersversorgungsverpflichtung. Dies gilt immer bei Zugrundelegung gleicher Bewertungsparameter wie hier in diesem Beispiel. In der letzten Periode entspricht bei beiden Verfahren die Rückstellung dem Barwert der künftigen Ren-

---

280 Die Pensionszusage (Einführung eines leistungsorientierten Plans) gilt nach IFRS als Plananpassung (vgl. IAS 19.104). Der Barwert der zuvor erdienten Pensionsansprüche ist (auch) nach IAS 19.103 direkt als Aufwand (nachzuverrechnender Dienstzeitaufwand) zu erfassen.

281 Oder alternativ ermittelt: $(4 \times 25,68) \times 11,043 = 91,32$ TEUR.

te. Aufgrund der höheren Rückstellung übersteigt der Zinsaufwand aus der Aufzinsung beim Teilwertverfahren auch immer den Zinsaufwand beim Anwartschaftsbarwertverfahren. Während beim Teilwertverfahren der Personalaufwand immer in Höhe der gleichbleibenden Annuität erfasst wird, steigt dieser im Zeitablauf beim Anwartschaftsbarwertverfahren. Sowohl der Personal- als auch der Gesamtaufwand liegen beim Anwartschaftsbarwertverfahren zunächst unterhalb der entsprechenden Werte beim Teilwertverfahren und überschreiten diese in den letzten Perioden. Der Effekt im Personalaufwand und damit auch im Gesamtaufwand resultiert aus der Abzinsung, die sich in den ersten Jahren überproportional stark und in späteren Perioden weniger stark beim Anwartschaftsbarwertverfahren im Vergleich zum Teilwertverfahren auswirkt. Folglich kommt es beim Teilwertverfahren zu einer früheren Erfassung von Aufwendungen.

Steuerliches Teilwertverfahren

Im **Steuerrecht** ist zur Ermittlung der Pensionsrückstellungen das in § 6a EStG geregelte steuerliche Teilwertverfahren anwendbar. Eine Zugrundelegung des Verfahrens bei Erstellung des handelsrechtlichen Jahresabschlusses scheidet aus, da wesentliche Unterschiede zwischen Handels- und Steuerrecht bestehen. So bedingt etwa § 6a Abs. 3 S. 3 EStG die Verwendung eines Abzinsungszinssatzes von 6 %. Zudem verlangt § 6a Abs. 3 Nr. 1 S. 2 EStG die Schätzung auf Basis der Verhältnisse am Abschlussstichtag vorzunehmen und damit nicht wie handelsrechtlich vorgeschrieben künftige Preis- und Kostensteigerungen mit in die Bewertung einzubeziehen. Darüber hinaus darf die Einmalrückstellung nach § 6a Abs. 4 S. 3 EStG auf 3 Jahre verteilt werden, statt sie direkt wie in der Handelsbilanz im Zeitpunkt der Zusage anzusetzen. Aufgrund der Unterschiede zwischen Handels- und Steuerrecht kommt es zwingend zu einer Entstehung latenter Steuern.[282]

Durch die unterschiedlich vorgegebenen Berechnungsverfahren oder auch die abweichenden Methoden zur Bestimmung der in den Verfahren zu verwendenden Parametern müssen Unternehmen die Pensionsrückstellungen für ihre Rechenwerke auch unterschiedlich bewerten. Dies führt dazu, dass pro Versorgungsberechtigten ein Pensionsgutachten für die Steuerbilanz, eines für die Handelsbilanz und bei Erstellung eines IFRS-Konzernabschlusses auch eines nach IFRS erstellt werden muss. Zudem weisen die Pensionsverpflichtungen in den drei Rechenwerken damit immer auch einen differierenden Umfang auf.

9.3.4.2.4 Besonderheiten bei Vorliegen von Deckungsvermögen und bei wertpapiergebundenen Versorgungszusagen

Bei einem Vorliegen von Deckungsvermögen und bei wertpapiergebundenen Versorgungszusagen bestehen einige gesonderte handelsrechtliche Rechnungslegungs-

---

282 Vgl. hierzu ausführlich Kapitel 10.2.

regelungen, die es aufgrund ihrer hohen Relevanz nachfolgend vertiefend zu erläutern gilt.

Deckungsvermögen

Der Begriff **Deckungsvermögen** findet sich nicht selbst im HGB. Als Deckungsvermögen, auch in Anlehnung an IFRS als **Planvermögen** betitelt,[283] gelten entsprechend der Bezeichnung in § 246 Abs. 2 S. 2 HGB »Vermögensgegenstände, die dem Zugriff aller übrigen Gläubiger entzogen sind und ausschließlich der Erfüllung von Schulden aus Altersversorgungsverpflichtungen oder vergleichbaren langfristig fälligen Verpflichtungen dienen«. Die Bedingung[284] des Entzugs der Vermögensgegenstände vom Zugriff aller übrigen Gläubiger führt zur Sicherheit der Versorgungsberechtigten im Falle einer Insolvenz des Unternehmens. Insolvenzsicherheit liegt immer dann vor, wenn den Versorgungsberechtigten ein Aussonderungsrecht nach § 47 InsO oder ein Absonderungsrecht nach § 49 InsO zusteht. In der Praxis werden zur Erreichung der Bedingung der Insolvenzsicherheit neben verschiedenen Verpfändungsmodellen oftmals Treuhandvereinbarungen (*contractual trust arrangements*, CTA) gewählt. Im Rahmen einer Treuhandvereinbarung überträgt das Unternehmen bestimmte Vermögensgegenstände auf den Treuhänder, die zur freien Verfügung des Treuhänders stehen müssen. Zudem bedarf es eines Ausschlusses der Rückgewährung des übertragenen Vermögens. Allerdings ist es möglich dem Treuhänder unter bestimmten Bedingungen Richtlinien und Weisungen für die Anlage der ihm übertragenen Vermögensgegenstände vorzugeben. Als zweite Bedingung für das Vorliegen von Deckungsvermögen müssen die Vermögensgegenstände ausschließlich der Erfüllung von Schulden aus Altersversorgungsverpflichtungen (oder vergleichbaren langfristig fälligen Verpflichtungen) dienen und damit jederzeit zur Verwertung zur Verfügung stehen. Dies scheidet z. B. aus bei betriebsnotwendigem und selbstgenutztem Anlagevermögen, sofern dieses nicht frei und ohne Berührung der Unternehmenstätigkeit veräußert werden kann.

Sofern Deckungsvermögen vorliegt, besteht nach § 246 Abs. 2 S. 2 HGB eine **Pflicht zur Saldierung** des Deckungsvermögens mit der Pensionsverpflichtung (bzw. mit der vergleichbaren langfristig fälligen Verpflichtung), auf die sich das Deckungsvermögen bezieht. Das Verrechnungsgebot umfasst ebenfalls die entsprechenden Aufwendungen und Erträge. Damit handelt es sich bei diesem Saldierungszwang um eine der wenigen Ausnahmen vom grundsätzlich im handelsrechtlichen Jahresabschluss geltenden Saldierungsverbot nach § 246 Abs. 2 S. 1 HGB.

---

283 Die Definition des Begriffs Planvermögen (*plan assets*) findet sich in IAS 19.8. Die Voraussetzungen für das Vorliegen von Planvermögen nach IFRS und Deckungsvermögen nach HGB unterscheiden sich allerdings leicht.

284 Vgl. zu den nachfolgenden Bedingungen für das Vorliegen von Deckungsvermögen ausführlich IDW RS HFA 30, Tz. 23-30.

Darüber hinaus ist das Deckungsvermögen nach § 253 Abs. 1 S. 4 HGB erfolgswirksam zum **beizulegenden Zeitwert** zu bewerten. Auch hier liegt eine der wenigen Ausnahmen vor, bei der das Realisations- sowie das Imparitätsprinzip nicht gelten. D. h. die Obergrenze für die Bewertung der Vermögensgegenstände mit ihren Anschaffungs- oder Herstellungskosten greift nicht. Zudem müssen unrealisierte Erträge erfasst werden.[285] Die Bestimmung des beizulegenden Zeitwerts der einzelnen Vermögensgegenstände des zu saldierenden Deckungsvermögens richtet sich nach der Bewertungsreihenfolge in § 255 Abs. 4 HGB. Dabei ist zunächst auf den Marktpreis zurückzugreifen. Soweit kein aktiver Markt zur Ableitung des Marktpreises existiert, bedarf es einer Anwendung allgemein anerkannter Bewertungsmethoden (z. B. Unternehmens-, Options- oder Immobilienbewertungsverfahren). Sofern sich der beizulegende Zeitwert aber weder durch den Rückgriff auf einen Marktpreis noch durch Bewertungsmodelle ermitteln lässt, kommt eine Fortführung der Anschaffungs- oder Herstellungskosten unter Beachtung der Regelungen zur Vornahme außerplanmäßiger Abschreibungen im Umlaufvermögen nach § 253 Abs. 4 HGB (strenges Niederstwertprinzip) zur Anwendung.

Durch das **Verrechnungsgebot** von Deckungsvermögen und ermittelter Rückstellung entsteht entweder **kein, ein passiver oder ein aktiver Unterschiedsbetrag**. Sofern sich Vermögensgegenstände und Verpflichtungen ausgleichen, entfällt der Ansatz eines Betrags in der Bilanz. Übersteigt der Rückstellungsbetrag den Wert der zu verrechnenden Vermögensgegenstände, resultiert ein verbleibender passiver Unterschiedsbetrag, der zu einem Ausweis unter den **Rückstellungen** führt. Bei großen und mittelgroßen Kapitalgesellschaften und ihnen gleichgestellten Unternehmen ist der verbleibende Differenzbetrag nach § 266 Abs. 3 B HGB im Fall von Pensionsverpflichtungen unter dem Posten »Rückstellungen für Pensionen und ähnliche Verpflichtungen« und bei Vorliegen von vergleichbaren langfristig fälligen Verpflichtungen (z. B. Verpflichtungen aus Altersteilzeitvereinbarungen) unter dem Posten »Sonstige Rückstellungen« auszuweisen. Wenn der beizulegende Zeitwert des Deckungsvermögens den Rückstellungsbetrag überschreitet, kommt es zum Verbleib eines aktiven Unterschiedsbetrags. Für diesen aktivischen Überhang besteht nach § 246 Abs. 2 S. 3 HGB eine Ansatzpflicht als **gesonderter Posten** in der Bilanz. Für Kapitalgesellschaften und ihnen gleichgestellte Unternehmen bedarf es konkret eines gesonderten Ausweises nach § 266 Abs. 2 E HGB auf der Aktivseite der Bilanz als »**Aktiver Unterschiedsbetrag aus der Vermögensverrechnung**«.

---

285 Kleinstkapitalgesellschaften dürfen nach § 253 Abs. 1 S. 5 HGB eine Bewertung zum beizulegenden Zeitwert nur vornehmen, wenn sie von keiner der dort genannten Erleichterungen Gebrauch machen, d. h. vom Verzicht auf den Anhang (§ 264 Abs. 1 S. 5 HGB), von verkürzter Bilanz und GuV (§ 266 Abs. 1 S. 4, § 275 Abs. 5 HGB) sowie von Offenlegungserleichterungen (§ 326 Abs. 2 HGB). Wird nur eine der Erleichterungen in Anspruch genommen, erfolgt nach § 253 Abs. 1 S. 6 HGB die Bewertung des zu verrechnenden Deckungsvermögens zu fortgeführten Anschaffungs- oder Herstellungskosten.

Aufgrund des Zwangs zur Bewertung des Deckungsvermögens zum beizulegenden Zeitwert kann es zur Erfassung unrealisierter Erträge kommen. Dies geschieht immer dann, wenn der anzusetzende Zeitwert eines Vermögensgegenstands seine Anschaffungs- oder Herstellungskosten überschreitet. Vor diesem Hintergrund hat der Gesetzgeber in § 268 Abs. 8 S. 3 i. V. m. S. 1 HGB für Kapitalgesellschaften und ihnen gleichgestellte Unternehmen eine **Ausschüttungssperre** zur Sicherung der Gesellschaft und der Gläubiger eingeführt. Der Ausschüttungssperre unterliegt der Differenzbetrag zwischen höherem Zeitwert und Anschaffungs- oder Herstellungskosten abzüglich der auf diesen Differenzbetrag gebildeten passiven latenten Steuern. Zusätzlich besteht bei Vorliegen eines Gewinnabführungsvertrags bei Gesellschaften in der Rechtsform einer AG und einer KGaA ebenfalls eine **Abführungssperre** nach § 301 S. 1 AktG.

Eine Verrechnung von Deckungsvermögen, das zur Erfüllung von Verpflichtungen aus unmittelbaren **Pensionsaltzusagen** dient, scheidet dann aus, wenn die Altzusagen unter Ausnutzung des Passivierungswahlrechts in Art. 28 Abs. 1 S. 1 EGHGB nicht angesetzt wurden. Mangels Verrechnungsmöglichkeit kommt dann eine Bewertung des Deckungsvermögens zum beizulegenden Zeitwert nicht in Betracht. Bei **mittelbaren Pensionsverpflichtungen** gilt im Ausnahmefall bei Ausübung des Passivierungswahlrechts nach Art. 28 Abs. 1 S. 2 EGHGB das Gleiche.[286] Allerdings liegt bei mittelbaren Verpflichtungen regelmäßig kein verrechenbares Deckungsvermögen beim rechnungslegenden Unternehmen vor, da der externe Versorgungsträger die zur Erfüllung der Leistungsverpflichtung dienenden Vermögensgegenstände ansetzt und das Saldierungsgebot nicht die Vermögensgegenstände der Versorgungseinrichtung umfasst.[287]

Wertpapiergebundene Versorgungszusagen

Bei wertpapiergebundenen Versorgungszusagen handelt es sich um Zusagen, bei denen sich die Pensionsverpflichtung nach dem beizulegenden Zeitwert von Wertpapieren bemisst und damit die an den Versorgungsberechtigten zu erbringende Leistung von der Höhe der zugrunde gelegten Wertpapiere abhängt. Bezogen auf die Rechnungslegung bestimmt § 253 Abs. 1 S. 2 HGB, dass die **Pensionsrückstellungen zum beizulegenden Zeitwert der Wertpapiere** anzusetzen sind, wenn der beizulegende Zeitwert einen garantierten Mindestbetrag übersteigt und wenn es sich um Wertpapiere im Sinne von § 266 Abs. 2 A. III. 5 HGB handelt. Sofern der beizulegende Zeitwert der Wertpapiere den garantierten Mindestbetrag nicht überschreitet, bedarf es aufgrund des Höchstwertprinzips und unter Beachtung der Abzinsungsregelungen eines Ansatzes der Altersversorgungsrückstellung zum **Barwert des garantierten Mindestbetrags**, da dieser Betrag den Wert der zu erbringenden Leistung am Abschlussstichtag repräsentiert. Als zweite Vorausset-

---

286 Vgl. IDW RS HFA 30, Tz. 35 sowohl zu den Altzusagen als auch mittelbaren Verpflichtungen.
287 Vgl. auch Grottel/Johannleweling (Beck'scher Bilanzkommentar), § 249 HGB, Rn. 250.

zung für die Anwendung dieser besonderen Bewertungsvorschrift für Pensionsrückstellungen muss sich die Zusage auf Wertpapiere im Sinne von § 266 Abs. 2 A. III. 5 HGB beziehen. Dies umfasst z. B. Aktien, Fondsanteile, Indexpapiere, Genussscheine, Obligationen oder Optionsscheine. GmbH-Anteile fallen nicht darunter, da sie mangels Verbriefung keine Wertpapiere darstellen.[288] Sofern der Ansatz der Pensionsrückstellungen zum beizulegenden Zeitwert der Wertpapiere und nicht zum garantierten Mindestbetrag vorgenommen werden muss, bestehen verschiedene Fallkonstellationen, die zu unterschiedlichen Abbildungen im Jahresabschluss führen.[289]

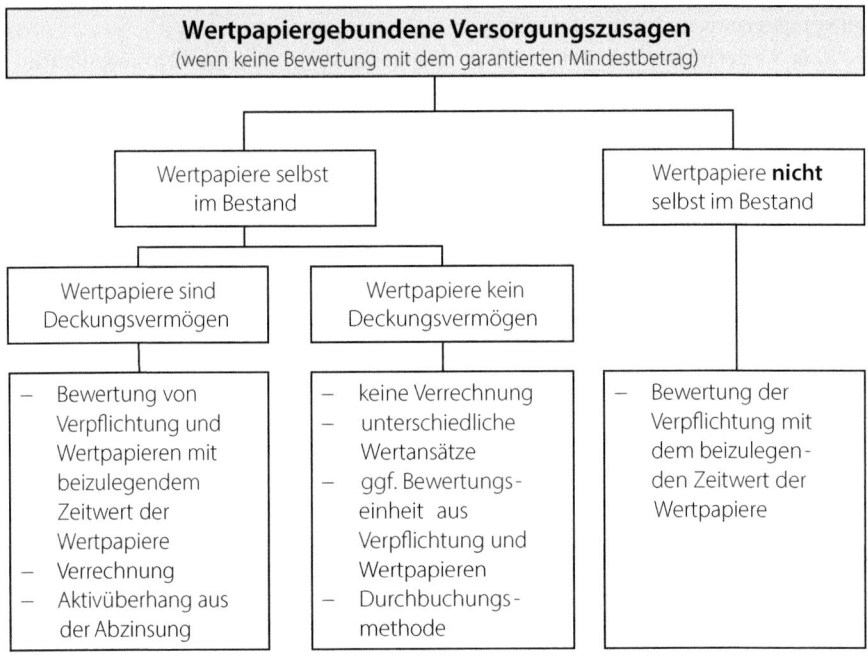

Dar. 9.12: Rechnungslegung von wertpapierbezogenen Versorgungszusagen[290]

Hält das bilanzierende Unternehmen die Wertpapiere **nicht selbst im Bestand**, so erfolgt die Bewertung der Pensionsverpflichtung mit dem beizulegenden Zeitwert der Wertpapiere. Es findet sich allein eine Passivierung der nach § 253 Abs. 2 S. 1 HGB zudem noch abzuzinsenden Rückstellung. Ein Ansatz auf der Aktivseite kann

---

288 Vgl. Scheffler (Beck'sches HdR), B 233, Rz. 215, IDW RS HFA 30, Tz. 73.
289 Die Regelungen zu wertpapiergebundenen Versorgungszusagen sind nach h. M. auch auf Pensionszusagen anzuwenden, deren Höhe sich ausschließlich nach dem beizulegenden Zeitwert von Rückdeckungsversicherungsansprüchen richtet. Vgl. etwa Grottel/Johannleweling (Beck'scher Bilanzkommentar), § 249 HGB, Rn. 248 oder IDW RS HFA 30, Tz. 74.
290 Vgl. in Anlehnung an IDW RS HFA 30, Tz. 76.

es nicht geben. Hält das Unternehmen dagegen die Wertpapiere selbst im Bestand, bedarf es einer Differenzierung, ob die Wertpapiere gleichzeitig Deckungsvermögen darstellen oder eben nicht, weil z. B. die Gestaltung der Insolvenzfestigkeit fehlt. Stellen die **Wertpapiere Deckungsvermögen** dar, dann kommt es sowohl bei der Verpflichtung nach § 253 Abs. 1 S. 3 HGB als auch bei den Wertpapieren selbst nach § 253 Abs. 1 S. 4 HGB zu einer Bewertung mit dem beizulegenden Zeitwert der Wertpapiere. Da zudem der Zwang zur Saldierung nach § 246 Abs. 2 S. 2 HGB greift, ergibt sich vorbehaltlich eines Abzinsungseffekts der Rückstellung weder ein Ansatz der Wertpapiere auf der Aktivseite der Bilanz noch ein Ausweis der Rückstellung auf der Passivseite. Fraglich ist allerdings, ob die zum beizulegenden Zeitwert der Wertpapiere zu bewertende Rückstellung zusätzlich entsprechend der Regelung des § 253 Abs. 2 S. 1 und 2 HGB einer Abzinsung bedarf. Der Gesetzessystematik folgend muss eine Abzinsung vorgenommen werden. § 253 Abs. 1 S. 2 und 3 HGB bestimmt zunächst mit dem geschätzten Erfüllungsbetrag bzw. dem beizulegenden Zeitwert der Wertpapiere den Wertmaßstab für die Bewertung der Rückstellung und legt anschließend die Abzinsungspflicht langfristiger Rückstellungen in § 253 Abs. 2 fest.[291] Insofern ergibt sich regelmäßig ein Aktivüberhang, sofern die Wertpapiere Deckungsvermögen darstellen, da die Wertpapiere zu ihrem beizulegenden Zeitwert und die Verpflichtung zum abgezinsten beizulegenden Zeitwert der Wertpapiere bewertet werden. Der nach Verrechnung verbleibende Aktivüberhang ist nach § 246 Abs. 2 S. 3 HGB gesondert auszuweisen und unterliegt entsprechend § 268 Abs. 8 S. 3 HGB und § 301 Abs. 1 AktG einer Ausschüttungs- und Abführungssperre.

Stellen dagegen die **Wertpapiere kein Deckungsvermögen** dar, dann ist die Rückstellung unverändert zum beizulegenden Zeitwert der Wertpapiere entsprechend § 253 Abs. 1 S. 3 HGB zu bewerten und nach § 253 Abs. 2 S. 1 HGB abzuzinsen. Die Wertpapiere selbst müssen demgegenüber den allgemeinen Bewertungsregelungen für Vermögensgegenstände folgend mit ihren fortgeführten Anschaffungskosten unter Beachtung der Regelungen zur Vornahme außerplanmäßiger Abschreibungen im Anlage- und Umlaufvermögen nach § 253 Abs. 3 und Abs. 4 HGB angesetzt werden. Eine Saldierung beider Posten scheidet nach § 246 Abs. 2 S. 1 HGB aus. Sofern der beizulegende Zeitwert der Wertpapiere über den (ursprünglichen) Anschaffungskosten der Wertpapiere liegt, übersteigt der Wertansatz der abgezinsten Rückstellung den angesetzten Aktivposten. Dies führt durch die Erfas-

---

291 Ebenfalls eine Abzinsungspflicht für die Rückstellung sehend Scheffler (Beck'sches HdR), B 233, Rz. 218. Anderer Auffassung IDW RS HFA 30, Tz. 75 sowie Schaubild in Tz. 76 und Höfer (Betriebsrentenrecht), Kapitel 48, Rn. 132. Anderer Auffassung ebenfalls Grottel/Johanneweling (Beck'scher Bilanzkommentar), § 249 HGB, Rn. 248, die bei Anwendung der Abzinsungsmethode ein unzutreffendes und in der Regel überhöhtes Ergebnis sehen. Dieser Begründung ist entgegenzuhalten, dass auch die Rechnungslegungsregeln beim Vorliegen von Deckungsvermögen (ohne das Bestehen einer wertpapiergebundenen Versorgungszusage) die Bewertung der Vermögensgegenstände zum beizulegenden Zeitwert und die Bewertung der Rückstellung zum abgezinsten Erfüllungsbetrag vorsehen, so dass sich dort auch immer der gleiche Effekt ergibt.

sung höherer Aufwendungen als Erträge zu einer negativen Wirkung auf das Ergebnis. Vor diesem Hintergrund bietet es sich an eine Bewertungseinheit nach § 254 HGB[292] zu bilden. Bei Anwendung der Durchbuchungsmethode werden sowohl die Rückstellung (als Grundgeschäft) mit dem beizulegenden Zeitwert der Wertpapiere als auch die Wertpapiere selbst (als Sicherungsinstrument) mit ihrem beizulegenden Zeitwert bewertet, so dass es zwar zu einer Erfassung der Wertänderungen bei Grund- und Sicherungsgeschäft kommt, sie sich aber ausgleichen.[293] Eine Saldierung von Vermögensgegenständen und Schulden oder Erträgen und Aufwendungen ist auch hier nach § 246 Abs. 2 S. 1 HGB ausgeschlossen.

9.3.4.2.5 Ausweis und Angabepflichten von Pensionsverpflichtungen

Bei mittelgroßen und großen Kapitalgesellschaften sowie ihnen gleichgestellten Unternehmen wie z. B. haftungsbeschränkten Personengesellschaften bedarf es nach § 266 Abs. 1 S. 2 i. V. m. Abs. 3 B. 1 und 3 HGB **in der Bilanz** eines Ausweises der unmittelbaren Pensionsverpflichtungen unter dem Posten »Rückstellungen für Pensionen und ähnliche Verpflichtungen« und der vergleichbaren langfristig fälligen Verpflichtungen unter dem Posten »Sonstige Rückstellungen«. Bei kleinen Kapitalgesellschaften und kleinen haftungsbeschränkten Personengesellschaften genügt ein Ausweis unter dem Posten »Rückstellungen« (§ 266 Abs. 1 S. 3 HGB). Die nicht unter das PublG fallenden Einzelunternehmen und nicht haftungsbeschränkten Personengesellschaften haben gemäß § 247 Abs. 1 HGB die Schulden gesondert auszuweisen und hinreichend aufzugliedern, so dass auch bei diesen Gesellschaften zumindest ein Ausweis unter dem Posten »Rückstellungen« erfolgen sollte. Beim Vorliegen von Deckungsvermögen folgt der Ausweis eines möglichen Passivüberhangs den oben beschriebenen Regelungen. Im Fall eines Aktivüberhangs bedarf es nach § 246 Abs. 2 S. 3 HGB des Ausweises eines gesonderten Postens in der Bilanz. Für Kapitalgesellschaften und ihnen gleichgestellte Unternehmen ist § 266 Abs. 2 E. HGB entsprechend der Posten gesondert hinter den aktiven latenten Steuern in die Bilanz aufzunehmen und als »Aktiver Unterschiedsbetrag aus der Vermögensverrechnung« zu bezeichnen. Beim Bestehen mittelbarer Pensionsverpflichtungen kommt es ohne Vorliegen einer Deckungslücke nicht zum Ansatz eines Passivpostens in der Bilanz, da der externe Versorgungsträger die Verpflichtung gegenüber dem Versorgungsberechtigten zu erfüllen hat. Existiert dagegen eine Deckungslücke beim externen Versorgungsträger, besteht ein Ansatzwahlrecht nach Art. 28 Abs. 1 S. 2 EGHGB. Wird eine Rückstellung in Höhe der Deckungslücke für die mittelbare Altersversorgungsverpflichtung passiviert, folgt der Ausweis den oben beschriebenen Regelungen für unmittelbare Pensionsverpflichtungen. Im Fall einer vorliegenden Zahlungsverpflichtung aus der Subsidiärhaftung kommt es dagegen zu einem Ansatzgebot einer Verbindlichkeit. Große und mittelgroße Kapitalgesell-

---

292 Vgl. zur Rechnungslegung von Bewertungseinheiten ausführlich Kapitel 10.3.
293 Vgl. IDW RS HFA 30, Tz. 76, die einen Zwang zur Anwendung der Durchbuchungsmethode in diesem Fall sehen.

schaften sowie ihnen gleichgestellte Unternehmen entsprechender Größe haben die Verpflichtung unter den Posten »Sonstige Verbindlichkeiten« i. S. d. § 266 Abs. 3 C. 8 HGB zu subsumieren.

§ 277 Abs. 5 S. 1 HGB verlangt bei Kapitalgesellschaften und ihnen gleichgestellten Unternehmen **in der GuV** einen gesonderten Ausweis der Aufwendungen und Erträge aus der Auf- bzw. Abzinsung unter dem Posten »Zinsen und ähnliche Aufwendungen« bzw. »Sonstige Zinsen und ähnliche Erträge«. Für nicht unter das PublG fallende Einzelunternehmen sowie nicht haftungsbeschränkte Personengesellschaften gilt diese Vorgabe nicht. Der in der jeweiligen Periode zu erfassende Dienstzeitaufwand ist dagegen im operativen Ergebnis zu zeigen, ebenso Effekte aus geänderten Trendannahmen und biometrischen Parametern. Bei Anwendung des Gesamtkostenverfahrens erfolgt dabei für Kapitalgesellschaften und ihnen gleichgestellte Unternehmen die Darstellung innerhalb des Personalaufwands über den Posten »Soziale Abgaben und Aufwendungen für Altersversorgung und für Unterstützung«. Dabei sind die Aufwendungen für Altersversorgung gesondert mittels eines »davon«-Vermerks in der GuV aufzuführen. Bei Anwendung des Umsatzkostenverfahrens erfolgt dagegen der Ausweis im Posten »Sonstige betriebliche Aufwendungen«.[294] Allerdings besteht dann nach § 285 Nr. 8b HGB die Verpflichtung, den Personalaufwand und damit auch die Altersversorgungsaufwendungen entsprechend der Gliederung des Gesamtkostenverfahrens gesondert im Anhang darzustellen. Beim Vorliegen von Deckungsvermögen bezieht sich das Verrechnungsgebot des § 246 Abs. 2 S. 2 HGB auch auf die Aufwendungen und Erträge aus der Auf- bzw. Abzinsung der Verpflichtungen sowie die Aufwendungen und Erträge aus der Bewertung des zu saldierenden Deckungsvermögens.

Im Anhang bestehen diverse Angabepflichten im Zusammenhang mit Pensionsverpflichtungen, insbesondere in § 284 Abs. 2 Nr. 1, § 285 Nr. 24, 25, 28, 29, 9b S. 3, § 253 Abs. 6 S. 3 HGB sowie Art. 28 Abs. 2 EGHGB.

Danach sind u. a. folgende ausgewählte Angaben zu tätigen:

- Nach § 285 Nr. 24 HGB Angabe des angewandten versicherungsmathematischen Berechnungsverfahrens sowie der grundlegenden Annahmen der Berechnung wie Zinssatz, erwartete Lohn- und Gehaltssteigerungen oder die zugrunde gelegten biometrischen Annahmen.
- Nach § 285 Nr. 25 HGB beim Vorliegen von Deckungsvermögen sowohl Angabe der Anschaffungs- oder Herstellungskosten und des Zeitwerts des verrechneten Deckungsvermögens als auch des geschätzten Erfüllungsbetrags für die zugrunde liegende und verrechnete Verpflichtung. Ebenso Darstellung von Umfang und Art der saldierten Aufwendungen und Erträge. Diese Informationen sind

---

294 Zum Gesamtkostenverfahren vgl. § 275 Abs. 2 Nr. 6b) HGB. Zum Umsatzkostenverfahren vgl. § 275 Abs. 3 Nr. 7 HGB. Für Kleinstkapitalgesellschaften besteht die Möglichkeit, die GuV nach § 275 Abs. 5 HGB zu erstellen. In diesem Fall werden die Altersversorgungsaufwendungen unter dem Posten Personalaufwand gezeigt.

u. a. notwendig, um eine Kapitalflussrechnung als externer Rechnungslegungsadressat sachgerecht aus den veröffentlichten Daten erstellen zu können.

- Darüber hinaus nach § 285 Nr. 28 HGB Angabe des nach § 268 Abs. 8 S. 3 HGB ausschüttungsgesperrten Betrags aus der Bewertung des Deckungsvermögens mit dem beizulegenden Zeitwert sowie nach § 285 Nr. 25 i. V. m. Nr. 20a HGB Darstellung der zugrunde gelegten Annahmen zur Bestimmung des beizulegenden Zeitwerts der verrechneten Vermögensgegenstände.
- Nach § 253 Abs. 6 S. 1 und 3 HGB neben der Pflicht zur Ermittlung auch Pflicht zur Angabe des Unterschiedsbetrags der Pensionsrückstellungen bei einer Abzinsung mit dem restlaufzeitkonformen durchschnittlichen Marktzinssatz der letzten 10 Jahre und einer Abzinsung mit dem restlaufzeitkonformen durchschnittlichen Marktzinssatz der letzten 7 Jahre im Anhang oder unter der Bilanz.[295]
- Nach Art 28 Abs. 2 EGHGB Angabe des Fehlbetrags in einem Wert aus der Ausübung der Passivierungswahlrechte nach Art 28 Abs. 1 EGHGB für unmittelbare Altzusagen und für mittelbare Pensionsverpflichtungen.

---

295 Zudem besteht für den ermittelten Unterschiedsbetrag eine Ausschüttungssperre (vgl. § 253 Abs. 6 S. 2 HGB).

10 Aktive sowie passive Rechnungsabgrenzungsposten und latente Steuern

10.1 Rechnungsabgrenzungsposten

Rechnungsabgrenzungsposten dienen einer periodengerechten Gewinnermittlung und basieren auf dem in § 252 Abs. 1 Nr. 5 HGB geregelten Grundsatz der Periodenabgrenzung. Danach sind Aufwendungen und Erträge des Geschäftsjahres unabhängig von deren Zahlungszeitpunkten im Jahresabschluss zu berücksichtigen. Rechnungsabgrenzungsposten kommen immer dann zum Tragen, wenn **zeitraumbezogene Aufwendungen oder Erträge** vorliegen, die über den Abschlussstichtag hinweg laufen und damit zwei Perioden betreffen. Dies begründet sich zum einen aus dem **Realisationsprinzip** gemäß § 252 Abs. 1 Nr. 4 HS 2 HGB sowie dem Verursachungsprinzip, nach denen zeitraumbezogene Aufwendungen und Erträge **zeitanteilig** (*pro rata temporis*) und nach dem Zeitpunkt ihrer wirtschaftlichen Verursachung erfasst werden. Zum anderen begründet sich dies aus den bestehenden **Ansatzregelungen** zu Vermögensgegenständen, Schulden und Rechnungsabgrenzungsposten.

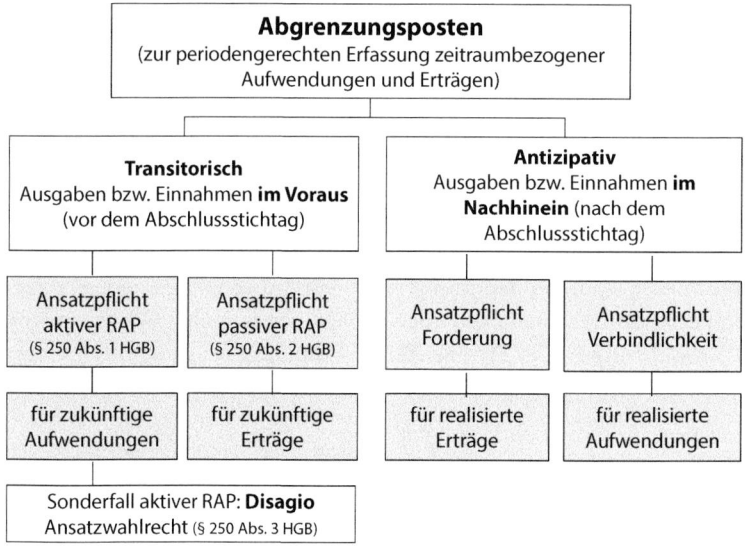

Dar. 10.1: Arten von Abgrenzungsposten

In Bezug auf die Aufteilung zeitraumbezogener Aufwendungen und Erträge auf die Berichtsperioden sind **zwei Fälle** zu unterscheiden. Die beiden Fälle werden als transitorische und als antizipative Abgrenzung bezeichnet. Zur Einordnung in eine der beiden Kategorien kommt es darauf an, ob die **Ausgaben bzw. Einnahmen im Voraus oder im Nachhinein** geleistet werden. Bei im Voraus geleisteten Ausgaben oder Einnahmen für nach dem Abschlussstichtag zu erfassende Aufwendungen oder Erträge handelt es sich um den Fall transitorischer Abgrenzung, was auf Basis der gesetzlichen Regelung in § 250 HGB über die Pflicht zum Ansatz von aktiven oder passiven Rechnungsabgrenzungsposten geschieht. Der Fall im Nachhinein geleisteter Ausgaben oder Einnahmen, die vor dem Abschlussstichtag schon als Aufwendungen oder Erträge erfasst werden müssen, definiert sich als antizipative Abgrenzung. Dabei resultiert aus dem Vollständigkeitsgebot nach § 246 Abs. 1 S. 1 HGB auf Grundlage der Frage abstrakter Ansatzfähigkeit eine Ansatzpflicht für Schulden bzw. Vermögensgegenstände.

§ 250 HGB regelt die **transitorische Abgrenzung**. § 250 Abs.1 HGB bestimmt, dass Ausgaben vor dem Abschlussstichtag als aktive Rechnungsabgrenzungsposten auszuweisen sind, soweit sie Aufwand für eine bestimmte Zeit nach dem Stichtag darstellen. Entsprechend verlangt § 250 Abs. 2 HGB die Bildung eines passiven Rechnungsabgrenzungspostens für Einnahmen vor dem Abschlussstichtag, soweit sie Ertrag für eine bestimmte Zeit nach diesem Tag repräsentieren. Die Bildung von **Rechnungsabgrenzungsposten** bedingt insofern das Vorliegen von drei Voraussetzungen:

- eine Ausgabe oder Einnahme **vor** dem Abschlussstichtag,
- die Erfolgswirksamkeit (Aufwand oder Ertrag) der Einnahme oder Ausgabe **nach** dem Abschlussstichtag und
- das Entfallen des Aufwands oder Ertrags auf eine **bestimmte Zeit** nach dem Abschlussstichtag.

Das Kriterium »bestimmte Zeit« setzt grundsätzlich die Existenz des Anfangs und des Endes eines **Zeitraumes** voraus. Insofern muss die Möglichkeit bestehen, den Zeitraum kalendermäßig zu bestimmen oder zumindest aus Rechengrößen mathematisch abzuleiten.[296] Der Zeitraum kann Teile der folgenden Berichtsperiode oder auch mehrere Jahre nach dem Abschlussstichtag umfassen. Vor diesem Hintergrund muss es sich bei den abzugrenzenden Aufwendungen oder Erträgen um zeitraumbezogene Aufwendungen oder Erträge handeln. Beispiele für zeitraumbezogene Aufwendungen und Erträge stellen Mieten, Leasingentgelte, Pachten, Zinsen oder Versicherungsprämien dar.[297] Das Vorliegen einer **Ausgabe oder Ein-**

---

296 Vgl. ADS (Rechnungslegung), Tz. 32 zu § 250 HGB.

297 Im Gegensatz dazu fehlt es bei **geleisteten oder erhaltenen Anzahlungen** am erforderlichen Zeitraumbezug. Anzahlungen werden zwar auch im Voraus geleistet bzw. vereinnahmt, entfallen aber nicht auf einen bestimmten Zeitraum. Sie repräsentieren vielmehr Vermögensgegenstände bzw. Verbindlichkeiten. Mangels Zeitraumbezug

nahme vor dem Abschlussstichtag bedingt grundsätzlich einen Zahlungsvorgang, also eine Veränderung des Zahlungsmittelbestands. Ausgaben und Einnahmen beinhalten neben Auszahlungen und Einzahlungen definitionsgemäß aber auch Veränderungen der Geldforderungen sowie Geldverbindlichkeiten.[298] Allerdings stellen Nicht-Zahlungsvorgänge eher den Ausnahmefall im Rahmen der Bildung von Rechnungsabgrenzungsposten dar. Regelmäßig liegen Ein- und Auszahlungen zugrunde, wie eine geleistete Mietvorauszahlung oder eine erhaltene Zinsvorauszahlung.[299] Eine ausführliche beispielhafte Erläuterung der (transitorischen) Abgrenzung mittels aktiver oder passiver Rechnungsabgrenzungsposten findet sich in **Kapitel 2.2.3.5** (siehe dort Beispiel 1 und 2). Dabei führen geleistete Ausgaben vor dem Stichtag für zeitraumbezogene Aufwendungen zu einer Bildung von aktiven Rechnungsabgrenzungsposten (§ 250 Abs. 1 HGB), erhaltene Einnahmen vor dem Stichtag für zeitraumbezogene Erträge zu einem Ansatz von passiven Rechnungsabgrenzungsposten (§ 250 Abs. 2 HGB). Dementsprechend beinhalten aktive Rechnungsbegrenzungsposten zukünftige, nach dem Abschlussstichtag zu erfassende Aufwendungen und passive Rechnungsabgrenzungsposten zukünftige, nach dem Abschlussstichtag zu erfassende Erträge.

Aktive Rechnungsabgrenzungsposten stellen keine Vermögensgegenstände dar, da sie nicht selbständig verwertbar sind. Passive Rechnungsabgrenzungsposten setzen nicht zwingend die Existenz einer Verpflichtung und damit das Vorliegen einer Schuld voraus. Um eine periodengerechte Gewinnermittlung im Voraus verausgabter bzw. vereinnahmter zeitraumbezogener Aufwendungen und Erträge zu erreichen, bedurfte es daher einer gesonderten gesetzlichen Vorschrift zur Regelung der Ansatzpflicht für die auf diesen Zweck gerichteten Rechnungsabgrenzungsposten. Im Gegensatz zur transitorischen Abgrenzung besteht bei der **antizipativen Abgrenzung** für die im Nachhinein verausgabten bzw. vereinnahmten zeitraumbezogenen Aufwendungen und Erträge keine Notwendigkeit für eine gesonderte gesetzliche Regelung, da schon die allgemeinen Ansatz- und Bewertungsgrundsätze eine periodengerechte Gewinnermittlung sicherstellen.

Sofern ein zeitraumbezogener **Aufwand** erst nach dem Abschlussstichtag zu einer Ausgabe führt (z. B. nachträgliche Zahlung des Zinsaufwands am 28. Februar t2 für einen kurzfristig aufgenommenen Kredit vom 1. Dezember t1 bis 28. Februar t2), muss der auf das abgelaufene Geschäftsjahr entfallende anteilige Aufwand zwingend aufgrund des Realisationsprinzips und des Grundsatzes der Verur-

---

kommt es damit auch erst bei Erfüllung der Lieferung oder Leistung zur Ertrags- bzw. Aufwandsrealisation.

298 Vgl. zur Definition von Ausgaben und Einnahmen sowie Auszahlungen und Einzahlungen Wöhe/Döring/Brösel (BWL), S. 633.

299 Zu einem Beispiel zur Bildung eines aktiven und passiven Rechnungsabgrenzungspostens auf Grundlage eines Nicht-Zahlungsvorgangs vor dem Abschlussstichtag durch in diesem Fall eine Erhöhung der Geldverbindlichkeiten (Ausgabe) bei einer Partei bzw. entsprechend der Erhöhung der Geldforderungen (Einnahme) bei der anderen Vertragspartei siehe ADS (Rechnungslegung), Tz. 27 zu § 250 HGB.

sachung im Abschluss des abgelaufenen Geschäftsjahres erfasst werden[300]. Darüber hinaus existiert aufgrund des Vollständigkeitsgebots nach § 246 Abs. 1 S. 1 HGB eine Pflicht zum Ansatz einer Schuld. In Höhe des auf das abgelaufene Geschäftsjahr entfallenden Aufwands besteht eine rechtlich zu erfüllende Verpflichtung, da die Leistung schon bis zum Abschlussstichtag in Anspruch genommen wurde. Die Verpflichtung führt mittels der künftigen Zahlung zu einer Belastung des Vermögens und ist eindeutig selbständig bewertbar. Insofern sind die Kriterien für das Vorliegen einer Schuld erfüllt. Führt analog ein zeitraumbezogener **Ertrag** erst nach dem Abschlussstichtag zu einer Einnahme (z. B. nachträgliche Zahlung des Zinsertrags am 28. Februar t2 für eine kurzfristige Mittelanlage vom 1. Dezember t1 bis 28. Februar t2) muss der auf das abgelaufene Geschäftsjahr entfallende anteilige Ertrag zwingend aufgrund des Realisationsprinzips im Abschluss des abgelaufenen Geschäftsjahres erfasst werden[301]. Zudem besteht aufgrund des Vollständigkeitsgebots nach § 246 Abs. 1 S. 1 HGB eine Pflicht zum Ansatz eines Vermögensgegenstands. Durch die erbrachte Leistung besitzt das Unternehmen einen Anspruch gegenüber dem Leistungsempfänger. Der Anspruch repräsentiert einen wirtschaftlichen Wert, der in Höhe des auf das abgelaufene Geschäftsjahr entfallenden Ertrags selbständig bewertbar und auch einzeln veräußerbar ist. Insofern handelt es sich bei dem Anspruch um einen Vermögensgegenstand. Eine ausführliche beispielhafte Darstellung findet sich in **Kapitel 2.2.3.5** (siehe dort Beispiel 3 und 4). Schulden beinhalten demnach vergangene (bereits realisierte), vor dem Abschlussstichtag liegende Aufwendungen und Forderungen vergangene (bereits realisierte), vor dem Abschlussstichtag liegende Erträge. Im Gegensatz dazu umfassen die Rechnungsabgrenzungsposten im Rahmen transitorischer Abgrenzung zukünftige Aufwendungen bzw. zukünftige Erträge.

Die im Rahmen transitorischer Abgrenzung ansatzpflichtigen »Rechnungsabgrenzungsposten« sind nach § 247 Abs. 1 i. V. m. § 250 Abs. 1 und 2 HGB jeweils gesondert in der Bilanz auf der Aktiv- und Passivseite auszuweisen. Für Kapitalgesellschaften und ihnen gleichgestellte Unternehmen sieht darüber hinaus die Bilanzgliederung in § 266 Abs. 2 C. und Abs. 3 D. HGB zudem den genauen Ort des **Ausweises in der Bilanz** vor, und zwar auf der Aktivseite als gesonderter Posten nach dem Umlaufvermögen bzw. auf der Passivseite als gesonderter Posten nach den Verbindlichkeiten. Bei den im Rahmen der antizipativen Abgrenzung ansatzpflichtigen Schulden handelt es sich um Verbindlichkeiten, da sowohl der Zeitpunkt als auch die Höhe der Zahlung feststehen. Die im Rahmen antizipativer Abgrenzung zu aktivierenden Vermögensgegenstände sind nach § 247 Abs. 1 HGB im Umlaufvermögen auszuweisen, da sie im Umkehrschluss zu § 247 Abs. 2 HGB nicht dauernd dem Geschäftsbetrieb dienen. Sie repräsentieren Forderungen, so dass sie im Falle einer weiteren Untergliederung des Umlaufvermögens unter die

---

300 Hier im Beispiel der auf den Zeitraum vom 1. bis 31. Dezember t1 entfallende Zinsaufwand.

301 Hier im Beispiel der auf den Zeitraum vom 1. bis 31. Dezember t1 entfallende Zinsertrag.

»Forderungen und sonstigen Vermögensgegenstände« fallen. Große und mittelgroße Kapitalgesellschaften im Sinne des § 267 HGB sowie ihnen gleichgestellte Unternehmen haben die Verbindlichkeiten unter den »sonstigen Verbindlichkeiten« und die Ansprüche unter den »sonstigen Vermögensgegenständen« zu zeigen.[302] Bei kleinen Kapitalgesellschaften reicht nach § 266 Abs. 1 S. 3 HGB grundsätzlich ein Ausweis unter den Oberpositionen »Verbindlichkeiten« bzw. »Forderungen und sonstige Vermögensgegenstände«.

Mit der Regelung in § 250 Abs. 3 HGB besteht im Rahmen der transitorischen Abgrenzung ein Sonderfall für die Behandlung eines **Disagios.** Danach hat der Gesetzgeber ein **Aktivierungswahlrecht** für das Disagio als aktiven Rechnungsabgrenzungsposten kodifiziert. Ein Disagio repräsentiert den Unterschiedsbetrag zwischen Erfüllungsbetrag einer Verbindlichkeit und ihrem Ausgabebetrag. Insofern kommt es im Falle der Gewährung einer Verbindlichkeit unter Einbehaltung eines Disagios beim Schuldner zu einem im Voraus vereinnahmten geringeren Betrag als dem später zu verausgabenden Rückzahlungsbetrag. Insofern fällt dieser Sachverhalt nicht unter den in § 250 Abs. 1 HGB niedergelegten Fall der aktiven Rechnungsabgrenzung. Allerdings stellt die Einbehaltung des Disagios beim Gläubiger betriebswirtschaftlich eine im Voraus erbrachte Zinszahlung des Schuldners dar, so dass es einer besonderen Regelung zur Behandlung des Disagios bedurfte. Bei Ausübung des Ansatzwahlrechts nach § 250 Abs. 3 S. 1 HGB wird das Disagio als aktiver Rechnungsabgrenzungsposten aktiviert und dem § 250 Abs. 3 S. 2 HGB entsprechend über die Laufzeit der Verbindlichkeit planmäßig abgeschrieben. Ohne Ausübung des Ansatzwahlrechts kommt es dagegen direkt im Zeitpunkt der Darlehensausgabe zu einer aufwandswirksamen Erfassung des Disagios.[303]

10.2 Latente Steuern

10.2.1 Begriff und Zweck der Bildung latenter Steuern

Die Rechnungslegung latenter Steuern dient sowohl einer **periodengerechten Gewinnermittlung** als auch einem zutreffenden **Ausweis der Vermögens- und Finanzlage.** Latente Steuern entstehen zum einen durch unterschiedliche Wertansätze von Vermögensgegenständen, Schulden sowie Rechnungsabgrenzungsposten in der Handels- und Steuerbilanz (Temporary-Konzept). Zum anderen entstehen latente Steuern durch ein voneinander abweichendes Ergebnis in Handels- und Steuerbilanz (Timing-Konzept). Voraussetzung in beiden Fällen ist, dass es sich nicht um dauerhafte Unterschiede zwischen Handels- und Steuerbilanz handelt, sondern sich die Differenzen in späteren Perioden umkehren und damit im Zeitablauf ausgleichen. Durch das Vorliegen von steuerlichen Umkehreffekten in der

---

302 Vgl. § 266 Abs. 3 C. 8. und Abs. 2 B. II. 4. HGB i. V. m. § 266 Abs. 1 S. 2 HGB.
303 Ein ausführliches Beispiel zum Ansatzwahlrecht des Disagios einschließlich der rechnungslegungspolitischen Wirkungsweise findet sich in Kapitel 3.2.

Zukunft aufgrund der Unterschiede im Ergebnis-, Vermögens- und Kapitalausweis von Handels- und Steuerbilanz resultieren jetzige sowie zukünftige **Steuerbelastungen und Steuerentlastungen in der Handelsbilanz,** die latente Steuern darstellen und als Korrekturgrößen in den handelsrechtlichen Jahresabschluss einfließen. Während es sich bei zukünftigen Steueransprüchen (Steuerentlastungen) um aktive latente Steuern handelt, kommt es bei zukünftigen Steuerbelastungen zum Ansatz passiver latenter Steuern.

Latente Steuern korrigieren damit in der GuV den tatsächlichen (effektiven) Steueraufwand, um im handelsrechtlichen Jahresabschluss den mit dem handelsrechtlichen Ergebnis korrespondierenden Steuerbetrag auszuweisen. Zudem ergänzt der Ansatz aktiver und passiver latenter Steuern in der Handelsbilanz die bilanzierten tatsächlichen Steuererstattungsansprüche und Steuerrückstellungen, so dass die dann insgesamt ausgewiesen Steueransprüche und Steuerbelastungen zum handelsrechtlichen Reinvermögen (Eigenkapital) passen. Die **effektiv zu leistenden Steuern** bzw. tatsächlichen Steuern ergeben sich auf Grundlage des in der Steuerbilanz ermittelten zu versteuernden Einkommens des Unternehmens und stellen den Steueraufwand der Periode dar. Sofern die effektiven Steuern noch nicht vollständig mittels Vorauszahlungen geleistet wurden, ist eine Steuerrückstellung zu passivieren. Wenn dagegen die Vorauszahlungen den effektiven Steueraufwand übersteigen, erfolgt der Ansatz eines Steuererstattungsanspruchs im Umlaufvermögen. Sowohl der effektive Steueraufwand als auch die Steueransprüche und Steuerrückstellungen werden in die Handelsbilanz übernommen. Allerdings passen der effektive Steueraufwand nicht zum handelsrechtlichen Ergebnis und die Steueransprüche sowie Steuerrückstellungen nicht zum handelsrechtlichen Eigenkapital. Um nunmehr die fiktiven Steuern im handelsrechtlichen Jahresabschluss zu zeigen, werden latente Steuern als Ausgleichsposten angesetzt. Bei den **fiktiven Steuern** handelt es sich in der GuV um den mit dem handelsrechtlichen Ergebnis korrespondierenden Steueraufwand oder Steuerertrag und in der Bilanz um die zum handelsrechtlichen Eigenkapital passenden Steueransprüche bzw. Steuerverpflichtungen. Insofern stellen **latente Steuern** eine Überleitungsgröße von den auf Grundlage der Steuerbilanz ermittelten effektiven Steuern auf die im handelsrechtlichen Jahresabschluss auszuweisenden fiktiven Steuern dar:

effektive Steuern (Steuerbilanz) + latente Steuern = fiktive Steuern (Handelsbilanz)

Dabei repräsentieren aktive latente Steuern künftige Steuerentlastungen bzw. Steueransprüche, die bei ihrer Entstehung die effektiven Steuern auf die fiktiven Steuern vermindern. Bei passiven latenten Steuern handelt es sich um künftige Steuerbelastungen, die bei ihrer Entstehung die effektiven Steuern auf die fiktiven Steuern erhöhen.

§ 274 HGB regelt den Ansatz und die Bewertung latenter Steuern im handelsrechtlichen Jahresabschluss. Aufgrund der Einordnung der Regelung in die besonderen Vorschriften für Kapitalgesellschaften und ihnen gleichgestellte Unternehmen gilt § 274 HGB grundsätzlich nur für diese Unternehmen.[304] Kleine Kapitalgesellschaften sind nach § 274a Nr. 4 HGB von der Anwendung befreit. Während für passive latente Steuern eine Ansatzpflicht besteht, existiert für den Überhang aktiver latenter Steuern über die passiven latenten Steuern ein Aktivierungswahlrecht. Aktive und passive latente Steuern können saldiert oder auch unverrechnet angesetzt werden. § 266 Abs. 2 D und Abs. 3 E HGB entsprechend bedürfen sowohl aktive als auch passive latente Steuern mit oder ohne Ausübung des Saldierungswahlrechts jeweils eines gesonderten Ausweises in der Bilanz unter entsprechender Bezeichnung. Darüber hinaus besteht nach § 268 Abs. 8 S. 2 HGB eine mit dem Ansatz aktiver latenter Steuern verbundene Ausschüttungssperre.

10.2.2 Konzeptionelle Grundlagen

Für die **Ermittlung latenter Steuern** bestehen mit dem **Temporary- Konzept** und dem **Timing- Konzept** grundsätzlich zwei anwendbare Konzeptionen. Dabei basieren die derzeitigen Regelungen nach § 274 HGB auf dem Temporary-Konzept. Dieses gilt auch nach IFRS aufgrund der in IAS 12 kodifizierten Vorschriften. Die bis zum BilMoG geltenden Regelungen des § 274 HGB a. F. sahen dagegen die Anwendung des Timing-Konzepts zur Abgrenzung latenter Steuern vor. Das bedeutet nicht, dass das Timing-Konzept derzeit keine Relevanz mehr im Rahmen der Erstellung eines handelsrechtlichen Jahresabschlusses aufweist. Es kommt immer noch dann zum Tragen, zumindest teilweise, wenn Unternehmen nicht den § 274 HGB anwenden müssen und auch nicht freiwillig anwenden. Dieser Sonderfall wird ausführlich in Kapitel 10.2.3.5 erläutert. Die folgende Darstellung 10.2 stellt beide Konzepte gegenüber.

Dar. 10.2: Gegenüberstellung von Temporary- und Timing-Konzept

Temporary-Konzept (§ 274 HGB)	Timing-Konzept (§ 274 HGB a. F.)
• bilanzorientiert	• GuV-orientiert
• Abbildung künftiger Steuerbelastungen und Steuerentlastungen	• Abbildung eines angemessenen Steueraufwands und Steuerertrags
• alle Ansatz- und Bewertungsdifferenzen (auch erfolgsneutrale)	• nur Ansatz- und Bewertungsunterschiede, die sich in der GuV niederschlagen
• Abgrenzung von temporären (*temporary*) Differenzen (einschließlich quasi-permanenter Differenzen)	• Abgrenzung von zeitlichen (*timing*) Differenzen (ohne quasi-permanente Differenzen)

---

304 Siehe aber Kapitel 10.2.3.5 zum verpflichtenden Ansatz passiver latenter Steuern für Unternehmen, die nicht § 274 HGB anwenden müssen und auch nicht freiwillig anwenden.

Wie die Gegenüberstellung verdeutlicht, zielt das Timing-Konzept allein auf eine periodengerechte Gewinnermittlung. Beim Timing-Konzept werden nur die zeitlichen Unterschiede zwischen handels- und steuerrechtlichem Abschluss berücksichtigt, die bei ihrer Entstehung und Umkehrung auch erfolgswirksam sind. Das Temporary-Konzept dient dagegen neben einer periodengerechten Gewinnermittlung (vorrangig) auch dem zutreffenden Ausweis der Vermögens- und Finanzlage in der Bilanz. Insofern werden für alle entstandenen und sich im Zeitablauf umkehrenden Unterschiede bei Vermögensgegenständen, Schulden und Rechnungsabgrenzungsposten zwischen handelsrechtlichem und steuerrechtlichem Abschluss latente Steuern gebildet, wenn diese Differenzen zu künftigen Steuerbelastungen oder Steuerentlastungen führen. Das Temporary-Konzept stellt damit auf die bilanziellen Differenzen zwischen handels- und steuerrechtlichen Wertansätzen ab. Es bezieht neben erfolgswirksam auch erfolgsneutral entstandene Unterschiede mit in die Ermittlung latenter Steuern ein, sofern die Auflösung in späteren Perioden zu handels- und steuerrechtlichen Ergebnisdifferenzen führen. Beide Konzepte unterteilen die Differenzen zwischen handelsrechtlichem und steuerrechtlichem Abschluss in zeitlich begrenzte, quasi-permanente und permanente Unterschiede (▶ Dar. 10.3).

Art	zeitlich begrenzte Differenzen (*timing*)	quasi-permanente Differenzen	permanente Differenzen
	temporäre Differenzen (*temporary*)		
Umkehrung	automatische Umkehr	Umkehr bei Veräußerung oder Liquidation	keine Umkehr
Beispiele	• Unterschiedliche Abschreibung von Vermögensgegenständen in HB und SB	• Grundstücke • Beteiligungen (steuerpflichtiger Anteil nach § 8b KStG)	• nicht abzugsfähige Betriebsausgaben • steuerfreie Erträge
Latente Steuern nach § 274 HGB	Bildung latenter Steuern		Keine Bildung latenter Steuern

Dar. 10.3: Zuordnung von Differenzen zur Ermittlung latenter Steuern nach § 274 HGB

• Bei **zeitlichen Differenzen** kehren sich die bei den handels- und steuerrechtlichen Bilanzposten sowie Ergebnissen bestehenden Unterschiede automatisch in einem zeitlich begrenzten Zeitraum um. So führt z. B. eine differierende Abschreibung in Handels- und Steuerbilanz aufgrund unterschiedlich zugrunde gelegter Nutzungsdauern zu einer zeitlichen Verschiebung der Aufwandserfassung, damit einer zeitlichen Verschiebung der Jahresergebnisse sowie einem im Zeitablauf abweichenden Ansatz des Bilanzpostens. Über die Totalperiode der Nutzungsdauer des Vermögensgegenstands stimmen die Summe der erfassten Aufwendungen und der Totalerfolg überein. Darüber hinaus beläuft sich der Wert des Bilanzpostens am Ende der Nutzungsdauer in beiden Rechenwerken auf 0 EUR, so dass auch beim Vermögensgegenstand keine Differenzen mehr vorliegen.

- Im Fall von **permanenten Differenzen** gleichen sich die Abweichungen zwischen handelsrechtlichem und steuerrechtlichem Abschluss im Zeitablauf nicht aus. Durch ihre dauerhafte Existenz besteht auch über die Totalperiode hinweg ein Ergebnisunterschied in den Rechenwerken. Dieses betrifft insbesondere nicht abzugsfähige Betriebsausgaben oder steuerfreie Erträge. Während diese Aufwendungen und Erträge nach HGB erfasst werden und das Jahresergebnis vermindern bzw. erhöhen, finden sie aufgrund der besonderen steuerrechtlichen Vorschriften keine Berücksichtigung im Rahmen der steuerrechtlichen Gewinnermittlung.
- Bei **quasi-permanenten Differenzen** kommt es erst zu einem späteren, nicht absehbaren Zeitpunkt zu einer Umkehrung des Unterschieds. Bis zu diesem Zeitpunkt besteht aufgrund abweichender Vorschriften eine dauerhafte Differenz zwischen Handels- und Steuerbilanz. Dabei hängt der Zeitpunkt des Ausgleichs vom unternehmerischen Handeln ab, wie z. B. der Veräußerung eines unbegrenzt nutzbaren Vermögensgegenstands oder der Liquidation des Unternehmens. So muss z. B. im Fall einer dauerhaften Wertminderung eines im Anlagevermögen angesetzten Grundstücks nach § 253 Abs. 3 S. 5 HGB zwingend eine außerplanmäßige Abschreibung in der Handelsbilanz vorgenommen werden. In der Steuerbilanz existiert dagegen nach § 6 Abs. 2 S. 2 EStG ein Wahlrecht zur Durchführung einer Teilwertabschreibung. Erfolgt in der Steuerbilanz keine Teilwertabschreibung, besteht bis zur Veräußerung des Grundstücks eine dauerhafte Differenz zwischen Handels- und Steuerbilanz. Erst im Zeitpunkt des Abgangs des Grundstücks gleicht sich die Differenz aus, da in diesem Zeitpunkt steuerrechtlich ein in Höhe der vormals handelsrechtlich vorgenommen Abschreibung geringeres Ergebnis entsteht.

Sowohl die Anwendung des Timing- als auch des Temporary-Konzepts zieht bei Bestehen zeitlicher Differenzen eine Ermittlung latenter Steuern nach sich, während bei Vorliegen von permanenten Differenzen mangels Umkehreffekts eine Bildung latenter Steuern nicht in Betracht kommt. Bei Rückgriff auf das Temporary-Konzept sind anders als beim Timing-Konzept quasi-permanente Differenzen in die Berechnung latenter Steuern einzubeziehen, da hier der Ausgleichszeitpunkt keine Rolle spielt.

Der **Abgrenzung latenter Steuern** liegt entweder die **Liability- Methode** oder die **Deferred- Methode** zugrunde.[305] Während das bilanzorientierte Temporary-Konzept ausschließlich mit der Liability-Methode vereinbar ist, lässt sich das Timing-Konzept mit beiden Methoden verbinden.

---

305 Vgl. hierzu Coenenberg/Haller/Schultze (Jahresabschluss), S. 513 ff. Daneben besteht mit der Net-of-Tax-Methode ein weiteres Verfahren zur Abgrenzung, welches aber aufgrund geltender Rechnungslegungsnormen als unzulässig zu betrachten ist (vgl. Coenenberg/Haller/Schultze (Jahresabschluss), S. 518).

Dar. 10.4: Methoden der Steuerabgrnzung

Liability-Methode (§ 274 HGB)	Deferred-Methode
• Bilanzorientiert	• GuV-orientiert
• Ziel: zutreffender Vermögens- und Schuldausweis (Grundlage statische Bilanztheorie)	• Ziel: periodengerechte Erfolgsermittlung (Grundlage dynamische Bilanztheorie)
• Abbildung künftiger Steuerbelastungen und Steuerentlastungen (Bilanz)	• Abbildung einer sachgerechten Relation von Ergebnis und Steueraufwand bzw. Steuerertrag (GuV)
• latente Steuern gelten bei wirtschaftlicher Betrachtungsweise als Vermögensgegenstand und Schuld	• latente Steuern stellen eine Bilanzierungshilfe oder Rückstellung dar
• zukünftiger Steuersatz	• aktueller Steuersatz
• Anpassung bei Steuersatzänderungen	• keine Anpassung an geänderte Steuersätze

Im Rahmen der Anwendung der Liability-Methode stellen latente Steuern bei wirtschaftlicher Betrachtungsweise Schulden oder Vermögensgegenstände dar. Da die Höhe der Schuld (*liability*) von der künftigen Steuerbelastung und die Höhe des Anspruchs von der künftigen Steuerentlastung abhängen, ist auch auf die zukünftig geltenden Steuersätze abzustellen. Bei der Deferred-Methode dagegen dienen latente Steuern allein der Abgrenzung des Steueraufwands und Steuerertrags. Bei aktiven latenten Steuern handelt es sich mithin um eine Bilanzierungshilfe[306], bei passiven latenten Steuern um eine Rückstellung. Insofern findet für die Zwecke der Steuerabgrenzung ein Rückgriff auf den aktuellen, am Abschlussstichtag geltenden Steuersatz statt.

10.2.3 Latente Steuern nach HGB

10.2.3.1 Rechtliche Grundlagen

Die Regelungen zum Ansatz und zur Bewertung latenter Steuern im handelsrechtlichen Jahresabschluss finden sich in **§ 274 HGB**.[307] § 274 HGB legt zum einen das

---

306 Der Ansatz aktiver latenter Steuern allein für Zwecke der Steuerabgrenzung ist nur über eine Bilanzierungshilfe möglich, da diese weder einen Vermögensgegenstand (antizipative Abgrenzung) noch einen Rechnungsabgrenzungsposten (transitorische Abgrenzung) darstellen.

307 Darüber hinaus regelt § 306 HGB die Rechnungslegung der zusätzlich im Rahmen der Konsolidierung bei Erstellung eines handelsrechtlichen Konzernabschlusses entstehenden latenten Steuern.

Temporary-Konzept zur Ermittlung latenter Steuern und zum anderen die **Liability-Methode** zur Steuerabgrenzung fest. Nach der gesetzlichen Stellung bedarf es einer Anwendung des § 274 HGB im Jahresabschluss von **Kapitalgesellschaften und von haftungsbeschränkten Personengesellschaften**. Allerdings besteht nach § 274a Nr. 4 HGB für kleine Kapitalgesellschaften und kleine haftungsbeschränkte Personengesellschaften im Sinne des § 267 Abs. 1 HGB keine Anwendungspflicht des § 274 HGB. Daneben haben **unter das PublG fallende Unternehmen**[308], wie z. B. große nicht haftungsbeschränkte Personengesellschaften, große Einzelunternehmen oder große Körperschaften des öffentlichen Rechts, nach § 5 Abs. 1 S. 2 PublG ebenfalls die Vorschrift des § 274 HGB zu beachten.[309]

Dies bedeutet im Umkehrschluss, dass kleine Kapitalgesellschaften und kleine haftungsbeschränkte Personengesellschaften sowie nicht aufgrund ihrer Größe unter das PublG fallende Unternehmen § 274 HGB nicht anwenden müssen. Als nicht aufgrund ihrer Größe unter das PublG fallende Unternehmen gelten Unternehmen, die nicht die Größenkriterien nach § 1 Abs. 1 PublG überschreiten, wie z. B. (kleine und mittelgroße) nicht haftungsbeschränkte Personengesellschaften, Einzelunternehmen oder Körperschaften des öffentlichen Rechts. Allerdings dürfen diese Unternehmen **§ 274 HGB freiwillig** sinngemäß anwenden.[310] Sollten sie § 274 HGB nicht freiwillig anwenden, müssen diese Unternehmen dennoch latente Steuern ermitteln und im Falle eines Passivüberhangs eine Rückstellung für passive latente Steuern ansetzen. Dieser Sonderfall wird vertiefend in Kapitel 11.3.5 dargestellt.

Neben der gesetzlichen Regelung in § 274 HGB existiert mit **DRS 18** »Latente Steuern« ein Rechnungslegungsstandard zur Bilanzierung latenter Steuern. Dabei zieht die Einhaltung der Regelungen der DRS nach § 342 Abs. 2 HGB die Vermutung nach sich, dass die **Konzern-GoB** beachtet worden sind. Insofern gelten die DRS allein für die Erstellung von Konzernabschlüssen. Da in einem Konzernabschluss latente Steuern auch bzw. sogar in einem hohen Umfang aus den Einzelabschlüssen der in den Konzern einbezogenen Unternehmen resultieren, konkretisiert DRS 18 ebenfalls die Regelung des § 274 HGB. Infolgedessen strahlt DRS 18 in gewissem Maße bei Auslegungsfragen auch auf den Jahresabschluss aus. Eine Bindungswirkung von DRS 18 für die Erstellung eines handelsrechtlichen Jahresabschlusses besteht jedoch nicht.

---

308 Vgl. § 3 Abs. 1 PublG zum Geltungsbereich des PublG in Abhängigkeit der Rechtsform und § 1 Abs. 1 PublG zu den Größenkriterien.

309 Dies gilt zudem auch für Genossenschaften (§ 336 Abs. 2 HGB) sowie rechtsformunabhängig für Banken (§ 340a Abs. 1 HGB) und Versicherungen (§ 341a Abs.1 HGB).

310 Vgl. etwa Briese (Beck'sches HdR), B 235, Rz. 13. Bezogen auf Personengesellschaften vgl. auch IDW RS HFA 7, Tz. 18.

10.2.3.2 Ermittlung und Ansatz latenter Steuern

Die Ermittlung latenter Steuern nach § 274 HGB basiert auf einem Vergleich der handelsrechtlichen Wertansätze von Vermögensgegenständen, Schulden sowie Rechnungsabgrenzungsposten mit ihren steuerlichen Wertansätzen. Darüber hinaus legt § 274 Abs. 1 S. 1 und 2 HGB fest, dass sich die Differenzen in späteren Geschäftsjahren voraussichtlich abbauen müssen und sich aus ihnen eine künftige Steuerbelastung oder Steuerentlastung ergibt. Durch diese Formulierung hat der Gesetzgeber das Temporary-Konzept kodifiziert. Die sich mit steuerlicher Wirkung voraussichtlich wieder abbauenden Unterschiede umfassen die temporären Differenzen und damit sowohl die zeitlich begrenzten als auch die quasi-permanenten Abweichungen der Wertansätze zwischen Handels- und Steuerbilanz. Ob sich die Differenzen voraussichtlich mit steuerlicher Wirkung umkehren, ist anhand von Wahrscheinlichkeitsüberlegungen unter Beachtung des Vorsichtsprinzips zu klären.[311] Die Ermittlung der latenten Steuern bedingt damit zunächst eine **Einzeldifferenzbetrachtung**, da dem jeweiligen Wertansatz in der Handelsbilanz der Wertansatz in der Steuerbilanz gegenüber zu stellen ist. Die Ermittlung basiert damit grundsätzlich auf Unterschieden in den einzelnen Bilanzposten.[312] Allerdings muss teilweise auch auf den einzelnen Geschäftsvorfall zurückgegriffen werden, um z. B. in den Bilanzposten enthaltene permanente Abweichungen zu eliminieren. Zudem können beispielsweise auch verschiedene Geschäftsvorfälle handelsrechtlich einem Bilanzposten zugeordnet und steuerrechtlich auf mehreren Bilanzposten aufgeteilt worden sein.

Sofern sich aus der Auflösung von Unterschieden in den Wertansätzen eine Steuerbelastung ergibt, entstehen passive latente Steuern. Führt die Auflösung der temporären Differenzen zu einer Steuerentlastung, entstehen aktive latente Steuern.

Erst im Anschluss an die Ermittlung der aktiven und passiven latenten Steuern für jeden Bilanzposten oder Geschäftsvorfall unter Berücksichtigung von Bewertungsaspekten stellt sich die **Frage des Ansatzes**. Nach § 274 Abs. 1 S. 1 HGB besteht für insgesamt in Summe verbleibende **passive latente Steuern eine Ansatzpflicht**, während nach § 274 Abs. 1 S. 2 HGB für insgesamt in Summe verbleibende **aktive latente Steuern ein Ansatzwahlrecht** existiert. Insofern bedingt der Ansatz latenter Steuern eine **Gesamtdifferenzenbetrachtung**. Nach Summierung aller passiven latenten Steuern und der Addition aller aktiven latenten Steuern aus den Einzeldifferenzen kommt es zu einer Gegenüberstellung der passiven und der aktiven latenten Steuern. Die Ansatzpflicht passiver latenter Steuern bezieht sich sodann allein auf den Überhang passiver latenter Steuern über die aktiven latenten Steuern und das Wahlrecht zum Ansatz aktiver latenter Steuern allein auf den Überhang aktiver latenter Steuern über die passiven latenten Steuern. Darüber hinaus können die latenten Steuern nach § 274 Abs.1 S. 3 HGB aber auch unverrech-

---

311 Vgl. BT-Drucksache 16/10067, S. 67.
312 Vgl. etwa Risse (Beck OGK), Rn. 34 zu § 274 HGB.

net angesetzt werden. In diesem Fall liegt kein Ansatzwahlrecht aktiver latenter Steuern mehr vor, sondern sowohl die Summe der passiven als auch die Summe der aktiven latenten Steuern sind dann vollständig anzusetzen. Weitere ausführliche Erläuterungen zu diesem Ausweiswahlrecht finden sich in Kapitel 10.2.3.4. Eine Ausübung des Aktivierungswahlrechts latenter Steuern unterliegt der Ansatzstetigkeit nach § 246 Abs. 3 HGB.

Die folgende Darstellung 10.5 gibt eine Übersicht, in welchen Fällen bei der Ermittlung latenter Steuern passive Latenzen und in welchen Fällen aktive Latenzen entstehen.

Dar. 10.5: Übersicht über die Ermittlung latenter Steuern

Bilanzbeziehung	Latente Steuer
Aktiva	
Fall 1: Handelsbilanz-Wert > Steuerbilanz-Wert	Passive latente Steuer (Schuld)
Fall 2: Handelsbilanz-Wert < Steuerbilanz-Wert	Aktive latente Steuer (Anspruch)
Passiva	
Fall 3: Handelsbilanz-Wert > Steuerbilanz-Wert	Aktive latente Steuer (Anspruch)
Fall 4: Handelsbilanz-Wert < Steuerbilanz-Wert	Passive latente Steuer (Schuld)

Die **Fälle 1 und 4** führen zu **passiven latenten Steuern**, da die Auflösung der Differenzen in den Wertansätzen zwischen Handels- und Steuerbilanz in den Folgeperioden eine **Steuerbelastung** nach sich zieht. Liegt z. B. in Fall 1 der handelsrechtliche Wertansatz eines abnutzbaren Vermögensgegenstands über dem Wertansatz in der Steuerbilanz, kommt es in Folgeperioden zu höheren handelsrechtlichen als steuerrechtlichen Abschreibungen und damit niedrigeren handelsrechtlichen als steuerrechtlichen Ergebnissen.[313] Als Konsequenz ergibt sich in den Folgeperioden jeweils eine Steuerbelastung, da der künftige effektive Steueraufwand aus der Steuerbilanz über dem fiktiven Steueraufwand im handelsrechtlichen Abschluss liegt. Durch den Ansatz einer passiven latenten Steuer wird die künftige Steuerbelastung in der Bilanz gezeigt und somit eine zutreffende Darstellung der Vermögens- und Finanzlage erreicht. Zudem kommt es durch die Auflösung der passiven latenten Steuern in Folgeperioden zur Erfassung eines Steuerertrags im handelsrechtlichen Abschluss. Dieser Steuerertrag mindert den aus der Steuerbilanz in den handelsrechtlichen Abschluss übernommenen effektiven Steueraufwand. Daraus resultiert im handelsrechtlichen Abschluss der Ausweis des zum handelsrechtlichen Ergebnis korrespondierenden fiktiven Steueraufwands.

---

313 Bei nicht abnutzbaren Vermögensgegenständen können sich z. B. Unterschiede ergeben, wenn der künftige steuerliche Veräußerungsgewinn über dem Veräußerungsgewinn nach HGB liegt.

Die **Fälle 2 und 3** ziehen **aktive latente Steuern** nach sich, da die Umkehrung der Differenzen in den Folgeperioden zwischen den Wertansätzen in Handels- und Steuerbilanz zu **Steuerentlastungen** führen. So resultiert Fall 3 z. B. aus dem nach HGB verpflichtetem Ansatz einer Drohverlustrückstellung, deren Passivierung in der Steuerbilanz nach § 5 Abs. 4a S. 1 EStG verboten ist. Während handelsrechtlich der Aufwand direkt bei Bildung der Drohverlustrückstellung erfasst wird, kommt es in der Steuerbilanz erst in einer späteren Folgeperiode zur aufwandswirksamen Erfassung des Verlusts, so dass in dieser Folgeperiode das steuerrechtliche Ergebnis unter dem handelsrechtlichen Ergebnis liegt. In der Konsequenz ergibt sich in dieser späteren Periode eine Steuerentlastung, da der effektive Steueraufwand aus der Steuerbilanz geringer ausfällt als der fiktive Steueraufwand im handelsrechtlichen Abschluss. Durch den Ansatz von aktiven latenten Steuern bei Bildung der Drohverlustrückstellung wird der zukünftige Steueranspruch in der Bilanz gezeigt und damit eine zutreffende Darstellung der Vermögens- und Finanzlage realisiert. Darüber hinaus führt die Auflösung der aktiven latenten Steuern in der Folgeperiode zur Erfassung eines Steueraufwands im handelsrechtlichen Abschluss. Dieser Steueraufwand erhöht den aus der Steuerbilanz in den handelsrechtlichen Abschluss übernommenen effektiven Steueraufwand, so dass sich im handelsrechtlichen Abschluss der Ausweis des zum handelsrechtlichen Ergebnis korrespondierenden fiktiven Steueraufwands ergibt.

Beispiel zur Ermittlung latenter Steuern[314]

Bei einem Unternehmen sind zum 31.12.t1 erstmals die in der folgenden Darstellung 10.6 aufgeführten Differenzen zwischen handels- und steuerrechtlichen Wertansätzen aufgetreten. Der Steuersatz des Unternehmens beträgt 30 %.

Dar. 10.6: Beispiel zur Ermittlung und zum Ansatz aktiver sowie passiver latenter Steuern zum 31.12.t1

Sachverhalt zum 31.12.t1 (in TEUR)	Handels-bilanz	Steuer-bilanz	Temporäre Differenz	Aktive latente Steuern	Passive latente Steuern
Drohverlustrückstellungen	1.000	0	1.000	300	
Finanzanlagen	300	1.500	1.200	360	
Immaterielle Vermögensgegenstände	2.500	1.000	1.500		450
Summe				660	450

---

314 Weitere zusammenfassende Beispiele zur Ermittlung sowie zum Ansatz und Ausweis latenter Steuern finden sich in Kapitel 10.2.3.4

Bei einer Drohverlustrückstellung handelt es sich um einen Passivposten. Da der Wertansatz in der Handelsbilanz über dem Wertansatz in der Steuerbilanz liegt, entstehen aktive latente Steuern in Höhe von 30 % (Steuersatz) auf die Differenz von 1.000 TEUR. Die aktiven latenten Steuern aus diesem Sachverhalt betragen damit 300 TEUR. Bei den Finanzanlagen liegt hier der Wert des Aktivpostens in der Handelsbilanz unter dem in der Steuerbilanz. Insofern resultieren hieraus auch aktive latente Steuern. Sie belaufen sich auf 360 TEUR (0,3 × 1.200 TEUR). Bei den immateriellen Vermögensgegenständen liegt dagegen der Wertansatz des Aktivpostens über dem in der Steuerbilanz, so dass sich passive latente Steuern von 450 TEUR (0,3 × 1.500 TEUR) ergeben. Damit kommt es zum 31.12.t1 erstmalig zum Ansatz aktiver latenter Steuern von insgesamt 660 TEUR und von passiven latenten Steuern von insgesamt 450 TEUR. Die Buchungen lauten

Aktive latente Steuern an Ertrag (Steuern vom Einkommen und vom Ertrag) 660 TEUR

und

Aufwand (Steuern vom Einkommen und vom Ertrag) an Passive latente Steuern 450 TEUR

Auf die Erläuterung der mit dem Ansatzwahlrecht aktiver latenter Steuern verbundenen Ausweisalternativen wird bewusst erst in Kapitel 11.3.4 bei Fortführung des Beispiels eingegangen.

Zum 31.12.t2 haben sich die handels- und steuerrechtlichen Wertansätze wie folgt weiterentwickelt.

Dar. 10.7: Beispiel Weiterentwicklung der Differenzen zwischen Handels- und Steuerbilanz zum 31.12.t2

Sachverhalt zum 31.12.t1 (in TEUR)	Handels-bilanz	Steuer-bilanz	Temporäre Differenz	Aktive latente Steuern	Passive latente Steuern
Drohverlustrückstellungen	0	0	0	0	
Finanzanlagen	1.100	1.500	400	120	
Immaterielle Vermögensgegenstände	2.000	1.000	1.000		300
Summe				120	300

Bei den Drohverlustrückstellungen besteht keine Differenz und damit auch keine aktive latente Steuer mehr.[315] Bei den Finanzanlagen liegt unverändert der

---

315 Hier hat sich die Differenz vollständig in t2 umgekehrt und die Steuerentlastung ist eingetreten, da handelsrechtlich die Drohverlustrückstellung in Anspruch genommen und steuerrechtlich der Aufwand nachgeholt wurde.

Wertansatz des Aktivpostens in der Handelsbilanz unter dem in der Steuerbilanz, so dass es unverändert zum Ansatz aktiver latenter Steuern kommt. Allerdings hat sich der latente Steuerposten auf 120 TEUR (0,3 × 400 TEUR) reduziert. Auch bei den immateriellen Vermögensgegenständen existiert weiterhin eine temporäre Differenz von 1.000 TEUR. Da der handelsrechtliche den steuerrechtlichen Wertansatz der Aktiva überschreitet, führt dies zum Ansatz passiver latenter Steuern. Im Vergleich zum Vorjahr haben sich die passiven Latenzen auf 300 TEUR (0,3 × 1.000 TEUR) abgebaut.

Insgesamt ergeben sich damit aktive latente Steuern von 120 TEUR und passive latente Steuern von 300 TEUR. Es sind sowohl die aktiven latenten Steuern mit 540 TEUR (660 TEUR - 120 TEUR) als auch die passiven latenten Steuern mit 150 TEUR (450 TEUR - 300 TEUR) aufgrund ihrer jeweils höheren Vorjahreswerte aufzulösen. Die Buchungen lauten:

Aufwand (*Steuern vom Einkommen und vom Ertrag*) an Aktive latente Steuern 540 TEUR

und

Passive latente Steuern an Ertrag (*Steuern vom Einkommen und vom Ertrag*) 150 TEUR

Nachfolgend werden einige Sachverhalte dargestellt, die zu temporären Differenzen von Wertansätzen zwischen Handels- und Steuerbilanz führen und damit den Ansatz aktiver oder passiver latenter Steuern nach sich ziehen.[316]

Fälle aktiver latenter Steuern

- Ansatzpflicht einer Drohverlustrückstellung in der Handelsbilanz (§ 249 Abs. 1 S. 1 HGB) bei bestehendem Ansatzverbot in der Steuerbilanz (§ 5 Abs. 4a EStG).
- Sofortige Erfassung des Disagios handelsrechtlich als Aufwand (Ansatzwahlrecht nach § 250 Abs. 3 S. 1 HGB), während das handelsrechtliche Aktivierungswahlrecht zu einer Aktivierungspflicht in der Steuerbilanz führt.
- Planmäßige Abschreibung des Geschäfts- oder Firmenwerts handelsrechtlich über eine kürzere wirtschaftliche Nutzungsdauer entsprechend § 253 Abs. 3 S. 2 (ggf. i. V. m. S. 4) HGB als den steuerrechtlich vorgegebenen Zeitraum von 15 Jahren (§ 7 Abs. 1 S. 3 EStG).
- Vornahme höherer planmäßiger Abschreibungen in der Handelsbilanz als in der Steuerbilanz z. B. aufgrund einer geringeren in der Handelsbilanz zugrunde zu legenden wirtschaftlichen Nutzungsdauer als einer steuerrechtlich nach AfA-Tabellen vorgegebenen technischen Nutzungsdauer[317] oder aufgrund han-

---

316 Zu einem umfassenden Überblick vgl. etwa Briese (Beck'sches HdR), B 235, Rz. 53 ff. und Grottel/Larenz (Beck'scher Bilanzkommentar), Rn. 25 ff. zu § 274 HGB.
317 Vgl. zur Festlegung der voraussichtlichen Nutzungsdauer ausführlich Kapitel 6.3.2.1.

delsrechtlicher Wahl einer von der Anwendung in der Steuerbilanz abweichenden Abschreibungsmethode, die einen höheren handelsrechtlichen als steuerrechtlichen Aufwand verursacht.

- Verwendung eines niedrigeren auf Grundlage von § 253 Abs. 2 S. 1 oder S. 2 HGB der Abzinsung von Pensionsrückstellungen zugrunde zu legenden Zinssatzes in der Handelsbilanz als der steuerrechtlich anzuwendende Zinssatz von 6 % (§ 6a EStG).
- Durchführung einer außerplanmäßigen Abschreibung bei Finanzanlagen im Fall einer vorübergehenden Wertminderung (Wahlrecht nach § 253 Abs. 3 S. 6 HGB), für die steuerrechtlich ein Verbot existiert (§ 6 Abs. 1 Nr. 2 EStG).
- Zwingende Vornahme einer außerplanmäßigen Abschreibung bei Finanzanlagen im Fall einer dauerhaften Wertminderung (§ 253 Abs. 3 S. 5 HGB) bei gleichzeitigem Verzicht auf die steuerliche Teilwertabschreibung (Wahlrecht nach § 6 Abs. 1 Nr. 2 EStG).

Fälle passiver latenter Steuern

- Aktivierung selbst erstellter immaterieller Vermögensgegenstände des Anlagevermögens (Wahlrecht nach § 248 Abs. 2 S. 1 HGB), während in der Steuerbilanz ein Aktivierungsverbot besteht (§ 5 Abs. 2 EStG).
- Bildung einer (steuerfreien) Rücklage nach § 6b EStG oder einer Rücklage für Ersatzbeschaffung in der Steuerbilanz, während handelsrechtlich für diese Rücklagen bzw. für einen Sonderposten mit Rücklageanteil Passivierungsverbote vorliegen.
- Eine allein zulässige Übertragung stiller Reserven auf Ersatzwirtschaftsgüter in der Steuerbilanz nach § 6b EStG und R 6.6 EStR führt zu höheren handelsrechtlichen als steuerrechtlichen Wertansätzen bei den entsprechenden Aktivposten.
- Höhere Abschreibungen in der Steuerbilanz als in der Handelsbilanz aufgrund allein steuerrechtlich zulässiger Sonderabschreibungen.
- Höhere degressive Gebäudeabschreibung in der Steuerbilanz (§ 7 Abs. 2 EStG) als bei Wahl linearer Abschreibung in der Handelsbilanz.
- Verpflichtende handelsrechtliche Bewertung des Deckungsvermögens zum beizulegenden Zeitwert (§ 253 Abs. 1 S. 4 HGB), während steuerrechtlich das Anschaffungskostenprinzip gilt.

Der Gesetzgeber bezeichnet sowohl die aktiven latenten Steuern als auch die passiven latenten Steuern nach § 274 HGB jeweils als einen **Sonderposten eigener Art**.[318] Aktive latente Steuern erfüllen weder die Kriterien für einen Rechnungsabgrenzungsposten nach § 250 HGB noch stellen sie einen Vermögensgegenstand dar, da ihnen die selbständige Verwertbarkeit fehlt. Passiven latenten Steuern kommt teilweise Rückstellungscharakter und damit Schuldcharakter zu.[319] Aller-

---

318 Vgl. BT-Drucksache 16/10067, S. 67 und 68.
319 Eine ausführliche Erläuterung hierzu findet sich in Kapitel 10.2.3.5.

dings mangelt es u. a. der sich aus quasi-permanenten Differenzen zukünftig ergebenden Steuerbelastung zumeist an einer zugrunde liegenden rechtlichen oder faktischen Verpflichtung. Da das Unternehmen selbst bestimmen kann, wann es die Vermögensgegenstände veräußert oder das Unternehmen liquidiert, kann es sich dem Eintritt der Steuerbelastungen entziehen. Insofern scheidet hier eine Rückstellung für ungewisse Verbindlichkeiten aus.[320] Folglich gelten passive latente Steuern als Sonderposten eigener Art, da sie in Abhängigkeit der bestehenden Differenzen nur teilweise und nicht insgesamt Rückstellungscharakter aufweisen.

10.2.3.3 Bewertung latenter Steuern

§ 274 Abs. 2 S. 1 HGB bestimmt, dass die Beträge der sich künftig ergebenden Steuerbelastungen und Steuerentlastungen mit den unternehmensindividuellen Steuersätzen zum Zeitpunkt des Abbaus der Differenzen zu bewerten sind. Das heißt, dass bei Festlegung des Steuersatzes muss zum einen auf einen **unternehmensspezifischen Steuersatz** und zum anderen auf den **zukünftigen Steuersatz** zurückgegriffen werden. Sofern der künftige Steuersatz nicht bekannt ist, hat ein Rückgriff auf den am Abschlussstichtag gültigen individuellen Steuersatz zu erfolgen.[321] Änderungen oder auch geplante Anpassungen des Steuersatzes bedürfen einer Berücksichtigung bei Ermittlung der latenten Steuern. Allerdings hat eine hinreichende Konkretisierung der Steuersatzänderung vor dem Hintergrund der Objektivierung der mit dem Jahresabschluss zu vermittelnden Informationen zu bestehen. Diese Konkretisierung liegt in Deutschland immer dann vor, wenn der **Bundesrat** dem Steuergesetz vor oder spätestens am Abschlussstichtag zugestimmt hat.[322] Der Bundestagsbeschluss allein ist nicht ausreichend.

§ 274 Abs. 2 S. 1 HGB legt zudem explizit ein **Verbot der Abzinsung** aktiver und passiver latenter Steuern fest. Die angesetzten latenten Steuerposten müssen nach § 274 Abs. 2 S. 2 HGB jeweils aufgelöst werden, wenn die Steuerbelastung oder Steuerentlastung eintritt oder mit ihr nicht mehr zu rechnen ist. Dabei kann sowohl eine vollständige als auch eine teilweise **Auflösung der aktiven und passiven latenten Steuern** in Betracht kommen. Dies hängt von einem entsprechend vollständigen oder teilweisen Eintritt bzw. Entfall der zugrunde liegenden Steuerbelastung oder Steuerentlastung ab.

Aufgrund der Notwendigkeit zum Rückgriff auf den **unternehmensindividuellen Steuersatz** basiert dessen Ermittlung auf der Rechtsform und dem Sitz der Gesellschaft. Dabei sind die Steuern vom Einkommen und Ertrag zugrunde zu legen. Auf Ebene einer **Kapitalgesellschaft** fallen als Steuern vom Einkommen und Ertrag die Körperschaftsteuer (**KSt**), der Solidaritätszuschlag (**SolZ**) sowie die Ge-

---

320 Vgl. BT-Drucksache 16/10067, S. 67. Vgl. auch IDW RS HFA 7, Tz. 26.
321 Vgl. BT-Drucksache 16/10067, S. 68.
322 Vgl. BT-Drucksache 16/10067, S. 68. So auch DRS 18.48. Bei Änderung des Gewerbesteuerhebesatzes ist dagegen auf den Zeitpunkt des Beschlusses der jeweiligen Gemeindevertretung abzustellen.

werbeertragssteuer (**GewESt**) an. Die KSt beläuft sich auf 15 %. Der SolZ beträgt 5,5 % der KSt. Die GewESt ermittelt sich durch Multiplikation der Gewerbesteuermesszahl von 3,5 % mit dem von der jeweiligen Gemeinde festgelegten Hebesatz. Der Gesamtsteuersatz ergibt sich sodann aus der Addition der drei Komponenten.[323]

Beispiel zur Ermittlung des Gesamtsteuersatzes

Sofern sich der Hebesatz der Gemeinde auf 400 % beläuft, ergibt sich ein GewESt-Satz von 14 % (= 0,035 × 4). Die KSt beträgt 15 % und der Solz 0,825 % (0,055 × 0,15). Damit ermittelt sich ein Gesamtsteuersatz von 29,825 % (0,15 + 0,00825 + 0,14). Hätte die Gemeinde einen Hebesatz von 600 % festgelegt, ergäbe sich ein GewESt-Satz von 21 %. Damit beliefe sich der Gesamtsteuersatz auf 36,825 %.

Durch die Zugrundelegung des unternehmensindividuellen Steuersatzes, dürfen auch nur die Steuern vom Einkommen und Ertrag berücksichtigt werden, die das Unternehmen selbst trägt. Insofern fällt bei **Personenhandelsgesellschaften** allein die **GewESt** an.[324] Die Einkommensteuer (ESt), KSt und der SolZ werden erst auf Ebene der Gesellschafter ermittelt, so dass eine Einbeziehung dieser Steuern nicht in die Ermittlung des Steuersatzes für die latenten Steuern in Betracht kommt. Neben dem Ergebnis aus der Steuerbilanz (Gesamthandsbilanz) ergibt sich das der GewESt zugrunde zu legenden steuerliche Ergebnis der Personenhandelsgesellschaft auch aus den Ergebnissen der **Ergänzungsbilanzen** für die einzelnen Gesellschafter. Eine Einbeziehung der Ergebnisse aus den steuerlichen Sonderbilanzen für die einzelnen Gesellschafter scheidet dagegen aus. Insofern ist für die Ermittlung latenter Steuern neben den Wertansätzen in der Steuerbilanz auch auf die Wertansätze in den Ergänzungsbilanzen abzustellen, aber nicht auf die Posten der Sonderbilanzen.[325]

10.2.3.4 Ausweis und Angabepflichten latenter Steuern

Die aktiven latenten Steuern und die passiven latenten Steuern sind jeweils unter einem **gesonderten Posten** mit entsprechender Bezeichnung nach § 266 Abs. 2 D. und Abs. 3 E. HGB auszuweisen. Durch die Formulierung sich aus den Differenzen »insgesamt ergebende Steuerbelastung« und »insgesamt ergebende Steuerentlas-

---

323 Für die GewESt ist ein Betriebsausgabenabzug nicht mehr zulässig (§ 8 Abs. 1 S. 1 KStG i. V. m. § 4 Abs. 5b EStG). Für den SolZ als Personensteuer besteht ein Abzugsverbot bei der KSt und der GewESt (§ 10 Nr. 2 KStG, § 7 GewStG).
324 Vgl. § 5 Abs. 1 S. 3 GewStG.
325 Vgl. zur Einbeziehungspflicht steuerlicher Ergänzungsbilanzen und dem Einbeziehungsverbot steuerlicher Sonderbilanzen IDW RS HFA 7, Tz. 20 und auch DRS 18.39.

tung« sieht § 274 Abs. 1 S. 1 und S. 2 HGB grundsätzlich einen **saldierten Ausweis** aktiver und passiver latenter Steuern vor. Sofern nach Saldierung aller aktiven latenten Steuern mit sämtlichen passiven latenten Steuern ein Passivüberhang verbleibt, besteht nach § 274 Abs. 1 S. 1 HGB eine **Ansatzpflicht** des Überhangs unter dem Posten **passive latente Steuern**. Verbleibt dagegen nach Saldierung ein Aktivüberhang, existiert nach § 274 Abs. 1 S. 2 HGB ein **Ansatzwahlrecht** unter dem Posten **aktive latente Steuern**. Das Ansatzwahlrecht aktiver latenter Steuern bezieht sich auf den gesamten Überhang aktiver latenter Steuern über die passiven latenten Steuern. Eine Ausübung des Wahlrechts auf einen Teil des Überhangs kommt nicht in Betracht.[326] Insofern scheidet ein Ansatz von Zwischenwerten aus. Wird das Aktivierungswahlrecht nicht ausgeübt und der Aktivüberhang nicht angesetzt, entfällt der Ausweis eines Bilanzpostens für latente Steuern. Neben dem saldierten Ausweis latenter Steuern gewährt § 274 Abs. 1 S. 3 HGB auch die Möglichkeit aktive und passive latente Steuern **unverrechnet auszuweisen**. Bei Ausübung dieses Ausweiswahlrechts werden sowohl die aktiven als auch die passiven latenten Steuern in voller Höhe in der Bilanz gezeigt. Das Ansatzwahlrecht für den Aktivüberhang greift in diesem Fall nicht. Durch das Saldierungswahlrecht sowie das Ansatzwahlrecht aktiver latenter Steuern existieren insgesamt **vier Möglichkeiten des Ausweises latenter Steuern**:

a) Unsaldierter Ausweis aktiver und passiver latenter Steuern.

b) Ausweis des passiven Überhangs bei Saldierung und Bestehen eines Passivüberhangs.

c) Ausweis des aktiven Überhangs bei Saldierung und Bestehen eines Aktivüberhangs.

d) Kein Ausweis latenter Steuern bei Saldierung und Bestehen eines Aktivüberhangs.

Während bei Vorliegen eines Passivüberhangs das Unternehmen das Ausweiswahlrecht zwischen Fall (1) und (2) hat, besteht bei einem Aktivüberhang das Ausweiswahlrecht zwischen Fall (1), (3) und (4).

Beispiel (Fortführung des Beispiels aus Kapitel 10.2.3.2 zum 31.12.t1)

Zum 31.12.t1 ergaben sich bei dem Beispiel in Kapitel 10.2.3.2 insgesamt aktive latente Steuern von 660 TEUR und insgesamt passive latente Steuern von 450 TEUR. Dies führt zu den in der folgenden Darstellung 10.8 aufgeführten Ausweisalternativen für das Unternehmen in der Bilanz zum 31.12.t1.

---

326 Vgl. Loitz (Bilanzierung latenter Steuern), S. 2179. Vgl. auch DRS 18.15.

Dar. 10.8: Beispiel Ausweismöglichkeiten bei einem Aktivüberhang latenter Steuern

(in TEUR zum 31.12.t1)	Aktive latente Steuern	Passive latente Steuern
Latente Steuern insgesamt	660	450
Ausweismöglichkeiten		
Unsaldierter Ausweis	660	450
Passivüberhang und Saldierung	n.a.	n.a.
Aktivüberhang und Saldierung sowie Ausübung Aktivierungs-wahlrecht	210	0
Aktivüberhang und Saldierung sowie keine Ausübung Aktivie-rungswahlrecht	0	0

Wie erläutert unterliegt die Ausübung des Aktivierungswahlrechts latenter Steuern der **Ansatzstetigkeit** nach § 246 Abs. 3 S. 1 HGB. Entsprechend unterliegt auch das Saldierungswahlrecht latenter Steuern der **Ausweisstetigkeit** nach § 265 Abs. 1 S. 1 HGB. Durchbrechungen der Stetigkeit sind nach § 246 Abs. 3 S. 2 bzw. § 265 Abs. 1 S. 1 HGB nur in Ausnahmefällen zulässig. Sie ziehen entsprechend § 265 Abs. 1 S. 2 HGB und § 284 Abs. 2 Nr. 2 HGB eine Angabe- und Begründungs-pflicht im Anhang nach sich.

Verbunden mit dem Ausweis und dem Ansatz latenter Steuern in der Bilanz be-steht eine **Ausschüttungssperre** nach § 268 Abs. 8 S. 2 HGB. Die Ausschüttungs-sperre bezieht sich auf den Betrag, um den die aktiven latenten Steuern die passi-ven latenten Steuern übersteigen. Insofern betrifft die Ausschüttungssperre die oben aufgeführten Fallkonstellationen (1) und (3). Gewinne dürfen danach nur ausgeschüttet werden, wenn die nach Ausschüttung frei verfügbaren Rücklagen zuzüglich eines Gewinnvortrags und abzüglich eines Verlustvortrags mindestens dem angesetzten saldierten oder unverrechneten Aktivüberhang entsprechen.

Für die **GuV** gilt nach § 274 Abs. 2 S. 3 HGB die Pflicht, den Aufwand oder Er-trag aus der Bildung sowie Auflösung latenter Steuern gesondert unter dem Pos-ten »Steuern vom Einkommen und vom Ertrag« auszuweisen. Darüber hinaus existieren nach § 285 Nr. 28, Nr. 29 sowie Nr. 30 HGB verschiedene **Angabepflich-ten im Anhang** für latente Steuern. Dieses betrifft u. a. eine Angabe der Differen-zen, der der Bewertung zugrunde liegenden Steuersätze, der latenten Steuersal-den am Ende des Geschäftsjahres und der Veränderungen dieser Steuersalden während des Geschäftsjahres.

Nachfolgend finden sich drei Beispiele, die die Ermittlung, den Ansatz und den Ausweis latenter Steuern nach § 274 HGB noch einmal verdeutlichen sowie zu-sammenfassen.

Beispiel 1 zu latenten Steuern: Entwicklungskosten und Sonderabschreibung

Bei Unternehmen »Steuer 1« sind die folgenden drei Geschäftsvorfälle angefallen. Der Steuersatz des Unternehmens beträgt 30 %.

Das Unternehmen hat am 31.12.t1 in der Handelsbilanz Entwicklungskosten für selbst erstellte und zur eigenen Nutzung bestimmte Software von 200 TEUR aktiviert. Die Nutzungsdauer beläuft sich auf 4 Jahre. In der Steuerbilanz besteht ein Ansatzverbot für die selbsterstellten Wirtschaftsgüter des Anlagevermögens.

Durch eine nur in der Steuerbilanz vorgenommene steuerliche Sonderabschreibung auf technische Anlagen im Dezember t1 von 90 TEUR ergeben sich über die Nutzungsdauer von 9 Jahren differierende Wertansätze und Abschreibungsbeträge in Handels- und Steuerbilanz. Die Wertansätze für t1 bis t5 finden sich in der nachfolgenden Darstellung.

Dar. 10.9: Beispiel 1 Ausgangsdaten in Handels- und Steuerbilanz für die technischen Anlagen

(in TEUR)	t1	t2	t3	t4	t5
Handelsbilanz	450	400	350	300	250
Steuerbilanz	360	320	280	240	200

Die steuerlich nicht abzugsfähigen Betriebsausgaben betragen 50 TEUR. Sie sind handelsrechtlich in den sonstigen betrieblichen Aufwendungen erfasst.

Im Fall a) besteht eine zeitlich begrenzte Differenz über einen Zeitraum von 4 Jahren. Der Wertansatz des Aktivpostens liegt in der Handelsbilanz über dem in der Steuerbilanz. In t1 ergeben sich daher passive latente Steuern, die sich in den Folgeperioden durch die Abschreibung des immateriellen Vermögensgegenstands auflösen. Auch im Fall b) existiert eine zeitlich begrenzte Differenz. Durch die steuerliche Sonderabschreibung in t1 liegt über die Nutzungsdauer von 9 Jahren (bis Ende t10) jeweils der handelsrechtliche Wert über dem steuerrechtlichen Wertansatz. Insofern ergeben sich ebenfalls passive latente Steuern in t1, die sich über die Folgeperioden durch den abweichenden Abschreibungsumfang auflösen. Im Fall c) liegt eine permanente Differenz vor. Ein Ansatz latenter Steuern scheidet daher aus.

Die nachfolgende Darstellung zeigt die Entwicklung der passiven latenten Steuern. Dabei wird jeweils zwischen dem Stand der temporären Differenz und der Änderung der temporären Differenz unterschieden. Der Stand der Differenz multipliziert mit dem Steuersatz gibt die Höhe der passiven latenten Steuer in der Bilanz zum jeweiligen Abschlussstichtag wieder. Die mit dem

Steuersatz bewertete Änderung der Differenz bezieht sich auf die in der GuV zu erfassenden Veränderung der passiven latenten Steuern.

Dar. 10.10: Beispiel 1 Ermittlung und Entwicklung der passiven latenten Steuern

(in TEUR)	t1	t2	t3	t4	t5
Software					
Handelsbilanz	200	150	100	50	0
Steuerbilanz	0	0	0	0	0
Stand der Differenz	200	150	100	50	0
Änderung der Differenz	200	−50	−50	−50	−50
Technische Anlagen					
Handelsbilanz	450	400	350	300	250
Steuerbilanz	360	320	280	240	200
Stand der Differenz	90	80	70	60	50
Änderung der Differenz	90	−10	−10	−10	−10
Gesamtstand Differenz	290	230	170	110	50
Gesamtänderung Differenz	290	−60	−60	−60	−60
Stand passiver latenter Steuern (Bilanz)	**87**	**69**	**51**	**33**	**15**
Änderung passiver latenter Steuern (GuV)	**87**	**−18**	**−18**	**−18**	**−18**

Zum 31.12.t1 werden erstmals aus den beiden Sachverhalten passive latente Steuern von 87 TEUR (= 0,3 × 290 TEUR) angesetzt. Die Buchung zum 31.12.t1 lautet:

Aufwand (Steuern vom Einkommen und vom Ertrag) an passive latente Steuern 87 TEUR

In t2 haben sich die beiden temporären Differenzen durch höhere handelsrechtliche als steuerrechtliche Abschreibungen teilweise umgekehrt, so dass es zu einer Verringerung der Gesamtdifferenz zum 31.12.t2 auf 230 TEUR und damit auch der passiven latenten Steuern auf 69 TEUR gekommen ist. Die Erfassung der Abnahme passiver latenter Steuern von 18 TEUR (= 0,3 × 60 TEUR) hat erfolgswirksam zu erfolgen. Die Buchung am 31.12.t2 lautet:

Passive latente Steuern an Ertrag (Steuern vom Einkommen und vom Ertrag) 18 TEUR

Die Entwicklung der passiven latenten Steuern in t3, t4 und t5 entspricht in diesem Beispiel der Entwicklung in t2. D. h. wie in t2 nehmen die Gesamtdifferenz jeweils um 60 TEUR und die passiven latenten Steuern um jeweils 18 TEUR ab. Folglich zieht die Entwicklung in t3, t4 und t5 die gleichen Buchungen wie in t2 nach sich. Zum 31.12.t5 belaufen sich die passiven latenten Steuern noch auf 15 TEUR (= 0,3 × 50 TEUR). Sie entfallen vollständig auf die Differenzen bei den technischen Anlagen, während bei der Software am Ende der Nutzungsdauer zum 31.12.t5 keine Unterschiede mehr bestehen.

Beispiel 2 zu latenten Steuern: Disagio

Unternehmen »Steuer 2« hat zu Beginn von t1 ein Darlehen mit einer Laufzeit von 3 Jahren bis zum 31.12.t3 aufgenommen. Das bei Aufnahme des Darlehens angefallene Disagio von 90 TEUR wurde in der Handelsbilanz nicht aktiviert, sondern direkt als Aufwand erfasst. In der Steuerbilanz bedarf es dagegen zwingend eine Aktivierung zum 1.1.t1 und einer Abschreibung über die Laufzeit des Darlehens von 3 Jahren. Der Steuersatz bei Unternehmen »Steuer 2« beläuft sich auf 30 %.

Durch die unterschiedliche Behandlung des Disagios in Handels- und Steuerbilanz kommt es zu einer zeitlich begrenzten Differenz zwischen beiden Rechenwerken, die sich über die Laufzeit des Darlehens von 3 Jahren auflöst. Da der Wertansatz des Aktivpostens in der Handelsbilanz unter dem Wertansatz in der Steuerbilanz liegt, führt dies zu aktiven latenten Steuern. In der nachfolgenden Darstellung 10.11 findet sich die Entwicklung der aktiven latenten Steuern.

Dar. 10.11: Beispiel 2 Ermittlung und Entwicklung der aktiven latenten Steuern

(in TEUR)	t1	t2	t3	t4	t5
Disagio					
Handelsbilanz	0	0	0	–	–
Steuerbilanz	60	30	0	–	–
Stand der Differenz	60	30	0	–	–
Änderung der Differenz	60	–30	–30	–	–
Stand aktiver latenter Steuern (Bilanz)	**18**	**9**	**0**	**–**	**–**
Änderung aktiver latenter Steuern (GuV)	**18**	**–9**	**–9**	**–**	**–**

Das Disagio wird in der Steuerbilanz zum 1.1.t1 mit 90 TEUR aktiviert und in t1 in Höhe von 30 TEUR abgeschrieben. Zum 31.12.t1 beläuft sich das Disagio somit auf 60 TEUR. Bezogen auf diese Differenz ermitteln sich die aktiven latenten Steuern von 18 TEUR (= 0,3 × 60 TEUR) zum 31.12.t1. Die Buchung für den erstmaligen Ansatz lautet:

Aktive latente Steuern an Ertrag (Steuern vom Einkommen und vom Ertrag) 18 TEUR
Durch die Abschreibung des Disagios in der Steuerbilanz verringert sich in t2 und t3 jeweils die Differenz um 30 TEUR und damit auch die aktiven latenten Steuern um 9 TEUR (= 0,3 × 30 TEUR). Insofern ist in t2 und t3 jeweils die Auflösung zu buchen.

Aufwand (Steuern vom Einkommen und vom Ertrag) an aktive latente Steuern 9 TEUR
Am Ende von t3 hat sich die Differenz vollständig ausgeglichen und es existieren korrespondierend keine aktiven latenten Steuern mehr.[327]

Beispiel 3 zu latenten Steuern: Bilanzielle Ausweismöglichkeiten

Der Sachverhalt in Beispiel 2 bei Unternehmen »Steuer 2« ist identisch auch bei Unternehmen »Steuer 1« neben den drei Sachverhalten aus Beispiel 1 aufgetreten. Weitere Unterschiede zwischen handels- und steuerrechtlichen Wertansätzen bestehen nicht. Demzufolge ergeben sich die in der folgenden Darstellung abgebildeten Ausweismöglichkeiten für die latenten Steuern bei Unternehmen »Steuer 1«.

Dar. 10.12: Beispiel 3 Ausweismöglichkeiten latenter Steuern

(in TEUR)	t1	t2	t3	t4	t5
Aktive latente Steuern	18	9	0	0	0
Passive latente Steuern	87	69	51	33	15
Ausweismöglichkeiten					
Unsaldierter Ausweis					

---

327 In t1 hätten alternativ auch schon zum 1.1.t1 die aktiven latenten Steuern angesetzt werden können mit 27 TEUR (= 0,3 × 90 TEUR). In diesem Fall hätte sich in t1 aber schon eine Auflösung von 9 TEUR ergeben. In Summe kommt es damit zum gleichen Ergebnis wie beim erstmaligen Ansatz der latenten Steuern zum 31.12.t1. Am 31.12.t1 bestehen aktive latente Steuern von 18 TEUR (= 27 TEUR – 9 TEUR) und in t1 wäre ein Steuerertrag von 18 TEUR ausgewiesen worden (= 27 TEUR Ertrag – 9 TEUR Aufwand), wobei Aufwand und Ertrag im gleichen Posten erfasst werden.

(in TEUR)	t1	t2	t3	t4	t5
Aktive latente Steuern	18	9	0	0	0
Passive latente Steuern	87	69	51	33	15
Passivüberhang und Saldierung					
Aktive latente Steuern	0	0	0	0	0
Passive latente Steuern	69	60	51	33	15

Da in diesem Beispiel die passiven latenten Steuern die aktiven latenten Steuern übersteigen, besteht bei Saldierung eine Ansatzpflicht des Passivüberhangs.

10.2.3.5 Sondersachverhalte

Steuerliche Verlustvorträge

§ 274 Abs. 1 S. 4 HGB sieht **zwingend** eine Berücksichtigung von steuerlichen Verlustvorträgen **bei der Ermittlung aktiver latenter Steuern** vor. Zwar handelt es sich bei steuerlichen Verlustvorträgen nicht um Differenzen in den Wertansätzen zwischen Handels- und Steuerbilanz. Sie repräsentieren jedoch eine künftige Steuerentlastung, da künftige Erträge nicht durch Steuern gemindert werden. Das Problem bei Bestehen steuerlicher Verlustvorträge liegt darin begründet, dass das Unternehmen in der Vergangenheit Verluste erwirtschaftet hat. Insofern gibt es keine Sicherheit, dass die Verlustvorträge auch zukünftig genutzt werden können. Denn die Möglichkeit zur Nutzung von Verlustvorträgen bedingt die Erzielung künftig ausreichender Jahresüberschüsse. Insofern muss trotz einer ggf. wirtschaftlich schwierigen Unternehmenslage eine positive Unternehmensentwicklung prognostizierbar sein. Daher hat der Gesetzgeber in § 274 Abs. 1 S. 4 HGB als Voraussetzung für die Ermittlung aktiver latenter Steuern auf steuerliche Verlustvorträge eine voraussichtliche **Realisierbarkeit der Verlustvorträge innerhalb der nächsten 5 Jahre** vorgeschrieben. Die Frage der Realisierbarkeit basiert auf Wahrscheinlichkeitsüberlegungen, die unter Beachtung des handelsrechtlichen Vorsichtsprinzips vorzunehmen sind.[328] Fehlt eine hinreichende Wahrscheinlichkeit des künftigen Eintritts des Entlastungseffekts, hat eine Aktivierung latenter Steuern bzw. eine Einbeziehung in die Ermittlung latenter Steuern zu unterbleiben. Durch die Begrenzung des Prognosezeitraums auf 5 Jahre erscheint eine Nachvollziehbarkeit der Wahrscheinlichkeitsüberlegungen für Dritte gegeben,[329]

---

328 Vgl. BT-Drucksache 16/10067, S. 67.
329 Vgl. BT-Drucksache 16/10067, S. 67.

da die Zuverlässigkeit der Planung mit Ausweitung des Zeitraums aufgrund sich gleichzeitig erhöhender Unsicherheit abnimmt.[330]

Grundlage für die Beurteilung der Realisierbarkeit stellt eine nachvollziehbare detaillierte **steuerliche Planungsrechnung** dar. Sie ist aus der Unternehmensplanung abzuleiten und unter Einbeziehung beabsichtigter sowie realisierbarer Steuerstrategien zu ermitteln.[331] Zudem muss ihre Ausgestaltung eine separate Beurteilung körperschaftsteuerlicher und gewerbesteuerlicher Verlustvorträge ermöglichen.[332] Anhaltspunkte für künftig hinreichend positive Ergebnisse stellen z. B. der Eingang neuer gewinnbringender Aufträge, die geplante Veräußerung oder Aufgabe unwirtschaftlicher Geschäftsbereiche bzw. Standorte, der Abschluss von Restrukturierungen oder auch das Beruhen der Verluste auf vergangenen Einmaleffekten dar. Darüber hinaus bedarf es bei der Einschätzung der Nutzbarkeit des Verlustvortrags auch einer Berücksichtigung von steuerlichen Beschränkungen des Verlustabzugs.[333] Liegt keine steuerliche Planungsrechnung über einen Zeitraum von 5 Jahren vor, hat eine sachgerechte und plausible Schätzung für die Jahre ohne Detailplanung etwa durch Extrapolation zu erfolgen.[334]

Die Regelung zur Berücksichtigung von steuerlichen Verlustvorträgen ist auch auf vergleichbare Sachverhalte wie **Steuergutschriften** und aus der Zinsschranke nach § 4h EStG bzw. § 8a KStG resultierenden **Zinsvorträgen** anzuwenden.[335] Für einen **Verlustrücktrag** dagegen kommt die Bildung latenter Steuern nicht in Betracht. Bei einem Verlustrücktrag liegt in der laufenden Periode ein steuerlicher Verlust vor, der bei Bestehen der Rücktragsmöglichkeit einen Steuererstattungsanspruch auf in vergangenen Perioden abgeführte Steuern darstellt. Dieser Anspruch führt insofern in der laufenden Verlustperiode zum Ansatz als Forderung gegenüber dem Finanzamt und zu einer Gewinnrealisierung. Künftige Entlastungseffekte können sich nicht ergeben.

Beispiel zu steuerlichem Verlustvortrag

Unternehmen »Entwicklung« forscht an speziellen Problemlösungen im Maschinenbaubereich und entwickelt entsprechende Patente. Am Ende von t4 besteht bei Unternehmen »Entwicklung« ein Verlustvortrag von 100 TEUR. Im Jahr t4 hat das Unternehme begonnen, ein neues Patent zu entwickeln. An Herstellungskosten sind in t4 bislang 600 TEUR angefallen. Für die neue Lösung liegen Anfragen diverser Kunden vor. Der Wert für das Patent beläuft sich Ende t4 auf Grundlage vorsichtiger Schätzungen auf 1.000 TEUR. Nach Fertigstellung der Arbeiten in t5 und t6 mit weiteren geplanten Herstellungskosten

---

330 Vgl. Grottel/Larenz (Beck'scher Bilanzkommentar), Rn. 46 zu § 274 HGB.
331 Vgl. DRS 18.17.
332 Vgl. Briese (Beck'sches HdR), B 235, Rz. 64.
333 Vgl. § 8 Abs. 1 KStG i. V. m. § 10d Abs. 2 EStG, §10a GewStG.
334 Vgl. DRS 18.19.
335 Vgl. BT-Drucksache 16/10067, S. 67 und DRS 18.20.

von 500 TEUR kann das Patent in t7 wahrscheinlich zu einem Preis von 1.400 TEUR verkauft werden. Der Steuersatz beträgt 30 %.

Der steuerliche Verlustvortrag von 100 TEUR lässt sich voraussichtlich innerhalb der nächsten 5 Jahre realisieren. Wahrscheinlich wird es in t7 zu einem Verkauf des Patents mit einem Preis von 1.400 TEUR kommen, so dass ein Veräußerungsgewinn von 300 TEUR (= 1.400 TEUR – 600 TEUR – 500 TEUR) entsteht. Dieser den Verlustvortrag überschreitende Gewinn fällt wahrscheinlich in spätestens 3 Jahren und damit innerhalb der Frist von 5 Jahren an. Insofern sind bei der Ermittlung aktiver latenter Steuern auch 30 TEUR aktive latente Steuern auf den Verlustvortrag (= 0,3 × 100 TEUR) zu berücksichtigen.[336]

Latente Steuern bei ertragsteuerlicher Organschaft

Bei Vorliegen einer ertragsteuerlichen Organschaft wird das Ergebnis der Organgesellschaft auf Grundlage eines bestehenden Gewinnabführungsvertrags an den Organträger abgeführt. Körperschaftsteuerlich und gewerbesteuerlich kommt es bei einer Organschaft zur Zurechnung des Einkommens bzw. des Gewerbeertrags der Organgesellschaft zum Organträger. Der Organträger stellt damit den Steuerschuldner dar. Bei der Organgesellschaft handelt es sich unverändert um eine selbständige Gesellschaft, die weiterhin Steuersubjekt ist und eine Handelsbilanz zu erstellen hat.[337] Da der Organträger die Steuern zu leisten hat, sind auch die künftigen sich aus temporären Differenzen zwischen den handelsrechtlichen und steuerrechtlichen Wertansätzen ergebenden Steuerbelastungen und Steuerentlastungen beim Organträger zu berücksichtigen.[338] Ein Ansatz latenter Steuern im Jahresabschluss der Organgesellschaft scheidet aus.[339] Dies gilt allerdings nur für die erwartete Laufzeit der Organschaft. Latente Steuern für temporäre Differenzen bei der Organgesellschaft haben dann einen Ansatz auch bei der Organgesellschaft nach sich zu ziehen, wenn die künftigen Steuerbelastungen und Steuerentlastungen in Perioden nach einer geplanten Beendigung der Organschaft anfallen.[340]

---

336 Hinweis: Das Patent ist handelsrechtlich als selbst erstellter immaterieller Vermögensgegenstand des Umlaufvermögens (aufgrund der Veräußerungsabsicht) aktivierungspflichtig und zwar in Höhe der Herstellungskosten. Diese Ansatzpflicht besteht auch in der Steuerbilanz, so dass aus diesem Sachverhalt selbst keine latenten Steuern resultieren.

337 Vgl. hierzu und zur Definition der Organschaft Briese (Beck'sches HdR), B 235, Rz. 173 f. m. w. N.

338 Vgl. DRS 18.32.

339 Vgl. DRS 18.32.

340 Vgl. DRS 18.34.

Latente Steuern bei Unternehmen, die § 274 HGB nicht freiwillig anwenden

Nach § 274a Nr. 4 HGB besteht für kleine Kapitalgesellschaften und kleine haftungsbeschränkte Personengesellschaften keine Verpflichtung § 274 HGB zur Rechnungslegung latenter Steuern anzuwenden. Das gleiche gilt aufgrund der gesetzlichen Stellung des § 274 HGB für nicht haftungsbeschränkte Personengesellschaften, Einzelunternehmen, Körperschaften des öffentlichen Rechts oder andere Unternehmen, die aufgrund ihrer Größe (und Rechtsform) nicht unter das PublG fallen.[341] Sollten diese Unternehmen auch nicht freiwillig § 274 HGB anwenden,[342] kommt es trotzdem zu einem Zwang der Ermittlung latenter Steuern und möglicherweise der Verpflichtung zum Ansatz passiver latenter Steuern. Diese Verpflichtung ergibt sich nicht aus § 274 HGB, sondern aus der nach § 249 Abs. 1 S. 1 HGB existierenden Passivierungspflicht einer Rückstellung für ungewisse Verbindlichkeiten.

Insofern bedarf es eines Ansatzes einer Rückstellung für passive latente Steuern, wenn die Voraussetzungen der Bildung einer **Rückstellung für ungewisse Verbindlichkeiten** vorliegen. Die Voraussetzungen sind dann erfüllt, wenn eine Differenz zwischen Handels- sowie Steuerbilanz besteht und wenn es voraussichtlich zu einer Steuerbelastung aus dem Abbau dieser Differenz kommt, der sich das Unternehmen nicht entziehen kann.[343] Damit scheiden die permanenten Differenzen aus, da sich die handels- und steuerrechtlichen Unterschiede nicht abbauen. Auch die sich aus **quasi-permanenten Differenzen** ergebende Steuerbelastung führt in der Regel nicht zu einer Rückstellung für ungewisse Verbindlichkeiten, da das Unternehmen durch Festlegung des Veräußerungs- oder Liquidationszeitpunkts der künftigen Steuerbelastung ausweichen kann. Hier fehlt es an der wirtschaftlichen Verursachung einer rechtlichen oder faktischen Verpflichtung.[344] Liegt dagegen der Umkehrzeitpunkt z. B. durch eine vertragliche Vereinbarung fest, existiert eine Verpflichtung und damit auch eine Passivierungspflicht für die Rückstellung. **Zeitlich begrenzte Differenzen**[345] ziehen grundsätzlich eine Pflicht zum Ansatz einer Rückstellung für passive latente Steuer nach sich. Werden z. B. bei der Wahl unterschiedlicher Abschreibungsmethoden handelsrechtlich zunächst weniger Abschreibungen erfasst als steuerrechtlich, führt dies zu Beginn des Nutzungszeitraums zu einem höheren handelsrechtlichen Ergebnis, welches später zu versteuern ist. Diese künftige Steuerbelastung stellt eine wirtschaftlich

---

341 Vgl. auch ausführlich Kapitel 10.2.3.1.

342 Zur Zulässigkeit der freiwilligen Anwendung von § 274 HGB vgl. Kapitel 10.2.3.1.

343 Vgl. IDW RS HFA 7, Tz. 26.

344 Vgl. BT-Drucksache 16/10067, S. 67 und IDW RS HFA 7, Tz. 26. A. A. Lüdenbach/Freiberg (Personengesellschaften), S. 1583 und Hoffmann/Lüdenbach (NWB Kommentar Bilanzierung), Rz. 7 f. zu § 274 HGB, die eine rechtliche und wirtschaftliche Verursachung grundsätzlich bei allen Differenzen ausschließen und damit keine Pflicht zum Ansatz einer Rückstellung für ungewisse Verbindlichkeiten sehen.

345 Vgl. hierzu und nachfolgend ausführlich Briese (Beck'sches HdR), B 235, Rz. 20-30, der vier Grundkonstellationen unterscheidet.

verursachte Verpflichtung dar, der sich das Unternehmen nicht mehr entziehen kann. Dies gilt auch, wenn es aufgrund unterschiedlicher handels- und steuerrechtlicher Ansatzvorschriften allein zu einem Ansatz in der Handelsbilanz kommt. Dies betrifft beispielsweise das nach § 248 Abs. 2 S. 1 HGB bestehende Aktivierungswahlrecht für selbst erstellte immaterielle Vermögensgegenstände des Anlagevermögens, für das steuerrechtlich ein Ansatzverbot nach § 5 Abs. 2 EStG existiert. Da die Aufwendungen aus der Herstellung des Vermögensgegenstands steuerrechtlich direkt erfasst werden, statt sie zu aktivieren und planmäßig abzuschreiben, kommt es in den Folgeperioden zu entsprechend höheren steuerlichen Ergebnissen und damit Steuerbelastungen.[346] Allerdings gilt die Passivierungspflicht der Rückstellung für latente Steuern nicht für zeitlich begrenzte Differenzen aus erfolgsneutralen Anschaffungsvorgängen wie z. B. Einlagen oder Verschmelzungen.

Für passive latente Steuern kodifiziert § 274 Abs. 2 S. 1 HGB ein **Abzinsungsverbot**. Dagegen besteht für langfristige Rückstellungen nach § 253 Abs. 2 S. 1 HGB eine **Abzinsungspflicht**.[347] Diese Abzinsungspflicht gilt damit grundsätzlich auch für die Rückstellung für passive latente Steuern nach § 249 Abs. 1 S. 1 HGB. Allerdings kann nach Ansicht des IDW HFA eine Abzinsung unterbleiben,[348] da ansonsten die nicht freiwillig § 274 HGB anwendenden Unternehmen strenger behandelt würden als die in den Anwendungsbereich des § 274 HGB fallenden Unternehmen, für die aus Praktikabilitäts- und Objektivierungsgründen ein Abzinsungsverbot existiert.[349]

---

346 Vgl. Breker (Rückstellungen), S. I. Hier mit a. A. Briese (Beck'sches HdR), B 235, Rz. 28, der eine Rückstellungsbildung mit der Argumentation ablehnt, dass durch die direkte steuerliche Erfassung des Aufwands steuerrechtlich der Geschäftsvorfall abgeschlossen ist und künftig keine weiteren steuerlichen Folgen auslöst.

347 Vgl. hierzu ausführlich Kapitel 9.3.2.

348 Vgl. IDW RS HFA 7, Tz. 27.

349 Vgl. Breker (Rückstellungen), S. I.

11 Weitere Problemstellungen der Rechnungslegung

11.1 Derivative Finanzinstrumente (Derivate)

11.1.1 Begriffe, Arten und Wirkungsweise von Derivaten

11.1.1.1 Überblick

Für **derivative Finanzinstrumente** oder kurz **Derivate** finden sich keine gesonderten bzw. konkreten Ansatz-, Bewertungs- und Ausweisregelungen im HGB. Insofern bedarf es eines Rückgriffs auf die allgemeingültigen Rechnungslegungsvorschriften sowie die GoB. Aufgrund ihrer Bedeutung und zur Erlangung von Grundkenntnissen sollen zunächst mit den Begriffen, Arten sowie der Wirkungsweise von Derivaten die Finanzierungsgrundlagen dargestellt werden. Dies erleichtert ein Verständnis der nachfolgenden Erläuterung der Rechnungslegung derivativer Finanzinstrumente in erheblichem Maße.

Die wesentlichen Arten von Derivaten umfassen Forwards (außerbörsliche Termingeschäfte), Futures (börsengehandelte Termingeschäfte), Swaps (Zahlungsstromaustauchvereinbarungen) und Optionen (Kauf- oder Verkaufsrechte). Derivate lassen sich hinsichtlich unbedingter und bedingter Instrumente unterscheiden. Unbedingte derivative Geschäfte müssen erfüllt werden (z. B. Futures, Forwards, Swaps). Bedingte derivative Geschäfte weisen dagegen keine Verpflichtung zur Erfüllung auf: Es besteht für den Käufer ein Recht zum Kauf oder Verkauf eines Finanztitels bzw. eines physischen Guts (Optionen). In Abhängigkeit des Handels kommt es zu einer Differenzierung zwischen börsengehandelten und OTC (*over the counter*)-Derivaten. Börsengehandelte derivative Instrumente sind standardisierte Produkte etwa hinsichtlich der handelbaren Menge oder des Erfüllungs- bzw. Fälligkeitszeitpunkts. Zudem kommt es zur Zwischenschaltung einer Clearingstelle (z. B. EUREX), die eine Erfüllung des Geschäfts garantiert und mithin das Ausfallrisiko des Vertragspartners nahezu ausschließt. OTC-Geschäfte stellen dagegen individuell vertraglich z. B. mit einer Bank oder einem Wertpapierhaus vereinbarte Produkte dar. Die individuelle Ausgestaltung der Bestandteile ermöglicht genaue sowie zielentsprechende Lösungen, weist aber in der Regel ein höheres Preisniveau auf.

Bei **Derivaten** handelt es sich um aus zugrunde liegenden Basiswerten (*underlying*) abgeleitete Termingeschäfte. Sie stellen insofern Finanzinstrumente dar, bei denen ihr Preis aus einer oder mehreren ihnen zugrunde liegenden Marktvariablen (Basiswerten) abgeleitet wird und bei denen eine Begleichung in der Zukunft stattfindet. Basiswerte können z. B. Fremdwährungen, Zinssätze, Aktien und festverzinsliche Wertpapiere, Rohstoffe (wie Öl, Kupfer, Edelmetalle oder Agrarprodukte), Indexziffern (z. B. DAX) oder auch Derivate selbst sein. Derivate basieren demnach auf den folgenden Kriterien.[350]

- Zugrundliegen einer oder mehrerer Marktvariablen (Basiswerte).
- Kein oder nur ein geringer Kapitaleinsatz bei Abschluss des Vertrags über den Kauf oder Verkauf des Derivats.
- Erfüllung zu einem späteren Zeitpunkt.
- Darüber hinaus zumeist Vereinbarung oder Erlaubnis zur Durchführung eines Barausgleichs bei Fälligkeit des Derivats ohne Notwendigkeit einer physischen Lieferung.

Diese Kriterien lassen sich z. B. an einem **Termingeschäft** verdeutlichen. Ein Termingeschäft ist ein Vertrag über den Kauf oder Verkauf eines Basistitels zu einem bestimmten zukünftigen Termin zu einem bei Vertragsabschluss vereinbarten Preis. Damit beinhaltet der Vertrag eine festgelegte Menge des Basistitels, einen festen Termin zum Verkauf oder Kauf des Basistitels und einen festgelegten Preis. Der Käufer hat hier die Verpflichtung zur Abnahme und Bezahlung des Basiswerts zu dem bestimmten Zeitpunkt. Für den Verkäufer besteht dagegen die Verpflichtung zur Lieferung des Basistitels zu dem festgelegten Zeitpunkt.

Beispiel Kauf auf Termin

Ein Unternehmen schließt am 01.03.t2 ein Vertrag mit einer Bank zum Kauf von Vorräten am 30.06.t2 zu einem Preis von 100 TEUR ab (Kauf auf Termin mittels eines Forwards).
Bei Abschluss des Vertrags entsteht für beide Parteien die jeweilige Verpflichtung. Das Unternehmen verpflichtet sich zum Kauf sowie Zahlung der Vorräte am 30.06.t2 zum Preis von 100 TEUR und die Bank verpflichtet sich zur Lieferung der Vorräte am 30.06.t2. Insofern beginnt am 01.03.t2 für beide Parteien ein schwebendes Geschäft. Einen Kapitaleinsatz mit Ausnahme einer ggf. zu leistenden geringen Gebühr an die Bank bedarf es für das Unternehmen nicht. Bei Abschluss des Vertrags kennen beide Parteien nicht die zukünftige Entwicklung des Preises für die Vorräte. Sollte der **Marktpreis** für die Vorräte am 30.06.t2 **auf 120 TEUR gestiegen** sein, muss das Unternehmen die Vorräte für 100 TEUR kaufen. In diesem Fall macht das Unternehmen einen Gewinn von 20 TEUR. Die Bank dagegen muss die Vorräte für 100 TEUR liefern. Für sie entsteht rechnerisch ein Verlust von 20 TEUR (Einkauf der Vorräte zum Marktpreis am 30.06.t2 für 120 TEUR und Verkauf an das Unternehmen für 100 TEUR). In der Regel

---

350 Zu den ersten drei Kriterien vgl. etwa IFRS 9.A.

wird die Bank zur Begleichung des Derivats einen Barausgleich von 20 TEUR an das Unternehmen leisten und eine tatsächliche Lieferung der Vorräte nicht stattfinden. Das Unternehmen dagegen vereinnahmt die 20 TEUR. Sollte das Unternehmen die Vorräte tatsächlich am 30.06.t2 erwerben wollen, entsteht für das Unternehmen insgesamt ein Aufwand von 100 TEUR (20 TEUR Ertrag aus dem Derivat und 120 TEUR Materialaufwand bei späterer Lagerbestandsentnahme im Rahmen des Kaufs der Vorräte am Markt[351]). Entsprechendes gilt, wenn der **Marktpreis** für die Vorräte am 30.06.t2 **auf 85 TEUR gesunken** ist. Auch in diesem Fall muss das Unternehmen die Vorräte am 30.06.t2 für 100 TEUR von der Bank kaufen und die Bank die Vorräte für 100 TEUR liefern. Beim Unternehmen entsteht ein Verlust von 15 TEUR und bei der Bank ein Gewinn von 15 TEUR (Einkauf der Vorräte für 85 TEUR und Verkauf für 100 TEUR). Das Unternehmen hat 15 TEUR an die Bank zu leisten. Sollte das Unternehmen die Vorräte tatsächlich am 30.06.t2 erwerben wollen, entsteht auch hier für das Unternehmen insgesamt ein Aufwand von 100 TEUR (15 TEUR Aufwand aus dem Derivat und 85 TEUR Materialaufwand bei späterer Lagerbestandsentnahme im Rahmen des Kaufs der Vorräte am Markt).

Der Einsatz von Derivaten dient drei möglichen **Zwecken**. Zunächst eignen sich Derivate zur **Spekulation**. Ohne oder nur mit geringem Kapitaleinsatz lassen sich hohe Gewinne erzielen. Allerdings besteht auch ein erhebliches Verlustrisiko, so dass die meisten Unternehmen den Einsatz von Derivaten zu Spekulationszwecken im Rahmen ihres Risikomanagementsystems verbieten (müssen) oder nur in limitiertem Umfang zulassen (dürfen).[352] Als weiteres Einsatzgebiet kommen sie insbesondere bei Finanzinstituten zur Erwirtschaftung von **Arbitragegewinnen** zur Anwendung. Bei Arbitragegeschäften werden Preisdifferenzen auf den Märkten für gleiche Positionen durch simultane Kauf- und Verkaufstransaktionen ausgenutzt. Als drittem Zweck dienen Derivate allen Unternehmen zur **Absicherung** bzw. Risikobegrenzung im Rahmen ihres **Risikomanagements** (*hedging*). Dies stellt bei Industrieunternehmen gleichzeitig den Hauptanwendungsbereich dar. So hat sich im vorherigen Beispiel das Unternehmen durch den Abschluss eines Derivats mittels des Kaufs von Vorräten auf Termin gegen Preissteigerungen auf den Märkten abgesichert. Egal wie sich die Preise auf den Märkten für die entsprechende Vorräte zukünftig entwickeln, das Unternehmen muss immer 100 TEUR aufwenden. Ohne den Abschluss des Termingeschäfts hätte das Unternehmen im Beispielsfall bei einer Preissteigerung 120 TEUR und bei einer Preisminderung 85 TEUR zahlen müssen.

---

351 Im Rahmen des Kaufs der Vorräte kommt es zunächst allein zu einer Auszahlung (*Vorräte an Bank*) bzw. zu einer Ausgabe (*Vorräte an Verbindlichkeiten aus Lieferungen und Leistungen*). Der Aufwand entsteht nachfolgend bei Entnahme der Vorräte vom Lager [*Aufwand (Materialaufwand) an Vorräte*].

352 Nach § 91 Abs. 2 AktG besteht für den Vorstand von Aktiengesellschaften die Verpflichtung ein funktionierendes Risikomanagementsystem einzurichten.

11.1.1.2 Forwards und Futures

Forwards und Futures stellen unbedingte und damit zwingend zu erfüllende Termingeschäfte dar. Bei **Termingeschäften** handelt es sich um Verträge über den Kauf oder Verkauf

- eines bestimmten Basistitels
- zu einem bestimmten zukünftigen Termin
- zu einem bei Vertragsabschluss vereinbarten Preis.

Ein Termingeschäft beinhaltet insofern den Kauf oder Verkauf einer **festgelegten** Menge des Basistitels zu einem **festen** zukünftigen Termin zu einem heute **festgelegten** Preis. Der Käufer im Rahmen des Termingeschäfts hat die Verpflichtung zur Abnahme des Basistitels und zur Zahlung zum bestimmten Termin. Der Verkäufer hat dagegen die Verpflichtung zur Lieferung des Basistitels und das Recht auf Vereinnahmung der Zahlung. Die Zahlung zur Erfüllung des Termingeschäfts erfolgt zum zukünftigen vertraglich vereinbarten Termin und nicht im Zeitpunkt des Vertragsabschlusses. Das Gewinn- und Verlustprofil aus einem Termingeschäft ist aufgrund der beiderseitigen Erfüllungspflicht von Käufer und Verkäufer immer symmetrisch. Zur Verdeutlichung wird auf das Beispiel im vorherigen Kapitel zurückgegriffen.

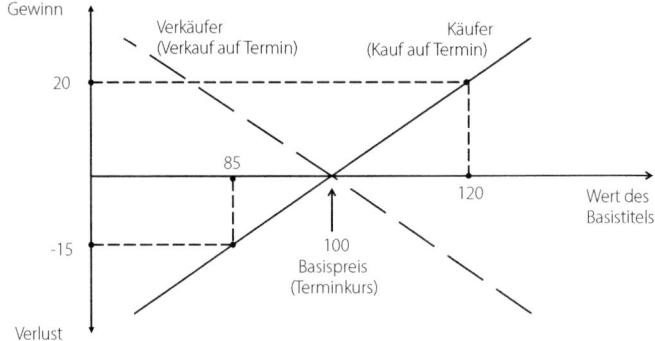

Dar. 11.1: Gewinn- und Verlustprofil eines Kaufs- und Verkaufs auf Termin

Sollte der Marktpreis im Erfüllungszeitpunkt am 30.06.t2 auf 120 TEUR gestiegen sein, macht der Käufer im Rahmen des Termingeschäfts (**Kauf auf Termin**) einen Gewinn von 20 TEUR ohne die Einbeziehung von Transaktionskosten und Zinsüberlegungen. Er muss die Vorräte zum Basispreis von 100 TEUR kaufen und könnte sie direkt zum Marktpreis von 120 TEUR weiterverkaufen. Fällt dagegen der Marktpreis im Erfüllungszeitpunkt auf 85 TEUR, führt dies beim Käufer zu einem Verlust von 15 TEUR. Er hat die Vorräte am 30.06.t2 zum Basispreis von

100 TEUR zu erwerben und kann sie direkt nur zum aktuellen Marktpreis von 85 TEUR wiederveräußern.

Genau symmetrisch zum Käufer entsteht beim Verkäufer (**Verkauf auf Termin**) ein Gewinn oder Verlust. Steigt der Marktpreis auf 120 TEUR, resultiert dies beim Verkäufer in einem Verlust von 20 TEUR (im Gegensatz zum Gewinn beim Käufer von 20 TEUR), da der Verkäufer die Vorräte zum Basispreis von 100 TEUR verkaufen muss. Sollten sich die Vorräte beim Veräußerer nicht auf Lager befinden, muss er sie zum Marktpreis am 30.06.t2 von 120 TEUR vorher einkaufen. Sollten sich die Vorräte beim Veräußerer im Bestand befinden, repräsentiert der Verlust beim Verkäufer einen entgangenen Gewinn (Verkauf zum Basispreis von 100 TEUR statt eines Verkaufs zum Marktpreis von 120 TEUR). Fällt dagegen der Marktpreis auf 85 TEUR, kommt es beim Verkäufer zu einem Gewinn von 15 TEUR (im Gegensatz zum Verlust beim Käufer von 15 TEUR). Der Verkäufer kann die Vorräte zum aktuellen Marktpreis von 85 TEUR erwerben und hat sie zwingend zum Basispreis von 100 TEUR zu veräußern.

Während **Forwards** individuell zwischen den Vertragsparteien ausgehandelte Termingeschäfte darstellen, handelt es sich bei **Futures** um standardisierte, an Terminbörsen gehandelte und täglich zu Marktwerten bewertete Termingeschäfte. Die Vertragsbestandteile von Forwards wie Basistitel, Umfang und Laufzeit sind daher genau auf die Anforderungen der Parteien abgestimmt. Im Gegensatz dazu ermöglicht die Standardisierung der Vertragsbestandteile bei Futures einen Handel an einer Terminbörse (z. B. der EUREX). Nahezu alle Futures werden nicht durch physische Lieferung erfüllt, sondern durch Abrechnung der Differenz zwischen dem bei Vertragsabschluss vereinbarten Basispreis und dem tatsächlich bestehenden Marktpreis am Erfüllungstag. Daher spricht man auch von Differenzgeschäften. Darüber hinaus schließen die Vertragsparteien bei Futures die Geschäfte nicht direkt miteinander ab, sondern es wird mit der Börsenorganisation eine Clearingstelle dazwischengeschaltet. Die Clearingstelle garantiert dem jeweiligen Kontrahenten die Erfüllung der Verpflichtung durch die Gegenseite. Aufgrund dieser Garantie und des bestehenden Ausfallrisikos der Vertragsparteien führt die Clearingstelle für jeden Akteur ein (Margin-)Konto. Auf diesem Konto werden die täglich ermittelten Gewinne und Verluste gutgeschrieben bzw. belastet. Im Rahmen dieses Abrechnungssystems haben sowohl der Käufer als auch der Verkäufer bei Abschluss des Futures (Vertragsbeginn) eine Sicherheitszahlung auf das Margin-Konto zu leisten (*initial margin*). Zudem legt die Clearingstelle einen unterhalb der *initial margin* liegenden Mindestbetrag auf dem Konto (*maintenance margin*) fest. Fällt der Wert des Basistitels unter den Wert des Mindestbetrags, muss der Akteur sofort eine Nachschusszahlung als weitere Sicherheit bis zur Höhe der *initial margin* leisten. Diese Nachschusszahlung wird *variation margin* genannt. Trifft die Ausgleichszahlung nicht innerhalb des vorgegebenen Zeitraums ein, erfolgt eine zwangsweise Schließung der Kontraktposition.

Beispiel Absicherung mittels eines Futures

Ein Unternehmen hält ein Aktienportfolio aus Anteilen an DAX-Unternehmen im Umfang von 5.000 TEUR. Das Unternehmen erwartet einen allgemeinen Rückgang der Aktienkurse. Es kann sich daher mittels eines DAX-Futures dagegen absichern. Das Termingeschäft weist am 30.09.t2 folgende Daten auf: Basistitel DAX, Kontraktwert 25 EUR, Minimale Preisveränderung 1 Punkt bei einem Wert von 25 EUR, Laufzeit Standard bis zu 9 Monaten, Basispreis 13.120 Punkte. Zur Absicherung des Aktienportfolios muss das Unternehmen einen Verkauf auf Termin durchführen. Das Risiko beim Aktienportfolio besteht in sinkenden Aktienkursen, da in diesem Fall das Aktienportfolio an Wert verliert. Aus dem Future als Sicherungsgeschäft braucht das Unternehmen daher im Fall sinkender Aktienkurse einen Gewinn, um den Wertverlust aus dem Aktienportfolio (Grundgeschäft) zu kompensieren. Daher verkauft das Unternehmen am 30.09. t2 zur Absicherung 15 Dax-Futures. Transaktionskosten und Margin-Zahlungen werden aus Vereinfachungsgründen nicht berücksichtigt.

Am 30.06.t3 ist der Wert des DAX-Futures auf 11.980 Punkte gesunken. Ebenso ist der Wert des Aktienportfolios am 30.06.t3 auf 4.550 TEUR gefallen. Aus dem Aktienportfolio resultiert daher ein Verlust von 450 TEUR. Dieser Verlust wird größtenteils mittels des Gewinns aus den Dax-Futures von 427,5 TEUR ausgeglichen. Der Gewinn aus dem Termingeschäft ermittelt sich wie folgt: (13.120 Punkte – 11.980 Punkte) x 25 EUR x 15 Kontrakte = 427,5 TEUR (am 30.06.t3 Erfüllung durch Verkauf der 15 Kontrakte zum Basispreis von 13.120 Punkten und Kauf zum aktuellen Wert von 11.980 Punkten). Insgesamt verbleibt durch die Absicherung nur ein Verlust von 22,5 TEUR (-450 TEUR + 427,5 TEUR) bestehen.

11.1.1.3 Swaps

Wie Forwards und Futures stellen Swaps unbedingte Derivate dar, die zwingend zu erfüllen sind. Bei einem Swap handelt es sich um eine **Zahlungsstromaustauschvereinbarung**. Im Rahmen dieser Vereinbarung erfolgt

- ein Austausch von Zahlungen
- zu festgelegten Zeitpunkten
- auf einen bestimmten Kapitalbetrag.

Der Kapitalbetrag selbst unterliegt keinem Austausch. Die bedeutendste Form des Swaps stellt ein **Zinsswap** dar.[353] Hierbei kommt es zu einem Austausch von Zins-

---

353 Im Rahmen von Währungsswaps kommt es sowohl zu einem Austausch von Zinszahlungen als auch zu einem Austausch des Kapitalbetrags in verschiedenen Währungen. Bei Devisenswaps werden Währungen zum Kassakurs getauscht und später zum Terminkurs (vereinbarten Basispreis) zurückgetauscht.

zahlungen, die sich auf einen identischen Kapitalbetrag beziehen und die in der Regel eine unterschiedliche Zinsbasis aufweisen. Während die eine Zinszahlung auf einer variablen Verzinsung beruht, liegt der anderen Zinszahlung eine feste Verzinsung zugrunde.

Beispiel 1 Wirkungsweise eines Zinsswaps

Am 01.01.t1 schließt ein Unternehmen einen Zinsswap mit einer Bank ab. Die Laufzeit beträgt 3 Jahre. Das Unternehmen zahlt halbjährlich nachschüssig einen festen Zins von 4 % p. a. auf einen Kapitalbetrag von 350 TEUR, während die Bank an das Unternehmen einen variablen Zins in Höhe des 6-Monats-Euribors zahlt. Die Entwicklung des 6-Monats-Euribors findet sich in Spalte 2 der folgenden Darstellung. Damit kommt es zu folgenden halbjährlich nachschüssigen Nettozahlungen (in TEUR).

Dar. 11.2: Zahlungsansprüche und Nettozahlung bei einem Zinsswap

Zeit-punkt	6-Monats-Euribor p. a.	Zahlungsanspruch Unternehmen	Zahlungsanspruch Bank	Netto-zahlung
01.01.t1	2 %	- - -	- - -	- - -
30.06.t1	3 %	3,5 (=350x0,02x6/12)	7 (=350x0,04x6/12)	-3,5
31.12.t1	3,4 %	5,25 (=350x0,03x6/12)	7 (=350x0,04x6/12)	-1,75
30.06.t2	3 %	5,95 (=350x0,034x6/12)	7 (=350x0,04x6/12)	-1,05
31.12.t2	4,4 %	5,25 (=350x0,03x6/12)	7 (=350x0,04x6/12)	-1,75
30.06.t3	5 %	7,7 (=350x0,044x6/12)	7 (=350x0,04x6/12)	+0,7
31.12.t3	- - -	8,75 (=350x0,05x6/12)	7 (=350x0,04x6/12)	+1,75

Aufgrund der (nicht vorhersehbaren) Zinsentwicklung des 6-Monats-Euribors führt dies in den ersten 4 Halbjahren zu einer Zahlung vom Unternehmen an die Bank, da der variable Zins unterhalb des festen Zinssatzes liegt. In den letzten beiden Halbjahren zahlt dagegen die Bank an das Unternehmen.[354]

Beispiel 2 Risikomanagement mit Zinsswaps

Unternehmen X hat sich u. a. über ein Gesellschafterdarlehen von 10.000 TEUR finanziert. Der jährlich nachschüssig zu leistende (variable) Zinssatz beläuft

---

354 Der obige Zinsswap lässt sich auch mit Hilfe von sechs Zinsforwards abbilden. Der erste Forward hätte eine Laufzeit von 6 Monaten und der letzte Forward eine Laufzeit von 3 Jahren. Ein Zinsforward wird auch als *Forward Rate Agreement* bezeichnet.

sich auf Euribor zuzüglich 1,25 % Marge. Da Unternehmen X steigende Zinsen und damit einen Zinssatz von über 5 % p. a. erwartet, sichert es die Zinsänderungsrisiken mittels eines Swaps am 01.01.t2 ab, um die Zahlung variabler Zinsen zu vermeiden. Im Rahmen der Swap-Vereinbarung mit der Bank erhält Unternehmen X variable Zinszahlungen von Euribor zuzüglich 1,25 % Marge auf einen Kapitalbetrag von 10.000 TEUR und hat feste Zinszahlungen von 5 % p. a. an die Bank auf den gleichen Kapitalbetrag zu leisten.

Sofern der Euribor am 31.12.t2 4,75 % p. a. beträgt, ergibt sich ein variabler Zinssatz von 6 % p. a. (4,75 % + 1,25 % Marge). Das Unternehmen hat demnach an den Gesellschafter Zinsen von 600 TEUR zu zahlen (10.000 TEUR x 6 %). Aus dem Swap besteht ein Zahlungsanspruch gegenüber der Bank von ebenfalls 600 TEUR. Der Zahlungsanspruch der Bank aus dem Swap beläuft sich dagegen auf 500 TEUR (10.000 TEUR x 5 %). Infolgedessen kommt es aus dem Swap zu einer Zahlung von der Bank an Unternehmen X von 100 TEUR. Insgesamt hat Unternehmen X damit Zinsen von Netto 500 TEUR (-600 TEUR + 100 TEUR) geleistet, was einem Zinssatz von 5 % p. a. entspricht.

Sollte sich der Euribor am 31.12.t2 auf 3,5 % p. a. belaufen, beträgt der variable Zinssatz 4,75 % p. a. (3,5 % + 1,25 % Marge). Insofern entstehen bei Unternehmen X aus dem Gesellschafterdarlehen Zinsaufwendungen in t2 von 475 TEUR (10.000 TEUR x 4,75 %). Aus dem Swap resultiert ein Zahlungsanspruch von der Bank von 475 TEUR (10.000 TEUR x 4,75 %) und eine Zinsverpflichtung an die Bank von 500 TEUR (10.000 TEUR x 5 %), so dass es insgesamt aus dem Swap zu einer Zahlung an die Bank von 25 TEUR (+475 TEUR – 500 TEUR) kommt. Auch hier ergeben sich damit insgesamt Zinszahlungen bei Unternehmen X von 500 TEUR (475 TEUR + 25 TEUR), was wiederum einem Zinssatz von 5 % p. a. entspricht.

Insofern ist zu erkennen, dass unabhängig von der Euribor Entwicklung bzw. der Entwicklung des variablen Zinssatzes, es durch die Absicherung der Zinszahlungen für das Gesellschafterdarlehen mittels eines Swaps immer allein zur Zahlung des im Rahmen des Swaps vereinbarten Festzinssatzes (hier 5 % p. a.) kommt.

11.1.1.4 Optionen

Optionen stellen bedingte Termingeschäfte dar, da für den Käufer einer Option ein Recht zum Kauf oder Verkauf, aber keine Verpflichtung zur Ausübung der Option besteht. Auf Käufer und Verkäufer entfallen bei einer Option unterschiedliche Rechte und Pflichten.

Der **Käufer** einer Option erwirbt ein **Recht**

- gegen Zahlung einer Optionsprämie (Optionspreis)
- eine bestimmte Menge eines Basistitels
- zu kaufen (Kaufoption = *Call*) oder zu verkaufen (Verkaufsoption = *Put*)

- und zwar zum vereinbarten Kurs (Basispreis)
- entweder bis zu einem bestimmten Zeitpunkt (amerikanische Option)
- oder am Ende der Optionslaufzeit (europäische Option).

Der **Verkäufer** (Stillhalter) einer Option hat die **Pflicht**

- gegen Erhalt der Optionsprämie
- die bestimmte Menge des Basistitels
- zum vereinbarten Basispreis
- zu liefern (Kaufoption, *Call*) oder abzunehmen (Verkaufsoption, *Put*),
- wenn der Käufer der Option dies verlangt (die Option ausübt).

Sofern der Käufer die Option nicht ausübt, erlöschen die Rechte und Pflichten aus der Option mit Ablauf der Laufzeit und die Option verfällt. Die vom Käufer an den Verkäufer zu leistende Optionsprämie hängt nicht von der späteren Ausübung der Option ab. Auch wenn das Recht zum Kauf oder Verkauf nicht ausgeübt wird, erfolgt keine Rückzahlung.

Insgesamt können vier unterschiedliche Positionen beim Handel mit Optionen entstehen.

- Kauf einer Kaufoption (*Long Call*)
- Verkauf einer Kaufoption (*Short Call*)
- Kauf einer Verkaufsoption (*Long Put*)
- Verkauf einer Verkaufsoption (*Short Put*)

Kauf einer Kaufoption

Um Optionen zu verstehen und anwenden zu können bietet es sich an, grundsätzlich die jeweiligen Gewinn- und Verlustprofile der vier unterschiedlichen Positionen zu verinnerlichen.

Im Rahmen des Kaufs einer Kaufoption hat der Käufer das Recht, bis zum oder am Ende der Laufzeit den Basistitel zum Basispreis zu erwerben. Dafür zahlt er eine Optionsprämie.

Im zugrunde gelegten **Beispiel** beläuft sich der **Basispreis auf 180 EUR** und die **Optionsprämie auf 25 EUR**. Sofern der jeweils aktuelle Marktpreis für den Basistitel während oder am Ende der Laufzeit über dem Basispreis liegt, lohnt sich die Ausübung der Option für den Käufer. Die Option ist *in-the-money*. Beträgt der Marktpreis z. B. 250 EUR, erzielt der Käufer bei Ausübung einen Gewinn von 45 EUR (250 EUR-180 EUR-25 EUR). Das Optionsgeschäft hat zur Zahlung der Optionsprämie von 25 EUR geführt. Durch die Ausübung der Option kommt es darüber hinaus zum Kauf des Basistitels zum vereinbarten Basispreis von 180 EUR. Gleichzeitig könnte der Käufer den Basistitel am Markt zum aktuellen Marktpreis von 250 EUR verkaufen. Weisen der Basispreis und der aktuelle Marktpreis die gleiche Höhe auf (hier 180 EUR), spricht man von *at-the-money*. Die Ausübung oder Nichtausübung der Option führen zum gleichen Ergebnis in Höhe des Ver-

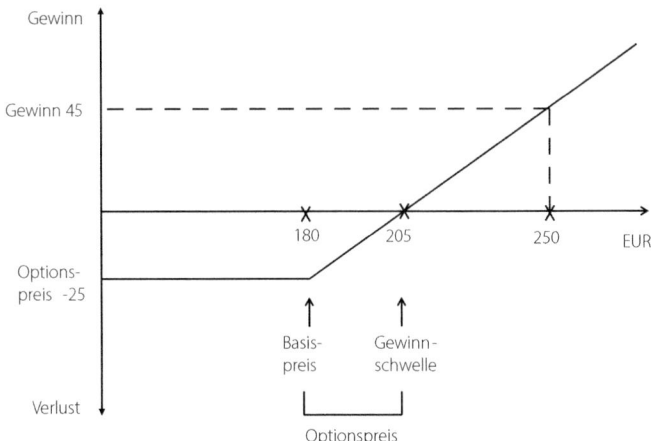

Dar. 11.3: Gewinn- und Verlustprofil des Kaufs einer Kaufoption

lusts im Umfang der gezahlten Optionsprämie von 25 TEUR. Die Gewinnschwelle liegt im vorliegenden Fall bei 205 EUR als Summe aus Basispreis und Optionsprämie (180 EUR+25 EUR). Auch wenn der am Ausübungsstichtag bestehende Marktpreis zwischen Basispreis (180 EUR) und Gewinnschwelle (205 EUR) liegt, sollte der Käufer die Option ausüben, da somit der Verlust der Optionsprämie teilweise kompensiert wird. Beläuft sich am Ausübungstag der Marktpreis z. B. auf 198 EUR, führt die Nichtausübung der Option zu einem Verlust in Höhe der Optionsprämie von 25 EUR, während die Ausübung der Option nur einen Verlust von 7 EUR (198 EUR-180 EUR-25 EUR) nach sich zieht. Bewegt sich der Marktpreis während oder am Ende der Laufzeit der Option unterhalb des Basispreises, befindet sich die Option *out-of-the-money*. Eine Ausübung der Option kommt betriebswirtschaftlich nicht in Betracht, denn bei Nichtausübung begrenzt sich der Verlust auf die Höhe der geleisteten Optionsprämie, was immer auch den Maximalverlust aus dem Optionsgeschäft beim Käufer der Kaufoption darstellt. Eine Ausübung würde in diesem Fall immer zu einem höheren Verlust führen (Kauf zum Basispreis und Verkauf zum niedrigeren Marktpreis unter Berücksichtigung der gezahlten Optionsprämie) und dem Sinn des Optionskontraktes widersprechen. Sollte der Käufer den Basistitel erwerben wollen, wäre ein Kauf am Markt zum aktuellen Marktpreis vorteilhafter, als den Basispreis zu zahlen.

Der Kauf einer Kaufoption bietet sich für Zwecke der Absicherung immer dann an, wenn das Risiko des zugrunde liegenden Grundgeschäfts in steigenden Preisen besteht bzw. für Zwecke der Spekulation, wenn der Käufer steigende Preise erwartet. Preiserhöhungen ziehen (unbegrenzte) Gewinnerzielungsmöglichkeiten nach sich, Preisreduktionen limitieren den Verlust auf die Optionsprämie.[355]

---

355 Zudem ist die Rendite bei einer Kaufoption höher als bei einem Erwerb und späterem Verkauf des Basistitels. Der Gewinn ist in beiden Fällen gleich. Allerdings umfasst der

Verkauf einer Kaufoption

Der Verkauf einer Kaufoption stellt die Gegenposition zum Kauf einer Kaufoption dar und repräsentiert die Sicht des Verkäufers. Der Verkäufer handelt nach Abschluss des Vertrags nicht aktiv, sondern reagiert auf die Ausübung der Option durch den Käufer. Der Verkäufer wird daher auch als **Stillhalter** bezeichnet.

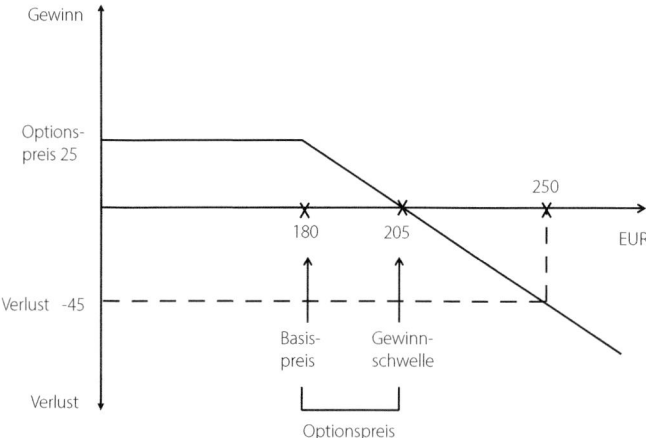

Dar. 11.4: Gewinn- und Verlustprofil des Verkaufs einer Kaufoption

Sofern der Marktpreis unterhalb des Basispreises liegt, übt der Käufer der Kaufoption diese nicht aus. In diesem Fall realisiert der Verkäufer einen Gewinn in Höhe der vereinnahmten Optionsprämie (hier von 25 EUR). Bei einem Marktpreis oberhalb des Basispreises wird der Käufer während oder am Ende der Laufzeit die Kaufoption ausüben. Mit Überschreiten des Werts der Gewinnschwelle (205 EUR) als Summe aus Basispreis und Optionsprämie beginnt für den Verkäufer die unbegrenzte Verlustzone. Sofern der Verkäufer den Basistitel zu Vertragsschluss nicht in seinem Bestand hat, besteht für ihn ein hohes Verlustrisiko. Es handelt sich um einen ungedeckten Verkauf einer Kaufoption. Beläuft sich der Marktpreis z. B. auf 250 EUR und übt der Käufer aus, dann entsteht beim Verkäufer ein Verlust von 45 EUR (180 EUR+25 EUR-250 EUR). Um der Verpflichtung zur Lieferung des Basistitels für 180 EUR am Ausübungsstichtag nachkommen zu können, muss der Verkäufer ihn vorab zum aktuellen Marktpreis von 250 EUR erwerben. Die Optionsprämie kompensiert einen Teil dieses Verlusts. Sofern allerdings der Verkäufer den Basistitel zum Zeitpunkt des Vertragsabschlusses selbst im Bestand hat, besteht für ihn kein Risiko. In diesem Fall spricht man von einem gedeckten Verkauf einer Kaufoption. Der Verkäufer verkauft bei Ausübung der Option durch den

Investitionsbetrag bei einer Option nur die Optionsprämie und bei der Direktinvestition den Kaufpreis des Anlagetitels.

307

Käufer den Basistitel zum Basispreis ohne ihn vorher einkaufen zu müssen und vereinnahmt die Optionsprämie. Er verzichtet allein auf die Möglichkeit zur Realisierung der Wertsteigerung des im Bestand befindlichen Anlagetitels.

Der Verkauf einer Kaufoption bietet sich für den Verkäufer dann an, wenn er mit fallenden, stagnierenden oder mit sehr gering steigenden Marktpreisen rechnet. Insbesondere wenn keine Wertsteigerungen bei den im Bestand befindlichen Vermögensgegenständen erwartet werden, erzielt der Verkäufer durch den Verkauf der Kaufoption eine zusätzliche Einnahme in Höhe der Optionsprämie.

Kauf einer Verkaufsoption

In diesem Fall erwirbt der Käufer das Recht, einen Basistitel zu einem vereinbarten Basispreis während oder am Ende der Laufzeit zu verkaufen.

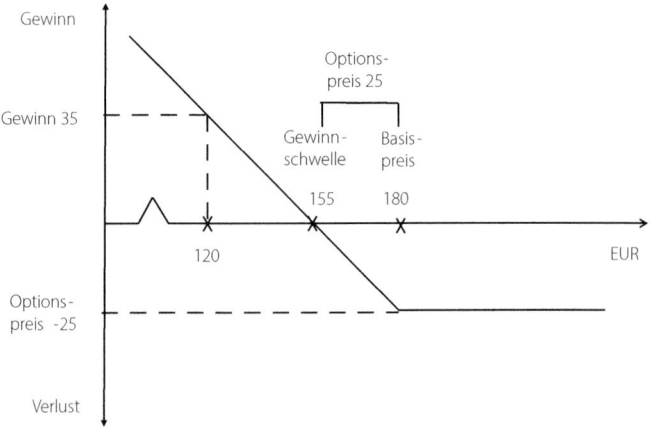

Dar. 11.5: Gewinn- und Verlustprofil des Kaufs einer Verkaufsoption

Sofern der bei Ausübung bestehende Marktpreis unter dem Basispreis liegt, wird der Käufer die Verkaufsoption ausüben (*in-the-money*). Der Verkauf erfolgt zum Basispreis. Befindet sich der Basistitel nicht im Bestand beim Käufer der Verkaufsoption, muss vorab ein Einkauf zum niedrigeren aktuellen Marktpreis stattfinden, um anschließend den Anlagetitel auch verkaufen zu können. Beträgt der Marktpreis bei Ausübung der Option z. B. 120 EUR, realisiert der Käufer der Verkaufsoption einen Gewinn von 35 EUR (180 EUR Verkauf – 120 EUR Einkauf – 25 EUR zu zahlende Optionsprämie). Hat der Käufer der Verkaufsoption bei Vertragsabschluss den Basistitel im Bestand, erfolgt eine Absicherung gegen fallende Marktpreise, da eine Veräußerung des Vermögensgegenstands immer zum Basispreis statt des aktuellen Marktpreises stattfindet.[356] Bewegt sich der Marktpreis oberhalb des Basispreises, scheidet eine Ausübung der Verkaufsoption betriebswirtschaftlich aus (*out-of-the-money*). Sollte der aktuelle Marktpreis bei 200 EUR liegen, kann eine Veräußerung des Vermögensgegenstands auch zum Wert von 200 EUR erfolgen. Bei Ausübung der Verkaufsoption käme es dagegen nur zu einem Verkauf zum niedrigeren Basispreis von 180 EUR. Der Verlust bei Nichtausübung der Option beläuft sich auf die gezahlte Optionsprämie von 25 EUR.

Im Rahmen des Kaufs einer Verkaufsoption ist der Verlust damit immer begrenzt auf die bei Vertragsabschluss anfallende Optionsprämie. Auch der erzielbare Gewinn begrenzt sich, da ein Basistitel keine negativen Werte annehmen kann. Der Maximalgewinn entsteht im Ausübungszeitpunkt im Fall eines wertlosen Basistitels und umfasst die Höhe der Gewinnschwelle. Der Kauf einer Verkaufsoption kommt dann in Betracht, wenn ein Unternehmen den Basistitel im Bestand hat und sich gegen fallende Preise absichern will. Zudem bietet sich der Kauf einer Verkaufsoption bei Erwartung fallender Preise an. So entsteht die Möglichkeit zur Erzielung eines Gewinns bei einem Kauf des Basistitels während der Optionslaufzeit zu einem im Laufe der Zeit gesunkenen Marktpreis und späteren Verkauf des Vermögensgegenstands durch Ausübung der Option zum vereinbarten höheren Basispreis.

Verkauf einer Verkaufsoption

Der Verkauf einer Verkaufsoption stellt die Gegenposition zum Kauf einer Verkaufsoption dar. Der Verkauf ist wiederum aus Sicht des Verkäufers (Stillhalters) zu betrachten, der allein auf die Ausübung der Option durch den Käufer vertragsgemäß zu reagieren hat.

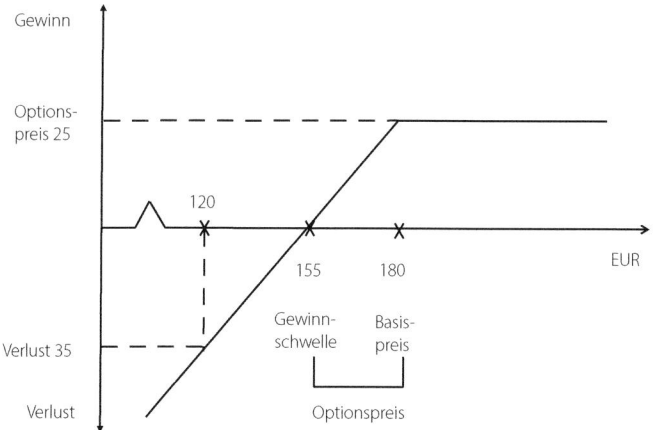

Dar. 11.6: Gewinn- und Verlustprofil des Verkaufs einer Verkaufsoption

---

356 Bzw. bei Erfüllung der Option als Differenzgeschäft kommt es zu einem Gewinn aus der Option von 35 EUR, die den Verlust aus dem Verkauf des Vermögensgegenstands (bei Verkauf zum niedrigeren Marktpreis von 120 EUR) kompensiert.

Liegt der Marktpreis während oder am Ende der Laufzeit über dem Basispreis, übt der Käufer die Verkaufsoption nicht aus, da der Erwerber am Markt den von der Verkaufsoption betroffenen Vermögensgegenstand zu einem höheren Wert veräußern kann. In diesem Fall erzielt der Verkäufer der Verkaufsoption einen auf die Höhe der vereinnahmten Optionsprämie begrenzten Gewinn (von hier 25 EUR). Bewegt sich der Marktpreis dagegen unterhalb des Basispreises, wird der Käufer die Option ausüben, da er in diesem Fall einen Gewinn erzielt bzw. den Aufwand aus der Optionsprämie (teilweise) kompensiert. Bei dieser Konstellation muss der Verkäufer der Verkaufsoption den Basistitel zum Basispreis erwerben. Fällt der Preis um mehr als den Betrag der vereinnahmten Optionsprämie, kommt es zu einem Verlust beim Verkäufer der Option. Beträgt der Marktpreis im Zeitpunkt der Ausübung der Option durch den Käufer z. B. 120 EUR, führt dies zu einem Verlust beim Verkäufer der Option von 35 EUR (120 EUR+25 EUR-180 EUR), da er zum Basispreis von 180 EUR den Basistitel erwerben muss, dagegen die Optionsprämie erhält und den Anlagetitel nur zum aktuellen niedrigeren Marktpreis weiterverkaufen kann. Alternativ kann der Verkäufer, statt den Verlust durch Weiterveräußerung zu realisieren, den Vermögensgegenstand auch halten, auf künftig steigende Preise hoffen und damit vorerst nur einen unrealisierten Verlust erfassen. Der Verlust ist limitiert auf den Wert der Gewinnschwelle bei einem wertlosen Basistitel im Zeitpunkt der Optionsausübung.

Der Verkauf einer Verkaufsoption kommt bei Erwartung stagnierender oder leicht schwankender Marktpreise in Betracht, da in diesem Fall Gewinne bis zur Höhe der Optionsprämie erzielt werden können. Bei Erwartung steigender Kurse bietet sich eher der Kauf einer Kaufoption oder ein Kauf auf Termin an, um von höheren Wertsteigerungen zu profitieren.

Bewertung von Optionen

Der Wert einer Option (Optionspreis) zerfällt mit dem inneren Wert und dem Zeitwert in zwei Komponenten. Der **innere Wert** ergibt sich als Differenz aus dem gegenwärtigen Marktpreis des Basistitels und dem Ausübungspreis der Option (Basispreis) bzw. beläuft sich auf den Wert null, wenn die Option nicht ausgeübt würde. Dies ist der Fall, wenn der aktuelle Marktpreis bei einer Kaufoption unter dem Basispreis und bei einer Verkaufsoption über dem Basispreis liegt. Der **Zeitwert** stellt die Differenz zwischen dem Marktpreis der Option und dem inneren Wert dar. Der Zeitwert repräsentiert damit die Zeitprämie für die Chance, von den Kursänderungen zu profitieren bzw. ist die entsprechende Risikoprämie für den Verkäufer. Bei der vom Käufer zu zahlenden Optionsprämie handelt es sich um den Wert der Option bei Vertragsabschluss. Am Ende der Optionslaufzeit besteht der Optionspreis nur noch aus dem inneren Wert, da der Zeitwert dann keinen Wert mehr aufweist.

Der Preis von Optionen basiert auf **verschiedenen Einflussfaktoren**, die entweder die Höhe des inneren Werts oder die Höhe des Zeitwerts beeinflussen. Die Höhe des inneren Werts hängt ab vom aktuellen Aktienkurs und dem zugrunde liegenden Basispreis. Die Höhe des Zeitwerts beruht auf dem risikolosen Zinssatz, der Restlaufzeit der Option (Ausübungstermin), der Volatilität des Basistitels (die Streuung von Kursen um ihren Mittelwert) und bei Aktienoptionen der Höhe der erwarteten Dividende während der Laufzeit. Darüber hinaus spielt die Ausübungsart (europäisch, amerikanisch) eine Rolle.

Zur Ermittlung des Optionspreises bedarf es aufgrund der verschiedenen Einflussfaktoren der Anwendung von **Optionsbewertungsmodellen.** Neben ökonometrischen Bewertungsmodellen auf Grundlage empirischer Erhebungen kommen insbesondere präferenzunabhängige Modelle wie das Binomialmodell oder das Black-Scholes Modell in Betracht. Sowohl die Wahl des Bewertungsmodells als auch die Festlegung der in das Modell eingehenden Einflussfaktoren unter Zugrundelegung einer Vielzahl notwendiger Schätzungen eröffnen in erheblichem Maße rechnungslegungspolitische Gestaltungsmöglichkeiten.

11.1.2 Abbildung von Derivaten in der Rechnungslegung

Für Derivate bestehen keine gesetzlich kodifizierten Ansatz-, Bewertungs- oder Ausweisregelungen. Insofern ist auf die allgemeingültigen Rechnungslegungsvorschriften sowie die GoB zurückzugreifen. Derivative Finanzinstrumente stellen **schwebende Geschäfte** dar, da ein verpflichtender Vertrag vorliegt, der aus Sicht jedes Vertragspartners Verpflichtungen sowie Ansprüche begründet und der noch von keiner Partei vollständig erfüllt wurde. Schwebende Geschäfte werden handelsrechtlich grundsätzlich **nicht angesetzt.** Ausnahmen existieren für Sicherheitszahlungen (Margin-Zahlungen), Optionsprämien oder auch Transaktionskosten. Für Zwecke der Folgebewertung gelten das **strenge Niederstwertprinzip** sowie das **Realisations- und Imparitätsprinzip.** Damit scheidet eine Realisation positiver Wertänderungen beim Derivat vor Ende der Laufzeit bzw. vor Ausübung des Derivats aus, da unrealisierte Gewinne nach § 252 Abs. 1 Nr. 4 HS 2 HGB nicht realisiert werden dürfen.[357] Dagegen muss es jedoch zwingend zu einer Erfassung der negativen Wertänderungen beim Derivat aufgrund des Imparitätsprinzips nach § 252 Abs. 1 Nr. 4 HS 1 HGB kommen. Dazu bedarf es grundsätzlich zunächst einer **außerplanmäßigen Abschreibung** etwaiger aktivierter Prämien oder angesetzter Transaktionskosten nach § 253 Abs. 4 HGB. Auch die außerplanmäßige Abschreibung bestimmter Sicherheitszahlungen kann wahlweise erfolgen. Für den danach verbleibenden Betrag der negativen Wertänderung ist nach § 249 Abs. 1 S. 1 HGB eine **Rückstellung für drohende Verluste aus schwebenden Geschäften** anzusetzen. Zur Feststellung der Wertänderung beim Derivat erfolgt am Abschlussstichtag ein Vergleich des aktuellen Marktpreises für den Basistitel des zu-

---

357 Zu der für Kreditinstitute und Finanzdienstleister bestehenden Besonderheit nach § 340e Abs. 3 HGB vgl. auch Kapitel 7.6. Danach sind Finanzinstrumente des Handelsbestands (u. a. Derivate) erfolgswirksam zum beizulegenden Zeitwert abzüglich eines Risikoabschlags zu bewerten, so dass es in diesem Ausnahmefall auch zu einer Erfassung unrealisierter Gewinne kommt.

grunde liegenden Derivats mit dem vereinbarten und in Zukunft zu leistenden Ausübungspreis (Basispreis).

Beispiel

Ein Unternehmen beabsichtigt am 30.06.t3 eine Produktionsmaschine zu erwerben. Da mit erheblichen Preisschwankungen gerechnet wird, schließt das Unternehmen am 30.09.t2 einen Forward mit einer Bank ab, um den zukünftigen Einkauf auf dem derzeitigen Niveau abzusichern. Dabei kauft das Unternehmen die Maschine auf Termin zum 30.06.t3 zu einem Preis von 200 TEUR (Basispreis). Transaktionskosten sind nicht angefallen.

Mit Vertragsabschluss am 30.09.t2 beginnt ein schwebendes Geschäft. Leistung und Gegenleistung aus dem Vertrag stehen sich bei Beginn der vertraglichen Vereinbarung ausgeglichen gegenüber, so dass ein Ansatz des derivativen Finanzinstruments ausscheidet.

Sofern der Preis der Maschine zum Abschlussstichtag des Unternehmens am 31.12.t2 auf **220 TEUR** gestiegen ist, ergibt sich ein positiver Zeitwert des Derivats von 20 TEUR am 31.12.t2. Das Unternehmen könnte bei (fiktiver) Ausübung des Forwards die Maschine zum Basispreis von 200 TEUR erwerben und anschließend zum aktuellen Marktpreis von 220 TEUR verkaufen. Mithin ergäbe sich ein Gewinn von 20 TEUR. Aufgrund des Realisationsprinzips besteht ein Verbot zur Erfassung unrealisierter Gewinne. Daher wird zum 31.12.t2 weder der Forward angesetzt noch ein Ertrag erfasst.

Beläuft sich der Marktpreis für die Maschine am 31.12.t2 auf **175 TEUR**, besteht am Abschlussstichtag ein negativer Zeitwert des Forwards von 25 TEUR (fiktiver Erwerb der Maschine für 200 TEUR und anschließender Verkauf zu 175 TEUR). Da aufgrund des Imparitätsprinzips unrealisierte Verluste zwingend erfasst werden müssen, ist zum 31.12.t2 eine Drohverlustrückstellung von 25 TEUR zu passivieren.

Aufwand (sonstige betriebliche Aufwendungen) an Sonstige Rückstellungen 25 TEUR
Der Grundsatz des Vorrangs außerplanmäßiger Abschreibungen vor Bildung einer Drohverlustrückstellung kann hier mangels aktivierten Vermögensgegenstands nicht zur Anwendung kommen.

Die beim Abschluss von **Futures** anfallende Sicherheitszahlung (*initial margin*) wird als sonstiger Vermögensgegenstand im Umlaufvermögen angesetzt. Eine Bewertung erfolgt mangels Abhängigkeit vom Kurs und mangels Bonitätsrisiken nicht.[358] Damit scheidet auch eine Abwertung im Fall des Eintritts unrealisierter Verluste aus. Da die Sicherheitszahlung in Form der *initial margin* zurückgewährt wird, erfolgt eine erfolgsneutrale Ausbuchung des sonstigen Vermögensgegen-

---

358 Vgl. IDW RS BFA 5, Tz. 11 und Justenhoven/Usinger (Beck'scher Bilanzkommentar), Rn. 101 zu § 254 HGB.

stands zum Zeitpunkt der Rückzahlung. Auch die Sicherheitsleistung in Form der Nachschusszahlung (**variation margin**) ist beim leistenden Unternehmen (Sicherungsgeber) als sonstiger Vermögensgegenstand und beim empfangenden Unternehmen (Sicherungsnehmer) als sonstige Verbindlichkeit zu aktivieren bzw. passivieren. Die Nachschusszahlung weist den Charakter einer Vorleistung auf die spätere Erfüllung des Vertrags auf. Infolgedessen scheidet eine erfolgswirksame Berücksichtigung aus.[359] Unrealisierte Verluste bei einem negativen Zeitwert des Futures werden mittels der Bildung einer Drohverlustrückstellung erfasst. Hier besteht anstelle einer Pflicht das Wahlrecht, die *variation margin* zunächst außerplanmäßig abzuschreiben.[360] Bei späterer Erfüllung des Geschäfts mittels Barausgleich wird die *variation margin* unter Berücksichtigung einer angesetzten Drohverlustrückstellung erfolgswirksam erfasst. Im Ausnahmefall der physischen Erfüllung bestehen beim Kauf auf Termin die Anschaffungskosten des Basistitels aus dem gezahlten Basispreis und aus einer Erhöhung um geleistete *variation margin*-Zahlungen bzw. einer Verminderung um erhaltene Zahlungen. Im Rahmen des Verkaufs auf Termin mindern oder erhöhen die *variation margin*-Zahlungen den erfolgswirksam abzubildenden Veräußerungserfolg. Die beim Abschluss von Verträgen über Futures anfallenden **Transaktionskosten** können aus Wesentlichkeits- und Praktikabilitätsüberlegungen direkt als Aufwand erfasst werden. Bei beabsichtigter Erfüllung kommt auch eine Aktivierung der Transaktionskosten in Betracht, die später beim Käufer zu Anschaffungsnebenkosten und beim Verkäufer zu einer Minderung des Veräußerungserfolgs führt.[361]

Die im Rahmen von **Swaps** anfallenden Zinszahlungen sind aufgrund des Realisationsprinzips zum Zwecke einer periodengerechten Erfolgsermittlung zeitraumbezogen abzugrenzen.[362] Dies gilt auch für erhaltene oder gezahlte Einmalzahlungen beim Abschluss des Swaps (*upfront payments*) bzw. am Ende der Laufzeit (*balloon payments*). Dabei bedarf es bei Vorauszahlungen einer Abgrenzung über die Laufzeit des Swaps mittels eines aktiven Rechnungsabgrenzungspostens (bei Aufwand) bzw. passiven Rechnungsabgrenzungspostens (bei Ertrag),[363] da sie wirtschaftlich einem Disagio bzw. Agio entsprechen[364]. Nachschüssige Zahlungen wer-

---

359 Vgl. etwa IDW RS BFA 5, Tz. 4, 12 und 13 oder Justenhoven/Usinger (Beck'scher Bilanzkommentar), Rn. 101 zu § 254 HGB. A. A. Baetge/Kirsch/Thiele (Bilanzen), 344 f., die hier ein Wahlrecht zur direkten erfolgswirksamen Erfassung sehen.

360 Vgl. IDW RS BFA 5, Tz. 15, Justenhoven/Usinger (Beck'scher Bilanzkommentar), Rn. 101 zu § 254 HGB sowie wohl auch WP-Handbuch (Wirtschaftsprüfung und Rechnungslegung), Kapitel F, Tz. 1320. A. A. Coenenberg/Haller/Schultze (Jahresabschluss), S. 322, die eine Pflicht zur vorherigen außerplanmäßigen Abschreibung sehen.

361 Zur Behandlung der Transaktionskosten vgl. Justenhoven/Usinger (Beck'scher Bilanzkommentar), Rn. 101 zu § 254 HGB oder Schwitters/Bogajewskaja (Beck'sches HdR), B 730, Rz. 94.

362 Vgl. hierzu Kapitel 2.2.3.5.

363 Hier statt eines Ansatzes von Rechnungsabgrenzungsposten eine Bilanzierung als sonstigen Vermögensgegenstand bzw. sonstige Verbindlichkeit vorsehend Justenhoven/Usinger (Beck'scher Bilanzkommentar), Rn. 113 zu § 254 HGB.

364 Vgl. Schwitters/Bogajewskaja (Beck'sches HdR), B 730, Rz. 77.

den dagegen ratierlich über die Laufzeit des Swaps mit Hilfe eines sonstigen Vermögensgegenstands (bei Ertrag) bzw. einer sonstigen Verbindlichkeit (bei Aufwand) verursachungsgerecht erfolgswirksam erfasst.

Die im Fall von **Optionen** geleistete Optionsprämie durch den **Käufer** stellt einen Rechtsanspruch und damit einen im Umlaufvermögen anzusetzenden Vermögensgegenstand dar.[365] Fallen zusätzliche Transaktionskosten an, handelt es sich grundsätzlich um Anschaffungsnebenkosten, die aufgrund der Wesentlichkeit allerdings direkt als Aufwand gebucht werden können.[366] Bei späterer Ausübung einer Kaufoption erhöht die Optionsprämie die Anschaffungskosten des erworbenen Vermögensgegenstands. Liegt der Marktpreis des Vermögensgegenstands bei Ausübung der Kaufoption unterhalb der Gewinnschwelle, kommt mangels Werthaltigkeit nur die Einbeziehung eines Teils der Optionsprämie in die Anschaffungskosten in Betracht. Alternativ ist direkt eine außerplanmäßige Abschreibung des erworbenen Vermögensgegenstands erforderlich. Bei Ausübung einer Verkaufsoption wird die Optionsprämie erfolgswirksam mit dem Veräußerungserfolg aus dem Abgang des Vermögensgegenstands verrechnet. Sowohl bei Differenzgeschäften als auch bei Nichtausübung der Option (Verfall) erfolgt eine aufwandswirksame Erfassung der Optionsprämie in der jeweiligen zugrunde liegenden Periode. Beim **Verkäufer** einer Kauf- oder Verkaufsoption (Stillhalter) hat ein Ansatz der erhaltenen Optionsprämie als sonstige Verbindlichkeit zu erfolgen. Bei Ausübung der Kaufoption durch den Käufer erhöht die Prämie einen Veräußerungserlös beim Verkäufer, bei Ausübung der Verkaufsoption durch den Käufer vermindert die Prämie die Anschaffungskosten des im Rahmen des Optionsgeschäfts zu erwerbenden Vermögensgegenstands. Kommt es nicht zu einem physischen Austausch, sondern zu einem Barausgleich, oder verfällt die Option, ist die Optionsprämie beim Verkäufer als Ertrag zu erfassen.

Im Rahmen der **Folgebewertung** der aktivierten **Optionsprämie beim Käufer** kommt eine außerplanmäßige Abschreibung nach den Bewertungsvorschriften des Umlaufvermögens in Betracht, wenn der aktuelle Optionspreis unter der bei Vertragsabschluss geleisteten Prämie liegt. Dies dürfte z. B. regelmäßig der Fall sein, wenn die Option nicht im Geld ist (*out-of-the-money*), da sie dann u. a. weder einen inneren Wert noch einen hohen bzw. maximalen Zeitwert aufweist. Die Bildung einer zusätzlichen Drohverlustrückstellung nach vollständiger Abschreibung der Optionsprämie scheidet aus, da mangels Ausübung der Option keine weiteren unrealisierten Verluste auftreten können. Bei der **Folgebewertung beim Verkäufer** ist eine Abwertung der erhaltenen Optionsprämie und damit eine Abwertung der Verbindlichkeit aufgrund des Realisationsprinzips ausgeschlossen. Überschreitet der Wert der Option am Abschlussstichtag den passivier-

---

365 Der Ausweis erfolgt bei nicht verbrieften Optionen unter den sonstigen Vermögensgegenständen, bei Optionsscheinen unter den sonstigen Wertpapieren, vgl. WP-Handbuch (Wirtschaftsprüfung und Rechnungslegung), Kapitel F, Tz. 1316 m. w. N.

366 Vgl. Schwitters/Bogajewskaja (Beck'sches HdR), B 730, Rz. 38 m. w. N. und Justenhoven/Usinger (Beck'scher Bilanzkommentar), Rn. 72 zu § 254 HGB m. w. N.

ten Betrag, erfordert dies allerdings den Ansatz einer Drohverlustrückstellung in Höhe der Differenz.[367]

Sofern der Einsatzzweck eines derivativen Finanzinstruments in der **Absicherung** eines Grundgeschäfts liegt, käme es ohne die Anwendung der hierauf bezogenen besonderen Regelung des § 254 HGB immer nur zur Erfassung eines Verlusts, weil sich Grundgeschäft und Sicherungsgeschäft immer in die entgegengesetzte Richtung entwickeln. Wenn der Wert des Grundgeschäfts steigt, sinkt der Wert des Derivats als Sicherungsgeschäft und umgekehrt. Sowohl bei Grund- als auch Sicherungsgeschäft müssen wie oben ausgeführt immer nur die negativen Wertänderungen berücksichtigt werden, während positive Wertänderungen von einer Gewinnrealisation ausgeschlossen sind. Dies spiegelt nicht den Charakter der Sicherungsbeziehung wider. Denn im Fall einer vollständigen Absicherung des Grundgeschäfts resultiert aus rein ökonomischer Sicht im Gegensatz zur handelsrechtlichen Rechnungslegung kein Ergebniseffekt, da sich Wertsteigerungen des einen Geschäfts mit den korrespondierenden Wertminderungen beim anderen Geschäft ausgleichen. Vor diesem Hintergrund hat der Gesetzgeber mit **§ 254 HGB** die Möglichkeit eröffnet, die betriebswirtschaftliche Sicherungsbeziehung auch im handelsrechtlichen Abschluss ohne Ergebniseffekt abzubilden. Dies gelingt dadurch, dass Unternehmen das Grund- und Sicherungsgeschäft unter bestimmten Bedingungen zu einer **Bewertungseinheit** zusammenfassen können. Die Rechnungslegung von Bewertungseinheiten wird im folgenden Kapitel dargestellt.

11.2 Bildung von Bewertungseinheiten zur Darstellung von Sicherungsbeziehungen in der Rechnungslegung

11.2.1 Begriffliche Grundlagen, Wirkung und Arten von Bewertungseinheiten

Unternehmen unterliegen im Rahmen ihrer Geschäftstätigkeit einer Vielzahl von Risiken und Chancen. Die Risiken umfassen z. B. ungünstige Währungsentwicklungen, steigende Zinssätze bei aufgenommenen variabel verzinslichen Darlehen, sinkende Zinssätze bei variabel verzinslich investierten Mitteln, Preiserhöhungen für den beabsichtigten Einkauf von Rohstoffen, Waren und Anlagevermögensgegenständen oder auch Marktpreissenkungen im Rahmen des geplanten Verkaufs von Vorräten. Die Chancen ergeben sich aus den entgegengesetzten Entwicklungen dieser nicht wesentlich vom Unternehmen selbst beeinflussbaren Marktvariablen. Im Rahmen ihres **Risikomanagements** versuchen Unternehmen oftmals die Risiken zu begrenzen, zu eliminieren oder zu minimieren. Soweit das Unternehmen

---

367 Vgl. IDW RS BFA 6, Tz. 18. Zur Bemessung der Drohverlustrückstellung bestehen mit der Ausübungs- und der Glattstellungsmethode zwei Ansätze. Vgl. hierzu etwa WP-Handbuch (Wirtschaftsprüfung und Rechnungslegung), Kapitel F, Tz. 1317.

nicht seine jeweilige Geschäftstätigkeit einstellen oder reduzieren, sondern weiterhin am Markt agieren möchte, gelingt dies durch eine **Absicherung der Risiken**. Dazu werden ein oder mehrere Sachverhalte wie Geschäftsvorfälle oder Bilanzposten mit gegenläufigen Geschäften abgesichert. Die abzusichernden risikobehafteten Sachverhalte werden als **Grundgeschäfte** bezeichnet, die abzuschließenden gegenläufigen Geschäfte als **Sicherungsgeschäfte**. Eine Sicherung der Risiken besteht dann, wenn sich das Sicherungsinstrument genau **gegenläufig** zum Wert oder der Höhe des Grundgeschäfts verhält. Sollte der Wert des Grundgeschäfts fallen, muss es zu einer Wertsteigerung bei dem Sicherungsgeschäft kommen, die folglich die negative Wertentwicklung des Grundgeschäfts vollständig oder zumindest teilweise ausgleicht. Sollte sich der Wert des Grundgeschäfts dagegen erhöhen, bedarf es beim Sicherungsgeschäft einer Wertreduktion. So lässt sich z. B. eine Fremdwährungsforderung u. a. mittels einer Verbindlichkeit in gleicher Währung oder auch mit Hilfe derivativer Finanzinstrumente absichern. Als Derivat käme etwa ein Verkauf der Fremdwährung auf Termin (mittels eines Forwards oder eines Futures) oder auch der Kauf einer Verkaufsoption in Betracht. Das folgende Beispiel soll diese Absicherung aus ökonomischer Sicht verdeutlichen.

Beispiel Absicherung einer Fremdwährungsforderung

Beim Unternehmen X entsteht mit Lieferung an den Erwerber am 04.09.t1 aus dem Verkauf von Vorräten eine Fremdwährungsforderung von 100 TFW mit einer Laufzeit bis zum 03.10.t1 (30 Tage). Der Kurs am 04.09.t1 beläuft sich auf 1 FW=1,1 EUR.

Fall 1: Unternehmen X sichert die Forderung mittels eines Verkaufs auf Termin ab

Sofern Unternehmen X ein Termingeschäft abschließt und 100 TFW am 03.10. t1 (Fälligkeitszeitpunkt der Forderung) zu einem Kurs von 1 FW=1,1 EUR (Kurs im Entstehungszeitpunkt der Forderung) verkauft, wird Unternehmen X unabhängig von der späteren Kursentwicklung bis zum 03.10.t1 immer 110 TEUR aus dem Grundgeschäft (Fremdwährungsforderung) und dem Sicherungsgeschäft (Derivat) zusammen erhalten.
Beträgt der Kurs am 03.10.t1 z. B. 1 FW=0,9 EUR (Szenario A), kommt es zu einem Zahlungseingang aus Begleichung der Forderung von 90 TEUR (100 TFW x 0,9 EUR/FW). Aus dem Termingeschäft erhält Unternehmen X 20 TEUR als Nettozahlung. Im Rahmen der Erfüllung des Termingeschäfts (Glattstellung) kommt es zu einem Verkauf von 100 TFW mit dem vereinbarten Basispreis von 1 FW=1,1 EUR (110 TEUR) und gleichzeitig (um verkaufen zu können) zu einem Kauf von 100 TFW zum aktuellen Kurs am 03.10.t1 von 1 FW=0,9 EUR (90 TEUR), so dass sich Netto der Einzahlungsüberschuss von 20 TEUR ergibt. Damit bezieht Unternehmen X 90 TEUR aus dem Grundgeschäft und 20 TEUR aus dem Sicherungsgeschäft, in Summe also 110 TEUR.

Beläuft sich der Kurs am 03.10.t1 alternativ z. B. auf 1 FW=1,2 EUR (Szenario B), beträgt der Zahlungseingang aus der Erfüllung der Forderung durch den Kunden 120 TEUR (100 TFW x 1,2 EUR/FW). Allerdings muss Unternehmen X zur Erfüllung des Termingeschäfts eine Nettozahlung von 10 TEUR leisten. Es kommt wie vertraglich vereinbart zu einem Verkauf von 100 TFW zum Basispreis von 1 FW=1,1 EUR (110 TEUR) und einem gleichzeitigen Kauf von 100 TFW zum aktuellen Kurs von 1 FW=1,2 EUR (120 TEUR). Aus der Absicherung verbleibt damit wiederum ein Einzahlungsüberschuss von 110 TEUR bei Unternehmen X. Der Einzahlung aus dem Grundgeschäft von 120 TEUR steht eine Auszahlung aus dem Sicherungsgeschäft von 10 TEUR gegenüber.

Durch das Sicherungsgeschäft hat Unternehmen X das Risiko aus einer unvorteilhaften Wechselkursentwicklung eliminiert. Gleichzeitig hat es sich aber durch das Termingeschäft auch die Chance einer vorteilhaften Wechselkursentwicklung genommen. Um die Chance zu behalten, aber das Risiko auszuschließen, käme alternativ in diesem Fall der Kauf einer Verkaufsoption in Betracht. Allerdings wären die Kosten für den Erwerb der Verkaufsoption (Optionsprämie) höher als das Entgelt für den Erwerb des Termingeschäfts über den Währungsverkauf, was bei der Entscheidung für ein Absicherungsinstrument ebenfalls eine wesentliche Rolle spielt.

Fall 2: Unternehmen X sichert die Forderung mittels einer Verbindlichkeit ab

Statt des Einsatzes eines Derivats könnte das Unternehmen die Fremdwährungsforderung auch mittels einer Verbindlichkeit in gleicher Währung absichern. In Betracht käme z. B. ein Einkauf von Vorräten oder auch von Anlagevermögensgegenständen auf Ziel in entsprechender Fremdwährung. Entsteht beispielsweise aus dem Einkauf von Rohstoffen eine Fremdwährungsverbindlichkeit von 100 TFW und wird diese am 03.10.t1 gezahlt, gleichen sich die Zahlungen aus der Fremdwährungsforderung und der Fremdwährungsverbindlichkeit unabhängig vom Wechselkursszenario aus. Beläuft sich der Kurs am 03.10.t1 auf 1 FW=0,9 EUR (Szenario A), erhält Unternehmen X eine Einzahlung von 90 TEUR aus der Fremdwährungsforderung (100 TFW x 0,9 EUR/FW). Gleichzeitig zahlt Unternehmen X 90 TEUR im Rahmen der Erfüllung der Verbindlichkeit von 100 TFW am 03.10.t1 (statt 110 TEUR zum Kurs bei Entstehung der Verbindlichkeit). Folglich kompensiert die geringere Auszahlung von 20 TEUR aus der Verbindlichkeit die geringere Einzahlung von ebenfalls 20 TEUR aus der Forderung. Bei einem Kurs von 1 FW=1,2 EUR am 03.10.t1 (Szenario B) kommt es zu einer Einzahlung aus der Forderung von 120 TEUR und einer Auszahlung zur Erfüllung der Verbindlichkeit von ebenfalls 120 TEUR (jeweils 100 TFW x 1,2 EUR/FW). In diesem Fall gleicht die höhere Auszahlung der Verbindlichkeit von 10 TEUR die höhere Einzahlung aus der Forderung von 10 TEUR aus.

Diese ökonomische Absicherung wird auch als *hedging* bezeichnet. Die Herstellung einer Sicherungsbeziehung ist zunächst einmal rein betriebswirtschaftlich begründet. Ihre Durchführung besteht vollständig unabhängig und losgelöst von der Abbildung der Sicherungsbeziehung im Jahresabschluss sowie Lagebericht, also von der Rechnungslegung der Sicherungsbeziehung (*hedge accounting*).[368]

Die Möglichkeit zur **Darstellung der Sicherungsbeziehung in der Rechnungslegung** nach HGB erfolgt über die Bildung von **Bewertungseinheiten**. Die Bilanzierung von Bewertungseinheiten ist in **§ 254 HGB** geregelt. Diese Vorschrift gilt für alle Unternehmen unabhängig von Rechtsform, Größe oder Branchenzugehörigkeit. Für Kapitalgesellschaften, haftungsbeschränkte Personengesellschaften und bestimmte unter die Größenkriterien des PublG fallende Unternehmen[369] bestehen zusätzliche Angabe- und Berichtspflichten im Anhang sowie Lagebericht zum Risikomanagement, zu Sicherungsbeziehungen und zu Bewertungseinheiten.

§ 254 S. 1 HGB definiert die Bewertungseinheit als die vorgenommene Zusammenfassung von Vermögensgegenständen, Schulden, schwebenden Geschäften oder mit hoher Wahrscheinlichkeit erwarteten Transaktionen (Grundgeschäfte) mit originären oder derivativen Finanzinstrumenten (Sicherungsgeschäfte), um gegenläufige Wertänderungen oder gegenläufige Zahlungsströme aus dem Eintritt vergleichbarer Risiken von Grund- und Sicherungsgeschäft auszugleichen. Die Zusammenfassung von Grund- und Sicherungsgeschäft führt zu der Entstehung eines neuen Bewertungsobjekts. Grund- und Sicherungsgeschäft bilden danach eine Einheit und werden nicht mehr getrennt voneinander betrachtet. Dies gilt allerdings nur in dem Umfang und für den Zeitraum, in dem sich die gegenläufigen Wertänderungen oder gegenläufigen Zahlungsströme ausgleichen. Diese sich in gleicher Höhe im übereinstimmenden Zeitraum, aber entgegengesetzt verhaltenen Veränderungen werden als **wirksamer Teil** der Sicherungsbeziehung bezeichnet. Die rechtlichen Konsequenzen aus der Bildung einer Bewertungseinheit beziehen sich immer nur auf diesen sich kompensierenden (wirksamen) Teil von Grund- und Sicherungsgeschäft. Unrealisierte Verluste stehen dabei unrealisierten Gewinnen in gleicher Höhe gegenüber. In Höhe dieser Wirksamkeit finden nach § 254 S. 1 HGB die folgenden Vorschriften keine Anwendung mehr und Grund- sowie Sicherungsgeschäft werden nicht separat bewertet:

- § 249 Abs. 1 HGB – insbesondere Bildung von Drohverlustrückstellungen
- § 252 Abs. 1 Nr. 3 und Nr. 4 HGB – Grundsatz der Einzelbewertung und Realisations- sowie Imparitätsprinzip
- § 253 Abs. 1 S. 1 HGB – (fortgeführte) Anschaffungs- oder Herstellungskosten als Wertobergrenze
- § 256a HGB – Vorschriften zur Währungsumrechnung.

---

368 Vgl. IDW RS HFA 35, Tz. 11.
369 Nach § 5 Abs. 2 PublG sind (große) Personengesellschaften und Einzelunternehmen ausgenommen.

Die Bilanzierung und Bewertung sowohl des **unwirksamen Teils** der Absicherung des Grundgeschäfts mittels des Sicherungsgeschäfts als auch des im Rahmen der Sicherungsbeziehung auf **nicht abgesicherte Risiken entfallenden Teils** folgen den allgemeinen handelsrechtlichen Vorschriften. Insofern bedarf es für diese beiden Teile der getrennten Behandlung des Grund- und Sicherungsgeschäfts jeweils unter Berücksichtigung der Vorschriften nach § 249 Abs. 1, § 252 Abs. 1 Nr. 3 und 4, § 253 Abs.1 S. 1 und § 256a HGB.

Ohne Bildung einer Bewertungseinheit muss die Bilanzierung und Bewertung von Grund- und Sicherungsgeschäft jeweils getrennt nach den allgemeinen handelsrechtlichen Vorschriften vorgenommen werden. Sofern es beim Grundgeschäft zu einer Wertsteigerung kommt, scheidet deren Erfassung als Ertrag aus, da das Realisationsprinzip nach § 252 Abs. 1 Nr. 4 HS 2 HGB einer Erfassung unrealisierter Gewinne entgegensteht. Zudem limitiert das Anschaffungskostenprinzip des § 253 Abs. 1 S. 1 HGB eine Werterhöhung von Vermögensgegenständen auf die um plan- und außerplanmäßige Abschreibungen geminderten Anschaffungs- oder Herstellungskosten als Obergrenze. Der Wertsteigerung beim Grundgeschäft steht im Rahmen einer Absicherung in diesem Fall zwangsläufig ein gegenläufiger negativer Erfolgsbeitrag bzw. eine Wertminderung des Sicherungsgeschäfts gegenüber. Dieser unrealisierte Verlust ist aufgrund des Imparitätsprinzips nach § 252 Abs. 1 Nr. 4 HS 1 HGB zwingend als Aufwand zu berücksichtigen. Die Erfassung des unrealisierten Verlusts erfolgt als außerplanmäßige Abschreibung oder mittels der Bildung einer Drohverlustrückstellung nach § 249 Abs. 1 S. 1 HGB. Kommt es entgegengesetzt zu diesem Fall beim Grundgeschäft zu einer Wertminderung, bedarf es aufgrund des Imparitätsprinzips einer Antizipation des unrealisierten Verlusts. Der diesem Aufwand gegenüberstehende unrealisierte Gewinn beim Sicherungsgeschäft darf wiederum entsprechend des Realisations- und Anschaffungskostenprinzips nicht als Ertrag erfasst werden. Sowohl im Fall der Wertsteigerung als auch im Fall der Wertminderung beim Grundgeschäft kommt es damit immer nur zur Erfassung des unrealisierten Verlusts bei einer der Komponenten der Sicherungsbeziehung, während der unrealisierte Gewinn bei der jeweils anderen Komponente außen vor bleibt. Da sich die Rechtsfolgen aus der Bildung einer Bewertungseinheit immer allein auf den wirksamen Teil der Absicherung beziehen, gelten diese Ausführungen entsprechend für die Bilanzierung und Bewertung des unwirksamen sowie des auf nicht abgesicherte Risiken entfallenden Teils der Sicherungsbeziehung. Insgesamt bleibt festzuhalten, dass sich nur durch die Bildung einer Bewertungseinheit die Wirkung der ökonomischen (risikobegrenzenden) Absicherung auch in der Rechnungslegung darstellen lässt.

Die Bildung einer Bewertungseinheit aus Grund- und Sicherungsgeschäft setzt vor dem Hintergrund der Definition in § 254 HGB allerdings die Erfüllung bestimmter Bedingungen voraus. Diese **Voraussetzungen** werden im nachfolgenden Kapitel dargestellt. Sofern nicht alle dieser Vorgaben erfüllt sind, scheidet die Bildung einer Bewertungseinheit aus und es bedarf einer jeweils separaten Rechnungslegung von Grund- sowie Sicherungsgeschäft nach den allgemeinen handelsrechtlichen Vorschriften.[370] Bei Erfüllung der Voraussetzungen darf eine Bewertungseinheit gebildet werden. Insofern besteht ein **Wahlrecht**.[371] Dies ist jedoch in der Literatur teilweise umstritten.[372] Begründet wird die diskutierte Pflicht zur Bildung von Bewertungseinheiten damit, dass die bilanzielle Abbildung zwingend dem Risikomanagement zu folgen hat. Diesem kann nicht zugestimmt werden, da dem an betriebswirtschaftlichen Grundsätzen orientierten Risikomanagement und dem auf rechtlichen Vorschriften beruhenden handelsrechtlichen Jahresabschluss unterschiedliche Zwecke zugrunde liegen. Zudem sieht u. a. die Gesetzesbegründung zur Einführung des § 254 HGB eine Wahlmöglichkeit vor.[373] Auch steht ein Wahlrecht nicht der Informationsfunktion des handelsrechtlichen Jahresabschlusses und der Generalnorm des § 264 Abs. 2 S. 1 HGB entgegen. Ansonsten dürfte es auch in den allein und damit stärker auf die Informationsfunktion ausgerichteten IFRS-Abschlüssen kein Wahlrecht zur Bilanzierung als Sicherungsbeziehung geben.[374] Denn Einschränkungen in der Darstellung der Vermögens-, Finanz- und Ertragslage werden sowohl nach IFRS als auch nach HGB durch qualitative Erläuterungen kompensiert. Bildet ein Unternehmen zulässigerweise trotz eingegangener ökonomischer Sicherungsbeziehung keine Bewertungseinheit im handelsrechtlichen Jahresabschluss, so hat in wesentlichen Fällen einer Erläuterung im Lagebericht zu erfolgen.[375] Zudem bedingt § 264 Abs. 2 S. 2 HGB gegebenenfalls eine Angabe im Anhang.[376] Eine einmal getroffene Wahlrechtsausübung unterliegt dabei der zeitlichen Ansatz- und Bewertungsmethodenstetigkeit nach § 246 Abs. 3 sowie § 252 Abs. 1 Nr. 6 HGB, was die rechnungslegungspolitischen Spielräume einschränkt. Eine Pflicht zur einheitlichen Ausübung des Wahlrechts im Fall gleichartiger Sachverhalte besteht dagegen nicht.[377]

---

370 Vgl. IDW RS HFA 35, Tz. 5.

371 Vgl. auch IDW RS HFA 35, Tz. 4, Justenhoven/Usinger (Beck'scher Bilanzkommentar), Rn. 3 zu § 254 HGB, Hoffmann/Lüdenbach (NWB Kommentar Bilanzierung), Rz. 11 zu § 254 HGB.

372 A. A. etwa Glaser/Hachmeister (Pflicht oder Wahlrecht), S. 555 oder Ballwieser (Münchener Kommentar zum HGB), Rn. 19 zu § 254 HGB. Zu einem Überblick über die Diskussion vgl. u. a. Hoffmann/Lüdenbach (NWB Kommentar Bilanzierung), Rz. 10 ff. zu § 254 HGB m. w. N. oder Glaser/Hachmeister (Beck'sches HdR), B 737, Rz. 264 ff. m. w. N.

373 Vgl. BT-Drucksache 16/10067, S. 58 z. B. mit folgender Aussage: »...auch weiterhin möglich sind.« (S. 58). Auch lässt die Gegenäußerung der Bundesregierung zur Stellungnahme des Bundesrates eindeutig ein Wahlrecht erkennen: »Es unterliegt der Entscheidung der Unternehmen, ob und in welchem Umfang Bewertungseinheiten gebildet werden.« (vgl. BT-Drucksache 16/10067, Anlage 4, S. 122 i. V. m. Anlage 3, S. 117 f.).

374 Vgl. zum Wahlrecht nach IFRS IFRS 9.6.1.2 sowie 9.7.2.21 i. V. m. IAS 39. Zudem besteht zusätzlich als Alternative zur Bilanzierung von Sicherungsbeziehungen die Fair Value Option, bei der das Grundgeschäft freiwillig in die Bewertungskategorie »erfolgswirksam zum beizulegenden Zeitwert« unter bestimmten Voraussetzungen eingeordnet werden kann (vgl. IFRFS 9.4.1.5 und 9.4.2.2).

375 Vgl. IDW RS HFA 35, Tz. 101.

376 Vgl. Justenhoven/Usinger (Beck'scher Bilanzkommentar), Rn. 3 zu § 254 HGB.

377 Vgl. IDW RS HFA 35, Tz. 12 oder Justenhoven/Usinger (Beck'scher Bilanzkommentar), Rn. 3 zu § 254 HGB; a. A. dagegen Glaser/Hachmeister (Beck'sches HdR), B 737, Rz. 269.

§ 254 HGB lässt für die Bildung von Bewertungseinheiten sämtliche **Arten von Sicherungsbeziehungen** zu.[378] Demnach kommen *micro, macro* und *portfolio hedges* in Betracht. Ein *micro hedge* liegt vor, wenn das Unternehmen das aus einem einzelnen Grundgeschäft resultierende Risiko durch ein einzelnes Sicherungsgeschäft absichert. Mittels eines *micro hedges* ist demnach eine vollständige sowie genaue Absicherung hinsichtlich des Umfangs des Risikos über die Laufzeit des Grundgeschäfts möglich. So lässt sich z. B. das Preisrisiko aus einem geplanten Einkauf bestimmter Rohstoffe mit Hilfe eines Termingeschäfts (hier Kauf der Rohstoffe auf Termin) genau zu 100 % neutralisieren. Im Rahmen eines *portfolio hedges* werden Risiken aus mehreren gleichartigen Grundgeschäften durch ein oder mehrere Sicherungsinstrumente abgedeckt. So kann ein Unternehmen z. B. das Wertänderungsrisiko seines Aktienportfolios aus Anteilen an DAX-Unternehmen mittels eines Termingeschäfts (hier Verkauf von Aktien auf Termin etwa mittels eines DAX-Futures) absichern. Um einen *macro hedge* handelt es sich bei einer Absicherung der (netto) verbleibenden Risiken aus der Zusammenfassung ganzer Gruppen von Grundgeschäften durch ein oder mehrere Sicherungsinstrumente. Durch die Zusammenfassung von Grundgeschäften kompensieren sich gleichartige Risiken. Insofern bedarf es zur Risikobegrenzung auch nur einer Abdeckung der verbleibenden Netto-Risikoposition. So lassen sich z. B. die Fremdwährungsforderungen und Fremdwährungsverbindlichkeiten zusammenfassen und nur das verbleibende Risiko aus dem Passiv- oder Aktivüberhang mittels eines Termingeschäfts begrenzen.

Im Rahmen der Bildung von Bewertungseinheiten eröffnet § 254 HGB die Möglichkeit, sowohl Risiken aus **Wertänderungen** (*fair value hedges*) als auch Risiken aus **Zahlungsstromänderungen** (*cash flow hedges*) abzusichern. Das Risiko von Wertänderungen besteht dann, wenn sich der Zeitwert eines Grundgeschäfts im Rahmen eines bestimmten Zeitraums nachteilig verändern kann. Ein Zahlungsstromänderungsrisiko liegt vor, wenn es im Vergleich zur erwarteten Zahlungshöhe zukünftig zu einer geringeren Einzahlung oder zu einer höheren Auszahlung kommen kann.

11.2.2 Voraussetzungen für die Anwendung des § 254 HGB

Aus § 254 S. 1 HGB sowie der Gesetzesbegründung lassen sich folgende Voraussetzungen für die Bildung einer Bewertungseinheit ableiten:[379]

- Vergleichbares Risiko,
- zulässiges Grundgeschäft,
- zulässiges Sicherungsgeschäft,
- Dokumentation,
- Wirksamkeit,

---

378 Vgl. hierzu BT-Drucksache 16/10067, S. 58.
379 Vgl. zu den Voraussetzungen im Folgenden umfassend IDW RS HFA 35, Tz. 25-64.

- Durchhalteabsicht und
- bei antizipativen Bewertungseinheiten zusätzlich eine eindeutige Identifizierbarkeit der mit hoher Wahrscheinlichkeit erwarteten Transaktionen.

Zunächst einmal müssen Grund- und Sicherungsgeschäfte dem Eintritt »**vergleichbarer Risiken**« ausgesetzt sein, da sich nur in diesem Fall die sich aus dem Grundgeschäft ergebenden Risiken auch durch das Sicherungsgeschäft neutralisieren lassen. Insofern scheidet etwa eine Absicherung des allgemeinen Unternehmensrisikos aus. In Betracht kommen dagegen konkrete Marktpreis- und Bonitätsrisiken.

Die Zulässigkeit eines abzusichernden Grundgeschäfts ergibt sich aus der Aufzählung in § 254 S. 1 HGB. Danach muss es sich bei einem **Grundgeschäft** um bilanzierte Vermögensgegenstände, bilanzierte Schulden, schwebende Geschäfte oder mit hoher Wahrscheinlichkeit erwartete Transaktionen handeln. Eine weitere Einschränkung besteht nicht, so dass diese jeweils sowohl finanziellen als auch nichtfinanziellen Charakter aufweisen können. Im Gegensatz zu schwebenden Geschäften mangelt es den erwarteten Transaktionen an einem abgeschlossenen Vertrag. Insofern bedingt die Einbeziehung von erwarteten Transaktionen in eine Bewertungseinheit die später noch zu erläuternde Erfüllung weiterer Anforderungen, wie das Zugrundliegen einer hohen Wahrscheinlichkeit. Die Darstellung der Absicherung von erwarteten Transaktionen in der Rechnungslegung nennt man auch Bildung einer antizipativen Bewertungseinheit. Unter erwartete Transaktionen fallen z. B. ein geplanter Ein- oder Verkauf von Vorräten. Mangels vertraglicher Grundlage kommt es hier zur Absicherung künftiger (antizipierter) Zahlungsstromänderungsrisiken. Ein Wertänderungsrisiko kann entsprechend noch nicht bestehen. Eine Absicherung des Grundgeschäfts muss nicht vollständig erfolgen. Die Bewertungseinheit kann nur einen Teil der Risikohöhe oder nur einen Teil der Laufzeit des Grundgeschäfts umfassen.

Als **Sicherungsgeschäfte** sind nach § 254 S. 1 HGB allein Finanzinstrumente zulässig. Dies beinhaltet sowohl originäre Finanzinstrumente wie z. B. Forderungen, Verbindlichkeiten, Bankguthaben, Aktien, Beteiligungen und festverzinsliche Wertpapiere als auch derivative Finanzinstrumente wie etwa Swaps, Termingeschäfte (Futures, Forwards) und Optionen.[380] Entsprechend des Absicherungsumfangs beim Grundgeschäft muss nicht das Finanzinstrument vollständig als Sicherungsgeschäft designiert werden. Ein Teil des Volumens oder der Laufzeit des Finanzinstruments ist ausreichend.

Obwohl § 254 HGB nicht explizit eine Dokumentationspflicht aufführt, hat eine **Dokumentation** zur Bildung der Bewertungseinheit und eine Überwachung der Wirksamkeit zu erfolgen.[381] Dabei kann auf die für Zwecke des Risikomanagements erstellte Dokumentation zurückgegriffen werden. Zum Nachweis der Eignung der

---

380 Zu einer Definition von Finanzinstrumenten vgl. § 1 Abs. 11 KWG oder § 2 Abs. 4 WpHG.
381 Vgl. explizit auch BT-Drucksache 16/10067, S. 58. Neben den Ausführungen in der Gesetzesbegründung ergibt sich die Dokumentationspflicht aus den allgemeinen Buchführungspflichten, den umfassend zu erfüllenden Anhangsangaben sowie dem Zwang zum Nachweis des Umfangs der Wirksamkeit.

Bewertungseinheit zur Absicherung des determinierten Risikos umfassen die darzustellenden Inhalte u. a. die Art des abzusichernden Risikos einschließlich der Ziele und Strategien der Sicherungsbeziehung, die Identifikation und Beschreibung
von Grund- sowie Sicherungsgeschäft und Angaben zur prospektiven Wirksamkeit
der Absicherung inklusive der Methoden zu deren Beurteilung. Bei *portfolio hedges*
bedarf es einer Ergänzung um den Nachweis über die Gleichartigkeit der abgesicherten Risiken der Grundgeschäfte und bei *macro hedges* um die Aufführung der
Gruppen der Grundgeschäfte, aus denen sich das verbleibende Nettorisiko ergibt.

Die Rechtsfolgen nach § 254 HGB aus der Bildung einer Bewertungseinheit gel-
ten nur in dem Umfang und für den Zeitraum, in dem sich die gegenläufigen
Wertänderungen oder gegenläufigen Zahlungsströme aus Grund- und Sicherungs-
geschäft bezogen auf das abgesicherte Risiko ausgleichen. Dieses bezeichnet die
Wirksamkeit (Effektivität) einer Sicherungsbeziehung. Nur für diesen wirksamen
Teil finden die Vorschriften der §§ 249 Abs. 1, 252 Abs. 1 Nr. 3 und 4, 253 Abs. 1
S. 1 sowie 256a HGB keine Anwendung. Kompensieren sich die gegenläufigen
Wert- oder Zahlungsstromänderungen des abgesicherten Risikos innerhalb der Si-
cherungsbeziehung nicht vollständig oder treten diese zu unterschiedlichen Zeit-
punkten ein, besteht Unwirksamkeit (Ineffektivität). Der verbleibende unwirksame
Teil sowie der auf die nicht abgesicherten Risiken entfallende Teil von Grund- und
Sicherungsgeschäft folgen den allgemeinen handelsrechtlichen Vorschriften und
unterliegen damit jeweils einer imparitätischen Einzelbewertung. Demnach sind
die Vorschriften der §§ 249 Abs. 1, 252 Abs. 1 Nr. 3 und 4, 253 Abs. 1 S. 1 sowie 256a
HGB jeweils für diese Teile und separat auf Grund- und Sicherungsgeschäft anzuwenden. Vor diesem Hintergrund hat sowohl für den Zeitpunkt der Bildung der Bewertungseinheit als auch mindestens an jedem folgenden Abschlussstichtag eine
Beurteilung der Wirksamkeit einschließlich deren Dokumentation zu erfolgen. Dabei ist jeweils eine prospektive Beurteilung sowie ab dem ersten Abschlussstichtag
auch eine retrospektive Ermittlung der Wirksamkeit vorzunehmen. Die Notwendigkeit zur Beurteilung der auf die Zukunft bezogenen (prospektiven) Wirksamkeit
besteht, da die Bildung einer Bewertungseinheit ausscheidet oder die Bewertungseinheit aufgelöst werden muss, wenn kein wirksamer Teil (mehr) existiert. Die Auswahl der Methode zur Messung der prospektiven Wirksamkeit liegt im Ermessen
des bilanzierenden Unternehmens. Die Verpflichtung zur retrospektiven Ermittlung des wirksamen und des unwirksamen Teils der Sicherungsbeziehung ergibt
sich automatisch, um die zutreffende Bewertung von Grund- und Sicherungsgeschäft am Abschlussstichtag für die abgelaufene Berichtsperiode vorzunehmen.
Sollte sich die Höhe der Unwirksamkeit nicht mehr verlässlich rechnerisch ermitteln lassen, bedarf es der Auflösung der Bewertungseinheit.

Bewertungseinheiten werden mit dem Ziel gebildet, die Wirkung einer ökonomischen risikobegrenzenden Absicherung auch in der Rechnungslegung darzustellen. Aus diesem Ziel folgt im Zeitpunkt der Begründung einer Bewertungseinheit
auch die Notwendigkeit zum Vorliegen einer **Durchhalteabsicht**.[382] Denn es muss

---

382 Vgl. hierzu auch BT-Drucksache 16/10067, S. 59.

die Absicht bestehen, die Bewertungseinheit für einen bestimmten Zeitraum bis zum Erreichen des Zwecks beizubehalten. Eine einmal gebildete Bewertungseinheit ist aufgrund der zeitlichen Bewertungsmethodenstetigkeit nach § 252 Abs. 1 Nr. 6 HGB bis zur tatsächlichen Beendigung der Absicherung beizubehalten. Eine vorzeitige Beendigung der Bewertungseinheit bedingt einen plausiblen wirtschaftlichen Grund wie z. B. den Wegfall des Grund- oder Sicherungsgeschäfts, den Entfall der Wirksamkeit im Rahmen prospektiver Beurteilung oder das Auftreten einer fehlenden Möglichkeit zur verlässlichen rechnerischen Ermittlung des Betrags der Unwirksamkeit.

Soll im Rahmen einer Bewertungseinheit eine mit hoher Wahrscheinlichkeit erwartete Transaktion als Grundgeschäft designiert werden, bestehen zusätzlich zu erfüllende Voraussetzungen für die Bildung dieser antizipativen Bewertungseinheit. Zum einen bedarf es einer **eindeutigen Identifizierbarkeit** der erwarteten Transaktion und zum anderen muss die Transaktion auch mit **hoher Wahrscheinlichkeit** zustande kommen. Eine eindeutige Identifizierbarkeit liegt vor, wenn Gegenstand, Umfang und Zeitpunkt oder Zeitraum der Transaktion schon bekannt sind oder sich verlässlich planen lassen. Die Durchführung der erwarteten Transaktion mit hoher Wahrscheinlichkeit bedeutet, dass es so gut wie sicher zu einem Vertragsabschluss kommen wird. Allein nicht durch das Unternehmen selbst beeinflussbare außergewöhnliche Gründe dürfen der Transaktion entgegenstehen. Für die Beurteilung der Wahrscheinlichkeit etwa durch den Abschlussprüfer bietet sich eine Analyse der in der Vergangenheit gebildeten antizipativen Bewertungseinheiten im Hinblick darauf an, ob es bei den erwarteten Transaktionen nachfolgend tatsächlich auch zu einer Durchführung kam. Zudem muss das Unternehmen die finanzielle und operative Fähigkeit aufweisen, die Transaktion in Zukunft auch vorzunehmen.

11.2.3 Abbildung von Bewertungseinheiten in der Bilanz und GuV

Aufgrund der Regelungen in § 254 HGB bedarf es immer einer Aufteilung der Wert- oder Zahlungsstromänderungen einer Sicherungsbeziehung in die folgenden **drei Komponenten** sowohl beim Grundgeschäft als auch beim Sicherungsgeschäft:

1. Wirksamer Teil der abgesicherten Risiken
2. Unwirksamer Teil der abgesicherten Risiken
3. Auf nicht abgesicherte Risiken entfallender Teil

Eine Bewertungseinheit bezieht sich immer nur auf die abgesicherten Risiken und damit auf die ersten beiden Komponenten. Der **wirksame Teil** einer Bewertungseinheit umfasst den sich egalisierenden Teil vom Umfang und Zeitraum her, in dem sich die gegenläufigen Wertänderungen oder gegenläufigen Zahlungsströme aus Grund- und Sicherungsgeschäft bezogen auf die abgesicherten Risiken ausgleichen. Da sich hierbei die gegenläufigen Änderungen genau kompensieren, darf bei Bildung einer Bewertungseinheit in Höhe der Wirksamkeit auch kein Ergebniseffekt auftreten. Den unrealisierten Verlusten stehen unrealisierte Gewinne in gleicher Höhe gegenüber. Zur Abbildung des wirksamen Teils in Bilanz und GuV existieren mit der **Einfrierungs- und** der **Durchbuchungsmethode** zwei verschiedene Möglichkeiten. Die beiden Methoden werden später in diesem Kapitel ausführlich erläutert.

Der **unwirksame Teil** ergibt sich nach Saldierung der Wert- oder Zahlungsstromänderungen von Grund- und Sicherungsgeschäft bezogen auf die abgesicherten Risiken. Der Saldierungsbereich stellt den wirksamen Teil der Sicherungsbeziehung dar. Bei dem nach Saldierung verbleibenden Überhang entweder beim Grund- oder beim Sicherungsgeschäft handelt es sich mithin um den Betrag der Unwirksamkeit. Auf diesen unwirksamen Teil sind die allgemeinen Regelungen des HGB und damit die Vorschriften der §§ 249 Abs. 1, 252 Abs. 1 Nr. 3 und 4, 253 Abs. 1 S. 1 sowie 256a HGB anzuwenden. Danach hat bei einem **Überhang negativer über die positiven Wertänderungen** zwingend eine Erfassung des unrealisierten Verlusts aufgrund des Imparitätsprinzips zu erfolgen. Dies kann durch eine außerplanmäßige Abschreibung von Vermögensgegenständen, die Zuschreibung von Schulden oder den Ansatz einer Drohverlustrückstellung geschehen.[383] Die zu wählende Vorgehensweise zur Erfassung des Aufwands hängt dabei von der Art des Grund- bzw. Sicherungsgeschäfts und damit von den jeweils zugrunde liegenden Ansatz- sowie Bewertungsregelungen nach HGB ab. So gilt z. B. für einen angesetzten Vermögensgegenstand der Vorrang außerplanmäßiger Abschreibung vor Bildung einer Drohverlustrückstellung.[384] Ein **Überhang positiver über negativer Wertänderungen** stellt einen unrealisierten Gewinn dar, so dass aufgrund des Realisations- und Anschaffungskostenprinzips ein Verbot zur Erfassung besteht.

Der auf **nicht abgesicherte Risiken entfallende Teil** der Wert- oder Zahlungsstromänderungen ist nicht Teil der Sicherungsbeziehung und kann auch nicht in eine Bewertungseinheit einbezogen werden. Bilanzierung und Bewertung folgen den allgemeinen handelsrechtlichen Vorschriften, so dass es wie beim unwirksamen Teil der abgesicherten Risiken zu der getrennten Behandlung von Grund- und Sicherungsgeschäft jeweils unter Berücksichtigung der Regelungen nach §§ 249 Abs. 1, 252 Abs. 1 Nr. 3 und 4, 253 Abs. 1 S. 1 sowie 256a HGB kommt. Eine Erfassung positiver Wertänderungen (unrealisierte Gewinne) scheidet aus, eine Erfassung negativer Wertänderungen (unrealisierte Verluste) hat zwingend zu erfolgen. Eine Saldierung eines (positiven oder negativen) Betrags eines unwirksamen

---

383 So etwa auch Glaser/Hachmeister (Beck'sches HdR), B 737, Rz. 338 oder Justenhoven/Usinger (Beck'scher Bilanzkommentar), Rn. 52 zu § 254 HGB; a. A. dagegen IDW RS HFA 35, Tz. 68 und 82 sowie Tiedchen (Beck OGK), Rn. 77 zu § 254 HGB m. w. N., wonach grundsätzlich eine Rückstellung für Bewertungseinheiten zu bilden ist.

384 Vgl. hierzu Kapitel 9.3.4.1.

Teils mit dem gegenläufigen Betrag eines auf nicht abgesicherte Risiken entfallenden Teils unterliegt einem **Saldierungsverbot**.[385]

Um die Aufteilung der Wert- oder Zahlungsstromänderungen in die drei Komponenten zu erreichen, muss in einem ersten Schritt die entsprechende Veränderung auf die Effekte aus abgesicherten und nicht abgesicherten Risiken aufgeteilt werden. Im zweiten Schritt ist für den auf die abgesicherten Risiken und damit die Bewertungseinheit entfallenden Teil der Umfang der Wirksamkeit und die Höhe der Unwirksamkeit zu ermitteln. Das folgende Beispiel soll die Aufteilung und Behandlung der einzelnen Komponenten verdeutlichen.

Dar. 11.7: Beispiel zur Aufteilung einer Sicherungsbeziehung in einzelne Komponenten[386]

(in TEUR)		Grund-geschäft	Sicherungs-geschäft	
Ausgangs-situation	Zeitwert bei Herstellung der Sicherungsbeziehung	100	0	
	Zeitwert am Abschlussstichtag	90	+7	
Messung der Wirksamkeit	Wertänderung insgesamt	-10	+7	-3
	Davon aus dem abgesicherten Risiko	-8	+6,5	-1,5
	Davon aus nicht abgesicherten Risiken	-2	+0,5	
Komponenten für Bilanz und GuV	Wirksamkeit	-6,5	+6,5	Saldierungsbereich
	Unwirksamkeit (- 8,0 + 6,5)	-1,5		saldierter Überhang
	Nicht abgesicherte Risiken	-2	+0,5	unsaldiert

Auf das abgesicherte Risiko entfällt beim Grundgeschäft eine Wertänderung von -8 TEUR und beim Sicherungsgeschäft von +6,5 TEUR. In Höhe des Saldierungsbereichs von -6,5 TEUR beim Grundgeschäft und +6,5 TEUR beim Sicherungsgeschäft besteht die Wirksamkeit der Sicherungsbeziehung. Auf diesen Teil finden nach § 254 HGB die Vorschriften nach §§ 249 Abs. 1, 252 Abs. 1 Nr. 3 und 4, 253 Abs. 1 S. 1 sowie 256a HGB im Falle der Bildung einer Bewertungseinheit keine Anwendung. Die Darstellung in Bilanz und GuV erfolgt auf Basis der im Folgenden zu erläuternden Einfrierungs- oder Durchbuchungsmethode.

---

385 Vgl. IDW RS HFA 35, Tz. 69. Vgl. auch Glaser/Hachmeister (Beck'sches HdR), B 737, Rz. 341.
386 Vgl. hierzu IDW RS HFA 35, Tz. 67 f. in leicht modifizierter Form.

Die Unwirksamkeit umfasst einen Betrag von -1,5 TEUR. Dieser ergibt sich als Überhang aus der Saldierung der negativen Wertänderungen beim Grundgeschäft von -8 TEUR, bezogen auf das abgesicherte Risiko mit den positiven Wertänderungen beim Grundgeschäft von +6,5 TEUR, ebenfalls bezogen auf das abgesicherte Risiko. Da es sich in diesem Fall um einen Überhang negativer über positiver Wertänderungen und mithin um einen auf das Grundgeschäft entfallenden unrealisierten Verlust handelt, muss der Betrag von 1,5 TEUR aufwandswirksam erfasst werden. Sofern das Grundgeschäft einen Vermögensgegenstand repräsentiert, hat eine außerplanmäßige Abschreibung zu erfolgen. Stellt das Grundgeschäft dagegen ein schwebendes Geschäft dar (z. B. einen abgeschlossenen Beschaffungsvertrag über Rohstoffe zu einem vereinbarten Preis von 100 TEUR, wobei sich der Marktpreis für diese Rohstoffe am Abschlussstichtag auf 90 TEUR beläuft), bedarf es der Passivierung einer Drohverlustrückstellung.[387]

Der auf das nicht abgesicherte Risiko beim Grundgeschäft entfallende Teil der Wertänderung von -2 TEUR muss als unrealisierter Verlust wiederum aufwandswirksam als außerplanmäßige Abschreibung oder Drohverlustrückstellung erfasst werden. Für die positive auf das nicht abgesicherte Risiko entfallende Wertänderung von +0,5 TEUR beim Sicherungsgeschäft kommt aufgrund der Qualifikation als unrealisierter Gewinn eine Erfassung nicht in Betracht. Da Grund- und Sicherungsgeschäft bezogen auf das nicht abgesicherte Risiko keine Bewertungseinheit bilden können, besteht ein Saldierungsverbot der -2 TEUR mit den +0,5 TEUR.

Aus dem Sachverhalt im Beispiel resultiert damit insgesamt eine Erfolgswirkung von -3,5 TEUR, die sich aus der Unwirksamkeit von -1,5 TEUR und der negativen Wertänderung beim abgesicherten Risiko von -2 TEUR ergibt.

Einfrierungs- und Durchbuchungsmethode

Zur **Abbildung des wirksamen Teils der Sicherungsbeziehung** im Rahmen einer Bewertungseinheit in Bilanz und GuV kommen entweder die **Einfrierungsmethode oder die Durchbuchungsmethode** in Betracht.[388]

Im Rahmen der Anwendung der **Einfrierungsmethode** werden die sich ausgleichenden Wert- oder Zahlungsstromänderungen aus Grund- und Sicherungsgeschäft »eingefroren« und damit weder in der Bilanz noch in der GuV berücksichtigt. Insofern finden bezogen auf den Saldierungsbereich der -6,5 TEUR beim Grundgeschäft und der +6,5 TEUR beim Sicherungsgeschäft auch keine Buchungen statt.

---

387 Statt Differenzierung zwischen außerplanmäßiger Abschreibung und Drohverlustrückstellung käme nach teilweiser Auffassung in der Literatur wie oben ausgeführt auch der Ansatz einer Rückstellung für Bewertungseinheiten (also allein die Passivierung einer Drohverlustrückstellung) für den Betrag der Unwirksamkeit von -1,5 in Betracht.

388 Vgl. explizit zur Vorgabe dieser beiden Methoden BT-Drucksache 16/10067, S. 95.

Liegt die **Durchbuchungsmethode** der Abbildung des wirksamen Teils zugrunde, kommt es zu einer Erfassung sowohl der positiven als auch der negativen Wert- oder Zahlungsstromänderung beim Grund- und Sicherungsgeschäft. Insofern ist der Wertminderung von -6,5 TEUR beim Grundgeschäft mittels einer außerplanmäßigen Abschreibung eines Vermögensgegenstands, einer Zuschreibung einer Schuld oder dem Ansatz einer Drohverlustrückstellung Rechnung zu tragen. Zudem hat ebenfalls eine Erfassung der Wertsteigerung beim Sicherungsgeschäft von +6,5 TEUR mittels des Ansatzes bzw. der Werterhöhung eines Vermögensgegenstands oder durch Verringerung einer Schuld zu erfolgen. Unabhängig vom obigen Beispiel ist grundsätzlich zunächst eine Anpassung der Buchwerte der bilanzierten Vermögensgegenstände und Schulden vorzunehmen, bevor danach bei positivem Saldo ein sonstiger Vermögensgegenstand aktiviert und bei negativem Saldo eine Drohverlustrückstellung passiviert wird. Statt sowohl die Wert- oder Zahlungsstromänderungen beim Grund- und Sicherungsgeschäft jeweils erfolgswirksam in der GuV sowie in der Bilanz zu erfassen (Brutto), besteht bei Anwendung der Durchbuchungsmethode auch die Möglichkeit, allein die jeweiligen Änderungen bilanziell und damit ohne Berührung der GuV anzusetzen (Netto).[389]

Einfrierungs- und Durchbuchungsmethode führen damit immer zum gleichen Ergebnis, da die sich kompensierenden unrealisierten Gewinne und unrealisierten Verluste in gleicher Höhe erfasst oder eben nicht erfasst werden. Auch bestehen keine Unterschiede in der Höhe des Eigenkapitals. Da es bei der Durchbuchungsmethode allerdings zu einer Bilanzverkürzung oder einer Bilanzverlängerung kommen kann, kann sich die Eigenkapitalquote positiv oder negativ verändern.

Beispiel 1a zur Bilanzierung einer Sicherungsbeziehung[390]

Ein Unternehmen hat eine festverzinsliche Anlage zu Anschaffungskosten von 150 TEUR erworben. Gleichzeitig hat das Unternehmen einen Zinsswap mit einer Bank abgeschlossen, um sich gegen Marktwertschwankungen der Anleihe aufgrund von Zinssatzänderungen abzusichern. Im Rahmen des Zinsswaps zahlt das Unternehmen einen Festzins an die Bank und erhält dagegen variable Zinsen (Euribor + Marge) auf einen Betrag von 150 TEUR (Wert der Anleihe im Zeitpunkt der Anschaffung). Durch die Absicherung mittels des Zinsswaps tauscht das Unternehmen insgesamt den Festzins (erhält eine feste Verzinsung aus der Anleihe und zahlt einen Festzins an die Bank) in einen variablen Zins (erhält diesen von der Bank).

Am Abschlussstichtag fällt der Wert der Anleihe um 13 TEUR. Davon resultieren 12 TEUR aus einer Marktzinssatzsteigerung und 1 TEUR aus einer Verschlechterung der Bonität des Anleihegebers als Schuldner. Demgegenüber steigt aufgrund der Marktzinssatzsteigerung der Zeitwert des Zinsswaps am

---

389 Vgl. etwa IDW RS HFA 35, Tz. 81.
390 Beispiele 1a und 1b in Anlehnung an Wiechens/Helke (Bilanzierung), S. 1337 f. und Coenenberg/Haller/Schultze (Jahresabschluss), S. 337 ff.

Abschlussstichtag um 10 TEUR. Es ergibt sich folgende Aufteilung in die Komponenten der Sicherungsbeziehung.

Dar. 11.8: Aufteilung Sicherungsbeziehung in einzelne Komponenten bei Beispiel 1a

(in TEUR)		Grund-geschäft (Anleihe)	Siche-rungs-geschäft (Zinsswap)	
Ausgangs-situation	Zeitwert bei Herstellung der Sicherungsbeziehung	150	0	
	Zeitwert am Abschlussstich-tag	137	+10	
Messung der Wirk-samkeit	Wertänderung insgesamt	-13	+10	-3
	Davon aus dem abgesi-cherten Risiko (Zinsrisiko)	-12	+10	-2
	Davon aus nicht abgesi-cherten Risiken (Bonitätsri-siko)	-1	0	
Komponen-ten für Bilanz und GuV	Wirksamkeit	-10	+10	Saldierungs-bereich
	Unwirksamkeit (-12 + 10)	-2		saldierter Überhang
	Nicht abgesicherte Risiken	-1		unsaldiert

Die Absicherung und damit die Bewertungseinheit beziehen sich auf das Zinssatzänderungsrisiko. Es besteht diesbezüglich eine Wirksamkeit in Höhe des Saldierungsbereichs von Grund- und Sicherungsgeschäft von 10 TEUR. Die Wertverringerung der Anleihe gleicht sich durch die Werterhöhung des Zinsswaps genau um 10 TEUR aus. Bei Anwendung der **Einfrierungsmethode** wird dieser wirksame Teil der Sicherungsbeziehung eingefroren, so dass weder die Werterhöhung noch die Wertminderung erfasst werden. Im Falle der Zugrundelegung der **Durchbuchungsmethode** kommt es zur Erfassung der Zeitwertänderungen sowohl beim Grund- als auch beim Sicherungsgeschäft. Da für das Sicherungsgeschäft bislang weder ein Vermögensgegenstand noch eine Schuld vorliegen, bedingt die Berücksichtigung der positiven Zeitwertänderung den Ansatz eines sonstigen Vermögensgegenstands. Es ergeben sich folgende Buchungen:[391]

---

391 Alternativ könnte auch ohne GuV-Berührung gebucht werden: Sonstige Vermögensgegenstände an Wertpapiere des Anlagevermögens 10 TEUR.

Aufwand (Abschreibungen auf Finanzanlagen und auf Wertpapiere des Umlaufvermögens) an Wertpapiere des Anlagevermögens 10 TEUR
Sonstige Vermögensgegenstände an Ertrag (sonstige betriebliche Erträge) 10 TEUR
Damit resultiert aus der Anwendung der Durchbuchungsmethode bezogen auf die Wirksamkeit in diesem Fall ein Aktivtausch. Unabhängig von der Abbildung des wirksamen Teils mittels der Einfrierungs- oder der Durchbuchungsmethode kommt es in beiden Fällen zur identischen Behandlung des unwirksamen Teils sowie der auf die nicht abgesicherten Risiken entfallende Komponente. Der unwirksame Teil der Bewertungseinheit ergibt sich nach Saldierung mit 2 TEUR als verbleibender Überhang der negativen Wertänderungen der Anleihe über die positiven Wertänderungen des Zinsswaps. Aufgrund des negativen Überhangs besteht ein zwingend zu erfassender unrealisierter Verlust aufgrund des Imparitätsprinzips. Darüber hinaus liegt ein unrealisierter Verlust in Höhe des nicht abgesicherten Bonitätsrisikos von 1 TEUR vor, der ebenfalls aufgrund des Imparitätsprinzips berücksichtigt werden muss.
Aufwand (Abschreibungen auf Finanzanlagen und auf Wertpapiere des Umlaufvermögens) an Wertpapiere des Anlagevermögens 3 TEUR
Insofern kommt es bei Anwendung der Einfrierungsmethode insgesamt zu einem Aufwand von 3 TEUR und bei der Durchbuchungsmethode zu einem Aufwand von 13 TEUR (10 TEUR + 3 TEUR) sowie einem Ertrag von 10 TEUR. Bei beiden Methoden beläuft sich entsprechend der Ergebniseffekt auf -3 TEUR. Die ökonomische Absicherung wurde in der Rechnungslegung nachvollzogen, so dass aus dem wirksamen Teil kein Ergebniseffekt resultiert.[392] Damit ergeben sich zusammengefasst insgesamt die folgenden Bilanz- und GuV-Effekte im Vergleich der beiden angewendeten Methoden.

Dar. 11.9: Vergleich der vollständigen Bilanz- und GuV-Effekte bei Beispiel 1a

(in TEUR)	Grundgeschäft (Anleihe)	Sicherungsgeschäft (Zinsswap)
Bei Anwendung der Einfrierungsmethode		
Bilanz	147	0
GuV	-3	0
Bei Anwendung der Durchbuchungsmethode		
Bilanz	137	10 (Vermögensgegenstand)
GuV	-13	+10

---

392 Ohne Bildung einer Bewertungseinheit wäre ein zusätzlicher Ergebniseffekt von -10 TEUR entstanden, da der unrealisierte Verlust hätte erfasst werden müssen, der unrealisierte Gewinn dagegen nicht hätte erfasst werden dürfen.

Beispiel 1b zur Bilanzierung einer Sicherungsbeziehung (Fallvariation)

Die Ausgangsdaten aus Beispiel 1a gelten unverändert. Allerdings kam es im Gegensatz zu Beispiel 1a bis zum Abschlussstichtag zu einer Marktzinssatzsenkung. Die Bonitätsverschlechterung des Schuldners besteht demgegenüber nach wie vor. Der Zeitwert der Anleihe steigt daher zum Abschlussstichtag um 12 TEUR aufgrund des gefallenen Marktzinssatzes und fällt um 1 TEUR aufgrund der Bonitätsverschlechterung. Gleichzeitig sinkt nunmehr der Zeitwert des Zinsswaps um 10 TEUR. Es ergibt sich folgende Aufteilung in die Komponenten.

Dar. 11.10: Aufteilung Sicherungsbeziehung in einzelne Komponenten bei Beispiel 1b

(in TEUR)		Grund-geschäft (Anleihe)	Siche-rungs-geschäft (Zinsswap)	
Ausgangs-situation	Zeitwert bei Herstellung der Sicherungsbeziehung	150	0	
	Zeitwert am Abschlussstich-tag	161	-10	
Messung der Wirk-samkeit	Werdänderung insgesamt	+11	-10	+1
	Davon aus dem abgesi-cherten Risiko (Zinsrisiko)	+12	-10	+2
	Davon aus nicht abgesi-cherten Risiken (Bonitätsri-siko)	-1	0	
Komponen-ten für Bilanz und GuV	Wirksamkeit	+10	-10	Saldierungs-bereich
	Unwirksamkeit (+12 − 10)	+2		saldierter Überhang
	Nicht abgesicherte Risiken	-1		unsaldiert

Unverändert umfasst die Absicherung allein das Zinssatzänderungsrisiko. Die Wirksamkeit beläuft sich auch hier in Höhe des Saldierungsbereichs von Grund- und Sicherungsgeschäft auf 10 TEUR. Der Werterhöhung der Anleihe steht die Wertverringerung des Zinsswaps um jeweils 10 TEUR gegenüber. Bei Anwendung der **Einfrierungsmethode** wird wiederum dieser wirksame Teil der Sicherungsbeziehung eingefroren, so dass keine Buchung stattfindet. Bei Nutzung der **Durchbuchungsmethode** sind die Zeitwertänderungen sowohl beim Grund- als auch beim Sicherungsgeschäft zu erfassen. Mangels eines bilanzierten Vermögensgegenstands oder einer Schuld beim Sicherungsgeschäft hat die Berücksichtigung der negativen Zeitwertänderung mittels des Ansatzes einer Drohverlustrückstellung zu erfolgen. Es ergeben sich nunmehr folgende Buchungen:

Wertpapiere des Anlagevermögens an Ertrag (Erträge aus anderen Wertpapieren und Ausleihungen des Anlagevermögens) 10 TEUR

Aufwand (sonstige betriebliche Aufwendungen) an Sonstige Rückstellungen 10 TEUR

Sowohl bei Anwendung der Einfrierungs- als auch der Durchbuchungsmethode beläuft sich die Unwirksamkeit auf +2 TEUR und stellt nach Saldierung der Effekte aus dem abgesicherten Zinssatzänderungsrisiko einen Überhang der positiven Wertänderungen des Grundgeschäfts über die negativen Wertänderungen des Sicherungsgeschäfts dar. Diese positive Wertänderung bei der Anleihe aus der Marktzinssatzänderung darf aufgrund des Realisations- und Anschaffungskostenprinzips nicht erfasst werden. Allerdings ist zwingend der unrealisierte Verlust in Höhe des nicht abgesicherten Bonitätsrisikos von 1 TEUR aufgrund des Imparitätsprinzips zu berücksichtigen. Eine Saldierung des unwirksamen Teils von +2 TEUR und des nicht abgesicherten Teils von -1 TEUR (hier beim Grundgeschäft) scheidet aus.[393]

Aufwand (Abschreibungen auf Finanzanlagen und auf Wertpapiere des Umlaufvermögens) an Wertpapiere des Anlagevermögens 1 TEUR

Insgesamt beläuft sich die Anleihe bei Anwendung der Einfrierungsmethode auf 149 TEUR. Eine Drohverlustrückstellung besteht nicht. Demgegenüber beträgt der Wert der Anleihe bei Anwendung der Durchbuchungsmethode 159 TEUR bei gleichzeitigem Ansatz einer Drohverlustrückstellung von 10 TEUR. Insofern kommt es hier im Gegensatz zu Beispiel 1a zu einer Bilanzverlängerung. Einfrierungs- und Durchbuchsmethode führen wiederum zu einer identischen Ergebniswirkung (jeweils -1 TEUR). Die folgende Darstellung zeigt zusammengefasst die sich insgesamt ergebenden Bilanz- und GuV-Effekte.

Dar. 11.11: Vergleich der vollständigen Bilanz- und GuV-Effekte bei Beispiel 1b

(in TEUR)	Grundgeschäft (Anleihe)	Sicherungsgeschäft (Zinsswap)
Bei Anwendung der Einfrierungsmethode		
Bilanz	149	0
GuV	-1	0
Bei Anwendung der Durchbuchungsmethode		
Bilanz	159	10 (Drohverlustrückstellung)
GuV	+9 (+10-1)	-10

---

393 Vgl. IDW RS HFA 35, Tz. 69.

Beispiel 2 zur Bilanzierung einer Sicherungsbeziehung

Ein Unternehmen hat am 01.09.t1 einen Beschaffungsvertrag über Waren der Sorte Q mit einem Wert von 800 TEUR abgeschlossen. Die Lieferung der Vorräte und Zahlung des Kaufpreises erfolgen am 30.06.t2. Da die Waren erheblichen Preisschwankungen unterliegen, sichert sich das Unternehmen gegen die Gefahr einer Preissenkung ab.[394] Hierzu vereinbart das Unternehmen mit seinem Kreditinstitut direkt am 30.9.t1 einen Forward über 9 Monate. Da allerdings ein Termingeschäft über den Verkauf von Waren der Sorte Q nicht möglich ist, verkauft das Unternehmen im Rahmen des Forwards Waren der Sorte V für 800 TEUR am 30.06.t2. Die Preisschwankungen der Waren von Sorte Q und V korrelieren stark. Die Zeitwerte der Waren der Sorte Q belaufen sich am 31.12.t1 auf 625 TEUR und am 30.06.t2 auf 688 TEUR. Die Zeitwerte des Termingeschäfts über den Verkauf der Waren der Sorte V betragen am 31.12.t1 180 TEUR und am 30.06.t2 102 TEUR. Am 31.12.t1 ergibt sich demnach folgende Aufteilung in die Komponenten beim Grund- und Sicherungsgeschäft.

Dar. 11.12: Aufteilung in einzelne Komponenten bei Beispiel 2 am 31.12.t1

(in TEUR)	31.12.t1	Grund-geschäft	Siche-rungs-geschäft	
Ausgangs-situation	Zeitwert bei Herstellung der Sicherungsbeziehung	800	0	
	Zeitwert am Abschlussstichtag	625	180	
Messung der Wirksamkeit	Wertänderung insgesamt	-175	+180	+5
	Davon aus dem abgesicherten Risiko (Zinsrisiko)	-175	+180	+5
	Davon aus nicht abgesicherten Risiken (Bonitätsrisiko)	0	0	
Komponenten für Bilanz und GuV	Wirksamkeit	-175	+175	Saldierungsbereich
	Unwirksamkeit (-175 + 180)		+5	saldierter Überhang
	Nicht abgesicherte Risiken	0	0	unsaldiert

---

394 Aufgrund des Beschaffungsvertrags muss das Unternehmen 800 TEUR am 30.6.t2 zahlen. Sollte der Marktpreis sinken, muss das Unternehmen direkt bei Lieferung die Waren auf den niedrigeren Marktpreis nach § 253 Abs. 4 HGB abschreiben.

Die Wirksamkeit der Absicherung beläuft sich am 31.12.t1 auf 175 TEUR. Bei Anwendung der Einfrierungsmethode wird dieser effektive Teil eingefroren, so dass keine Buchungen stattfinden. Bei Anwendung der Durchbuchungsmethode ist sowohl die negative Wertänderung beim Grundgeschäft als auch die positive Wertänderung beim Sicherungsgeschäft zu erfassen.

Aufwand (sonstige betriebliche Aufwendungen) an Sonstige Rückstellungen 175 TEUR

Sonstige Vermögensgegenstände an Ertrag (sonstige betriebliche Erträge) 175 TEUR

Da die Vorräte noch nicht geliefert wurden, liegt ein schwebendes Geschäft vor. Insofern kommt zur Erfassung der negativen Wertänderungen beim Grundgeschäft eine Abschreibung der Vorräte nicht in Betracht, sondern es bedarf der Bildung einer Drohverlustrückstellung. Die Unwirksamkeit ermittelt sich als Überhang der positiven über die negativen Wertänderungen, so dass eine Berücksichtigung des unrealisierten Gewinns ausscheidet. Nicht abgesicherte Risiken bestehen nicht.

Am 30.06.t2 ergibt sich folgende Aufteilung in die Komponenten der Sicherungsbeziehung.

Dar. 11.13: Aufteilung in einzelne Komponenten bei Beispiel 2 am 30.06.t2

(in TEUR)	30.06.t2	Grund-geschäft	Siche-rungs-geschäft	
Ausgangs-situation	Zeitwert bei Herstellung der Sicherungsbeziehung	800	0	
	Zeitwert am Stichtag	688	102	
Messung der Wirk-samkeit	Wertänderung insgesamt	-112	+102	-10
	Davon aus dem abgesi-cherten Risiko (Zinsrisiko)	-112	+102	-10
	Davon aus nicht abgesi-cherten Risiken (Bonitätsri-siko)	0	0	
Komponen-ten für Bilanz und GuV	Wirksamkeit	-102	+102	Saldierungs-bereich
	Unwirksamkeit (-112 + 102)	-10		saldierter Überhang
	Nicht abgesicherte Risiken	0	0	unsaldiert

Die Wirksamkeit beträgt am 30.06.t2 nunmehr 102 TEUR. Im Rahmen der Einfrierungsmethode erfolgt nach wie vor keine Erfassung dieser positiven und negativen Wertänderungen. Bei Anwendung der Durchbuchungsmethode ist der wirksame Teil jeweils beim Grund- und Sicherungsgeschäft zu buchen. Bezogen auf das Grundgeschäft bedarf es einer Auflösung der Drohverlustrückstellung um 73 TEUR von 175 TEUR auf 102 TEUR. Entsprechend muss der als sonstiger Vermögensgegenstand aktivierte positive Zeitwert des Sicherungsgeschäfts um 73 TEUR auf 102 TEUR abgeschrieben werden.

Sonstige Rückstellungen an Ertrag (sonstige betriebliche Erträge) 73 TEUR

Aufwand (sonstige betriebliche Aufwendungen) an Sonstige Vermögensgegenstände 73 TEUR

Der unwirksame Teil des abgesicherten Risikos beläuft sich am 30.06.t2 auf -10 TEUR und stellt einen Überhang der negativen Wertänderungen beim Grundgeschäft über die positiven Wertänderungen beim Sicherungsgeschäft dar. Folglich ist der Überhang aufgrund des Imparitätsprinzips als Drohverlustrückstellung im Rahmen der Bewertung des Grundgeschäfts anzusetzen. Dieses gilt unabhängig von der Anwendung der Einfrierungs- oder Durchbuchungsmethode für den wirksamen Teil der Sicherungsbeziehung.

Aufwand (sonstige betriebliche Aufwendungen) an Sonstige Rückstellungen 10 TEUR

Am 30.06.t2 kommt es zur Lieferung und Zahlung der Vorräte sowie zur Erfüllung des Termingeschäfts und damit auch zur **Beendigung der Sicherungsbeziehung.** Aufgrund des vereinbarten Beschaffungsvertrags hat das Unternehmen 800 TEUR zu zahlen.

Vorräte an Bank 800 TEUR

Aus der Glattstellung des Termingeschäfts erhält das Unternehmen den positiven Zeitwert von 102 TEUR von seinem Kreditinstitut ausgezahlt. Bei der Abbildung der Erfüllung des Sicherungsgeschäfts im Rahmen der Beendigung der Sicherungsbeziehung ist zwischen der Anwendung der Einfrierungs- und Durchbuchungsmethode zu differenzieren. Liegt die **Einfrierungsmethode** zugrunde, besteht kein angesetzter positiver Zeitwert des Sicherungsgeschäfts. Der vereinnahmte Betrag wird erfolgsneutral mit dem Buchwert des Grundgeschäfts verrechnet.[395] Die Drohverlustrückstellung für den unwirksamen Teil von 10 TEUR ist entsprechend zu verbrauchen.[396] Damit ergibt sich insgesamt für die Vorräte ein Wertansatz von 688 TEUR (800 TEUR – 102 TEUR – 10 TEUR), was ihrem Zeitwert am 30.06.t2 entspricht.

Sonstige Rückstellungen 10 TEUR

Bank 102 TEUR

an Vorräte 112 TEUR

---

395 Zur Behandlung dieser Beträge aus dem Sicherungsgeschäft bei Einfrierungs- und Durchbuchungsmethode vgl. IDW RS HFA 35, Tz. 87. Dies gilt entsprechend auch für einen gezahlten Betrag bei Vorliegen eines negativen Zeitwerts.

396 Sollte der unwirksame Teil demgegenüber auf eine positive, bislang aufgrund des Realisations- und Anschaffungskostenprinzips nicht erfasste Wertänderung entfallen, ist dieser Betrag grundsätzlich als Ertrag zu erfassen. Es ergibt sich danach wiederum der Ansatz des Grundgeschäfts zum Zeitwert.

Im Fall der **Durchbuchungsmethode** besteht ein positiver angesetzter Zeitwert des Sicherungsgeschäfts zum 30.06.t2 gegen die der vereinnahmte Betrag von 102 TEUR verrechnet wird. Ebenso erfolgt eine Verrechnung der angesetzten Drohverlustrückstellung von 112 TEUR (102 TEUR + 10 TEUR) aus dem Grundgeschäft mit den Vorräten. Damit resultiert wiederum insgesamt eine ihrem Zeitwert entsprechende Höhe der Vorräte von 688 TEUR (800 TEUR – 112 TEUR).[397]

Bank an Sonstige Vermögensgegenstände 102 TEUR
Sonstige Rückstellungen an Vorräte 112 TEUR

Besonderheiten bei antizipativen Bewertungseinheiten

Handelt es sich beim Grundgeschäft um eine mit hoher Wahrscheinlichkeit erwartete Transaktion, so besteht am Abschlussstichtag noch keine feste vertragliche Vereinbarung. Mangels Bindung kann sich das Unternehmen der Durchführung entziehen. Eine bilanzielle Abbildung der vorgesehenen Transaktion scheidet handelsrechtlich aus. Hat das Unternehmen die mit hoher Wahrscheinlichkeit erwartete Transaktion abgesichert und bildet eine Bewertungseinheit, so kommt **nur** die **Anwendung** der **Einfrierungsmethode** in Betracht. Andernfalls müssten bei der Durchbuchungsmethode die eingetretenen Wert- oder Zahlungsstromänderungen aus dem Grundgeschäft bilanziell angesetzt werden, obwohl das Handelsrecht mangels Vertragsgrundlage dafür keine Abgrenzungsposten vorsieht.[398] Bei Anwendung der Einfrierungsmethode wird der wirksame Teil des Sicherungsgeschäfts nicht erfasst, sondern allein in der Nebenbuchhaltung geführt. Dieses gilt auch für sämtliche Komponenten des Grundgeschäfts. Damit können sich weder bilanzielle noch erfolgswirksame Effekte ergeben. Dagegen sind die auf den unwirksamen Teil oder auf nicht abgesicherte Risiken entfallenden Wert- oder Zahlungsstromänderungen des Sicherungsinstruments unverändert nach den allgemeinen handelsrechtlichen Grundsätzen zu behandeln. Es bedarf der Erfassung eines unrealisierten Verlusts. Die Erfassung eines unrealisierten Gewinns scheidet aus.

11.2.4 Angabepflichten in Anhang und Lagebericht

Für den Anhang und Lagebericht bestehen umfassende Angabe- und Erläuterungspflichten zu derivativen Finanzinstrumenten, der Bildung von Bewertungseinheiten sowie zum Risikomanagement. Dabei kommt es oftmals zu Überschneidungen zwischen den erforderlichen Anhangsangaben sowie der notwendigen Darstellung der finanziellen Risiken und des Risikomanagements im Lagebericht. Eine doppel-

---

397 Aus der Absicherung des Beschaffungsvertrags resultiert damit insgesamt ein Aufwand von 10 TEUR. Dieser entfällt auf den unwirksamen Teil.
398 Vgl. IDW RS HFA 35, Tz. 92.

te Angabe der Informationen sowohl im Anhang als auch im Lagebericht kommt nach der hier vertretenen Ansicht auch schon vor dem Hintergrund des Grundsatzes der Klarheit und Übersichtlichkeit grundsätzlich nicht in Betracht. Ansonsten kann die doppelte Darstellung aufgrund des Umfangs zu einem Überlagern wesentlicher (anderweitiger) Informationen führen. So sieht auch § 285 Nr. 23 HGB explizit eine Verlagerung der Anhangsangaben zu Bewertungseinheiten in den Lagebericht vor, sofern diese Angaben im Lagebericht gemacht werden. Dies bedingt allerdings einen entsprechenden Verweis im Anhang. Zudem erscheint es sachgerecht, die betreffenden Informationen in einem gesonderten Abschnitt des Risikoberichts als Teil des Lageberichts zusammenzufassen.[399]

Im Fall der Verpflichtung zur Erstellung eines **Anhangs** sind bezogen auf **Bewertungseinheiten** u. a. die folgenden Angaben erforderlich.

- § 284 Abs. 2 Nr. 1 HGB bedingt im Rahmen der grundlegenden Erläuterung der Bilanzierungs- und Bewertungsmethoden eine Darstellung der Inanspruchnahme des Wahlrechts zur Abbildung der ökonomischen Sicherungsbeziehung in der Rechnungslegung mittels einer Bewertungseinheit sowie die Ausübung des Wahlrechts zwischen Einfrierungs- oder Durchbuchungsmethode zur Behandlung des wirksamen Teils der Sicherungsbeziehung einschließlich einer Beschreibung des gewählten Verfahrens.
- § 285 Nr. 23 HGB verlangt eine Vielzahl von aufzuführenden Informationen im Fall der Bildung von Bewertungseinheiten nach § 254 HGB. So bedarf es der Angabe des Betrags für jede Art des einbezogenen Grundgeschäfts, der Art der abgesicherten Risiken (z. B. Marktpreis- oder Zinsrisiken), der Art der jeweils zur Absicherung der Risiken gebildeten Bewertungseinheiten (z. B. *micro hedge*), der Höhe der abgesicherten Risiken, Angaben zum Ausgleich der gegenläufigen Wert- oder Zahlungsstromänderungen (Begründung des voraussichtlichen Ausgleichs, Umfang und Zeitraum), eine Erläuterung der Methode zur Messung der Wirksamkeit sowie bei Designation als Grundgeschäft eine Erläuterung der mit hoher Wahrscheinlichkeit erwarteten Transaktionen.

§ 285 Nr. 19 und 20 HGB sehen darüber hinaus Angaben zu **derivativen Finanzinstrumenten** im **Anhang** vor. § 285 Nr. 19 HGB bezieht sich auf Derivate, die nicht zum beizulegenden Zeitwert bilanziert werden. § 285 Nr. 20 HGB betrifft zum beizulegenden Zeitwert bewertete Finanzinstrumente und gilt damit nur für Kredit- und Finanzdienstleistungsinstitute, die ihren Handelsbestand zum Zeitwert entsprechend § 340e Abs. 3 HGB zu bewerten haben.[400] Sofern Derivate als Grund- oder Sicherungsgeschäft Teil einer Bewertungseinheit darstellen, bedarf es keiner separaten Angaben nach § 285 Nr. 19 HGB, da in diesem Fall die speziellen Angaben zu Bewertungseinheiten nach § 285 Nr. 23 HGB zum Tragen kommen.[401] Dar-

---

399 Vgl. zur Möglichkeit der Zusammenfassung IDW RS HFA 35, Tz. 100.
400 Vgl. hierzu Kapitel 7.6.
401 Vgl. IDW RH 1.005, Tz. 24 oder Andrejewski (Beck'sches HdR), B 40, Rn. 166 m. w. N.

über hinaus entfällt entsprechend § 288 Abs. 1 HGB die Angabepflicht zu Derivaten bei kleinen Kapital- und haftungsbeschränkten Personengesellschaften. § 285 Nr. 19 HGB findet damit nur Anwendung bei großen sowie mittelgroßen Gesellschaften, die einen Anhang erstellen, und nur dann, wenn eine Einbeziehung derivativer Finanzinstrumente in eine Bewertungseinheit nicht erfolgt. Soweit aber notwendig, sind bei Erfüllung der Anforderungen nach § 285 Nr. 19 HGB für die nicht zum Zeitwert bewerteten Derivate für jede Kategorie (z. B. zins-, währungs-, indexbezogen) Angaben zu machen zu

- deren Art (z. B. Forwards, Futures, Swaps, Optionen) und Umfang,
- deren beizulegenden Zeitwert unter Angabe der angewandten Bewertungsmethode (z. B. Optionsbewertung mittels des Black-Scholes-, Binominal- oder eines anderweitigen Modells),
- deren Buchwert einschließlich des Bilanzpostens, der den Buchwert soweit vorhanden beinhaltet sowie
- zudem gegebenenfalls die Gründe, warum der beizulegende Zeitwert nicht bestimmt werden kann.

Im Fall der Erstellung eines **Lageberichts** hat dieser nach § 289 Abs. 2 S. 1 Nr. 1 HGB auf die Risikomanagementziele und -methoden im Finanzbereich des Unternehmens (Finanzrisikobericht) einzugehen. Dies umfasst die Erläuterung der Methoden zur Absicherung aller wichtigen Arten der im Rahmen der Bilanzierung von Sicherungsbeziehungen erfassten Transaktionen. Zudem bedarf es einer Angabe der die Gesellschaft betreffenden Preisänderungs-, Ausfall- und Liquiditätsrisiken sowie der Risiken aus Zahlungsstromschwankungen. Eine Darstellung hat nur im Hinblick auf Finanzinstrumente und aufgrund der Wesentlichkeit nur dann zu erfolgen, wenn dies für die Beurteilung der Lage oder die voraussichtliche Entwicklung von Belang ist. Die Erläuterungen im Lagebericht ersetzen die im Anhang nach § 285 Nr. 23 HGB zu Bewertungseinheiten aufzuführenden Angaben und ergänzen die zu tätigenden Angaben zu Finanzinstrumenten nach § 285 Nr. 18 bis 20 HGB. Eine doppelte Darstellung kommt wie oben ausgeführt nicht in Betracht. Darüber hinaus hat der Lagebericht bei kapitalmarktorientierten Unternehmen im Sinne des § 264d HGB die wesentlichen Merkmale des internen Kontroll- und Risikomanagementsystems im Hinblick auf den Rechnungslegungsprozess zu beschreiben. Auch hier bietet sich zur Vermeidung einer Doppelberichterstattung eine Zusammenfassung mit dem Finanzrisikobericht an.

12 Gewinn- und Verlustrechnung

12.1 Grundlagen und Ausweismöglichkeiten

Die GuV dient der Ermittlung und dem Ausweis des Periodenerfolgs. Zudem wird in der GuV die Zusammensetzung und Entstehung des Periodenergebnisses angegeben. Sie bezweckt damit die **Darstellung der Ertragslage des Unternehmens**. Die GuV lässt sich insofern auch als Ursachenrechnung des Periodenerfolgs bezeichnen. Vor dem Hintergrund der Relevanz der mit ihr zu vermittelnden Informationen für Entscheidungen der Adressaten haben alle Unternehmen nach § 242 Abs. 2 HGB eine GuV für das Geschäftsjahr aufzustellen. Sie stellt neben der Bilanz für alle Unternehmen unabhängig von Rechtsform und Größe gemäß § 242 Abs. 3 HGB einen Pflichtbestandteil des Jahresabschlusses dar. Während sich die Bilanz auf die Vermittlung der Vermögens- und Finanzlage des Unternehmens konzentriert, ist die GuV auf die Vermittlung der Ertragslage gerichtet.

Das HGB definiert die GuV in § 242 Abs. 2 HGB als »**Gegenüberstellung der Aufwendungen und Erträge des Geschäftsjahres**«. Bei der GuV handelt es sich insofern um eine Zeitraumrechnung für eine bestimmte Periode, die im Fall des Jahresabschlusses das jeweilige Geschäftsjahr umfasst. Als Rechengrößen beinhaltet die GuV Aufwendungen und Erträge. Sie ist daher auch eine Stromgrößenrechnung. Die Erträge stellen die Reinvermögensmehrungen der betrachteten Periode dar, die Aufwendungen die Reinvermögensminderungen. Als Saldo der Erträge und Aufwendungen ergibt sich der Überschuss oder Fehlbetrag der Periode und damit bei Erstellung des Jahresabschlusses der Jahresüberschuss oder Jahresfehlbetrag.

Die in der GuV zu erfassenden Aufwendungen und Erträge einschließlich deren Zuordnung zu einer Periode für Zwecke der periodengerechten Gewinnermittlung basieren bei Erstellung des handelsrechtlichen Jahresabschlusses auf den anzuwendenden Rechnungslegungsvorschriften. In den vorherigen Kapiteln finden sich hierzu die ausführlichen Erläuterungen. Insofern geht es bei der Aufstellung der GuV um die **Frage des Ausweises der Aufwendungen, Erträge sowie des Periodenergebnisses** und damit insgesamt um die Präsentationsform der Ertragslage des Unternehmens.

Der Ausweis in der GuV erfolgt auf Basis einer Gliederung, die Struktur und Darstellung der in die GuV aufzunehmenden Informationen vorgibt. Dabei existieren für den Aufbau der GuV unterschiedliche Gestaltungskriterien. Hierunter fallen u. a. die Wahlmöglichkeiten zwischen Konto- oder Staffelform, Gesamt- oder Umsatzkostenverfahren, Brutto- oder Nettorechnung und Lang- oder Kurzform. Auch für den Ausweis der GuV unterteilen sich die handelsrechtlichen Vorschriften in die für alle Unternehmen geltenden Regelungen, die ergänzenden Vorschriften für bestimmte Gesellschaften und die besonderen Vorgaben für Kreditinstitute (§ 340a Abs. 2, § 340c HGB) sowie Versicherungsunternehmen (§ 341a Abs. 2 HGB).

In den für alle Unternehmen geltenden Vorschriften des HGB und somit für Einzelunternehmen und nicht haftungsbeschränkte Personengesellschaften findet sich keine Formvorgabe für die GuV. In § 242 Abs. 2 HGB wird allein eine »Gegenüberstellung der Aufwendungen und Erträge des Geschäftsjahres« gefordert. Zudem bestimmt § 246 Abs. 2 S. 1 HGB ein generelles **Saldierungsverbot** für Erträge und Aufwendungen und legt damit als Grundprinzip die Erstellung einer Bruttorechnung fest. Insofern können Einzelunternehmen und nicht haftungsbeschränkte Personengesellschaften grundsätzlich zwischen den einzelnen Gestaltungskriterien mit Ausnahme einer Nettodarstellung wählen. Dies gilt nach § 5 Abs. 5 PublG anders als beim Bilanzausweis auch für Einzelkaufleute und Personenhandelsgesellschaften, die dem PublG unterliegen. Insofern bestehen für alle diese Unternehmen die Wahlmöglichkeiten zwischen **Konto- oder Staffelform, Gesamt- oder Umsatzkostenverfahren und Lang- oder Kurzform.** Allerdings muss die GuV den **GoB** entsprechen (§ 243 Abs. 1 HGB), so dass u. a. die Grundsätze der Klarheit, Übersichtlichkeit und Wesentlichkeit gelten. Als Hilfestellung für die Umsetzung dieser insgesamt sehr wenig konkret formulierten Regelungen zur Gestaltung der GuV bietet sich für die Unternehmen eine Orientierung an den detaillierten Gliederungsvorschriften der GuV für Kapitalgesellschaften und ihnen gleichgestellte Unternehmen an.

Die ergänzend für Kapitalgesellschaften und ihnen gleichgestellte Unternehmen **anzuwendenden Vorschriften** beinhalten ein umfassendes gesetzliches **Mindestgliederungsschema** für die GuV **in § 275 HGB.** Dieses gilt verpflichtend für Kapitalgesellschaften, haftungsbeschränkte Personengesellschaften, Genossenschaften und unter das PublG fallende Unternehmen, die keine Personengesellschaften oder Einzelkaufleute darstellen. Die in § 275 Abs. 2 oder alternativ in Abs. 3 HGB vorgegebenen Posten müssen in der angegebenen Reihenfolge gesondert ausgewiesen werden (§ 275 Abs. 1 S. 2 HGB). Dabei hat die Aufstellung der GuV zwingend nach § 275 Abs. 1 S. 1 HGB in **Staffelform** zu erfolgen. Der Vorteil des Aufbaus der GuV in Staffelform statt in Kontoform besteht darin, dass das Einfügen von Zwischensummen sowie Gruppierungen möglich ist. Damit kann auch eine Erfolgsspaltung in verschiedene Komponenten wie Betriebsergebnis oder Finanzergebnis für Zwecke der Unternehmensanalyse zumindest teilweise direkt in der GuV vorgenommen werden. Gegenüber dieser Einschränkung gewährt das Handelsrecht das Wahlrecht, die GuV entweder nach dem **Gesamtkostenverfahren oder dem Umsatzkostenverfahren** zu erstellen (§ 275 Abs. 1 S. 1 HGB). Die in § 275 Abs. 2 und Abs. 3 HGB dafür vorgegebenen Gliederungen der GuV finden sich in den nachstehenden Darstellungen.[402] Die Erläuterung beider Verfahren so-

---

402 Zur möglichen Ergänzung der GuV nach dem Posten Jahresüberschuss/Jahresfehlbetrag um die von Unternehmen in der Rechtsform einer AG und KGaA zwingend nach § 158 Abs. 1 S. 1 AktG aufzustellende **Ergebnisverwendungsrechnung** siehe ausführlich Kapitel 8.1.

wie die Herausarbeitung der Gemeinsamkeiten und Unterschiede erfolgt im folgenden Kapitel 12.2.

Dar. 12.1: Gliederung der handelsrechtlichen GuV nach dem Gesamtkostenverfahren

	GuV nach Gesamtkostenverfahren (§ 275 Abs. 2 HGB)
1.	Umsatzerlöse
2.	Erhöhung oder Verminderung des Bestands an fertigen und unfertigen Erzeugnissen
3.	Andere aktivierte Eigenleistungen
4.	Sonstige betriebliche Erträge
5.	Materialaufwand a. Aufwendungen für Roh-, Hilfs- und Betriebsstoffe und für bezogene Waren b. Aufwendungen für bezogene Leistungen
6.	Personalaufwand a. Löhne und Gehälter b. Soziale Abgaben und Aufwendungen für Altersversorgung und für Unterstützung
7.	Abschreibungen a. auf immaterielle Vermögensgegenstände des Anlagevermögens und Sachanlagen b. auf Vermögensgegenstände des Umlaufvermögens, soweit diese die in der Kapitalgesellschaft üblichen Aufwendungen überschreiten
8.	Sonstige betriebliche Aufwendungen
9.	Erträge aus Beteiligungen, davon aus verbundenen Unternehmen
10.	Erträge aus anderen Wertpapieren und Ausleihungen des Finanzanlagevermögens, davon aus verbundenen Unternehmen
11.	Sonstige Zinsen und ähnliche Erträge, davon aus verbundenen Unternehmen
12.	Abschreibungen auf Finanzanlagen und auf Wertpapiere des Umlaufvermögens
13.	Zinsen und ähnliche Aufwendungen, davon aus verbundenen Unternehmen
14.	Steuern vom Einkommen und vom Ertrag
15.	**Ergebnis nach Steuern**
16.	Sonstige Steuern
17.	**Jahresüberschuss/ Jahresfehlbetrag**

Dar. 12.2: Gliederung der handelsrechtlichen GuV nach dem Umsatzkostenverfahren

\multicolumn{2}{GuV nach Umsatzkostenverfahren (§ 275 Abs. 3 HGB)}	
1.	Umsatzerlöse
2.	Herstellungskosten der zur Erzielung der Umsatzerlöse erbrachten Leistungen
3.	**Bruttoergebnis vom Umsatz**
4.	Vertriebskosten
5.	Allgemeine Verwaltungskosten
6.	Sonstige betriebliche Erträge
7.	Sonstige betriebliche Aufwendungen
8.	Erträge aus Beteiligungen, davon aus verbundenen Unternehmen
9.	Erträge aus anderen Wertpapieren und Ausleihungen des Finanzanlagevermögens, davon aus verbundenen Unternehmen
10.	Sonstige Zinsen und ähnliche Erträge, davon aus verbundenen Unternehmen
11.	Abschreibungen auf Finanzanlagen und auf Wertpapiere des Umlaufvermögens
12.	Zinsen und ähnliche Aufwendungen, davon aus verbundenen Unternehmen
13.	Steuern vom Einkommen und vom Ertrag
14.	**Ergebnis nach Steuern**
15.	Sonstige Steuern
16.	**Jahresüberschuss/ Jahresfehlbetrag**

Sowohl das Gesamtkosten- als auch das Umsatzkostenverfahren unterteilen die GuV in drei Komponenten, das Betriebsergebnis, das Finanzergebnis und die Steuern. Der Ausweis des Finanzergebnisses und der Steuern ist bei beiden Verfahren identisch und umfasst die gleichen Posten. Das Finanzergebnis beinhaltet jeweils die Posten »Erträge aus Beteiligungen« bis »Zinsen und ähnliche Aufwendungen«. Die Steuern werden jeweils in den Posten »Steuern vom Einkommen und Ertrag (z. B. KSt, SolZ und GewESt) sowie »sonstige Steuern« (z. B. KFZ-Steuer, Grundsteuer) gezeigt. Das Betriebsergebnis unterscheidet sich dagegen bei beiden Verfahren. Beim Gesamtkostenverfahren betrifft es die Posten Nr. 1 bis Nr. 8 und beim Umsatzkostenverfahren die Posten Nr. 1 bis Nr. 7. Die Erläuterung der Unterschiede erfolgt im nächsten Kapitel.

Die Präsentation der GuV in **Lang- oder Kurzform** macht das HGB von der **Größe der Gesellschaft** abhängig und sieht dabei konkrete Vorgaben zum Ausweis der Posten vor. Während große Kapitalgesellschaften und ihnen gleichgestellte Unternehmen grundsätzlich nach § 275 Abs. 1 S. 2 HGB sämtliche Posten unter entsprechender Bezeichnung in der angegebenen Reihenfolge gesondert ausweisen müssen, dürfen kleine und mittelgroße Gesellschaften die Darstellung nach § 276 S. 1 HGB verkürzen. So können kleine und mittelgroße Unternehmen beim Gesamtkostenverfahren die ersten fünf Posten und beim Umsatzkostenverfahren die ersten drei Posten sowie den Posten Nr. 6 (sonstige betriebliche Erträge) zu einem Posten unter der Bezeichnung »Rohergebnis« zusammenfassen. Die übrigen Posten sind entsprechend der Vorgabe für große Gesellschaften und damit in Langform zu präsentieren. Kleinstkapitalgesellschaften im Sinne des § 267a HGB können nach § 275 Abs. 5 HGB anstelle des Gesamt- oder Umsatzkostenverfahrens eine dort dargestellte, auf acht Posten verkürzte GuV ausweisen.

Wie für die Bilanz gelten für die GuV auch die **allgemeinen Grundsätze für die Gliederung** nach § 265 HGB. Danach sind weitere Untergliederungen der in den Mindestgliederungsschemata des § 275 enthaltenen Posten unter Einhaltung der vorgesehenen Reihenfolge zulässig (§ 265 Abs. 5 S. 1 HGB). Zudem gewährt § 265 Abs. 5 S. 2 HGB die Möglichkeit, neue Posten und Zwischensummen einzufügen, wenn ihr Inhalt nicht von einem vorgeschriebenen Posten gedeckt wird. Daneben besteht nach § 265 Abs. 6 HGB die Verpflichtung die Bezeichnung und Gliederung der Posten zu ändern, wenn dies die Klarheit und Übersichtlichkeit erhöht. Leerposten dürfen entfallen, sofern sie auch im Vorjahr keinen Betrag enthalten haben (§ 265 Abs. 8 HGB). Die Zusammenfassung eines Postens mit einem anderen kommt nur in Ausnahmenfällen in Betracht, und zwar dann, wenn er einen unwesentlichen Betrag enthält oder wenn sich durch die Zusammenfassung die Klarheit der Darstellung vergrößert (§ 265 Abs. 7 HGB). Die GuV hat zu jedem Posten die entsprechenden Vorjahreswerte zu enthalten (§ 265 Abs. 2 HGB) und es gilt die Ausweisstetigkeit, die nur in Ausnahmefällen mit Begründungspflicht im Anhang durchbrochen werden kann (§ 265 Abs. 1 HGB).

Neben diesen allgemeinen Grundsätzen für die Gliederung sieht § 277 HGB **Vorschriften zu einzelnen Posten der GuV** vor. So definiert beispielsweise § 277 Abs. 1 HGB, was den Umsatzerlösen zu subsummieren ist. Weitere Regelungen betreffen den Umfang der Bestandsveränderungen und Ausweisfragen im Zusammenhang mit außerplanmäßigen Abschreibungen im Anlagevermögen sowie Erträgen und Aufwendungen bei Vorliegen eines Ergebnisabführungsvertrags. Darüber hinaus bestimmt § 277 Abs. 5 S. 1 HGB, dass Erträge und Aufwendungen aus der Ab- und Aufzinsung im Finanzergebnis gesondert unter den »sonstigen Zinsen und ähnlichen Erträgen« bzw. gesondert unter den »Zinsen und ähnlichen Aufwendungen« erfasst werden müssen. Demgegenüber hat ein Ausweis der Erträge und Aufwendungen aus der Währungsumrechnung im Betriebsergebnis unter den »sonstigen betrieblichen Erträgen« bzw. den »sonstigen betrieblichen Aufwendungen« zu erfolgen (§ 277 Abs. 5 S. 2 HGB).

12.2 Darstellung der GuV nach dem Gesamt- und Umsatzkostenverfahren

Wie erläutert besteht nach § 275 Abs. 1 S. 1 HGB das Wahlrecht, die GuV nach dem Gesamtkostenverfahren oder dem Umsatzkostenverfahren aufzustellen. Diese Alternative existiert sowohl für die Unternehmen, die nur die für alle Gesellschaften geltenden Vorschriften anzuwenden haben, als auch für die Unternehmen, die zusätzlich die ergänzenden Vorschriften für Kapitalgesellschaften zugrunde legen müssen.

Beide Verfahren führen zum **gleichen Jahresergebnis**, wenn die Bestände selbst erstellter Erzeugnisse des Anlage- und Umlaufvermögens bei beiden Verfahren die gleichen Herstellungskostenbestandteile umfassen und damit die Wahlrechte zwischen Herstellungskostenobergrenze und Herstellungskostenuntergrenze nicht unterschiedlich ausgeübt werden. Dagegen bestehen zwei wesentliche Unterschiede zwischen Gesamtkostenverfahren und Umsatzkostenverfahren. Der erste Unterschied betrifft die Darstellung der Aufwendungen im Betriebsergebnis. Das Gesamtkostenverfahren sieht für den Ausweis der Aufwendungen des Betriebsergebnisses eine **Kostenartengliederung** vor (Materialaufwand, Personalaufwand, Abschreibungen). Das Umsatzkostenverfahren beinhaltet demgegenüber eine **Kostenstellengliederung** und unterteilt die Aufwendungen des Betriebsergebnisses in Herstellungskosten (Material- und Fertigungskosten), allgemeine Verwaltungskosten und Vertriebskosten. Der nachfolgend ausführlicher zu erläuternde zweite Unterschied betrifft die Berücksichtigung von Bestandsveränderungen und damit den Umfang der in der GuV zu erfassenden Aufwendungen.

Das **Gesamtkostenverfahren** weist sämtliche **im Rahmen der Produktion angefallenen Aufwendungen** aus. Da sich die Umsatzerlöse immer nur auf die abgesetzten Produkte beziehen, führt dies zu einem zutreffenden Jahresergebnis, wenn sich die produzierte und die abgesetzte Menge im Geschäftsjahr entsprechen. Fallen allerdings produzierte und abgesetzte Menge auseinander, so bedarf es einer Berücksichtigung der Abweichungen als Bestandsveränderungen in der GuV. Überschreitet die Produktionsmenge die Absatzmenge, so hat sich der Bestand der Vermögensgegenstände erhöht. Die **Bestandserhöhung** wird als **Ertrag** zur Kompensation der Produktionsaufwendungen für die nicht abgesetzten Erzeugnisse erfasst. Der Ausweis der Bestandserhöhung erfolgt in der GuV nach § 275 Abs. 2 HGB unter dem Posten »Erhöhung des Bestands an fertigen und unfertigen Erzeugnissen« (Nr. 2), wenn es sich um Vorratsvermögen handelt, und unter dem Posten »andere aktivierte Eigenleistungen« (Nr. 3), wenn die hergestellten Vermögensgegenständige dauerhaft zur eigenen Nutzung bestimmt und damit dem Anlagevermögen zu subsummieren sind. Es ergibt sich der in der folgenden GuV dargestellte Zusammenhang bei höherer Produktions- als Absatzmenge (▶ Dar. 12.3).

Übersteigt die Absatzmenge die Produktionsmenge im Geschäftsjahr, so hat die Produktionsmenge nicht ausgereicht, um die Absatzmenge zu decken. Die notwendige Lagerentnahme zur Ermöglichung des Absatzes stellt eine **Bestandsminderung** dar, die in der GuV als **Aufwand** erfasst wird. Damit kommt es zu einer Gegenüberstellung der auf die abgesetzten Produkte bezogenen Umsatzerlöse mit den Aufwendungen für die abgesetzten Produkte. Dabei setzen sich die Aufwendungen für die abgesetzten Erzeugnisse aus den in der Periode angefallenen Aufwendungen für die produzierten Vermögensgegenstände und den Bestandsminderungen zusammen. Bei der Bestandsminderung handelt es sich insofern um die in Vorjahren angefallenen Produktionsaufwendungen, die als Herstellungskosten aktiviert wurden. Es ergibt sich die folgende GuV bei höherer Absatz- als Produktionsmenge (▶ Dar. 12.4).

GuV		
Soll		Haben
Aufwendungen für die im Geschäftsjahr produzierten Vermögensgegenstände	auf Lager produziert	Erhöhung des Bestands an fertigen und unfertigen Erzeugnissen (Ertrag)
	dauerhaft zur eigenen Nutzung produziert	Andere aktivierte Eigenleistungen (Ertrag)
	zum Verkauf im Geschäftsjahr produziert	Umsatzerlöse (bezogen auf die in der Periode abgesetzten Vermögensgegenstände)
Jahresüberschuss		
Summe		Summe

Dar. 12.3: Zusammenhang zwischen Aufwendungen und Erträgen beim Gesamtkostenverfahren im Fall von Bestandserhöhungen

GuV	
Soll	Haben
Aufwendungen für die im Geschäftsjahr produzierten Vermögensgegenstände	Umsatzerlöse (bezogen auf die in der Periode abgesetzten Vermögensgegenstände)
Bestandsminderung (Aufwand)	
Jahresüberschuss	
Summe	Summe

Dar. 12.4: Zusammenhang zwischen Aufwendungen und Erträgen beim Gesamtkostenverfahren im Fall von Bestandsminderungen

Die Berücksichtigung von Bestandsveränderungen und aktivierten Eigenleistungen basiert u. a. auf dem Grundsatz der Zuordnung von Aufwendungen als Teil des Realisationsprinzips sowie auf dem Verursachungsprinzip. Danach sind den bereits realisierten Erträgen die zugehörigen Aufwendungen zuzuordnen (Fall der Bestandsminderung).[403] Im Gegensatz zu realisierten Erträgen dürfen Aufwendungen nicht erfasst werden, wenn sie sich auf künftige Erträge beziehen oder diese erst ermöglichen. Dies wäre bei den auf Lager oder dauerhaft zur eigenen Verwendung produzierten Vermögensgegenständen jedoch der Fall, da sie erst künftig zu Erträgen führen. Allerdings gebietet das Verursachungsprinzip die Erfassung der angefallenen und durch die Produktion verursachten Aufwendungen. Darüber hinaus werden aufgrund des Saldierungsverbots von Aufwendungen und Erträgen nach

---

403 Vgl. zum Realisationsprinzip ausführlich Kapitel 2.2.3.5.

§ 246 Abs. 2 S. 1 HGB beim Gesamtkostenverfahren die auf die Aktivierung der Vermögensgegenstände entfallenden Herstellungskosten als Ertrag in der GuV erfasst. Der Ertrag kompensiert damit die für die nicht abgesetzten Vermögensgegenstände angefallenen Aufwendungen. Ohne Geltung des Saldierungsverbots und der Ausweisvorgaben des Gesamtkostenverfahrens nach § 275 Abs. 2 HGB wäre alternativ eine Kürzung des Produktionsaufwands des Geschäftsjahres um den erfassten Ertrag aus dem Ansatz der Vermögensgegenstände (bzw. um den Herstellungsaufwand der auf Lager oder zur eigenen Verwendung erzeugten Vermögensgegenstände) in Betracht gekommen. Der Vorteil des Bruttoausweises statt der Saldierung von Aufwendungen und Erträgen liegt in einer verbesserten Aussagekraft der Ertragslage des Unternehmens.

Das **Umsatzkostenverfahren** erfasst im Gegensatz zum Gesamtkostenverfahren die für die **abgesetzten Erzeugnisse angefallenen Aufwendungen** und nicht die im Rahmen der Produktion im Geschäftsjahr entstandenen Aufwendungen. Insofern kommt es beim Umsatzkostenverfahren direkt zur Gegenüberstellung der auf die abgesetzten Produkte bezogenen Umsatzerlöse mit den auf die abgesetzten Erzeugnisse bezogenen Aufwendungen. Die für die abgesetzten Produkte angefallenen Aufwendungen werden auch als Umsatzkosten bezeichnet. Der Ausweis von Bestandsveränderungen entfällt. Die Herstellungskosten im Geschäftsjahr produzierter, aber nicht abgesetzter Erzeugnisse (Vorräte) und die Herstellungskosten für dauerhaft zur Nutzung bestimmter Vermögensgegenstände (Anlagevermögen) stellen keinen Aufwand des Geschäftsjahres dar, sondern werden direkt als Vorräte bzw. Anlagevermögen in der Bilanz angesetzt. Die Umsatzkosten ermitteln sich ausgehend vom im Geschäftsjahr entstandenen Aufwand der hergestellten Erzeugnisse wie folgt.[404]

Dar. 12.5: Ermittlung der Umsatzkosten

Umsatzkosten	
=	Aufwendungen für die im Geschäftsjahr produzierten Vermögensgegenstände (Vorräte und Anlagevermögen)
−	Aufwendungen für die im Geschäftsjahr auf Lager produzierten fertigen und unfertigen Erzeugnisse
−	Aufwendungen für das im Geschäftsjahr dauerhaft zur eigenen Nutzung produzierte Anlagevermögen
+	Aufwendungen für die in vorherigen Geschäftsjahren auf Lager produzierten fertigen und unfertigen Erzeugnisse, die im laufenden Geschäftsjahr vom Lager entnommen wurden

---

404 Zudem entsprechen die Umsatzkosten buchhalterisch dem Abgang der Fertigerzeugnisse. Der Abgang der Fertigerzeugnisse ergibt sich als Anfangsbestand der fertigen und unfertigen Erzeugnisse zuzüglich der Zugänge (Aufwendungen für die im Geschäftsjahr auf Lager produzierten fertigen und unfertigen Erzeugnisse) abzüglich des Endbestands der fertigen und unfertigen Erzeugnisse bewertet zu Herstellungskosten.

Ein **Vergleich von Gesamtkostenverfahren und Umsatzkostenverfahren** zeigt, dass beide Verfahren **Umsatzerlöse in gleicher Höhe** aufweisen, da sie sich jeweils auf die abgesetzten Produkte beziehen. Zudem führen beide Verfahren zum **gleichen Ergebnis**, sofern bei beiden den unfertigen und fertigen Erzeugnissen sowie den selbst erstellten Gegenständen des Anlagevermögens die gleichen Herstellungskostenbestandteile zugrunde gelegt werden. Die Verfahren unterscheiden sich hinsichtlich des **Ausweises der auf das Betriebsergebnis bezogenen Aufwendungen** und hinsichtlich des **Umfangs der erfassten Aufwendungen**. Während das Gesamtkostenverfahren eine Kostenartengliederung vorsieht und sämtliche im Rahmen der Produktion angefallenen Aufwendungen in der GuV zeigt, stellt das Umsatzkostenverfahren die Aufwendungen untergliedert nach Kostenstellen dar und erfasst lediglich die für die abgesetzten Produkte entstandenen Aufwendungen. Die nachfolgende Darstellung 12.6 enthält zusammenfassend die sich aus dem Umfang der Aufwendungen ergebenden Unterschiede. Im Fall von Bestandserhöhungen fertiger und unfertiger Erzeugnisse weist das Gesamtkostenverfahren einen in Höhe des Lageraufbaus höheren Aufwand aus. Das gleiche gilt entsprechend bei selbst erstelltem und aktiviertem Anlagevermögen. Korrespondierend zum höheren Aufwand wird gleichzeitig ein Ertrag aus dem Ansatz der Vermögensgegenstände erfasst (als Bestandserhöhung bzw. als andere aktivierte Eigenleistungen). Im Fall von Bestandsminderungen entspricht sich dagegen die Höhe der ausgewiesenen Aufwendungen der Periode. Zudem zeigt die Darstellung die unabhängig vom Fall in gleicher Höhe bestehenden Umsatzerlöse und Periodenergebnisse.

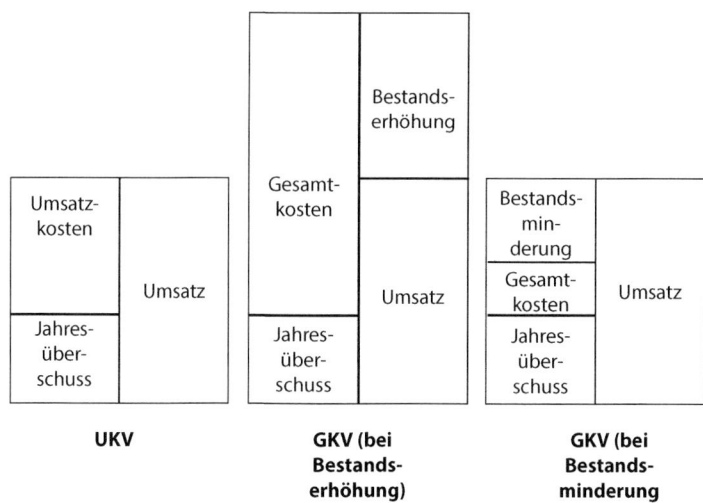

Dar. 12.6: Vergleich von Gesamt- und Umsatzkostenverfahren

13 Anhang

13.1 Grundlagen

Der Anhang dient – u. a. auch gemäß der Überschrift des § 284 HGB – der **Erläuterung von Bilanz sowie GuV** und damit der Informationsvermittlung. Er stellt bei Kapitalgesellschaften und haftungsbeschränkten Personengesellschaften neben Bilanz und GuV einen Pflichtbestandteil des Jahresabschlusses dar.[405] Dies gilt auch für unter das PublG fallende Unternehmen mit Ausnahme großer Einzelunternehmen und Personenhandelsgesellschaften (§ 5 Abs. 2 S. 1 PublG).[406] Kleinstkapitalgesellschafen im Sinne des § 267a HGB können dagegen auf die Aufstellung eines Anhangs verzichten, wenn sie bestimmte Angaben unter der Bilanz aufführen (§ 264 Abs. 1 S. 5 HGB). Der Anhang hat nach § 264 Abs. 1 S. 1 und 2 HGB zusammen mit Bilanz und GuV sowie ggf. Kapitalflussrechnung und Eigenkapitalspiegel eine Einheit zu bilden. Als integrierter Bestandteil des Jahresabschlusses unterliegt er nach § 264 Abs. 2 S. 1 HGB der Verpflichtung, ein unter Beachtung der GoB den tatsächlichen Verhältnissen entsprechendes Bild der Vermögens-, Finanz- und Ertragslage zu vermitteln.

Der Anhang enthält verbale (qualitative) und zusätzlich quantitative Informationen. Er beinhaltet

- Pflichtangaben,
- Wahlpflichtangaben (Ausübung bestehender Wahlrechte zur Angabe der Information im Anhang statt in Bilanz oder GuV),
- zusätzlich notwendige Angaben, sofern besondere Umstände dazu führen, dass der Jahresabschluss ein unter Beachtung der GoB den tatsächlichen Verhältnissen entsprechendes Bild der Vermögens-, Finanz- und Ertragslage nicht vermittelt (§ 264 Abs. 2 S. 2 HGB), und
- freiwillige Angaben.

---

405 Vgl. hierzu auch ausführlich Kapitel 1.3. Darüber hinaus haben nach § 336 HGB auch Genossenschaften einen Anhang zu erstellen. Diese Pflicht besteht ebenfalls größen- und rechtsformunabhängig für Kredit- und Finanzdienstleistungsinstitute (§ 340a Abs. 1 HGB) sowie Versicherungsunternehmen (§ 341a Abs.1 HGB).

406 Allerdings haben Einzelunternehmen und Personenhandelsgesellschaften bei Kapitalmarktorientierung ebenfalls einen Anhang zu erstellen, wenn sie nicht zur Aufstellung eines Konzernabschlusses verpflichtet sind (§ 5 Abs. 2a S. 1 PublG i. V. m. § 264 Abs. 1 S. 2 HGB).

Die unterschiedlichen Angaben stehen in Wechselbeziehung zu den **Aufgaben des Anhangs**.[407]

- **Informationsfunktion**: Erläuterung und Interpretation der in Bilanz und GuV enthaltenen Posten, der Kapitalflussrechnung sowie des Eigenkapitalspiegels und darüber hinaus verpflichtende Angabe weiterer quantitativer und qualitativer Informationen zu nicht bilanzierten Sachverhalten.
- **Entlastungsfunktion** der Bilanz und GuV: Durch die Ausübung von explizit geregelten Ausweiswahlrechten werden Angaben von Bilanz und GuV in den Anhang verlagert. Die eingeräumten Wahlrechte bezwecken eine Verbesserung der Aussagefähigkeit von Bilanz und GuV mittels dortiger Konzentration von Informationen sowie eine Erhöhung der Übersichtlichkeit des Jahresabschlusses.
- **Ergänzungsfunktion**: Vornahme zusätzlicher Angaben nach § 264 Abs. 2 S. 2 HGB, sofern der Jahresabschluss im Ausnahmefall ein unter Beachtung der GoB den tatsächlichen Verhältnissen entsprechendes Bild der Vermögens-, Finanz- und Ertragslage nicht vermitteln kann.

Die Regelungen zu den Inhalten des Anhangs finden sich im Wesentlichen in §§ 284 bis 288 HGB. Insbesondere § 284 und § 285 HGB schreiben dabei die einzelnen Angabe- und Erläuterungspflichten vor. Darüber hinaus bestehen weitere zu beachtende Regelungen u.a. in §§ 264, 265 oder 268 HGB, in rechtsformspezifischen Gesetzen wie z.B. im AktG oder GmbHG und für besondere Sachverhalte in weiteren Spezialgesetzen.

Eine Struktur bzw. Form des Anhangs wird anders als bei Bilanz und GuV nicht im HGB vorgegeben. § 284 Abs. 1 S. 1 HGB verlangt allein eine Darstellung der zu den einzelnen Posten der Bilanz und GuV vorgesehenen Informationen in der Reihenfolge der jeweiligen Posten. Die Gestaltung hat daneben allerdings den in Kapitel 2.2.3 dargestellten GoB für den Jahresabschluss zu entsprechen. Dabei bedarf es insbesondere einer Orientierung an den allgemeinen Grundsätzen wie z.B. der Klarheit und Übersichtlichkeit, Richtigkeit, Vergleichbarkeit oder der Wirtschaftlichkeit und Wesentlichkeit. Die Gliederung des Anhangs folgt zumeist der nachstehenden Struktur:[408]

1. Allgemeine Angaben zum Jahresabschluss sowie Angaben zu den Bilanzierungs- und Bewertungsmethoden
2. Erläuterung der Posten der Bilanz und der GuV
3. Sonstige Angaben (z.B. zu Haftungsverhältnissen)

---

407 Zu den verschiedenen Arten von Angaben sowie den Aufgaben des Anhangs vgl. etwa ADS (Rechnungslegung), Tz. 10 ff. zu § 284 HGB.
408 Vgl. hierzu auch ADS (Rechnungslegung), Tz. 28 zu § 284 HGB mit einer Vielzahl weiterer Literaturhinweise zu Gliederungsvorschlägen.

Der Grundsatz der Vergleichbarkeit bedingt die Beibehaltung einer einmal gewählten Darstellungsform des Anhangs. Dies hat der Gesetzgeber mit dem Grundsatz der Ausweisstetigkeit nach § 265 Abs. 1 S. 1 HGB kodifiziert.[409] Einer Angabe von Vorjahreswerten im Anhang bedarf es abweichend zur entsprechend bestehenden Angabepflicht in der Bilanz und GuV nicht, da sich § 265 Abs. 2 S. 1 HGB nur auf die Bilanz und GuV bezieht.[410]

13.2 Angabepflichten im Anhang

In den Anhang sind wie im vorherigen Kapitel erläutert Pflichtangaben, Wahlpflichtangaben sowie zusätzlich notwendige Angaben zur Erfüllung der Generalnorm des § 264 Abs. 2 S. 1 HGB aufzunehmen. Darüber hinaus können auch weitere freiwillige Informationen gegeben werden. Allerdings haben die freiwilligen Angaben in einem sachlichen Zusammenhang mit dem Jahresabschluss zu stehen und ihr Umfang darf nicht die Klarheit und Übersichtlichkeit des Jahresabschlusses beeinträchtigen.[411]

Da sich die Vorschriften über den Inhalt des Anhangs neben §§ 284 bis 288 HGB auch in anderen Einzelregelungen des HGB, in rechtsformspezifischen Gesetzen und weiteren Spezialgesetzen finden, ist für die Erstellung des Anhangs eindringlich ein Rückgriff auf hierfür existierende **Checklisten** zu empfehlen. Die Nutzung derartiger Checklisten hilft, die Vollständigkeit der Angabepflichten zu gewährleisten.

Während große Kapitalgesellschaften im Sinne des § 267 Abs. 3 HGB die im Gesetz aufgeführten Angabepflichten grundsätzlich in vollem Umfang erfüllen müssen, bestehen **Erleichterungen** für **kleine und mittelgroße Kapitalgesellschaften** im Sinne des § 267 Abs. 1 bzw. Abs. 2 HGB. Kapitalmarktorientierte Kapitalgesellschaften gelten nach § 267 Abs. 3 S. 2 HGB stets als große Unternehmen, so dass sie wie diese sämtlichen Angaben vorzunehmen haben. Die Erleichterungen für mittelgroße Kapitalgesellschaften finden sich in § 288 Abs. 2 HGB, die Erleichterungen für kleine Kapitalgesellschaften in § 288 Abs. 1 und § 274a Nr. 1 bis Nr. 3 HGB. Die Erleichterungen beziehen sich darauf, dass bestimmte in diesen Vorschriften aufgeführte Angaben nicht im Anhang gemacht werden müssen. Für haftungsbeschränkte Personengesellschaften gilt das gleiche wie für Kapitalgesellschaften mit der Differenzierung in groß/kapitalmarktorientiert, mittelgroß und klein. Für die unter das PublG fallenden Unternehmen, die einen Anhang aufzustellen haben, regelt § 5 Abs. 2 S. 2 PublG die im Anhang darzustellenden Informationen. Danach

---

409 § 265 Abs. 1 S. 1 HGB gilt als allgemeiner Grundsatz für die Gliederung auch für den Anhang, da sich § 265 HGB im ersten Titel (»Allgemeine Vorschriften«) des ersten Unterabschnitts »Jahresabschluss der Kapitalgesellschaft und Lagebericht« (des zweiten Abschnitts) befindet und damit auch den Anhang und Lagebericht umfasst.

410 Vgl. u. a. Grottel (Beck'scher Bilanzkommentar), Rn. 31 zu § 284 HGB.

411 Vgl. Andrejewski (Beck'sches HdR), B 40, Rn. 16.

sind die in den §§ 284 und 285 HGB enthaltenen Angaben mit Ausnahme der Angabepflichten des § 285 Nr. 14, 14a, 15 und 16 HGB vorzunehmen.

Die nachfolgende Aufstellung enthält eine Übersicht über ausgewählte **verpflichtend geforderte Anhangsangaben nach HGB** Eine vollständige Nennung ist nicht beabsichtigt. Die Darstellung von Wahlpflichtangaben erfolgt im Anschluss.

- § 265 Abs. 1 S. 2 HGB: Angabe und Begründung von **Durchbrechungen** der nach § 265 Abs. 1 S. 1 HGB grundsätzlich erforderlichen **Ausweisstetigkeit** in Bilanz und GuV.
- § 265 Abs. 2 S. 2 und 3 HGB: Angabe und Erläuterung nicht vergleichbarer **Vorjahresbeträge** in Bilanz und GuV sowie der Anpassung von Vorjahresbeträgen in Bilanz und GuV.
- § 268 Abs. 4 S. 2 HGB: Erläuterung der unter den sonstigen Vermögensgegenständen ausgewiesenen **antizipativen Rechnungsabgrenzungsposten** mit größerem Umfang. Dieses betrifft die Abgrenzung zeitraumbezogener Erträge bei Zahlung im Nachhinein (z. B. im abgelaufenen Geschäftsjahr realisierte Miet-, Leasing- oder Zinsansprüche, die erst im Folgejahr zu einer Einzahlung führen).
- § 268 Abs. 5 S. 3 HGB: Erläuterung der unter den Verbindlichkeiten ausgewiesenen **antizipativen Rechnungsabgrenzungsposten** mit größerem Umfang. Dieses betrifft die Abgrenzung zeitraumbezogener Aufwendungen bei Zahlung im Nachhinein (z. B. im abgelaufenen Geschäftsjahr entstandene Miet-, Leasing- oder Zinsverpflichtungen, die erst im Folgejahr gezahlt werden müssen).
- § 268 Abs. 7 und § 285 Nr. 27 HGB: Angabe der in § 251 HGB bezeichneten **Haftungsverhältnisse** (unter gesonderter Angabe gewährter Pfandrechte, sonstiger Sicherheiten, Altersversorgungsverpflichtungen, Verpflichtungen gegenüber verbundenen und assoziierten Unternehmen sowie der Gründe für die Einschätzung des Risikos der Inanspruchnahme).
- § 284 Abs. 2 Nr. 1 HGB: Angabe der auf die Posten der Bilanz und GuV **angewandten Bilanzierungs- und Bewertungsmethoden** (wie z. B. die gewählten planmäßigen Abschreibungsverfahren beim abnutzbaren Anlagevermögen).
- § 284 Abs. 2 Nr. 2 HGB: Angabe zur **Durchbrechung der Ansatz- und Bewertungsmethodenstetigkeit** mit Begründung der Durchbrechung und Darstellung des Einflusses der Änderung auf die Vermögens-, Finanz- und Ertragslage (wie z. B. beim Wechsel von der Lifo-Methode zur Gruppenbewertung auf Basis von Durchschnittswerten oder bei Änderung eines Abschreibungsverfahrens).
- § 284 Abs. 2 Nr. 3 HGB: Bei Anwendung der **Sammelbewertungsverfahren** und der **Gruppenbewertung** Angabe von erheblichen Unterschiedsbeträgen zwischen einer Bewertung der jeweiligen Gruppe mit dem aktuellen Börsen- oder Marktpreis und der Bewertung auf Grundlage des angewandten Bewertungsvereinfachungsverfahrens.
- § 284 Abs. 2 Nr. 4 HGB: Bei selbst erstellten Vermögensgegenständen (z. B. Vorräte oder Sachanlagen) Angaben über die Einbeziehung von **Zinsen für Fremdkapital in die Herstellungskosten.**

- § 284 Abs. 3 HGB: Aufstellung eines **Anlagespiegels**, der die Entwicklung der einzelnen Posten des Anlagevermögens darstellt. Dabei existieren verschiedene Aufstellungsmöglichkeiten die zumindest auf Grundlage der gesetzlichen Vorgabe die Anschaffungs- oder Herstellungskosten, die Zugänge, Abgänge, Umbuchungen und Zuschreibungen des Jahres sowie die Abschreibungen (kumuliert zu Beginn und Ende des Jahres, die im Laufe des Jahres vorgenommenen Abschreibungen sowie die kumulierten Abschreibungen im Zusammenhang mit Zu- und Abgängen im Laufe des Jahres) beinhalten müssen. Bei Einbeziehung von Zinsen für Fremdkapital in die Herstellungskosten bedarf es darüber hinaus für jeden Posten des Anlagevermögens der Nennung des Betrags der im laufenden Jahr in den Herstellungskosten aktivierten Zinsen.
- § 285 Nr. 1a i. V. m. Nr. 2 HGB: Angabe des Gesamtbetrags der **Verbindlichkeiten mit einer Restlaufzeit von mehr als 5 Jahren** sowohl in Summe als auch für jeden Posten der in der Bilanz ausgewiesenen Verbindlichkeiten. Hierzu bietet es sich an, einen **Verbindlichkeitenspiegel** zu erstellen. Bei Angabe eines Verbindlichkeitenspiegels im Anhang können durch zusätzliche Integration der Angaben der »Verbindlichkeiten mit einer Restlaufzeit bis zu einem Jahr« sowie der »Verbindlichkeiten mit einer Restlaufzeit von mehr als einem Jahr« für jeden Bilanzposten die Vorgaben des § 268 Abs. 5 S. 1 HGB erfüllt werden. Damit kann jeweils ein gesonderter Ausweis dieser Angaben mittels eines »davon«-Vermerks in der Bilanz entfallen. Dies bedingt allerdings zwingend auch die Angabe der Vorjahreszahlen im Verbindlichkeitenspiegel.[412]
- § 285 Nr. 1b i. V. m. Nr. 2 HGB: Angabe des Gesamtbetrags der **Verbindlichkeiten, die durch Pfandrechte oder ähnliche Rechte gesichert** sind, sowohl in Summe als auch für jeden Posten der in der Bilanz ausgewiesen Verbindlichkeiten (einschließlich jeweils Art und Form der Sicherheiten wie z. B. Grundschulden oder Eigentumsvorbehalte). Die Angaben lassen sich ebenfalls in den Verbindlichkeitenspiegel integrieren.
- § 285 Nr. 3 HGB: Angabe von mit wesentlichen Risiken und Chancen verbundenen **außerbilanziellen Geschäften** wie z. B. Leasing oder Forderungsverbriefung über Zweckgesellschaften (*Asset-Backed-Security*-Transaktionen) (Angaben von Art, Zweck, Risiken, Vorteilen und finanziellen Auswirkungen).
- § 285 Nr. 3a HGB: Angabe **sonstiger finanzieller Verpflichtungen** wie z. B. Verpflichtungen aus Miet-, Leasing- oder Lizenzverträgen.
- § 285 Nr. 4 HGB: **Segmentierung der Umsatzerlöse** nach Tätigkeitsbereichen und geografisch bestimmten Märkten.
- § 285 Nr. 7 HGB: Angabe der **durchschnittlichen Arbeitnehmerzahl** des Geschäftsjahres unterteilt in Gruppen.
- § 285 Nr. 8 HGB: Bei Anwendung des Umsatzkostenverfahrens jeweils Angabe des entsprechend dem Gesamtkostenverfahren gegliederten **Materialaufwands und Personalaufwands** des Geschäftsjahres.

---

412 Vgl. zum Entfall des »davon«-Vermerks bei Erstellung eines Verbindlichkeitenspiegels mit Vorjahreszahlen BT-Drucksache 18/4050, S. 62.

- § 285 Nr. 9 HGB: **Vergütungsbericht** – Angaben zu den Vergütungen von Geschäftsführung, Aufsichtsrat, Beirat und ähnlichen Einrichtungen (z. B. Gesamtbezüge, Vorschüsse, Kredite, Haftungsverhältnisse für Organmitglieder sowie Gesamtbezüge und Betrag der gebildeten sowie nicht gebildeten Pensionsrückstellungen für ehemalige Organmitglieder und deren Hinterbliebene).
- § 285 Nr. 10 HGB: Angaben zu den **Organmitgliedern** (in Geschäftsführung und Aufsichtsrat) wie z. B. Name und Beruf.
- § 285 Nr. 11, 11a, 11b HGB: **Angaben zu Beteiligungen** wie beispielsweise die Aufführung einer **Anteilsbesitzliste**. Eine Anteilsbesitzliste hat neben der Beteiligungshöhe grundsätzlich Name, Sitz, Eigenkapital und Ergebnis des letzten Geschäftsjahres des Unternehmens zu enthalten, an dem eine Beteiligung im Sinne des § 271 Abs. 1 HGB gehalten wird.
- § 285 Nr. 12 HGB: Erläuterungspflicht für nicht unerhebliche, unter dem Posten **sonstige Rückstellungen** nicht gesondert ausgewiesene Rückstellungen.
- § 285 Nr. 13 HGB: Erläuterung des **Abschreibungszeitraums eines Geschäfts- oder Firmenwerts**.
- § 285 Nr. 16 HGB: Angaben zur Abgabe der **Corporate-Governance-Erklärung** nach § 161 AktG.
- § 285 Nr. 17 HGB: Angaben zum **Abschlussprüferhonorar** (Gesamthonorar und Aufschlüsselung nach Abschlussprüfungsleistungen, andere Bestätigungsleistungen, Steuerberatungsleistungen und sonstige Leistungen).
- § 285 Nr. 18 HGB: Angaben bei Verzicht der Vornahme einer **außerplanmäßigen Abschreibung von Finanzanlagen** bei voraussichtlich vorübergehender Wertminderung nach § 253 Abs. 3 S. 6 HGB (u. a. Angabe von Buch- und Zeitwert des Vermögensgegenstands sowie der Gründe für das Unterlassen der Abschreibung einschließlich der Anhaltspunkte für eine nur vorübergehende Wertminderung).
- § 285 Nr. 19 und 20 HGB: Angaben zu **Derivaten** und andere mit dem beizulegenden Zeitwert bewertete Finanzinstrumente. Eine umfassende Erläuterung findet sich in Kapitel 11.2.4.
- § 285 Nr. 21 HGB: Angaben zu nicht zu marktüblichen Bedingungen zustande gekommenen **Geschäften mit nahestehenden Unternehmen und Personen**.
- § 285 Nr. 22 HGB: Angaben bei Ausübung des Ansatzwahlrechts für **selbst erstellte immaterielle Vermögensgegenstände des Anlagevermögens** nach § 248 Abs. 2 S. 1 HGB (Nennung des Gesamtbetrags der Forschungs- und Entwicklungskosten des Geschäftsjahres sowie des davon auf die aktivierten selbst erstellten immateriellen Vermögensgegenstände entfallenden Betrags).
- § 285 Nr. 23 HGB: Angaben zu **Bewertungseinheiten** nach § 254 HGB. Eine ausführliche Erläuterung der darzustellenden Angaben besteht in Kapitel 11.2.4.
- § 285 Nr. 24 und 25 HGB: Angaben zu **Rückstellungen für Pensionen und ähnliche Verpflichtungen** (u. a. angewandtes versicherungsmathematisches Verfahren wie Teilwert- oder Anwartschaftsbarwertverfahren, Zinssatz, Annahmen zu Lohn- und Gehaltssteigerungen sowie zur Lebenserwartung, Anschaffungs-

kosten und Zeitwert des verrechneten Planvermögens sowie Erfüllungsbetrag der verrechneten Schulden).

- § 285 Nr. 28 HGB: Angabe **ausschüttungsgesperrter Beträge** unterteilt nach aktivierten selbst erstellten immateriellen Vermögensgegenständen des Anlagevermögens, aktiven latenten Steuern und zum beizulegenden Zeitwert bewertetes Deckungsvermögen.
- § 285 Nr. 29 und 30 HGB: Angaben zu **latenten Steuern** (u. a. Angabe der Differenzen, der der Bewertung zugrunde liegenden Steuersätze, der latenten Steuersalden am Ende des Geschäftsjahres und der Veränderungen dieser Steuersalden während des Geschäftsjahres).
- § 285 Nr. 31 HGB: Angabe von Betrag und Art der **Erträge und Aufwendungen von außergewöhnlicher Größenordnung oder Bedeutung.**
- § 285 Nr. 32 HGB: Erläuterung von Betrag und Art **periodenfremder Erträge und Aufwendungen.**
- § 285 Nr. 33 HGB: Angaben zu **wesentlichen Ereignissen nach dem Abschlussstichtag**, die weder in der Bilanz noch der GuV berücksichtigt sind (*subsequent events*). Das betrifft wesentliche wertbegründende Ereignisse nach dem Abschlussstichtag, wie z. B. den Untergang eines Schiffes oder den Verkauf einer wesentlichen Beteiligung jeweils zu Beginn des folgenden Geschäftsjahres (während des Aufstellungszeitraums des Jahresabschlusses).[413]
- § 285 Nr. 34 HGB: Angabe des Vorschlags für die **Ergebnisverwendung** oder des Ergebnisverwendungsbeschlusses.

Neben diesen Pflichtangaben bestehen aufgrund von Ausweiswahlrechten bestimmte **Wahlpflichtangaben**. Diese Angaben können entweder in der Bilanz und GuV oder im Anhang gemacht werden. Das HGB ermöglicht die Vornahme der folgenden ausgewählten Angaben:

- § 265 Abs. 3 HGB: Wenn ein Vermögensgegenstand oder eine Schuld unter mehrere Bilanzposten fällt, dann Angabe der **Mitzugehörigkeit** des Vermögensgegenstands oder der Schuld zu den anderen Bilanzposten im Anhang (oder alternativ Vermerk der Mitzugehörigkeit in der Bilanz unter dem Posten, bei dem der Ausweis des Vermögensgegenstands oder der Schuld erfolgte).
- § 268 Abs. 1 HGB: Angabe im Anhang eines in den Posten Bilanzgewinn/Bilanzverlust einbezogenen **Gewinn- oder Verlustvortrags** bei Darstellung des Eigenkapitals nach teilweiser Ergebnisverwendung (statt alternativ einer gesonderten Angabe in der Bilanz unter dem Posten Bilanzgewinn/Bilanzverlust).
- § 268 Abs. 6 HGB: Angabe eines bei Ausübung des Aktivierungswahlrechts in den aktiven Rechnungsabgrenzungsposten nach § 250 Abs. 3 HGB **angesetzten Disagios** im Anhang (oder alternativ gesonderter Ausweis in der Bilanz unter den aktiven Rechnungsabgrenzungsposten).

---

413 Vgl. hierzu ausführlich auch die Erläuterungen zum Abschlussstichtagsprinzip in Kapitel 2.2.3.3.

- § 277 Abs. 3 S. 1 HGB: Angabe der **außerplanmäßigen Abschreibungen** des Anlagevermögens nach § 253 Abs. 3 S. 5 und 6 HGB im Anhang (statt alternativ eines gesonderten Ausweises in der GuV).

Neben den oben aufgeführten ausgewählten Pflicht- und Wahlpflichtangaben des HGB enthalten wie erläutert auch weitere rechtsformspezifische Gesetze wie das **AktG oder das GmbHG sowie Spezialgesetze** weitere Angabepflichten bzw. Wahlpflichtangaben für den Anhang. Auf eine Darstellung soll an dieser Stelle verzichtet werden. Einige Angaben nach rechtsformspezifischen Gesetzen[414] finden sich bei den Erläuterungen der einzelnen Bilanzposten.[415]

Die oben erläuterten Angabepflichten werden ergänzt durch § 286 HGB. Diese Vorschrift sieht in bestimmten Ausnahmefällen eine **Verpflichtung oder ein Wahlrecht zum Unterlassen von Angaben** vor. Dabei handelt es sich um **Schutzklauseln** im Interesse der Allgemeinheit (§ 286 Nr. 1 HGB), im Interesse der Gesellschaft (§ 286 Nr. 2 und 3 HGB) und im Interesse einzelner Organmitglieder (§ 286 Nr. 4 und 5 HGB). Während die Schutzklausel nach § 286 Nr. 1 HGB zum Wohl der Bundesrepublik Deutschland oder eines ihrer Länder die Vornahme einer ansonsten aufzuführenden Angabe verbietet, gewähren § 286 Nr. 2 bis 5 HGB den Unternehmen die Möglichkeit zur Unterlassung der konkret spezifizierten Angaben.

---

414 Pflicht- bzw. Wahlpflichtangaben finden sich z. B. im AktG in §§ 152 oder 160 AktG. Das GmbHG beinhaltet z. B. Wahlpflichtangaben in § 42 Abs. 3 oder § 29 Abs. 4 GmbHG.

415 Vgl. etwa Kapitel 7.7 oder 9.2.3 zur Wahlpflichtangabe der Forderungen und Verbindlichkeiten gegenüber Gesellschaftern bei einer GmbH nach § 42 Abs. 3 GmbHG.

14 Lagebericht

14.1 Grundlagen, Funktionen und Grundsätze der Lageberichterstattung

Der Lagebericht stellt keinen Bestandteil des Jahresabschlusses dar. Er steht als **eigenständiger Rechnungslegungsbestandteil** neben dem Jahresabschluss und ergänzt diesen. Der Lagebericht dient der Erläuterung der Lage und des Geschäftsverlaufs der Gesellschaft. Die in § 264 Abs. 1 S. 1 HGB kodifizierte Pflicht zur Erstellung eines Lageberichts besteht für große und mittelgroße Kapitalgesellschaften sowie große und mittelgroße haftungsbeschränkte Personengesellschaften. Kleine Kapitalgesellschaften im Sinne des § 267 Abs. 1 HGB und Kleinstkapitalgesellschaften nach § 267a HGB brauchen gemäß § 264 Abs. 1 S. 4 und § 267a Abs. 2 HGB keinen Lagebericht aufzustellen. Entsprechendes gilt für derartige haftungsbeschränkte Personengesellschaften (§ 264a Abs. 1 HGB). Daneben haben auch unter das PublG fallende Unternehmen mit Ausnahme großer Einzelunternehmen und Personenhandelsgesellschaften einen Lagebericht nach § 5 Abs. 2 S. 1 PublG zu erstellen.[416]

Nach § 289 Abs. 1 S. 1 HGB besteht die Aufgabe des Lageberichts in einer Darstellung der Geschäftsverlaufs und der Lage der Gesellschaft. Dabei haben die diesbezüglichen Ausführungen ein den tatsächlichen Verhältnissen entsprechendes Bild zu vermitteln. Die Erläuterungen im Lagebericht ergänzen die Aussagen des Jahresabschlusses und ermöglichen den Adressaten der Rechnungslegungsinformationen eine Gesamtwürdigung der Angaben auf Grundlage der Ausführungen zur Gesamtlage des Unternehmens.[417] Der Lagebericht beinhaltet insofern eine den Jahresabschluss ergänzende **Rechenschaftslegungs- und Informationsfunktion**. Im Vergleich zum Jahresabschluss ist der Lagebericht nicht auf die Vergangenheit (abgelaufenes Geschäftsjahr) beschränkt, sondern umfasst auch einen Gegenwartsbezug (aktuelle Situation) und eine Zukunftsorientierung (künftige Entwicklung). Zudem gewährt er zusätzliche Informationen über Sachverhalte und Entscheidungen des vergangenen Geschäftsjahres. Während etwa der Jahres-

---

416 Darüber hinaus haben nach § 336 HGB auch große und mittelgroße Genossenschaften einen Lagebericht aufzustellen. Diese Pflicht besteht ebenfalls größen- und rechtsformunabhängig für Kredit- und Finanzdienstleistungsinstitute (§ 340a Abs. 1 HGB) sowie Versicherungsunternehmen (§ 341a Abs. 1 HGB).

417 Vgl. ADS (Rechnungslegung), Tz. 17 zu § 289 HGB.

abschluss bezogen auf die Abbildung der wesentlichen finanziellen Leistungsmerk-
male mehr der Darstellung der relevanten Kennzahlen und Sachverhalte dient,
umfasst der Lagebericht eher deren Analyse sowie Kommentierung.[418] Darüber hinaus hat der Lagebericht ein den tatsächlichen Verhältnissen entsprechendes Bild
des Unternehmens zu vermitteln, während der Jahresabschluss unter Beachtung
der GoB ein den tatsächlichen Verhältnissen entsprechendes Bild der Vermögens-,
Finanz- und Ertragslage abzubilden hat. Als Konsequenz wird der Lagebericht nicht
durch die GoB und folglich auch nicht durch die für den Jahresabschluss geltenden
Bewertungs- und Ansatzvorschriften eingeschränkt, sondern muss die tatsächlichen Verhältnisse würdigen. Daher stellt der Lagebericht auch einen eigenständigen Rechnungslegungsbestandteil dar und kann nicht Teil des an bestimmte gesetzliche Vorgaben gebundenen Jahresabschlusses sein. Die Darstellung des einen
den tatsächlichen Verhältnissen entsprechenden Bildes im Lagebericht bedingt
zwangsläufig eine **subjektive Einschätzung** der Lage der Gesellschaft durch die
Unternehmensleitung. Dieses persönliche Urteil der gesetzlichen Vertreter des Unternehmens hat allerdings einem sorgfältigen und gewissenhaften Ermessen zu
entsprechen und darf nicht willkürlich erfolgen.[419]

Die gesetzlichen Regelungen für den Lagebericht finden sich in **§§ 289 bis
289 f. HGB.** Die zusätzlichen gesetzlichen Vorschriften zum Konzernlagebericht
nach §§ 315 bis 315d HGB werden durch **DRS 20** »Konzernlagebericht« und **DRS
17** »Berichterstattung über die Vergütung der Organmitglieder« konkretisiert. Für
die als Konzern GoB[420] geltenden DRS 20 und DRS 17 besteht allerdings keine unmittelbare Anwendungspflicht bei Erstellung eines Lageberichts für ein Unternehmen. Allerdings empfiehlt DRS 20.2 selbst die Anwendung auch bei Erstellung
eines Lageberichts nach § 289 HGB. Insbesondere wenn die gesetzlichen Vorschriften zur Lagebericht- sowie Konzernlageberichterstattung übereinstimmen
und es um die Auslegung der allgemeinen gesetzlichen Grundsätze zur Lageberichterstattung geht, weisen daher die Anforderungen des DRS 20 auch Bedeutung
für den Lagebericht nach § 289 HGB auf.[421] In jedem Fall bieten sich DRS 20 und
DRS 17 aber als Orientierungshilfen zur Konkretisierung der gesetzlichen Anforderungen an.

§ 315 Abs. 5 HGB gewährt zudem die Möglichkeit, den **Lagebericht** eines
Mutterunternehmens mit dem **Konzernlagebericht zusammenzufassen**, so dass
bei Vorliegen einer Konzernrechnungslegungspflicht des Mutterunternehmens
kein separater Lagebericht nach § 289 HGB erstellt werden muss. Allerdings hat in
diesem Fall entsprechend § 298 Abs. 2 S. 3 HGB aus dem zusammengefassten Lage-

---

418 Vgl. BR-Drucksache 326/04, S. 63. Vgl. auch Grottel (Beck'scher Bilanzkommentar),
Rn. 7 zu § 289 HGB.
419 Vgl. etwa Grottel (Beck'scher Bilanzkommentar), Rn. 27 zu § 289 HGB. Insofern hat eine
Übereinstimmung der Beurteilung mit der persönlichen Überzeugung des Würdigenden
vorzuliegen.
420 Vgl. hierzu Kapitel 1.2.
421 Vgl. Grottel (Beck'scher Bilanzkommentar), Rn. 45 zu § 289 HGB.

bericht hervorzugehen, welche Informationen sich auf den Konzern und welche Angaben sich nur auf das Mutterunternehmen beziehen.

Die gesetzlichen Regelungen sehen keine formalen Anforderungen und auch keine konkret formulierten **Grundsätze für die Lageberichterstattung** vor. Da jedoch § 289 Abs. 1 S. 1 HGB verlangt, den Geschäftsverlauf und die Lage der Gesellschaft so darzustellen, dass ein den tatsächlichen Verhältnissen entsprechendes Bild vermittelt wird, muss die Lageberichterstattung das Erfordernis einer gewissenhaften und getreuen Rechenschaft erfüllen. Dies bedingt eine funktionsbezogene und damit auf die Zwecke der Informationsvermittlung sowie Rechenschaftslegung bezogene Lageberichterstattung. Die Gewährleistung der Funktionen der Informationsvermittlung und Rechenschaftslegung wiederum erfordern folgende Grundsätze der Lageberichterstattung.[422]

- Grundsatz der **Vollständigkeit**
- Grundsatz der **Richtigkeit** (Wahrheit)
- Grundsatz der Verständlichkeit und **Klarheit**
- Grundsatz der **Wesentlichkeit**
- Grundsatz der **Vergleichbarkeit** (Stetigkeit)

Diese Grundsätze finden sich so auch in DRS 20.12 bis 33. Ergänzend kodifiziert DRS 20.18 den Grundsatz der **Ausgewogenheit** und DRS 20.34 den Grundsatz der **Informationsabstufung** etwa in Abhängigkeit der Art der Geschäftstätigkeit, Größe oder Inanspruchnahme des Kapitalmarkts. Zudem sieht DRS 20.31 den *Management Approach* im Konzernlagebericht vor. Danach muss der Konzernlagebericht die Einschätzungen und Beurteilungen der Konzernleitung zum Ausdruck bringen. Dies muss auch für den Lagebericht nach § 289 HGB gelten, da die Vermittlung eines den tatsächlichen Verhältnissen entsprechenden Bildes des Geschäftsverlaufs und der Lage der Gesellschaft zwangsläufig subjektive Einschätzungen und Beurteilungen zugrunde liegen.[423] Insofern stellt dieser Grundsatz klar, dass die Unternehmensleitung die Einschätzungen und Beurteilungen abzugeben hat. Durch die weiteren geltenden Grundsätze wie Vollständigkeit, Ausgewogenheit und Vergleichbarkeit wird zudem eine subjektive und zu stark rechnungslegungspolitisch geprägte Auswahl der dargestellten Informationen vermieden.[424] Auch schließt der Grundsatz der Richtigkeit eine willkürliche Beurteilung und damit nicht sorgfältiges und gewissenhaftes Ermessen aus.

---

422 Vgl. zu den Grundsätzen und deren Ableitung ADS (Rechnungslegung), Tz. 38 ff. zu § 289 HGB m. w. N. sowie zum Grundsatz der Vergleichbarkeit Tz. 32 zu § 289 HGB.

423 Denn objektive Beurteilungen kann es nicht geben, sondern allein objektivierte (der Objektivität angenäherte) Einschätzungen.

424 A. A. Baetge/Kirsch/Thiele (Bilanzen), S. 765, die den Management Approach allein auf zusätzliche Kommentierung einzelner Sachverhalte und nicht auch auf die Auswahl der dargestellten Informationen beziehen wollen.

Eine Form und Gliederung des Lageberichts ist wie ausgeführt nicht gesetzlich vorgesehen. Allerdings müssen die allgemeinen, vorstehend beschriebenen Grundsätze der Lageberichterstattung beachtet werden. Insofern verlangt der Grundsatz der Vergleichbarkeit nach § 265 Abs. 1 S. 1 HGB grundsätzlich die Beibehaltung einer einmal gewählten Darstellungsform. Eine Angabe von Vorjahreswerten bedarf es im Lagebericht wie auch im Anhang abweichend zur entsprechend in Bilanz und GuV bestehenden Angabepflicht nicht, da sich § 265 Abs. 2 S. 1 HGB nur auf die Bilanz und GuV bezieht.

14.2 Bestandteile des Lageberichts

Auf Grundlage der gesetzlichen Regelungen in § 289 bis § 289 f. HGB ergeben sich verschiedene Bestandteile des Lageberichts. Diese Pflichtbestandteile geben allerdings nur den Mindestumfang für den Lagebericht vor. Er kann freiwillig um weitere Inhalte erweitert werden. Dabei sind aber die Grundsätze der Lageberichterstattung zu beachten, insbesondere die Grundsätze der Wesentlichkeit und der Klarheit. Die in den Lagebericht eines Unternehmens aufzunehmenden Pflichtbestandteile unterscheiden sich in für alle Unternehmen geltende Inhalte, die in Darstellung 14.1 zusammengestellt sind, und Inhalte, die in Abhängigkeit von der Rechtsform oder Art der Inanspruchnahme des Kapitalmarkts nur von bestimmten Unternehmen aufgeführt werden müssen, die sich in Darstellung 14.2 wiederfinden.

Dar. 14.1: Pflichtbestandteile des Lageberichts für alle Unternehmen

Bericht	Angaben	Regelung
Wirtschaftsbericht	Darstellung von Geschäftsverlauf und Lage des Unternehmens	§ 289 Abs. 1 S. 1 HGB
	Analyse von Geschäftsverlauf und Lage des Unternehmens einschließlich Einbeziehung wesentlicher **finanzieller** Leistungsindikatoren	§ 289 Abs. 1 S. 2 und 3 HGB
	Analyse von Geschäftsverlauf und Lage des Unternehmens einschließlich Einbeziehung wesentlicher **nichtfinanzieller** Leistungsindikatoren	§ 289 Abs. 3 i. V. m. Abs. 1 S. 3 HGB (gilt **nur für große Gesellschaften** im Sinne des § 267 Abs. 3 HGB)
Prognosebericht	Voraussichtliche Entwicklung mit ihren wesentlichen Chancen und Risiken	§ 289 Abs. 1 S. 4 HGB

Dar. 14.1: Pflichtbestandteile des Lageberichts für alle Unternehmen – Fortsetzung

Bericht	Angaben	Regelung
Finanzrisikobericht	Risikomanagementsystem in Bezug auf Finanzrisiken und bestehende finanzwirtschaftliche Risiken	§ 289 Abs. 2 S. 1 Nr. 1 HGB
F&E-Bericht	Forschung und Entwicklung	§ 289 Abs. 2 S. 1 Nr. 2 HGB
Zweigniederlassungsbericht	Bestehende Zweigniederlassungen	§ 289 Abs. 2 S. 1 Nr. 3 HGB

Dar. 14.2: Pflichtbestandteile des Lageberichts sowie Versicherung zum Lagebericht in Abhängigkeit von Rechtsform und Art der Inanspruchnahme des Kapitalmarkts

Bericht	Angaben	Regelung	Geltungsbereich
Bilanzeid	Versicherung der gesetzlichen Vertreter zur Vermittlung ein den tatsächlichen Verhältnissen entsprechenden Bildes im Wirtschaftsbericht sowie zur Vollständigkeit des Prognoseberichts in einer gesonderten Erklärung	§ 289 Abs. 1 S. 5 HGB	Kapitalmarktorientierte Unternehmen, die nach § 2 Abs. 14 WpHG als Inlandsemittenten gelten (ohne Unternehmen nach § 327a HGB)
Anhang Verweis	Verweis auf Anhangsangaben zu eigenen Anteilen	§ 289 Abs. 2 S. 2 HGB	AG und KGaA
Bericht über das interne Kontroll- und Risikomanage-mentsystem	Wesentliche Merkmale des auf die Rechnungslegung bezogenen internen Kontroll- und Risikomanagementsystems	§ 289 Abs. 4 HGB	Kapitalmarktorientierte Unternehmen
Bericht über die Übernahmesituation	Aktionärsstruktur, Rechte und Pflichten der Aktionäre, Vereinbarungen der Gesellschaft bei Übernahmeangeboten	§ 289a Abs. 1 HGB	Börsennotierte AG und KGaA
Nichtfinanzielle Erklärung	Beschreibung des Geschäftsmodells und Angaben zu Umwelt-, Arbeitnehmer- sowie Sozialbelangen, zur Achtung der Menschenrechte und zur Bekämpfung von	§§ 289b bis 289e HGB	Große kapitalmarktorientierte Unternehmen (mit mehr als 500 Arbeitnehmern im Jahresdurchschnitt)

Dar. 14.2: Pflichtbestandteile des Lageberichts sowie Versicherung zum Lagebericht in Abhängigkeit von Rechtsform und Art der Inanspruchnahme des Kapitalmarkts – Fortsetzung

Bericht	Angaben	Regelung	Geltungsbereich
	Korruption sowie Bestechung		
Erklärung zur Unternehmensführung	Erklärung zur Unternehmensführung	§ 289 f. HGB	Börsennotierte und bestimmte andere kapitalmarktorientierte AG und KGaA
Ergänzungsbericht	Schlusserklärung des Abhängigkeitsberichts	§ 312 Abs. 3 S. 3 AktG	AG und KGaA

Wirtschaftsbericht

Der Wirtschaftsbericht nach § 289 Abs. 1 S. 1 bis 3 und Abs. 3 HGB beinhaltet zwei Teile. Der erste Teil betrifft die **Darstellung** des Geschäftsverlaufs (einschließlich des Geschäftsergebnisses) und der Lage der Gesellschaft, der zweite Teil die **Analyse** des Geschäftsverlaufs sowie der Lage der Gesellschaft.

Die **Darstellung des Geschäftsverlaufs** umfasst die wesentlichen zeitraumbezogenen Informationen über die Geschäftstätigkeit für das abgelaufene Geschäftsjahr. Bei den wesentlichen Informationen handelt es sich um die für den Geschäftsverlauf ursächlichen Entwicklungen sowie Ereignisse wie z. B. Umstrukturierungs- und Rationalisierungsmaßnahmen, Markt- und Wettbewerbsveränderungen, Veränderungen rechtlicher und wirtschaftlicher Rahmenbedingungen, saisonale Einflüsse oder auch Beteiligungserwerbe und Beteiligungsverkäufe.[425] Die **Darstellung der Lage** der Gesellschaft betrifft sowohl die Erläuterung der Vermögens-, Finanz- als auch Ertragslage zum Abschlussstichtag. Dabei ist etwa einzugehen auf den Umsatz und Auftragsbestand, wesentliche Aufwendungen und Erträge, Investitionen, Kapitalstruktur, Liquidität, Personalangelegenheiten oder auch Umweltschutz. Die Angaben zum Geschäftsverlauf und zur Lage bedingen grundsätzlich auch eine Beschreibung der gesamtwirtschaftlichen und branchenbezogenen Rahmenbedingungen der Geschäftstätigkeit des Unternehmens wie z. B. Konjunktur, Wettbewerbssituation und Marktstellung.[426]

Im Anschluss an die Darstellung bedarf es einer **Analyse des Geschäftsverlaufs und der Lage** des Unternehmens. Diese Analyse beinhaltet eine entsprechende Beurteilung durch die Unternehmensleitung. Dabei verlangt § 289 Abs. 1 S. 2 HGB »eine ausgewogene und umfassende, dem Umfang und der Komplexität der Geschäftstätigkeit entsprechende Analyse«. Zudem sieht § 289 Abs. 1 S. 3 HGB

---

425 Vgl. hierzu DRS 20.62 f.
426 Vgl. DRS 20.59 f.

eine für alle Unternehmen verpflichtende Einbeziehung der bedeutsamsten **finanziellen Leistungsindikatoren** vor, die unter Bezugnahme auf die im Jahresabschluss ausgewiesenen Beträge und Anhangsangaben erläutert werden müssen. Bei den finanziellen Leistungsindikatoren handelt es sich um absolute und relative Kennzahlen wie z. B. Eigen- und Fremdkapitalquote, Verschuldungsgrad, Eigenkapital-, Gesamtkapital- und Umsatzrentabilität, Liquiditätsgrade, Anlagendeckungsgrade, Vermögensintensitäten, Investitionen, EBT, EBITDA und EBIT oder auch Cashflows.[427] Große Unternehmen im Sinne des § 267 Abs. 3 HGB müssen nach § 289 Abs. 3 HGB zusätzlich zu den finanziellen Leistungsindikatoren auch **nichtfinanzielle Leistungsindikatoren** in die Analyse der Geschäftstätigkeit einbeziehen, sofern sie für das Verständnis des Geschäftsverlaufs oder der Lage der Gesellschaft von Bedeutung sind. Die nichtfinanziellen Leistungsindikatoren betreffen etwa Informationen über Umweltbelange (z. B. Emissionswerte, Energieverbrauch), Arbeitnehmerbelange (z. B. Fluktuationsraten, Mitarbeiterzahlen, Schulungsmaßnahmen, soziale Einrichtungen, Krankenstand), Kundenbelange (z. B. Kundenzahl, Kundenzufriedenheitsindikatoren), Forschung und Entwicklung oder auch die gesellschaftliche Reputation (z. B. soziales und kulturelles Engagement).[428]

Prognosebericht

Im nach § 289 Abs. 1 S. 4 HGB geforderten Prognosebericht bedarf es einer Beurteilung und Erläuterung der voraussichtlichen Entwicklung des Unternehmens mit ihren wesentlichen Chancen und Risiken unter Angabe der zugrunde liegenden Annahmen. Der Prognosebericht basiert auf dem Wirtschaftsbericht und den dort enthaltenen finanziellen sowie ggf. nichtfinanziellen Leistungsindikatoren. Der im Prognosebericht fortentwickelte Wirtschaftsbericht beinhaltet den Zukunftsbezug der Lageberichterstattung, der die **Erwartungen der Unternehmensleitung hinsichtlich der wirtschaftlichen Entwicklung** widerspiegelt. Die Prognosen sollten mit der internen Planungsrechnung übereinstimmen und basieren auf Annahmen wie z. B. der Wirtschafts- und Branchenentwicklung, Wechselkurs- und Preisentwicklungen, gesetzgeberischen Maßnahmen oder auch Forschungsergebnissen. Dabei verlangt DRS 20.127 einen Prognosezeitraum von mindestens einem Jahr gerechnet ab dem letzten Abschlussstichtag. Prognosezeiträume von mehr als zwei Jahre sind aufgrund der dann bestehenden Unsicherheit abzulehnen.

Neben der Prognose der voraussichtlichen Entwicklung des Unternehmens hat die Unternehmensleitung die **wesentlichen Chancen und Risiken** anzugeben sowie zu beurteilen. Chancen und Risiken resultieren in positiven oder negativen Abweichungen von den Erwartungen (Erwartungswerten) und können sich folglich auf die prognostizierte künftige Unternehmensentwicklung auswirken. Die Chancen und Risiken können sich z. B. unternehmensintern ergeben, auf der all-

---

427 Der Gesetzgeber nennt hier als Beispiele Ergebnisentwicklung und Ergebniskomponenten, Liquidität oder auch Kapitalausstattung. Vgl. BR-Drucksache 326/04, S. 63.

428 Vgl. u. a. auch BR-Drucksache 326/04, S. 64.

gemeinen Marktentwicklung basieren oder den technischen, gesetzlichen sowie sozialen Bereichen stammen.

Finanzrisikobericht

Der nach § 289 Abs. 2 S. 1 Nr. 1 HGB zu erstellende Finanzrisikobericht umfasst Angaben über die Risikomanagementziele und -methoden im Finanzbereich des Unternehmens. Dies betrifft auch die Erläuterung der Methoden zur Absicherung aller wichtigen Arten der im Rahmen der Bilanzierung von Sicherungsbeziehungen erfassten Transaktionen. Zudem bedarf es einer Angabe der die Gesellschaft betreffenden Preisänderungs-, Ausfall- und Liquiditätsrisiken sowie der Risiken aus Schwankungen von Ein- und Auszahlungen (Cashflows). Eine Darstellung hat nur im Hinblick auf Finanzinstrumente und nur dann zu erfolgen, wenn dies für die Beurteilung der Lage oder die voraussichtliche Entwicklung von Belang ist. Die Erläuterungen im Lagebericht ersetzen die im Anhang nach § 285 Nr. 23 HGB zu Bewertungseinheiten aufzuführenden Angaben und ergänzen die nach § 285 Nr. 18 bis 20 HGB zu tätigenden Angaben zu Finanzinstrumenten. Eine doppelte Darstellung scheidet aus.[429] In diesem Fall ist vom Anhang auf den Lagebericht zu verweisen.

Forschungs- und Entwicklungsbericht

Die Definition sowie Abgrenzung von Forschung und Entwicklung (F&E) findet sich in § 255 Abs. 2a S. 3 und 4 HGB. Angaben zum Bereich Forschung und Entwicklung haben für die Adressaten eine hohe Relevanz für die Beurteilung der Zukunftsaussichten eines Unternehmens. Unternehmen ohne ausreichende Bemühungen im Bereich Forschung und Entwicklung dürften langfristig nicht konkurrenzfähig sein. Zudem gilt der folgende Zusammenhang. Umso geringer die Produktlebenszyklen sind und/oder umso höher der (technische oder medizinische) Fortschritt in einer Branche ausfällt, desto stärker ist das Erfordernis von Neuentwicklungen oder Produktmodifikationen. Dies geht zwangsläufig mit entsprechenden Forschungs- und Entwicklungsanstrengungen einher. Das Gesetz enthält keine konkreten Vorgaben über die zu tätigenden Angaben. Allerdings muss die Informationsvermittlung ausreichen, den Adressaten sachgerechte Entscheidungen zu ermöglichen. Als Angaben kommen beispielsweise in Betracht die Höhe und Veränderung der Gesamtaufwendungen des Geschäftsjahres für Forschung und Entwicklung, die Anzahl und Veränderung der im Forschungs- und Entwicklungsbereich tätigen Mitarbeiter, die im abgelaufenen Geschäftsjahr getätigten Neuentwicklungen (Patentanmeldungen), durchgeführte und beabsichtigte Investitionen in diesem Bereich oder auch Kooperationsprojekte. Die Berichtspflicht umfasst aber weder eine Angabe von Betriebs- und Geschäftsgeheimnissen noch eine aus Konkurrenzgründen zu detaillierte Berichterstattung.

---

429 Vgl. hierzu Kapitel 11.2.4.

Auch müssen das Wohl der Bundesrepublik Deutschland oder eines ihrer Länder gefährdende Angaben unterbleiben.[430]

Zweigniederlassungsbericht

Der Zweigniederlassungsbericht dient der Darstellung der geografischen Marktpräsenz des Unternehmens.[431] Dabei ist über alle Zweigniederlassungen im In- und Ausland zu berichten. Die Berichterstattung umfasst neben der Angabe des Sitzes auch Informationen über wesentliche wirtschaftliche Eckdaten. Darüber hinaus kommen Angaben zu Sitzverlegungen, Schließungen, Zusammenlegungen und Gegenstand der einzelnen Zweigniederlassungen in Betracht.[432]

Bilanzeid

Nach § 289 Abs. 1 S. 5 HGB haben die gesetzlichen Vertreter bestimmter Unternehmen »zu versichern, dass nach bestem Wissen im Lagebericht der Geschäftsverlauf einschließlich des Geschäftsergebnisses und die Lage der Kapitalgesellschaft so dargestellt sind, dass ein den tatsächlichen Verhältnissen entsprechendes Bild vermittelt wird, und dass die wesentlichen Chancen und Risiken« im Prognosebericht beschrieben sind. Diese Versicherung haben Unternehmen abzugeben, die als Inlandsemittent im Sinne des § 2 Nr. 14 WpHG gelten und keine Gesellschaft im Sinne des § 327a HGB darstellen. Insofern betrifft dies grundsätzlich kapitalmarktorientierte Unternehmen, die als Inlandsemittent Eigen- oder Fremdkapitaltitel ausgegeben haben und nicht unter den Sonderfall des § 327a HGB fallen. Die vorstehende Versicherung bezieht sich auf den Lagebericht und ergänzt die auf den Jahresabschluss bezogene und ebenfalls dem Bilanzeid zu subsummierende Versicherung der gesetzlichen Vertreter nach § 264 Abs. 2 S. 3 HGB. Im Rahmen der auf den Jahresabschluss bezogenen Erklärung haben die Mitglieder des vertretungsberechtigten Organs der entsprechenden Unternehmen zu versichern, dass der Jahresabschluss nach bestem Wissen ein den tatsächlichen Verhältnissen entsprechendes Bild der Vermögens-, Finanz- und Ertragslage unter Beachtung der GoB vermittelt.[433] Sowohl § 264 Abs. 2 S. 3 HGB als auch § 289 Abs. 1 S. 5 HGB sehen nunmehr explizit vor, dass die Versicherungen dem Jahresabschluss bzw. dem Lagebericht in einer schriftlichen Erklärung beizufügen sind. Insofern stellen die Erklärungen auch keinen Bestandteil des Jahresabschlusses oder Lageberichts dar.[434]

---

430 Vgl. zu den Beschränkungen der Berichtspflicht etwa WP-Handbuch (Wirtschaftsprüfung und Rechnungslegung), Kapitel F, Tz. 1413.

431 Vgl. Quick/Wolz (Bilanzierung), S. 219.

432 Vgl. etwa Grottel (Beck'scher Bilanzkommentar), Rn. 100 f. zu § 289 HGB.

433 Alternativ ist zu versichern, dass der Anhang Angaben enthält, wenn der Jahresabschluss ein nicht den tatsächlichen Verhältnissen entsprechendes Bild unter Beachtung der GoB vermittelt.

434 Damit entsprechen die Regelungen auch der Vorschrift des § 114 WpHG, nach der die Versicherungen einen gesonderten Teil des Jahresfinanzberichts darstellen.

Zudem verlangt § 325 Abs. 1 S. 1 HGB eine gesonderte Offenlegung der Erklärungen. Beide Erklärungen können auch zusammengefasst werden.

Anhang Verweis

Sofern Unternehmen in der Rechtsform einer AG und KGaA nach § 160 Abs. 1 Nr. 2 AktG Angaben im Anhang vorzunehmen haben, verlangt § 289 Abs. 2 S. 2 HGB die Aufnahme eines Verweises auf den Anhang in den Lagebericht. Die Anhangsangaben nach § 160 Abs. 1 Nr. 2 HGB betreffen verschiedene Berichtspflichten zu eigenen Aktien im Bestand sowie zu im Geschäftsjahr erworbenen und veräußerten eigenen Aktien.

Bericht über das interne Kontroll- und Risikomanagementsystem

Für kapitalmarktorientierte Unternehmen im Sinne des § 264d HGB besteht nach § 289 Abs. 4 HGB die Pflicht, im Lagebericht die wesentlichen Merkmale des internen Kontroll- und des Risikomanagementsystems zu beschreiben. Die Erläuterungspflicht geht allerdings nur soweit, wie der Rechnungslegungsprozess betroffen ist. Eine Einschätzung der Wirksamkeit muss nicht erfolgen.[435] Zudem sieht die Regelung weder die Einrichtung noch die inhaltliche Ausgestaltung der beiden Systeme vor. Dies liegt in der Verantwortung der geschäftsführenden Organe. Eine unzureichende Einrichtung eines internen Kontrollsystems und eines internen Risikomanagementsystems kann eine entsprechende Sorgfaltspflichtverletzung des Geschäftsführungsorgans nach sich ziehen. Sofern keine derartigen Systeme bestehen, muss dies im Lagebericht angegeben werden. Ansonsten hat die Beschreibung des internen Kontroll- und Risikomanagementsystems den Rechnungslegungsadressaten ein Bild von den wesentlichen Merkmalen der Systeme zu ermöglichen. Zur Vermeidung einer doppelten Berichterstattung können die kapitalmarktorientierten Unternehmen die Angaben zum internen Risikomanagement mit den Angaben des (von allen Gesellschaften zu erstellenden) Finanzrisikoberichts zusammenfassen.

Bericht über die Übernahmesituation

Unternehmen in der Rechtsform einer AG und einer KGaA haben nach § 289a Abs. 1 HGB einen Bericht über die Übernahmesituation abzugeben, wenn sie einen organisierten Markt im Sinne des § 2 Abs. 7 WpÜG durch von ihnen ausgegebene stimmberechtigte Aktien in Anspruch nehmen. Die einzelnen Angabepflichten ergeben sich aus § 289a Abs. 1 S. 1 Nr. 1 bis 9 HGB. Sofern diese Angaben auch im Anhang gemacht werden müssen, ist im Lagebericht auf den Anhang zu verweisen (§ 289a Abs. 1 S. 3 HGB).

---

435 Vgl. hierzu und nachfolgend BT-Drucksache 16/10067, S. 76 f.

Nichtfinanzielle Erklärung

Bestimmte kapitalmarktorientierte Unternehmen haben den Lagebericht nach § 289b Abs. 1 S. 1 HGB um eine nichtfinanzielle Erklärung zu erweitern. Betroffen sind kapitalmarktorientierte Unternehmen, die nach § 267 Abs. 3 S. 1 HGB als große Gesellschaft gelten und die im Jahresdurchschnitt mehr als 500 Arbeitnehmer beschäftigen. § 267 HGB sieht ansonsten einen Jahresdurchschnitt von mehr als 250 Arbeitnehmer als Merkmal für eine große Gesellschaft vor. Für die Integration und Abgabe der nichtfinanziellen Erklärung bestehen mehrere Möglichkeiten. Nach § 289b Abs. 1 S. 3 HGB kann das Unternehmen die nichtfinanzielle Erklärung in einem besonderen Abschnitt des Lageberichts aufführen oder auf die an anderer Stelle im Lagebericht enthaltenen nichtfinanziellen Angaben verweisen und damit die Angaben in den Lagebericht integrieren. Darüber hinaus besteht für das Unternehmen nach § 289b Abs. 3 HGB auch die Möglichkeit, statt der Erweiterung des Lageberichts einen gesonderten nichtfinanziellen Bericht außerhalb des Lageberichts für dasselbe Geschäftsjahr zu erstellen. Dies bedingt, dass der gesonderte Bericht zumindest die inhaltlichen Vorgaben für den Lagebericht abdeckt und öffentlich zugänglich gemacht wird. Der gesonderte Bericht gilt als öffentlich zugänglich gemacht, wenn entweder zusammen mit dem Lagebericht eine Offenlegung nach § 325 HGB erfolgt oder wenn eine Veröffentlichung auf der Internetseite der Gesellschaft (spätestens 4 Monate nach dem Abschlussstichtag und für mindestens 10 Jahre) stattfindet. Bei Veröffentlichung auf der Internetseite des Unternehmens hat der Lagebericht auf diese Veröffentlichung unter Angabe der Internetseite Bezug zu nehmen. Anstelle der Erstellung eines eigenständigen Berichts erscheint es auch sachgerecht, die Angaben in einen anderen Bericht (z. B. Nachhaltigkeitsbericht) zu integrieren oder dort als gesonderten Abschnitt aufzunehmen.[436]

Die **inhaltlichen Vorgaben** der nichtfinanziellen Erklärung finden sich in § 289c HGB. Neben einer kurzen Beschreibung des Geschäftsmodells (§ 289c Abs. 1 HGB) muss sich die nichtfinanzielle Erklärung nach § 289c Abs. 2 Nr. 1 bis 5 HGB beziehen auf

- Umweltbelange (z. B. Emissionen, Energieverbrauch, Nutzung erneuerbarer Energien),
- Arbeitnehmerbelange (z. B. Arbeitsbedingungen, Geschlechtergleichstellung, Arbeitsplatzsicherheit, Rechte der Gewerkschaften),
- Sozialbelange,
- Achtung der Menschenrechte sowie
- Bekämpfung von Korruption und Bestechung.

Angaben hierzu sind immer dann zu machen, wenn das Verständnis des Geschäftsverlaufs, die Lage der Gesellschaft und die Auswirkungen der Geschäftstä-

---

436 So DRS 20.252 für den Konzernlagebericht.

tigkeit auf diese Aspekte eine Darstellung erfordern. Dies schließt jeweils zu den in § 289c Abs. 2 HGB aufgeführten Aspekten die folgenden Angaben ein:[437]

- eine Beschreibung der verfolgten Konzepte,
- die Ergebnisse dieser Konzepte,
- die wesentlichen mit der Geschäftstätigkeit des Unternehmens verbundenen Risiken inklusive der Handhabung dieser Risiken, die sehr wahrscheinlich schwerwiegende negative Auswirkungen auf die fünf oben genannten Aspekte haben oder zukünftig haben werden,
- die wesentlichen mit den Geschäftsbeziehungen, Produkten und Dienstleistungen des Unternehmens verbundenen Risiken inklusive der Handhabung dieser Risiken, die sehr wahrscheinlich schwerwiegende negative Auswirkungen auf die fünf oben genannten Aspekte haben oder zukünftig haben werden,
- die für die Geschäftstätigkeit des Unternehmens bedeutsamsten nichtfinanziellen Leistungsindikatoren und
- Hinweise auf im Jahresabschluss ausgewiesene Beträge und zusätzliche Erläuterungen.

Sollte das Unternehmen kein Konzept zu einem oder mehreren der fünf Aspekte verfolgen, so hat die Gesellschaft dies klar und begründet in der nichtfinanziellen Erklärung zu erläutern (§ 289c Abs. 4 HGB). Dies entspricht einem »*Comply or Explain*«-Ansatz.[438] Insofern umfasst die nichtfinanzielle Erklärung als Mindestinhalt eine Erläuterung der vorhandenen oder eben nicht vorhandenen Konzepte zu Umweltbelangen, zu Arbeitnehmerbelangen, zu Sozialbelangen, zur Achtung der Menschenrechte sowie zur Bekämpfung von Korruption und Bestechung. Durch diese Erklärungspflichten müssen sich die betroffenen Unternehmen intensiv mit den aufgeführten Aspekten und zudem mit der Erwartungshaltung der Adressaten der Rechnungslegungsinformationen auseinandersetzen.

§ 289d S. 1 HGB eröffnet für die Unternehmen die Möglichkeit bei der Erstellung der nichtfinanziellen Erklärung nationale, europäische oder internationale **Rahmenwerke** zugrunde zu legen. Gleichzeitig zwingt § 289d S. 2 HGB die Gesellschaften entweder zur Angabe des Rahmenwerks mit gleichzeitiger Erklärung der Nutzung des Rahmenwerks oder zur Erläuterung, warum kein Rahmenwerk genutzt wurde. Als Rahmenwerke kommen z. B. die Leitsätze der OECD für multinationale Unternehmen, der deutsche Nachhaltigkeitskodex oder der UN Global Compact in Betracht.[439]

Ein Unternehmen kann allein aufgrund des in § 289e HGB definierten Ausnahmefalls **Angaben** in der nichtfinanziellen Erklärung **weglassen**. Dies betrifft Angaben zu künftigen Entwicklungen oder Belangen, über die derzeit Verhandlungen

---

437 Vgl. § 289c Abs. 3 HGB.
438 Vgl. BT-Drucksache 18/9982, S. 52.
439 Vgl. zu diesen und weiteren Beispielen für Rahmenwerke BT-Drucksache 18/9982, S. 52.

geführt werden. Zudem müssen diese Angaben der Gesellschaft einen erheblichen Schaden zufügen können und ihr Weglassen darf ein den tatsächlichen Verhältnissen entsprechendes und ausgewogenes Verständnis der wirtschaftlichen Lage des Unternehmens sowie der Auswirkungen der Tätigkeit der Gesellschaft nicht verhindern. Bei Entfall der Gründe in einem späteren Geschäftsjahr (z. B. Abschluss der Verhandlungen) sind die Angaben in der nichtfinanziellen Erklärung des späteren Geschäftsjahres nachzuholen.

Neben diesen derzeit (noch) bestehenden handelsrechtlichen Regelungen verpflichtet die **Taxonomie-Verordnung der EU**[440] jedes der Abgabepflicht einer nichtfinanziellen Erklärung unterliegende Unternehmen zu **zusätzlichen Angaben**. Die Taxonomie-Verordnung stellt einen Teil des Aktionsplans der EU-Kommission zur Finanzierung nachhaltigen Wachstums dar. Danach sollen Unternehmen standardisiert und transparent über die Art und den Umfang ihrer ökologisch nachhaltigen Wirtschaftstätigkeiten berichten. Die zusätzlichen Angaben umfassen ab dem 01.01.2022 für den Berichtszeitraum 2021 eine Berichtpflicht zu den beiden Umweltzielen »**Klimaschutz**« und »**Anpassung an den Klimawandel**«. Nicht-Finanzunternehmen müssen dabei den ökologisch nachhaltigen Anteil ihrer Umsatzerlöse, ihrer Investitionsausgaben (*capital expenditures* – CapEx) sowie ihrer Betriebsausgaben (*operational expenses* – OpEx) angeben. Für Finanzunternehmen bestehen in Abhängigkeit ihrer Art andere darzustellende spezifische Nachhaltigkeitskennzahlen wie die grüne Anlagenquote (*green asset ratio*) oder die grüne Investitionsquote. Diese jeweils nachhaltigen Anteile werden als Taxonomie-Quoten bezeichnet. Grundlage für die Ermittlung der Taxonomie-Quoten bilden wiederum zwei Delegierte Verordnungen der EU[441], die u. a. technische Bewertungskriterien, ergänzende Ausführungen zu den Leistungsindikatoren oder auch Erläuterungen zum Inhalt sowie zur Darstellung der offenzulegenden Informationen beinhalten. Neben den Berichtspflichten zu den Zielen »Klimaschutz« und »Anpassung an den Klimawandel«. werden derzeit die Taxonomie-Anforderungen für vier weitere Umweltziele (»Schutz von Wasser- und Meeresressourcen«, »Übergang zu einer Kreislaufwirtschaft«, »Vermeidung/Verminderung der Umweltverschmutzung« sowie »Schutz von Biodiversität und Ökosystemen«) entwickelt. Zudem kommt es nachfolgend zu einer zusätzlichen Erweiterung der Taxonomie um soziale und andere ökologische Ziele.

Künftige Entwicklung der nichtfinanziellen Berichterstattung zu einer umfassenden Nachhaltigkeitsberichterstattung

Im Rahmen der EU-Strategie für ein nachhaltiges Finanzwesen bestehen verschiedene Initiativen. Neben der oben genannten Taxonomie-Verordnung hat die

---

440 Vgl. Verordnung (EU) Nr. 2020/852. Verordnungen gelten unmittelbar und einheitlich in allen EU-Mitgliedsstaaten. Einer Umsetzung in nationales Recht bedarf es nicht.
441 Vgl. Delegierte Verordnung (EU) Nr. 2021/2139 sowie Delegierte Verordnung (EU) Nr. 2021/2178.

Europäische Kommission im April 2021 u. a. einen Richtlinienentwurf zur Weiterentwicklung der **Nachhaltigkeitsberichterstattung (*Corporate Sustainability Reporting Directive* – CSRD)**[442] vorgelegt. Im Juni 2022 wurde ein politischer Kompromiss zu den Inhalten der CSRD gefunden. Der Beschluss der CSRD durch das Europäische Parlament sowie die Billigung durch den Rat der EU erfolgten im November 2022. Die (verpflichtende) Umsetzung der Richtlinienvorgaben in nationales Recht steht derzeit noch aus. Die CSRD weitet die nichtfinanzielle Berichterstattung und damit Angabe nachhaltigkeitsbezogener Unternehmensinformationen erheblich aus und beabsichtigt eine verbesserte sowie standardisierte Nachhaltigkeitsberichterstattung vor dem Hintergrund eines Übergangs zu einem nachhaltigen Finanz- und Wirtschaftssystem. Die wesentlichen Änderungen der CSRD im Vergleich zu den derzeit bestehenden Regelungen zur nichtfinanziellen Erklärung umfassen die folgenden Aspekte.

- Es kommt zu einer **starken Ausweitung des Kreises der berichtspflichtigen Unternehmen**. Dabei wird in Abhängigkeit der Unternehmenskategorie eine gestaffelte Einführung der Berichtspflichten für die betroffenen Unternehmen vorgenommen. Der künftige Anwendungsbereich betrifft nunmehr nicht mehr nur bestimmte kapitalmarktorientierte Unternehmen, sondern alle großen haftungsbeschränkten Unternehmen (einschließlich aller Mutterunternehmen eines großen Konzerns). Dabei richten sich die Größenkriterien für große Unternehmen nach §§ 267 HGB (Jahresabschluss) und § 293 HGB (Konzernabschluss). Darüber hinaus unterliegen auch alle kleinen sowie mittelgroßen kapitalmarktorientierten Unternehmen der Nachhaltigkeitsberichterstattungspflicht. Zudem wird die Berichtspflicht künftig auch Nicht-EU-Unternehmen umfassen, wenn sie innerhalb der EU Umsatzerlöse von mehr als 150 Mio. EUR erzielen und mindestens ein großes oder kapitalmarktorientiertes Tochterunternehmen bzw. eine Zweigniederlassung in der EU haben.
- Die Berichterstattung über die nichtfinanziellen Leistungsindikatoren und Belange wird nicht mehr als nichtfinanzielle Erklärung bezeichnet, sondern als **Nachhaltigkeitsbericht**.
- Künftig besteht die Verpflichtung den Nachhaltigkeitsbericht in einem **gesonderten Abschnitt des Lageberichts** aufzunehmen. Damit entfallen die alternativen Veröffentlichungs- und Integrationsmöglichkeiten.
- Der **Umfang der Berichtspflichten** wird erheblich **erweitert** im Vergleich zu den bestehenden Angabepflichten. Zudem erfolgt eine Klarstellung des Prinzips der doppelten Wesentlichkeit. Die doppelte Wesentlichkeit umfasst zum einen Informationen zum Verständnis der Auswirkungen von Aspekten der Nachhaltigkeit auf den Geschäftsverlauf, das Geschäftsergebnis und die Lage des Unternehmens. Zum anderen sind aber auch Informationen zum Verständnis der Auswirkungen des Unternehmens auf Umwelt und Gesellschaft erforderlich.

---

442 Vgl. CSRD Entwurf 2021.

- Es kommt zu einer **Standardisierung der Nachhaltigkeitsberichterstattung**. Eine Vereinheitlichung des Inhalts soll mittels der Entwicklung von EU-Berichtstandards zur Nachhaltigkeitsberichterstattung (*European Sustainability Reporting Standards* – ESRS) erfolgen. Die ersten Entwürfe von ESRS wurden Ende April 2022 durch die *European Financial Reporting Advisory Group* (EFRAG) veröffentlicht. Im November 2022 hat die EFRAG der Europäischen Kommission nunmehr zwölf Entwürfe für ESRS als sogenannten fachlichen Rat übergeben. Dieser erste Satz von Nachhaltigkeitsberichtsstandards umfasst zwei Querschnittsstandards sowie zehn themenspezifische Standards zu den Bereichen Umwelt, Soziales und Governance.
- Künftig wird es eine **externe Prüfungspflicht** der Nachhaltigkeitsberichterstattung im Lagebericht durch einen Abschlussprüfer geben. Bislang hat der Abschlussprüfer ausschließlich die Vorlage der nichtfinanziellen Erklärung zu prüfen. Die Einführung einer externen Prüfungspflicht soll das Vertrauen in die Nachhaltigkeitsberichtsinformationen stärken.

Erklärung zur Unternehmensführung

Bestimmte Unternehmen haben nach § 289 f. Abs. 1 S. 1 HGB eine Erklärung zur Unternehmensführung in einem gesonderten Abschnitt in den Lagebericht aufzunehmen. Betroffen sind börsennotierte Unternehmen in der Rechtsform einer AG und KGaA. Darüber hinaus unterliegen Aktiengesellschaften dieser Verpflichtung, wenn sie ausschließlich andere Wertpapiere als Aktien (z. B. Schuldtitel) zum Handel an einem organisierten Markt im Sinne des § 2 Abs. 11 WpHG ausgegeben haben und deren ausgegebene Aktien auf eigene Veranlassung über ein multilaterales Handelssystem im Sinne des § 2 Abs. 8 S. 1 WpHG gehandelt werden (in Deutschland in der Regel Handel im Freiverkehr). Neben diesem Anwendungsbereich bestehen Besonderheiten der betroffenen Unternehmen bei bestimmten Angaben der Erklärung.[443] Statt die Erklärung zur Unternehmensführung in den Lagebericht aufzunehmen, können die Gesellschaften die Erklärung auch auf ihrer Internetseite öffentlich zugänglich machen (§ 289f Abs. 1 S. 2 HGB). Bei Veröffentlichung auf der Internetseite muss nach § 289f Abs. 1 S. 3 HGB in den Lagebricht eine Bezugnahme auf die Internetseite aufgenommen werden.

Die Inhalte der Erklärung zur Unternehmensführung weisen weder einen Bezug zu den Abschlussinhalten auf noch betreffen sie den Geschäftsverlauf oder die Lage der Gesellschaft. Insofern stellt sie einen ergänzenden Teil des Lageberichts dar. Die Erklärung zur Unternehmensführung beinhaltet nach § 289f Abs. 2 HGB

---

443 Die Angaben zur flexiblen Frauenquote sind auch von nicht börsennotierten AG und KGaA, von mitbestimmten GmbH, von mitbestimmten Versicherungsunternehmen auf Gegenseitigkeit und mitbestimmten eingetragenen Genossenschaften zu machen. Der Angabepflicht zur fixen Geschlechterquote im Aufsichtsrat unterliegen nur börsennotierte sowie mitbestimmte AG und KGaA. Die Angabepflichten zur Diversität beschränken sich auf entsprechende große Gesellschaften im Sinne von § 267 Abs. 3 S. 1 und Abs. 4 bis 5 HGB.

- die Erklärung nach § 161 AktG, inwieweit den Empfehlungen der »Regierungs-kommission Deutscher Corporate Governance Kodex« entsprochen wurde (Nr. 1),
- eine Bezugnahme auf die Internetseite des Unternehmens, auf der der Vergü-tungsbericht einschließlich des Vermerks des Abschlussprüfers nach § 162 AktG, das geltende Vergütungssystem nach § 87a Abs. 1 und 2 S. 1 AktG sowie der letzte Vergütungsbeschluss nach § 113 Abs. 3 AktG öffentlich zugänglich gemacht wird (Nr. 1a),
- bestimmte Angaben zu Unternehmensführungspraktiken (Nr. 2),
- eine Beschreibung der Arbeitsweise von Vorstand und Aufsichtsrat sowie der Zusammensetzung und Arbeitsweise von deren Ausschüssen (Nr. 3),
- Angaben zur flexiblen Frauenquote (Nr. 4),
- Angaben zur fixen Geschlechterquote im Aufsichtsrat (Nr. 5) und
- Angaben zur Diversität (Nr. 6).

Ergänzungsbericht

Nach § 312 Abs. 3 S. 3 AktG besteht die Verpflichtung, die gemäß § 312 Abs. 3 S. 1 und 2 AktG abzugebende Schlusserklärung des Vorstands zum Bericht über die Beziehungen zu verbundenen Unternehmen (Schlusserklärung zum Abhängig-keitsbericht) in den Lagebericht aufzunehmen. Auch hierbei handelt es sich um eine Ergänzung des Lageberichts. Die Verpflichtung betrifft Unternehmen in der Rechtsform einer AG und KGaA.

15   Übungsaufgaben

Die Lösungshinweise in Kurzform finden sich im Anschluss an die Aufgaben in Kapitel 16. Bei Verständnisproblemen sollte das jeweils relevante Kapitel noch einmal durchgearbeitet werden. Die Aufgaben sind kapitelweise aufgeführt.

Aufgaben zu Kapitel 1:

Aufgabe 1.1

Welche der folgenden Aussagen zu den Rechnungslegungsvorschriften sind richtig, welche falsch?

a. Für ein Einzelunternehmen gelten nicht die §§ 264 bis 289 HGB.
b. Für eine GmbH gelten handelsrechtlich nur die §§ 264 bis 289 HGB.
c. Für eine OHG gelten die Vorschriften der §§ 238 bis 289 HGB.
d. Für eine AG gelten handelsrechtlich die §§ 238 bis 263 und ergänzend die §§ 264 bis 289 HGB.
e. Für eine GmbH & Co. KG als Personengesellschaft gelten nur die Vorschriften der §§ 238 bis 263 HGB.
f. Neben den handelsrechtlichen Vorschriften muss eine große OHG auch die Regelungen des Publizitätsgesetzes beachten.
g. Eine AG muss neben den handelsrechtlichen Regelungen auch ergänzende Rechnungslegungsvorschriften aus dem AktG beachten.
h. Eine GmbH muss neben den handelsrechtlichen Regelungen auch ergänzende Rechnungslegungsvorschriften aus dem GmbHG und AktG beachten.

Aufgabe 1.2

Ergänzen Sie die folgenden Aussagen zum Jahresabschluss und Lagebericht nach HGB.

a. Der Jahresabschluss einer GmbH besteht aus den Bestandteilen ....
b. Bei einer AG ist zusätzlich zum Jahresabschluss ein....................aufzustellen.
c. Eine kapitalmarktorientierte AG, die nicht zur Aufstellung eines Konzernabschlusses verpflichtet ist, muss den Jahresabschluss zwingend erweitern um
....

d. Der Jahresabschluss einer KG besteht aus..........................

e. Der Jahresabschluss einer GmbH & Co. KG besteht aus..........................

f. Bei einem Einzelunternehmen besteht der Jahresabschluss aus Bilanz und GuV. Nicht verpflichtend aufzustellen sind die Informationsinstrumente..................
....

Aufgabe 1.3

Das Unternehmen »Buchhaltung« hat zu Beginn des Geschäftsjahres ein Eigenkapital von 860 TEUR. Die Rückstellungen zum Ende des Geschäftsjahres betragen 450 TEUR, die Verbindlichkeiten 680 TEUR. Die Vermögensgegenstände zum Ende des Geschäftsjahres belaufen sich auf insgesamt 2.060 TEUR. Während des Geschäftsjahres sind insgesamt Erträge von 210 TEUR und Aufwendungen von 140 TEUR angefallen.

a. Wie hoch ist der Erfolg des Geschäftsjahres? Wo wird er ausgewiesen?

b. Wie hoch ist das Reinvermögen am Ende des Geschäftsjahres? Wo wird es ausgewiesen?

c. Welche Verbindung besteht zwischen Vermögen und Erfolg?

d. Wie hoch ist die Bilanzsumme zum Ende des Geschäftsjahres?

Aufgabe 1.4

Nehmen Sie kurz Stellung zu den folgenden Aussagen. (Hinweis: Die Aussagen sind nicht allein mit »richtig« oder »falsch« zu beantworten, sondern auch kurz zu erläutern und ggf. richtigzustellen.)

a. Der Jahresabschluss einer OHG besteht aus Bilanz, GuV und Anhang.

b. Der Jahresabschluss einer GmbH & Co. KG besteht aus Bilanz, GuV und Lagebericht.

c. Der Rechnungslegungsbestandteile einer GmbH bestehen aus Bilanz, GuV, Anhang und Lagebericht.

d. Eine GmbH hat für die Erstellung des Jahresabschlusses nur die ergänzend für Kapitalgesellschaften geltenden Vorschriften der §§ 264 ff. anzuwenden.

e. Eine GuV enthält die Aufwendungen und Erträge am Abschlussstichtag.

f. Das externe Rechnungswesen richtet sich allein an die externen Adressaten der Rechnungslegung.

g. Der Anhang dient der Erläuterung von Bilanz und GuV. Er enthält neben quantitativen auch qualitative Informationen.

h. Eine Kapitalgesellschaft muss die Bilanz in Kontoform und die GuV in Staffelform erstellen.

Aufgaben zu Kapitel 2:

Aufgabe 2.1

Erläutern Sie kurz die folgenden GoB und nennen Sie die zugehörige gesetzliche Vorschrift, sofern kodifiziert:

a. Grundsatz der Vollständigkeit
b. Grundsatz der Vergleichbarkeit
c. Grundsatz der Unternehmensfortführung
d. Abschlussstichtagsprinzip
e. Grundsatz der Pagatorik
f. Grundsatz der Vorsicht
g. Grundsatz der Einzelbewertung
h. Imparitätsprinzip

Aufgabe 2.2

Welchem Jahr sind die aus den folgenden Sachverhalten resultierenden Aufwendungen und Erträge zuzuordnen? Nennen Sie auch die entsprechenden Buchungssätze!

a. Im Voraus vereinnahmte Zinserträge von 240 TEUR für den Zeitraum April t1 bis März t2.
b. Materialaufwendungen von 400 TEUR für im Dezember t1 hergestellte Produkte, deren Verkauf im Januar t2 erfolgt.
c. Im Dezember t1 Schaden von 120 TEUR bei einer Lagerhalle durch Zusammenbruch des Daches aufgrund von Schneemassen.
d. Im Januar t2 Schaden von 120 TEUR bei einer Lagerhalle durch Zusammenbruch des Daches aufgrund von Schneemassen.
e. Im November t1 Klage eines Kunden wegen mangelhafter Lieferung eines Produkts (Lieferung im Oktober t1). Der Mangel wird allerdings vom Unternehmen bestritten. Gleichwohl dürfte der in t2 stattfindende Prozess wahrscheinlich verloren gehen und zu einer Zahlungsverpflichtung von 50 TEUR führen.
f. Zahlungseingang einer Forderung im Februar t2 von 80 TEUR aufgrund einer in t1 durch das Unternehmen erbrachten Dienstleistung.
g. Im Juni t1 erhaltene Anzahlung von 300 TEUR eines Kunden für einen Großauftrag, der im Oktober t2 abgeschlossen wird.
h. Im Januar t1 Erwerb eines PKW zu 60 TEUR mit einer Nutzungsdauer von 3 Jahren.
i. Im Februar t1 Verkauf eines Produkts für 210 TEUR an einen Kunden. Die Lieferung wird Ende Januar t4 erfolgen. Aufgrund unvorhergesehener Umstände belaufen sich die Herstellungskosten für das Produkt am 31. Dezember t1 auf 180 TEUR. In t2 werden planmäßig noch weitere Herstellungskosten von 60 TEUR anfallen.

Aufgabe 2.3

Ist in den beiden folgenden Fällen von einer Bilanzierung zu Fortführungswerten im Jahresabschluss zum 31. Dezember t2 auszugehen?

1. Unternehmer Y entscheidet in t2 aus Altersgründen sein Einzelhandelsunternehmen Ende t4 zu schließen.
2. Aufgrund drohender Zahlungsunfähigkeit und Überschuldung hat Unternehmer X für sein Unternehmen im Dezember t2 die Eröffnung des Insolvenzverfahrens beantragt. Mit einer Sanierung des Unternehmens ist nicht zu rechnen.

Aufgabe 2.4

Zum 31.12.t1 besteht gegenüber der GmbH A eine Forderung in Höhe von 100 TEUR. Diese wurde jedoch in voller Höhe aufgrund von Zahlungsschwierigkeiten der A wertberichtigt. Die Aufstellung des Jahresabschlusses zum 31.12.t1 erfolgt im März t2.

a. Während der Erstellung des Jahresabschlusses zum 31.12.t1 geht im Januar t2 überraschend der Forderungsbetrag ein.
b. Während der Erstellung des Jahresabschlusses zum 31.12.t1 wird im Februar t2 bekannt, dass ein neuer Großinvestor bei Unternehmen A Mitte Januar t2 eingetreten ist.
c. Während der Erstellung des Jahresabschlusses zum 31.12.t1 wird im Januar t2 bekannt, dass die A GmbH tatsächlich auch im Dezember t1 Insolvenz angemeldet hat.

Wie sind die drei alternativen Sachverhalte im Jahresabschluss zum 31.12.t1 zu berücksichtigen?

Aufgabe 2.5

Unternehmen Handel schließt im November t2 einen Vertrag über die Lieferung von Waren im Umfang von 80 TEUR ab. Die Lieferung an den Kunden soll im Februar t3 stattfinden. Unternehmen Handel hat die Waren im Dezember t2 für 72 TEUR erworben. Wie ist der Sachverhalt im November, Dezember und Februar zu behandeln? Nennen Sie auch die Buchungssätze.

Aufgabe 2.6

Ergeben sich Konsequenzen für den Sachverhalt aus Aufgabe 2.5, wenn Unternehmen Handel aufgrund stark steigender Marktpreise die Waren im Dezember für 85 TEUR statt 72 TEUR erworben hätte?

Aufgabe 2.7

Die »Produktion GmbH« stellt Maschinen her. In t2 hat sie 1.000 Maschinen mit Herstellungskosten von 50 TEUR pro Maschine produziert. 80 % dieser Maschinen wurden in t2 abgesetzt und 20 % in t3. Der Verkaufspreis für eine Maschine betrug 75 TEUR. Für die in t2 und t3 verkauften Maschinen sind Vertriebskosten von insgesamt 800 TEUR angefallen, die nicht in den Herstellungskosten enthalten sind. Welche Aufwendungen und Erträge sind jeweils in t2 und t3 zu erfassen. Ermitteln Sie auch die Höhe des Periodenerfolgs aus diesem Sachverhalt in t2 und t3.

Aufgabe 2.8

Welche der folgenden Wertansätze sind unzulässig?

1. Erwerb eines Grundstücks zu 50 TEUR. Am Abschlussstichtag beläuft sich der Wert auf 70 TEUR. Aus Vorsichtsgründen wurde ein Wert von 60 TEUR gewählt.
2. Erwerb von Waren zu 20 TEUR. Am Abschlussstichtag beläuft sich der Wert auf 15 TEUR. Wahl eines Ansatzes von
   a. 22 TEUR
   b. 20 TEUR
   c. 16 TEUR
   d. 15 TEUR

Aufgabe 2.9

Sind die folgenden Vorgehensweisen eines Unternehmens zulässig? Begründen Sie kurz Ihre Antwort.

a. Die Postenbezeichnungen sowie Gliederung der Bilanz werden von Jahr zu Jahr geändert.
b. Maschinen und Gebäude werden unterschiedlich bewertet (abgeschrieben).
c. Die Bewertungsmethode (Abschreibungsmethode) der Maschinen wird jährlich geändert.

Aufgabe 2.10

Dem Unternehmen werden im Rahmen der Erstellung des Jahresabschlusses zum 31. Dezember t2 die folgenden Sachverhalte bekannt. Wie sind diese zu behandeln?

a. Am 28. Januar t3 brennt eine Lagerhalle ab. Der Schaden beläuft sich auf 200 TEUR.

b. Die Forderung gegen einen Kunden wird uneinbringlich sein, da der Kunde die Eröffnung des Insolvenzverfahrens im Dezember t2 beantragt hat

c. Eine Kunde verlangt im Januar t3 Nachbesserung für im Dezember t2 mit Mängeln ausgelieferte Produkte.

d. Ein zum 31. Dezember t2 in ernsthaften Liquiditätsschwierigkeiten steckender Kunde hat im Februar t3 geerbt und seine Schulden im März t3 beglichen.

Aufgabe 2.11

Welche der folgenden Aussagen sind zutreffend, welche falsch?

a. Der Jahresabschluss hat den Zweck, die unterschiedlichen Interessen der einzelnen Adressatengruppen zu schützen.

b. Die Informationsfunktion des Jahresabschlusses dient allein der Rechenschaftslegung über die Verwendung der zur Verfügung gestellten Mittel gegenüber sich selbst.

c. Der Konzernabschluss ist auch auf die Ausschüttungsbemessung gerichtet.

d. Aufgaben des Jahresabschlusses sind die Ausschüttungs- und Steuerbemessung sowie die Dokumentation und Rechenschaftslegung.

e. Die Ansätze der Vermögensgegenstände und Schulden in der Handelsbilanz basieren auf den steuerrechtlichen Ansätzen aus der Steuerbilanz (Maßgeblichkeitsprinzip).

f. Der Jahresabschluss einer Kapitalgesellschaft ist neben dem Gläubigerschutz auch auf den Aktionärsschutz und damit Sicherstellung einer Mindestausschüttung ausgerichtet.

g. Ausschüttungssperren dienen der Erhaltung des Mindesthaftungsvermögens und damit dem Gläubigerschutz.

h. Zwischen Objektivität und ökonomischer Brauchbarkeit von Informationen besteht kein Spannungsverhältnis.

i. Aus künftigen geschätzten Cashflows abgeleitete Zeitwerte stellen objektive Informationen dar.

Aufgaben zu Kapitel 3:

Aufgabe 3.1

Handelt es sich bei den folgenden Sachverhalten um Vermögensgegenstände?

a. Erwerb von Software für 80 TEUR, die längerfristig im Unternehmen eingesetzt werden soll.

b. Durchführung von Fernsehwerbung für 750 TEUR.

c. Erwerb eines PKW als Dienstwagen für einen Vertriebsmitarbeiter für 55 TEUR.

Aufgabe 3.2

Wie sind die folgenden Sachverhalte im Jahresabschluss zum 31. Dezember t2 zu behandeln?

a. In t2 selbst geschaffene Marke, die längerfristig genutzt werden soll.
b. In t2 entgeltlich erworbene Marke, die längerfristig genutzt werden soll.
c. In t2 entgeltlich erworbene Marke, die in t3 veräußert werden soll.
d. In t2 selbst geschaffene Marke, die in t3 veräußert werden soll.
e. In t2 selbst erstellte Software, die im Unternehmen genutzt werden soll.
f. In t2 selbst erstellte Software, die weiterveräußert werden soll.

Aufgabe 3.3

Am 1. Juli t2 Aufnahme eines Darlehens von 210 TEUR mit einer Laufzeit von 3 Jahren. Der Auszahlungsbetrag belief sich auf 96 %.
   Wie ist der Sachverhalt am 1.Juli t2, 31. Dezember t2, 31. Dezember t3, 31. Dezember t4 und 30. Juni t5 zu behandeln, wenn

a. das Unternehmen in t2 einen möglichst hohen Ergebnisausweis anstrebt,
b. das Unternehmen in t2 ein möglichst geringes Ergebnis anstrebt?

Geben sie auch die Buchungssätze an!

Aufgabe 3.4

Welche der folgenden Aussagen sind zutreffend?

a. Passivierungspflicht einer Rückstellung für unterlassene Instandhaltung zum 31. Dezember t2 für eine im Februar t3 nachgeholte Instandhaltung eines Hochofens, die im Dezember t2 unterlassen wurde.
b. Passivierungspflicht einer Rückstellung für unterlassene Instandhaltung zum 31. Dezember t2 für eine im Februar t3 nachgeholte Instandhaltung einer Maschine, die im Januar t3 unterlassen wurde.
c. Passivierungswahlrecht einer Rückstellung für unterlassene Instandhaltung zum 31. Dezember t2 für eine im Juni t3 nachgeholte Instandhaltung einer Maschine, die in t2 unterlassen wurde.
d. Passivierungsgebot einer Rückstellung für ungewisse Verbindlichkeiten zum 31. Dezember t2 für eine im Juni t3 nachgeholte Instandhaltung einer gemieteten Maschine, die in t2 unterlassen wurde und für die eine vertragliche Instandhaltungspflicht besteht.
e. Passivierungsgebot einer Rückstellung für unterlassene Instandhaltung zum 31. Dezember t2 für eine im März t3 nachgeholte Instandhaltung einer gemieteten

Maschine, die in t2 unterlassen wurde und für die eine vertragliche Instandhaltungspflicht besteht.

f. Passivierungsverbot einer Rückstellung zum 31. Dezember t2 für eine im April t3 nachgeholte Instandhaltung eines Gasrohrleitungsnetzes, die im November t2 unterlassen wurde.

g. Passivierungsverbot einer Rückstellung zum 31. Dezember t2 für eine im April t3 nachgeholte Abraumbeseitigung aus dem Betrieb einer Kiesgrube, die im November t2 unterlassen wurde.

h. Passivierungspflicht einer Rückstellung für ungewisse Verbindlichkeiten zum 31. Dezember t2 für die für t2 angefallene und noch nicht gezahlte Gewerbesteuer.

i. Passivierungspflicht einer Rückstellung für ungewisse Verbindlichkeiten zum 31. Dezember t2 für die für das erste Quartal t3 zu leistende Gewerbesteuervorauszahlung.

j. Passivierungsverbot einer Rückstellung für ungewisse Verbindlichkeiten zum 31. Dezember t2 für den Aufwand der im Januar t3 noch durchzuführenden Arbeiten im Zusammenhang mit der Erstellung des Jahresabschlusses zum 31. Dezember t2.

Aufgabe 3.5

Ein Unternehmen bestellt am 1. November t1 Rohstoffe, die am 31. Januar t2 geliefert werden. Zusammen mit der Lieferung wird der Rechnungsbetrag von 4.000 TEUR zzgl. USt fällig. Der Marktpreis für die Rohstoffe beläuft sich am 31. Dezember t1 auf 3.000 TEUR. Wie ist der Sachverhalt zu bilanzieren?

Aufgaben zu Kapitel 4:

Aufgabe 4.1

Der Kaufpreis für eine Maschine beträgt 100.000 EUR zzgl. USt von 19 %. Der Käufer muss zudem für den Transport 1.785 EUR inkl. 19 % USt zahlen. Die vom Empfänger abgeschlossene Transportversicherung beläuft sich auf 400 EUR zzgl. 19 % USt. Der Montageaufwand beläuft sich auf 3.000 EUR netto. Die während des Anschaffungsvorgangs angefallenen Zinsen für das Darlehen zur Zahlung des Kaufpreises betragen 100 EUR. Darüber hinaus hat der Verkäufer einen Rabatt von 5 % auf den Anschaffungspreis gewährt. Wie hoch sind die Anschaffungskosten?

Aufgabe 4.2

Der Kaufpreis für eine Maschine beläuft sich auf 380.800 EUR (inkl. 19 % USt). Der Verkäufer gewährt einen Rabatt von 4 %. Zudem kann der Käufer ein Skonto von 2 % in Anspruch nehmen. Bei der von einem dritten Unternehmen durchgeführten Montage der Maschine fallen 5.000 EUR zzgl. 19 % USt an. Das Montageunternehmen gewährt ebenfalls ein Skonto von 2 %. Für die notwendigerweise durchzuführende Sicherheitsüberprüfung stellt der Verkäufer dem Käufer eine Rechnung über 7.140 EUR (inkl. 19 % USt) und gewährt ein Skonto von 2 %. Wie hoch sind die Anschaffungskosten?

Aufgabe 4.3

Unternehmen »Schönheit« erwirbt ein Spezialwerkzeug zum Listenpreis von 80.000 EUR zzgl. 19 % USt. Am Ende des Jahres erhält das Unternehmen ein Rabatt von 3 % auf den Listenpreis vom Lieferanten. Für den Transport fielen 892,50 EUR inkl. 19 % USt an. Die Montage des Spezialwerkzeugs in der Produktionshalle hat Unternehmen »Schönheit« selbst vorgenommen. Dabei sind Einzelkosten von 3.000 EUR und Gemeinkosten von 3.500 EUR angefallen. Ermitteln Sie die Anschaffungskosten für das Spezialwerkzeug.

Aufgabe 4.4

Unternehmen »Glanzvoll« hat die folgenden Kosten pro Stück für die auf Lager befindlichen Fertigerzeugnisse ermittelt (in EUR):

- Löhne 20,00
- Anteilige Lizenzgebühren für die Produktion 8,00
- Kosten für das in der Produktion eingesetzte Material 10,50
- Umlage von Vertriebsgemeinkosten 7,50
- Gewinnzuschlag 4,60
- Strom- und Gaskosten 6,00 (davon Lagerhalle 10 %, Verwaltungsgebäude 30 % und Produktionsbereich 60 %)
- Verpackungsmaterial 4,30
- Kosten der Personalabteilung 4,20
- Werbekampagne zur Markteinführung des Produkts 10,10
- Anteilige Kosten des Rechnungswesens 3,50
- Gehälter der Lagermitarbeiter 2,00
- Abschreibung der Lagerhalle 1,50
- Umlage Fertigungsgemeinkosten 9,70
- Anteilige Zinsen auf Eigenkapital 1,80

a. Ermitteln Sie die Wertober- und Wertuntergrenze der Herstellungskosten pro Stück eines Fertigerzeugnisses.
b. Mit welchem Wert ist ein Fertigerzeugnis in der Bilanz anzusetzen, wenn das Unternehmen »Glanzvoll« ein möglichst geringes Ergebnis ausweisen möchte?

Aufgabe 4.5

In t1 sind für die Herstellung von 1.000 Stühlen die folgenden Aufwendungen angefallen:

Materialeinzel- und Materialgemeinkosten 300.000 EUR

Fertigungseinzel- und Fertigungsgemeinkosten 400.000 EUR

Verwaltungsgemeinkosten200.000 EUR

Finanzierungskosten 20.000 EUR

Die Finanzierungskosten sind während des Herstellungszeitraums angefallen und basieren auf einem Kredit, der für die Herstellung der Stühle aufgenommen wurde. In t1 hat das Unternehmen 600 Stühle verkauft, 400 Stühle befinden sich am 31. Dezember t1 noch auf Lager. Am 1. Januar t1 befanden sich keine Stühle auf Lager. Wie hoch ist die handelsrechtliche Wertuntergrenze und Wertobergrenze der Herstellungskosten für die noch auf Lager befindlichen 400 Stühle?

Aufgabe 4.6

In t1 sind für die Herstellung eines am Ende des Jahres noch auf Lager befindlichen Tisches folgende Aufwendungen angefallen (in EUR):

Holz	200
Arbeitslohn zur Herstellung des Tisches	240
Anteilige Stromkosten für die Sägemaschine	30
Anteilige Kosten eines Spezialwerkzeugs	40
Anteilige Lagerkosten für das Holz	15
Anteilige Abschreibung Sägemaschine	180
Anteilige Abschreibung auf Verwaltungsgebäude	5
Anteilige Kosten Werbung	20
Anteilige Kosten Personalbüro	45
Anteiliger Meisterlohn zur Beaufsichtigung Herstellung	110

Ermitteln Sie die handelsrechtliche Wertunter- und Wertobergrenze der Herstellungskosten für den Tisch.

Aufgabe 4.7

Geben Sie für die folgenden Sachverhalte des Unternehmens zum 31. Dezember t2 an, ob die Wertansätze (Buchwerte) zutreffend sind, ob andere Wertansätze möglich sind oder ob Korrekturen erforderlich werden.

a. Der Buchwert eines unbebauten Grundstücks beträgt 100 TEUR, der gegenwärtige Zeitwert 140 TEUR und die Anschaffungskosten 100 TEUR. Zudem wird mir einer Wertsteigerung bis t4 auf 180 TEUR gerechnet.

b. Wie a), aber die Anschaffungskosten in t1 betrugen 140 TEUR.

c. Der Buchwert einer Maschine beträgt nach planmäßiger (linearer) Abschreibung 30 TEUR. Sie wurde am 1. Januar des Vorjahres mit 50 TEUR angeschafft. Die Nutzungsdauer beläuft sich auf 5 Jahre. Nunmehr wird durch Umstellung des Produktionsprogramms die Maschine nicht mehr benötigt. Verkaufsversuche an die beiden einzigen das Produkt herstellenden Unternehmen und andere derartige Maschinen nutzende Unternehmen sind fehlgeschlagen.

d. Der Buchwert eines PKW nach planmäßiger Abschreibung beläuft sich auf 45 TEUR. Die Anschaffungskosten beliefen sich auf 60 TEUR. Der Zeitwert beträgt 50 TEUR.

e. Wie d), nur der nachhaltig gesunkene Zeitwert beträgt TEUR 25.

f. Der Buchwert von Rohstoffen beläuft sich auf 80 TEUR. Die Anschaffungskosten betrugen ebenfalls 80 TEUR. Der Marktpreis am 31. Dezember t2 beträgt 85 TEUR. Im nächsten Jahr wird ein gesunkener Marktpreis von 75 TEUR erwartet.

g. Forderungen von 40 TEUR wurden wegen der Insolvenz des Kunden vollständig zum 31. Dezember t1 außerplanmäßig abgeschrieben. Überraschenderweise hatte das in t2 durchgeführte Insolvenzverfahren Erfolg. Das Unternehmen erwartet nunmehr einen Zahlungseingang in t3 von 30 TEUR.

Aufgaben zu Kapitel 5

Aufgabe 5.1

Welche der folgenden Aussagen sind richtig, welche falsch?

a. Auf der Aktivseite der Bilanz sind das Anlage- und Umlaufvermögen sowie die aktiven Rechnungsabgrenzungsposten gesondert auszuweisen. Eine weitere Untergliederung ist nicht erforderlich.

b. Eine GmbH & Co. KG hat das Mindestgliederungsschema des § 266 HGB anzuwenden.

c. Die Einteilung von Kapitalgesellschaften in kleine, mittelgroße und große Gesellschaften richtet sich nach den Kriterien Umfang der Bilanzsumme, Arbeitnehmeranzahl und Höhe der Umsatzerlöse.

d. Eine Kapitalgesellschaft darf weitere Posten in die Bilanz aufnehmen, obwohl diese nicht im Mindestgliederungsschema nach § 266 HGB aufgeführt sind.

e. Wenn ein Posten des Mindestgliederungsschemas nach § 266 HGB nicht bei dem Unternehmen vorkommt, kann die Kapitalgesellschaft diesen Posten weglassen.

f. Forderungen und Verbindlichkeiten mit einer Restlaufzeit von weniger als einem Jahr sind jeweils gesondert mittels eines »davon«-Vermerks in der Bilanz unter den entsprechenden Forderungs- und Verbindlichkeitsposten angegeben werden.

g. Eine GuV ist nach HGB zwingend nach dem Gesamtkostenverfahren aufzustellen.

h. Eine GuV ist nach HGB zwingend in Staffelform statt Kontoform aufzustellen.

Aufgaben zu Kapitel 6

Aufgabe 6.1

In welchem Posten des Bilanzgliederungsschemas nach § 266 HGB sind Grundstücke und Aktien auszuweisen?

Aufgabe 6.2

Der Anschaffungspreis einer Maschine beträgt 238 TEUR inklusive USt von 19 %. Montage- und Transportkosten sind insgesamt in Höhe von 70 TEUR zuzüglich USt von 19 % angefallen. Die Maschine besitzt eine voraussichtliche Nutzungsdauer von 8 Jahren. Insgesamt kann die Maschine 500.000 Stück produzieren. In t1 werden 80.000 Stück und in t2 75.000 Stück produziert. Danach ist eine Fertigung von 100.000, 90.000, 65.000, 45.000, 30.000 und in t8 von 15.000 geplant. Die Lieferung der Maschine erfolgte am 1.1.t1. Erstellen Sie die Abschreibungspläne für die Durchführung der planmäßigen linearen, geometrisch-degressiven (25 %), arithmetisch-degressiven Abschreibungen sowie für die Leistungsabschreibung. Erstellen Sie zudem einen Abschreibungsplan bei Übergang von der geometrisch-degressiven auf die lineare Abschreibung.

Aufgabe 6.3

Ein Unternehmen hat eine Maschine am 1.1.t2 mit Anschaffungskosten von 72 TEUR erworben. Die Nutzungsdauer beträgt 6 Jahre. Die Maschine wird planmäßig linear abgeschrieben.

a. Erstellen Sie den Abschreibungsplan.

b. Nach 3 Jahren (Ende t4) sinkt aufgrund eines nicht reparierten Schadens an der Maschine der Wert auf 30 TEUR. Die Maschine ist weiterhin nutzbar, aber mit einer eingeschränkten Leistung. Eine Reparatur ist nicht beabsichtigt. Passen Sie – sofern notwendig – den Abschreibungsplan an.

c. Mitte t5 erfolgte eine Umstrukturierung des Unternehmens. Aufgrund dessen wurde beschlossen, die Maschine Ende t5 doch vollständig zu reparieren. Passen Sie – sofern notwendig – den Abschreibungsplan an.

Aufgabe 6.4

Geben Sie für die folgenden Sachverhalte des Unternehmens zum 31.12.t2 an, ob die Wertansätze (Buchwerte) zutreffend sind, ob andere Wertansätze möglich sind oder ob Korrekturen erforderlich werden.

a. Der Buchwert eines unbebauten Grundstücks beträgt 100 TEUR, der gegenwärtige Zeitwert 140 TEUR und die Anschaffungskosten 100 TEUR. Zudem wird mit einer Wertsteigerung bis t4 auf 180 TEUR gerechnet.
b. Wie a), aber die Anschaffungskosten in t1 betrugen 140 TEUR.
c. Der Buchwert einer Maschine beträgt nach durchgeführter linearer Abschreibung 30 TEUR. Sie wurde am 1.1. des Vorjahres mit TEUR 50 angeschafft. Die Nutzungsdauer beläuft sich auf 5 Jahre. Nunmehr wird durch Umstellung des Produktionsprogramms die Maschine nicht mehr benötigt. Verkaufsversuche an die beiden einzigen das Produkt herstellenden Unternehmen sind fehlgeschlagen.
d. Der Buchwert eines PKW beläuft sich auf TEUR 45. Der PKW wird linear über 4 Jahre abgeschrieben. Die Anschaffungskosten am 1.1.t1 beliefen sich auf TEUR 60. Der Zeitwert beträgt 50 TEUR, der Wiederbeschaffungswert TEUR 65.
e. Wie d), nur der nachhaltig gesunkene Zeitwert beträgt TEUR 25.

Aufgabe 6.5

Unternehmen A erwirbt am 1.1.t2 Unternehmen B zu einem Kaufpreis von EUR 100 Mio. Der Buchwert der Aktiva von B beträgt EUR 130 Mio., der Buchwert der Schulden EUR 62 Mio. In den Grundstücken von B sind stille Reserven von EUR 20 Mio. enthalten.

a. Ermitteln Sie den derivativen Geschäfts- oder Firmenwert (GoF).
b. Handelt es sich beim GoF um einen Vermögensgegenstand? Wie ist der Ansatz nach HGB geregelt?
c. Nennen Sie den im Zeitpunkt des Erwerbs vorzunehmenden Buchungssatz bei Unternehmen A.
d. Bedarf es Ende t2 einer Folgebewertung des GoF? Wenn ja erläutern Sie diese.
e. In t4 haben sich die Rahmendaten der ursprünglichen Geschäftstätigkeit von B nachhaltig geändert. Der beizulegende Wert des GoF beträgt daher Ende t4 EUR 3 Mio. Wie ist der Sachverhalt zum 31.12.t4 zu berücksichtigen, wenn sich die voraussichtliche wirtschaftliche Nutzungsdauer auf 5 Jahre beläuft?
f. Durch mehrere nicht vorsehbare Umstände haben sich in t5 die Rahmendaten überraschenderweise wieder zum Positiven gewendet, so dass der Grund für die Wertminderung in t4 wieder entfallen ist. Wie ist dieser Sachverhalt zum 31.12.t5 zu berücksichtigen?

Aufgabe 6.6

Wie sind die folgenden Sachverhalte im Jahresabschluss zum 31.12.t2 zu behandeln?

a. In t2 selbst geschaffene Marke, die längerfristig genutzt werden soll.
b. In t2 entgeltlich erworbene Marke, die längerfristig genutzt werden soll.
c. In t2 entgeltlich erworbene Marke, die in t3 veräußert werden soll.
d. In t2 selbst geschaffene Marke, die in t3 veräußert werden soll.
e. In t2 selbst erstellte Software, die im Unternehmen genutzt werden soll.
f. In t2 selbst erstellte Software, die weiterveräußert werden soll.

Aufgabe 6.7

Wie sind die folgenden Sachverhalte im Jahresabschluss zum 31.12.t2 zu behandeln, sofern rechnungslegungspolitisch ein möglichst hoher Ergebnisausweis gewünscht wird.

a. Nach Abschluss der Forschungsphase beginnt das Unternehmen am 1.5.t2 mit der Entwicklung eines Spezialwerkzeugs. Die Entwicklung wurde am 31.12.t2 abgeschlossen, so dass zum 1.1.t3 mit der Produktion der Spezialwerkzeuge begonnen werden soll. Monatlich sind Entwicklungskosten von 50 TEUR angefallen.
b. Das Unternehmen beginnt am 1.4.t2 mit der Erforschung eines neuen Produkts. Parallel dazu wird aufgrund der jeweiligen Erkenntnisse schon mit der Entwicklung eines Prototyps begonnen. Die monatlichen Aufwendungen betragen insgesamt für diese Aktivitäten 30 TEUR.

Aufgaben zu Kapitel 7:

Aufgabe 7.1 (Vorräte)

Unternehmen Stahl erwirbt für seine Hochöfen nacheinander folgende Mengen an Kohle: 800 kg zu 20 EUR/kg, 1.500 kg zu 24 EUR/kg und 400 kg zu 22 EUR/kg. Der Anfangsbestand zu Beginn des Jahres betrug 150 kg zu 19 EUR/kg. Der Endbestand beläuft sich auch 560 kg.

a. Bestimmen Sie den Wertansatz für den Endbestand mittels der Verbrauchsfolgeverfahren (Fifo- und Lifo-Methode) sowie mittels der Durchschnittsbewertung.
b. Mit welchem Endbestand sind die Vorräte im Jahresabschluss jeweils anzusetzen, wenn der Marktpreis für die Kohle am 31.12. des Jahres 21 EUR/kg beträgt.

Aufgabe 7.2 (Forderungen)

In welcher Höhe sind die folgenden Forderungen in der Handelsbilanz des Unternehmens zum 31.12.t2 anzusetzen? Geben Sie auch die **Buchungssätze** an.

a. Forderung mit einer Laufzeit von 6 Monaten von 20 TUSD gegen ein amerikanisches Unternehmen, Wechselkurse am Tag der Lieferung 1 EUR = 1,20 USD und am Stichtag 1 EUR = 1,30 USD.
b. Wie a), aber der Stichtagskurs beträgt 1,15 USD/EUR.
c. Forderung mit einer Laufzeit von 15 Monaten über 30 TUSD gegen ein anderes amerikanisches Unternehmen, Wechselkurse an Tag der Lieferung 1 EUR = 1,28 USD und am Stichtag 1 EUR = 1,15 USD.
d. Forderung von 1.785 TEUR (inkl. USt von 19 %) gegenüber der »Ausfall AG«, die ein Insolvenzverfahren beantragt hat. Es wird mit einem Totalausfall gerechnet.
e. Forderung von 119 TEUR (inkl. USt von 19 %) gegen die »Krise AG«, die schon mehrmalig angemahnt wurde. Die Forderung fällt wahrscheinlich zu 50 % aus.
f. Unverzinsliche Forderung aus einer Warenlieferung am 31.12.t2 gegen einen Kunden von 50 TEUR mit einem Zahlungsziel von 2 Jahren. Der marktübliche Zinssatz beträgt 4 %.
g. Gewährung eines Darlehens von 100 TEUR an einen Kunden zum marktüblichen Zinssatz von 4 %
h. Forderung von 10 TEUR gegen einen Kunden, die verjährt ist.

Aufgabe 7.3

Geben Sie für die folgenden Sachverhalte des Unternehmens zum 31.12.t2 an, ob die Wertansätze (Buchwerte) zutreffend sind, ob andere Wertansätze möglich sind oder ob Korrekturen erforderlich werden.

a. Der Buchwert von Rohstoffen beläuft sich auf 80 TEUR. Die Anschaffungskosten betrugen ebenfalls 80 TEUR. Der Marktpreis am 31.12.t2 beträgt 85 TEUR. Im nächsten Jahr wird ein gesunkener Marktpreis von 75 TEUR erwartet.
b. Forderungen von 40 TEUR wurden wegen der Insolvenz des Kunden vollständig zum 31.12.t1 außerplanmäßig abgeschrieben. Überraschenderweise hatte das Insolvenzverfahren Erfolg. Das Unternehmen erwartet nunmehr einen Zahlungseingang in t3 von 30 TEUR.

Aufgabe 7.4

Ein EDV-Händler erwarb im Oktober t1 10 Laptops zu einem Stückpreis von 480 EUR, von denen bis zum 31.12.t1 insgesamt nur 4 verkauft werden konnten. Im Verlauf von t1 fielen aufgrund von saisonalen Schwankungen die Preise für Laptops. Am Abschlussstichtag betrug der Marktpreis 420 EUR. Ende Februar t2 bei

Erstellung des Jahresabschlusses beläuft sich der Marktpreis auf 380 EUR. Allgemein wird aber in der Branche mit einer Erholung des Marktpreises gerechnet. Ende t2 wird daher ein Marktpreis von 500 erwartet. Welcher Wert ist am 31.12.t1 anzusetzen?

Aufgabe 7.5 (Bewertung Anlage- und Umlaufvermögen)

Geben Sie für die nachfolgenden Sachverhalte an, mit welchem Wert die Vermögensgegenstände zum 31.12.t2 in der Bilanz anzusetzen sind.

a. Die Anschaffungskosten des Mitte Dezember t2 erworbenen Erzes betragen 400 TEUR. Der Marktpreis für das zum 31.12.t2 noch auf Lager befindliche Erz beläuft sich auf 390 TEUR. Bei Aufstellung des Jahresabschlusses im Februar t3 ist der Marktpreis für Erz wieder gestiegen, so dass der Lagerbestand 405 TEUR beträgt.

b. Die Anschaffungskosten der zum 31.12.t2 auf Lager befindlichen Fertigerzeugnisse belaufen sich auf 100 TEUR. Der Nettoveräußerungserlös auf dem Absatzmarkt beträgt zum 31.12.t2 90 TEUR, der Wiederbeschaffungswert 92 TEUR. Ein Fremdbezug der Fertigerzeugnisse ist nicht möglich.

c. Die Anschaffungskosten der zum 31.12.t2 auf Lager befindlichen Handelswaren belaufen sich auf 100 TEUR. Der Nettoveräußerungserlös auf dem Absatzmarkt beträgt zum 31.12.t2 90 TEUR, der Wiederbeschaffungswert 92 TEUR.

d. Wie c), aber die Anschaffungskosten der Handelswaren belaufen sich auf 85 TEUR (statt 100 TEUR).

e. Aufgrund der mit der Sanierung eines Nachbargrundstücks einhergehenden Beeinträchtigungen der Nutzung eines eigenen Grundstücks mit Buchwert von 1.000 TEUR sinkt der Wert des Grundstücks auf 900 TEUR im Jahre t2. Nach der dreijährigen Sanierung des Nachbargrundstücks werden keine Beeinträchtigungen mehr bestehen.

f. Der Börsenwert einer vor 5 Jahren zu 30.000 TEUR angeschafften Beteiligung ist zum 31.12.t2 auf 28.000 TEUR gesunken. Bei Bilanzaufstellung im Februar t3 war der Börsenwert wieder auf 32.000 TEUR gestiegen.

g. Die Anschaffungskosten des zum 31.12.t2 auf Lager befindlichen und zur eigenen Nutzung bestimmten Kraftstoffbestands betragen 10 TEUR. Der Preis am Beschaffungsmarkt beläuft sich zum 31.12.t2 auf 8 TEUR. An Tankstellen wird der Kraftstoff zum 31.12.t2 mit einem Wert von 11 TEUR verkauft.

h. Die Anschaffungskosten des zum 31.12.t2 auf Lager befindlichen und zur eigenen Nutzung bestimmten Kraftstoffbestands betragen 10 TEUR. Der Preis am Beschaffungsmarkt beläuft sich zum 31.12.t2 auf 11 TEUR. An Tankstellen wird der Kraftstoff zum 31.12.t2 mit einem Wert von 8 TEUR verkauft.

i. Die Anschaffungskosten des zur kurzfristigen Anlage in t2 erworbenen Aktienpakets betrugen 15 TEUR. Am Abschlussstichtag beläuft sich der Wert auf 12 TEUR. Spätestens in t4 wird ein starker Kursanstieg erwartet.

j. Die Anschaffungskosten des zur langfristigen Anlage in t2 erworbenen Aktien-pakets betrugen 15 TEUR. Am Abschlussstichtag beläuft sich der Wert auf 12 TEUR. Spätestens in t4 wird ein starker Kursanstieg erwartet.

k. Die Anschaffungskosten des zur langfristigen Anlage in t2 erworbenen Aktien-pakets betrugen 15 TEUR. Am Abschlussstichtag beläuft sich der Wert auf 12 TEUR, da ein Geschäftsbereich verkauft wurde. Daher wird nicht damit gerech-net, dass der Kurs wieder ansteigen wird.

Aufgaben zu Kapitel 8:

Aufgabe 8.1

Die »Junges Unternehmen AG« weist ein gezeichnetes Kapital von 1.000 TEUR aus. Am 31.12.t1 umfasst die gesetzliche Rücklage einen Betrag von 96 TEUR. Der in t2 erzielte Jahresüberschuss beträgt 150 TEUR. Daneben besteht noch ein Verlustvor-trag aus t1 von 40 TEUR. Welcher Betrag kann maximal ausgeschüttet werden, wenn Vorstand und Aufsichtsrat den Jahresabschluss feststellen? Wie ist dieser Betrag im Jahresabschluss zum 31.12.t2 auszuweisen?

Aufgabe 8.2

Die »Genauso Junges Unternehmen AG« weist ein gezeichnetes Kapital von 800 TEUR aus. Am 31.12.t1 umfasst die Kapitalrücklage nach § 272 Abs. 2 Nr. 1 HGB ei-nen Betrag von 10 TEUR, die gesetzliche Rücklage einen Betrag von 30 TEUR und der Bilanzgewinn einen Betrag von 400 TEUR. In t2 hat die Hauptversammlung entschieden vom Bilanzgewinn 240 TEUR auszuschütten und den Restbetrag vor-zutragen. Der in t2 erzielte Jahresüberschuss beträgt 300 TEUR. Damit beläuft sich das Eigenkapital zum 31.12.t2 auf 1.300 TEUR. Welcher Betrag kann maximal in t2 den anderen Gewinnrücklagen zugeführt werden, wenn Vorstand und Aufsichtsrat den Jahresabschluss feststellen? Welches Aussehen hat das Eigenkapital nach teil-weiser Ergebnisverwendung zum 31.12.t2?

Aufgabe 8.3

Das herrschende Unternehmen M (Mutterunternehmen) ist mit 100 % an Unter-nehmen T (Tochterunternehmen) beteiligt. In t2 hat T an der Börse Anteile an M in Höhe von 750 TEUR erworben. T weist in t2 ein Bilanzgewinn von 1.250 TEUR aus. Ein Gewinnvortrag besteht nicht, aber die anderen Gewinnrücklagen betra-gen 4.200 TEUR.

a. Wie ist der Erwerb der Anteile bei T darzustellen, wenn ein möglichst hohes Bilanzergebnis ausgewiesen werden soll? Nennen Sie die Buchungssätze.

b. In t3 ergibt sich eine vorübergehende Wertminderung bei den Anteilen an M von 50 TEUR. Wie ist dieser Sachverhalt bei T darzustellen? Nennen Sie die Bu-chungssätze.

Aufgaben zu Kapitel 9:

Aufgabe 9.1 (Verbindlichkeiten)

In welcher Höhe sind die folgenden Verbindlichkeiten in der Handelsbilanz einer großen GmbH zum 31.12.t2 anzusetzen? Geben Sie auch an, unter welchem Posten des § 266 Abs. 3 die Verbindlichkeiten auszuweisen sind.

a. Ein am 1. Oktober t1 gewährtes Darlehen der Hausbank über 300 TEUR mit einer Laufzeit von 10 Jahren, einem jährlich zu zahlenden Zins von 5 % und einem Disagio von 3 %.
b. Eingang einer Anzahlung eines Kunden am 1.12.t2 von 30 TEUR für eine in t3 zu liefernde Maschine.
c. Gewährung einer zum 31.12.t2 noch nicht eingelösten Gutschrift von TEUR 2 an einen Kunden aufgrund eines zurückgenommenen Produkts.
d. Einkauf von Rohstoffen von einem amerikanischen Lieferanten am 15.12.t2 zu 792 TUSD (Kurs am 15.12.t2: 1 EUR = 1,28 USD). Das Zahlungsziel beträgt 30 Tage. Am 31.12.t2 beträgt der Kurs 1 EUR = 1,32 USD.
e. Wie d), aber aufgrund guter Verhandlungen beträgt das Zahlungsziel 15 Monate statt 30 Tage.
f. Am 1.10.t2 Aufnahme eines zweijährigen Darlehens von 500 TGBP bei einer Bank in London bei einem Kurs von 1 GBP = 1,18 EUR. Am 31.12.t2 beträgt der Kurs 1 GBP = 1,25 EUR.
g. Aufnahme eines zinslosen Darlehens bei einem Kunden in Höhe von 1.000 TEUR mit einer Laufzeit von 3 Jahren. Der Marktzinssatz beträgt 5 %.
h. Wie g), aber Aufnahme des zinslosen Darlehens bei einem Gesellschafter statt eines Kunden.

Aufgabe 9.2 (Rückstellungen)

Wie sind die folgenden Ereignisse in der Handelsbilanz zum 31.12.t2 zu behandeln? Geben Sie auch die Buchungssätze an.

a. Eine Maschine kann aufgrund eines Schadens im November t2 nur noch mit halber Leistung gefahren werden. Aufgrund eines mit engen Terminvorgaben zu erfüllenden Vertrags soll die Reparatur der Maschine erst im Februar t3 erfolgen. Die Kosten betragen ca. 30 TEUR.
b. Wie wäre der Sachverhalt unter a) zu behandeln, wenn die Reparatur erst im April t3 erfolgen würde?
c. Mit einem anderen Unternehmen besteht ein langfristiger Beschaffungsvertrag bis zum 31.12.t4 über bestimmte Maschinen. Danach sind jährlich 10 Maschinen zu einem Preis von 80 TEUR abzunehmen. Diese Maschinen werden im Unternehmen mit weiteren Komponenten ausgestattet. Insgesamt belaufen sich die Herstellungskosten für eine dieser Maschinen auf 100 TEUR. Aufgrund eines

Preisverfalls am Markt können die mit den Komponenten ausgestatteten Maschinen allerdings nur noch zu einem Preis von 95 TEUR verkauft werden. Zum 31.12.t2 befinden sich keine Maschinen auf Lager. Auf eine ggf. notwendige Abzinsung soll verzichtet werden.

d. In t3 rechnet das Unternehmen mit einer abschließenden Körperschaft- und Gewerbesteuerzahlung für t2 von 200 TEUR.

e. Für das Jahr t3 ist ein kostenintensiver Werbefeldzug von 10.000 TEUR geplant.

f. Der laufende Prozess gegen ein anderes Unternehmen wird voraussichtlich in t3 verloren gehen. Es wird dann eine Zahlung von 1.200 TEUR erwartet.

g. Die aus t2 resultierenden gesetzlichen Gewährleistungsverpflichtungen für 24 Monate werden voraussichtlich Kosten von TEUR 200 verursachen. Der restlaufzeitkonforme durchschnittliche Marktzinssatz der vergangenen 7 Jahre beläuft sich auf 4 %, der restlaufzeitkonforme aktuelle Marktzins beträgt 3,5 %. Geben Sie auch den Buchungssatz für t3 an.

h. Ende t2 ist an einem Produktionsstandort ein Unfall passiert, so dass der Boden chemisch kontaminiert wurde. Aufgrund der bestehenden Rechtslage sind die Umweltschäden innerhalb der nächsten 4 Jahre (bis zum 31.12.t6) zu beseitigen. Die Kosten belaufen sich wahrscheinlich auf 300 TEUR. Der anzuwendende Zinssatz beträgt 4 %. Geben Sie auch den Buchungssatz für t3 an.

i. Am 15.10.t2 wurde ein Vertrag über den Einkauf von 6 t Rohstoffen abgeschlossen. Die Lieferung erfolgt im Januar t3 zu einem Festpreis von 20 TEUR/t. Der Marktpreis der Rohstoffe liegt am 31.12.t2 bei 18 TEUR/t.

Aufgabe 9.3 (Pensionsrückstellungen)

a. Erläutern Sie kurz, welcher Zinssatz für die Abzinsung von Pensionsrückstellungen nach HGB zugrunde zu legen ist.

b. Die Pensionsverpflichtungen einer großen GmbH belaufen sich zum Abschlussstichtag 31.12.t2 auf 10.000 TEUR. Die Anschaffungskosten des auf Basis einer Treuhandvereinbarung bestehenden Deckungsvermögens zur Erfüllung dieser Pensionsverpflichtungen betragen 10.500 TEUR. Der beizulegende Zeitwert des Deckungsvermögens beläuft sich auf 12.000 TEUR. Wie hat der Ansatz, die Bewertung und der Ausweis des Deckungsvermögens in der Handelsbilanz zum 31.12.t2 zu erfolgen?

c. In welcher Höhe ist die Pensionsrückstellung für einen Mitarbeiter nach dem Teilwertverfahren in der Handelsbilanz zum 31.12.t7 anzusetzen, wenn Sie die folgenden Angaben aus dem Bewertungsgutachten vorliegen haben?
   – Zinssatz: 4 %
   – Barwert der künftigen Rente am 31.12.t10:   53.421,87 EUR
   – Annuität (zwischen Dienstbeginn und Beginn Rente):   6.763,72 EUR
   – Barwert der noch zu verrechnenden Annuitäten am 31.12.t7:   18.769,94 EUR

d. Sind die in t7 zu berücksichtigende Annuität sowie die zum 31.12.t7 in der Handelsbilanz anzusetzende Pensionsrückstellung nach dem Gegenwartswertverfahren höher oder geringer als die entsprechenden Werte des Teilwertverfahrens aus der vorherigen Teilaufgabe? Begründen Sie kurz Ihre Antwort.

e. Das Beschäftigungsverhältnis der Angestellten X hat bei der »Blau AG« am 1.1. t1 begonnen (Diensteintritt 1.1.t1 mit Pensionszusage ab dem 1.1.t3). X wird am 31.12.t9 (1.1.t10) mit 65 Jahren in den Ruhestand gehen. Ihre durchschnittliche Lebenserwartung beträgt 79 Jahre. Das Unternehmen gewährt der X eine jährlich nachschüssige Rente von 1.000 EUR vom Eintritt in den Ruhestand an bis an ihr Lebensende. Der für die Berechnung zugrunde zu legende Zinssatz beläuft sich auf 5 %. Berechnen Sie die nach dem (handelsrechtlichen) Teilwertverfahren anzusetzende Pensionsrückstellung in der Handelsbilanz der »Blau AG« zum 31.12.t6 für die Angestellte X.

f. Ermitteln Sie die handelsrechtliche Pensionsrückstellung zum 31.12.t6 für die Angestellte X auf Basis der in der vorherigen Teilaufgabe angegebenen Informationen nach dem Anwartschaftsbarwertverfahren.

g. Unter welchem Posten der Bilanz einer großen GmbH sind Altersteilzeitverpflichtungen auszuweisen?

Aufgaben zu Kapitel 10:

Aufgabe 10.1 (Abgrenzung)

Wie sind die folgenden Geschäftsvorfälle in der Bilanz des Unternehmens zum 31.12.t2 anzusetzen. Geben Sie auch die Buchungssätze an.

a. Getätigte Mietvorauszahlung in t2 für die ersten 6 Monate des Jahres t3 von 24 TEUR.

b. Am 1.11.t2 Zahlung der jährlich im Voraus zu entrichtenden KFZ-Steuer von 600 EUR.

c. Am 31.12.t2 erhaltene Zinsvorauszahlungen für das erste Halbjahr t3 von 10 TEUR.

d. Am 31.12.t2 erhaltene Anzahlungen für eine in t3 zu erbringende Leistung von 30 TEUR.

e. Am 1.10.t2 Gewährung eines Kredits von 200 TEUR an einen der Geschäftsführer mit einer Laufzeit von einem Jahr. Der Zinssatz beträgt 8 %. Die Zinsen sind nachschüssig am 30.9.t3 zu zahlen.

Aufgabe 10.2 (Abgrenzung)

Wie lauten die Abgrenzungsbuchungen in t2 und t3 für die folgenden Sachverhalte bei Unternehmen X?

a. Unternehmen X hat ein Verwaltungsgebäude angemietet. Unternehmen X ist laut abgeschlossenem Mietvertrag verpflichtet die Mietzahlung von 180 TEUR im Nachhinein (am 31.5.t3) für den Zeitraum vom 1.12.t2 bis zum31.5.t3 zu leisten.

b. Unternehmen X hat weiterhin eine Lagerhalle für 9 Monate angemietet. Die Zahlung von 180 TEUR hat im Voraus (am 1.11.t2) für den Zeitraum vom 1.11. t2 bis 31.7.t3 zu erfolgen.

c. Am 13.12.t2 hat Unternehmen X überschüssige liquide Mittel für 2 Monate (bei 30 Tage/Monat) festverzinslich bei einer Bank angelegt. Die Zinsen von 9 TEUR werden nachschüssig am 12.2.t3 gezahlt.

d. Unternehmen X hat ein nicht benötigtes unbebautes Grundstück an ein Agrarwirtschaftsunternehmen verpachtet. Das jährlich im Voraus an Unternehmen X am 1.9.t2 zu zahlende Pachtentgelt beläuft sich auf 12 TEUR

Aufgabe 10.3 (Latente Steuern)

Zum 31.12.t1 ist erstmals für einen neuen Geschäftsführer der »Großen Steuer GmbH« eine Pensionsrückstellung zu bilden. Diese Pensionsrückstellung beläuft sich in der Handelsbilanz auf 400 TEUR und in der Steuerbilanz auf 300 TEUR. Der Steuersatz beträgt 28 % und das Unternehmen weist aktive und passive latente Steuern unsaldiert aus. Entstehen aus diesem Sachverhalt aktive oder passive latente Steuern? Wie lauten die Buchungssätze zum 31.12.t1 und 31.12.t2, wenn die Pensionsrückstellung zum 31.12.t2 in der Handelsbilanz einen Umfang von 500 TEUR aufweist und in der Steuerbilanz 415 TEUR beträgt.

Aufgabe 10.4 (Latente Steuern)

Die angesetzten selbst erstellten immateriellen Vermögensgegenstände in der Handelsbilanz einer mittelgroßen GmbH belaufen sich zum 31.12.t2 auf 800 TEUR (Vorjahr 890 TEUR) und in der Steuerbilanz aufgrund des dort bestehenden Ansatzverbots auf 0 TEUR (Vorjahr 0 TEUR). Sind für diesen Sachverhalt aktive oder passive latente Steuern anzusetzen? Wie lautet der Buchungssatz zum 31.12.t2, wenn sich der Steuersatz auf 32 % beläuft und das Unternehmen aktive und passive latente Steuern unsaldiert ausweist?

Aufgabe 10.5 (Latente Steuern)

Welche Ausweismöglichkeiten latenter Steuern bestehen bei einem Unternehmen, wenn insgesamt aktive latente Steuern von 500 TEUR und passive latente Steuern von TEUR 470 bestehen.

Aufgaben zu Kapitel 11:

Aufgabe 11.1 (Optionen)

Am 01.07.t2 umfasst der Aktienbestand von Unternehmen Investor 8.000 Aktien der »Schönes Unternehmen AG«. Unternehmen »Investor« weist die Aktien im Umlaufvermögen zu 300 EUR/Aktie aus (ursprüngliche Anschaffungskosten 350 EUR/Aktie). Die Aktien sollen am 30.06.t3 veräußert werden. Am 01.07.t2 erwirbt Unternehmen »Investor« zur Absicherung gegen sinkende Kurse 8.000 europäische Verkaufsoptionen mit einer Laufzeit von einem Jahr (Ausübung am 30.06.t3) bei einem Basispreis von 300 EUR/Aktie. Die Optionsprämie beläuft sich auf 15 EUR/Option. Die Entwicklung der Werte für die Aktien und Optionen stellt sich wie folgt dar.

Zeitpunkt	Kurs der Aktie	Wert der Option	Innerer Wert der Option	Zeitwert der Option
01.07.t2	300	15	0	15
31.12.t2	275	37	25	12
30.06.t2	250	50	50	0

Stellen Sie Ansatz und Bewertung der Aktien sowie der Option beim Käufer sowie Verkäufer der Optionen zu den drei Stichtagen dar. Geben Sie dafür die Buchungsätze an. Sofern die Option ausgeübt wird, erfolgt eine physische Lieferung.

Aufgabe 11.2 (Bewertungseinheiten)

a. Ist die Designation von Rohstoffen, Verbindlichkeiten aus Lieferungen und Leistungen und Derivaten als Grundgeschäft im Rahmen der Bildung einer Bewertungseinheit möglich?
b. Wie lässt sich die »hohe Wahrscheinlichkeit« zur Durchführung von erwarteten Transaktionen beurteilen bzw. prüfen?
c. Geben Sie Beispiele für originäre Finanzinstrumente an.
d. Erläutern Sie ein Beispiel für die Absicherung eines Risikos mittels eines originären Finanzinstruments als Sicherungsgeschäft.

Aufgabe 11.3 (Derivate und Bewertungseinheiten)

Unternehmen »Investition AG« erwirbt am 01.08.t1 eine festverzinsliche Anleihe zu einem Preis von 500 TEUR zwecks langfristiger Mittelanlage. Zur Absicherung der Anleihe gegen Marktwertschwankungen aufgrund von Zinssatzänderungen schließt das Unternehmen einen Zinsswap ab. Dabei zahlt die »Investition AG« einen Festzins und erhält dafür variable Zinsen auf einen Betrag von 500 TEUR.

Am 31.12.t1 steigt der Marktwert der Anleihe um 50 TEUR aufgrund einer Senkung des Marktzinssatzes. Durch eine Verschlechterung der Bonität des Schuldners sinkt dagegen der Marktwert der Anleihe um 12 TEUR, so dass sich insgesamt der Zeitwert der Anleihe zum 31.12.t1 auf 538 TEUR beläuft. Der Marktwert des Zinsswaps ist zum 31.12.t1 um 43 TEUR gesunken.

a. Erläutern Sie die Behandlung der Anleihe und des Zinsswaps im handelsrechtlichen Jahresabschluss zum 01.08.t1 sowie 31.12.t1, wenn keine Bewertungseinheit gebildet wird. Geben Sie in diesem Zusammenhang auch die Buchungssätze zum 31.12.t1 an.

b. Erläutern Sie die Behandlung der Anleihe und des Zinsswaps im handelsrechtlichen Jahresabschluss zum 31.12.t1, wenn eine Bewertungseinheit gebildet wird. Unterstellen Sie, dass die Voraussetzungen zur Bildung einer Bewertungseinheit nach § 254 HGB vorliegen. Gehen Sie auch auf die verschiedenen Möglichkeiten der Abbildung im Jahresabschluss ein und nennen Sie die Buchungssätze.

Aufgabe 11.4 (Bewertungseinheiten)

Die »Sicherung AG« hat mit Lieferung am 30.9.t2 Vorräte (Grundgeschäft) zu 400 TEUR erworben und sie mittels eines Derivats (Sicherungsgeschäft) abgesichert. Der Zeitwert des Derivats am 30.9.t2 beläuft sich auf 0 EUR.

Am Abschlussstichtag zum 31.12.t2 weisen die Vorräte einen Zeitwert von 320 TEUR auf. Die Wertänderung entfällt mit -85 TEUR auf das abgesicherte Risiko und mit +5 TEUR auf nicht abgesicherte Risiken. Der Zeitwert des Sicherungsgeschäfts beläuft sich am Abschlussstichtag auf 70 TEUR. Die Wertänderung entfällt dabei vollständig auf das abgesicherte Risiko.

a. Wie lauten die Buchungssätze für die Bewertung der Vorräte und des Derivats zum 31.12.t2, wenn die »Sicherung AG« eine Bewertungseinheit aus Grund- und Sicherungsgeschäft im handelsrechtlichen Jahresabschluss bildet und die Einfrierungsmethode anwendet? Erläutern Sie die Vorgehensweise kurz.

b. Ändert sich etwas an Ihren Ausführungen zu a), wenn es sich nicht um bereits am 30.9.t2 gelieferte Vorräte handelt, sondern der Kaufvertrag vom 30.9.t2 erst eine Lieferung am 31.1.t3 vorsieht?

c. Sollte die »Sicherung AG« im handelsrechtlichen Jahresabschluss eher die Einfrierungs- oder die Durchbuchungsmethode anwenden, sofern der Finanzvorstand der »Sicherung AG« eine möglichst hohe Eigenkapitalquote anstrebt? Begründen Sie Ihre Antwort.

d. Wie lauten die Buchungssätze zum 31.12.t2 bei Bildung einer Bewertungseinheit aus Grund- und Sicherungsgeschäft im handelsrechtlichen Jahresabschluss bei Anwendung der Durchbuchungsmethode? Die Vorräte wurden wie Fall a) am 30.09.t2 schon geliefert.

Aufgabe 11.5 (Derivate und Bewertungseinheiten)

Unternehmen »Automobilzulieferer AG« beabsichtigt Mitte t4 Vorräte mit einem Volumen von Mio. 10 Yen in Japan einzukaufen. Zum 31.10.t3 war der Vertrag noch nicht abgeschlossen. Allerdings befand man sich im Endstadium der Verhandlungen, so dass das Unternehmen »Automobilzulieferer AG« den Einkauf mit hoher Wahrscheinlichkeit erwartete. Zur Absicherung gegen Wechselkursschwankungen hat Unternehmen »Automobilzulieferer AG« am 31.10.t3 daher Mio. 10 Yen zum

30.6.t4 zu einem Kurs von 1 EUR = 140 Yen auf Termin gekauft, was dem Kurs am 31.10.t3 entsprach. Am 31.12.t3 beträgt der Wechselkurs 1 EUR = 120 Yen und am 30.6.t4 beläuft er sich auf 1 EUR = 125 Yen.

a. Wie ist diese Absicherung im handelsrechtlichen Jahresabschluss von Unternehmen »Automobilzulieferer AG« zu bilanzieren, wenn zulässigerweise eine Bewertungseinheit gebildet wird? Geben Sie auch die Buchungssätze zum 31.10. t3, 31.12.t3 sowie in t4 an. Gehen Sie davon aus, dass der Einkauf der Vorräte im erwarteten Volumen tatsächlich am 30.6.t4 erfolgt.
b. Ergeben sich gegebenenfalls Änderungen zu Teilaufgabe a), wenn Unternehmen »Automobilzulieferer AG« am 31.10.t3 den Einkaufsvertrag schon abgeschlossen hätte? Alle anderen Daten, Annahmen sowie Angaben aus Teilaufgabe a) gelten unverändert. Erläutern Sie mögliche Änderungen und geben Sie auch die gegebenenfalls zu den einzelnen Zeitpunkten notwendigen Buchungssätze an.

Aufgaben zu Kapitel 12:

Aufgabe 12.1

Unter welchen Posten in der GuV nach den Gliederungsschemata des Gesamtkostenverfahrens nach § 275 Abs. 2 HGB und des Umsatzkostenverfahrens nach § 275 Abs. 3 HGB sind die folgenden Sachverhalte auszuweisen.

a. Materialaufwand für die Herstellung eines Produkts, welches in der gleichen Periode veräußert wurde.
b. Materialaufwand für die Herstellung eines zum Verkauf bestimmten Fertigerzeugnisses, welches sich am Ende der Periode noch auf Lager befindet.
c. Personalaufwand für die Fertigung einer zur eigenen Nutzung bestimmten Maschine.
d. Zinsaufwendungen aus der Aufzinsung von Rückstellungen.
e. Veräußerungsgewinn aus dem Verkauf einer Beteiligung.
f. Gewerbeertragsteuer und latente Steuern.
g. Aufwendungen für die Miete eines Verwaltungsgebäudes.

Aufgabe 12.2

Welche der folgenden Aussagen zur GuV sind richtig, welche falsch?

a. Während die GuV eines Einzelunternehmens in Kontoform aufgestellt werden kann, muss die Darstellung der GuV einer GmbH in Staffelform erfolgen.
b. Sowohl eine OHG als auch eine AG können die GuV unter Anwendung des Umsatzkostenverfahrens oder des Gesamtkostenverfahrens erstellen.
c. Der Ausweis der Umsatzerlöse, des Ergebnisses und der Materialaufwendungen entsprechend sich nach Gesamt- und Umsatzkostenverfahren.

d. Obwohl der Posten einer GuV nach den Gliederungsschemata des § 275 HGB weder im laufenden noch im Vorjahr einen Wert aufweist, muss der Posten ausgewiesen werden.

Aufgaben zu Kapitel 13:

Aufgabe 13.1

Welche der folgenden Aussagen zum Anhang sind richtig, welche falsch?

a. Wie auch für Bilanz und GuV wird nach HGB in den ergänzenden Vorschriften für Kapitalgesellschaften eine bestimmte Struktur für den Anhang vorgegeben.
b. Im Anhang müssen abweichend zu Bilanz und GuV keine Vorjahreswerte angegeben werden.
c. Die beim Umsatzkostenverfahren in den Herstellungskosten, Vertriebskosten und Verwaltungskosten ausgewiesenen Personalaufwendungen sind entsprechend des Ausweises beim Gesamtkostenverfahren im Anhang aufzuführen.
d. Im Anhang ist auch die wirtschaftliche Nutzungsdauer eines entgeltlich erworbenen Geschäfts- oder Firmenwerts anzugeben.
e. Angabepflichten im Anhang ergeben sich einzig aus den Regelungen des HGB.
f. Der Anhang besitzt eine Informations-, Entlastungs- und Ergänzungsfunktion.
g. Für eine GmbH & Co. KG besteht keine Verpflichtung einen Anhang aufzustellen.
h. Der Anhang darf auch freiwillige, über die gesetzlichen Vorgaben hinaus gehende Informationen enthalten.
i. Obwohl eine Segmentberichterstattung freiwillig ist, hat der Anhang grundsätzlich eine Segmentierung der Umsatzerlöse nach Tätigkeitsbereichen und geografisch bestimmten Märkten des Unternehmens zu enthalten.

Aufgabe 13.2

Der Abschlussstichtag der »Schönes Wohnen GmbH« ist der 31.12.t1. Während der Erstellung des Jahresabschlusses brennt am 28. Januar t2 eine große Fertigungshalle des Unternehmens ab.

a. Erläutern Sie, ob und wie der Sachverhalt im Jahresabschluss der GmbH zum 31.12.t1 zu berücksichtigen ist.
b. Ergeben sich Unterschiede zu Aufgabe a), wenn es sich bei dem Unternehmen nicht um eine GmbH, sondern um eine OHG handelt?

Aufgabe 13.3

Die sonstigen betrieblichen Erträge einer großen GmbH belaufen sich auf 900 Mio. EUR (Vorjahr 700 Mio. EUR). Der Jahresüberschuss des Unternehmens beträgt 600

Mio. EUR (Vorjahr 620 Mio. EUR). In den sonstigen betrieblichen Erträgen sind Veräußerungsgewinne aus dem Verkauf von Beteiligungen von 400 Mio. EUR enthalten (Vorjahr 350 Mio. EUR). Müssen die Veräußerungsgewinne des Geschäftsjahres und des Vorjahres im Anhang der GmbH angegeben werden?

Aufgaben zu Kapitel 14:

Aufgabe 14.1

Welche der folgenden Aussagen zum Lagebericht sind richtig, welche falsch?

a. Im Sinne des § 267 HGB mittelgroße haftungsbeschränkte Personengesellschaften haben einen Lagebericht zu erstellen.
b. Unter das PublG fallende große Personenhandelsgesellschaften haben einen Lagebericht zu erstellen.
c. Der Lagebericht ist neben Bilanz, GuV und Anhang Bestandteil des Jahresabschlusses einer nach § 267 HGB großen Kapitalgesellschaft.
d. Der Lagebericht hat unter Beachtung der GoB ein den tatsächlichen Verhältnissen entsprechendes Bild der Vermögens-, Finanz- und Ertragslage des Unternehmens zu vermitteln.
e. Neben den Risiken müssen im Prognosebericht auch die Chancen der voraussichtlichen künftigen Entwicklung angegeben und beurteilt werden.
f. Alle Unternehmen, die einen Lagebericht aufzustellen haben, müssen einen Bilanzeid abgeben.
g. Sofern ein Unternehmen kein Konzept zur Erfassung und Berücksichtigung von Umweltbelangen hat, muss das Unternehmen bei Abgabepflicht einer nichtfinanziellen Erklärung in dieser klar und begründet erläutern, warum es kein diesbezügliches Konzept verfolgt.
h. Ein zur Abgabe einer nichtfinanziellen Erklärung verpflichtetes Unternehmen muss auf die Bekämpfung von Korruption und Bestechung eingehen.

Aufgabe 14.2

a. Erläutern Sie, welche Unternehmen einen Bilanzeid zum Lagebericht abzugeben haben.
b. Stellt die Versicherung der gesetzlichen Vertreter des Unternehmens zum Lagebericht (Bilanzeid zum Lagebericht) einen Bestandteil des Lageberichts dar?

Aufgabe 14.3

Wie soll eine Vereinheitlichung der in der künftigen Nachhaltigkeitsberichterstattung darzustellenden Angaben erfolgen?

16   Lösungshinweise zu den Übungsaufgaben

Die Lösungshinweise sind absichtlich nur in Kurzform aufgeführt. Sollten Lösungen nicht nachvollziehbar sein oder Verständnisprobleme bestehen, empfiehlt es sich, das jeweils relevante Kapitel noch einmal durchzuarbeiten.

Lösungshinweise der Aufgaben zu Kapitel 1:

Lösung Aufgabe 1.1

richtig: a), d), f), g); falsch: b), c), e), h)

Lösung Aufgabe 1.2

a. ... Bilanz, GuV und Anhang.
b. ... Lagebericht...
c. ... eine Kapitalflussrechnung und einen Eigenkapitalspiegel.
d. ... Bilanz und GuV.
e. ... Bilanz, GuV und Anhang.
f. ... Anhang, Kapitalflussrechnung, Eigenkapitalspiegel, Segmentberichterstattung und Lagebericht.

Lösung Aufgabe 1.3

a. Erträge – Aufwendungen = Erfolg, hier 210 TEUR – 140 TEUR = 70 TEUR, da hier ein positiver Wert resultiert, liegt ein Jahresüberschuss vor. Ausweis in der GuV.
b. Reinvermögen = 860 TEUR + 70 TEUR = 930 TEUR (Ermittlung über das Eigenkapitalkonto) oder alternativ 2.060 TEUR – 450 TEUR – 680 TEUR = 930 TEUR (Ermittlung über die Bilanz). Ausweis in der Bilanz.
c. Ein positiver Erfolg (Jahresüberschuss) ist eine Reinvermögensmehrung (d.h. Anfangsbestand Reinvermögen + Jahresüberschuss = Endbestand Reinvermögen), ein negativer Erfolg (Jahresfehlbetrag) stellt eine Reinvermögensminderung dar (d.h. Anfangsbestand Reinvermögen – Jahresfehlbetrag = Endbestand Reinvermögen).
d. Bilanzsumme = 2.060.

Lösung Aufgabe 1.4

a. Falsch. Nur aus Bilanz und GuV, nicht Anhang.
b. Falsch. Es fehlt als Jahresabschlussbestandteil der Anhang. Zudem gehört der Lagebericht nicht zum Jahresabschluss, sondern steht ergänzend neben diesem.
c. Richtig.
d. Falsch. Zusätzlich hat eine Kapitalgesellschaft und damit auch die GmbH die Vorschriften für alle Kaufleute (§§ 238 bis 263 HGB) anzuwenden.
e. Falsch. Die GuV stellt eine Zeitraumrechnung dar und enthält die Aufwendungen und Erträge für das abgelaufene Geschäftsjahr bzw. die abgelaufene Periode.
f. Falsch. Es ist ebenfalls an die internen Adressaten gerichtet.
g. Richtig.
h. Richtig.

Lösungshinweise der Aufgaben zu Kapitel 2:

Lösung Aufgabe 2.1

Siehe hierzu die Erläuterungen in Kapitel 2.2.3.

Lösung Aufgabe 2.2

a. 75 % Ertrag in t1 (180 TEUR), 25 % Ertrag in t2 (60 TEUR) auf Basis der Abgrenzung zeitraumbezogener Erträge (Realisationsprinzip).
1.4.t1 Bank an Ertrag 240 TEUR
31.12.t1 Ertrag an PRAP 60 TEUR
1.1.t2 PRAP an Ertrag 60 TEUR
b. Aufwand aus dem Materialeinsatz in t1.
Aufwand (Materialaufwand) an Rohstoffe 400 TEUR und
Fertigerzeugnisse an Ertrag (Bestandserhöhung fertiger Erzeugnisse) 400 TEUR
Damit gleichen sich Aufwand und Ertrag aus. Aufgrund des Realisationsprinzips sind den bereits realisierten Erträgen aus dem Ansatz fertiger Erzeugnisse die zugehörigen Aufwendungen (hier der Materialaufwand) zuzuordnen.
[Januar t2: Aufwand (Bestandsminderung) an Fertigerzeugnisse 400 TEUR und Forderungen an Ertrag (Umsatzerlöse)]
c. Aufwand vollständig in t1 (Abschlussstichtagsprinzip und wertbegründendes Ereignis in t1).
Dezember t1: Aufwand (Abschreibungen) an Sachanlagen 120 TEUR
d. Aufwand vollständig in t2 (Abschlussstichtagsprinzip und wertbegründendes Ereignis in t2).
Januar t2: Aufwand (Abschreibungen) an Sachanlagen 120 TEUR
(Anmerkung: Keine Verursachung in t1, daher greift auch nicht das Imparitätsprinzip).

e. Aufwand in t1 (Realisationsprinzip, Aufwand ist dem Ertrag aus dem Verkauf des Produkts in t1 zuzuordnen).
Dezember t1: Aufwand (sonstiger betrieblicher Aufwand) an Rückstellungen 50 TEUR

f. Ertrag vollständig in t1 (Realisationsprinzip).
in t1: Forderungen an Ertrag (Umsatzerlöse) 80 TEUR
in t2: Bank an Forderungen 80 TEUR

g. Ertrag vollständig in t2 (Realisationsprinzip).
Juni t1: Bank an erhaltene Anzahlungen (Verbindlichkeiten) 300 TEUR
Oktober t2: Erhaltene Anzahlungen an Ertrag (Umsatzerlöse) 300 TEUR

h. Verteilung des Aufwands gleichmäßig über die Nutzungsdauer mittels Abschreibungen aufgrund des Realisationsprinzips.
1. Januar t1: Sachanlagen an Bank 60 TEUR
31. Dezember t1: Aufwand (Abschreibungen) an Sachanlagen 20 TEUR
31. Dezember t2: Aufwand (Abschreibungen) an Sachanlagen 20 TEUR
31. Dezember t3: Aufwand (Abschreibungen) an Sachanlagen 20 TEUR

i. Aufwand (drohender Verlust aus dem schwebenden Geschäft) vollständig in t1 (Imparitätsprinzip).
Aufwand (Materialaufwand) an Drohverlustrückstellungen 30 TEUR

Lösung Aufgabe 2.3

1. Ja, da der Unternehmensbestand für die nächsten 12 Monate (nächstes Geschäftsjahr) gesichert ist. Insofern gilt das Unternehmensfortführungsprinzip zum 31. Dezember t2. (Anmerkung: Es gilt aber nicht mehr am 31. Dezember t3).
2. Nein, durch die Eröffnung des Insolvenzverfahrens und weil nicht mit einer Sanierung zu rechnen ist, kann nicht mehr von einer Fortführung des Unternehmens ausgegangen werden.

Lösung Aufgabe 2.4

a. Der Zahlungseingang der Forderung im Januar t2 ist ein werterhellendes Ereignis, damit Ansatz der Forderung zum 31.12.t1 in voller Höhe (und Rückgängigmachung der Abschreibung).
b. Der nach dem Abschlussstichtag stattfindende Eintritt des neuen Großinvestors stellt ein wertbegründendes Ereignis nach dem Abschlussstichtag dar. Die Forderung bleibt damit im Jahresabschluss zum 31.12.t1 in voller Höhe wertberichtigt. Die Zuschreibung der Forderung erfolgt erst in t2.
c. Die im Dezember t1 vorgenommene Insolvenzanmeldung stellt ein in t1 und damit vor dem Abschlussstichtag verursachtes Ereignis dar. Da dieses noch vor Aufstellung des Jahresabschlusses bekannt wird, ist die Kenntniserlangung als werterhellendes Ereignis im Jahresabschluss zum 31.12.t1 zu berücksichtigen. Die Forderung bleibt insofern in voller Höhe wertberichtigt.

Lösung Aufgabe 2.5

November t2: – (Beginn schwebendes Geschäft)
Dezember t2: Waren an Bank 72 (→ weder Gewinn noch Verlust in t2 aufgrund
           des Realisationsprinzips)
Februar t3:   Forderungen an Ertrag (Umsatzerlöse) 80 TEUR (Realisationszeit-
           punkt ist die Lieferung an den Kunden) und
           Aufwand (Materialaufwand) an Waren 72 TEUR (→ Gewinn von 8
           TEUR in t3)

Lösung Aufgabe 2.6

Dezember t2: Waren an Bank 85 TEUR und
           Aufwand (Materialaufwand) an Waren 5 TEUR (= unrealisierter Ver-
           lust von 5 TEUR aufgrund des Einkaufs für 85 TEUR und des Ver-
           kaufs für 80 TEUR, zwingende Erfassung in t2 wegen des Imparität-
           sprinzips).
Februar t3:   Forderung an Ertrag (Umsatzerlöse) 80 TEUR und
           Aufwand (Materialaufwand) an Waren 80 TEUR
           Damit ergibt sich weder ein Gewinn noch Verlust in t3, da der Ver-
           lust in t2 schon antizipiert wurde.

Lösung Aufgabe 2.7

t2: Umsatzerlöse 60.000 TEUR, Herstellungskosten 50.000 TEUR und in gleicher Höhe von 50.000 TEUR Ertrag aus der Bestandserhöhung fertiger Erzeugnisse, Aufwand 40.000 TEUR aus der Entnahme der auf Lager befindlichen Fertigerzeugnisse bei Verkauf (Bestandsminderung fertiger Erzeugnisse), Vertriebskosten 640 TEUR, Gewinn t2 = 19.360 TEUR
t3: Umsatzerlöse 15.000 TEUR, Aufwand aus der Bestandsminderung fertiger Erzeugnisse (Lagerentnahme) 10.000 TEUR, Vertriebskosten 160 TEUR, Gewinn t3 = 4.840 TEUR

Lösung Aufgabe 2.8

Unzulässig: 1, 2a), 2b) und 2c)

Lösung Aufgabe 2.9

a. Unzulässig (Bezeichnungs-, Gliederungs- und Ausweisstetigkeit, § 243 Abs. 2 und § 265 Abs. 1 und 2 HGB).
b. Zulässig (unterschiedliche Sachverhalte können bzw. müssen auch unterschiedlich bewertet werden).

c. Unzulässig (Bewertungsmethodenstetigkeit § 252 Abs. 1 Nr. 6 HGB, Änderungen nur bei Vorliegen sachlicher Gründe möglich).

Lösung Aufgabe 2.10

a. Wertbegründendes Ereignis in t3. Keine Berücksichtigung der Abschreibung der Lagerhalle in t2, sondern erst Erfassung des Aufwands in t3.
b. Abschreibung der uneinbringlichen Forderung zum 31. Dezember t2 (Werterhellung durch Bekanntwerden in t3 des in t2 verursachten Ereignisses).
c. Erfassung des Nachbesserungsaufwands zum 31. Dezember t2 (Werterhellung durch Bekanntwerden in t3 des in t2 verursachten Ereignisses).
d. Erbschaft ist wertbegründendes Ereignis in t3. Zum 31. Dezember t2 Pflicht zur Wertberichtigung der Forderung (Aufwand in t2). Im Februar t3 Ertrag aus der Zuschreibung der Forderung.

Lösung Aufgabe 2.11

richtig: a), d), f), g); falsch: b), c), e), h), i)

Lösungshinweise der Aufgaben zu Kapitel 3:

Lösung Aufgabe 3.1

a. Ja, weil wirtschaftlicher Wert (hier Recht auf Nutzung), der selbständig bewertbar (Anschaffungskosten von 80 TEUR) und selbständig verwertbar (kann weiterveräußert werden).
b. Nein, nicht selbständig verwertbar und auch nicht selbständig bewertbar (Höhe Vorteil der Umsatzsteigerung (= wirtschaftlicher Wert durch die Werbemaßnahmen) nicht ermittelbar).
c. Ja, weil wirtschaftlicher Wert, der selbständig bewertbar und verwertbar.

Lösung Aufgabe 3.2

a. Aktivierungsverbot
b. Aktivierungsgebot im Anlagevermögen
c. Aktivierungsgebot im Umlaufvermögen
d. Aktivierungsgebot im Umlaufvermögen
e. Aktivierungswahlrecht im Anlagevermögen
f. Aktivierungsgebot im Umlaufvermögen

Lösung Aufgabe 3.3

a. Hohes Ergebnis in t2 heißt möglichst wenig Aufwand in t2, d. h. Disagio aktivieren, statt direkt in t2 als Aufwand verrechnen.

    1. Juli t2: Bank 201,6 TEUR
          Disagio (aktiver Rechnungsabgrenzungsposten) 8,4 TEUR
          an Darlehen 210 TEUR
    31. Dezember t2: Aufwand (Zinsen und ähnliche Aufwendungen) an Disagio
          1,4 TEUR
    31. Dezember t3: Aufwand (Zinsen und ähnliche Aufwendungen) an Disagio
          2,8 TEUR
    31. Dezember t4: Aufwand (Zinsen und ähnliche Aufwendungen) an Disagio
          2,8 TEUR
    30. Juni t5: Aufwand (Zinsen und ähnliche Aufwendungen) an Disagio 1,4 TEUR
          und Darlehen an Bank 210 TEUR

b. Geringes Ergebnis in t2 heißt möglichst viel Aufwand in t2 verrechnen, d. h. keine Verteilung des Disagios über die Laufzeit.
    1. Juli t2: Bank 201,6 TEUR
          Aufwand (Zinsen und ähnliche Aufwendungen) 8,4 TEUR
          an Darlehen 210 TEUR
    31. Dezember t2: --, 31. Dezember t3: --, 31. Dezember t4: --
    30. Juni t5: Darlehen an Bank 210 TEUR

Lösung Aufgabe 3.4

richtig: a), d), f), h); falsch: b), c), e), g), i), j)

Lösung Aufgabe 3.5

Am 31. Dezember t1 liegt ein schwebendes Geschäft vor, da die Lieferung der Rohstoffe noch nicht erfolgt ist. Es werden weder die Rohstoffe noch eine Verbindlichkeit in der Bilanz angesetzt. Die Rohstoffe und die Zahlung werden erst am 31. Januar t2 erfasst (Rohstoffe 4.000 TEUR, Vorsteuer 760 TEUR an Bank 4.760 TEUR).

Da allerdings am 31. Dezember t1 der Marktpreis gesunken ist, muss am 31. Dezember t1 eine Rückstellung für drohende Verluste aus schwebenden Geschäften in Höhe von 1.000 TEUR passiviert werden (§ 249 Abs. 1 S. 1) [Aufwand (Materialaufwand) an Rückstellungen 1.000 TEUR].

Lösungshinweise der Aufgaben zu Kapitel 4:

Lösung Aufgabe 4.1:

100.000 − 5.000 + 1.500 + 400 + 3.000 = 99.900 EUR
Die Zinsen gehören nicht zu den Anschaffungskosten (Aktivierungsverbot). Das Wahlrecht besteht nur für Herstellungskosten.

Lösung Aufgabe 4.2

$320.000 - (0,04 \times 320.000) - (0,02 \times 307.200) = 320.000 - 12.800 - 6.144 = 301.056$
$301.056 + 5.000 - (0,02 \times 5.000) + 6.000 - (0,02 \times 6.000) = 311.836$ EUR

Lösung Aufgabe 4.3

$80.000 - (0,03 \times 80.000) + 750 + 3.000 = 81.350$ EUR
Es sind im Gegensatz zu den Herstellungskosten nur die Einzelkosten in die Anschaffungskosten miteinzubeziehen. Für die Gemeinkosten besteht ein Verbot. Sie sind direkt erfolgswirksam zu behandeln.

Lösung Aufgabe 4.4

a. Materialeinzelkosten 10,50, Materialgemeinkosten 4,1, Fertigungseinzelkosten 20, Fertigungsgemeinkosten 21,3, **Wertuntergrenze 55,9**, Verwaltungsgemeinkosten 9,5, **Wertobergrenze 65,4,** (Verbote = 28,30) (alle Werte in EUR)
b. Ansatz zu 55,9 EUR (Wertuntergrenze)

Lösung Aufgabe 4.5

Wertuntergrenze = $0,4 \times (300.000 + 400.000) = 280.000$ EUR
Wertobergrenze = $0,4 \times (700.000 + 200.000 + 20.000) = 368.000$ EUR

Lösung Aufgabe 4.6

Wertuntergrenze = 815 EUR, Wertobergrenze = 865 EUR

Lösung Aufgabe 4.7

a. Richtig, es bestehen keine Alternativen, weil die Anschaffungskosten die Obergrenze darstellen und damit nicht überschritten werden dürfen.
b. Es ist eine Zuschreibung auf 140 TEUR erforderlich (bis maximal zu den Anschaffungskosten), sofern wie hier die Gründe für die außerplanmäßige Abschreibung nicht mehr bestehen.
c. Durch die fehlende Nutzungsabsicht der Maschine und die mangelnde Verkaufsmöglichkeit beläuft sich der niedrigere beizulegende Wert der Maschine dauerhaft auf 0 EUR. Insofern besteht ein Abschreibungspflicht auf 0 EUR. [Hinweis zur Bestimmung des niedrigeren beizulegenden Werts: Aufgrund fehlender Nutzungsabsicht ist für die Bestimmung des niedrigeren beizulegenden Zeitwerts dieses Gegenstands des Anlagevermögens auf den Einzelveräußerungspreis statt den Wiederbeschaffungspreis abzustellen. Da in diesem Fall allerdings kein Absatzmarkt besteht, verbleibt nur die Verwendung eines Ertragswerts. Beim Ertragswert werden künftige Einzahlungsüberschüsse aus der

Nutzung der Maschine auf den Bewertungsstichtag abgezinst. Da aufgrund mangelnder Nutzungsabsicht keine Einzahlungsüberschüsse anfallen, beläuft sich der Ertragswert und damit der niedrigere beizulegende Wert der Maschine auf 0 EUR.]

d. Die fortgeführten Anschaffungskosten von 45 TEUR (hier der Buchwert) stellen die Wertobergrenze dar. Da der Zeitwert diese Obergrenze überschreitet, besteht ein Zuschreibungsverbot.

e. Das sich der Zeitwert auf 25 TEUR beläuft und unterhalb der fortgeführten Anschaffungskosten von 45 TEUR liegt, ist aufgrund der Nachhaltigkeit der Wertminderung (dauerhafte Wertminderung) zwingend eine außerplanmäßige Abschreibung von 20 TEUR vorzunehmen.

f. Richtig, ein Ansatz oberhalb der Anschaffungskosten scheidet aus. Zudem ist eine Antizipation künftiger Wertschwankungen nicht möglich, sondern es sind die Wertverhältnisse am Abschlussstichtag zugrunde zu legen (Abschlussstichtagsprinzip und Abgrenzungsgrundsätze).

g. Es besteht eine Zuschreibungspflicht auf 30 TEUR. Das Insolvenzverfahren wurde in t2 abgeschlossen (realisiert). Damit sind die Gründe für die außerplanmäßige Abschreibung von 30 TEUR weggefallen.

Lösungshinweise der Aufgaben zu Kapitel 5:

Lösung Aufgabe 5.1

richtig: b), c), d), e), h); falsch: a), f), g)

Lösungshinweise der Aufgaben zu Kapitel 6:

Lösung Aufgabe 6.1

Bei beiden Posten handelt es sich um Vermögensgegenstände. Sofern sie dauernd dem Geschäftsbetrieb zu dienen bestimmt sind, werden sie im Anlagevermögen unter dem Posten (§266 Abs. 2 A.) II. 1 bzw. III. 5 ausgewiesen. Sind sie nicht dauernd dem Geschäftsbetrieb zu dienen bestimmt, müssen die Grundstücke und Aktien zwingend im Umlaufvermögen ausgewiesen werden (unter den Vorräten bzw. den Wertpapieren des Umlaufvermögens).

Lösung Aufgabe 6.2

Anschaffungskosten der Maschine = 270 TEUR (ohne USt aber inklusive Nebenkosten)

Lineare Abschreibung

Jahr (t)	Buchwert zu Beginn des Jahres (RBW$_{t-1}$)	Abschreibungsbetrag (A$_t$)	Buchwert am Ende des Jahres
1	270	33,75	236,25
2	236,25	33,75	202,5
3	202,5	33,75	168,75
4	168,75	33,75	135
5	135	33,75	101,25
6	101,25	33,75	67,5
7	67,5	33,75	33,75
8	33,75	33,75	0

Geometrisch-degressive Abschreibung (25 %)

Jahr (t)	Buchwert zu Beginn des Jahres (RBW$_{t-1}$)	Abschreibungsbetrag (A$_t$)	Buchwert am Ende des Jahres
1	270	67,5	202,5
2	202,5	50,625	151,875
3	151,875	37,969	113,906
4	113,906	28,477	85,429
5	85,429	21,357	64,072
6	64,072	16,018	48,054
7	48,054	12,014	36,04
8	36,04	36,04	0

Arithmetisch-degressive Abschreibung

Summe der Nutzungsjahre = [8 × (8 + 1)] / 2 = 36 und Degressionsbetrag = 270 / 36 = 7,5

Jahr (t)	Buchwert zu Beginn des Jahres (RBW$_{t-1}$)	Abschreibungsbetrag (A$_t$)	Buchwert am Ende des Jahres
1	270	(8 × 7,5 =) 60	210
2	210	(7 × 7,5 =) 52,5	157,5

Jahr (t)	Buchwert zu Beginn des Jahres (RBW$_{t-1}$)	Abschreibungsbetrag (A$_t$)	Buchwert am Ende des Jahres
3	157,5	(6 × 7,5 =) 45	112,5
4	112,5	(5 × 7,5 =) 37,5	75
5	75	(4 × 7,5 =) 30	45
6	45	(3 × 7,5 =) 22,5	22,5
7	22,5	(2 × 7,5 =) 15	7,5
8	7,5	(1 × 7,5 =) 7,5	0

Leistungsabschreibung

Jahr (t)	Buchwert zu Beginn des Jahres (RBW$_{t-1}$)	Produzierte Stückzahl	Abschreibungsbetrag (A$_t$)	Buchwert am Ende des Jahres
1	270	80.000	43,2	226,8
2	226,8	75.000	40,5	186,3
3	186,3	100.000	54	132,3
4	132,3	90.000	48,6	83,7
5	83,7	65.000	35,1	48,6
6	48,6	45.000	24,3	24,3
7	24,3	30.000	16,2	8,1
8	8,1	15.000	8,1	0
Σ		500.000	270	

Übergang von geometrisch-degressiver auf lineare Abschreibung (im Jahr t6)

Jahr (t)	Geometrisch-degressive Abschreibung			Berechnung des Übergangs		RBW bei Wechsel
	RBW$_{t-1}$	At	RBW$_t$	Rest-ND	Lineare Abschreibung	
1	270	67,5	202,5	8	33,75	202,5
2	202,5	50,625	151,875	7	28,929	151,875
3	151,875	37,969	113,906	6	25,313	113,906

Jahr (t)	Geometrisch-degressive Abschreibung			Berechnung des Übergangs		RBW bei Wechsel
4	113,906	28,477	85,429	5	22,781	85,429
5	85,429	21,357	64,072	4	21,357	64,072
6	64,072	16,018	48,054	3	21,357	42,715
7	48,054	12,014	36,04	2	21,357	21,358
8	36,04	36,04	0	1	21,358	0

Lösung Aufgabe 6.3

a. Abschreibung jährlich jeweils 12 TEUR, Restbuchwerte jeweils zum 31.12.: t2 60 TEUR, t3 48 TEUR, t4 36 TEUR, t5 24 TEUR, t6 12 TEUR, t7 0 EUR
b. Dauerhafte Wertminderung, insofern Pflicht zur Vornahme einer außerplanmäßigen Abschreibung auf 30 TEUR zum 31.12.t4, damit Abschreibung in t4 von 18 TEUR, Restbuchwert 30 TEUR, in der Folge planmäßige Abschreibungen in t5 bis t7 von jeweils 10 TEUR (30 TEUR Restbuchwert / 3 Jahre Restnutzungsdauer), Restbuchwert 31.12.t5 20 TEUR, 31.12.t6 10 TEUR und 31.12.t7 0 EUR
c. Durch die Reparatur ergibt sich Ende t5 wieder ein Wert der Maschine von 24 TEUR (ursprüngliche unter a) ermittelte fortgeführte Anschaffungskosten statt 20 TEUR ohne Reparatur). Aufgrund der bestehenden Zuschreibungspflicht Ansatz der Maschine zum 31.12.t5 mit 24 TEUR (Abschreibung t5 10 TEUR, Ertrag aus Zuschreibung 4 TEUR). In t6 und t7 werden wieder jeweils 12 TEUR planmäßig abgeschrieben, die Restbuchwerte zum 31.12.t6 betragen 12 TEUR und zum 31.12.t7 0 EUR.

Lösung Aufgabe 6.4

a. Richtig, keine Alternativen möglich, Anschaffungskoste als Obergrenze.
b. Zuschreibung auf 140 TEUR erforderlich bis maximal zu den Anschaffungskosten, sofern wie hier die Gründe für die in der Vergangenheit vorgenommene außerplanmäßige Abschreibung nicht mehr bestehen.
c. Abschreibungspflicht auf 0, dauerhafte Wertminderung, keine Verkaufsmöglichkeit.
d. Die fortgeführten Anschaffungskosten betragen 30 TEUR (lineare Abschreibung von 15 TEUR für ein Jahr fehlt und ist noch durchzuführen) und repräsentieren die Wertobergrenze. Der Zeitwert liegt oberhalb, daher keine Korrektur. Der Ansatz zu Wiederbeschaffungskosten ist ausgeschlossen (weil Anlagevermögen).
e. Die fortgeführten Anschaffungskosten belaufen sich wie d) auf 30 TEUR. Aufgrund dauerhafter Wertminderung zusätzlich 5 TEUR außerplanmäßige Abschreibung auf 25 TEUR Pflicht.

Lösung Aufgabe 6.5

a. 100 – (130 + 20 – 62) = 100 – 88 = EUR 12 Mio.
b. Siehe Kapitel 6.5.1 (kein Vermögensgegenstand, wird aber qua gesetzlicher Fiktion zum Vermögensgegenstand erklärt, damit Ansatzgebot nach HGB).
c. Diverse Aktiva 150 (130 + 20)
   GoF 12
   an diverse Schuldposten 62
   an Bank 100
d. Da es sich beim GoF entsprechend der gesetzlichen Fiktion um einen zeitlich begrenzt nutzbaren Vermögensgegenstand handelt, ist er über die voraussichtliche wirtschaftliche Nutzungsdauer planmäßig abzuschreiben. Zudem bedarf es einer außerplanmäßigen Abschreibung bei einer voraussichtlich dauerhaften Wertminderung. Im Fall einer nur vorübergehenden Wertminderung besteht dagegen ein Abschreibungsverbot.
e. Pflicht einer außerplanmäßigen Abschreibung von EUR 1,8 Mio. aufgrund dauerhafter Wertminderung [von EUR 4,8 Mio. (bei 3 Jahren planmäßiger Abschreibung von jährlich EUR 2,4 Mio.) auf EUR 3 Mio.].
f. Zuschreibungsverbot für einen GoF [daher weiterhin planmäßige Abschreibung von EUR 1,5 Mio. (Restbuchwert EUR 3 Mio. / 2 Jahre Restnutzungsdauer) auf EUR 1,5 Mio.].

Lösung Aufgabe 6.6

a. Aktivierungsverbot
b. Aktivierungsgebot im Anlagevermögen
c. Aktivierungsgebot im Umlaufvermögen
d. Aktivierungsgebot im Umlaufvermögen
e. Aktivierungswahlrecht im Anlagevermögen
f. Aktivierungsgebot im Umlaufvermögen

Lösung Aufgabe 6.7

a. Aktivierungswahlrecht für die Entwicklungskosten zur Herstellung eines Spezialwerkzeugs, weil selbst erstellter immaterieller Vermögensgegenstand des Anlagevermögens (Know-how, was längerfristig genutzt werden soll). Aufgrund des gewünschten Ergebnisausweises Aktivierung des immateriellen Vermögensgegenstands in Höhe von 400 TEUR.
b. Aktivierungsverbot, da keine eindeutige Trennung von Forschung und Entwicklung möglich ist (und ein Verbot zum Ansatz von Forschungsaufwendungen besteht) – § 255 Abs. 2a S. 4 und Abs. 2 S. 4 HGB.

Lösungshinweise der Aufgaben zu Kapitel 7:

Lösung Aufgabe 7.1

a. Endbestand nach Fifo = 12.640 EUR, Endbestand nach Lifo = 11.050 EUR, Endbestand nach der Durchschnittsmethode = 12.507
b. Bewertung mittels Fifo und Durchschnittsmethode: Ansatz zu 11.760 EUR (strenges Niederstwertprinzip), Bewertung mittels Lifo: Ansatz zu 11.050 EUR

Lösung Aufgabe 7.2

a. Forderung am Stichtag 20 / 1,3 = 15,385 TEUR
   Aufwand an Forderungen 1,282 TEUR
b. Forderung am Stichtag 20 / 1,15 = 17,391 TEUR (weil kurzfristig)
   Forderungen an Ertrag 0,724 TEUR
c. Forderung unverändert am Stichtag 30 / 1,28 = 23,438 TEUR (weil langfristig)
d. Forderung am Stichtag = 0, vollständige Korrektur USt
   Aufwand 1.500 TEUR
   USt 285 TEUR
   an Forderungen 1.785 TEUR
e. Forderung am Stichtag 69 TEUR (keine Korrektur USt)
   Aufwand an Forderungen 50 TEUR
f. Forderung am Stichtag 50 / $1,04^2$ = 46,228 TEUR
   Forderungen an Umsatzerlöse 46,228 TEUR
g. Forderung am Stichtag 100 TEUR (keine Abzinsung, weil nicht un- oder niedrigverzinslich), Ausweis im Anlagevermögen unter Ausleihungen.
h. Forderung am Stichtag von 0 EUR (da verjährt und damit uneinbringlich).
   Aufwand an Forderungen 10 TEUR

Lösung Aufgabe 7.3

a. Richtig, kein Ansatz oberhalb der Anschaffungskosten und auch keine Antizipation künftiger Wertschwankungen.
b. Zuschreibungspflicht in t2 auf 30 TEUR (realisiertes Insolvenzverfahren in t2, so dass der Grund für die außerplanmäßige Abschreibung weggefallen ist).

Lösung Aufgabe 7.4

Im Umlaufvermögen gilt das strenge Niederstwertprinzip, d. h. es ist zwingend eine außerplanmäßige Abschreibung auf 420 EUR vorzunehmen trotz nur vorübergehender Wertminderung (480 – 420) × 6 = 360 EUR Wertminderung, Ansatz der Laptops mit 420 × 6 = 2.520 EUR.

Eine Antizipation künftiger Wertschwankungen und Abwertung auf 380 EUR ist nicht zulässig (Stichtagsprinzip, Prinzip der Periodenabgrenzung und Verursachungsprinzip).

Lösung Aufgabe 7.5

a. Ansatz des Erzes zu 390 TEUR (strenges Niederstwertprinzip im Umlaufvermögen, d. h. hier vorübergehende Wertminderung nicht entscheidungsrelevant).

b. Fertigerzeugnisse ohne Fremdbezugsmöglichkeit: Relevanz der Wertverhältnisse auf dem Absatzmarkt, hier 90 TEUR. Damit Ansatz in der Bilanz zu 90 TEUR wegen strengem Niederstwertprinzip (außerplanmäßige Abschreibung von 100 TEUR auf 90 TEUR).

c. Waren: Bewertung zum niedrigeren Wert aus Beschaffungs- und Absatzmarkt, hier 90 TEUR. Damit auch Ansatz in der Bilanz zu 90 TEUR wegen strengem Niederstwertprinzip (außerplanmäßige Abschreibung von 100 TEUR auf 90 TEUR).

d. Marktwert 90 TEUR, Anschaffungskosten 85 TEUR, damit Ansatz zu Anschaffungskosten von 85 TEUR (Anschaffungskosten als Obergrenze).

e. Ansatz des Grundstücks (Sachanlage) zu 1.000 TEUR, da vorübergehende Wertminderung (Abschreibungsverbot).

f. Beteiligung = Finanzanlagevermögen, daher zum 31.12.t2 Wahlrecht zur Abschreibung auf 28.000 TEUR oder Beibehaltung der ursprünglichen Anschaffungskosten von 30.000 TEUR (wegen vorübergehender Wertminderung).

g. Der Kraftstoff ist hier ein Betriebsstoff: Relevanz des Beschaffungsmarkts, hier 8 TEUR. Damit auch Ansatz in der Bilanz zu 8 TEUR wegen strengem Niederstwertprinzip (außerplanmäßige Abschreibung von 10 TEUR auf 8 TEUR).

h. Wie g) unverändert Relevanz des Beschaffungsmarkts, hier Wert zum 31.12.t2 11 TEUR. Damit wegen Anschaffungskostenprinzip Ansatz zu 10 TEUR in der Bilanz.

i. Umlaufvermögen, strenges Niederstwertprinzip, damit außerplanmäßige Abschreibung zwingend auf 12 TEUR.

j. Anlagevermögen, Wahlrecht für Finanzanlagen zur Vornahme einer außerplanmäßigen Abschreibung bei vorübergehender Wertminderung, damit Ansatz zu 15 TEUR oder zu 12 TEUR.

k. Finanzanlage und dauerhafte Wertminderung: Pflicht zur Vornahme einer außerplanmäßigen Abschreibung auf 12 TEUR.

Lösungshinweise der Aufgaben zu Kapitel 8:

Lösung Aufgabe 8.1

Bemessungsgrundlage 1 = 110 TEUR, Pflichtdotierung gesetzliche Rücklage = 5 % von 110 TEUR = 5,5 TEUR bis 10 % von 1.000 TEUR = 100 TEUR erreicht sind. D. h. die gesetzliche Rücklage ist zwingend um 4 TEUR (von 96 TEUR auf 100 TEUR) zu erhöhen. Da der Jahresüberschuss den Verlustvortrag deckt, besteht nach § 150 Abs. 3 AktG auch keine Möglichkeit zur Auflösung der gesetzlichen Rücklage.

Bemessungsgrundlage 2 = 110 TEUR – 4 TEUR = 106 TEUR. Da der maximale Betrag ausgeschüttet werden soll, erfolgt keine Einstellung in andere Gewinnrücklagen. Demnach können maximal 106 TEUR ausgeschüttet werden.

Dieser Betrag stellt die Bemessungsgrundlage für den Ergebnisverwendungsbeschluss der Hauptversammlung dar und ist im Jahresabschluss als Bilanzgewinn auszuweisen.

Lösung Aufgabe 8.2

Bemessungsgrundlage 1 = 300 TEUR, Pflichtdotierung der gesetzlichen Rücklage 5 % von 300 TEUR = 15 TEUR (bis Kapital- und gesetzliche Rücklage 10 % von 800 TEUR erreichen).

Bemessungsgrundlage 2 = 285 TEUR, davon können maximal 50 % in die anderen Gewinnrücklagen eingestellt werden (142,5 TEUR).

Das Eigenkapital setzt sich demnach aus folgenden Posten zusammen: Gezeichnetes Kapital 800 TEUR, Kapitalrücklage 10 TEUR, Gesetzliche Rücklage 45 TEUR, Andere Gewinnrücklagen 142,5 TEUR und Bilanzgewinn 302,5 TEUR (= 142,5 TEUR verbleibender Jahresüberschuss + 160 TEUR Gewinnvortrag), Summe Eigenkapital damit 1.300 TEUR.

Lösung Aufgabe 8.3

a. Anteile an verbundenen Unternehmen (im Umlaufvermögen, Ausweis unter Wertpapieren) an Bank 750 TEUR und
   Andere Gewinnrücklagen an Rücklage für Anteile an einem herrschenden Unternehmen 750 TEUR
   (Dotierung aus den anderen Gewinnrücklagen und nicht aus dem Bilanzergebnis, da ein möglichst hohes Bilanzergebnis gewünscht wird.)
b. Aufwand (Abschreibungen auf Finanzanlagen und auf Wertpapiere des Umlaufvermögens) an Anteile an verbundenen Unternehmen 50 TEUR (Abschreibungspflicht aufgrund strengen Niederstwertprinzips im Umlaufvermögen) und Rücklage für Anteile an einem herrschenden Unternehmen an andere Gewinnrücklagen 50 TEUR

Lösungshinweise der Aufgaben zu Kapitel 9:

Lösung Aufgabe 9.1

a. Ansatz am 31.12.t2 unverändert zum Erfüllungsbetrag von 300 TEUR, Ausweis unter »Verbindlichkeiten gegenüber Kreditinstituten« [Disagio von 9 TEUR: Wahlrecht zur Aktivierung in t1 und Verteilung über Laufzeit (Stand 31.12.t2 damit: 7,875 TEUR, Ausweis unter ARAP) oder vollständige Verrechnung als Aufwand in t1].

b. Ansatz als »Erhaltene Anzahlungen auf Bestellungen« in Höhe von 30 TEUR. [Alternativ besteht hinsichtlich des Ausweises nach § 268 Abs. 5 S. 2 HGB das Wahlrecht, die erhaltene Anzahlung offen mit den Vorräten zu saldieren, so dass ein Ausweis auf der Passivseite entfällt.]

c. Ansatz einer »Sonstigen Verbindlichkeit« von 2 TEUR.

d. Am 31.12.t2 Ansatz einer »Verbindlichkeit aus Lieferungen und Leistungen« von 600 TEUR (§ 256a S. 2).

e. Am 31.12.t2 Ansatz einer »Verbindlichkeit aus Lieferungen und Leistungen« von 618,75 TEUR (Höchstwertprinzip und Erfüllungsbetrag im Zugangszeitpunkt als Untergrenze).

f. Ansatz der langfristigen Fremdwährungsverbindlichkeit am 31.12.t2 als »Verbindlichkeiten gegenüber Kreditinstituten« in Höhe von 625 TEUR (Höchstwertprinzip).

g. Ansatz einer »Sonstigen Verbindlichkeit« zum Erfüllungsbetrag von 1.000 TEUR (Abzinsungsverbot wegen Realisationsprinzip).

h. Unverändert Abzinsungsverbot wegen Realisationsprinzip. Grundsätzlich Ansatz einer »Verbindlichkeit gegenüber Gesellschaftern« (§ 42 Abs. 3 GmbHG) zum Erfüllungsbetrag von 1.000 TEUR. Im Ausnahmefall Ausweis als »Sonstige Verbindlichkeit« und Angabe in der Bilanz oder im Anhang »davon gegenüber Gesellschaftern 1.000 TEUR«.

Lösung Aufgabe 9.2

a. Rückstellung für Instandhaltung nach § 249 Abs. 1 S. 2 Nr. 1 HGB.
Aufwand (Sonstige betriebliche Aufwendungen) an Sonstige Rückstellungen 30 TEUR

b. Verbot des Ansatzes einer Rückstellung nach § 249 Abs. 2 S. 1, laufender Aufwand in t3.

c. Ansatz einer Drohverlustrückstellung in Höhe von TEUR 100 (= 2 Jahre × 10 Maschinen × 5 TEUR Verlust) nach § 249 Abs. 1 S. 1 HGB.
Aufwand (Sonstige betriebliche Aufwendungen) an Sonstige Rückstellungen 100 TEUR

d. Rückstellung für ungewisse Verbindlichkeiten nach § 249 Abs. 1 S. 1 HGB.
Aufwand (Steuern vom Einkommen und vom Ertrag) an Steuerrückstellungen 200 TEUR

e. Verbot des Ansatzes einer Rückstellung nach § 249 Abs. 2 S. 1 HGB, laufender Aufwand in t3.

f. Rückstellung für ungewisse Verbindlichkeiten nach § 249 Abs. 1 S. 1 HGB.
Aufwand (Sonstige betriebliche Aufwendungen) an Sonstige Rückstellungen 1.200 TEUR

g. Rückstellung für ungewisse Verbindlichkeiten nach § 249 Abs. 1 S. 1 HGB, die Restlaufzeit beträgt mehr als 1 Jahr, damit Abzinsung mit 4 % nach § 253 Abs. 2 S. 1 HGB.

31.12.t2: Aufwand (Sonstige betriebliche Aufwendungen) an Sonstige Rückstellungen 184,91 TEUR

31.12.t3: Aufwand (Zinsen und ähnliche Aufwendungen) an Sonstige Rückstellungen 7,396 TEUR

h. Rückstellung für ungewisse Verbindlichkeiten nach § 249 Abs. 1 S. 1 HGB, die Restlaufzeit beträgt mehr als 1 Jahr, damit Abzinsung mit 4 % nach § 253 Abs. 2 S. 1 HGB.

31.12.t2: Aufwand an Sonstige Rückstellungen 256,44 TEUR

31.12.t3: Aufwand (Zinsen und ähnliche Aufwendungen) an Sonstige Rückstellungen 10,258 TEUR

i. Rückstellung für drohende Verluste aus schwebenden Geschäften nach § 249 Abs. 1 S. 1 HGB.

Aufwand (Materialaufwand) an Sonstige Rückstellungen 12 TEUR

Lösung Aufgabe 9.3

a. Verwendung eines laufzeitadäquaten durchschnittlichen Marktzinssatzes, Durchschnittsbildung über die letzten 10 Jahre (§ 253 Abs. 2 S. 1 HGB), alternativ bei Ermittlung des durchschnittlichen Marktzinssatzes Nutzung einer pauschalen Restlaufzeit von 15 Jahren (§ 253 Abs. 2 S. 2 HGB).

b. Zwang zur Saldierung Deckungsvermögen und Rückstellung (§ 246 Abs. 2 S. 2 HGB), Bewertung Deckungsvermögen zum beizulegenden Zeitwert (§ 253 Abs. 1 S. 4 HGB), nach der Saldierung ergibt sich ein Aktivüberhang von 2.000 TEUR, Ansatz des Aktivüberhangs als gesonderter Posten (§ 246 Abs. 2 S. 3 HGB), Ausweis in der Bilanz der großen GmbH unter dem Posten Aktiver Unterschiedsbetrag aus der Vermögensverrechnung (§ 266 Abs. 2 E. HGB).

c. ABW = 53.421,87 / $1,04^3$ = 47.491,85 EUR; damit beträgt die Rückstellung (47.491,85 – 18.769,94 =) 28.721,91 EUR.

d. Beim Gegenwartswertverfahren ist die Annuität in t7 höher und die Pensionsrückstellung am 31.12.t7 kleiner als beim Teilwertverfahren, da die Pensionsrückstellung über einen kürzeren Zeitraum (bei gleicher Höhe zum 31.12.t10) angesammelt werden muss.

e. BWR 1.1.t10 = 9.898,64 (mit n = 14); ABW 31.12.t6 = 8.550,82 (mit n = 3); A = 897,71 (mit n = 9); BWNVA = 2.444,69 (mit n = 3) und damit die Pensionsrückstellung am 31.12.t6 = 6.106,13 EUR.

f. 9.898,64 / 9 = 1.099,85; Pensionsrückstellung am 31.12.t6 = (1.099,85 x 6 / $1,05^3$ =) 5.700,55 EUR.

g. Posten Sonstige Rückstellungen.

Lösungshinweise der Aufgaben zu Kapitel 10:

Lösung Aufgabe 10.1

a. Aufwand (sonstiger betrieblicher Aufwand) an Bank 24 TEUR und
   31.12.t2: ARAP an Aufwand (sonstiger betrieblicher Aufwand) 24 TEUR
b. 1.11.t2 Aufwand (sonstiger betrieblicher Aufwand) an Bank 600 EUR und
   31.12.t2 ARAP an Aufwand (sonstiger betrieblicher Aufwand) 500 EUR
c. Bank an Ertrag (sonstige Zinsen und ähnliche Erträge) 10 TEUR und
   31.12.t2: Ertrag (sonstige Zinsen und ähnliche Erträge) an PRAP 10 TEUR
d. Kein PRAP, da kein genau bestimmter Zeitraum, Ausweis unter »erhaltenen Anzahlungen« (Verbindlichkeit): Bank an Verbindlichkeiten 30 TEUR
e. 1.10.t2 Forderungen an Bank 200 TEUR
   31.12.t2 Forderungen an Zinsertrag (sonstige Zinsen und ähnliche Erträge) 4 TEUR

Lösung Aufgabe 10.2

a. 31.12.t2: Aufwand (sonstiger betrieblicher Aufwand) an Verbindlichkeiten
        30 TEUR
   31.5.t3: Aufwand (sonstiger betrieblicher Aufwand) 150 TEUR
            Verbindlichkeiten 30 TEUR
            an Bank 180 TEUR
b. 1.11.t2 Aufwand (sonstiger betrieblicher Aufwand) an Bank 180 TEUR
   31.12.t2 ARAP an Aufwand (sonstiger betrieblicher Aufwand) 140 TEUR
   1.1.t3 Aufwand (sonstiger betrieblicher Aufwand) an ARAP 140 TEUR
c. 31.12.t2 Forderungen an Zinsertrag (sonstige Zinsen und ähnliche Erträge)
            (9 TEUR / 60 Tage x 18 Tage für Dezember =) 2,7 TEUR
   12.2.t2 Bank 9 TEUR
            an Zinsertrag (sonstige Zinsen und ähnliche Erträge) 6,3 TEUR
            an Forderungen 2,7 TEUR
d. 1.9.t2: Bank an Ertrag (sonstige Zinsen und ähnliche Erträge) 12 TEUR
   31.12.t2: Ertrag (sonstige Zinsen und ähnliche Erträge) an PRAP 8 TEUR
   1.1.t3: PRAP an Ertrag (sonstige Zinsen und ähnliche Erträge) 8 TEUR

Lösung Aufgabe 10.3

Temporäre (zeitliche begrenzte) Differenz bei einem Schuldposten (Passivposten) und Wert Handelsbilanz > Wert Steuerbilanz, daher aktive latente Steuern.
31.12.t1: (400 TEUR – 300 TEUR) × 0,28 = 28 TEUR
Aktive latente Steuern an Ertrag (Steuern vom Einkommen und vom Ertrag) 28 TEUR
31.12.t2: (500 TEUR – 415 TEUR) × 0,28 = 23,8 TEUR, daher Auflösung mit 4,2 TEUR.

Aufwand (Steuern vom Einkommen und vom Ertrag) an aktive latente Steuern 4,2 TEUR

Lösung Aufgabe 10.4

Temporäre (zeitliche begrenzte) Differenz bei einem Vermögensgegenstand (Aktivposten) und Wert Handelsbilanz > Wert Steuerbilanz, daher passive latente Steuern.

31.12.t2: (800 TEUR – 0 TEUR) × 0,32 = 256 TEUR

Vorjahr: (890 TEUR – 0 TEUR) × 0,32 = 284,8 TEUR, daher Auflösung mit 28,8 TEUR.

Passive latente Steuern an Ertrag (Steuern vom Einkommen und vom Ertrag) 28,8 TEUR

Lösung Aufgabe 10.5

Insgesamt bestehen drei Ausweismöglichkeiten. (1) Unsaldiert: Passive latente Steuern von 470 TEUR und aktive latente Steuern von 500 TEUR. (2) Saldiert und Ansatz des Aktivüberhangs: Aktive latente Steuern 30 TEUR. (3) Saldiert und kein Ansatz des Aktivüberhangs: Aktive latente Steuern 0 TEUR.

Lösungshinweise der Aufgaben zu Kapitel 11:

Lösung Aufgabe 11.1

Käufer: Kauf einer Verkaufsoption

01.07.t2: *Sonstige Vermögensgegenstände an Bank 120 TEUR (15 x 8.000)*

31.12.t2 Aktien: Zwingende Abschreibung, da Umlaufvermögen.

Aufwand (Abschreibungen auf Finanzanlagen und auf Wertpapiere des Umlaufvermögens) an Wertpapiere 200 TEUR (25 x 8.000)

Optionen: keine Erfassung unrealisierter Gewinne.

30.06.t3 Aktien: Wiederum zwingende Abschreibung

Aufwand (Abschreibungen auf Finanzanlagen und auf Wertpapiere des Umlaufvermögens) an Wertpapiere 200 TEUR (25 x 8.000)

Optionen: keine Erfassung unrealisierter Gewinne.

Ausübung der Verkaufsoption:

Bank 2.400 TEUR (300 x 8.000)

an Aktien 2.000 TEUR (physische Lieferung)

an Ertrag (sonstige betriebliche Erträge) 280 TEUR

an Sonstige Vermögensgegenstände 120 TEUR

(Hinweis: Erfolgswirksame Verrechnung der Optionsprämie von 120 TEUR mit dem Veräußerungserfolg von 400 TEUR aus dem Abgang der Aktien).

Verkäufer: Verkauf einer Verkaufsoption

01.07.t2 Optionsprämie: *Bank an Sonstige Verbindlichkeiten 120 TEUR*

31.12.t2 Option: Unrealisierter Verlust, der mittels einer Drohverlustrückstellung erfasst werden muss (in Höhe der Differenz zur passivierten Optionsprämie).
Aufwand (sonstige betriebliche Aufwendungen) an Sonstige Rückstellungen 176 TEUR [(37 - 15) x 8.000]

30.06.t3 Option: Wiederum Erfassung des unrealisierten Verlusts.
Aufwand (sonstige betriebliche Aufwendungen) an Sonstige Rückstellungen 104 TEUR [(50 – 37) x 8.000]
Ausübung der Option durch den Käufer
Wertpapiere 2.120 TEUR (physische Lieferung)
an Sonstige Rückstellungen 280 TEUR (Verbrauch Drohverlustrückstellung)
an Bank 2.400 TEUR (Kauf zum Basispreis von 300 EUR/Aktie) und
Sonstige Verbindlichkeiten an Wertpapiere 120 TEUR
(Hinweis: Erfolgswirksame Verrechnung der Optionsprämie von 120 TEUR mit dem Veräußerungserfolg von 400 TEUR aus dem Abgang der Aktien).

Lösung Aufgabe 11.2

a. Ja, alle möglich (Rohstoffe = Vermögensgegenstände, Verbindlichkeiten aus Lieferungen und Leistungen = Schulden, Derivate = schwebende Geschäfte).

b. Analyse der Vergangenheit, inwieweit antizipative Bewertungseinheiten gebildet wurden, bei denen die erwarteten Transaktionen tatsächlich auch später zustande gekommen sind. Zudem Beurteilung der finanziellen und operativen Fähigkeit des Unternehmens zur Durchführung der Transaktion.

c. Z. B. Aktien, Beteiligungen, Forderungen, Verbindlichkeiten gegenüber Kreditinstituten, Anleihen, Commercial Papers.

d. Absicherung einer Fremdwährungsforderung mittels einer Fremdwährungsverbindlichkeit in gleicher Währung (vgl. auch Beispiel in Kapitel 10.3.1).

Lösung Aufgabe 11.3

a. Ohne Bildung Bewertungseinheit
01.08.t1: Ansatz der Anleihe als Vermögensgegenstand mit Anschaffungskosten von 500 TEUR, kein Ansatz des Swaps als Derivat, da es sich um ein schwebendes Geschäft handelt. Anschaffungskosten in Höhe etwaiger Prämien liegen laut Aufgabenstellung nicht vor.
31.12.t1: Der Zeitwert der Anleihe beläuft sich auf 538 TEUR (500 + 50 – 12). Insofern wird die Anleihe weiterhin mit Anschaffungskosten von 500 TEUR bewertet. Der beizulegende Wert des Swaps beträgt – 43 TEUR. Insofern ist eine Drohverlustrückstellung in Höhe von 43 TEUR aufgrund des Zwangs zur Erfassung unrealisierter Verluste anzusetzen.
Aufwand (sonstige betriebliche Aufwendungen) an Sonstige Rückstellungen 43 TEUR

b. Mit Bildung Bewertungseinheit

Einfrierungsmethode: Der wirksame (effektive) Teil (43 TEUR) wird weder bei der Anleihe noch beim Zinsswap erfasst (Grund- und Sicherungsgeschäft sind eingefroren). Der unwirksame (ineffektive) Teil (7 TEUR) wird bei der Anleihe aufgrund des Realisations- und Imparitätsprinzips nicht erfasst (unrealisierte Gewinne). Der nicht abgesicherte Teil (-12 TEUR) ist bei der Anleihe aufgrund des Imparitätsprinzips zwingend zu erfassen (unrealisierte Verluste). Eine Saldierung des unwirksamen und nicht abgesicherten Teils ist verboten. Insofern können nicht nur -5 TEUR aufwandswirksam erfasst werden, sondern es sind zwingend -12 TEUR als Aufwand zu berücksichtigen.

Aufwand (Abschreibungen auf Finanzanlagen und auf Wertpapiere des Umlaufvermögens) an Wertpapiere des Anlagevermögens 12 TEUR

Durchbuchungsmethode: Der wirksame Teil (43 TEUR) wird sowohl bei der Anleihe als auch beim Zinsswap erfolgswirksam erfasst. Die Behandlung des unwirksamen und nicht abgesicherten Teils erfolgt wie bei Einfrierungsmethode (s. o.). Damit ergeben sich die folgenden beiden zusätzlichen Buchungen.

Wertpapiere des Anlagevermögens an Ertrag (sonstige betriebliche Erträge) 43 TEUR
Aufwand (sonstige betriebliche Aufwendungen) an Sonstige Rückstellungen 43 TEUR
Die Anleihe beläuft sich danach auf 531 TEUR (500 TEUR – 12 TEUR + 43 TEUR), die Drohverlustrückstellung auf 43 TEUR.

Lösung Aufgabe 11.4

a. Der wirksame Teil beläuft sich auf 70 TEUR und wird eingefroren (nicht gebucht). Beim Grundgeschäft besteht ein unwirksamer Teil von -15 TEUR. Dieser ist zu erfassen mittels Abschreibung der Vorräte aufgrund des Imparitätsprinzips.
   Aufwand (Materialaufwand) an Vorräte 15 TEUR
   Auf den nicht abgesicherten Teil entfällt eine Wertänderung von +5 TEUR beim Grundgeschäft, die nicht erfasst werden darf aufgrund des Realisations- und Anschaffungskostenprinzips. Ebenso scheidet eine Saldierung des nicht abgesicherten mit dem unwirksamen Teil aus.
b. Da sich die Vorräte noch nicht auf Lager befinden, können sie auch noch nicht abgeschrieben werden. Insofern ist eine Drohverlustrückstellung das schwebende Geschäft (Beschaffungsvertrag) zu bilden.
   Aufwand (Materialaufwand) an Sonstige Rückstellungen 15 TEUR
c. Bei der Einfrierungsmethode wird der wirksame Teil nicht gebucht, bei der Durchbuchungsmethode erfolgt dagegen eine Erfassung. Das Ergebnis und damit das Eigenkapital sind bei beiden Methoden gleich. Im Fall a) kommt es zu einem Aktivtausch bei der Durchbuchungsmethode. D. h. die Bilanzsumme bleibt gleich und die Eigenkapitalquote bei beiden Methoden beläuft sich auf die gleiche Höhe. Im Fall b) kommt es bei der Durchbuchungsmethode zu einer Bilanzverlängerung durch die Rückstellungsbildung, so dass die Bilanzsumme steigt. Damit sinkt die Eigenkapitalquote bei der Durchbuchungsmethode aufgrund des unveränderten Eigenkapitals.

d. Die Behandlung des unwirksamen Teils und des nicht abgesicherten Teils erfolgt wie unter a) erläutert (damit unveränderte Buchung des unwirksamen Teils). Der wirksame Teil ist zusätzlich sowohl beim Grundgeschäft als auch beim Sicherungsgeschäft zu erfassen.

Aufwand (Materialaufwand) an Vorräte 70 TEUR

Sonstige Vermögensgegenstände an Ertrag (sonstige betriebliche Erträge) 70 TEUR

Lösung Aufgabe 11.5

a. Erwartete Transaktion

Da es sich um eine mit hoher Wahrscheinlichkeit erwartete Transaktion handelt, liegt eine antizipative Bewertungseinheit vor. Damit ist nur die Einfrierungsmethode zulässig.

31.10.t3: keine Buchung, Grundgeschäft Erfassung erst bei Einkauf (am 30.6.t4), Sicherungsgeschäft: Zeitwert des Derivats = 0 (da Terminkurs = Kassakurs und Vernachlässigung von Zinseffekten)

31.12.t3: Wert Termingeschäft: $\frac{10\text{MioYen}}{120\text{Yen/EUR}} - \frac{10\text{MioYen}}{140\text{Yen/EUR}}$

= 83.333,33 EUR – 71.428,57 EUR = 11.904,76 EUR

= wirksamer Teil (wird eingefroren). Ein unwirksamer Teil oder ein auf nicht abgesicherte Risiken entfallender Teil besteht nicht. Daher keine Buchung.

30.6.t4: Wert Termingeschäft $\frac{10\text{MioYen}}{125\text{Yen/EUR}} - \frac{10\text{MioYen}}{140\text{Yen/EUR}}$

= 80.000 EUR – 71.428,57 EUR = 8.571,43 EUR = wirksamer Teil, wird eingefroren.

Einkauf Vorräte:

Vorräte an Bank $\frac{10\text{MioYen}}{125\text{Yen/EUR}} = 80.000\ EUR$

Erfüllung Termingeschäft (Verrechnung mit dem Grundgeschäft):

Bank an Vorräte 8.571,43 EUR

[oder Brutto *Bank (Verkauf) 80.000 an Vorräte 8.571,43 an Bank (Kauf) 71.428,57*]

Die Vorräte sind danach mit 71.428,57 EUR angesetzt. Netto erfolgte die Zahlung ebenfalls in dieser Höhe (-80.000 EUR +8.571,43 EUR).

b. Abgeschlossener Einkaufsvertrag

Da der Einkaufskontrakt abgeschlossen wurde, liegt nunmehr keine erwartete Transaktion mehr vor, sondern ein schwebendes Geschäft. Sowohl die Einfrierungs- als auch die Durchbuchungsmethode sind zulässig.

Bei Verwendung der Einfrierungsmethode bestehen keine Unterschiede zur Vorgehensweise unter Teilaufgabe a). Bei Wahl der Durchbuchungsmethode kommt es zu folgenden Buchungen:

31.10.t3: keine Buchungen, bei Grundgeschäft weder Gewinn noch Verlust, bei Sicherungsgeschäft Zeitwert Derivat = 0.

31.12.t3:

Aufwand (sonstige betriebliche Aufwendungen an Sonstige Rückstellung 11.904,76 EUR (drohender Verlust)

Sonstige Vermögensgegenstände an Ertrag (sonstige betriebliche Erträge) 11.904,76 EUR
30.6.t4:
Sonstige Rückstellungen an Ertrag (sonstige betriebliche Erträge) 3.333,33 EUR
Aufwand (sonstige betriebliche Aufwendungen) an Sonstige Vermögensgegenstände
3.333,33 EUR
und
Erfüllung schwebendes Geschäft: *Vorräte an Bank 80.000 EUR*
Erfüllung Termingeschäft: *Bank an Sonstige Vermögensgegenstände 8.571,43 EUR*
Verbrauch Rückstellung: *Sonstige Rückstellungen an Vorräte 8.571,43 EUR*
Die Vorräte sind danach wiederum mit 71.428,57 EUR angesetzt. Netto erfolgte die
Zahlung ebenfalls in diesem Umfang (-80.000 EUR +8.571,43 EUR).

Lösungshinweise der Aufgaben zu Kapitel 12:

Lösung Aufgabe 12.1

a. Gesamtkostenverfahren (GKV): Materialaufwand Nr. 5 (a); Umsatzkostenverfahren (UKV): Herstellungskosten der zur Erzielung der Umsatzerlöse erbrachten Leistungen Nr. 2.
b. GKV: Materialaufwand, Nr. 5 (a) und Erhöhung des Bestands an fertigen Erzeugnissen Nr. 2; UKV: gar nicht.
c. GKV: Personalaufwand Nr. 6 unterteilt nach (a) und (b) sowie andere aktivierte Eigenleistungen Nr. 3; UKV: gar nicht.
d. GKV und UKV: Zinsen und ähnliche Aufwendungen Nr. 13 bzw. Nr. 12.
e. GKV und UKV: Sonstige betriebliche Erträge Nr. 4 bzw. Nr. 6.
f. GKV und UKV: Steuern vom Einkommen und vom Ertrag Nr. 14 bzw. Nr. 13.
g. GKV: Sonstige betriebliche Aufwendungen, Nr. 8; UKV: Allgemeine Verwaltungskosten Nr. 5.

Lösung Aufgabe 12.2

richtig: a), b) falsch: c), d)

Lösungshinweise der Aufgaben zu Kapitel 13:

Lösung Aufgabe 13.1

richtig: b), c), d), f), h), i) falsch: a), e), g)

Lösung Aufgabe 13.2

a. Bei dem Brand der Fertigungshalle handelt es sich um ein wertbegründendes Ereignis. Dieses Ereignis tritt nach dem Abschlussstichtag am 31.12.t1 ein, so dass die außerplanmäßige Abschreibung der Fertigungshalle auch erst in t2 erfasst wird. Insofern schlägt sich der Brand auch erst in t2 in Bilanz und GuV nieder (siehe die Erläuterungen zum Abschlussstichtagsprinzip in Kapitel 2.2.3.3). Allerdings ist zwingend der Sachverhalt als wesentliches Ereignis nach dem Abschlussstichtag nach § 285 Nr. 33 HGB im Anhang der GmbH anzugeben (Angabe des Brands der Fertigungshalle einschließlich des Umfangs der außerplanmäßigen Abschreibung und eines ggf. bestehenden Versicherungserstattungsanspruchs).

b. Auch hier ergeben sich keine Auswirkungen in Bilanz und GuV. Aber eine OHG muss als Personenhandelsgesellschaft keinen Anhang als Bestandteil des Jahresabschlusses erstellen, so dass die Anhangsangabe entfällt.

Lösung Aufgabe 13.3

Da § 285 Nr. 31 HGB eine Angabe von Betrag und Art der Erträge und Aufwendungen von außergewöhnlicher Größenordnung oder Bedeutung bedingt, müssen die Veräußerungsgewinne des Geschäftsjahres von 400 Mio. EUR gesondert bei Erläuterung der sonstigen betrieblichen Erträge angegeben werden. Anderes als nach § 265 Abs. 2 S. 1 HGB bei Bilanz und GuV bedarf es aber keiner Angabe von Vorjahreswerten im Anhang, so dass auch die Veräußerungsgewinne des Vorjahres von 350 Mio. EUR nicht dort (gesondert) angegeben werden müssen.

Lösungshinweise der Aufgaben zu Kapitel 14:

Lösung Aufgabe 14.1

richtig: a), e), g), h) falsch: b), c), d), f)

Lösung Aufgabe 14.2

a. Grundsätzlich kapitalmarktorientierte Unternehmen, die als Inlandsemittent Eigen- oder Fremdkapitaltitel ausgegeben haben und nicht unter den Sonderfall des § 327a HGB fallen.

b. Nein, die Versicherung (Bilanzeid) ist dem Lagebericht beizufügen. Zudem ist die Erklärung gesondert offenzulegen.

Lösung Aufgabe 14.3

Mit der Erarbeitung der *European Sustainability Reporting Standards* (ESRS) soll eine Standardisierung der Berichtsinhalte erfolgen.

Literaturverzeichnis

ADS (Rechnungslegung): Adler, H./Düring, W./Schmaltz, K: Rechnungslegung und Prüfung der Unternehmen, 6. Aufl., Gesamtwerk in 8 Teilbänden und Ergänzungsband, Stuttgart 1995-2001.

Andrejewski, K. C. (Beck'sches HdR): Der Anhang (B 40), in: Beck'sches Handbuch der Rechnungslegung, HGB und IFRS, Band II, hrsg. von Böcking, H.-J./Gros, M./Oser, P./Scheffler, E./Thormann, B., Loseblattsammlung, München, EL 2017, B 40.

Baetge, J. (Objektivierung): Möglichkeiten der Objektivierung des Jahreserfolgs, Düsseldorf 1970.

Baetge, J./ Kirsch, H.-J./ Thiele, S. (Bilanzen): Bilanzen, 16. Aufl., Düsseldorf 2021.

Ballwieser, W. (Beck'sches HdR): Grundsätze ordnungsmäßiger Buchführung (B 105), in: Beck'sches Handbuch der Rechnungslegung, HGB und IFRS, Band I, hrsg. von Böcking, H.-J./Gros, M./Oser, P./Scheffler, E./Thormann, B., Loseblattsammlung, München, EL 2019, B 105.

Ballwieser, W. (Münchener Kommentar zum HGB), § 246 HGB, in: Münchener Kommentar zum Handelsgesetzbuch, Band 4, Drittes Buch Handelsbücher, hrsg. von Schmidt, K./Ebke, W. F., 4. Aufl., München 2020.

Ballwieser, W. (Münchener Kommentar zum HGB), § 253 HGB, in: Münchener Kommentar zum Handelsgesetzbuch, Band 4, Drittes Buch Handelsbücher, hrsg. von Schmidt, K./Ebke, W. F., 4. Aufl., München 2020.

Ballwieser, W. (Münchener Kommentar zum HGB), § 254 HGB, in: Münchener Kommentar zum Handelsgesetzbuch, Band 4, Drittes Buch Handelsbücher, hrsg. von Schmidt, K./Ebke, W. F., 4. Aufl., München 2020.

Ballwieser, W. (Informations-GoB): Informations-GoB auch im Lichte von IAS und US-GAAP, KoR 2002, S. 115-121.

BFH vom 20.06.2000: VIII R 32/98, in: BStBl II 2001, S. 636 ff.

BFH vom 22.10.2009: V R 14/08, Uneinbringliche Entgelte in der Insolvenz, in: BStBl II 2011, S. 988.

Bitz, M./ Schneeloch, D./ Wittstock, W./ Patek, G. (Jahresabschluss): Der Jahresabschluss, 6. Aufl., München 2014.

Böcking, H.-J./Gros, M./Wirth, W. (EBJS), § 252 HGB, in: Ebenroth/Boujong/Joost/Strohn: Handelsgesetzbuch, Band 1, hrsg. von Joost, D./Strohn, L., 4. Aufl., München 2020.

Böcking, H.-J./Korn, C. (Beck'sches HdR): Beizulegender (Zeit-) Wert (B 164), in: Beck'sches Handbuch der Rechnungslegung, HGB und IFRS, Band I, hrsg. von Böcking, H.-J./Gros, M./Oser, P./Scheffler, E./Thormann, B., Loseblattsammlung, München, EL 2017, B 164.

BR-Drucksache 326/04 (vom 30.04.2004): Gesetzentwurf der Bundesregierung: Entwurf eines Gesetzes zur Einführung internationaler Rechnungslegungsstandards und zur Sicherung der Qualität der Abschlussprüfung (Bilanzrechtsreformgesetz – BilReG).

Breker, N. (Rückstellungen), Rückstellungen für latente Steuern nach § 249 HGB, in: WPg, 2012, S. I (Editoral).

Briese, J. (Beck'sches HdR): Latente Steuern (B 235), in: Beck'sches Handbuch der Rechnungslegung, HGB und IFRS, Band I, hrsg. von Böcking, H.-J./Gros, M./Oser, P./Scheffler, E./Thormann, B., Loseblattsammlung, München, EL 2016, B 235.

BT-Drucksache 16/10067: Gesetzentwurf der Bundesregierung vom 30.07.2008: Entwurf eines Gesetzes zur Modernisierung des Bilanzrechts (Bilanzrechtsmodernisierungsgesetz – BilMoG).

BT Drucksache 16/12407: Beschluss und Bericht des Rechtsausschusses (6. Ausschuss) zu dem Gesetzesentwurf der Bundesregierung (BT-Drucksache 16/10067): Entwurf eines Gesetzes zur Modernisierung des Bilanzrechts (Bilanzrechtsmodernisierungsgesetz – BilMoG).

BT-Drucksache 18/4050: Gesetzentwurf der Bundesregierung vom 20.02.2015: Entwurf eines Gesetzes zur Umsetzung der Richtlinie 2013/34/EU des Europäischen Parlaments und des Rates vom 26. Juni 2013 über den Jahresabschluss, den konsolidierten Abschluss und damit verbundene Berichte von Unternehmen bestimmter Rechtsformen und zur Änderung der Richtlinie 2006/43/EG des Europäischen Parlaments und des Rates und zur Aufhebung der Richtlinien 78/660/EWG und 83/349/EWG des Rates (Bilanzrichtlinie-Umsetzungsgesetz – BilRUG).

BT-Drucksache 18/9982: Gesetzentwurf der Bundesregierung vom 17.10.2016: Entwurf eines Gesetzes zur Stärkung der nichtfinanziellen Berichterstattung der Unternehmen in ihren Lage- und Konzernlageberichten (CSR-Richtlinie-Umsetzungsgesetz).

Coenenberg, A.G./Haller, A./ Mattner, G./ Schultze, W. (Einführung): Einführung in das Rechnungswesen, 8. Aufl., Stuttgart 2021.

Coenenberg, A.G./Haller, A./ Schultze, W. (Jahresabschluss): Jahresabschluss und Jahresabschlussanalyse, 26. Aufl., Stuttgart 2021.

CSRD Entwurf 2021: Proposal for a Directive of the European Parliament and of the Council amending Directive 2013/34/EU, Directive 2004/109/EC, Directive 2006/43/EC and Regulation (EU) No 537/2014, as regards corporate sustainability reporting, COM/2021/189 final vom 21.04.2021 und COD/2021/0104 vom 30.06.2022.

Delegierte Verordnung (EU) Nr. 2021/ 2139 der Kommission vom 4. Juni 2021 zur Ergänzung der Verordnung (EU) 2020/852 des Europäischen Parlaments und des Rates durch Festlegung der technischen Bewertungskriterien, anhand deren bestimmt wird, unter welchen Bedingungen davon auszugehen ist, dass eine Wirtschaftstätigkeit einen wesentlichen Beitrag zum Klimaschutz oder zur Anpassung an den Klimawandel leistet, und anhand deren bestimmt wird, ob diese Wirtschaftstätigkeit erhebliche Beeinträchtigungen eines der übrigen Umweltziele vermeidet, Amtsblatt EU 2021, Nr. L 442, S. 1 ff.

Delegierte Verordnung (EU) Nr. 2021/2178 der Kommission vom 6. Juli 2021 zur Ergänzung der Verordnung (EU) 2020/852 des Europäischen Parlaments und des Rates durch Festlegung des Inhalts und der Darstellung der Informationen, die von Unternehmen, die unter Artikel 19a oder Artikel 29a der Richtlinie 2013/34/EU fallen, in Bezug auf ökologisch nachhaltige Wirtschaftstätigkeiten offenzulegen sind, und durch Festlegung der Methode, anhand deren die Einhaltung dieser Offenlegungspflicht zu gewährleisten ist, Amtsblatt EU 2021, Nr. L 443, S. 9 ff. sowie Berichtigung der Delegierte Verordnung (EU) Nr. 2021/ 2178 in Amtsblatt EU 2021, Nr. L 462, S. 19.

Döring, U./ Buchholz, R. (Buchhaltung): Buchhaltung und Jahresabschluss, 16. Aufl., Berlin 2021.

Fehrenbacher, O. (Beck OGK): § 264c HGB, in: Beck-Online Großkommentar zum Bilanzrecht, Gesamthrsg. M. Henssler, hrsg. von Dicken, A./Fehrenbacher, O./Hennrichs, J./Kleindiek, D./Watrin, C., München, Stand 01.12.2021.

Glaser, A./Hachmeister, D (Pflicht oder Wahlrecht): Pflicht oder Wahlrecht zur Bildung bilanzieller Bewertungseinheiten nach dem BilMoG, in: BB 2011, S. 555-559.

Glaser, A./Hachmeister, D. (Beck'sches HdR), Bilanzierung von Sicherungsbeziehungen nach HGB und IFRS (B 737), in: Beck'sches Handbuch der Rechnungslegung, HGB und IFRS, Band II hrsg. von Böcking, H.-J./Gros, M./Oser, P./Scheffler, E./Thormann, B., EL 2014, B 737.

Grottel, B. (Beck'scher Bilanzkommentar): § 284 HGB, in: Beck'scher Bilanzkommentar, Handels- und Steuerbilanz, hrsg. von Grottel, B./ Justenhoven, P./ Schubert, W. J./Störk, U., 13. Aufl., München 2022.

Grottel, B. (Beck'scher Bilanzkommentar): § 285 HGB, in: Beck'scher Bilanzkommentar, Handels- und Steuerbilanz, hrsg. von Grottel, B./ Justenhoven, P./ Schubert, W. J./Störk, U., 13. Aufl., München 2022.

Grottel, B. (Beck'scher Bilanzkommentar): § 289 HGB, in: Beck'scher Bilanzkommentar, Handels- und Steuerbilanz, hrsg. von Grottel, B./ Justenhoven, P./ Schubert, W. J./Störk, U., 13. Aufl., München 2022.

Grottel, B./Huber, F. (Beck'scher Bilanzkommentar): § 256 HGB, in: Beck'scher Bilanzkommentar, Handels- und Steuerbilanz, hrsg. von Grottel, B./ Justenhoven, P./ Schubert, W. J./Störk, U., 13. Aufl., München 2022.

Grottel, B./Johannleweling, A. (Beck'scher Bilanzkommentar), Rückstellungen für Pensionen und ähnliche Verpflichtungen zu § 249 HGB, Rn.151 ff., in: Handels- und Steuerbilanz, hrsg. von Grottel, B./ Justenhoven, P./ Schubert, W. J./Störk, U., 13. Aufl., München 2022.

Grottel, B./Koeplin, M. (Beck'scher Bilanzkommentar): § 256a HGB, in: Beck'scher Bilanzkommentar, Handels- und Steuerbilanz, hrsg. von Grottel, B./ Justenhoven, P./ Schubert, W. J./Störk, U., 13. Aufl., München 2022.

Grottel, B./Larenz, S. K. (Beck'scher Bilanzkommentar): § 274 HGB, in: Beck'scher Bilanzkommentar, Handels- und Steuerbilanz, hrsg. von Grottel, B./ Justenhoven, P./ Schubert, W. J./Störk, U., 13. Aufl., München 2022.

Grottel, B./Waubke, P. N. (Beck'scher Bilanzkommentar): § 268 HGB, in: Beck'scher Bilanzkommentar, Handels- und Steuerbilanz, hrsg. von Grottel, B./ Justenhoven, P./ Schubert, W. J./Störk, U., 13. Aufl., München 2022.

Hayn, S./Weigert, S. (Beck'sches HdR): Rechnungsabgrenzungsposten (B 218), in: Beck'sches Handbuch der Rechnungslegung, HGB und IFRS, Band I, hrsg. von Böcking, H.-J./Gros, M./Oser, P./Scheffler, E./Thormann, B., Loseblattsammlung, München, EL 2019, B 218.

Hennrichs, J. (Beck OGK): § 249 HGB, in: Beck-Online Großkommentar zum Bilanzrecht, Gesamthrsg. M. Henssler, hrsg. von Dicken, A./Fehrenbacher, O./Hennrichs, J./Kleindiek, D./ Watrin, C., München, Stand 01.10.2020.

Hennrichs, J. (Beck OGK), § 256 HGB, in: Beck-Online Großkommentar zum Bilanzrecht, Gesamthrsg. M. Henssler, hrsg. von Dicken, A./Fehrenbacher, O./Hennrichs, J./Kleindiek, D./ Watrin, C., München, Stand 01.10.2020.

Heymann, G. (Beck'sches HdR): Eigenkapital (B 231), in: Beck'sches Handbuch der Rechnungslegung, HGB und IFRS, Band I, hrsg. von Böcking, H.-J./Gros, M./Oser, P./Scheffler, E./ Thormann, B., Loseblattsammlung, München, EL 2011, B 231.

Heymann, G. (Beck'sches HdR): Gewinnverwendung (B 390), in: Beck'sches Handbuch der Rechnungslegung, HGB und IFRS, Band II, hrsg. von Böcking, H.-J./Gros, M./Oser, P./ Scheffler, E./Thormann, B., Loseblattsammlung, München, EL 2013, B 390.

Hinz, M. (Beck'sches HdR): Zweck und Inhalt des Jahresabschlusses und Lageberichts (B 100), in: Beck'sches Handbuch der Rechnungslegung, HGB und IFRS, Band I, hrsg. von Böcking, H.-J./Gros, M./Oser, P./Scheffler, E./Thormann, B., Loseblattsammlung, München, EL 2016, B 100.

Höfer, R. (Betriebsrentenrecht): Kapitel 48 Altersversorgungs- und andere Verpflichtungen in der Handelsbilanz, in: Betriebsrentenrecht (BetrAVG), Band II, Steuerrecht/Sozialabgaben, HGB/IFRS, hrsg. v. Höfer, R./Veit, A./Verhuven, T., EL 2010, München 2022.

Hoffmann, W.-D./Lüdenbach, N. (NWB Kommentar Bilanzierung): NWB Kommentar Bilanzierung, Handels- und Steuerrecht, 13. Aufl., Herne 2022.

IDW PS 203 n. F.: IDW Prüfungsstandard: Ereignisse nach dem Abschlussstichtag, in: FN-IDW 2009, S. 440 ff.

IDW PS 261 n. F.: IDW Prüfungsstandard: Feststellung und Beurteilung von Fehlerrisiken und Reaktionen des Abschlussprüfers auf die beurteilten Fehlerrisiken, in: FN-IDW 2012, S. 239 ff., FN-IDW 2013, S. 402, IDW Life 2016, S. 635 und IDW Life 2018, S. 172 f.

IDW RH HFA 1.005: IDW Rechnungslegungshinweis: Anhangsangaben nach § 285 Nr. 18 und 19 HGB zu bestimmten Finanzinstrumenten, in: IDW Life 2018, S. 696 ff.

IDW RH HFA 1.014: IDW Rechnungslegungshinweis: Zugangsklassifizierung und Umwidmung von Wertpapieren nach HGB, in: IDW Life 2022, S. 105 ff.

IDW RH HFA 1.017: IDW Rechnungslegungshinweis: Einzelfragen zur Behandlung der Umsatzsteuer im handelsrechtlichen Jahresabschluss, in: FN-IDW 2011, S. 564 ff.

IDW RS BFA 5: IDW Stellungnahme zur Rechnungslegung: Handelsrechtliche Bilanzierung von Financial Futures und Forward Rate Agreements bei Instituten, in: FN-IDW 2011, S. 653 ff.

IDW RS BFA 6: IDW Stellungnahme zur Rechnungslegung: Handelsrechtliche Bilanzierung von Optionsgeschäften bei Instituten, in: FN-IDW 2011, S. 656 ff.

IDW RS FAIT 1: IDW Stellungnahme zur Rechnungslegung: Grundsätze ordnungsmäßiger Buchführung bei Einsatz von Informationstechnologie, in: FN-IDW 2002, S. 649 ff.

IDW RS HFA 4: IDW Stellungnahme zur Rechnungslegung: Zweifelsfragen zum Ansatz von Drohverlustrückstellungen, in: FN-IDW 2010, S. 298 ff. und FN-IDW 2013, S. 61 f.

IDW RS HFA 6: IDW Stellungnahme zur Rechnungslegung: Änderung von Jahres- und Konzernabschlüssen, in: FN-IDW 2007, S. 265 ff.

IDW RS HFA 7: IDW Stellungnahme zur Rechnungslegung: Handelsrechtliche Rechnungslegung bei Personenhandelsgesellschaften, in: IDW Life 2018, S. 258 ff.

IDW RS HFA 30: IDW Stellungnahme zur Rechnungslegung: Handelsrechtliche Bilanzierung von Altersversorgungsverpflichtungen, in: IDW Life 2017, S. 102 ff.

IDW RS HFA 34: IDW Stellungnahme zur Rechnungslegung: Einzelfragen zur handelsrechtlichen Bilanzierung von Verbindlichkeitsrückstellungen, in: FN-IDW 2013, S. 53 ff. und FN-IDW 2015, S. 380 f.

IDW RS HFA 35: IDW Stellungnahme zur Rechnungslegung: Handelsrechtliche Bilanzierung von Bewertungseinheiten, in: FN-IDW 2011, S. 445 ff.

IDW RS HFA 38: IDW Stellungnahme zur Rechnungslegung: Ansatz- und Bewertungsstetigkeit im handelsrechtlichen Jahresabschluss, in: FN-IDW 2011, S. 560 ff.

IDW S 11: IDW Standard: Beurteilung des Vorliegens von Insolvenzeröffnungsgründen, in: IDW Life 2022, S. 107 ff.

Justenhoven, P./Roland, S. (Beck'scher Bilanzkommentar): § 264c HGB, in: Beck'scher Bilanzkommentar, Handels- und Steuerbilanz, hrsg. von Grottel, B./ Justenhoven, P./ Schubert, W. J./Störk, U., 13. Aufl., München 2022.

Justenhoven, P./Usinger R. (Beck'scher Bilanzkommentar): § 243 HGB, in: Beck'scher Bilanzkommentar, Handels- und Steuerbilanz, hrsg. von Grottel, B./ Justenhoven, P./ Schubert, W. J./Störk, U., 13. Aufl., München 2022.

Justenhoven, P./Usinger, R. (Beck'scher Bilanzkommentar): § 254 HGB, in: Beck'scher Bilanzkommentar, Handels- und Steuerbilanz, hrsg. von Grottel, B./ Justenhoven, P./ Schubert, W. J./Störk, U., 13. Aufl., München 2022.

Küting, K./Cassel, J./ Metz, C. (Rückstellungen): Ansatz und Bewertung von Rückstellungen, in: Das neue deutsche Bilanzrecht – Handbuch zur Anwendung des Bilanzrechtsmodernisierungsgesetzes (BilMoG), hrsg. von Küting, K./Pfitzer, N./ Weber, C.-P., 2. Aufl., Stuttgart 2009, S. 321-337.

Leffson, U. (GoB): Die Grundsätze ordnungsmäßiger Buchführung, 7. Aufl., Düsseldorf 1987.

Loitz, R. (Bilanzierung latenter Steuern): DRS 18 – Bilanzierung latenter Steuern nach dem Bilanzrechtsmodernisierungsgesetz, in: DB 2010, S. 2177-2185.

Lüdenbach, N./Freiberg, J. (Personengesellschaften): Steuerlatenzrechnung auch für Personengesellschaften? – Diskussion des IDW ERS HFA 7 n. F., BB 2011, S. 1579-1584.

Moxter, A. (Grundsätze): Grundsätze ordnungsmäßiger Rechnungslegung, Düsseldorf 2003.

Moxter, A. (Realisationsprinzip): Das Realisationsprinzip – 1884 und heute, in: BB 1984, S. 1780-1786.

Oestreicher, A. (Beck'sches HdR): Herstellungskosten (B 163), in: Beck'sches Handbuch der Rechnungslegung, HGB und IFRS, Band I, hrsg. von Böcking, H.-J./Gros, M./Oser, P./Scheffler, E./Thormann, B., Loseblattsammlung, München, EL 2010, B 163.

Pellens, B./Fülbier, R. U./Gassen, J./Sellhorn, T (Internationale Rechnungslegung): Internationale Rechnungslegung, 11. Aufl., Stuttgart 2021.

Quick, R./ Wolz, M. (Bilanzierung): Bilanzierung in Fällen, 7. Aufl., Stuttgart 2022.

Reiner, G. (Münchener Kommentar zum HGB), § 264c HGB, in: Münchener Kommentar zum Handelsgesetzbuch, Band 4, Drittes Buch Handelsbücher, hrsg. von Schmidt, K./Ebke, W. F., 4. Aufl., München 2020.

Reiner, G. (Münchener Kommentar zum HGB), § 272 HGB, in: Münchener Kommentar zum Handelsgesetzbuch, Band 4, Drittes Buch Handelsbücher, hrsg. von Schmidt, K./Ebke, W. F., 4. Aufl., München 2020.

Richter, F. (Umsatzerlösdefinition): Anpassung der Umsatzerlösdefinition durch das BilRUG – Diskussion der Änderungen unter Berücksichtigung möglicher Folgewirkungen –, in: DB 2015, S. 385-389.

Risse, R. (Beck OGK), § 274 HGB, in: Beck-Online Großkommentar zum Bilanzrecht, Gesamthrsg. M. Henssler, hrsg. von Dicken, A./Fehrenbacher, O./Hennrichs, J./Kleindiek, D./Watrin, C., München, Stand 01.10.2020.

Ruhnke, K./Simons, D. (Rechnungslegung): Rechnungslegung nach IFRS und HGB, 4. Aufl., Stuttgart 2018.

Schäfer, S. (Entscheidungsmodelle): Entscheidungsmodelle der Konzernrechnungslegungspolitik. Computergestützte Gestaltungen des Konzernabschlusses nach den Vorschriften des Handelsrechts und der International Accounting Standards, Landsberg/Lech 1999.

Scheffler, E. (Beck'sches HdR): Wertpapiere des Umlaufvermögens (B 216), in: Beck'sches Handbuch der Rechnungslegung, HGB und IFRS, Band I, hrsg. von Böcking, H.-J./Gros, M./Oser, P./Scheffler, E./Thormann, B., Loseblattsammlung, München, EL 2020, B 216.

Scheffler, E. (Beck'sches HdR): Rückstellungen (B 233), in: Beck'sches Handbuch der Rechnungslegung, HGB und IFRS, Band I, hrsg. von Böcking, H.-J./Gros, M./Oser, P./Scheffler, E./Thormann, B., Loseblattsammlung, München, EL 2021, B 233.

Schruff, W. (IFRS Rechnungslegung): Die IFRS Rechnungslegung im Spannungsfeld zwischen Cashflow-Prognose und Rechenschaft, in: WPg, 2011, S. 855 – 860.

Schubert, W. J. (Beck'scher Bilanzkommentar): § 249 HGB, in: Beck'scher Bilanzkommentar, Handels- und Steuerbilanz, hrsg. von Grottel, B./ Justenhoven, P./ Schubert, W. J./Störk, U., 13. Aufl., München 2022.

Schubert, W. J. (Beck'scher Bilanzkommentar): § 253 HGB, in: Beck'scher Bilanzkommentar, Handels- und Steuerbilanz, hrsg. von Grottel, B./ Justenhoven, P./ Schubert, W. J./Störk, U., 13. Aufl., München 2022.

Schubert, W. J./Andrejewski, K. C. (Beck'scher Bilanzkommentar): § 253 HGB, in: Beck'scher Bilanzkommentar, Handels- und Steuerbilanz, hrsg. von Grottel, B./ Justenhoven, P./ Schubert, W. J./Störk, U., 13. Aufl., München 2022.

Schubert W. J./Hutzler, A. (Beck'scher Bilanzkommentar): § 255 HGB, in: Beck'scher Bilanzkommentar, Handels- und Steuerbilanz, hrsg. von Grottel, B./ Justenhoven, P./ Schubert, W. J./Störk, U., 13. Aufl., München 2022.

Schubert W. J./Waubke, P. N. (Beck'scher Bilanzkommentar): § 247 HGB, in: Beck'scher Bilanzkommentar, Handels- und Steuerbilanz hrsg. von Grottel, B./ Justenhoven, P./ Schubert, W. J./Störk, U., 13. Aufl., München 2022.

Schwitters, J./Bogajewskaja, J. (Beck'sches HdR): Bilanzierung von derivativen Finanzinstrumenten (B 730), in: Beck'sches Handbuch der Rechnungslegung, HGB und IFRS, Band II hrsg. von Böcking, H.-J./Gros, M./Oser, P./Scheffler, E./Thormann, B., EL 2000, B 730.

Siebente Richtlinie 83/349/EWG des Rates vom 13. Juni 1983 aufgrund von Artikel 54 Abs. 3 Buchstabe g des Vertrages über den konsolidierten Abschluss, Amtsblatt EG Nr. L 193, S. 1 ff. (Konzernbilanzrichtlinie).

Störk, U./Büssow, T. (Beck'scher Bilanzkommentar): § 252 HGB, in: Beck'scher Bilanzkommentar, Handels- und Steuerbilanz, hrsg. von Grottel, B./ Justenhoven, P./ Schubert, W. J./Störk, U., 13. Aufl., München 2022.

Störk, U./Kliem, B./Meyer, H. D. (Beck'scher Bilanzkommentar): § 272 HGB, in: Beck'scher Bilanzkommentar, Handels- und Steuerbilanz hrsg. von Grottel, B./ Justenhoven, P./ Schubert, W. J./Störk, U., 13. Aufl., München 2022.

Tiedchen, S. (Beck OGK), § 252 HGB, in: Beck-Online Großkommentar zum Bilanzrecht, Gesamthrsg. M. Henssler, hrsg. von Dicken, A./Fehrenbacher, O./Hennrichs, J./Kleindiek, D./ Watrin, C., München, Stand 15.09.2021.

Tiedchen, S. (Beck OGK), § 253 HGB, in: Beck-Online Großkommentar zum Bilanzrecht, Gesamthrsg. M. Henssler, hrsg. von Dicken, A./Fehrenbacher, O./Hennrichs, J./Kleindiek, D./ Watrin, C., München, Stand 15.09.2021..

Tiedchen, S. (Beck OGK): § 254 HGB, in: Beck-Online Großkommentar zum Bilanzrecht, Gesamthrsg. M. Henssler, hrsg. von Dicken, A./Fehrenbacher, O./Hennrichs, J./Kleindiek, D./ Watrin, C., München, Stand 15.09.2021.

Verordnung (EG) Nr. 1606/2002 des Europäischen Parlaments und des Rates vom 19. Juli 2002 betreffend die Anwendung internationaler Rechnungslegungsstandards, Amtsblatt EG Nr. L 243, S. 1 f. (IAS Verordnung).

Verordnung (EU) Nr. 2020/852 des Europäischen Parlaments und des Rates vom 18.06.2020 über die Einrichtung eines Rahmens zur Erleichterung nachhaltiger Investitionen und zur Änderung der Verordnung (EU) 2019/2088, Amtsblatt EU 2020, Nr. L 198, S. 13 ff. (Taxonomie-Verordnung).

Vierte Richtlinie 78/660/EWG des Rates vom 25. Juli 1978 aufgrund von Artikel 54 Abs. 3 Buchstabe g des Vertrages über den Jahresabschluss von Gesellschaften, Amtsblatt EG Nr. L 222, S. 11 ff. (Bilanzrichtlinie).

Wiechens, G./Helke, I. (Bilanzierung): Die Bilanzierung von Finanzinstrumenten nach dem Regierungsentwurf des BilMoG, in: DB 2008, S. 1333-1338.

Wöhe, G. (Bilanzierung): Bilanzierung und Bilanzpolitik, 9. Aufl., München 1997.

Wöhe, G. /Döring, U./Brösel, G (BWL): Einführung in die allgemeine Betriebswirtschaftslehre, 27. Aufl., München 2020.

WP-Handbuch 2012 (Band I), hrsg. vom IDW, WP Handbuch 2012, Wirtschaftsprüfung, Rechnungslegung, Beratung, Band I, 14. Aufl., Düsseldorf 2012.

WP-Handbuch (Wirtschaftsprüfung und Rechnungslegung), hrsg. vom IDW, WPH Edition, WP Handbuch, Wirtschaftsprüfung und Rechnungslegung, 17. Aufl., Düsseldorf 2021.

Stichwortverzeichnis